KB160608

조선시대 울릉도 수토연구

집필자

손승철 | 한국이사부학회 회장, 강원대학교 명예교수

신명호 | 부경대학교 사학과 교수

백인기 | 전 한국해양수산개발원

신태훈 | 강원대학교 박사수료

이효웅 | 해양탐험가

김기혁 | 부산대학교 명예교수

김영수 | 동북아역사재단 교양총서편찬위원장

한성주 | 강원대학교 사학전공 교수

심현용 | 독도재단 편집위원, 울진 봉평리 신라비 전시관 관장

유재춘 | 강원대학교 교수

조선시대 울릉도 수토연구

2022년 12월 23일 초판 인쇄

2022년 12월 30일 초판 발행

지 은 이 한국이사부학회 편
발 행 인 한정희
발 행 처 경인문화사
편 집 부 이다빈 김지선 유지혜 한주연 김윤진
마 케 팅 전병관 하재일 유인순
출판번호 406-1973-000003호
주 소 경기도 파주시 회동길 445-1 경인빌딩 B동 4층
전 화 031-955-9300 팩 스 031-955-9310
홈페이지 www.kyunginp.co.kr
이 메 일 kyungin@kyunginp.co.kr

ISBN 978-89-499-6699-1 93910
값 40,000원

조선시대 울릉도 수토연구

한국이사부학회 편

경인문화사

| 발간사 |

현재 한·일 간에는 독도 영유권의 문제를 놓고 첨예하게 대립되고 있다. 양국에서는 각기 외교부와 외무성 홈페이지를 통해 독도를 자국의 영토로 표시하고 각종의 근거를 들어 그 주장의 정당성을 홍보하고 있고, 국가기관으로 '동북아역사재단'과 '시마네현 다케시마문제연구소'를 설립하여 상시 운영하고 있다.

두 기관이 주장하는 핵심은 독도가 역사적으로나 국제법적으로 볼 때, 자국의 고유한 영토라는 논리이다. 이러한 점에서 독도영유권의 핵심은 기본적으로 역사적인 방법으로 접근하지 않으면 안 된다. 다시 말해 역사적으로 한국과 일본이 각기 '독도를 언제부터 자국의 영토로 인식하고 관리해 왔는가'가 가장 중요한 문제인 것이다.

한국에서 주장하는 가장 중요한 역사적 사실은 '이사부의 우산국 복속'과 '조선시대의 울릉도 搜討'이다. 우리가 삼척에 주목하는 이유도 바로 여기에 있다. 즉 서기 512년 이사부장군이 삼척에서 출항하여 우산국을 복속하여 신라 영토에 편입시켰다는 점, 그리고 삼척에서는 조선시대 초기부터 왜인의 침입에 대비하여 무릉등처안무사, 무릉도순심경차관 등을 파견했고, 조선후기에는 삼척영장을 수토관으로 파견하여 200년간이나 울릉도를 수토했다는 역사적 사실이다.

그러한 이유에서 삼척에서는 「이사부독도기념관」을 세워, 삼척을 '독도수호의 메카' 와 '구심점'으로 만들고자 여러 가지 노력을 기울이고 있다. 이번 학술대회에서도 특히 수토에 초점을 맞추어 '삼척의 울릉도 수토에 관련된 제반 문제'를 집중적으로 다루었다.

이 책은 2022년 이사부학술대회 '삼척, 수토사와 독도수호의 길'에서 발표된 10편의 논문을 단행본으로 엮은 것이다. 세션1에서는 '누가 왜, 어떻게 수토를 했나', 세션2에서는 '어디서 무엇을 수토했나', 세션3에서는 '수토가 남긴 유적과 유물'을 심도있게 연구한 학술 논문 들이다. 이 책을 통해 삼척이 독도 수호의 메카임을 다시 한번 확인할 수 있는 계기가 되고, 향후 독도 영유권 문제를 바르게 인식하고 해결하는 실마리와 길라잡이가 되기를 기원한다.

2022년 12월

한국 이사부학회 회장 손승철

차 례

기조강연

제1편 누가, 왜 수토를 했나?

제2편 어디서 무엇을 수토했나?

제3편 수토가 남긴 유적과 유물

기조강연

삼척, 수토와 독도 수호의 길 _ 손승철

삼척, 수토와 독도 수호의 길

손승철 | 한국이사부학회 회장, 강원대학교 명예교수

Ⅰ. 왜, 삼척과 수토인가?

현재 한·일 간에는 독도 영유권의 문제를 놓고 첨예하게 대립되고 있다. 양국에서는 정부 직속 국가기관으로 각기, 외교부와 외무성 홈페이지를 통해 독도를 자국의 영토로 표시하고 각종의 근거를 들어 그 주장의 정당성을 홍보하고 있다. 뿐만아니라 국가기관으로 '동북아역사재단'과 '시마네현 다케시마문제연구소'를 설립하여 상시 운영하고 있다.

두 기관의 주장의 핵심은 독도가 역사적으로나 국제법적으로 볼 때, 자국의 고유한 영토라는 논리이다.

한국의 경우는, 「독도는 역사적·지리적·국제법적으로 대한민국의 고유영토입니다. 그럼에도 불구하고 일본은 부당하게 독도 영유권을 주장하고 있습니다. 독도에 대한 대한민국의 주권을 공고히 하고, 일본의 잘못된 주장을 바로잡기 위한 연구와 홍보 활동을 수행합니다.」라고 동북아역사재단의 설립목적을 제시하고 있다.[1]

또한 일본의 경우는, 「다케시마는, 역사적 사실에 비춰서도, 국제법상도 분명히 우리나라의 영토입니다. 시마네현 오키노시마초에 소속하고 있습니다. 시마네현으로서는, 다케시마문제는, 뛰어나게 외교상의 문제인 것부터, 나라에 대하여, 모든 기회를 붙잡아서 영토권의 확립을 요청하고 있습니다.

1 동북아역사재단 홈페이지

또, 다케시마의 영토권 조기 확립을 목표로 한 운동을 추진하고, 다케시마문제에 관한 국민여론의 계발을 실시하고 있습니다.」라고 독도에 대한 인식과 기본적인 생각을 공언하고 있다.[2]

이러한 점에서 독도영유권의 핵심은 기본적으로 역사적인 방법으로 접근하지 않으면 안된다. 다시 말해 역사적으로 한국과 일본이 각기 '독도를 언제부터 自國의 영토로 認識하고 領有하고 管理해 왔는 가'가 가장 중요한 문제인 것이다.

이런 점에서 한국에서 개항기 이전, 전근대시기에 독도의 영유권 주장에 가장 중요한 역사적 사실은 '이사부의 우산국 服屬'과 '조선시대의 울릉도 搜討'이다.

우리가 삼척에 주목하는 이유가 바로 여기에 있다. 즉 서기 512년 이사부장군이 삼척에서 출항하여 우산국을 복속하여 신라 영토에 편입시켰다는 점, 그리고 삼척에서는 조선시대 초기부터 왜인의 침입에 대비하여 무릉등처안무사, 무릉도순심경차관 등을 파견했고, 조선후기에는 삼척영장이 수토관으로 200년간이나 울릉도를 수토했다는 역사적 사실이다. 그리고 이 사건들의 계기가 된 것은 역시 왜에 대한 경계심이 주된 이유였다.

현재 동해안의 강릉, 삼척, 울진 세 지역에서는 각기 독도 수호에 대한 여러 가지 행사(시민운동) 및 사업을 진행하고 있다. 강릉에서는 이사부장군이 '하슬라주군주'였을 때 우산국을 복속했다는 근거로 여전히 '강릉출항설'을 주장하고 있고, 울진에서는 월송포 만호가 삼척영장과 교대로 울릉도를 수토했다는 사실에 근거하여 '수토가장행렬' 및 '수토문화전시관'을 만들어서 운영하고 있다. 그러나 이들 두 지역과 비교하면 삼척에는 '이사부장군 출항'과 '삼척영장의 울릉도수토'라는 두 가지 조건을 다 가지고 있다. 그러한

2 다케시마연구소 홈페이지

이유에서 삼척에서는 「이사부독도기념관」을 삼척에 세워, 삼척을 '독도수호의 메카' 와 '구심점'으로 만들고자 노력하고 있다. 이번 학술대회에서도 여기에 초점을 맞추어 '삼척의 울릉도 수토에 관련된 제반 문제'를 집중적으로 다루고자 한다.

Ⅱ. 수토연구의 회고와 전망

1. 연구현황

2022년 8월 현재, 울릉도 수토연구 현황을 한국교육학술정보원(KERIS)의 학술연구정보서비스(RISS)와 국사편찬위원회의 한국사연구휘보 한국사연구논저목록 DB를 검색한 결과 搜討에 관한 박사논문은 아직 없고, 석사논문 2편, 단행본 2권, 일반논문 52편으로 총 55편이 나온다. 관련 논문을 연대, 필자, 제목 순으로 정리해 보면 다음 표와 같다.

〈표 1〉 수토관련 논문 일람

연도	성명	주제
1987	송병기	조선후기 고종조의 울릉도 수토와 개척
1998	송병기	朝鮮後期의 鬱陵島 經營 -搜討制度의 확립-
1999	이근택	朝鮮 肅宗代 鬱陵島紛爭과 搜討制의 確立
2000	김호동	조선시대 울릉도 수토정책의 역사적 의미
2003	김호동	李奎遠의 '鬱陵島 檢察' 활동의 허와 실
2008	심현용	조선시대 울릉도·독도 搜討관련 '蔚珍 待風軒' 소장자료 考察
2008	김호동	독도 영유권 공고화을 위한 조선시대 수토제도의 연구방향 모색
2008	유미림	'우산도=독도'설 입증을 위한 논고: 박세당의 「울릉도」와 장한상의 「울릉도 사적」을 중심으로
2008	김호동	조선시대 수토제도의 확립과정

연도	성명	주제
2008	김종우	조선시대 공도 수토정책 일고찰
2009	유미림	장한상의 울릉도 수토와 수토제의 추이에 관한 고찰
2010	백인기	조선후기 울릉도·독도 수토제도의 주기성 및 지속성에 대한 연구
2010	손승철	조선시대 '空島政策' 의 허구성과 '搜討制' 분석
2010	심현용	울진 대풍헌 현판
2011	김기혁	조선 후기 울릉도의 搜討기록에서 나타난 부속 도서 지명 연구
2011	배재홍	조선후기 울릉도 수토제 운용의 실상
2011	손승철	중·근세 조선인의 島嶼 경영과 경계인식 고찰
2012	김호동	조선시대 독도 울릉도에 대한 인식과 정책
2012	김성준	「越松浦鎭과 울릉도 搜討 - 향토유적을 중심으로 -」
2013	백인기	조선후기 울릉도 수토제도의 주기성과 그 의의 I - 숙종부터 영조까지를 중심으로
2013	손승철	울릉도 수토와 삼척영장 장한상
2013	윤천수	월송포 진성 발굴 의의와 울릉도 수토 출발지 변천사
2014	유하영	수토정책에 대한 국제법적 해석
2014	김호동	越松浦鎭의 역사
2014	손승철	이사부, 동해의 해양영웅과 그 후예들
2014	이원택	「조선후기 강원감영 울릉도 수토 사료 해제 및 번역」
2015	손승철	조선후기 수토기록의 문헌사적 연구
2015	김수희	수토제하에서 울릉도,독도로 건너간 사람들
2015	김기혁	고지도에 표현된 울진-울릉도의 묘사와 이규원의 검찰 경로
2015	김도현	울진과 울릉도 지역 마을 신앙의 관계성 검토
2015	유재춘	평해 월송포 진성과 삼척포진성의 연혁과 구조
2015	윤명철	울진의 뱃길과 동해의 해류 및 바람
2015	송휘영	울진 수토문화와 관광자원의 방향
2017	이원택	19세기 울릉도 수토 연도에 관한 연구
2017	신태훈	조선시대 도서지역 수토에 관한 연구
2017	서태원	「조선후기 三陟營將 연구」
2018	이원택	19세기울릉도수토제운영실태에관한연구
2018	유재춘	삼척의 울릉도 수토 관련 유적
2018	심현용	월송포진성과 울릉도·독도 수토 관련 유적·유물

연도	성명	주제
2018	배재홍	조선후기 三陟營將과 울릉도 搜討
2018	이원택	19세기 울릉도 수토 사료 해제 및 번역
2018	곽진오	독도 영유권과 장한상의 수토활동에 관한 연구
2018	송휘영	의성 비안고을과 장한상의 행적
2018	이원택	「울진 대풍헌 소장 「완문」과 「수토절목」의 해제 및 번역」
2019	신태훈	삼척영장과 울릉도 수토제
2019	이홍권	고종의 울릉도 關防정책과 이규원의 울릉도 수토
2019	백인기	조선의 수토정책과 울릉도 수토제도: 수토의 개념과 유형을 중심으로
2019	이원택	순천장씨 학서주손가(鶴棲冑孫 家)의 『충효문무록』과 『절도공양 세실록』 소개, 그리고 장한상의 「울릉도사적」 재론(再論)
2020	이원택	조한기(趙漢紀)의 「울릉도수토기(鬱陵島搜討記)」 해제 및 번역
2020	백인기	조선 후기 주기적 울릉도 수토와 울릉도 인식 양상에 대한 연구
2020	배재홍	수토사 장한상의 官歷과 주요 행적
2020	이홍권	검찰사 이규원의 생애와 영토수호활동
2021	신태훈	조선후기 월송만호와 울릉도 수토제
2021	한성주	울릉도 수토 각석문의 현황과 특징
2022	홍정원	「南九萬의 대일 강경 외교와 鬱陵島爭界」

이를 연도별로 정리해 보면 다음 표와 같다.

〈표 2〉 수토관련 논문 연도별 발표현황

연대	1980년대	1990년대	2000년대	2010년대	2020년대	계
편수	1	2	8	37	7	55

이 표에서 알 수 있는 바와 같이, 울릉도 수토에 관한 본격적인 연구는 1987년 송병기에 의해 시작되었다. 물론 수토에 대한 부분적인 언급은 해방 직후인 1948년 신석호에 의해 처음 언급되었고, 1962년에는 이홍직에 의해 수토각석문에 대해 소개된 적도 있지만, 1987년 송병기에 의해서부터이다. 그리고 1998년 송병기에 의해 「朝鮮後期의 鬱陵島 經營 -搜討制度의 확

립-」에서 처음 수토제도의 기원과 확립에 대해 구체적으로 서술했다. 이어 1999년 이근택「朝鮮 肅宗代 鬱陵島紛爭과 搜討制의 確立」과 김호동「조선시대 울릉도 수토정책의 역사적 의미」에 의해 수토와 수토정책에 대한 개념이 본격적으로 논의되었다.

이후 배재홍, 손승철, 심현용, 백인기 등에 의해 수토 파견 차수와 주기성에 대한 논문들이 발표되었다. 이어 손승철과 배재홍에 의해 수토관일행의 편성과 역할에 대해 논의가 되었으며, 김기혁, 심현용, 배재홍에 의해 수토여정과 경로, 지역이 다루어졌고, 김기혁, 손승철에 의해 수토기간에 대한 연구가 이루어졌다. 그리고 배재홍, 심현용에 의해 지역주민의 역할이 다루어졌다. 아울러 손승철, 심현용, 유미림, 유재춘, 배재홍 등에 의해 고문서, 수토기, 각석문, 울릉도 도형, 대풍헌 자료, 그리고 삼척포진성과 월송포진성에 대한 고고학 적인 연구가 진행되었다. 울릉도수토에 관련된 연구자들과 관련논문을 표로 만들면 다음과 같다.

〈표 3〉 수토관련 논문 저자별 현황

연구자	이원택	김호동	손승철	백인기	배재홍	신태훈
편수	7	6	5	4	3	3
김기혁	유미림	유재춘	이홍권	송병기	송휘영	심현용
2	2	2	2	2	2	2
곽진오	김성준	김수희	김종우	서태원	유하영	윤명철
1	1	1	1	1	1	2
윤천수	이근택	이홍직	한성주	홍정원	김도현	합계
1	1	1	1	1	1	55

한편 수토에 대한 논의와 연구는 한국이사부학회, 영남대학교 독도연구소, 동북아역사재단을 중심으로 이루어졌으며, 해당 기관의 학술지를 통해 발표되었다.

각 기관별 학술지에 수록된 논문현황은 다음 표와 같다.

〈표 4〉 기관, 학회별 논문수록현황

논문집	편수	발행기관	소재지	후원기관
이사부와 동해	14	한국이사부학회	춘천	삼척시
독도연구	6	독도연구소	대구	영남대학교
영토해양연구	5	동북아역사재단	서울	교육부
울잔대풍헌과 울릉도·독도 수토사	6	독도연구소	대구	울진군(단행본)
한일관계사연구	3	한일관계사학회	서울	
대구사학	3	대구사학회	대구	
대한지리학회논문집	2	대한지리학회	서울	
한국정치외교사논총	2	한국정치외교사학회	서울	
독도지킴이 수토제도에 대한 재조명	2	한국문화원협의회, 경상북도지회	대구	한국문화원협의회 (단행본)
석사논문	2	강원대, 국민대		
강원문화연구	1	강원대학교	춘천	
문화역사지리	1	한국문화역사지리학회		
사학연구	1	한국사학회	과천	국사편찬위원회
역사학연구	1	호남사학회		
이수건교수정년기념논총	1	간행위원회	대구	단행본
일본학보	1	일본학회		
조선시대사학보	1	조선시대사학회	서울	
진단학보	1	진단학회	서울	
최영희선생 회갑논총	1	간행위원회	서울	단행본
향토경북	1	경상북도향토사연구회	대구	
	55			

이 표를 통해서 볼 때, 한국에서의 수토에 관한 관심과 연구는 한국이사부학회, 영남대학교 독도연구소, 동북아역사재단을 중심으로 이루어지고 있음을 알 수 있다.

2. 주제별 연구현황

이상에서 언급한 수토에 대한 연구 성과를 내용별로 분류하여 검토하면 대략적으로 다음 7가지 분야로 나누어 정리해 볼 수 있다.

1) 조선의 해양정책과 수토제도의 확립과정

조선에서는 건국이후에도 왜구의 한반도 약탈이 자행이 되고, 동해안에 대한 침탈이 계속되자, 울릉도가 동해안 약탈을 위한 중간 거점지역이 되는 것을 염려하고, 1403년 8월, 경상감사의 계청에 따라 울릉도 주민을 육지로 나오도록 했다. 이후 울릉도는 480년간 무인도가 되었으나, 조선에서는 무인도가 된 울릉도에 조선사람이 몰래 숨어 들어가 살거나, 왜인들이 불법 침입하는 것을 경계하기 위해, 1416년 9월, 삼척사람 김인우를 武陵等處按撫使를 파견했고, 1437년에는 茂陵島巡審敬差官을 파견 등 지속적으로 울릉도를 관리했다. 조선후기에는 1693년 안용복의 1차 피랍사건 이후, 1694년 8월에 군관 최세철을 울릉도에 파견해 예비조사를 했고, 1694년 9월에는 수토관 장한상을 파견해 본격적인 수토가 시작되어 1894년 종료될 때까지 수토제도로 정착되어 200년간 지속되었다. 이러한 과정을 조선왕조의 해양정책과 수토제도의 확립이라는 관점에서 송병기, 김호동, 이근택, 손승철, 신태훈이 연구했다.

그 결과 조선왕조의 수토정책의 성격은 고려말, 조선초기의 왜구대책의 일환으로 시작된 조선전기 해양정책을 계승 발전한 것으로 평가했다. 그러나 이 부분에 대해서는 조선전기 해양정책의 구체적인 실태에 대한 분석이 좀 더 실증적으로 고찰되어야 하며, 특히 임란전후의 군사제도 및 수군의 실태, 그리고 왜에 대한 경계가 수토제의 확립과 연관되었다는 점이 강조되어야 수토의 성격이 더 명확해 질 것이다.

2) 수토관의 파견 차수와 주기의 문제

수토관의 파견차수와 주기는 연구자에 따라 매우 다양하다. 차수에 대해서는 백인기에 의하면[3], 김호동(2007) 11차, 배재홍(2011) 37차, 손승철(2011) 19차, 신태훈(2017) 45차, 심현용(2013) 36차, 백인기(2020) 84차로 서술하고 있다. 2년 주기로 했을 때, 200년간이면 100차까지도 가능하지만 실제로 그렇게 수토를 했는지에 대해서는 좀 더 고증이 필요하다. 추정만 가지고는 여러 면에서 한계가 있다.

또한 주기성에 대해서도 연구자에 따라 1년, 2년, 3년, 5년 등 매우 혼란스럽다. 한 예로 심현용의 경우, 모두 36번의 수토중 2년 후 12건, 3년 후 3건, 4년 후 2건, 5년 후 2건, 1년 후 1건순으로 나타나며, 6년 이상도 15건으로 가장 긴 것은 24년 후로 파악된다. 즉 수토 후 2년째에 다시 수토한 경우가 12건으로 가장 많이 나타난다.

숙종초기에는 1699년, 1702년, 1705년으로 3년에 1회 시행하는 '3년설'이지만 이후는 3년마다 기록이 나타나지 않는다. 정조대에 들어오면 1799년 이후부터는 대체로 안정적으로 2년후에 수토하고 있다. 따라서 1697년, 숙종대 말에 2년 간격 3년마다 시행되던 수토가 1799년 정조 말에 이르러 1년 간격 2년으로 변경되었다고 보는 '2년설'도 타당하다. 그러나 '2년 마다 수토한 것도 1813년 이후는 불규칙해지고, 1829년, 1831년에 나타나고, 다시 1843년, 1845년에 나타나므로 정례화 했다고 말하기는 어렵다. 따라서 현시점에서 수토제의 주기성을 하나의 이론을 가지고 체계화할 수가 없다. 뿐만 아니라 이원택의 강원감영 사료를 바탕으로 한 연구에 의하면, 1888년부터 1893년까지는 울릉도 수토가 매년 이루어지고 있다.

---

3 백인기, 「조선 후기 주기적 울릉도 수토와 울릉도 인식 양상에 대한 연구」『독도연구』 29, 2020.

그러므로 수토의 주기성과 함께 초기의 3년 수토가 왜 2년이 되었는지를 밝히는 작업이 이루어지고, 수토실시 횟수의 전모가 보다 소상히 밝혀진 이후에야 수토주기성에 대한 판단이 가능할 것이다.

3) 수토관의 임명과 편성, 역할의 문제

수토관은 1698년 좌의정 윤지선의 건의로 강원도의 변장 중에서 임명하도록 했고, 1702년부터 삼척영장과 월송만호를 번갈아 輪回搜討하도록 했다. 그리고 수토관은 왜인의 출몰에 대비하여 왜어역관을 대동하고 울릉도를 순검하면서, 울릉도의 지도와 토산물을 바치며 복명하도록 했다. 그렇다면 수토관의 임명을 왜 삼척영장과 월송만호로 지정했을까?. 그것은 동해안 지역을 관장하는 수군의 중심부대는 삼척포영이었고, 그 하부조직으로 고성, 양양, 강릉과 울진포진과 월송포진이 있었는데, 동해난류를 타고 울릉도 항해가 용이한 포구는 삼척(장호항), 울진포, 월송포였는데, 1694년 울진포진이 폐지가 되어 월송포진만 운영되었기 때문에 삼척영장과 월송만호가 수토관이 되었다.

삼척영장과 월송만호에 대한 연구는 김호동, 배재홍, 서태원, 신태훈 등이 있는데, 특히 최초의 수토관이던 장한상과 마지막 수토관이었던 이규원에 집중되어 있다. 특히 배재홍은 장한상연구를 통해 삼척영장을 둔 이유와 퇴임후의 관직까지도 추적하였고, 인삼채취를 할 시기에는 반드시 삼척영장이 수토관에 임명되었다고 했다. 아울러 삼척영장과 월송만호에 대한 역임한 인물들에 대한 연구가 서태원과 신태훈에 의해 이루어졌다. 삼척영장과 월송만호에 대한 개별적인 연구도 다각적으로 이루어져야 할 것이다.

한편 수토관 일행의 편성과 역할에 대해서는 손승철과 배재홍의 연구가 있다. 손승철은 수토관 일행은 처음에는 150명이었으나 1786년과 1794년에는 모두 80명이었던 것으로 보아 80명선으로 하고, 일행 중에는 반드시 倭學

譯官을 동행하도록 했다. 이것은 만일의 경우, 왜인과의 조우를 대비한 것이다. 그러나 울릉도에서 실제로 왜인과 조우한 사례는 안용복의 경유를 제외하고는 찾아 볼 수 없다. 그리고 원역과 격군 등 인원구성과 필요한 잡물은 강릉·양양·삼척·평해·울진 등 동해안에 접한 고을에서 차출했다. 1799년 채삼군의 구성에서 강릉 5명, 양양 8명, 삼척 10명, 평해 4명, 울진 3명을 나누어 정했다.

수토관 일행이 타고간 선박에 관해서는 구체적인 연구가 미흡하다. 선박의 척수는 1694년에는 150명에 선박이 騎船과 卜船이 각 4척, 汲水船이 4척으로 도합 6척이었으나, 80명일 때는 4척이었고, 1790년에는 그 부담을 강원도와 경상도에서 반반씩 부담했다고 한다. 그러나 선박의 구체적인 크기나 규모에 관해서는 전연 연구가 없다. 한 예로 1693년과 1696년 안용복이 타고 간 배에 관해서는 모양이 제 각각이다. 울릉도 '수토역사전시관', '안용복기념관', 부산의 '안용복기념 부산포개항문화관'에 복원전시된 배들이 모두 다른 형태를 띠고 있다. 보다 정밀한 고증을 거쳐 복원되기를 바란다.

한편 배재홍은 1711년 박석창의 「도동리신묘명 각석문」의 자료를 인용하여 수토관 일행의 구성을 자세히 소개했다. 이 각석문을 통해 일행의 구체적인 내역을 파악할 수가 있다. 향후 이들의 직책에 따른 구체적인 역할이 무엇이었던가에 대해서도 소상히 밝혀지길 바란다.

또한 지금까지 밝혀진 수토관 일행의 역할에 대해 보면, 왜인탐색, 지세파악, 토산물진상, 인삼채취 등을 꼽을 수 있다. 실제로 장한상의 복명기사에는 왜인이 다녀간 흔적에 관한 내용과 울릉도의 산천과 도리의 지도였고, 왜인으로 하여금 그곳이 우리나라 땅임을 알도록 하는데 있었다고 했다.

4) 수토 항로와 여정, 수토지역 및 현황

수토일행의 출항에서부터 귀환까지의 여정에 관해서는 심현용, 배재홍, 김기혁의 연구가 있다.[4] 특히 심현용은 수토 출발지의 변천에 관해 다루었고, 배재홍은 출항시기 및 수토기간, 김기혁은 울릉도내에서의 수토경로에 대해 현재의 지도 및 지명을 열거하면서 이해하기 쉽게 재구성하였다.

기록에 의하면 수토의 출항지는 삼척부의 장오항, 울진현의 죽변진과 울진포, 그리고 평해군의 구산포 등을 확인할 수 있다.

1694년 최초의 수토관이었던 삼척영장 장한상이 삼척부의 남면 장오리진 대풍소에서 출발하고 있는데[5] 현재의 삼척시 장호리에 있는 장호항이다. 현재 학계에서는 장호항에 대한 연구는 전연 없는 실정이다.

1699년 월송만호 전회일이 울릉도를 수토하고 돌아온 곳은 대풍소인데, 현재 대풍헌이 있는 울진군 기성면 구산리의 구산포이다. 이곳은 월송포진에 근접한 지역으로 구산항이다. 1786년 월송만호 김창윤 출항지인 평해 구미진도 구산포를 말한다. 그리고 1882년 울릉도 검찰사 이규원도 구산포에서 출항하였다.

또한 울진현 죽변진에서도 출발하는 것이 확인된다. 1702년 삼척영장 이준명이 죽변진에서 출항하고, 1787년 삼척영장도 죽변진에서 출항하고 있다. 죽변진은 현재의 울진군 죽변면 죽변리의 죽변항으로 삼척시와 가까운 곳이다. 물론 삼척포영이 있었던 삼척포도 그 출발지가 되었을 것이다. 삼척포는 지금의 삼척항(정라항)이다.

1714년 『숙종실록』에 의하면, 영동지역에서는 울진지역이 울릉도와 가장 가까운 곳이고, 또 이지역의 뱃길이 가장 안전하고 순탄하다고 했다. 지

4 심현용, 2013, 앞의 논문, 187-191쪽. 배재홍, 2011, 앞의 논문, 13-17쪽. 김기혁, 2011, 앞의 논문, 43-49쪽.

5 장한상, 『鬱陵島事蹟』.

금도 후포항에서 울릉도 뱃길이 열려있다. 이런 내용을 볼 때, 월송만호는 처음부터 구산포에서 출항했지만, 삼척영장은 초기에는 삼척포나 장호항에서 출항하다가 18세기에 들어오게 되면 남쪽인 울진 죽변진으로 내려오게 되며, 19세기에는 이보다 더 남쪽인 평해 구산포에서 출발했던 것이다. 향후 출항지에 대해서도 보다 구체적인 연구가 있어야 하며, 출항지에 대한 고고학적인 조사도 이루어지기를 바란다.

아울러 울릉도 항로에 대한 조사, 연구도 병행되어야 할 것이다.

울릉도의 뱃길과 동해의 해류 및 바람에 대해서는 윤명철의 연구가 유일하다. 윤명철은 울진을 중심으로 한 항로를 3가지로 구분한다. 첫째, 동해 남북연근해항로이다. 선사시대부터 동해연근해항로를 이용해서 남북간의 교류가 이루어졌고, 이는 한반도를 넘어서는 범위도 포함했다. 신라는 이 항로를 이용해 동해 영역을 확장했다. 둘째, 동해 중부횡단인데 울릉도항로를 포함시켰다. 셋째, 동해남부 횡단항로이다. 울진은 동해 중부 및 남부에서 일본열도로 진출하는 항로의 거점이 되었다. 이곳은 초기 신라인 들이 울릉도와 일본열도로 항해하기 위해 사용한 출도착의 항구였다. 고구려로서도 일본열도로 진출하는데 효율적인 전략적 요충지였다고 한다. 그 후 고려와 조선시대를 거치면서 울진은 중요한 역할을 담당했고, 특히 울릉도와 연결하여 교류의 교통로로서 교류의 통로로서 비중 높은 역할을 했다.

또한 출항시기와 수토기간에 관한 연구도 있다. 손승철은 수토기간에 대해 다음과 같은 표로 정리했다.

〈표 6〉 울릉도 수토시기와 기간

연도	수토관	육지출항	울릉도 도착	울릉도 출항	육지귀항	총기간
1694년	장한상	9.19	9.20	10.3	10.6	17일
1669년	전회일	6.4			6.21	17일
1702년	이준명					2일
1751년	심의회					8일

연도	수토관	육지출항	울릉도 도착	울릉도 출항	육지귀항	총기간
1786년	김창윤	4.27	4.28	5.4	5.5	8일
1794년	한창국	4.21	4.22	4.30	5. 1	10일
1859년	강재의	4. 9			4.25	16일

그런데 이 기록 가운데, 2일이 걸린 이준명의 경우 '울릉도 도형, 자단향 청죽, 석간주, 어피' 등의 특산물을 가지고 돌아왔기 때문에 울릉도 수토사실이 인정은 되나 항해기간이 이틀 낮밤이라는 것은 납득하기 어렵다. 이점에 대해서는 아무런 언급이 없다. 어쨌든 수토 때마다 수토기간이 일정치 않았던 것은 울릉도 수토에는 정해진 기간이 없었음을 의미한다. 이는 수토 기간이나 범위 등을 자의적으로 결정했기 때문이 아닐까?

그렇다면 울릉도에서 수토관 일행은 어느 지역을 수토했을까? 이 주제에 관해서는 김기혁의 연구가 유일하다. 김기혁은 수토기와 수토기에 수록된 지명을 연구하였다.[6]

현존하는 수토기는 그 수가 많지 않지만, 수토기를 통해 볼 때, 시대가 흘러갈수록 울릉도에 대한 지리정보가 다양해지고 정확해 짐을 알 수 있다. 이러한 경향은 수토기록은 아니지만 1882년 울릉도 검찰사 이규원의 기록에서는 아주 상세하게 기록되고 있다. 뿐만아니라 기존의 수토기록과는 다르게 본토의 주민들이 들어와 살고 있는 것을 서술하고 있으며, 취락의 규모와 지명들을 상세히 기록하고 있다. 1882년 당시 울릉도에 거주하고 있는 조선인이 대략 140명에 달하고 있으며, 일본인도 도방청 포구에 78명이 들어와 거주하고 있는 것으로 기록하였다. 향후 구체적인 수토 사실과 함께 지리학 분야에서도 지속적이고 심도있는 연구가 이루어지기를 기대한다.

6 김기혁, 2011, 「조선후기 울릉도 수토기록에 나타난 부속도서의 표상연구」『역사와 지리로 본 울릉도·독도』, 동북아역사재단.

한편 수토관들은 출항 때부터 귀항 때까지 각종 제사를 지냈다. 山祭와 海祭, 船祭 등을 지냈고 또 항해 중에 악풍이 불거나 고래와 악어를 만나면 龍食을 바다에 흩뿌리며 기도하였다. 이러한 각종 제사에는 많은 곡물이 들어갔다. 아마 안전한 항해와 원활한 임무 수행을 바라는 간절한 마음에서 여러 제사를 지냈을 것이다. 실제로 수토관들이 지낸 제사의 예를 보면 1786년 월송만호 김창윤은 울릉도에 도착한 다음 날 섬을 看審하기에 앞서 저전동에서 산제를 지냈고, 울릉도를 떠나기 바로 전에는 海神에게 제사를 지냈다. 또 1794년의 월송만호 한창국은 항해 중에 갑자기 북풍이 불고 안개가 사방에 자욱한 가운데 소나기가 내리며 천둥 번개가 쳐 네 척의 배가 뿔뿔이 흩어져 어디로 갔는지 알 수 없는 상황에 처하게 되었다. 그러자 그는 군복을 차려입고 바다에 기도를 올리고는 해신을 위해 많은 식량을 바다에 뿌렸다. 또 그는 울릉도에 도착한 후 나흘째 되는 날에도 산과 바다에 기도를 올리고 제사를 지냈다.

수토와 관련된 제례행사는 김도현의 연구가 유일하다. 김도현은 울진지역 어촌신앙과 울릉도도 태하동 성하신당의 전설을 비교했는데, 그 이상 구체적인 연구가 필요하다. 앞으로 삼척지역의 어촌신앙은 물론 각종 산제와 해제, 선제 등의 제례행위를 지역주민의 민속, 신앙, 종교행사와 연관지어 연구해야 할 필요성이 제기된다.

5) 수토관련 사료 및 문헌기록의 다각적인 분석

수토관련 기록에는 사서 등 문서로 된 고문서, 수토기, 각석문, 울릉도도형, 그리고 대풍헌의 편액 등이 있다. 문서자료 중 국가기록으로는 삼척영장과 월송만호가 올리는 狀啓나 牒呈 또는 강원감사의 장계를 바탕으로 한 『朝鮮王朝實錄』, 『備邊司謄錄』, 『承政院日記』, 『日省錄』의 기록이 있다. 가장 상세한 자료는 『承政院日記』인데 결락된 부분이 있다. 그러나 『承政院日記』

는 수토관들의 임명사항을 확인할 수 있다는 점에서도 그 가치가 매우 크다. 『日省錄』의 자료는 정조이후의 자료가 자세하나 역시 1800년대 중후반의 자료는 소략하다.

문서자료 중 구체적인 수토가 어떻게 이루어졌는지를 알 수 있는 사료가 수토관들이 직접 기록한 각종 『搜討記』이다.[7] 제1차 수토관인 장한상의 울릉도 수토기록은 그 후손이 『蔚陵島事蹟』으로 남겨 놓았으며, 1727년 삼척영장 이만협의 수토기도 1950년대까지 전해졌다고 하나 현재는 찾을 수 없다. 1765년 조한기의 울릉도 수토기는 규장각 소장 『臥遊綠』에 포함되어 전해지고 있다. 1786년 김창윤 수토기록은 『日省錄』, 1794년 한창국 수토기록은 『正祖實錄』에 수록되어 있다. 또한 최근에 이원택에 의해 소개된 강원감영의 수토관련 사료도 주목할 만하다. 수토일정 및 윤회수토, 간년수토, 일본인의 전목채취·어로·벌채행위, 주민이동 등 개항기의 상황을 소상히 전하고 있다.

그리고 1882년 작성된 검찰사 이규원의 『鬱陵島檢察日記』도 울릉도 수토기로 분류할 수 있다. 『鬱陵島檢察日記』는 조선시대 울릉도조사 기록 중 가장 상세한 내용을 담고 있어서 울릉도 수토를 이해하는데 필수적인 자료라고 할 수 있다. 울릉도검찰일기는 검찰내용에 대한 초고와 같고, 그를 바탕으로 계초본을 작성하였으며, 어떤 날에는 필체가 다른 중복된 기록도 있어서, 최소한 3명이 기록한 것으로 보인다. 또한 원본이 훼손되어 내용을 알기 힘든 경우에도 검찰일기, 계초본, 그리고 실록의 상세한 기록 등을 참조하여 원본을 추정할 수 있어서 울릉도 검찰 전모를 파악할 수 있는 등 자료의 완결성도 매우 높다.

---

7 손승철, 2012, 『울릉도 독도품은 강원도 사람들』, 강원도민일보, 삼척시에 『서계잡록』, 『울릉도사적』, 『김창윤수토기』, 『한창국수토기』, 『울릉도검찰일기』의 원본과 번역문이 수록되어 있으며, 강원도와 울릉도의 고지도 및 소공대 시문등이 참고된다.

또한 2007년 배재홍에 의해 발굴된 『항길古宅』는 조선후기 삼척지방에 세거한 강릉김씨 감찰공과 항길댁 구성원들이 일상생활 속에서 보고들은 사항이나 직접 경험한 일상적인 모습을 책력의 여백과 이면에 간략하게 쓴 비망록적인 성격의 일기인데, 이 자료에는 수토관련 사항이 많이 수록되어 있으나, 아직 그 전모가 자세히 공개되어 있지 않다.

지금까지 남아있는 수토관이 작성한 울릉도도형은 현재 3건이 발견되었다. 울릉도도형 중에서 가장 오래된 것은 1711년 박석창의 울릉도도형이다. 박석창 울릉도도형이 담고 있는 내용은 장한상의 울릉도사적에 기록된 것과 매우 유사하다. 특히 울릉도가 조선의 영토임을 알리는 標石과 標木을 작성했다는 기록들이 박석창의 울릉도도형에 반영되어 있는 것으로 보아 박석창의 울릉도도형의 저본은 아마도 장한상이 작성한 울릉도도형이었던 것으로 추정할 수 있다. 그 밖에 국립중앙도서관의 울릉도도형과 삼척시립박물관의 울릉도도형이 있다. 이들 울릉도도형은 많은 지명을 포함하고 있고, 이들 지명의 빈도가 조한기의 울릉도 수토기보다도 상세한 것으로 보아 이들 도형은 1765년 조한기의 울릉도 수토 이후에 작성된 것으로 볼 수 있다.

도형가운데, 1882년 작성한 것으로 추정되는 「鬱陵島外圖」와 「鬱陵島內圖」이 가장 자세하고 정밀하다. 그러나 『검찰일기』와 『계초본』도 서로 다른 부분이 많고, 「울릉도외도」와 「울릉도내도」도 약간 상이한 점이 있다.

수토관 일행은 자신들이 다녀간 흔적을 남기기 위해 「刻石文」을 남겼는데, 수토의 가장 확실하고 직접적인 증거이다. 그동안 단편적으로 울릉도 수토각석문에 대한 조사와 연구가 이루어졌지만, 아직 종합적인 연구가 이루어지지 않고 있다. 최근 한성주가 수토각석문의 조사와 연구 현황을 종합하여 비교·검토하고, 현재까지 발견된 각석문의 내용을 비교 검토하였다.[8]

---

8 한성주, 「울릉도 수토 각석문의 현황과 특징」 『독도연구』 31. 2021.

1711년(숙종 37) 박석창이 남긴 '울릉도 도동리 신묘명 각석문'은 수토제 시작후 불과 17년이 지난 후에 만들어진 것으로, 그가 남긴 울릉도도형에도 같은 내용이 기록되어 있다. 또 그의 울릉도도형에는 '刻石立標所'를 표시하였는데, 이 표시는 이후 제작된 조선 후기 지도에 동일하게 그려져 있다. 따라서 박석창의 각석문은 현재까지 남아있는 울릉도 수토 각석문 중 가장 오래된 것일뿐만 아니라 울릉도 수토 각석문 중 최초이다.

지금까지 발견된 울릉도 수토 각석문은 크게 8개로 볼 수 있으며, 시기적으로는 1700년대 2개, 1800년대 5개, 1900년대 1개이다. 보다 구체적으로 분류하면 서로 다른 14명의 각석문으로 나눌 수 있다. 지역별로는 서면 태하리에 4개 8명, 울릉읍 도동에 3개 4명, 북면 현포리에 1개 2명의 각석문이 확인되었다.

그러나 현재까지 남아있는 것은 총 4개 7명의 각석문으로 발견된 수의 50%에 지나지 않는다. 울릉도의 개발 등으로 행방불명되거나 마모가 심해 판독이 어려운 각석문이 다수가 존재한다. 또한 울릉도 주민들의 증언에는 각석문이 수없이 많았다고 하고 있으므로 추가적인 각석문이 발견된 가능성이 있다. 울릉도 수토 각석문에는 搜討官뿐만 아니라 수토에 참여했던 많은 사람들의 職名과 이름이 새겨져 있다. 각석문에 남아있는 직명 등은 문헌자료와의 비교 검토를 통해 수토관 일행의 규모나 구성 등을 파악하게 해 줄 것이다. 울릉도에 산재한 수토각석문은 조선시대 울릉도 수토와 독도 수호 노력의 직접적 증거이고, 또 울릉도 개발을 위한 각종 토목공사로 인해 훼손이나 마모가 급격히 진행되고 있음에 반해 전혀 조사가 되고 있지 않다. 애석한 상황으로 관계 당국의 관심 및 이에 대한 정밀 조사 및 종합적인 연구가 시급한 실정이다.

한편 과거 수토관 일행의 출항지였던 待風所에 있었던 待風軒에는 여러 편액과 수토절목 등이 발견되었는데, 이들 자료는 수토사실과 함께 수토에 필요한 물건을 대풍헌 주변 9개 마을에서 제공한다는 내용이 담겨있다. 수토에 필요한 물건을 마련하는 것을 정한 대풍헌 절목은 1860년대에도 울릉도 수토가 정기적으로 지속되고 있음을 보여주는 중요한 자료이다.

대풍헌에 소장되었던 여러 편액과 수토절목, 완문 등의 고문서에 대해서는 심현용과 이원택에 의해 기초적인 연구가 이루어졌다.[9] 특히 고문서 형태로 남아있는 수토절목과 완문은 수토시 지켜야 할 내용과 수토비용 마련에 대한 내용과 관리들이 해야 할 일들이 자세하게 수록되어 있다.

6) 지역주민의 역할

대풍헌 자료를 바탕으로 인근 주민들의 역할과 부담에 대한 연구가 미흡하다.

수토관이 출항했던 삼척과 울진지역의 주민의 역할에 대해서는 배재홍과 심현용의 연구가 있다. 배재홍의 논문에 의하면, 지역민은 우선 울릉도 수토에 필요한 양식 즉 搜討料 80여 석을 부담하여야 했다. 이 수토료는 강원도 내에서도 영동지방 바닷가에 위치한 삼척·울진·평해 등의 고을에서 부담하였던 것으로 보인다. 그러나 어느 고을에서 얼마의 수토료를 부담하였고 또 각 고을에서는 할당된 수토료를 어떻게 주민에게 부과하여 징수하였는지는 구체적으로 알 수 없다. 다만 삼척의 경우 大米와 小米 두 종류의 곡물을 부담하였고, 대미의 부담 양은 약 16석이었다. 삼척에서는 이 大米 16석을 주민의 소유 토지 면적을 대상으로 부과하여 징수하였다는 것을 알 수 있다. 그러나 삼척에서 부담해오던 수토료 중 대미 16석은 1825년에 당시 삼척부사 민사관이 營門과 상의하여 울진과 평해로 이전하였다고 한다.

---

9 심현용, 「울진 대풍헌 현판」 『대구사학』 98, 2010. 이원택, 「울진 대풍헌 소장 「완문」과 「수토절목」의 해제 및 번역」 『영토해양연구』19, 2020.

특히 배재홍은 2007년 삼척지방에 세거하던 강릉김씨 감찰공과 한길댁 구성원들이 일상생활 속에서 보고 들은 사항이나 체험한 일을 책력의 여백과 이면에 간략하게 비망록 적인 성격의 일기인 『한길댁 생활일기』를 발굴하여 삼척부의 토지 1결당 수토료 납부현황을 보고하였다. 그의 연구에 의하면, 수토료는 수토가 실시되는 해 봄 2·3월에 주민에게 부과하여 징수하였고, 주민은 벼·조를 찧어서 쌀·좁쌀 상태로 납부하였음을 알 수 있다. 그리고 토지 1결 당 납부량은 시기에 따라 약간의 차이는 있지만 대체로 대미는 약 2되, 소미는 3-4되 정도였다. 결국 조선후기 울릉도 수토료는 일종의 부가세로 징수했던 것을 알 수 있다.

둘째, 강원도 영동지방 바닷가 주민들은 수토관 일행이 사용할 搜討船 마련에 일정한 부담을 하였다. 1694년, 삼척첨사 장한상 일행이 사용한 수토선은 새로 건조하였다. 그러나 이 때 差使員이 배 건조에 사용할 雜物을 너무 지나치게 민간에 分定하여 문제가 되었다. 비록 장한상은 울릉도를 수토한 공로로 인하여 용서를 받았지만 차사원은 濫徵의 죄로 파직되었다. 이처럼 새로운 수토선 건조에 커다란 폐해가 발생하자, 앞에서 살펴본 바와 같이 이후의 수토선은 경상도 각 포의 병·전선을 빌려 사용하기로 하였다. 하지만 경상도에서는 배 운항에 필요한 기계 등을 완전하게 갖추어 빌려주지 않았다.

1786년 9월에 당시 우의정 윤시동은 영동에는 수토선으로 사용할 적합한 배가 없어서 항상 영남에서 빌려 사용하는데, 밧줄은 썩고 노는 부러져 열중에 하나도 온전한 것이 없으므로 기계는 삼척海民의 것을 가져다 사용한다고 하였다. 이를 보면 삼척지방 바닷가 어민들은 울릉도 수토관 일행이 사용할 수토선에 필요한 기계 등을 징발 당하였음을 알 수 있다.

셋째, 수토관 일행이 울릉도로의 출항을 위해 포구에서 여러 날 순풍을 기다리는 동안에 들어가는 접대비 등을 포구 인근 동리에서 부담하여야 하였다. 심현용은 19세기 중·후반의 「完文」, 「搜討節目」, 「狗巖洞金宗伊各樣公

納抄出」, 「公納成冊開國倍百肆年乙未 十一月二十八日」 등 고문서와 「구산동 중수기」, 「평해군수 심능무·이윤흡 영세불망지판」, 「월송영장장원인영세불망지판」, 「평해군수이용익영세불망지판」, 「월송영장황공영세불망지판」, 「전임 손주형·손종간·손수백 영세불망지판」 「도감 박억이영세불망지판」, 「구산동사기」 등 현판내용을 분석하여 구산동을 포함한 대풍헌 주변 9개 마을, 즉 울진 지역민의 부담과 역할을 기술했다.

이 자료들의 내용을 보면, 수토관 일행이 유숙하는 기간이 길어지면 주민이 접대하는 비용이 양일에 100金이나 지급될 때도 있어 주민들은 이러한 폐단을 해결하기 위해 평해 관아에 진정하는 일도 있었다. 이에 1871년 7월에 구산동에서는 자체적으로 재원 120냥을 마련하여 지방관과 상의하여 9개 동의 동세에 따라 분배하고 存本取利하여 수토관이 순풍을 기다리는 동안에 소요되는 비용에 충당하기로 하였다. 당시 이식은 1냥에 3분이었다. 그러나 그 후 10여 년이 지나자 이러한 존본취리 또한 한계를 드러내어 수토관 일행의 접대 등을 위한 비용 조달은 여전히 9개 동의 커다란 폐해였다. 따라서 돈을 거둘 때 원망하고 미워함이 끊어지지 않았으며 모두 지탱하기 어렵다고 하였다. 이에 1883년에 9개 동이 회의를 개최하고는 상의하여 다른 지방의 예에 따라 생선·소금·미역 등을 실은 商船이 포구에 들어와 津頭에 물건을 내릴 때 受貰하기로 하였다. 아울러 이 貰錢을 取殖하여 수토관들의 접대 등에 들어가는 비용에 쓰기로 하고 관아에 소장을 올렸다. 이에 지방관은 9개 동민의 受貰 의견을 받아들여 10월에 그 내용을 절목으로 작성하여 주고 준행하도록 하였다. 절목 내용을 보면 소금은 每石 당 5分, 명태는 每駄 당 1錢씩 수세하기로 하였다. 아울러 船主人으로부터도 貰錢을 받기로 하여 藿船 주인으로부터는 2냥, 鹽船 주인과 魚船 주인으로부터는 5전씩 받기로 하였다. 그리고 받은 貰錢은 구산동에서 맡아 取殖하도록 하여 수토관이 구산진에서 순풍을 기다리는 동안에 들어가는 비용을 전담하도록 하였다. 아울러 나머지 8개 동에는 侵徵하지 못하도록 하였다. 대신 구산동에는 소소한 烟戶 부역을 除減시켜 주었다. 이처럼 수토관이 포구에서 순풍을 기다리는 동안에 들어가는 적지 않은 비용의 마련은 포구인근 주민들에게는 커다란 부담이기도 했다.

한편 주민의 어려움을 파악한 평해군수 심능무, 이용익, 이윤흡과 월송영장 장원익, 황공 등은 수토 비용에 보태도록 돈과 경작지를 지급하여 그 폐단을 줄이는 등 백성들을 돌보았으며, 월송영장 장원익은 술로서 주민을 위로하기도 했다. 이렇게 울릉도 수토는 군관민의 협조와 부담으로 이루어졌으며, 200년간 수토가 유지될 수 있도록 큰힘이 되었던 것이다. 이 부분에 대한 연구도 보다 면밀하게 이루어져야 할 것이다.

넷째, 採蔘軍의 선발과 그 운용을 둘러싸고 폐해가 발생하였다. 앞에서 살펴 본 바와 같이 조선후기에 울릉도 수토관이 채삼군을 대동하고 간 해는 정조 19년(1795)과 정조 21년(1797) 단 두 차례뿐이었다. 그리고 채삼군은 총 30명으로 영동지방 바닷가 군현에 分定하여 선발하였는데 강릉 5명, 양양 8명, 삼척 10명, 평해 4명, 울진 3명이었다.

그런데 당시 채삼군은 반드시 산골짜기에서 生長하여 삼에 대해 잘알고 있는 자를 선발하였는데, 채삼군으로 뽑힌 자들은 모두 바람과 파도에 익숙하지 않다는 것을 핑계대고는 謀避하려고 하였다. 이에 채삼군의 선발을 맡은 任掌輩들이 이 점을 이용하여 뇌물을 요구하기도 하였다. 또 채삼군으로 선발된 자들도 津頭에서 순풍을 기다리는 동안에 소위 糧價를 민간에서 거두어들였는데, 채삼군 한 사람의 소득이 많으면 4·5냥에 이르고 적어도 2·3냥에 이르렀다.92) 이처럼 비록 단 두 차례 실시되었지만 채삼군의 선발과 운용에는 적지 않은 폐해가 뒤따랐다.

다섯째 울릉도 , 수토 실시 동안 바닷가에 위치한 동리에서는 結幕을 하고 候望 守直하여야 하였다. 삼척지방의 경우 수토관이 울릉도에 갔다가 돌아올 때까지 자연부락 단위로 搜討候望守直軍을 조직하고는 바닷가에 결막하고 망을 보았다. 아마 수토선이 언제 어디로 돌아올지 알 수 없고 또 항해 중에 풍랑에 난파당해 표류할 수도 있었기 때문이었을 것이다. 이처럼 울릉도 수토가 대부분 4·5월 농번기에 이루어졌음을 감안하면 여러 날 후망 수직한다는 것은 당시 주민들에게 큰 부담이 되었을 것이다. 이 부분도 당시 동해안 지역의 해상교통로와 항해술 등과 연계하여 보다 정밀한 연구가 필요하다.

동해안 인근 주민의 수토부담을 규명하는 문제는 수토의 성격을 규명하는 문제와도 매우 밀접한 관련이 있다. 다시말해 자발적이었느냐, 아니면 강제성을 가지고 있었느냐의 문제는 그렇게 간단히 결론을 내릴 사안이 아니기 때문이다. 이 점에 대한 논의가 진전되어야 할 것이다. 수토의 성격을 규명하는데 중요한 사안임에도 불구하고 심현용과 배재홍 논문이후 진전이 없다.

7) 수토관련 유적지에 대한 고고학적 연구

울릉도 수토는 삼척영장과 월송만호가 윤회 수토했는데, 각기 삼척포진성과 월송포진성을 기지로 했다.

鎭은 신라 말부터 조선시대까지 있었던 군사적 지방행정구역 또는 단위부대부대 성격의 군사집단을 말한다. 특히 조선시대에 와서 鎭管體制가 완성되면서 鎭은 主鎭, 巨鎭, 諸鎭으로 분류되어 主鎭은 절도사가, 巨鎭은 절제사나 첨절제사가, 諸鎭은 동첨절제사나 만호 등이 관장하였다. 이 가운데 수군이 주둔하는 곳은 흔히 浦의 명칭이 붙었고, 이러한 곳을 중심으로 하는 수군의 진을 '~浦鎭'이라고 했다. 따라서 浦鎭城이란 결국 포진에 축조한 성곽을 말한다. 조선시대 지방군은 진관체제였는데, 삼척포는 삼척포첨사(첨절제사)가 관장하고, 월송포진성은 만호가 관할했다. 『경국대전』에 의하면, 삼척포에는 병선수 4척, 수군 245명, 월송포에는 병선 1척, 수군 70명이 주둔했다.

따라서 삼척포진성과 월송포진성은 동해안 수군체제의 유지와 관리에서 매우 중시되었고, 나아가 울릉도수토라는 중요임무가 부여됐음을 알 수 있다. 삼포포진성과 월송포진성에 대해서는 유재춘의 연구가 유일하다. 그리고 삼척포진은 국강고고학연구소와 월송포진은 성림문화재연구원 지표조사 및 발굴을 했지만, 축조방식이나 구조 등 밝혀야 할 사항이 많다. 더구나 수토선이 출항했던 포구(삼척포, 장호항, 구산항 등)에 대한 조사도 아직 요원하다. 나아가 수토선이 울릉도에 갔을 때 기항했던 대풍감이나 그 외의 포구에 대한 포구 환경도 함께 조사되고 고증되어야 할 것이다.

Ⅲ. '搜討使' 용어에 대한 제언

현재 학계에서는 '搜討使'라는 용어에 대해 적절치 않다는 의견이 있다. 왜냐하면 搜討라는 용어는 일반화 되어 있지만, 『朝鮮王朝實錄』에는 '搜討使'라는 용어는 나오지 않기 때문이다. 搜討使의 使는 使臣使로 通信使나 燕行使처럼 임금의 명령을 받들어 외국에 가는 사람이라는 의미하기 때문에 울릉도는 外國이 아니므로 使臣使 字를 붙이는 것이 부적절하다는 것이다.

그러나 使자의 의미가 사신 사 외에도 심부름꾼 사, 벼슬이름 사로 꼭 외국에 사신 가는 것만을 의미하지는 않는다. 『한국민족문화대백과사전』에서 「使」를 찾으면, "주로 지방의 대도호부·도호부·목 등의 큰 행정구역에 각각 파견되었다. 조선초에 대도호부사는 정3품 외관직으로 각 도에 모두 4인이 파견되었으나 조선 후기에 대도호부의 개편에 따라 1인이 증가되어 5인이 되었다. 도호부사는 종3품 외관직으로 조선 초기에는 각 도에 모두 44인이 파견되었으나, 조선 후기에 도호부가 증가됨에 따라 75인으로 늘어나게 되었다. 그리고 목사는 정3품 외관직으로 각 도에 모두 20인이 파견되어 조선 후기까지 인원수에는 변동이 없었다. 이들은 대도호부·도호부·목에 파견된 지방장관으로서 그 임무를 수행하였다."고 나와 있다.

한 예로 追捕使라는 용어를 보자. 追捕使란 도적 따위의 무리를 잡으려고 중앙에서 파견하던 관리를 말하는데, 고려 말, 조선 초에 사례를 보면, 고려 말에 倭寇를 잡기 위해 임시로 두었던 벼슬로, "고려 공민왕 원년에 이색이 복중에 상서하기를 '…追捕使로 이들을 영솔하여 항상 船上에 있게 하면, 州郡이 편리를 얻어 도적을 패배시킬 수 있을 것이니, 이상 두 가지는 도적을 막는 주요한 길입니다'"고 했다.[10]

또한 1408년 5월, "경기수군도절제사 김문발을 충청·전라·도 수군 도체찰추포사로 삼아 경기의 병선 15척을 거느리고 가서 도적을 물리치게 하였다'는 기록이 있다.

그리고 1416년 9월, 김인우를 武陵等處安撫使로 삼았다는 기록이 있다.

"김인우를 무릉등처 안무사로 삼았다. 호조 참판 박습이 아뢰기를, "신이 일찍이 강원도도관찰사로 있을 때에 들었는데, 무릉도의 주위가 7息이고, 곁에 小島가 있고, 田地가 50여 결이 되는데, 들어가는 길이 겨우 한 사람이 통행하고 나란히 가지는 못한다고 합니다. 옛날에 方之用이란 자가 있어 15家를 거느리고 入居하여 혹은 때로는 假倭로서 도둑질을 하였다고 합니다. 그 섬을 아는 자가 三陟에 있으니, 청컨대, 그 사람을 시켜서 가서 보게 하소서." 하니, 임금이 옳다고 여기어 삼척 사람 전만호 김인우를 불러 무릉도의 일을 물었다. 김인우가 말하기를, "무릉도가 멀리 바다 가운데에 있어 사람이 서로 통하지 못하기 때문에 軍役을 피하는 자가 혹 도망하여 들어갑니다. 만일 이 섬에 住接하는 사람이 많으면 倭敵이 끝내는 반드시 들어와 도둑질하여, 이로

10 『고려사』 권115, 열전, 이색.

인하여 강원도를 침노할 것입니다."하였다.[11]

이렇듯 왜를 견제할 때, 관리를 파견하면서 使의 직함으로 호칭한 사례가 많이 있다. 그런데 조선후기에 이르러서는 이러한 직함들이 사료에 나타나지 않는다.

예를 들면 수토가 실시된 이후, 울릉도를 수토한 관리들은 삼척첨사 장한상, 삼척영장 이준명, 월송만호 전회일 등으로 첨사나 영장, 만호라고 나오지 수토가 붙는 직함은 1794년 6월, 搜討官越松萬戶 韓昌國과 1881년 5월 鬱陵島搜討官으로 단 두 번 만 나온다. 그리고 1881년의 수토관의 공식 직함을 副護軍 李奎遠을 鬱陵島檢察使로 임명했다. 따라서 사료상으로 보면 1794년 한창국과 1881년 이규원 이외에는 공식 직함이 없었고, 더구나 搜討使라는 직함은 없다.

그렇다면 공식적인 직함은 삼척첨사 또는 삼척영장, 월송만호가 될 수밖에 없다. 그리고 그 임무 중에 울릉도 수토를 했을 뿐이다. 더구나 이 경우 수토일행 전체를 부를 마땅한 용어도 없다. 그래서 일부 연구자들은 搜討使라는 용어를 사용하지 않았을까?. 예를 들면 한성주는 「울릉도 수토각석문의 현황과 특징」에서 '울릉도에 도착한 搜討使들은 자신들이 다녀간 흔적을 남기기 위해 각석문을 남겼다'라고 하면서 수토사에 註를 달아서 '문서의 공식적인 기록은 搜討, 搜討官으로 되어 있지만, 그 수행원들 모두를 지칭한다는 의미로 본고에서는 搜討使로 칭한다'라고 했다.

여기서 기존에 논문들에서 사용한 두 용어의 사례를 보자.

---

11 『태종실록』 권32, 9월 2일 경인.

〈표 7〉 수토관련 논문 저자별 현황

저자	이원택	김호동	손승철	백인기	배재홍	신태훈
편수	7	6	5	4	3	3
명칭	수토관	수토관	수토관, 수토사	수토관	수토관, 수토사	수토관, 수토사
김기혁	유미림	유재춘	이홍권	송병기	송휘영	심현용
2	2	2	2	2	2	2
수토관	수토관	수토관, 수토사, 수토군	수토사	수토관, 수토사	수토관, 수토사	수토사
한성주	유하영	윤천수	김수희	서태원		
1	1	1	1	1		
수토관, 수토사	수토사	수토관	수토관, 수토사	수토사		

이상의 내용을 통해서 볼 때, 대부분의 연구자는 '수토관'을 썼고, 수토사라는 용어를 쓴 경우는 한성주를 제외하고는 특별한 설명이 없이 수토사라고 쓰고 있고, 그 경우도 수토관을 병행하여 쓰는 경우가 많았다. 그리고 주를 달지 않고 쓴 경우는 아마도 '단순히 수토를 행하는 관리라는 통상적인 의미'로 쓴 것이라고 생각된다.

그러므로 역사용어를 쓰는 경우, 마땅한 용어가 사료에 용어가 없는 경우는 부득이 造語를 해서 쓸 수는 있겠지만, 사료에 있는 경우는 사료에 나오는 대로 '搜討官'으로 써야 할 것 같고, 주를 달아 일반적인 용어로 쓸 경우는 '搜討使'라고도 쓸 수 있다고 생각한다. 왜냐하면 정확한 개념을 제시하지 않는 불필요한 造語는 자칫 왜곡된 역사인식을 유발할 수 있기 때문이다. 따라서 향후 「搜討官」으로 단일화하고, 그 집단을 통칭할 때는 「搜討官 一行」이라는 용어를 쓸 것을 제안한다.

참고문헌

동북아역사재단 홈페이지

다케시마연구소 홈페이지

국사편찬위원회 한국사연구휘보

한국교육학술정보원(KERIS)의 학술연구정보서비스(RISS)

영남대 독도연구소, 『울진 대풍헌과 조선시대 울릉도·독도의 수토사』, 선인, 2015.

백인기, 「조선 후기 주기적 울릉도 수토와 울릉도 인식 양상에 대한 연구」 『독도연구』 29, 2020.

김기혁, 「조선후기 울릉도 수토기록에 나타난 부속도서의 표상연구」『역사와 지리로 본 울릉도·독도』, 동북아역사재단, 2011.

손승철, 『울릉도 독도품은 강원도 사람들』, 강원도민일보, 삼척시, 2012.

한성주, 「울릉도 수토 각석문의 현황과 특징」 『독도연구』 31. 2021.

심현용, 「울진 대풍헌 현판」 『대구사학』 98, 2010.

이원택, 「울진 대풍헌 소장 「완문」과 「수토절목」의 해제 및 번역」 『영토해양연구』19, 2020.

제1편

누가, 왜 수토를 했나?

조선전기 도서정책과 울릉도, 독도

신명호 | 부경대학교 사학과 교수

Ⅰ. 머리말

필자는 2004년부터 몇 년 동안 부경대학교 해양문화연구소를 담당하게 되었다. 그러면서 필자는 대학원 학생들과 함께 조선시대 해양사를 공부하기 시작했다. 해양문화연구소 책임자로서 해양사를 알아야한다는 의무감에 더해 이른바 조선시대 도서정책(島嶼政策)이라는 공도정책(空島政策)을 깊이 알기 위해서였다. 그러면서 필자는 조선건국 세력의 도서정책은 '공도정책'이 아니라 오히려 적극적인 개척정책 또는 수복정책(收復政策)이라는 생각을 굳히게 되었다.

마침 2005년에는 김호동 교수가 '공도정책이라는 용어를 폐기해야 한다.'는 논문을 발표했다.[1] '공도정책'에 대한 김호동 교수의 문제의식은 필자의 문제의식과 다를 것이 없었다. 이에 자신감을 얻은 필자는 대학원 학생들과 함께 공부한 내용을 2007년『조선전기 해양개척과 대마도』라는 단행본으로 출간했다.[2] 조선전기 도서정책은 '공도정책'이 아니라 오히려 '개척정책'임을 주장하기 위해서였다.

---

1 김호동,「조선초기 울릉도, 독도에 대한 '空島政策' 재검토」,『민족문화논총』32, 2005.

2 부경대학교 해양문화연구소,『조선전기 해양개척과 대마도』, 국학자료원, 2007.

이후 공도정책에 비판적인 논문과[3] 우호적인 논문[4]이 연이어 발표되면서 조선전기 도서정책의 실체가 무엇인지를 놓고 다양한 의견이 제시되었다. 예컨대 공도정책에 비판적인 논문에서는 쇄환정책, 쇄출정책, 수토정책, 개척정책, 관리정책, 쇄환제, 수토제 등등을 제시했고, 공도정책에 우호적인 논문에서는 공도조치 또는 공도정책, 해금정책 등을 제시했다.

그런데 공도정책에 비판적인 의견이나 우호적인 의견은 모두가 조선전기의 역사적 사실에 근거했다는 점에서 어느 의견은 전적으로 틀리고 어느 의견은 전적으로 옳다고 하기 어렵다. 각 의견이 나름대로 근거와 논리를 가지고 있기 때문이다. 즉 조선전기 도서정책은 '공도정책'에 비판적인 측면뿐만 아니라 우호적인 측면을 모두 포괄했던 것이다.

따라서 조선전기 도서정책의 실체를 파악하기 위해서는 '공도정책'에 비판적인 측면과 우호적인 측면이 동시에 가능했던 역사적 배경과 함께 조선건국세력의 영토계승의식, 해양영토정책 등을 통합적으로 고찰할 필요가 있다. 나아가 대명외교, 대일외교, 대여진외교 등 대외정책도 고려해야 한다. 조선건국 전후의 도서정책은 국가 안정기의 도서정책이 아니라 국가 건국기의 도서정책이었기에 영토계승의식, 해양영토정책은 물론 대외정책과도 불가분의 관계를 맺을 수밖에 없기 때문이다. 또한 조선전기 도서정책이란 조선건국 세력의 영토계승의식과 해양영토정책을 계승하는 것일 수밖에 없기 때문이기도 하다.

---

3 신명호, 「조선초기 중앙정부의 경상도 海島定策을 통한 空島政策 재검토」, 『역사와 경계』 66, 2008; 손승철, 「조선시대 空島政策의 해석과 搜討制 분석」, 『이사부와 동해』 1, 2010; 김호동, 「조선시대 독도, 울릉도에 대한 인식과 정책」, 『역사학연구』48, 2012.

4 강봉룡, 「해양인식의 확대와 해양사」, 『역사학보』 200, 2008.

Ⅱ. 조선건국 세력의 영토계승의식

1392년 7월 17일, 태조 이성계가 개경 수창궁(壽昌宮)에서 즉위함으로써 조선왕조의 역사가 시작되었다. 새로운 왕조를 출범시킨 태조 이성계를 비롯하여 개국공신 등 조선건국 세력은 당연히 새로운 왕조의 통치권이 미치는 지역 즉 영토에 대한 입장을 표명해야 했다. 조선건국 세력이 1392년 7월 17일 현재의 영토에만 통치권을 주장할 것인지, 아니면 다른 지역에도 통치권을 주장할 것인지, 다른 지역에도 통치권을 주장한다면 그 근거는 무엇인지 등등에 대한 입장을 표명해야 해당 지역에 대한 정치적, 행정적, 군사적, 외교적 대책을 취할 수 있기 때문이었다.

그런데 이 문제는 단순히 조선 국내에만 관계된 문제가 아니라 주변국에 직결된 문제이기도 했다. 조선건국 세력의 영토주장에 따라 주변국은 조선과 우호적인 관계를 맺을 수도 있고 반대로 적대적인 관계를 맺을 수도 있었다. 그런 면에서 조선건국 세력의 영토주장은 국내 통치문제이면서 동시에 외교, 안보 문제이기도 했다.

한편 영토주장은 영토계승의식의 표명이라고 할 수 있으므로 조선건국 세력의 영토주장을 이해하기 위해서는 그들의 영토계승의식을 검토할 필요가 있다. 조선건국 세력의 영토계승의식은 1392년 7월 28일 발표된 태조의 '즉위교서'에서 찾아볼 수 있다. 정도전이 지은 태조의 즉위교서에 나타난 조선건국 세력의 영토계승의식은 다음 내용에 함축되어 있다.

> "(전략) 나는 여러 사람의 심정에 굽혀 따라, 마지못해 왕위에 올랐다. 국호는 그전대로 고려라 하고, 의장(儀章)과 법제(法制)는 모두 고려의 고사(故事)에 의거한다. 그리고 건국의 초기를 맞이해 마땅히 관대한 은혜를 베풀어야 하니, 무릇 백성에게 편리

한 사건에 관한 사목(事目)을 조목별로 다음과 같이 열거한다. (하략)"[5]

위의 즉위교서에 의하면 새 왕조의 '의장(儀章)과 법제(法制)는 모두 고려의 고사(故事)에 의거' 한다고 하였다. 새 왕조의 '의장(儀章)과 법제(法制)'에 행정체제, 국방체제 등이 포함되는 것은 당연한 일이라 할 수 있다. 또한 행정체제, 국방체제 등은 영토에 근거하는 것 역시 당연한 일이라 할 수 있다. 따라서 태조의 '즉위교서'에서 새 왕조의 의장(儀章)과 법제(法制)는 모두 고려의 고사(故事)에 의거한다고 한 언급에는, 새 왕조의 영토는 고려시대의 영토를 계승한다는 대원칙이 함축되어 있다고 이해할 수 있다. 즉 조선건국 세력의 영토계승의식은 기본적으로 고려시대 영토 계승의식이었고, 그래서 고려시대 영토는 조선 영토라고 주장할 수밖에 없었다.

다만 "건국의 초기를 맞이해 마땅히 관대한 은혜를 베풀어야 하니, 백성에게 편리한 사건에 관한 사목"이라는 표현에서 새 왕조의 '의장(儀章)과 법제(法制)는 모두 고려의 고사(故事)에 의거' 한다는 대원칙 하에서 '백성에게 불편한 사건'은 개혁할 수 있다는 또 하나의 대원칙이 있었음을 알 수 있다. 그런데 태조의 즉위교서에 나타난 개혁사목은 대부분 유교적 개혁 사목이었다. 그러므로 태조의 즉위교서는 '고려 계승'이라는 대원칙과 함께 '유교 개혁'이라는 두 가지 대원칙에 따라 지어졌고, 그것이 조선건국 세력의 2대 건국정신 또는 국정지표라 이해할 수 있다.

이를 국정이라는 면에서 본다면, 조선건국 세력의 국정원칙은 '고려계승 원칙'과 '유교개혁 원칙' 두 가지였고, 그 두 가지 원칙에 따라 조선의 정치, 경제, 사회, 문화, 외교, 안보 등 국정 전반이 추진되었다고 이해할 수 있다.

---

5 『태조실록』 권1, 1년 7월 28일 "(전략) 予俯循輿情 勉卽王位 國號仍舊爲高麗 儀章法制 一依前朝故事 爰當更始之初 宜布寬大之恩 凡便民事件 條列于後(하략)".

영토정책 역시 '고려 계승'과 '유교 개혁'이라는 두 가지 국정원칙에 입각해 추진되었을 것임은 의심의 여지가 없다. 이와 관련해, 조선건국 세력은 고려시대 영토를 어디까지로 인식했는지, 1392년 7월 17일 조선 건국 당시 실제 통치권이 미치는 영토는 어디까지였는지, 나아가 고려시대 영토와 조선 건국 당시 영토가 일치하지 않을 때, 조선건국 세력은 어떻게 하려고 했는지 등등이 중요했다.

그런데 태조 이성계가 즉위하던 1392년 7월 17일 당시 북방 국경선은 압록강 하구의 의주에서 함경도의 강계와 길주를 잇는 선이었다. 한편 바다로 둘러싸인 한반도 3면의 국경선에 관해서는 "바다에서 50리 혹은 30-40리 떨어진 곳이라야 백성들이 겨우 편안히 살 수 있는데, 짐이 그 까닭을 물으니 왜구가 침략하기 때문이라고 한다."[6]는 공민왕 19년(1370) 5월의『고려사절요』기록이 중요한 시사점을 준다. 즉『고려사절요』에 의하면 공민왕 19년인 1370년 당시 고려 백성들은 바다에서 50리 혹은 30-40리 떨어진 곳이라야 겨우 편안히 살 수 있었다고 하였는데, 그것은 달리 이해하면 1370년 당시 한반도 3면의 국경선은 사실상 바다에서 50리 혹은 30-40리 떨어진 곳이었다는 뜻이라 할 수 있다. 당연히 한반도 3면의 대부분 섬들은 고려 통치권 밖에 있었다. 그것을 명확히 보여주는 사실이 바로 여러 섬들에 설치되었던 읍치(邑治)가 고려 말에 대거 육지로 옮겨진 것이라 할 수 있다.[7] 이렇게 된 근본적인 이유는 공민왕의 언급대로 "왜구가 침략하기 때문"이었다.

이 같은 상황은 20여년 후 태조 이성계가 즉위하던 1392년 7월 17일에도 크게 달라지지 않았다. 요컨대 태조 이성계가 즉위하던 1392년 7월 17일 당시 북방 국경선은 의주-강계-길주를 잇는 선이었고, 한반도 3면의 현실적인

---

6 『고려사절요』 권29, 공민왕 19년(1370) 5월 "去海五十里 或三四十里 民方有寧居者 朕詢其故 言倭奴所擾".

7 이존희, 『조선시대 지방행정제도연구』, 일지사, 1992.

국경선은 바다에서 50리 혹은 30-40리 떨어진 곳이었다.

이런 상황은 굳이 고려시대 영토가 정확히 어디까지인지를 확인하지 않아도, 조선건국 당시 현실적인 통치권이 미치는 영토는 고려시대 영토보다 훨씬 축소되었음을 짐작하게 한다. 하지만 고려시대 영토가 정확히 어디까지였는지 확인하기 위해서는 문헌으로 확인할 필요가 있었다. 이 같은 필요에서 1392년 10월 13일, 태조 이성계는 조준, 정도전 등에게 명령하여 『고려사』를 편찬하게 하였다.[8] 이렇게 시작된 『고려사』는 우여곡절 끝에 문종 1년(1451) 8월 25일 완성되었다.[9] 문종 1년(1451)에 완성된 『고려사』는 기전체 형식이며, 고려시대의 영토범위는 지리지(地理志) 항목에 수록되었다. 고려시대의 영토에 대한 개략적인 범위는 정인지의 "지리지 서문"에 들어있다. 그 내용은 다음과 같다.

> "우리 해동은 삼면이 바다에 막혀 있고, 한 모퉁이가 육지에 이어져 있는데, 그 폭과 둘레는 거의 10,000리에 이른다. (중략) 고려의 사방 경계는 서북은 당(唐) 이래로 압록(鴨綠)을 한계로 삼았고, 동북은 선춘령(先春嶺)을 경계로 삼았다. 무릇 서북은 그 이르는 곳이 고구려에 미치지 못했으나 동북은 그것을 넘어섰다. 이제 대략 사책(史策)에 나타난 연혁에 근거하여 지리지를 짓는다."[10]

위에 나타난 고려시대 영토 범위는 조선건국 세력의 고려시대 영토의식을 반영한 것이라 할 수 있다. 이 같은 고려시대 영토를 정인지는 "삼면은 바

8 『태조실록』 권2, 1392년 10월 13일.

9 『문종실록』 권9, 1년(1451) 8월 25일.

10 『고려사』 지(志) 10, 지리지, 서문 "惟我海東 三面阻海 一隅連陸 幅員之廣 幾於萬里 (중략) 其四履 西北 自唐以來 以鴨綠爲限 而東北 則以先春嶺爲界 盖西北所至 不及高句麗 而東北過之 今略據沿革之具於史策者 作地理志"

다에 막혀 있고, 한 모퉁이가 육지에 이어져 있는데"라고 하여 반도임을 명확히 하였다. 특히 대륙과 연결된 국경선에 관해 "서북은 당(唐) 이래로 압록(鴨綠)을 한계로 삼았고, 동북은 선춘령(先春嶺)을 경계로 삼았다."고 하여 서북의 국경선은 압록(鴨綠), 동북의 국경선은 선춘령(先春嶺)이라고 명시했다. 이때의 압록(鴨綠)은 물론 고려시대 국경선이던 한반도의 압록강이다.

정인지가 『고려사』지리지에서 서북 국경선을 압록(鴨綠)이라고 한 근거는 서희가 획득한 강동 6주로서, 그와 관련된 기록은 『고려사』 지리지 3의 북계(北界) 항목과 열전의 서희 항목이다. 또한 동북 국경선을 선춘령(先春嶺)이라고 한 근거는 윤관 장군의 9성 개척으로서, 그와 관련된 기록은 『고려사』 지리지 3의 함주대도독(咸州大都督府) 항목과 열전의 윤관 항목이다. 『고려사』의 이들 기록을 근거로 정인지는 고려시대 서북 국경선은 압록, 동북 국경선은 선춘령이라고 했고, 이를 근거로 고려시대 육지영토가 거의 10,000리에 이른다고 했던 것이다.

이를 좀 더 구체적으로 살펴보면 다음과 같다. 서북의 압록(鴨綠)에서 동북의 선춘령(先春嶺)까지는 직선거리로 대략 1,972리, 동북의 선춘령(先春嶺)에서 한반도 동남 끝까지는 대략 3,700리, 한반도 동남 끝에서 서남 끝까지는 대략 1,000리, 한반도 서남 끝에서 압록강 의주까지는 대략 2,000리로서, 이를 모두 합하면 8,672리에 이른다. 정인지가 『고려사』 지리지 서문에서 고려시대 육지영토를 "거의 10,000리에 이른다."고 한 언급은 바로 이 '8,672리'를 염두에 둔 것이었다.

그런데 이 같은 정인지의 언급을 두고, 조선 초기 당국자들은 육지영토만 영토로 인식하고, 섬과 바다는 즉 해양영토는 영토로 인식하지 않았다고 생각하면 안 된다. 조선시대 섬과 바다 정책 즉 해양 정책을 공도정책(空島政策)이라 하는 사람들은, 고려 말 조선 초기 몇몇 섬에서 있었던 출륙(出陸) 즉 읍치를 섬에서 육지로 옮기고 주민도 옮기는 조치들 그리고 육지중심의

사고방식을 가진 유학자들을 근거로 들었는데, 이는 전혀 역사적 사실이 아니다.

예컨대 정인지는 서문에서 고려시대의 육지영토 범위만 언급했지만, 그것은 짧은 서문의 성격상 육지중심으로 언급한 것이고, 『고려사』 지리지 본문에서는 동해, 남해, 서해의 중요 섬들 특히 읍치(邑治)가 설치되었던 섬 또는 국방상 중요한 섬들을 모두 기록하였다. 이는 정인지를 비롯한 조선 초기 당국자들의 영토의식은 육지영토만이 아니라 해양영토까지 포함한 영토의식이기에 나타난 결과라 할 수 있다. 예컨대 동해의 섬으로는 『고려사』 지리지 3의 동계(東界) 울진현 항목에 울릉도가 등장하고, 서해의 섬으로는 『고려사』 지리지 2의 전라도 나주목 항목에 흑산도는 물론 『고려사』 지리지 2의 진도현 항목에 탐라현 그리고 『고려사』지리지 3의 서해도(西海道) 백령진(白翎鎮) 항목에 백령도, 대청도, 소청도 등이 등장한다. 또한 남해의 섬으로는 『고려사』 지리지 2의 경상도 항목에 거제도, 남해도 등이 등장한다. 즉 『고려사』 지리지에 기록된 고려의 육지영토는 압록강, 선춘령 그리고 한반도를 아우르는 8,672리이고, 해양영토는 동해의 울릉도 서해의 제주도와 흑산도 그리고 남해의 거제도를 최대한도로 하는 섬과 바다였던 것이다. 조선 건국 세력은 바로 이 같은 육지영토와 해양영토를 조선이 계승해야 할 고려 영토라고 인식했던 것이다. 이 같은 조선건국 세력의 영토의식이 잘 나타난 것이 바로 태종 2년(1402) 작성된 『혼일강리역대국도지도(混一疆理歷代國都地圖)』이다.

〈그림 1〉『혼일강리역대국도지도(混一疆理歷代國都地圖)』의 해양영토 부분

이런 점을 염두에 두고 1392년 7월 17일 당시의 현실적 영토를 생각해보면, 태조 이성계가 즉위하던 당시 조선의 현실적 영토는 고려시대의 영토에 비해 대폭 축소되었음을 알 수 있다. 예컨대 강계에서 길주를 연결하는 북방 국경선은 고려시대의 압록과 선춘령을 연결하는 북방 국경선에 비해 대폭 축소된 것이며, 한반도 3면의 경우 바다에서 50리 혹은 30-40리 떨어진 국경선은 동해 울릉도, 남해 거제도, 서해 제주도와 흑산도를 잇는 고려시대의 도서지역에 비해 대폭 축소된 것이었다. 요컨대 태조 이성계가 즉위하던 당시 조선의 현실적 영토는 육지영토와 해양영토 모두 고려시대의 영토에 비해 대폭 축소되었다. 따라서 조선건국 세력은 조선의 현실적 영토는 물론 그밖에 존재하는 고려시대의 영토에 대해서도 대책을 세워야 했다. 고려시대 영토를 계승한다는 대원칙을 '태조 즉위교서'에서 대내외에 천명했기 때문이다.

그런데 조선건국 세력 입장에서 본다면 조선의 현실적 통치권 밖에 존재하는 고려시대의 영토는 잃어버린 영토 즉 고토(古土)나 마찬가지였다. 따라서 잃어버린 영토를 대상으로 하는 국가정책은 고토 수복정책이 될 수 있었다. 조선초기의 요동정벌 추진과 4군6진 개척, 그리고 도서개척과 대마도 정벌 등등이 그런 정책이라 할 수 있다.[11] 다만 요동정벌 추진과 4군6진 개척은 육지고토를 대상으로 한 정책인 반면, 도서개척과 대마도 정벌은 해양고토 또는 도서고토를 대상으로 한 정책이라는 점에서 다르다고 하겠다.

반면 현실적인 영토에 대한 대책은 방어정책이라 할 수 있다. 영토 방어정책 역시 육지영토 방어정책과 해양영토 방어정책으로 구분될 수 있다. 그런데 현실적인 영토 방어정책은 논리상 고토 수복정책과 유기적으로 연결될 수밖에 없었다. 고토와 영토가 서로 근접해 있기 때문이기도 했고, 또 국내외적 상황에 따라 고토에서 영토로 바뀔 수도 있고 반대로 영토에서 고토로 바뀔 수도 있기 때문이었다. 이에 따라 고토 수복정책이나 영토 방어정책은 상황에 따른 다양한 조치들이 수반될 수밖에 없었다.

Ⅲ. 조선건국 세력의 해양고토 수복정책

조선왕조는 1392년 7월 17일 태조 이성계가 개경의 수창궁에서 왕위에 오름으로써 건국되었지만, 실제는 1388년의 위화도 회군이 건국의 출발점이었다. 회군 이후 실권을 장악한 이성계는 조준, 정도전 등의 신진사대부들을 내세워 각종 개혁정책을 추진했다.[12] 특히 대사헌에 발탁된 조준은 당시

11 이규철, 『조선초기의 對外征伐과 對明意識』, 가톨릭대학교 박사학위논문, 2013.

12 김당택, 「이성계의 위화도회군과 제도개혁」『전남사학』24, 2005.

의 여론을 주도하며 고려 말의 개혁정책을 주도했다.[13] 조준은 정도전과 달리 태종 이후에도 계속 권력 중심부에 있었으므로 그의 사상과 정책은 그대로 조선초기의 국가정책으로 연결되었다.

1388년 5월 22일, 위화도에서 회군한 이성계는 6월 1일 개경에 도착하여 우왕과 최영을 생포하고 실권을 장악했다. 이성계는 곧바로 조준을 발탁하여 지밀직사사 겸대사헌(知密直司事兼大司憲)으로 삼았다. 이성계의 후원을 얻은 조준은 대사헌의 자격으로 토지제도와 정치제도 등 국정전반에 대한 개혁안을 연이어 올렸다. 당시 이성계는 크고 작은 모든 일들을 조준에게 물어서 시행하였다고 한다.[14] 따라서 조준이 사헌부의 이름으로 올린 각종 개혁안이나 시무책(時務策)들은 그의 개인적 생각이 아니라 이성계를 비롯한 조선건국 세력들의 생각을 대변한다고 할 수 있다.

조준은 대사헌이 된 직후인 1388년 7월에 사전(私田)개혁을 요구하는 제1차 전제개혁안(田制改革案)을 올렸다. 이어 8월에는 국정전반의 개혁안을 담은 시무책을 올렸는데, 그 중의 한 부분이 수군, 어염, 목축, 도서, 연안 등에 관련된 개혁안이었다. 조준은 수군, 어염, 목축, 도서, 연안 등에 관하여 다음과 같은 언급을 하였다.

> "제도(諸道)의 어염과 목축의 번식은 국가에서 없어서는 안 될 것입니다. 우리 태조(고려 건국시조 왕건 태조)께서 아직 신라와 백제를 평정하지 못했을 때 먼저 수군을 다스려 친히 누선(樓船)을 타고 금성(金城-나주)을 쳐서 장악함으로써 여러 섬의 이권이 모두 국가에 소속되었습니다. 그 재력에 힘입어 드디어 삼한을 통일할 수 있었습니다.

13 장득진, 「趙浚의 정치활동과 그 사상」『사학연구』 38, 1984.

14 『태종실록』 권9, 5년 6월 27일조 "太上王仗義回軍 執退瑩 欲大革積弊 一新庶政 雅聞浚重望 召與論事大悅 擢知密直司事兼司憲府大司憲 事無大小 悉以咨之".

압록강 이남은 거의가 모두 산이고 비옥한 토지는 바다에 인접한 곳에 있습니다. 그런데 비옥한 들판에 있는 수 천리의 논밭이 왜구에게 함락되어 황폐해져서 갈대숲이 하늘에 닿았습니다. 이에 국가에서는 어염과 목축의 이익을 잃었고, 또 기름진 들판에 있는 좋은 논밭의 수입을 잃어버렸습니다. 원하건대 중국 한나라에서 백성을 모집하여 변방에 채워 흉노를 막은 고사를 따라서, 망읍(亡邑)의 황무지를 개간하는 자에게는 20년을 기한하여 그 밭의 전세를 받지 말고, 그 백성을 부역시키지 말며, 수군 만호에 전속시켜 성보를 수축하고, 노약자를 불러 모으며, 먼 곳까지 척후를 두고 봉화를 신중히 하며, 평소에 일이 없을 때는 농사짓고, 고기 잡고, 소금 굽고, 철공질하여 먹고 살며, 때때로 배를 만들다가, 왜구가 오면 들을 비우고 성보 안으로 들어가고, 수군을 시켜 치게 하소서. 합포에서 의주에 이르기까지 모두 이렇게 하면 몇 해가 되지 않아서 유망(流亡)했던 사람들이 모두 고향 고을로 되돌아와 변경주군(邊境州郡)이 충실하게 되고 제도(諸島)가 점차로 차게 될 것입니다. 그렇게 되면 전함이 많아져 수군은 익숙해지고, 왜구는 도망가 변방 고을은 편안해지며 조운이 편리해 창고가 채워질 것입니다."[15]

위에 의하면 1388년 7월 당시에도 압록강 이남의 '수 천리 논밭이 왜구에게 함락되어 황폐해져서 갈대숲이 하늘에 닿은' 상황이었다. 이는 '바다에서 50리 혹은 30-40리 떨어진 곳이라야 백성들이 겨우 편안히 살 수 있는데,

15 『고려사절요』 권33, 신우 14년 8월 "大司憲趙浚陳時務曰(중략) 諸道魚鹽畜牧之蕃 國家之不可無者也 我神聖之未平新羅百濟也 先治水軍 親駕樓船 下錦城而有之 諸島之利皆屬國家 資其財力 遂一三韓 自鴨綠以南 大抵皆山 肥膏之田 在於瀕海 沃野數千里之稻田 陷于倭奴 蒹葭際天 國家旣失魚鹽畜牧之利 又失沃野良田之入 願用漢氏募民實塞下 防匈奴之故事 許於亡邑荒地開墾者 限二十年 不稅其田 不役其民 專屬水軍萬戶府修立城堡 屯聚老弱 遠斥候 謹烽火 居無事時 耕耘魚鹽鑄冶而食 以時造船 寇至 淸野入堡 而水軍擊之 自合浦以至義州 皆如此 則不出數年 流亡盡還其鄕邑 而邊境州郡旣實諸島漸次而充 戰艦多而水軍習 海寇遁而邊郡寧 漕轉易而倉廩實矣".

짐이 그 까닭을 물으니 왜구가 침략하기 때문이라고 한다.'던 공민왕 19년(1370)의 상황이 1388년 당시까지 지속되고 있었음을 알려준다. 조준의 시무책은 바로 이런 상황을 바꾸기 위해 제안된 것이었다.

그런데 조준의 시무책에서 공도정책과 유사한 인식이나 정책은 전혀 찾아볼 수 없다. 오히려 왜구에게 침략당해 황폐해진 해안가와 도서지역을 적극적으로 개척 또는 수복하려는 인식과 정책만 보일 뿐이다. 즉 조준의 시무책은 해양고토 개척정책 또는 수복정책이라 불러도 전혀 손색이 없는 것이었다.

예컨대 조준은 고려의 왕건 태조가 삼한을 통일할 수 있었던 배경은 '강력한 수군'과 '전라도 도서지역에서 산출되는 재력'이었다고 언급하였다. 이런 언급은 바로 당시의 피폐한 국가상황을 극복하기 위해서는 강력한 수군 건설과 함께 연근해 및 도서지역의 개척 또는 수복이 필수적이라는 인식과 직결되어 있었다. 그래서 조준은 해양고토를 개척하기 위해 '망읍(亡邑)의 황무지를 개간하는 자에게는 20년을 기한하여 그 밭의 전세를 받지 말고, 그 백성을 부역시키지 말며, 수군만호에 전속시켜 성보를 수축하고, 노약자를 불러 모으며, 먼 곳까지 척후를 두고 봉화를 신중히 하며, 평소에 일이 없을 때는 농사짓고, 고기 잡고, 소금 굽고, 철공질하여 먹고 살며, 때때로 배를 만들다가, 왜구가 오면 들을 비우고 성보 안으로 들어가고, 수군을 시켜 치게' 하자는 다양한 조치들을 제시하였다.

그런데 위에서 조준이 언급한 '망읍(亡邑)'이란 고려 말 왜구 때문에 출륙(出陸)한 도서지역의 읍치(邑治) 또는 읍치를 옮겨야만 했던 해안가의 읍치(邑治)를 지칭하는 것이었다. 왜구 때문에 출륙(出陸)한 도서지역의 읍치(邑治) 또는 읍치를 옮겨야만 했던 해안가의 읍치는 공히 읍치를 망실했기에 망읍(亡邑)이라 불린 것인데, 이를 국가차원에서 보면 망읍(亡邑) 상태가 수십 년 지속되었다는 점에서 수십 년간 영토를 상실한 상태나 같았다. 따라서 도서지역과 해안지역의 망읍(亡邑)을 회복하기 위한 노력은 잃어버린 고려시대의 해양고토를 개척 또는 수복하기 위한 노력이라 평가할 수 있다. 이런 사실을 통해 조준을 비롯한 조선건국 세력은 왜구 때문에 잃어버린 해양고토를 적극적으로 개척 또는 수복하려는 의지가 충만했고, 그런 의지를 국가정책이나 임시조치 등으로 추진했음을 확인할 수 있다.

예컨대 조준은 '망읍'을 개척 또는 수복하기 위한 조치로서 '망읍(亡邑)의 황무지를 개간하는 자에게는 20년을 기한하여 그 밭의 전세를 받지 말고, 그 백성을 부역시키지 말며'라고 하였는데, 이는 '망읍'을 개척하기 위한 '세금면제조치'와 '부역면제조치'라 할 수 있다.

또한 '수군만호에 전속시켜 성보를 수축'하자고 했는데, 이는 '수군만호전속조치', '성보수축조치'라 할 수 있다.

아울러 '노약자를 불러 모으며'라고 한 것은 '노약자모집조치', '먼 곳까지 척후를 두고 봉화를 신중히 하는'이라고 한 것은 '척후배치조치'와 '봉화신중조치'라 할 수 있다.

마지막으로 '평소에 일이 없을 때는 농사짓고, 고기 잡고, 소금 굽고, 철공질하여 먹고 살며, 때때로 배를 만들다가'라고 한 것은 '연해민 임시생활조치'라 할 수 있고, '왜구가 오면 들을 비우고 성보 안으로 들어가고, 수군을 시켜 치게'하자는 것은 '비상시 청야(淸野)조치', '수군반격조치'라 할 수 있다.

이처럼 조준이 제시한 '세금면제조치', '부역면제조치', '수군만호전속조치', '성보수축조치', '노약자모집조치', '척후배치조치', '봉화신중조치', '연해민 임시생활조치', '비상시 청야(淸野)조치', '수군반격조치' 등 다양한 조치들은 왜구 때문에 잃어버린 망읍(亡邑) 즉 해양고토를 개척 또는 수복하기 위한 경제적, 행정적, 군사적 임시조치들이라 할 수 있다. 예컨대 세금면제조치', '부역면제조치', '연해민 임시생활조치'는 경제적 조치라 할 수 있고, '노약자모집조치'는 행정적 조치 그리고 '수군만호전속조치', '성보수축조치', '척후배치조치', '봉화신중조치', '비상시 청야(淸野)조치', '수군반격조치'는 군사적 조치라 할 수 있다. 따라서 이 같은 조준의 시무책에 굳이 이름을 붙인다면 '망읍 수복정책' 및 '망읍 수복을 위한 다양한 임시조치'라 할 수 있고, 이 같은 조준의 '망읍 수복정책'은 잃어버린 해양고토를 되찾으려는 정책이라는 면에서 해양고토 수복정책이라 할 수 있다. 조준의 해양고토 수복정책은 조준 개인만의 정책이 아니라 태조 이성계를 비롯한 조선건국 세력의 해양고토 수복정책이기도 했다.

그런데 조준은 '망읍 수복정책'의 시행범위를 '합포에서 의주에 이르기까지 모두 이렇게 하면'이라고 하여 남해와 서해 전역에 걸쳐 시행하자고 제안했다. 그 이유는 고려 말 왜구가 남해와 서해 전역을 약탈한 결과 남해와 서해 전역에서 수많은 망읍이 발생했기에, 역으로 '망읍 수복정책' 역시 남해와 서해 지역을 중심으로 추진하였던 것이다. 요컨대 조준의 '망읍 수복정책'은 절대로 공도정책과 연결시킬 수 없고, 오히려 왜구에게 잃어버린 제도(諸島)를 적극 개척, 수복함으로써 어염과 목축의 이익을 극대화하여 국가를 부강하게 하자는 '해양고토 수복정책'이라고 이름붙일 수 있다. 이 같은 조준의 인식과 정책이 바로 이성계를 비롯한 조선건국 세력들의 해양인식이며 해양고토 수복정책이었던 것이다.

실제 조준이 수군, 어염, 목축, 도서, 연안과 관련하여 시무책에서 제시했던 다양한 조치들은 그대로 고려 말, 조선 초의 국가조치 또는 국가제도로 시행되었다. 즉 수군과 관련하여서는 무기와 전술이 개발되고[16] 수군을 우대하기 위한 제도도 나타났다.[17] 또한 연근해지역의 묵은 땅을 개간하거나 도서지역으로 새로 옮겨서 사는 사람들에게는 세금과 부역을 면제하기도 하였

---

16 임용한, 「고려후기 수군 개혁과 전술변화」『군사』54, 2005.

17 노영구, 「조선초기 水軍과 海領職의 변화」『한국사론』33, 1995.

다. 예컨대 거제도 주민들이 섬으로 돌아가자 첫해의 전세(田稅)는 전부 면제하고 그 다음해에는 반만 거두고 3년 후에야 전부 거두게 하였다.[18]

또한 『경국대전』에서는 "해택(海澤)은 첫 해에는 면세하고 다음 해에는 반을 수세한다."[19]고 규정했는데, 여기서 언급한 '해택(海澤)'의 '해(海)'는 연해지역과 섬의 토지를 개간한 경우이며,[20] 이 연해지역과 섬의 토지를 개간한 경우 첫 해에는 면세하고 다음 해에는 반을 수세한다고 규정한 이유는 경제적 조치를 통해 연해지역과 섬의 토지 개간을 장려하기 위해서라고 이해할 수 있다. 이처럼『경국대전』에 연근해 지역과 도서지역의 토지개간을 장려하기 위한 법이 규정된 이유는 당연히 조준 등 조선건국 세력의 해양고토 개척정책을 제도적으로 뒷받침하기 위해서라고 이해할 수밖에 없다. 즉 '해양고토 수복정책'을 뒷받침하던 다양한 임시조치가 법적, 제도적으로 정비되기도 했던 것이다.

실제로 조선건국 세력의 해양고토 수복정책 결과 고려 말인 공양왕 1년(1389)에 경기도, 충청도, 경상도, 전라도, 황해도, 강원도의 6도를 양전했을 때 96만여 결에 불과했던 토지가 17년 후인 태종 6년(1406)에 6도를 양전했을 때는 120여만 결이나 되었다. 17년 사이에 늘어난 30여만 결은 대부분이 왜구 때문에 황폐화 되었던 연해지역과 도서지역의 전답을 다시 개간한 것이었다.[21] 이는 조준의 '망읍 수복정책' 즉 해양고토 수복정책이 조선건국 이후에도 지속적으로 추진된 결과라 이해할 수 있다. 따라서 1388년 8월의 조

---

18 『세종실록』 권21, 5년 8월 2일조.

19 『경국대전』 호전, 收稅條 "海澤 初年免稅 次年半收".

20 한우근·이성무 외,『역주 경국대전』호전 수세, 한국정신문화연구원, 1979, 272쪽.

21 『태종실록』 권11, 6년 5월 3일 "議政府上諸島量田之數 除東西北面不行改量外 京畿忠淸慶尙全羅豊海江原六道 原田凡九十六萬餘結 及改量 得剩田三十餘萬結 前朝之季 田制大毁 洪武己巳 改量六道田附籍 然其時倭寇方熾 瀕海皆陳荒 及是開墾日增 地無遺利 故改量之".

준 시무책 내용 중 극히 일부분인 '왜구가 오면 들을 비우고(淸野) 성보 안으로 들어가고'라는 내용만을 확대, 강조하여 조준의 해양고토 수복정책을 '청야정책(淸野政策)'으로 규정하거나, 혹은 조준의 '청야정책'이 조선왕조 5백년간 지속되었다고 주장하는 학자가 혹시라도 있다면, 그것은 지엽말단적인 사료 해석에만 매달린 결과이거나 아니면 음험한 의도를 가지고 사료를 왜곡한 결과일 것이다.

Ⅳ. 조선건국 세력의 해양영토 방어정책

조선건국을 전후로 도서지역뿐만 아니라 연근해 지역에서도 읍치변동이 많았다.[22] 따라서 도서지역의 읍치변통을 통해 조선건국 세력의 해양영토 방어정책을 검토해 볼 수 있다. 다만 한정된 지면에서 모든 읍치변동을 검토할 수는 없으므로, 경상도 지역의 도서에 설치되었던 읍치의 변동을 사례로 살펴보고자 한다.

고려 시대 경상도 도서지역에 설치된 군현으로는 거제도의 거제현, 남해도의 남해현, 그리고 창선도의 창선현 이렇게 3개가 있었다. 이 3개의 현은 고려 말에 모두 육지로 옮겨가거나 폐지되었다. 관련 기록을 살펴보면 다음과 같다.

가 : 거제도의 읍치이동에 관한 기록

가-1 : (중략) 고려 원종 12년(1271)에 왜구로 말미암아 토지를 잃고 거창의 가조

22 이존희, 『조선시대 지방행정제도연구』, 일지사, 1992.

현에 옮겨 살았다. 충렬왕 때 관성에 합쳤다가 곧 복구하였다.[23]

가-2 : (중략) 고려 원종 12년(1271) 신미〈원나라 지원(至元) 8년〉 왜구로 말미암아 토지를 잃고 거창의 가조현에 옮겨 살았다. 조선 태종 갑오(1414, 태종 14) 거창에 합하여 제창현(濟昌縣)이라 하였다. 을미(1415, 태종 15) 다시 나누어 거창현으로 했다가 세종 4년(1422) 임인에 다시 옛 거제도로 돌아가게 하고 4품 이상으로 지현사(知縣事)에 충당했다.[24]

가-3 : (중략) 고려 원종 12년(1271)에 왜구로 말미암아 토지를 잃고 거창의 가조현에 옮겨 살았다. 충렬왕 때 관성에 합쳤다가 곧 혁파하였다. 조선 태종 14년(1414) 거창에 합하여 제창현이라 하였다가 곧 혁파하였다. 세종 14년(1432)에[25] 다시 옛 거제도로 돌아가게 하고 지현사로 삼았다가 후에 현령으로 고쳤다.[26]

나 : 남해도의 읍치이동에 관한 기록

나-1 : (중략) 고려 공민왕 7년(1358)에 왜구로 말미암아 토지를 잃고 진주의 임내(任內) 대야천부곡(大也川部曲)에 옮겨 살았다.[27]

---

23 『고려사』 지리지, 경상도, 거제현조 "巨濟縣(중략) 元宗十二年 因倭失土 僑寓居昌縣之加祚縣 忠烈王時 併于管城 尋復舊".

24 『세종실록』 지리지, 경상도 거제현조 "巨濟縣(중략) 元宗十二年辛未〈元 至元八年〉 因倭失土 僑寓居昌之加祚縣 本朝太宗甲子 合于居昌 號濟昌縣 乙未 復析爲居昌縣 今上四年壬寅 復還舊島 以四品以上 充知縣事".

25 『세종실록』 지리지에서는 세종 4년이라고 하였는데, 이곳에서는 세종 14년이라고 하였다. 『세종실록』을 통해 확인하면 세종 4년이 맞으므로 『동국여지승람』의 기록은 오류라고 하겠다.

26 『동국여지승람』 경상도, 거제현, 건치연혁조 "建置沿革(중략) 元宗十二年 因倭失土 僑寓居昌縣之加祚縣 忠烈王時 併于管城尋罷 本朝太宗十四年 併于居昌 號濟昌縣 又尋罷 世宗十四年 復還舊島 爲知縣事 後改縣令".

27 『고려사』 지리지, 경상도, 남해현조 "南海縣(중략) 恭愍王七年 因倭失土 僑寓晉州任內大也川部曲".

나-2 : (중략) 남해현은 본래 바다 가운데의 섬으로 신라 신문왕이 처음으로 전야산군(轉也山郡)을 두었다가 경덕왕이 남해군으로 고쳤고 고려 현종 무오년에 현령을 두었다. 공민왕 무술(공민왕 7년, 1358)에 왜구로 말미암아 토지를 잃고 진지의 임내 대야천부곡에 옮겨 살았다. 조선 태종 갑오(태종 14년, 1414)에 하동에 합하여 하남현(河南縣)으로 일컫다가, 을미(태종 15년, 1415)에 다시 하동현(河東縣)을 설치하고 진주 임내(任內)인 금양부곡(金陽部曲)을 남해에 붙여서 해양현(海陽縣)으로 일컬었으며, 정유년(태종 17, 1417에) 금양(金陽)을 도로 진주로 붙이고 다시 남해현으로 삼았다가, 기해년(세종 1년, 1419)에 곤명현(昆明縣)에 합하였다.[28]

나-3 : 정이오의 기문(記文)에, "남해현은 바다 중에 있는 섬으로서 진도 거제와 함께 솥발처럼 우뚝하다. 토지는 비옥하고 물산이 풍부하여 국가에 도움되는 것이 적지 않았다. 하지만 그곳이 왜국과 가까워 경인년(충정왕 2년, 1350)부터 왜구의 침략을 입기 시작하여 혹 잡혀가기도 하고 혹 이사하기도 하여 속현인 평산과 난포가 쓸쓸히 사람이 없었다. 8년이 지난 정유년(공민왕 6년, 1357) 바다에서 육지로 나와 진양의 선천(鐥川)에 야거(野處)하였다. 토지도 지키지 못하고 공물과 세금도 바치지 못하니 판도(版圖)에 기재된 재물과 세금이 나오는 곳이 모두 초야의 사슴 놀이터가 되고 왜구의 소굴이 된지 46년이나 되었다.(중략) 주상(태조 이성계)이 즉위한 4년(태조 4년, 1395)에 우유(雨岫) 임덕수(任德秀)를 구라량 만호로 삼고 아울러 현령을 겸하게 하였다. 임덕수는 부임하여 계획을 베풀고 은혜를 베풀어 이로운 사업을 일으키고 민폐를 없앴다. 이에 군무가 정비되니 또한 민

---

28 『세종실록』 지리지, 경상도, 곤명군조 "南海縣 本海中島 新羅神文王初 置轉也山郡 景德王改爲南海郡 顯宗戊午 置縣令官 恭愍王戊戌 因倭寇失土 僑寓于晉州任內大也川部曲 本朝太宗甲午 合于河東 稱河南縣 乙未 復置河東 以晉州任內金陽部曲 屬于南海 丁酉 以金陽還屬晉州 復爲南海縣 己亥 合于昆明".

사도 발전했다. 그러나 지역이 좁고 험하니 사람들은 옛날 살던 곳을 생각하였다. 임덕수는 그 말을 듣고 여러 사람들과 협의한 다음 도관찰출척사 최유경에게 사유를 갖추어 조정에 알리기를 요청하였다. 이웃 고을 하동, 사천, 명주, 고성, 진해 등 다섯 고을 사람들을 사역하여 옛 현의 외딴 섬 중에 성을 쌓았다. 돌을 포개어 견고하게 하고 해자를 파서 못을 만들었다. 2월에 일을 시작해서 3월에 준공하니 남해현의 백성들이 모두 돌아와서 그 밭을 갈고 그 집을 꾸며서 낮에는 일하고 밤에는 쉬며 즐기고 화락하였다. 물고기, 소금, 벼 등의 이익이 장차 지난날의 부유함을 회복하였다."[29]

다 : 창선도의 읍치이동에 관한 기록

다-1 : (중략) 본래 신라 유질부곡(有疾部曲)이었다. 고려 때에 지금의 이름으로 고쳤으며 올려서 현으로 하고 진주에 소속시켰다. 충선왕이 즉위한 후 왕의 이름을 휘(諱)하여 홍선(興善)으로 고쳤다. 후에 왜구로 말미암아 인물이 모두 없어져 직촌(直村)이 되었다.[30]

다-2 : (중략) 홍선도(興善島)는 본래 고려의 유질부곡(有疾部曲)이었는데 뒤에 창선현(彰善縣)으로 고쳐 진주 임내(任內)에 붙였다가 충선왕 초에 왕의 이름을 휘하여 홍선으로 고쳤다. 왜적으로 말미암아 인물이 모두 없어져

29 『동국여지승람』 경상도, 남해현, 성곽조 "鄭以吳記 南海爲縣 在海島之中 與所謂珍島 巨濟鼎峙 其地沃以膏 其生物碩且蕃 國家之資焉者 不貲矣 然其境壤 與倭島密彌 自庚寅之歲 始被倭寇 或虜或徙 縣之屬縣平山蘭浦 蕭然無人 越八年丁酉 出海而陸就晉陽之鍗川而野處 不能守土地修貢賦 版籍所載 財賦所出 皆棄於草野鹿場鞠爲倭寇之淵藪者 垂四十有六(중략) 上卽位之四年 擧雨岫任侯德秀 爲仇羅梁萬戶兼令是縣 侯旣至 設計推思 興利除弊 戎務旣修 民事亦擧 然地狹而險 人思舊土 侯乃聞之 與衆協謀 請於都觀察黜陟士崔公有慶 具事聞于朝 以隣境河泗冥固鎭五郡之人 城諸古縣絶島之中 累石爲固 因塹爲池 始事於二月 而告畢三月之吉 南民悉還 田其田 廬其廬 晝作夜息 怡怡熙熙 魚鹽禾稻之利 將以復前日之富".

30 『고려사』 지리지, 진주목조 "彰善島〈本新羅有疾部曲 高麗更今名 陞爲縣 屬于州 忠宣王卽位 避王嫌名 改爲興善 後因倭寇 人物俱亡 爲直村".

지금은 직촌이 되었다. 수로로 10리 이다.〈백성들이 왕래하면서 농사를 짓는다.〉[31]

다-3 : (중략) 흥선도는 진주 남쪽 바다 가운데에 있으며 목장이 있다.[32]

위의 기록으로 본다면 거제현은 원종 12년(1271), 남해현은 공민왕 6년(1357)에 읍치가 출륙(出陸)되었고 창선현은 고려 말에 폐현되어 아예 진주의 직촌이 되었다. 거제현이 출륙한 이유는 왜구보다는 삼별초 항쟁 때문이었다.[33] 이에 비해 남해현이 출륙한 것이나 창선현이 폐현된 것은 분명 왜구 때문이었다.

그런데 이런 사실에서 확인할 수 있는 것은 도서지역의 읍치가 출륙된 이유가 꼭 왜구 때문만은 아니라는 점, 그리고 출륙이 특정한 시점에서 모든 섬을 대상으로 공포된 정부정책이라기 보다는 왜구를 피하기 위한 긴급조치 또는 안전조치로서 특정한 섬을 대상으로 하는 개별적 성격이 강했다는 점이다. 즉 도서지역의 읍치가 출륙되었다는 사실이 바로 모든 섬의 거주민을 소개시키는 공도정책이었다고 할 수는 없다.

고려 말의 공도정책이 조선시대에도 계승되었다면 출륙한 읍치는 다시 되돌아가지 말아야 하고 섬에서의 거주도 금지되는 것이 당연하다. 그런데 위의 기록에서 확인할 수 있는 사실은 남해현의 읍치는 태조 4년(1396)에, 거제도의 읍치는 세종 4년(1422)에 복구되었고 창선현은 비록 폐현되었지만 진주의 직촌이 되었다는 사실이다. 이런 점에서 거제도, 남해도, 창선도는 물론 진도의 읍치변동은 조선 초기 공도정책의 근거가 아니라 오히려 해양

31 『세종실록』 지리지, 경상도, 진주목조 "興善島 本高麗有疾部曲 後改爲彰善縣 屬晉州任內 忠宣王初 避王嫌名 改爲興善 因倭人物全亡 今爲直村 水路十里〈人民來往農作〉".

32 『동국여지승람』 경상도, 진주목, 산천조 "興善島〈在州南海中 有牧場〉".

33 최영호, 「13세기 말 거제현의 出陸 배경에 대한 검토」『석당논총』 31, 2002.

고토 수복정책의 근거가 될 수 있다.[34]

예컨대 위의 사례에서 나타나듯이, 출륙했던 남해현에 읍치가 복구된 것은 국가권력의 주도에 의해서였다. 즉 태조 4년(1395)에 구라량의 만호로 부임한 임덕수는 출륙한 남해현 주민들의 민원에 따라 이들을 다시 섬으로 돌아가게 해 달라고 당시의 도관찰출척사 최유경에게 공식으로 요청하였다. 최유경은 이런 요청을 중앙정부에 보고하였으며, 중앙정부에서는 이를 허락했던 것이다. 만약 당시 중앙정부의 해도정책이 명실상부한 공도정책이었다면 이런 요청을 구라량 만호와 도관찰출척사가 중앙정부에 할 수도 없고, 또 그런 요청이 제기되었다고 해도 중앙정부에서 허락하지 않았을 것이다. 하지만 구라량 만호와 도관찰출척사는 공식적으로 요청하였고 중앙정부는 허락했다.

공도정책 때문이 아니라 왜구 때문에 출륙했던 남해현의 주민들은 국가의 공식적인 허락 하에 고향 섬으로 다시 돌아갔던 것이다. 이런 상황은 기본적으로 거제도, 진도에서도 마찬가지였다. 그러므로 거제도, 남해도, 창선도 등의 읍치변동을 공도정책의 근거라고 할 수는 없는 것이다. 요컨대 고려말 왜구 때문에 읍치를 육지로 옮겼던 도서지역의 망읍(亡邑)들은 조선건국세력의 해양고토 수복정책에 따라 많은 수가 조선 건국 후 다시 복읍(復邑)되었다. 이 같은 복읍(復邑)이나 설읍(設邑)은 이미 조선의 해양영토로 확보된 도서지역에서 시행된 최종적인 군사적, 행정적 조치라는 점에서 최종적인 해양영토 방어조치라고 이해할 수 있다.

그런데 조선전기 해양영토 방어정책에 수반되는 조치에는 복읍(復邑)이나 설읍(設邑) 이외에도 설진(設鎭), 쇄출, 쇄환, 수토, 출륙 등이 있었다. 예

---

34 진도 읍치의 경우도 충정왕 2년(1350)에 출륙되었지만 태종 14년(1414) 2월 26일에 섬으로 돌아갔다.

컨대 세조 7년(1461) 8월 계유에 '전라도민으로서 해도에 도망해 들어간 자들을 쇄출(刷出)할 지를 두고' 있었던 논의를 검토해 보면 다음과 같다. 우선 이런 논의가 나오게 된 배경은 다음과 같았다. 대마도의 왜인 오라여모(吳羅汝毛) 등 9명이 6월 초2일에 노인(路人)을 받아 전라도의 고초도(孤草島)에 출어했는데, 바람을 만나 서쪽으로 3백리쯤 되는 해도에 닿았다가 조선어민과 시비가 붙어 오라여모 등이 살해되었다. 살아남은 표아시라(表阿時羅) 등 3명은 경상도 거제도의 지세포 만호에게 도망하여 사건을 전달하고 대마도로 돌아가겠다고 하였다. 이것을 지세포 만호가 경상우도 처치사에게 보고하였고 처치사는 다시 중앙정부에 보고하였다. 이에 세조는 조정 중신들로 하여금 대책을 논의하게 하였는데, 결론은 표아시라 등을 한양으로 불러 위로하고 범인을 색출해 잡는다는 것이었다.[35]

당시 중앙정부에서는 여진족을 정벌하고 평안도, 함경도 지역에 사민을 추진하던 중이었다. 또한 사민을 위해 전국적인 호적사업을 벌이고 있었다. 호적에 등재되기를 두려워하는 많은 백성들이 해도로 잠입하였는데, 이런 와중에 조선 어민과 대마도 어민 사이에 살인사건이 벌어진 것이었다. 이 같은 상황에서 중앙정부는 살인 사건이 발생했던 전라도 지역의 도서잠입자들을 쇄출하게 했던 것이다. 직접적인 이유는 살인사건 조사를 위해서지만 실제로는 호적사업의 원활한 추진과 함께 대마도와의 긴장완화를 위해서였다. 이 결과 전라도 도서지역의 주민들이 대거 쇄출 되었으며, 심지어 진도의 주민들까지 다시 출륙 되기에 이르렀다.[36]

이 사례에서 주목할 것은 당시의 도서주민 쇄출이라는 것이 조선의 모든 섬 주민들을 대상으로 한 것이 아니라 살인사건이 발생했던 전라도 지역의

35 『세조실록』 25, 7년 7월 28일조.

36 『세조실록』 26, 7년 10월 4일조.

도서에만 제한되었다는 점이다. 또한 시간이 지나 상황이 안정되자 도서주민들을 다시 섬으로 돌려보냈다는 점인데, 예컨대 진도 주민들은 쇄환된 지 얼마 지나지 않아 다시 되돌아가[37], 복읍(復邑)되었다. 이런 점에서 위의 사례는 공도정책이라기 보다는 일시적이고 제한적인 소개조치라고 해야 한다.

당시 중앙관료들의 쇄환논의도 결코 공도정책이라고 보기 어렵다. 실록에 의하면 처음에는 '가까운 섬의 주민들은 성명을 기록하고 호패를 주어 그대로 살도록' 결정했는데, 신숙주가 주장하여 모두 쇄출하여 본고장으로 돌아가게 했다고 한다.[38] 또한 진도 주민들을 되돌려 보낼 때, 한명회는 '진도군을 혁파하는 것은 안 됩니다. 왜적은 능히 곧바로 들어오지 못하고 반드시 가까운 섬에 정박하고 휴식하면서 엿본 뒤에 들어와 노략질합니다. 만약 진도를 혁파하여 목장을 만든다면 이것은 변경울타리를 없애고 적의 통로를 열어주는 셈입니다. 비록 말을 키운다고 해도 끝내 우리 것이 될 수 없습니다.'[39]라고 했다. 세조가 한명회의 말을 듣고 진도 주민들을 되돌려 보냈는데, 이런 점에서 보더라도 공도정책이 당시 중앙정부의 도서정책이었다고 주장할 수는 없는 것이다. 성종 5년(1474) 11월 경술의 사례와 성종 21년(1485) 11월 계묘의 사례도 세조 7년(1461) 8월 계유의 사례와 크게 다르지 않다. 둘 다 전라도 해역에서 일어났던 조선과 대마도 어민 사이의 살인 사건 또는 약탈 사건이 발단이었으며 사건을 조사하는 과정에서 전라도 도서지역 주민들의 쇄출이 있었다.

요컨대 조선전기 해양영토 방어정책에는 복읍(復邑), 설읍(設邑), 설진(設鎭), 설목(設牧), 출륙(出陸), 쇄출, 쇄환, 왕래농사허락 등등 다양한 임시

37 『세조실록』 27, 8년 1월 11일조.
38 『세조실록』 25, 7년 8월 9일조.
39 『세조실록』 27, 8년 1월 11일조.

조치가 있었다. 이 같은 임시조치는 대내외 상황변화에 따라 백성들의 안전 보장을 유지하기 위한 필요에서 나왔으며 근본적으로 국가의 해양영토 방어 정책에 수반되는 임시조치였다고 할 수 있다.

V. 조선건국 세력의 울릉도, 독도 계승의식과 방어정책

앞에서 살펴본 것처럼 조선건국 세력의 2대 국정지표는 '고려 계승'과 '유교 개혁'이었다. 특히 조선건국 세력이 생각하는 고려영토의 범위는『고려사』'지리지'에 잘 드러났다. 이와 관련해 『고려사』'지리지'에 기록된 울릉도, 독도 관련 내용을 살펴보면 다음과 같다.

> 가 - 울진현(蔚珍縣)은 본래 고구려의 우진야현(于珍也縣)으로, 신라 경덕왕 때에 지금 이름으로 고쳐 군으로 삼았다가 고려 때 현으로 강등시켜 현령을 두었다.[40]

> 나 - 울릉도가 있다. 〈울진현의 정동 바다 속에 있다. 신라 때에 우산국이라 칭했는데, 혹은 무릉이라 칭하기도 하고 혹은 우릉이라 칭하기도 했다. 지방은 100리이다. 지증왕 12년(511)에 와서 항복했다. 고려 태조 13년(930)에 울릉도 사람들이 백길사두를 보내 방물을 바쳤다. 의종 11년(1157)에 왕이 듣기를, 울릉도는 땅이 넓고 토지가 비옥해 옛날에는 주현(州縣)이 있었고, 백성이 거주할 만하다 해서, 명주도감창(溟州道監倉) 김유립을 보내 가서 보게 했다. 김유립이 돌아와 보고하기를, "섬 안에 큰 산이 있는데, 산 정상에서 동쪽으로 향하면

---

40 『고려사』 지리지, 동계(東界), 울진현 "蔚珍縣本高句麗于珍也縣 新羅景德王 改今名爲郡 高麗降爲縣 置令".

> 바다까지 1만여 보이고, 서쪽으로 향하면 1만 3천여 보, 남쪽으로 향하면 1만 5천여 보, 북쪽으로 향하면 8천여 보입니다. 촌락의 흔적 7곳이 있고, 석불(石佛), 철종(鐵鍾), 석탑(石塔)이 있습니다. 시호(柴胡), 호본(蒿本), 석남초(石南草)가 많이 자라지만 바위가 많아 백성이 살 수 없습니다." 했다. 드디어 그 논의가 가라앉았다. 일설에는 우산(于山), 무릉(武陵)이 본래 두 개의 섬으로 서로 멀지 않아 기후가 청명하면 가히 바라볼 수 있다고 한다.[41]

위의 '가'와 '나'에 의하면 울릉도, 독도는 울진현에 소속된 도서로서 울릉도, 독도는 신라 지증왕 12년(511)부터 신라에 항복해 신라 영토가 되었다. 이후 고려시대에는 고려 영토가 되었다. 이 같은 『고려사』 '지리지'의 기록은, 조선건국 세력이 고려시대의 영토인 '울릉도, 독도'를 당연히 계승해야 할 영토로 인식했음을 보여준다. 이는 조선건국 직후인 1392년 7월 30일 건국반대세력의 귀양지로 울릉도가 거론되었던 다음의 사료를 통해서도 확인된다.

> "도평의사사에서, 전일의 교서에 기재된 먼 지방으로 귀양 보낼 사람들을 무릉(武陵), 추자도, 제주 등지로 나누어 귀양 보내기를 요청하니, 임금이 말하기를 "교서에서 이미 '내가 오히려 이들을 불쌍히 여긴다.' 했는데, 지금 또 여러 섬으로 나누어 귀양 보낸다면 이는 믿음을 잃는 것이다. 더구나 사람이 없는 땅에 귀양 보낸다면 의복과 음식을 어찌 얻겠는가? 반드시 모두 굶주림과 추위로 죽게 될 것이다. 이 무리들이 비

---

41 『고려사』 지리지, 동계(東界), 울진현 "有鬱陵島 〈在縣正東海中 新羅時 稱于山國 一云武陵 一云羽陵 地方百里 智證王 十二年 來降 太祖十三年 其島人 使白吉土豆 獻方物 毅宗十一年 王聞 鬱陵地廣土肥 舊有州縣 可以居民 遣溟州道監倉金柔立 往視 柔立回奏云 島中有大山 從山頂 向東行至海一萬余步 向西行一萬三千余步 向南行一萬五千余步 向北行八千余步 有村落基址七所 有石佛鐵鍾石塔 多生柴胡蒿本石南草 然多岩石民不可居 遂寢其議 一云 于山武陵 本二島 相距不遠 風日淸明 則可望見〉"

> 록 기내(畿內) 지역에 있더라도 다시 어찌 모의하겠는가?" 하였다. 마침내 여러 주에 나누어 귀양 보냈는데, 우현보는 해양(海陽)에, 이색은 장흥부(長興府)에, 설장수는 장기(長鬐)에 귀양 보내고, 그 나머지 사람은 모두 연변의 주군(州郡)에 귀양 보냈다."[42]

위에 의하면 1392년 7월 17일 태조 이성계가 즉위한 후 13일 후인 7월 30일에 도평의사사에서는 우현보, 이색, 설장수 등 건국반대세력을 울릉도, 추자도, 제주도 등에 귀양 보내자고 요청하였는데, 이는 당시 울릉도, 추자도, 제주도는 조선의 통치권이 미치는 도서였음을 보여준다. 다만 태조 이성계는 "사람이 없는 땅'이라고 하여 특히 울릉도, 추자도 등에 사람이 없음을 강조하였다. 물론 그 이유는 왜구 때문이라 할 수 있다.

그럼에도 불구하고 당시 도평의사사에서 울릉도, 추자도, 제주도를 건국반대세력의 귀양지로 거론했다는 것은 울릉도, 추자도, 제주도가 왜구에게 점거되지는 않았다는 사실을 반영한다고 이해된다. 따라서 조선건국 세력에게 울릉도를 비롯하여 추자도, 제주도는 건국 직후부터 방어정책의 대상이 될 밖에 없었다. 특히 조선건국 세력의 울릉도, 독도 방어정책과 관련해 『태종실록』의 내용을 살펴보면 다음과 같다.

> 가 : 강릉도의 무릉도 거주민을 육지로 나오도록 명령하였으니, 감사의 아뢲에 따른 것이었다.[43]
>
> 나 : 대마도 수호(守護) 종정무가 평도전을 보내 토산물을 바치고, 잡혀 갔던 사람

---

42 『태조실록』 권1, 1년(1392) 7월 30일 "都評議使司請前日教書所載流放遐方者 分徙武陵楸子島濟州等處 上曰 教書既曰予尙憫之 今又分徙諸島 是失信也 且徙諸無人之地 衣食何得 必皆飢寒而死 此輩雖居畿內 更何爲謀 遂令分配諸州 遂令分配諸州 於是 禹玄寶徙海陽 李穡徙長興府 偰長壽徙長鬐 其餘皆徙沿邊州縣".

43 『태종실록』 권6, 3년(1403) 8월 11일 "命出江陵道武陵島居民于陸地 從監司之啓也".

들을 돌려보냈다. 종정무가 무릉도를 요청하여 여러 부락을 거느리고 가서 옮겨 살고자 하므로 임금이 말하기를, "만일 이를 허락한다면 일본 국왕이 나더러 모반인을 불러들였다 하여 틈이 생기지 않을까?" 하니, 남재가 대답하기를, "왜인의 풍속은 모반하면 반드시 다른 사람을 따릅니다. 이것이 습관이 되어 평상시 일로 여기므로 금지할 수 없습니다. 누가 감히 그런 계책을 내겠습니까?" 하니, 임금이 말하기를, "그 경내에서는 평상시 일로 여기겠지만, 만일 월경(越境)해 오면 저쪽에서 반드시 말이 있을 것이다." 하였다.[44]

다 : 의정부에 명하여 유산국도(流山國島) 사람을 처치하는 방법을 논의하게 했다. 강원도 관찰사가 보고하기를, "유산국도 사람 백가물(白加勿) 등 12명이 고성 어라진에 와서 정박하여 말하기를, '우리는 무릉도에서 태어나 자랐는데 그 섬 안의 인호가 11호이고, 남녀가 모두 60여 명인데, 지금은 본도(本島)로 옮겨 와 살고 있습니다. 무릉도는 동에서 서까지, 남에서 북까지 모두 2식 거리이고, 둘레는 8식입니다. 우마와 논이 없으니, 오직 콩 한 말만 심으면 20석 혹은 30석이고 나고, 보리 1석을 심으면 50여 석이 납니다. 대나무가 큰 서까래 같고, 해산물과 과일나무가 모두 있습니다..'고 하였습니다. 이 사람들이 도망하여 갈까 염려하여 아직 통주, 고성, 간성에 나누어 두었습니다.[45]

라 : 김인우를 무릉 등지 안무사로 삼았다. 호조참판 박습이 아뢰기를, "신이 일찍이 강원도 도관찰사(江原道都觀察使)로 있을 때에 들었는데, 무릉도의 주위

---

44 『태종실록』 권13, 7년(1407) 3월 16일 "對馬守護宗貞茂 遣平道全 來獻土物 發還俘虜 貞茂請武陵島 欲率其衆落徙居 上曰 若許之 則日本國王謂我爲招納叛人 無乃生隙歟 南在對曰 倭俗叛 則必從他人 習以爲常 莫之能禁 誰敢出此計乎 上曰 在其境內 常事也 若越境而來 則彼必有辭矣".

45 『태종실록』 권23, 12년(1412) 4월 15일 "命議政府議處流山國島人 江原道觀察使報云 流山國島人白加勿等十二名 求泊古城於羅津 言曰 予等生長武陵 其島內人戶十一 男女共六十餘 今移居本島 是島自東至西自南至北 皆二息 周回八息 無牛馬水田 唯種豆一斗出二十石或三十石 麥一石出五十餘石 竹如大椽 海錯果木皆在焉'竊慮此人等逃還 姑分置于通州古城杆城".

는 7식(息)이고, 곁에 소도(小島)가 있고, 전지가 50여 결(結)이 되는데, 들어가는 길이 겨우 한 사람이 통행하고 나란히 가지는 못한다고 합니다. 옛날에 방지용(方之用)이란 자가 있어 15가(家)를 거느리고 입거(入居)하여 혹은 때로는 가왜(假倭)로 도둑질을 하였다고 합니다. 그 섬을 아는 자가 삼척에 있으니, 청컨대, 그 사람을 시켜서 가서 보게 하소서." 하니, 임금이 옳다고 여기어 삼척 사람 전 만호(萬戶) 김인우를 불러 무릉도의 일을 물었다.

김인우가 말하기를, "삼척 사람 이만(李萬)이 일찍이 무릉에 갔다가 돌아와서 그 섬의 일을 자세히 압니다." 하니, 곧 이만을 불렀다. 김인우가 또 아뢰기를, "무릉도가 멀리 바다 가운데에 있어 사람이 서로 통하지 못하기 때문에 군역(軍役)을 피하는 자가 혹 도망하여 들어갑니다. 만일 이 섬에 주접(住接)하는 사람이 많으면 왜적이 끝내는 반드시 들어와 도둑질하여, 이로 인하여 강원도를 침노할 것입니다." 하였다.

임금이 옳게 여기어 김인우를 무릉 등지 안무사로 삼고 이만을 반인(伴人)으로 삼아, 병선(兵船) 2척, 초공(抄工) 2명, 인해(引海) 2명, 화통(火通)·화약(火藥)과 양식을 주어 그 섬에 가서 그 두목(頭目)에게 일러서 오게 하고, 김인우와 이만에게 옷[衣]·입(笠)·화(靴)를 주었다.[46]

마 : 우의정 한상경, 육조, 대간에 명하여, 우산(于山)·무릉도의 주민을 쇄출 하는 것의 편의 여부를 의논케 하니, 모두가 말하기를, "무릉의 주민은 쇄출 하지 말고, 오곡(五穀)과 농기(農器)를 주어 그 생업을 안정케 하소서. 인하여 주수

---

46 『태종실록』 권32, 16년(1416) 9월 2일 "以金麟雨爲武陵等處安撫使 戶曹參判朴習啓 臣嘗爲江原道都觀察使 聞武陵島周回七息 傍有小島 其田可五十餘結 所入之路 纔通一人 不可竝行 昔有方之用者率十五家入居 時或假倭爲寇 知其島者 在三陟 請使之往見 上可之 乃召三陟人前萬戶金麟雨 問武陵島事 麟雨言 三陟人李萬嘗往武陵而還 詳知其島之事 卽召李萬麟雨又啓 武陵島遙在海中 人不相通 故避軍役者 或逃入焉 若此島多接人 則倭終必入寇 因此而侵於江原道矣 上然之 以麟雨爲武陵等處安撫使 以萬爲伴人 給兵船二隻抄工二名 引海二名 火㷁火藥及糧 往其島 其頭目人以來 賜麟雨及萬衣笠靴".

> (主帥)를 보내어 그들을 위무(慰撫)하고 또 토공(土貢)을 정함이 좋을 것입니다." 하였으나, 공조 판서 황희가 유독 불가하다 하며, "안치시키지 말고 빨리 쇄출 하게 하소서." 하니, 임금이, "쇄출 하는 계책이 옳다. 저 사람들은 일찍이 요역(徭役)을 피하여 편안히 살아왔다. 만약 토공(土貢)을 정하고 주수(主帥)를 둔다면 저들은 반드시 싫어할 것이니, 그들을 오래 머물러 있게 할 수 없다. 김인우(金麟雨)를 그대로 안무사(按撫使)로 삼아 도로 우산, 무릉 등지에 들어가 그곳 주민을 거느리고 육지로 나오게 함이 마땅하다." 하였다.[47]

먼저 '가'에 의하면 태종 3년(1403) 8월 11일, 울릉도 주민들을 육지로 쇄출 하였는데, 감사의 보고에 따라 그렇게 했다고 한다. 당시 감사가 무슨 보고를 했는지 알 수 없지만, 왜구의 침략위협과 강원 도민들의 도망 등을 이유로 들었을 듯하다. 따라서 조선건국 이후 울릉도, 독도를 대상으로 하는 해양영토 방어정책은 쇄출 또는 출륙 등으로 나타났고, 이는 울릉도 주민의 안전을 위해서라고 할 수 있다. 이 같은 쇄출 또는 출륙은 고려 말 남해안과 서해안에서 이미 논의되기도 하고 시행되기도 한 것인데, 울릉도와 독도에서는 조선건국 이후에야 이런 조치들이 시행되었다.

그 이유는 동해안에서의 왜구가 남해안이나 서해안에 비해 약했기 때문으로 이해된다. 그러다가 조선건국 전후부터 태종 3년 전후까지 남해안과 서해안에 대한 해양방어가 강화된 결과 왜구들이 상대적으로 방어가 약한 동해안으로 몰린 결과로 이해된다. 그것은 태종 7년(1407) 3월 16일 대마도

47 『태종실록』 권33, 17년(1417) 2월 8일 "命右議政韓尙敬六曹臺諫 議刷出于山居武陵人便否 僉曰 武陵居人 勿令刷出 給五穀與農器 以安其業 仍遣主帥撫之 且定土貢可也 工曹判書黃喜獨不可曰 勿令安置 依速刷出 上曰 刷出之計 是矣 彼人等曾避役安居 若定土貢 有主帥 則彼必惡之 不可使之久留也 宜以金麟雨 仍爲安撫使 還入于山武陵等處 率其居人出陸 ".

의 종정무가 대마도 주민들을 울릉도로 옮기게 해달라고 요구한 사실에서도 확인된다. 종정무가 그 같은 요구를 한 이유는 그 당시 동해안의 해양방어가 상대적으로 약했기 때문이라 할 수 있다.

한편 태종 12년(1412) 4월 15일의 『태종실록』 기록에 의하면, 울릉도 주민 12명이 강원도 고성 어라진으로 왔는데, 그 이유는 정확하지 않지만 왜구의 침략 때문으로 생각된다. 즉 태종대에 조선의 해양방어가 남해안과 서해안에 집중되면서, 왜구들은 상대적으로 해양방어가 약한 울릉도, 독도로 몰렸고, 이를 우려한 울릉도 주민들이 강원도 고성으로 피난하기까지 했던 것이다. 따라서 조선정부에서는 울릉도, 독도 주민에 대한 안전대책을 세우야 했다. 안전대책이란 주민들이 울릉도, 독도에서 계속 살게 할 것인지, 아니면 임시대책으로 쇄출 또는 출륙을 시행할지였다. '라'와 ''마'는 결과적으로 울릉도와 독도를 대상으로 쇄출 또는 출륙이 시행되었음을 알려준다.

위의 '가'에서 '마'에 의하면 조선건국 이후 태종대까지 울릉도와 독도를 대상으로 국사범 귀양, 쇄출, 쇄환, 출륙, 안무, 안집, 수토 등 다양한 임시조치가 논의되었다. 이 같은 다양한 논의는 이미 남해안과 서해안의 도서 지역과 연해안 지역에서 논의, 시행된 것들이었다. 그런데 조선건국 전후로 남해안과 서해안을 대상으로 공격적인 해양고토 수복정책과 해양영토 방어정책이 집중되면서, 상대적으로 방어정책이 약화된 동해안의 울릉도와 독도를 대상으로 왜구의 공격이 강화되면서 울릉도, 독도의 해양영토 방어정책은 수세적으로 변했다.

그 이유는 아마도 남해, 서해에 더해 동해에서까지 공격적인 해양영토 방어정책을 추진할 경우, 한반도 3면에서 전운이 일어날 수 있으므로, 상대적으로 섬도 적고 육지에서 거리도 먼 울릉도와 독도에서는 공격적인 조치보다는 수세적인 조치를 취한 것으로 이해된다. 특히 태종 당시 원산, 함흥 이북의 여진족과 무력분쟁이 빈발하는 상황에서 태종과 강원감사는 울릉도,

독도에서의 무력분쟁을 완화하기 위한 조치로 쇄출, 출륙, 수토를 선택한 것으로 이해된다. 여진족과의 무력분쟁은 세종, 세조 대 4군6진 개척으로 지속되었고, 그런 배경에서 울릉도와 독도에서 시행된 쇄출, 수토 조치는 장기화, 제도화 되었다. 이런 점에서 조선전기 울릉도, 독도의 방어정책은 쇄출제 및 수토제로 부를 수 있을 것이다. 결론적으로 조선전기 울릉도, 독도에서 시행된 해양영토 방어정책은 수세적 방어정책이라 할 수 있고, 그 같은 수세적 방어정책의 구체적인 결과가 쇄출제 및 수토제로 이해할 수 있다.

Ⅵ. 맺음말

태조 이성계의 '즉위교서'에 나타난 조선건국 세력의 영토계승의식은 고려시대 영토 계승의식이었다. 조선건국 세력이 파악한 고려시대 영토는 공식적으로『고려사』'지리지'에 표명되었다. 그 범위는 서북은 압록, 동북은 선춘령 그리고 한반도와 주변도서였다. 이 같은 고려시대 영토 범위에 비해 조선건국 당시 영토는 강계에서 길주를 연결하는 북방 국경선 그리고 한반도 3면의 경우 바다에서 50리 혹은 30-40리 떨어진 국경선으로서, 조선건국 당시 영토는 고려시대 영토 범위에 비해 대폭 축소되었다.

조선건국 세력 입장에서 본다면 조선의 현실적 통치권 밖에 존재하는 고려시대의 영토는 잃어버린 영토 즉 고토(古土)나 마찬가지였다. 따라서 잃어버린 영토를 대상으로 하는 국가정책은 고토 수복정책이 될 수 있었다. 조선초기의 요동정벌 추진과 4군6진 개척, 그리고 도서개척과 대마도 정벌 등등이 그런 정책이라 할 수 있다.

반면 현실적인 영토에 대한 대책은 방어정책이라 할 수 있다. 영토 방어정책은 육지영토 방어정책과 해양영토 방어정책으로 구분될 수 있다. 그런데 현실적인 영토 방어정책은 논리상 고토 수복정책과 유기적으로 연결될 수밖에 없었다. 고토와 영토가 서로 근접해 있기 때문이기도 했고, 또 국내외적 상황에 따라 고토에서 영토로 바뀔 수도 있고 반대로 영토에서 고토로 바뀔 수도 있기 때문이었다. 이에 따라 고토 수복정책이나 영토 방어정책은 상황에 따른 다양한 조치들이 수반될 수밖에 없었다.

조선건국 시기 울릉도, 독도는 고려시대 울진현에 소속된 도서로서 해양영토 방어정책의 대상이 되었다. 그러나 조선건국 세력은 적극적인 해양영토 방어정책을 남해안과 서해안에 집중시키면서 상대적으로 거리도 멀고 섬도 적은 동해안의 방어정책을 수세적으로 추진했다. 특히 태종 당시 함흥, 원산 이북의 여진족과 무력분쟁이 빈발하는 상황에서 태종과 강원감사는 울릉도, 독도에서의 무력분쟁을 완화하기 위한 조치로 쇄출, 출륙, 수토를 선택했다. 여진족과의 무력분쟁은 세종, 세조 대 4군6진 개척으로 지속되었고, 그런 배경에서 울릉도와 독도에서 시행된 쇄출, 수토 조치는 장기화, 제도화되었다. 이런 점에서 조선전기 울릉도, 독도의 방어정책은 쇄출제 및 수토제로 부를 수 있다.

참고문헌

1. 자료

『고려사』, 『고려사절요』, 『태조실록』, 『태종실록』, 『세종실록』, 『문종실록』, 『세조실록』, 『경국대전』, 『동국여지승람』

2. 연구서와 논문

강봉룡, 「해양인식의 확대와 해양사」, 『역사학보』 200, 2008

김당택, 「이성계의 위화도회군과 제도개혁」, 『전남사학』 24, 2005

김호동, 「조선초기 울릉도, 독도에 대한 '空島政策' 재검토」, 『민족문화논총』 32, 2005

김호동, 「조선시대 독도, 울릉도에 대한 인식과 정책」, 『역사학연구』 48, 2012

노영구, 「조선초기 水軍과 海領職의 변화」, 『한국사론』 33, 1995

부경대학교 해양문화연구소, 『조선전기 해양개척과 대마도』, 국학자료원, 2007

손승철, 「조선시대 空島政策의 해석과 搜討制 분석」, 『이사부와 동해』 1, 2010

신명호, 「조선초기 중앙정부의 경상도 海島定策을 통한 空島政策 재검토」, 『역사와 경계』 66, 2008

이규철, 「조선초기의 對外征伐과 對明意識」, 가톨릭대학교 박사학위논문, 2013

이존희, 『조선시대 지방행정제도연구』, 일지사, 1992

임용한, 「고려후기 수군 개혁과 전술변화」, 『군사』 54, 2005

장득진, 「趙浚의 정치활동과 그 사상」, 『사학연구』 38, 1984

최영호, 「13세기 말 거제현의 出陸 배경에 대한 검토」, 『석당논총』 31, 2002.

한우근·이성무 외, 『역주 경국대전』 호전 수세, 한국정신문화연구원, 1979

조선후기 울릉도 수토

백인기 | 전 한국해양수산개발원

Ⅰ. 서론

울릉도 수토(鬱陵島搜討)는 "샌프란시스코 평화조약(이하 평화조약)"에서 울릉도와 독도에 대한 일본의 영유권 주장을 무력화시키는 결정적인 증거이다.

일본은 평화조약을 준비하면서 쿠릴열도의 북방4도, 오키나와, 오가사와라 군도 등 태평양 섬, 그리고 독도와 울릉도가 「일본의 부속도서」라는 영문 소책자 「Minor Islands adjacent to Japan proper」를 준비하여 연합국에 전달하고 독도뿐만 아니라 울릉도까지 일본의 영유권을 주장한 바 있다.[1]

일본은 조선의 쇄환정책으로 울릉도가 빈 섬이 되었으며, 안용복 사건 이후 2, 3년마다 수토관을 파견하여 둘러보는 것에 불과했기 때문에 울릉도와 독도에 대해서 잘 알지 못한다고 주장하였다. 1882년 이규원의 울릉도 검찰 때 만난 일본인들과의 문답에서 "울릉도와 독도가 빈 섬인 줄 알고 들어왔다"고 하였다. 또 "만국공법에 빈 섬에 거주하고 3년이 지나면 영토가 된다고" 하였다. 이것은 당대 최고의 풍운아이며, 북해도 개척사, 하이공화국 총

1 일본정부, 1946-7, 「Minor Islands adjacent to Japan proper」. 국사편찬위원회 전자사료관. http://archive.history.go.kr/catalog/view.do?arrangement_cd=ARRANGEMENT-0-A&arrangement_subcode=HOLD_NATION-0-US&provenanace_ids=000000000034&displaySort=&displaySize=50¤tNumber=1&system_id=000000014967&catalog_level=&catalog_position=-1&search_position=10&lowYn= (2022.10.15. 방문)

재(蝦夷共和國 總裁), 국제법 학자, 그리고 1875년 서구 제국과 일본 최초로 평등한 양자 조약을 타결한 외교관인 에노모토 다케아키(榎本武揚)가 1879년 울릉도 침범을 주도하면서 내세운 논리이다.

이러한 논리가 만들어진 것은 정한론을 이어받은 요시다 쇼인(吉田松陰)의 1858년 죽도개척론, 일본 육군참모국이 1875년 11월에 발행한 「조선전도(朝鮮全圖)」[2]의 소속 없는 송도(울릉도), 1876년 무등평학(武藤平學)의 송도개척론(松島開拓論) 등으로 이어진 것이다. 대마도의 오랜 숙원이었던 울릉도 거주 야욕이 요시다 쇼인에게 전달되고, 요시다 쇼인의 제자 기도 다카요시(木戶孝允)를 통해 명치정부에 전달된다.

한편, 에노모토 다케아키의 주도로 그의 처남, 군수업체인 오쿠라구미(大倉組), 일반인 등이 동원된 울릉도 침탈이 시작되었으나, 울릉도 수토관의 존재 때문에 1879년 시도는 무산된 것으로 보인다. 다음 해인 1880년에는 군함을 동원하여 울릉도에서 목재 도둑질을 하였다. 1881년에 일반 선박으로 울릉도에 침범했다가 울릉도 수토관에게 적발되어 조선 정부가 일본 외무성에 강력하게 항의하여 철수 약속을 받아낸다. 한편, 울릉도 검찰사 이규원을 임명하여 울릉도 개척 가능성을 조사하게 한다. 1882년 검찰사 이규원의 울릉도에 검찰을 통해 울릉도 침입해 몰래 벌목하던 일본인들을 적발하고, 조선정부는 일본정부에 재차 일본인을 철수시키라고 공문을 보낸다. 이에 일본 정부는 1883년 내무성 관리와 외무성 관리 등을 파견하여 울릉도에 침입한 일본인들을 철수시킨다.[3]

조선 정부는 1883년 울릉도를 개척하고, 울릉도도장을 두었으며, 2년마다 시행되는 울릉도 수토와 함께 울릉도 개척민과 외국인들의 울릉도 침범

2 미국 의회도서관, 「朝鮮全圖」. https://www.loc.gov/item/84697511/ (2022. 10. 15. 방문)

3 자세한 내용은 본문의 해당 연도 수토관련 자료를 참조 바람.

문제를 처리하기 위한 울릉도 검찰을 시행하는 등 울릉도에 대한 일본의 침입에 대응하고자 하였다. 그러나 1894년 일본이 청일전쟁에서 승기를 잡고, 동학농민운동을 무력화시키고, 전봉준 등 동학의 주요 지도자를 체포한 후인 1894년 12월 27일 김홍집 내각에 의해 울릉도 수토는 폐지된다.

울릉도 수토의 폐지는 표면적인 행정적, 경제적 이유가 아니라, 정한론의 핵심으로써 울릉도 점거를 목적으로 하는 죽도개척론, 송도개척론을 실현하려는 일본의 의도를 반영한 것이라 할 수 있다.

울릉도 수토 연구는 안용복 사건의 결과물에 그치는 것이 아니라 울릉도 수토가 조선사회를 울릉도에 열광하게 했음을 밝히는 일이며, 울릉도 수토가 얼마나 체계적이며 지속적으로 이뤄졌는지를 밝히는 일이다.[4]

일본은 2, 3년마다 수토관이 울릉도를 수토한 사실과 그 성과를 애써 부정하려고 한다. 하지만 정기적인 울릉도 수토는 조선의 왕실부터 서민에 이르기까지, 강원도뿐만 아니라 경상도, 전라도의 지방관과 뱃사람에 이르기까지 울릉도를 경제적으로 중요한 지역으로 인식하고 매년 적극적으로 이용하였다. 특히 경상도 울산, 포항 장기, 전라도 순천, 낙안, 흥양, 강진에 이르는 지역에서의 울릉도 이용은 동해 울릉분지를 둘러싸고 형성된 항로를 통해 울릉도와 함께 독도의 존재를 명확하게 인식하는 조건임을 유의해서 살펴볼 필요가 있다.

본 논문은 울릉도 수토의 전체 사례를 밝히는데 촛점을 맞춤으로써 울릉도 수토를 둘러싼 다양한 형태의 사료를 통해서, 얼마나 체계적이고 지속적으로 울릉도를 관리했는지 밝히고자 한다.

---

4 백인기, 2020, "조선 후기 주기적 울릉도 수토와 울릉도 인식 양상에 대한 연구", 독도연구 제29호, pp. 154-165.

Ⅱ. 울릉도 수토 이해를 위한 몇 가지 논의

1. 조선의 수토 개념에 대한 혼란

울릉도 수토와 관련하여 조선시대 수토(搜討) 개념에 대해서 상당한 혼란이 있었다.

수토를 사전의 해석인 "찾아서 조사함"[5] 정도로 인식했기 때문에 조선시대에 사용된 수토에 대해 여러 가지 오해가 발생하였다. 울릉도 수토와 정례화된 울릉도 수토를 구분하여 1699년 월송만호 전회일의 울릉도 수토를 제1차 울릉도 수토로 이해하기도 하였다. 그러나 2006년 부산대 김기혁 교수가 한국학중앙연구원 장서각 소장 『(가칭)서계잡록(西溪雜錄)』을 발견하고, 『서계잡록』「울릉도」에 포함된 장한상의 "울릉도 수토사(鬱陵島搜討事)"라는 제목을 담은 첩정을 통해 장한상의 울릉도 수토가 분명해졌다.

『조선왕조실록』에 나타난 수토 개념을 살펴보면 책을 교정하거나 도서 중에서 빠진 책을 찾아서 채워놓을 때 사용하거나, 군사적으로는 우리 영토에 침입한 왜구나 야인 등을 토벌할 때 사용하였다. 즉 조선시대 수토(搜討)는 "잘못된 것을 찾아서 바로잡는 것"이라 할 수 있다.[6] 울릉도 수토는 군사가 동원된 토벌이다. 따라서 울릉도 수토는 1879년부터 시작된 일본의 에노모토 다케아키(榎本武揚) 주도의 울릉도 침범을 격퇴하는 데 결정적인 역할을 하였다. 그래서 1894년 청일전쟁 중에 일본이 친일 내각을 앞세워 200년 넘게 지속된 울릉도 수토를 폐지한 것은 아닌지 의심하지 않을 수 없다.

---

5 대한민국 외교부 독도, 우리 영토인 근거, "1694년 울릉도 수토제도 시행". https://dokdo.mofa.go.kr/kor/dokdo/reason.jsp (22. 10. 15. 방문)

6 Op. cit. pp. 130-132.

2. 사료발굴의 활성화

지난 20여 년간 울릉도 수토 연구는 많은 발전이 있었다. 특히 『항길댁(恒吉宅) 생활일기(한길댁 생활일기)』, 『(가칭)서계잡록』, 「태하리 각석문」, 「대풍헌 자료」 등의 발굴과 연구 등은 울릉도 수토 연구를 활성화하는데 결정적인 기여를 하였다. 한편 『조선왕조실록』, 『각사등록』, 「강원도관초」, 『승정원일기』, 『일성록』, 『비변사등록』 등 국사편찬위원회 사료의 전산화, 고전번역원 고전종합DB, 한국학중앙연구원 장서각 등 국내 자료소장 기관의 전산화와 일본의 "아시아역사자료센터" 등 전 세계 주요 소장 자료의 전산화 등도 울릉도 수토 연구가 활성화하는데 큰 기여를 하였다.

삼척진관(三陟鎭管)에 속하는 동해시에서 발견된 『항길댁 생활일기』는 삼척 지방민들의 수토비용 부담 사실을 책력 여백에 수십 년에 걸쳐 기록함으로써 지금까지 확인할 수 없었던 다수의 울릉도 수토 시행 여부를 파악할 수 있는 자료이다. 울진군 기성면 구산리 대풍헌의 수토관련 자료는 1867년 월송만호 장원익의 울릉도 수토 사실과 함께 울진군 마을들의 수토비용 부담 실상을 밝혀주는 자료이다. 1882년 이규원 검찰사가 울릉도로 출발한 곳도 바로 구산포이기 때문에 대풍헌 자료의 발굴은 더욱 큰 의미를 지닌다.

규장각 소장 『와유록』에 실린 조한기의 「울릉도 수토기」는 1694년 장한상이 삼척 장오리진에서 출항했던 것과는 달리, 삼척영장 조한기가 1765년 삼척포에서 출항하여 울진현 대풍소로 이동한 후, 바람을 기다렸다가 울릉도로 출발했다고 하였다. 이 무렵에는 울진 구산포가 울릉도 수토 출항지로 일원화된 것으로 보인다.

3. 울릉도 수토의 주요 특징

1) 울릉도 수토의 주기성(週期性)

울릉도 수토 기록을 계속해서 추적할 수 있었던 이유는 울릉도 수토가 간이년(間二年) 삼척영장과 월송만호의 윤회수토(輪回搜討)라는 두 가지 조건이 있었기 때문이다. 우리의 삶이 달력과 시계라는 순환적 변화에 맞춰져 있듯이, 그 삶이 반영된 제도에도 이러한 순환, 즉 주기(週期)가 나타난다. 특히 울릉도 수토는 간이년이라는 순환 주기가 뚜렷하고, 아울러 삼척영장과 월송만호가 교대로 돌아가면서, 즉 순환하며 실시한다는 특징을 가지고 있다. 그래서 울릉도 수토주기는 정부에서 정한 법률적 성격을 지니고 있으면서, 동시에 수토와 관련된 사람들에게 공유된 약속이자 시간적 표준으로 작용한다.

한때 수토기록이 너무 없어서 울릉도 수토 주기를 3년설, 5년설, 10년설 등 다양한 설들이 나오기도 하였지만, 1694년 간일이년(間一二年) 수토[7]를 고려하다가, 1697년 간이년(間二年) 삼척영장, 월송만호 윤회수토(輪回搜討)가 정해진 이후에는 1735년 이전에는 간이년(間二年)을 3년마다 시행했고, 1735년(영조 11) 이후에는 간일년(間一年), 간년(間年), 또는 간이년(間二年)이라 하고 2년마다 시행했다. 1892년 통리기무아문에서 동영(東營, 강원감영)에 보낸 관문에는 "相考事 照得該島之三年一搜檢 係是定例"[8]이라 하여 "삼년일수검(三年一搜檢)"이라 하면서도 2년마다 수토하였다. "작년, 올해, 내년" 이렇게 "삼 년에 1번 간다"는 말로 이해한 것 같다.

---

7 『숙종실록』, 숙종 20년(1694) 8월 14일.

8 『강원도관초』, 고종 29년(1892) 임진, 2월 1일.

이러한 주기성을 근거로 승정원일기 삼척영장과 월송만호 임명 사실을 정리하고, 울릉도 수토 기록에 빠진 수토관을 추적하였다.

1711년 삼척영장 박석창의 수토와 1717년 수토정지 사이에 3년 간격 1714년 수토 가능성에 주목하였다. 1714년 당시 월송만호가 남중하(南重河)로 추정되었다. 남중하와 관련된 기록은 다행히 한국고전종합DB에서 조귀명(趙龜命)의 『동계집(東谿集)』에 「남씨단검명(南氏短劍銘)」과 「남중하전(南重河傳)」을 찾았고 「남씨단검명」에서 남 씨의 단검이 울릉도에 다녀왔다는 기술을 통해서 울릉도 수토 사실을 확인할 수 있었다.

앞서 지적한 1867년 월송만호 장원익의 울릉도 수토 연도에 대해서는 대풍헌 자료를 발굴한 심현용 박사가 1866년 또는 1868년으로 추정했던 것(심현용, 2013, 178-179)을 주기와 다르다는 점을 지적한 바 있었고, 이원택 박사가 강원도관초 연구를 통해 1867년임을 확인하였다.[9]

2) 조선시대 수토 개념에서 본 울릉도 수토의 특징 : 전투가 없음

조선 전기부터 조선 후기까지 지속된 다양한 수토는 위험을 수반하고 있어서, 부실한 수토와 관련된 논의가 많았으며, 특히 제대로 역할을 하지 못하거나 회피한 수토관에 대해 엄격하게 다루는 경향이 있었다.

조선의 정례적 수토가 진(鎭)의 설치로 이어진 경우가 있는데, 압록강 하구에 점점 커지는 섬인 북한의 신도군(薪島郡)은 정조 때 섬에 몰래 들어온 자들을 잡기 위해, 매년, 계절별, 월별 등 다양한 주기에 따라, 빈번하게 정례 수토하다가, 신도진(薪島鎭)을 설치하면서 수토는 종료된 경우이다. 북한 신도군은 평안북도 용천군에서 바다로 십여km나 떨어져 있는데, 중국과는 좁

---

9 이원택, 2014, “조선후기 강원감영 울릉도 수토 사료 해제 및 번역”, 영토해양연구 8, pp. 192-193.

은 수로로 국경을 이루고 있다.

압록강 남쪽 폐사군(廢四郡) 지역의 강변 파수에는 청나라 인삼 도둑들이 매년 초여름에서 초가을 사이에 대규모로 강을 건너오기 때문에 1700년대 말에서 1800년대 초에 크고 작은 전투가 있었고, 피아간에 큰 희생이 따르기도 하였다.[10]

원래 첫 번째 울릉도 수토를 담당할 사람은 이준명(李浚明)이었다. 1694년 7월 4일 울릉도 문제를 논의하면서 삼척첨사를 울릉도에 파견하기로 하고, 7월 13일 이준명(李浚明)을 삼척첨사에 임명하였는데, 울릉도 수토를 피하고자 삼척첨사 직을 받지 않아서, 같은 날 새로운 삼척첨사 대상자 기준을 정하고, 며칠 후인 7월 17일 장한상을 삼척첨사에 대신 임명한 것이다.[11] 당시에 숙종의 정사 현장을 호위하던 무신 이준명으로서는 울릉도까지 위험한 항해를 하고, 나아가 포악한 왜구들을 만날지도 모르는 상황을 피하고 싶었을 것이다.

울릉도 수토관이 일본인들을 처음으로 만난 것은 1881년 에노모토 다케아키(榎本武揚)가 몰래 들여보낸 도벌자(盜伐者)들이었다.[12] 이때도 전투는 없었다. 1881년 울릉도 수토관의 보고를 받은 조정에서 이규원을 울릉도

10 국사편찬위원회, 1990, 『각사등록』 평안도 편 13 v.41, 「중산수토록(中山搜討錄)」, pp. 717-721. http://library.history.go.kr/dhrs/dhrsXIFViewer.jsp?system=dlidb&id=000000072452 (2022. 10. 15. 방문); 『강주변정휘편(江州邊情彙編)』, 규장각 한국학연구원, 서지정보 및 해제 참조. http://kyujanggak.snu.ac.kr/home/index.do?idx=06&siteCd=KYU&topMenuId=206&targetId=379. (2022. 11. 1. 방문)

11 『승정원일기』 숙종 20년(1694) 7월 4일, 7월 17일; 『숙종실록』, 숙종 21년(1695) 4월 13일.

12 박병섭, 2009, 『한말 울릉도·독도 어업』, 한국해양수산개발원; 박병섭, 2010, "한말의 울릉도 어업과 독도 영유권 문제", 독도연구 8, pp. 153-232; 박병섭, 2010, "일본인의 제3차 울릉도 침범", 『한일관계사연구』 35, pp. 199-223; 경상북도 독도사료연구회, 2018, 『독도관계 일본고문서 5』.

검찰사에 임명하고[13], 1882년 울릉도검찰을 실시하였다.[14] 1882년에 울릉도 검찰 일행이 일본인들과 만난 내용은 한일 양측의 기록에 남아있다. 1883년 봄 조선 정부는 울릉도개척을 시작하고, 거듭된 조선의 항의에 따라 일본은 1883년 내무성 관리인 히가키 나오에(檜垣直枝)를 파견하여 울릉도에 있던 일본인들을 모두 일본으로 소환한다.

1884년 제1대 울릉도도장(島長) 전석규(全錫奎)가 파직되고, 임명시기는 불명확하지만 1885년에는 제2대 도장 서경수(徐敬秀)가 활동하고 있었다. 이때 도장 서경수는 이규원 동남제도개척사, 평해군수 심의완과 울릉도 북쪽 광암에 울릉도 수토 사실을 함께 기록하였다. 1888년 2월 월송만호겸울릉도도장이 된 서경수는 잠수기를 가지고 울릉도 전복을 싹쓸이하던 일본인 히메노(姬野) 무리를 붙잡고 잠수기 관련 기구 및 채취한 전복을 모두 몰수하였다. 하지만 서경수의 활약에도 불구하고 일본 공사의 항의로 이를 모두 돌려주게 된다. 서경수는 월송만호겸울릉도도장으로서 강력한 지배력을 행사한 것 같다. 지금까지 찾은 것 중에서 서경수보다 단호한 울릉도 수토관은 없었던 것 같다.

3) 울릉도 수토, 울릉도와 사람들을 잇는 통로 : 울릉도의 특이한 풍요로움[15]

장한상이 가져온 대나무로 흑장통(黑長筒, 임금님 어진을 담는 큰 통)을 만들었고, 연죽은 화살 및 생활도구를 만드는데 사용되었으며, 죽순은 식품으로 사용되었다. 향나무는 제사용으로 사용되었다. 1769년이 되면 울릉도

13 『고종실록』, 고종 18년(1881) 5월 22일.

14 "召見檢察使李奎遠. 辭陛". 『고종실록』, 『승정원일기』, 『일성록』, 고종 19년(1882) 4월 7일; "召見鬱陵島檢察使李奎遠. 復命". 『고종실록』, 『승정원일기』, 『일성록』, 고종 19년(1882) 6월 7일

15 Op. cit. 백인기, pp. 154-165.

수토관(삼척영장 홍우보)에 의해 울릉도 인삼(산삼)이 대량으로 본토에 전해지면서, 울릉도에 대한 인식이 수토관들의 기피 지역에서 막대한 경제적 가치를 지닌 지역으로 단번에 바뀌게 된다. 한편으로 연안지역의 지방관과 뱃사람들은 울릉도에서 벌목을 하여 배를 만드는 일을 하였고, 뱃사람들은 엄청난 양의 전복과 미역, 그리고 대나무 등을 채취하다가 적발되기도 하였다.

왕실, 관리, 사대부, 역관, 뱃사람 등 조선 사람들 대부분이 울릉도 특산물에 관심이 많았다. 울릉도의 커다란 복숭아는 문인들의 에로틱한 작품 소재가 되기도 하여 문체반정(文體反正) 또는 문체지교정(文體之矯正)의 대상이 되기도 했다. 이미 숙종 연간에도 울릉도 대나무로 만든 노통(蘆筒, 詩筒)은 선비들이 갖고 싶어 하는 것이었다.

조금 과장하면 조선 사회는 울릉도의 특별한 풍요로움에 열광했다고 할 수 있다.

4. 울릉도 수토 관련 주요 사료

1) 본격적인 울릉도 수토제도 연구의 시발점으로서 각석문

이홍직(1962)의 짧은 논문은 울릉도 수토 지속성 연구에 결정적인 역할을 하였다.[16] 이후 울릉도 각석문에 대한 후속 연구가 이뤄지고, 울릉군 내에서도 각석문에 대한 조사를 축적하면서 자칫 사라지기 쉬운 울릉도 수토 자료가 기록으로라도 남을 수 있게 되었다. 가장 최근에는 일반인 연구자인 고(故) 심충성씨가 태하리 각석문을 판독한 결과를 블로그에 올려서 각석문을 이해하는데 매우 큰 도움이 되었다.[17]

---

16 이홍직, 1962, "鬱陵島搜討官關係碑 二,『미술사학연구』 제3권 제7호, pp. 263-265.

17 심충성, 2017, "울릉군 서면 태하리 바위글씨". 다음 블로그 닥밭골, 울릉문화재, http://blog.daum.net/simdak1993/category/%EA%B2%BD%EB%B6%81%20%EB%AC%B8%ED%99%9

1711년 삼척영장 박석창(朴錫昌)의 "신묘명 각석문(辛卯銘刻石文)" (도동항) (이홍직)

1735년 삼척영장 구억(具億) 각석문(도동항) (이홍직)(망실)

1801년 삼척영장 김최환(金寂煥) (태하리 병풍석)

1803년 월송만호 박수빈(朴守彬) (태하리 병풍석)

1805년 삼척영장 이보국(李輔國) (태하리 병풍석)

1831년 삼척영장 이경정(李慶鼎) (태하리 병풍석)(망실)

1847년 삼척영장 정재천(鄭在天) (태하리 병풍석)(망실)

1853년 월송만호 석충선(石忠先) (태하리 병풍석)(1857 월송만호 지희상 수토기록)

1855년 삼척영장 이원명(李原明) (태하리 병풍석)(1857 월송만호 지희상 수토기록)

1882년 울릉도검찰사 이규원(李奎遠) (학포)

1885년 평해군수 겸 울릉도첨사 심의완(沈宜琬) (현포리 광암)

1893년 평해군수 겸 울릉도첨사 조종성(趙鍾成) (태하리 안쪽 밭 가운데)

울릉도 수토 각석문은 아직도 발견 가능성이 사라진 것만은 아니라고 생각한다.

또 한편 지금까지 각석문 해석은 계속 발전 중에 있다는 사실이다. 각석문 중에 두 명 이상의 수토관이 한 바위에 겹쳐서 수토기록을 새긴 경우도 있고, 마모가 심해서 해독이 어려운 경우도 있어서 더 나은 결과들이 나올 가능성이 있다.

출전이 확실하지 않아서 인용을 포기할까 했는데, 그 발상이 너무 재밌어서 독도박물관 신묘명 각석문의 아랫사람들의 이름에 대한 해석을 싣는다.

4%EC%9E%AC/%EC%9A%B8%EB%A6%89%20%EB%AC%B8%ED%99%94%EC%9E%AC (2019.9.24. 검색; 2022. 10. 18. 현재 접속 불가)

이홍직 논문의 마지막 글자 사령(使令) 김을진(金乙秦)이 『울릉군지』(2007)에서는 김을태(金乙泰)로 바뀌어 있다. 필자가 보기에도 태(泰) 보다는 진(秦)이 맞는 것 같다.

또 아랫단 인물들의 이름이 매우 특이하다. 도사공 최분(崔粉)의 분(粉)은 "고물"로 배의 뒤쪽을 지칭하는 고물과 음이 같으며, 급창 김시운(金時云)의 시운(時云)은 "때맞춰 (크게) 말하다", 고직 김위현(金危玄)은 창고지기가 "위태하고 아찔하다"는 뜻이며, 식모 김세장(金世長)의 세장은 된장의 옛말인 "찌장 (쎄장)", 노자 김예발(金禮發)은 "예의 바르다", 사령 김을진(金乙秦)은 "~을지니"(마땅히 그러할 것이니) 등으로 추정해 볼 수 있다.

지희상의 수토첩정을 보면 앞서 기록된 각석문의 수토관을 언급함으로써 자신의 울릉도 수토와 전임자들의 울릉도 수토를 증명하려는 목적도 있었던 것 같다.

2) 울릉도 수토 주요 문집 및 일기

(1) 박세당 『서계잡록(西溪雜錄)』 "울릉도(鬱陵島)"

2006년 한국학중앙연구원 장서각에서 확인된 박세당의 집안 문서인 일명 『서계잡록』에는 「울릉도」와 관련된 『지지(地誌)』의 기록, 1694년 삼척영장 장한상의 울릉도 수토관련 치보(馳報) 내용이 전제되어 있다.

(2) 규장각 『와유록(臥遊錄)』 "울릉도 수토기(鬱陵島搜討記)"

"와유록"이라는 명칭으로 기행문들을 편집한 책 중에서 규장각 소장 『와유록』에는 삼척영장 조한기(趙漢紀)의 "울릉도 수토기(鬱陵島搜討記)"가 수록되어 있어서 1765년 울릉도 수토를 확인할 수 있다.

(3)『동계집(東谿集)』"남씨단검명(南氏短劒銘)"

1714년 월송만호 남중하의 수토에 대해서는 알려진 바가 없었다. 그런데 조귀명(趙龜命)이 쓴 동계집(東谿集)의 남씨단검명(南氏短劒銘)에 "월송만호 남중하(南重河)가 이 단검을 휴대하고 울릉도에 다녀왔다"는 기록을 통해서 월송만호 남중하의 울릉도 수토를 확인할 수 있었다.

(4)『항길고택일기』

2011년 강원대 배재홍 교수는 동해시 항길고택에서 책력의 여백에 기록된 내용을 조사하고 12건의 울릉도 수토기록을 발굴하여 『항길고택일기』 울릉도 수토기록으로 발표하였다.[18]

2018년 8월 이집의 일기와 문서를 조사하던 연구자들이 이집의 "항길(恒吉)" 현판과 "항길고택(恒吉古宅)" 병풍 등에서 택호(宅號)가 『항길고택(恒吉古宅)』임을 확인하였다. 앞으로는 원래 이 동네 사람들이 부르던 "한길댁" 대신에 "항길고택"이라고 부름과 아울러 수토관련 문서도 "항길고택일기"라 하는 것이 맞을 것 같다.

3) 울릉도 수토 관련 시설: 대풍헌

울릉도 수토관련 시설인 울진군 기성면 구산리 대풍헌(待風軒)은 울릉도 수토 사실을 증명하는 중요한 자료이다. 게다가 대풍헌에 소장된 수토절목과 현판들은 울릉도 수토가 진행되는 지역의 상황들을 이해할 수 있는 실마리를 제공한다. 또한 현판 자료 중에는 월송만호 장원익(張源翼)의 1867년 울릉도 수토 내용을 포함하고 있어서, 1867년 울릉도 수토 사실을 확인할 수 있는 자료이기도 하다.

---

18 Op. cit. 배재홍(2011)

Ⅲ. 울릉도 수토 사례

1. 쟁점 시기 개요

차수(최대)	쟁점 시기	김호동 2007	배재홍 2011	손승철 2011	심현용 2013	백인기 2013	이원택 2014	비고[주)]
1	I	1694	1694	1694	1694	1694		삼척첨사 장한상
2		1699	1699	1699	1699	1699		월송만호 전회일
3	II	1702	1702	1702	1702	1702		삼척영장 이준명
4			1705	1705	1705	1705		월송만호
5		1711	1711	1711	1711	1711		삼척영장 박석창
6	III					1714		월송만호 남중하
7						1719		삼척영장
8						1724		(월송만호??)
9						1727		삼척영장 이만협
10						1731		(월송만호??)
11		1735	1735	1735	1735	1735		삼척영장 구억
12	IV					1737		(월송만호??)
13						1739		(삼척영장??)
14						1741		(월송만호??)
15						1743		(삼척영장??)
16	V		1745		1745	1745		월송만호 박후기
17						1747		(삼척영장??)
18						1749		(월송만호??)
19	VI		1751		1751	1751		삼척영장 심의희
20						1753		(월송만호??)
21						1755		(삼척영장??)
						1757		
22						1758		(월송만호??)
23						1760		삼척영장(?)
24						1762		(월송만호??)

차수 (최대)	쟁점 시기	김호동 2007	배재홍 2011	손승철 2011	심현용 2013	백인기 2013	이원택 2014	비고[주)]
25	VII		1765	1765	1765	1765		삼척영장 조한기
26						1767		(월송만호?)
		1769		1769				수토정지(홍우보 채삼)(번역오류)
27	VIII		1770			1770		(삼척영장)
28			1772	1772	1772	1772		월송만호 배찬봉
29						1774		(삼척영장??)
30	IX		1776		1776	1776		월송만호(?)
31			1779			1779		(삼척영장??)
32						1781		(월송만호??)
33			1783		1783	1783		(1785)且再昨年, 既行搜討
34			1786	1786	1786	1786		월송만호 김창윤
			1787		1787	1787		삼척 별정교졸 적간(항길)
35						1788		(삼척영장??)
36						1790		월송만호 수토
37						1792		(삼척영장??)
38		1794	1794	1794	1794	1794		월송만호 한창국
39			1795			1795		삼척영장 이동헌
40			1797			1797		삼척영장 이홍덕
41			1799	1799	1799	1799		월송만호 노인소
42	X	1801	1801	1801	1801	1801		삼척영장 김최환(항길)
43			1803	1803	1803	1803		월송만호 박수빈
44			1805		1805	1805		삼척영장 이보국
45			1807		1807	1807		월송만호 이태근
46			1809		1809	1809		삼척영장 이재홍(항길)

차수(최대)	쟁점시기	김호동 2007	배재홍 2011	손승철 2011	심현용 2013	백인기 2013	이원택 2014	비고[주)]
47	XI		1811		1811	1811		월송만호(항길)
48			1813		1813	1813		삼척영장(항길)
						1815		수토정지 대후년 차거행
49						1817		월송만호?
50			1819		1819	1819		삼척영장 오재신(항길)
51						1821		월송만호?
52			1823		1823	1823		삼척영장?(항길)
53						1825		월송만호?(항길)
54						1827		삼척영장 하시명
55			1829		1829	1829		월송만호?(항길)
		1830						
56			1831		1831	1831		삼척영장 이경정
57	XII					1833		(월송만호??)
58						1835		(삼척영장??)
59						1837		(월송만호??)
60						1839		(삼척영장??)
61	XIII		1841	1841	1841	1841		월송만호 오인현
62			1843		1843	1843		삼척영장?(항길)
63			1845		1845	1845		월송만호?(항길)
64	XIV	1847	1847		1847	1847		삼척영장 정재천
65						1849		월송만호 이규상
66						1851		(삼척영장??)
67						1853	1853	월송만호 석충선
68						1855	1855	삼척영장 이원명
69						1857	1857	월송만호 지희상
70			1859		1859	1859		삼척영장 강재의(항길)

차수(최대)	쟁점 시기	김호동 2007	배재홍 2011	손승철 2011	심현용 2013	백인기 2013	이원택 2014	비고[주)]
71						1861		(월송만호??)
	XV					1963		(민란, 수토정지?)
72						1865		(삼척영장??)
					1866			
73						1867	1867	월송만호 장원익
					1868			
74						1869		(삼척영장??)
75						1871		(월송만호??)
76	XVI					1873	1873	월송만호수토 (삼척영장의 病)
77						1875		(월송만호??)
78						1877		(삼척영장??)
79						1879	1879	월송만호(?) (이진상 수토선 회항 목격)
80			1881		1881	1881		삼척영장??
				1882				이규원 검찰
81						1883		월송만호 안영식
				1884				
82						1885		평해군수 심의완 수토
83	XVII					1887		평해군수 박태원 수토
					1888		1888	월송만호 서경수 검찰
84						1889	1889	월송만호 서경수 수토
							1890	월송만호 울릉도 검찰
85						1891	1891	월송만호 이종인 수토

차수 (최대)	쟁점 시기	김호동 2007	배재홍 2011	손승철 2011	심현용 2013	백인기 2013	이원택 2014	비고[주)]
86							1892	월송만호 수토. 울릉도檢察事宜 윤시병 검찰
87						1893	1893	평해군수 조종성 수토
						1894		수토제도 폐지

* 주) 수토차례와 수토관
* 자료 누락 윤회수토 추정 수토관만(?), 수토차례와 수토관 모두 추정(??)

추정 각석문 항길고택일기 추정 후 발견 특이사항

울릉도 수토에 관한 기록이 간헐적으로 발견되어 울릉도 수토의 주기성과 관련된 논란이 없지 않았다. 1694년부터 1894년까지 울릉도 수토의 전모를 밝힌다는 의미에서 주기성과 기존의 연구성과 그리고 새로운 수토관련 자료들을 통해서 울릉도 수토 전체에 대한 목록을 작성하였다.[19] 기록이 있는 것도 있고, 단지 추정만 된 것도 있으며, 이러한 추정을 근거로 추적하여 밝혀진 수토사실도 있다. 이렇게 해서 정식수토가 아닌 검찰이나 수검 등은 제외하고도 울릉도 수토가 총 87회 거행되었음을 정리하였다.

아직 발견되지 않은 수토기록과 추정된 것들은 울릉도 수토제도 전체상을 복원하는데 하나의 길잡이로 삼기 위함이다.

울릉도 수토기록 간 시기적 공백이 큰 경우를 중심으로 쟁점시기를 구분하였다. 그래서 연구의 편의를 위해 17개의 쟁점시기를 나누고 각 시기의 쟁

---

19 손승철의 연구, 백인기 연구를 바탕으로 작성하였다. 손승철, 2015, "조선후기 수토기록의 문헌사적 연구- 울릉도 수토 연구의 회고와 전망", 『한일관계사연구』 51, pp. 95-136.; 백인기, 2020, 조선 후기 주기적 울릉도 수토와 울릉도 인식 양상에 대한 연구, 독도연구 29, 136-140.

점과 추정 결과를 살펴보고자 한다.

2. 쟁점시기

1) 쟁점시기 I (1694~1699): 울릉도 수토제도 정식화(定式化)

차수 (최대)	쟁점 시기	김호동 2007	배재홍 2011	손승철 2011	심현용 2013, 2014	백인기 2013	이원택 2014	비고주)
1	I	1694	1694	1694	1694	1694		삼척첨사 장한상
2		1699	1699	1699	1699	1699		월송만호 전회일

1694년 삼척첨사 장한상의 울릉도 수토에서 1699년 월송만호 전회일의 수토까지의 시기이다. 당초 1694년에 2, 3년마다 울릉도를 수토하기로 했었는데 이것이 구체화되고 실행되기까지 시간이 걸렸고, 또 실록에 장한상의 수토년도에 대한 오류가 나타나기도 한 시기이다.

(1) 1694년 삼척영장 장한상 수토

1694년 장한상이 울릉도를 수토하고 남긴 기록은 실록이 전부였지만 「울릉도사적」, 『서계잡록』의 「울릉도」 등이 발견되면서, 장한상의 울릉도 수토에 대한 자세한 내용을 알 수 있게 되었다. 장한상은 1694년 9월 13일 장오리진(莊五里津)에서 출발하여 10월 5일 삼척포구로 돌아왔다. 울릉도 수토 내용을 장계로 직접 비변사에 보고하였고, 장한상의 울릉도 수토 내용은 실록을 편찬하는 과정에서 1694년 8월 14일 기사 말미에 첨부되었다.[20]

1978년 "울릉도·독도학술조사단"은 장한상의 보고서의 내용이 담긴 「울릉도사적(蔚陵島事蹟)」을 『절도공양세비명(節度公兩世碑銘)』이라는 책자

---

20 『숙종실록』, 숙종 20년(1694) 8월 14일.

속에서 발견하였다. 송병기는 「울릉도사적」을 분석하고, 그 내용 중에서 독도와 관련된 중요한 서술에 주목하였다.[21]

> 「…此所謂三峰也 西望大關嶺 逶迤之狀 東望海中 有一島 杳在辰方 而其大未滿蔚島三分之一 不過三百餘里…」
>
> 울릉도에서 서쪽을 바라보니 대관령의 구불구불한 모습이 보이며 동쪽을 바라보니 해중에 섬이 하나 있는데 아득히 진방(東南東)에 위치하며 크기는 울릉도의 3분의 1에 못미치고 거리는 300여리에 지나지 않는다고 하였다.
>
> 이 섬이 독도(獨島)인 것은 틀림없다. 世宗實錄地理志에 「于山武陵二島 在縣東海中」이라 하고 그 주기(註記)에 「二島相距不遠 風日淸明則可望見」이라 한 기록과 너무나 흡사하다. 오히려 지리지(地理志)의 기록보다 목측(目測)한 거리라든가 크기가 오늘날의 실측(實測)에 더 가깝다고 할 것이다.[22]

2006년 부산대 지리학과 김기혁 교수가 한국학중앙연구원 장서각에서 박세당의 『(가칭)서계잡록』에 수록된 「울릉도」 관련 자료를 발견했다. '상우일승(嘗遇一僧)' 이하 『여지승람』과 다른 내용이 추가된 "울릉도(鬱陵島)", 장한상 울릉도 수토에 앞서 군관 최세철의 울릉도 정탐 내용을 보고한 "강원도 삼척진영장위치보사(江原道三陟鎭營將爲馳報事)" 장계, 그리고 장한상의 수토장계(搜討狀啓)인 "강원도 삼척진 우영장 위치보사. 울릉도 수토사(江原道三陟鎭右營將爲馳報事 鬱陵島搜討事)"가 수록되어 있다.

이 수토장계는 『울릉도사적』과 다르게 장계에 사용되는 이두체(吏讀體)를 사용하였고, 그 내용 또한 후대에 만들어진 『울릉도사적』보다 사실적으

---

21 송병기, 1985, "울릉도·독도 영유의 역사적 배경", 『독도연구』, 한국근대사자료연구협의회, p. 176.

22 Ibid. pp. 176-177.

로 기술되어 있어서, 박세당이 장계 내용을 보고 옮긴 것으로 추정된다. 이원택은 『절도공양세비명』 이외에 『절도공양세실록(節度公兩世實錄)』, 『교동수사공만제록(喬桐水使公輓祭錄)』 등을 새롭게 발굴하고 비교하였다. 『교동수사공만제록』, 『절도공양세실록』, 『절도공양세비명』의 순서로 작성되었다고 밝혔다.[23]

여기에 독도 관련 동일한 내용이 수록되어 있다.

> …비가 개이고 구름이 걷힌 날 산에 들어가 중봉에 오르니 남북 두 봉우리가 높이 솟아 서로 바라보는데 이것이 소위 삼봉입니다. 서쪽으로 대관령을 바라보니 구불구불한 모양이고, 동쪽으로 바다 가운데를 바라보니 한 섬[一島]이 있는데, 아득히 진방(辰方, 동남동쪽)에 있으며, 그 크기는 울릉도의 1/3에 못 미칩니다. 거리는 300여리를 넘지 않습니다. 남쪽과 북쪽 두 방향으로는 아득히 그 사이에 아무것도 없고 바다와 하늘이 한 가지 색입니다.…
>
> …雨霽雲捲之日 入山 登中峯 則南北兩峯岌崇相向 此所謂三峯也 西望大關嶺 逶迤之狀 東望海中 有一島 杳在辰方 而其大未滿 鬱島三分之一 遠不過三百餘里 而南北兩方 杳茫無際 水天一色是齊…[24]

장한상의 울릉도 수토보고는 『울릉도사적』, 『서계잡록』의 「울릉도」, 그리고 장한상 집안의 문서 등 다수가 있으며, 이에 대한 연구도 지속적으로 진행되고 있다.

1694년 장한상의 울릉도 수토 보고 이후에 2, 3년마다 한 번씩 울릉도를

---

23 이원택, 2018, "「울릉도사적(蔚陵島事蹟)」의 문헌학적 검토", 『영토해양연구』 16, pp. 6-28.

24 다른 해석으로는 "유미림, 2013, 『우리 사료 속의 독도와 울릉도』, 지식산업사, pp. 379-380"이 있음.

수토하기로 결정한다.[25]

(2) 1699년 월송만호 전회일 수토

1699년 월송만호 전회일(田會一)이 울릉도를 수토하였다.

장한상의 울릉도 수토 이후 2, 3년마다 울릉도를 수토하기로 하였는데, 1696년 10월 15일 안용복이 일본으로 건너가 울릉도 문제를 매듭짓고 오는 사건이 발생한다. 그런데 갑자기 1697년 일본이 공식적으로 울릉도와 우산도에 일본인들의 출입을 금한다고 알려왔다. 이에 따라 간이년(間二年), 삼척영장 월송만호 윤회수토(輪回搜討)가 결정된다.[26]

삼척영장과 월송만호의 간이년(間二年), 3년 1왕(三年一往) 윤회수토(輪回搜討)에 따라 이미 삼척영장 장한상이 울릉도를 수토하고 왔기 때문에 월송만호 전회일(田會一)의 수토가 시행된 것이다.

강원도 월송 만호 전회일이 울릉도를 수토하고 대풍소로 돌아왔다. 본도의 지형을 그려 올리고, 겸하여 그곳 토산인 황죽·향목·토석 등 수종의 물품을 진상하였다.

江原道越松萬戶田會一, 搜討鬱陵島, 還泊待風所, 圖上本島地形, 兼進土産篁竹、香木´土石等數種。[27]

25 『숙종실록』, 숙종 20년(1694) 8월 14일. (숙종실록 숙종 20년 8월 14일 기사는 그날 벌어진 일잉 아니라 장한상이 9월에 울릉도에 가서 10월에 돌아오고, 그 보고를 받고 울릉도를 2, 3년 마다 수토하기로 결정하기까지 몇 달의 기간이 혼재되어 있다.

26 『숙종실록』, 숙종 23년(1697) 4월 13일.

27 『숙종실록』, 숙종 25년(1699) 7월 15일.

2) 쟁점시기 II(1702~1711): 3년간의 수토정지

차수 (최대)	쟁점 시기	김호동 2007	배재홍 2011	손승철 2011	심현용 2013	백인기 2013	이원택 2014	비고[주)]
3	II	1702	1702	1702	1702	1702		삼척영장 이준명
4			1705	1705	1705	1705		월송만호
								1709년 수토정지
5		1711	1711	1711	1711	1711		삼척영장 박석창

(1) 1702년 삼척영장 이준명(李浚明) 수토

1702년에는 삼척영장 이준명(李浚明)이 수토하였다.

삼척 영장(三陟營將) 이준명(李浚明)과 왜역(倭譯) 최재홍(崔再弘)이 울릉도(鬱陵島)에서 돌아와 그곳의 도형(圖形)과 자단향(紫檀香)·청죽(靑竹)·석간주(石間朱)·어피(魚皮) 등의 물건을 바쳤다. 울릉도는 2년을 걸러 변장(邊將)을 보내어 번갈아 가며 찾아 구하는 것이 이미 정식(定式)으로 되어 있었는데, 올해에는 삼척(三陟)이 그 차례에 해당되기 때문에 이준명이 울진(蔚珍) 죽변진(竹邊津)에서 배를 타고 이틀낮밤 만에 돌아왔는데, 제주(濟州)보다 갑절이나 멀다고 한다.

三陟營將李浚明、倭譯崔再弘, 還自鬱陵島, 獻其圖形及紫檀香、靑竹、石間朱、魚皮等物。鬱陵島間二年, 使邊將輪回搜討, 已有定式, 而今年三陟當次, 故浚明乘船于蔚珍、竹邊津, 兩晝夜而還歸, 比濟州倍遠云。[28]

1694년 울릉도 수토를 논의하던 때에 삼척영장은 이준명(李浚明)이었다. 그런데 이준명이 수토를 회피하기 위해 삼척영장 직에서 물러났고, 이준명 대신에 바로 장한상(張漢相)이 삼척영장에 임명되었다.[29]

---

28 『숙종실록』, 숙종 28년(1702) 5월 28일.

29 『승정원일기』, 숙종 20년(1694) 7월 4일; 『숙종실록』, 숙종 21년(1695) 4월 13일.

다시 삼척영장에 임명된 이준명은 이번에는 울릉도 수토를 거행한 것이다.

(2) 1705년 월송만호 수토

1705년에는 월송만호가 수토하였다.

1702년에는 삼척영장 이준명이 수토하였고, 1705년 월송만호 수토 차례에 수토내용은 기록이 없고, 단지 울릉도 수토를 하고 돌아오던 중 평해군관 황인건 등이 익사했다는 내용만 있다.

> 울릉도(鬱陵島)를 수토(搜討)하고 돌아올 때에 평해(平海) 등 고을의 군관(軍官) 황인건(黃仁建) 등 16명이 익사하였는데, 임금이 휼전(恤典)을 거행하라고 명하였다.
>
> 鬱陵島搜討回還時, 平海等官軍官黃仁建等十六名, 渰死, 上命擧恤典.[30]

(3) 1708년, 1709년, 1710년 3년 연속 수토정지

1708년이 삼척영장 수토 차례인데 정지되었다.

3년 수토라면 1708년 삼척영장의 수토가 있어야 하는데 거행하지 못한 것은 1709년 수토정지 기록에 비추어 알 수 있다.

1709년에는 울릉도 수토가 정지되었다.

> 또 아뢰기를, "강원감사 이태좌가 장계에 울릉도 수토를 잠시 정지하고자 청하였습니다. 강원도의 양전(量田) 하는 일이 기한 내에 끝낼 수 없을 것 같으며, 또 수토를 거행하는 군역은 민간이 소란스러워지게 되어 아주 걱정할 일입니다. 수토하는 군역은 잠시 정지하는 것이 마땅할 것 같습니다. 대신의 뜻도 이와 같아서 감히 여쭙니다."

---

30 『숙종실록』, 숙종 28년(1702) 5월 28일,

하자, 임금이 말하기를 "올봄 수토는 잠시 정지하는 것이 가하다." 하였다.[31]

又所啓, 江原監司李台佐狀啓, 以鬱陵島搜討, 姑爲停止事, 爲請矣。本道量事, 猶未了當, 而又擧搜討之役, 則民間騷騷, 事甚可慮, 搜討之役, 似當姑爲停止, 大臣之意亦如此, 故敢達。上曰, 今春搜討, 姑爲停止, 可也。[32]

1710년에도 울릉도 수토는 거행되지 않았다. 역시 관련된 기록이 없지만 1711년에 삼척영장 박석창이 울릉도를 수토했기 때문에 1710년 수토가 정지된 것을 알 수 있다.

1709년에 다시 수토정지 기록과 1711년에 박석창 수토기록을 통해서 1708년, 1709년, 1710년 이렇게 3년간 연속해서 수토정지가 있었음을 알 수 있다.

(4) 1711년 삼척영장 박석창(朴錫昌) 수토

1711년에는 삼척영장 박석창(朴錫昌)이 수토하였다.

1711년 박석창의 수토기록은 『숙종실록』, 『비변사등록』, 『승정원일기』 등의 사서(史書)에 누락되어 있으며, 사서에는 1735년까지 울릉도 수토 관련 기록이 없다. 1711년 박석창의 수토는 독도박물관에 소장된 "신묘명 각석문(辛卯銘刻石文)"[33]과 서울대 규장각 소장 "울릉도도형(鬱陵島圖形)"[34]을 통해서 수토사실을 확인할 수 있다.

울릉도 수토관들이 울릉도에 자신들의 울릉도 수토 사실을 각석(刻石)

---

31 필자 번역.

32 『승정원일기』. 숙종 35년(1709) 3월 9일.

33 Op. cit. 이홍직, 1962.

34 오상학, 2006, "조선시대 지도에 표현된 울릉도·독도 인식의 변화", 『문화역사지리』 18(1), pp. 86-88.

또는 각판(刻板)하여 남겨놓았다는 것과 울릉도도형(鬱陵島圖形)을 바친다는 것을 박석창의 각석문과 울릉도도형을 통해 확인할 수 있다.

울릉도 『독도박물관』에서 볼 수 있는 박석창의 각석문은 다른 각석문들보다 훨씬 자세하고 세밀하게 공을 들여 만든 것임을 알 수 있다.

규장각에 소장된 박석창의 『울릉도도형(鬱陵島圖形)』은 국립중앙도서관이나 삼척시립박물관에 소장된 『울릉도도형』과는 한눈에 봐도 격이 다름을 알 수 있다. 박석창의 울릉도도형을 통해서 다른 울릉도도형들이 강원 감영에 제출된 부본(副本)이거나 울릉도도형 작성을 위한 초본(草本)임을 짐작하게 하기 때문이다.

3) 쟁점시기 III(1714~1735): 24년의 공백, 추가된 수토기록

차수(최대)	쟁점시기	김호동 2007	배재홍 2011	손승철 2011	심현용 2013	백인기 2013	이원택 2014	비고
6	III					1714		월송만호 남중하
						1717		수토정지
						1718		수토정지
7						1719		삼척영장(?)
8						1724		(월송만호??)
9						1727		삼척영장 이만협
10						1731		(월송만호??)
						1734		수토정지

24년 동안 사서(史書)에 나온 기록은 숙종실록의 1717년, 1718년 수토정지 기록이 있고, 승정원일기의 1719년 울릉도 수토 기록, "雍正五年丁未搜討記"의 1927년 삼척영장 이만협의 수토기록, 승정원일기의 1734년 수토정지 기록이 있다.

(1) 1714년 월송만호 남중하(南重河) 수토

1714년에는 월송만호 남중하(南重河)가 수토하였다.

이와 관련해서 2013년 논문[35]에서 이미 논했지만, 먼저 1711년 수토 3년 후인 1714년 월송만호 수토를 추정한 후, 당시 월송만호를 찾아 관련 자료를 추적하여, 월송만호 남중하의 울릉도 수토 사실을 확인하였다. 동계(東谿) 조귀명(趙龜命)의 "의령남씨 단검명(宜寧南氏短劍銘)"을 통해 1714년 월송만호 남중하(南重河)의 수토가 확인된 바 있다.

조귀명(趙龜命)의 『동계집(東谿集)』, "남씨단검명(南氏短劍銘)"에 따르면 춘성부원군 남이웅(南以雄)의 서자 군수군(郡守君)의 아들 중에 만호(월송만호 남중하)가 있어서 왕의 명령으로 울릉도에 들어갈 때 이 칼을 차고 갔고, 만호는 이 칼을 소중히 여겨 칼에 이름을 지어 달라고 요청해서 이름을 지어줬으며, 몇 년 후 만호가 죽고 그 칼은 형의 아들 남용오(南龍五)에게 전해졌음을 기록하고 있다.[36]

(2) 1717년, 1718년 수토정지

1717년 울릉도 수토는 정지하였다.

1717년 삼척영장의 수토 차례인데, 수토를 정지하였고, 이듬해인 1718년에도 역시 수토를 정지하였다. 그리고 1719년에 강원감사가 울릉도 수토의 일을 장계하였다는 승정원일기 기사를 통해서 울릉도 수토 사실이 확인된다. 윤회수토의 원칙에 따라 삼척영장이 수토한 것으로 추정된다.

1717년 수토정지에 관한 내용은 다음과 같다.

35 Op. cit. 백인기, 2013.

36 조혁상, 2009, "조선후기 사인의 일본도 인식에 대한 고찰", 한문학보 제20집, 521-523.

강원 감사(江原監司) 이만견(李晩堅)이 치계(致啓)하여 올해에 울릉도(鬱陵島)를 수토(搜討)하는 일을 정지하기를 청하였는데, 비국(備局)에서 복주(覆奏)하기를, "근년에 수토하는 것은 빈 섬을 가서 보는 것에 지나지 않는데, 이런 흉년에 민폐를 많이 끼칠 수는 없으니, 우선 정지하게 하소서."하니, 임금이 그대로 따랐다.

江原監司李晩堅馳啓, 乞停今年鬱陵島搜討, 備局覆奏以爲: "近年搜討, 不過往見空島, 當此凶歲, 不可重貽民弊, 請姑令停止。" 上從之。[37]

1718년 수토정지는 비변사등록에 기록되어 있다.

또 아뢰기를 "강원감사 김상직의 장계의 내용에 '울릉도 매 식년(式年) 수토를 거행하는데 진휼 정책이 막 시행되고 있으므로 관민이 모두 가난합니다. 수많은 식량과 선중 집물(什物)을 마련하라고 하기가 어려우니 잠시 정지를 청합니다.' 하였는데, 이번 차례는 흉년으로 식량과 집물을 준비하는 것이 실제로 폐단이 있습니다. 금년은 장계한 바와 같이 수토를 잠시 정지하는 것이 좋아 보입니다." 하였다. "그렇게 하라"고 영을 내렸다.[38]

又所達, 江原監司金相稷狀達內, 鬱陵島每式年有搜討之擧, 而賑政方張, 公私赤立, 許多糧米船中什物, 有難責出, 請姑停止矣, 當此凶歲, 糧米什物措備實爲有弊, 今年則依狀達, 搜討姑爲停止似宜矣, 令曰, 依爲之。[39]

---

37 『숙종실록』, 숙종 43년(1717) 3월 17일.

38 필자 번역.

39 『비변사등록』, 숙종 44년(1718) 3월 1일.

(3) 1719년 삼척영장 수토

1719년에는 삼척영장이 수토하였다.

강원감사 이기상의 장계를 읽었는데, 울릉도 형지(形止)를 수토하는 일이었다. 세자가 알았다 하였다.[40]

讀江原監司李箕翊狀達。鬱陵島形止搜討事。達下[41]

1714년에 월송만호가 수토하였으므로, 2년간 수토가 정지된 후 1719년에 거행된 울릉도 수토는 삼척영장의 차례가 된다. 이때 삼척영장은 홍처무(洪處武)였다.[42]

(4) 1722년~1724년 사이 수토

1722년은 윤회수토에 따라 월송만호 수토 차례이다.

1727년에 삼척영장 이만협의 수토가 있기 때문이다. 1719년 수토로부터 3년 후인 1722년, 그리고 1727년 수토로부터 3년 전인 1724년이므로 1722년에서 1724년 사이에 수토가 거행된 것으로 보인다.

1722년부터 1724년 사이에 수토에 관한 사료의 기록은 없지만, 〈한국문집총간〉의 울릉도 관련 저술 중에 1724년에 이광정(李光庭)의 시, "울릉도"와 같은 해 강박(姜樸)의 시, "노통(蘆筒)"은 울릉도 수토와의 관련성을 떠올리게 한다. 따라서 1724년에 수토가 거행되었다고 추정할 수 있다.

---

40 필자 번역.

41 『승정원일기』, 숙종 45년(1719) 5월 26일.

42 "洪處武爲三陟營將". 『승정원일기』, 숙종 44년(1718) 12월 25일; "安世熤爲三陟營將". 『승정원일기』, 숙종 46년(1719) 2월 8일.

강박(姜樸)의 노통(蘆筒)[43]이라는 시는 경북 영양(英陽)에서 돌아와 지은 시들을 모은 비관록(鼻觀錄)[44]에 실려있다. 울릉도 대나무로 만든 시통(詩筒)을 읊은 것인데, 그가 얻었다는 울릉도 대나무는 아마도 1724년 울릉도 수토 때 가져온 것이고, 울릉도 가을빛을 담았다고 하는 것으로 봐서 경종 때 중지되었던 울릉도 수토를 영조가 즉위한 후에 거행하느라 가을로 늦춰진 것으로 추정할 수 있다.

아울러 두 시(詩)가 공통적으로 울릉도와 가을을 언급하고 있어서, 장한상 때처럼 가을에 수토가 이뤄진 것으로 추정된다. 1724년은 경종이 승하하고 영조가 즉위(음력 8월 30일, 양력 10월 16일)한 해이다. 따라서 경종 때 시행되지 않던 울릉도 수토가 영조가 즉위하면서 바로 시행된 것은 아닐까 하는 생각이 들기도 한다.

---

43 이 시는 국포집(菊圃集) 제3권에 실려 있고 1724년 말 영양현감을 그만둔 후 돌아와 지은 시편 42제를 모은 비관록(鼻觀錄) 41번째 시이다.(최석금, 2011, "국포집(菊圃集)", 『한국문집총간해제』, 한국고전번역원. https://db.itkc.or.kr/dir/item?grpId=hj#/dir/node?grpId=hj&itemId=MI&dataId=ITKC_MI_1016A (2022. 11. 1. 방문)

44 1724년 말에 영양현감 재임 중에 부수찬(副修撰), 수찬(修撰) 등에 임명되었으나, 사직하고, 돌아와 지은 비관록(鼻觀錄)에 이 시가 실려 있기 때문에, 1724년 울릉도 수토가 있었고, 월송만호의 수토가 예정된 시기였으며, 월송만호가 속한 평해군(平海郡)은 바로 강박이 재임 중이던 영양현(英陽縣)과 경계를 맞대고 있었기 때문에, 울릉도 수토 후에 가져온 울릉도 대나무를 얻을 수 있었을 것으로 생각한다. 비관록에 대한 저자의 설명문에는 "불가(佛家)에서 말하기를 눈으로 보는 것[目觀]은 코로 보는 것[鼻觀]만 못하다 하였다. 그 뜻은 볼 수 있는 색은 쉽게 구별할 수 있지만, 드러나지 않은 기운은 판별하기 어렵다는 것을 말한다. 나는 영남(영양현감)에서 돌아와 지은 시를 합하여 이름을 비관록이라 하였다. 대개 불가에서 기를 판단하는 설명을 취했음을 말할 뿐이다.(필자번역)(佛家語曰。以目觀。不若以鼻觀°其意以爲可見之色易別。而不著之氣難辨也。余合自嶺還以後所作。而命曰鼻觀錄°盖取佛家辨氣之詮云爾)"라고 하였다. http://db.itkc.or.kr/inLink?DCI=ITKC_MO_1016A_0040_010_0410_2012_B070_XML (2022. 11. 1. 방문)

(5) 1727년 삼척영장 이만협(李萬協) 수토

1727년에는 삼척영장 이만협(李萬協)이 수토하였다.

이만협의 수토 사실은 "옹정 5년 정미 수토기(雍正五年丁未搜討記)"를 통해 알려졌다. 그러나 오늘날 이만협의 울릉도 수토기의 원본이 어디 있는지는 알지 못한다. 다만 황상기가 보았다는 원본의 내용 일부가 그의 저술을 통해 전하고 있다.

> 三陟營將 李萬協과 倭學 崔萬迪 外 98名은 同年 四月 十一日 出發하여 五月 二日 竹邊鎭에 回到하고 島中産物 加支魚皮一令 青竹一個 黃竹一個 紫檀香二吐 石間朱土 六升 及 島形一本을 監封하여 五月 三日에 牒報하다[45]
>
> "...1727년 영조3년 삼척영장 이만협(李萬協)은 왜학 최만적(崔萬迪) 외 98명을 인솔하고 4월 11일에 출발하여 5월 2일에 죽변진(竹邊津)에 회착(回着)하였다는 기록에 의하면 도중산물(島中産物) 내에 '가지어피'(당시는 독도산 해려(海驢)를 가지어(可支魚)라 칭함) 1벌(令)과 청죽 1개, 황죽 1개, 자단향 2吐, 석간주토(石間朱土) 6승(升), 그리고 도형(圖形) 1본(本)을 감봉(監封)하여 5월 3일자로 조정에 첩보(牒報)하였다는 사실이 있어 독도는 울릉도민이 항상 이용하고 있었다는 것을 증명할 수 있다."[46]

(6) 1730년~1731년 사이 수토(1731년 월송만호 수토 추정)

1727년 삼척영장 이만협의 수토, 1734년 수토정지, 1735년 삼척영장 구억의 수토로부터 1730년이나 1731년에 월송만호가 수토했을 가능성을 추정할 수 있다.

1734년에 수토정지가 있었으므로 3년 전인 1731년에 월송만호가 수토했

---

45 황상기, 1954, 『독도영유권 해설』, 노동학생사, p.31

46 황상기, 1957, "독도영유권1", 동아일보, 1957.02.28. 2면.

을 가능성이 더 커 보인다. 1728년(영조 4) 이인좌(李麟佐) 등이 일으킨 무신란(戊申亂), 또는 영남란(嶺南亂)의 영향으로 1730년 수토가 연기되었을 가능성도 작지 않다고 생각한다.

이때 월송만호는 이징(李徵)으로 1729년 3월 17일 월송만호에 임명되었고, 1731년 8월 4일에 후임자 권상덕(權尙德)이 월송만호에 임명된 것으로 봐서 1730년이든 1731년 월송만호가 수토했다면 수토관은 이징(李徵)으로 변동이 없다.

(7) 1734년 수토정지

1734년에는 울릉도 수토가 정지되었다.

1734년에는 흉년에 따른 감원감사의 수토정지 요청으로 수토가 정지된다.

심수현이 아뢰기를 "강원감사 어유룡의 장계에 이르기를 '울릉도 수토는 다음해가 차례입니다. 그러나 수토 왕래하는 사이에 각종 소요비용이 극히 많습니다. 작년 영동의 모든 읍에 흉년이 매우 심해서 거행하기 어렵습니다. 잠시 정지하는 것이 마땅할 것 같습니다.' 하였는데 강원도의 사정이 진실로 그러합니다. 그렇게 시행하면 어떻겠습니까?" 하니 임금이 말하기를 "그렇게 하라" 하였다.[47]

沈壽賢曰, 江原監司魚有龍狀啓以爲, 鬱陵島搜討, 明年當次, 而其往來之際, 各種浮費, 極爲浩多, 昨年嶺東諸邑, 凶歉尤甚, 勢難擧行, 姑爲停止, 爲宜云, 本道事狀, 誠然矣, 依施, 何如? 上曰, 依爲之[48]

47 필자 번역.

48 『승정원일기』, 영조 10년 1월 14일.

4) 쟁점시기 IV(1735~1745): 10년의 자료 공백

차수 (최대)	쟁점 시기	김호동 2007	배재홍 2011	손승철 2011	심현용 2013	백인기 2013	이원택 2014	비고주)
11		1735	1735	1735	1735	1735		삼척영장 구억
12	IV					1737		(월송만호??)
13						1739		(삼척영장??)
14						1741		(월송만호??)
15						1743		(삼척영장??)
16			1745		1745	1745		월송만호 박후기

(1) 1735년 삼척영장 구억(具億) 수토

1735년에 삼척영장 구억(具億)이 수토하였다.

이홍직의 논문에서 강원감사 조최수(趙最壽)의 울릉도 수토 장계와 관련하여 삼척영장 구억의 울릉도 수토를 밝힌 바 있다.[49]

1735년 울릉도 수토를 정지하는 문제에 대한 논의는 이후 영조시대 울릉도 수토에 중요한 전환점이 되었다는 생각이 든다. 1735년 논의에서는 흉년에도 불구하고 울릉도 수토는 해야 한다는 쪽으로 방향을 선회했기 때문이다.

1735년 울릉도 수토에 대한 중대한 논의가 있었지만, 정작 1735년 울릉도 수토 보고 내용은 전하지 않고 있다. 다만 삼척영장 구억이 새긴 각석문만이 1937년 11월 20일 도동항 공사 중에 우연히 박석창 각석문과 함께 발견되었고 탁본으로나마 남게 되었다. 울릉군청 앞뜰에 놓여 있었다고 하는데, 김원룡이 울릉도를 조사한 1963년에는 돌보는 사람이 없어서 구억의 각석문은 이미 사라지고 없었다고 한다.[50]

---

49 Op. cit., 이홍직, p. 264.; 『국역비변사등록』, 97책, 영조 11년(1735) 1월 19일. http://db.history.go.kr/item/level.do?itemId=bb&levelId=bb_097r_001_01_0430&types=r

50 Op. cit., 김원룡, p. 65.

雍正十三年 乙卯 閏

四月初八日 搜討官 三

陟營將 具億

軍官 崔獜

朴元昌

倭學 金善義

옹정 13년 을유(1735) 윤4월 초8일

수토관 삼척영장 구억 군관 최린 박원창 왜학 김선의[51]

(2) 1736년~1744년 사이 수토

1735년 삼척영장 구억의 수토와 1745년 월송만호 박후기의 수토 사이에 아무런 기록이 없다.

1735년 흉년에도 불구하고 울릉도 수토는 정해진 대로 거행되어야 한다고 결정한 그다음 수토에 대한 기록이 없다는 것이 매우 안타까울 뿐이다. 역으로 생각하면 이 시기에는 울릉도 수토가 정상적으로 이루어졌을 가능성이 매우 크기 때문에 이 시기의 수토 관련 자료가 발굴될 가능성 또한 아주 높다고 할 수 있다.

그래서 이 시기의 수토 가능성을 먼저 검토해볼 필요가 있다.

첫째, 두 시기 사이에 한 번도 수토가 행해지지 않는 경우이다. 10년이나 폐지되었던 제도를 부활하려면 이에 걸맞은 사건이나 조정 내부의 심각한 논의가 있어야 했는데, 그런 사료도 발견되지 않았다. 그리고 1735년에 영조와 조정의 중신들이 울릉도 수토를 그렇게 강조하고, 실록에까지 기록할 사안이었는데, 그에 대한 후속 논의도 없이 10년간 수토가 정지된다는 것은 있

---

51 Op. cit., 이홍직, p. 264.

을 수 없는 일로 보인다.

둘째, 그사이 한 번의 수토가 있는 경우를 생각해 볼 수 있다. 하지만 그것은 거의 불가능하다. 그것은 윤회수토의 원칙에 어긋나기 때문이다.

따라서 두 번 이상의 울릉도 수토가 시행되었을 가능성이 매우 크다.

1735년 이전의 수토는 3년 주기로 시행되었기 때문에 월송만호, 삼척영장의 수토와 함께 한 번의 수토정지를 생각할 수 있다. 하지만 수토정지에 대한 1735년 영조의 단호한 지적을 생각하면 수토정지는 생각하기 힘들다.

또 1746년과 1748년 영조가 울릉도 수토에 대해서 하문하고 1746년에는 월송만호 박후기가 다녀왔다고 대답했고, 1748년 1월에는 "근자에 수토한 사실이 있다"고 하자 영조가 울릉도도형을 책으로 만들어 올리라고 하고 있다. 이를 통해서 1745년 월송만호 박후기 수토를 확인할 수 있었고, 1747년 삼척영장 수토 사실을 추정할 수 있다. 즉 2년 간격의 수토가 행해졌던 사실을 확인할 수 있다.

1735년 영조의 울릉도 수토 의지 표명은 장한상 수토 이후 40년이 지나면서 느슨해진 울릉도 수토에 대한 인식을 혁신하고, 적극적인 울릉도 수토로 전환되는 계기가 되었다고 할 수 있다. 아울러 간이년(間二年)의 개념을 '3년마다'에서 '3년에 한 번[삼년일왕(三年一往)]'으로 변화시켰다. 3년을 "작년, 올해, 내년"으로 보고, '3년 중에 1번 간다'는 것으로 적극적으로 해석하면서, 실제로는 2년마다 울릉도 수토를 거행하는 것으로 바꿨다고 할 수 있다.

한편 사료 발굴과 해석에 있어서 1735년부터 2년 주기를 적용했을 경우, 1735년 이후 수토 자료들의 해석이 원활할 뿐 아니라, 누락된 사료들을 추정할 때도 큰 무리 없음을 확인할 수 있다.

따라서 1735년은 울릉도 수토가 3년 주기에서 2년 주기로 변하는 결정적 시기라고 할 수 있다.

5) 쟁점시기 V(1745~1751): 6년의 공백, 2년 간격 수토의 증거들

차수 (최대)	쟁점 시기	김호동 2007	배재홍 2011	손승철 2011	심현용 2013	백인기 2013	이원택 2014	비고[주)]
16			1745		1745	1745		월송만호 박후기
	V			1746				오류
17						1747		(삼척영장??)
18						1749		(월송만호??)
19			1751		1751	1751		삼척영장 심의희

(1) 1745년 월송만호 박후기(朴厚基) 수토

1745년에는 월송만호 박후기(朴厚基)가 수토하였다.

1745년 월송만호 박후기의 수토 사실은 1746년 영조가 근자 울릉도 수토 사실을 묻는 과정에서 확인된 수토이다.[52]

(2) 1746년~1750년 사이 수토

1745년 월송만호 박후기 수토와 1751년 삼척영장 심의희 수토 사이에 수토가 거행되었을 가능성이 있다. 왜냐하면 영조가 1748년 1월에도 다시 울릉도 수토 여부를 하문했기 때문이다.

임금이 말하기를 "근자에 비변사에서 수토를 했는가?" 하니, 영의정 김재로가 말하기를 "그렇습니다." 하였다. 임금이 말하기를 "도형(圖形)을 가져오지 않았는가?" 하니, 김재로가 말하기를 "가져왔습니다." 하였다. 임금이 말하기를 "도형(圖形)을 책으로 만들어 승정원에서 들이면 될 것이다." 하였다.

上曰, 江原道鬱陵島, 近自備局搜括矣。 在魯曰, 然矣。 上曰, 圖形以來否? 在魯曰,

52 『승정원일기』, 영조 22년(1746) 4월 24일.

然矣。上曰, 圖形成冊, 自政院入之, 可也。[53]

2년이 채 안 되어서 영조가 울릉도 수토에 대해 다시 물은 것이다. 특히 1746년에 물어보았을 때는 월송만호 박후기가 1745년에 울릉도를 수토했다고 대답했다. 따라서 다시 1748년에 근자에 울릉도를 수토했는지 묻자, 영의정이 그렇다고 대답하고, 영조가 울릉도도형(鬱陵島圖形)을 책으로 만들어 가져오라고 한 것이다.

그렇다면 1748년 1월에 문의한 것이기 때문이 1745년 이후 1747년 사이에 울릉도를 새롭게 수토한 사실이 있다는 의미로 해석할 수 있다. 또 윤회수토의 원칙에 따르면 1745년 월송만호 박후기가 수토했기 때문에, 1747년 울릉도 수토는 삼척영장이 담당했을 것이다. 2년 후인 1749년에는 윤회수토에 따라 월송만호 수토를 추정할 수 있는데, 1751년에 삼척영장 심의희가 수토했기 때문이다.

6) 쟁점시기 VI(1751~1765) : 해당 연도의 사서에 수토기록이 전혀 없는 기간

차수 (최대)	쟁점 시기	김호동 2007	배재홍 2011	손승철 2011	심현용 2013	백인기 2013	이원택 2014	비고주)
19			1751		1751	1751		삼척영장 심의희
20	VI					1753		(월송만호??)
21						1755		(삼척영장??)
						1757		(수토정지)
22						1758		(월송만호??)
23						1760		삼척영장(?)
24						1762		(월송만호??)
						1764		수토정지

53 『승정원일기』, 영조 24년(1748) 1월 10일.

차수 (최대)	쟁점 시기	김호동 2007	배재홍 2011	손승철 2011	심현용 2013	백인기 2013	이원택 2014	비고주)
25			1765	1765	1765	1765		삼척영장 조한기

(1) 1751년 삼척영장 심의희(沈義希) 수토

1751년에는 삼척영장 심의희(沈義希)가 수토하였다.

삼척영장 심의희의 수토도 1751년 기록이 아니다. 18년 후인 영조 45년(1769) 10월 15일 영조가 심의희를 들라하여 일찍이 울릉도 들어간 사실을 묻자, 심의희가 삼척영장으로 재임하던 1751년 4월에 울릉도를 수토한 일을 아뢴 것이다.[54]

(2) 1760년 삼척영장 유첩(柳㸕) 수토

1760년에는 삼척영장 유첩첩(柳㸕)이 수토하였다.

원래 수토관(搜討官)이던 삼척영장 이유천(李惟天)이 울릉도 수토를 회피하기 위해 상관과 분란을 일으켜 스스로 파직되는 사건 때문에 삼척영장 수토 사실이 드러났다.[55]

1765년 삼척영장 조한기의 수토와 1764년 수토정지로부터 역순으로 1760년 삼척영장의 수토했음을 알 수 있다. 이 때 삼척영장은 이유천 파직 직후인 4월 7일에 임금이 직접 삼척영장 유첩을 임명하였다.[56]

(3) 1764년 수토정지

1764년에는 울릉도 수토가 정지되었다.

---

54 『승정원일기』, 영조 45년(1769) 10월 15일.

55 『승정원일기』, 영조 36년 (1760) 4월 4일.; 『승정원일기』, 영조 36년(1760) 4월 10일

56 "又以濬川所言啓曰, 本所都廳·郎廳以下移職諸人, 明日肅拜後, 仍察事, 下敎矣° 其中三陟營將柳㸕, 令該曹口傳付軍職, 何如? 傳曰, 允。"『승정원일기』, 영조 36년(1760) 4월 7일.

1764년 울릉도 수토는 강원도의 흉년과 진휼문제로 수토가 정지된 것이다.[57]

(4) 1753년, 1755년, 1758년 수토 추정

1751년 삼척영장 수토에서 1760년 삼척영장의 수토까지 그사이 9년 동안 수토관련 기록이 전혀 없다.

삼척영장의 수토가 연속되어 있어서 윤회수토의 원칙에 따르면 한 번 이상의 수토가 있었음을 알 수 있는데, 한 번의 수토(월송)나 세 번의 수토(월송, 삼척, 월송)가 가능하다. 따라서 1753년, 1755년, 1757년 수토 가능성이 크다. 그런데 1755년에 전국적으로 대흉년이었고, 1756년에도 흉년을 면치 못했다. 1757년 1월 강원도의 사정도 매우 곤궁하였다.[58] 1757년에 수토를 정지했을 가능성이 크다. 따라서 1753년, 1755년, 1758년 수토가 되고, 1760년 수토차례와 잘 맞아떨어진다.

7) 쟁점시기 VII(1765~1770) : 수토기록이 없으나 수토가 확실한 기간

차수 (최대)	쟁점 시기	김호동 2007	배재홍 2011	손승철 2011	심현용 2013	백인기 2013	이원택 2014	비고[주)]
25			1765	1765	1765	1765		삼척영장 조한기
26	VII					1767		(월송만호?)
	VII	1769		1769				수토정지
27			1770			1770		삼척영장(?)

(1) 1765년 삼척영장 조한기(趙漢紀) 수토

1765년에는 삼척영장 조한기(趙漢紀)가 울릉도를 수토하였다. 삼척영장

57 『승정원일기』, 영조 40년(1764) 1월 16일.

58 『승정원일기』, 영조 33년(1757) 1월 16일.

조한기 울릉도를 수토하였는데, 그 사실이 규장각 『와유록(臥遊錄)』에 「울릉도 수토기(鬱陵島搜討記)」로 전해진다.

1765년 조한기의 울릉도 수토기는 규장각의 『와유록』[59]에 수록되어 있다.[60] 조한기는 1764년 7월 25일 삼척영장에 임명되어 1765년 6월 22일 후임 삼척영장이 임명될 때까지 근무한다.

울릉도 수토기의 주요 내용은 다음과 같다.[61]

> 1765년(영조 41) 3월 삼척영장으로 울릉도 수토업무를 시작한다. 4월 4일 발선에 맞춰서 수토수행 관리, 수토건량(搜討乾糧), 잡색군(雜色軍), 사격(沙格) 등을 3월말까지 오도록 한다.
>
> 4월 4일 부내포(府內浦, 삼척포)배에 올라 수토업무 개시를 선언한 후, 4척의 배는 울진현 대풍소로 가고, 자신은 배에서 내려 육로로 대풍소로 간다.
>
> 5일 대풍소에 도착하니 먼저 떠난 4척의 배가 도착해있었다.
>
> 15일 새벽 대풍소에서 발선하여 16일 해가 저문 다음에야 저전구미(苧田仇味)에 도착한다.
>
> 섬에 도착한 저녁 주변을 둘러보고 가지어(可支魚) 19마리를 잡고 생모시 1평 정도를 채취하였다.
>
> 17일에는 가지구미(可知仇味), 패전구미(貝田仇味) , 18일에는 대풍소(待風所), 19일에는 황토구미(黃土仇味), 20일에는 왜선소(倭船所)를 조사하였다.

---

59 "산수유람은 실제 현지를 탐방하여 유람하는 '眞遊(또는 足遊)'와 글이나 그림으로 노니는 '臥遊'로 분화하였고, 조선 중기 이후 '와유'의 산물이 대거 산생하기 시작했다." 김영진, 2015, "조선 후기 '와유록(臥遊錄)' 이본 연구", 『고전문학연구』 제48집, pp. 223-224.

60 이원택, 2020, 조한기(趙漢紀)의 「울릉도 수토기(鬱陵島搜討記)」 해제 및 번역, 영토해양연구 제19권, 114-133.

61 Ibidl; 규장각 한국학연구원 소장, 『와유록』 제4책, "鬱陵島搜討記".

21일 발선하여, 24일 월송(越松) 앞바다에 이르렀으나 광풍에 북쪽으로 떠밀려갔다. 26일 본진으로 돌아와 정박하였다.

그 외에 패전구미에서 살펴본 유승봉(帷升峰), 추봉(錐峰), 주사봉(朱砂峰). 백운봉(白雲峯), 연화봉(蓮花峰), 용추(龍湫) 등의 울릉도 지명이 표기되어 있다. 울릉도 토산물은 군데군데 표시되어 있는데, 자단향(紫檀香), 동백(冬栢), 청죽(靑竹), 대죽(大竹), 감맥(甘麥), 곽가조(郭哥鳥), 청조(靑鳥) 등이다.

그러나 와유록의 울릉도수토기는 수토첩정에 포함되는 수토봉물(搜討封物)에 대한 기록이 누락되어 있다.

(2) 1767년 월송만호 수토 추정

1767년 월송만호의 울릉도 수토를 추정할 수 있다.

윤회수토의 원칙에 따르면 1765년 삼척영장의 수토와 1769년 삼척진영의 수토정지가 있었으므로 1767년에는 월송만호가 수토를 거행한 것이 확실하다. 다만 그와 관련된 기록을 아직 찾지 못했을 뿐이다.

(3) 1769년 삼척영장의 수토정지와 울릉도 인삼 잠채(潛採) 사건

1769년 삼척영장의 수토는 정지된다.

1765년 삼척영장 조한기의 수토 다음 삼척영장의 수토는 1769년인데 강원도의 흉년으로 이 수토는 정지된다.

『국역영조실록』의 해석 오류로 한동안 1769년에 삼척영장이 수토한 것으로 알려져 있었다. 그러나 『승정원일기』 기사를 통해서 수토가 정지된 사실을 확인할 수 있다.

"강원도의 올해 춘조(春操)를 정지하되, 울릉도(鬱陵島)에 수토(搜討)하러 가는 일과 세 진(鎭)의 권무 도시(勸武都試)는 전례에 의거하여 설행(設行)하도록 명하였으니,[62] 도신 송형중(宋瑩中)이 장청(狀請)한 때문이었다. 양도(兩都)의 유수도 또한 춘조를 정지하기를 장청하니 윤허하고, 인하여 제도(諸道)에 일체 춘조를 정지하라고 명하였다."

命停江原道今春操, 鬱陵島搜討之行, 三鎭勸武都試則依例設行,[63] 因道臣宋瑩中狀請也. 兩都留守, 亦皆狀請停操, 允之, 仍命諸道, 一體停操.[64]

『승정원일기』 같은 날 기사에는 춘조(春操)와 울릉도 수토(鬱陵島搜討)를 정지하고, 권무도시는 설행하도록 하였다.

홍봉한이 말하기를 "이는 강원감사 송영중의 장계입니다. 그에 따르면 울릉도 수토가 다음 봄(1769) 차례인데 전해(1767)의 흉년으로 정지를 문의해왔습니다. 일찍이 규례가 있으므로 내년 수토를 정지하고 다음 해를 기다려 거행하는 일을 의정부에서 임금께 아뢰어 분부를 받아달라고 청하였습니다. 강원도에 흉년이 든 것은 장계의 내용과 같습니다. 수토를 물려서 행하는 것 역시 전례가 있으니 장계에 청한 대로 허락하는 것이 어떻겠습니까?" 하니 왕이 "그렇게 하라" 하였다.

鳳漢曰, 此江原監司宋瑩中狀啓也。以爲鬱陵島搜討, 明春當次, 而在前歉歲, 狀聞停止, 曾有規例, 明年搜討, 姑爲停止, 待後年擧行事, 請令廟堂, 稟旨, 分付矣。本道被歉, 果如狀辭, 搜討退行, 亦有前例, 依狀請許施, 何如? 上曰, 依爲之.[65]

---

62 "강원도의 올해 춘조와 울릉도 수토(鬱陵島搜討)의 거행(擧行)을 정지하고, 세 진(鎭)의 권무도시(勸武都試)는 전례에 따라 설행(設行)하라고 명(命)하였다."

63 끊어 읽기를 다시 하면 "命 停江原道今春操 鬱陵島搜討之行, 三鎭勸武都試則依例設行."과 같다.

64 『영조실록』, 영조 45년(1769) 1월 4일.

65 『승정원일기』, 영조 45년 1월 4일.

1769년 1월 4일에 강원감사의 장계에 대해 논의하고 있다는 점과 장계가 도달하여 검토하는 시간을 고려하면, 강원감사의 장계는 1768년에 작성되었고, 따라서 장계에서 말하는 명년(明年)은 1769년이고 전겸세(前 歲)는 1768년을 지칭하고 있음을 알 수 있다.

그런데 1769년 수토가 정지되자, 원래 수토관이었던 삼척영장 홍우보(洪雨輔)는 사사로이 몰래 울릉도에 배를 들여보내 울릉도 인삼 수십 근을 캐온다. 이 인삼이 주변 지역에 퍼져나가면서 이 사실이 적발되고 이 인삼들은 관청에 압수된다. 이 일로 삼척부사를 조사하는 과정에서 삼척영장 홍우보의 죄상이 드러나게 된 것이다. 그러나 이 일은 홍우보의 파직과 강원도 내 정배로 끝이 나지 않고 사간원 정언(正言) 이계(李溎)가 강원감사 홍명한과 홍우보가 인척으로 서로 내통한 일이기 때문에 감원감사도 처벌을 요청하나 영조는 받아들이지 않았다. 다시 사헌부 장령 원계영(元啓英)이 이일로 강원감사 홍명한을 삭직하라는 논핵(論劾) 상소를 올리게 되자 결국 강원감사 홍명한이 교체되기에 이른다.[66]

---

66 『영조실록』, 영조45년 11월 29일, 울릉도 삼화(蔘貨)를 사취(私取)하여 통용하다 현발되어 속공된 문제, http://sillok.history.go.kr/id/kua_14511029_001; 『영조실록』, 영조45년 12월 9일, "울릉도에 인삼을 캐는 잠상의 일로 강원 감사 홍명한의 체차를 명하다", http://sillok.history.go.kr/id/kua_14512009_003; 『승정원일기』, 영조 45년 12월 9일, http://sjw.history.go.kr/id/SJW-F45120090-01700, http://sjw.history.go.kr/id/SJW-F45120090-02000; 『승정원일기』, 영조 45년 12월 10일, http://sjw.history.go.kr/id/SJW-F45120090-02000

8) 쟁점시기 VIII(1770~1776) : 2년 윤회수토 기간 중 기록에 누락된 1774년 수토

차수 (최대)	쟁점 시기	김호동 2007	배재홍 2011	손승철 2011	심현용 2013	백인기 2013	이원택 2014	비고[주)]
27	VII		1770			1770		삼척영장(?)
28			1772	1772	1772	1772		월송만호 배찬봉
29						1774		(삼척영장??)
30			1776		1776	1776		월송만호(?)

(1) 1770년 삼척영장 김숙(金璹) 수토

1770년 삼척영장이 울릉도를 수토하였다.

1769년 정지한 수토이므로 삼척영장이 수토하였다. 1769년 삼척영장 홍우보(洪雨輔)가 12월 10일 정배(定配)되고, 12월 12일에 새로운 삼척영장으로 김숙(金璹)이 임명되었다. 삼척영장의 울릉도 수토는 1770년 윤5월 『승정원일기』에 울릉도 적간(摘奸)과 관련된 기사를 통해 확인할 수 있다.

命讀鬱陵島摘奸狀啓, 至幾至覆沒等句, 上曰, 極涉危險矣。讀訖。上曰, 越此則採蔘亦云難矣。其末有地圖封進之語, 臨退, 命進其地圖。諸臣以次退出。[67]

(2) 1772년 월송만호 배찬봉(裵贊奉) 수토

1772년 월송만호 배찬봉(裵贊奉)이 울릉도를 수토했다.

월송만호 배찬봉의 수토 사실은 비변사가 아닌 의금부(義禁府)의 계언(啓言)을 통해 알려졌다.

沈頤之, 以義禁府言啓曰, 江原監司狀啓據刑曹粘目內, 越松前萬戶裵贊奉, 移本府處之事, 允下矣。裵贊奉以搜討事, 入去鬱陵島云, 待其回還, 依例發遣府羅將, 交代後拿來,

---

67 『승정원일기』, 영조 46년(1770) 윤5월 5일.

何如? 傳曰, 允.[68]

배찬봉이 어떤 죄로 의금부에 죄인이 되고, 파직되었는지에 대한 정확한 내용은 없다. 한편 『승정원일기』 같은 날 병조의 인사 명단[兵批]에 신임 월송만호로 이세번(李世蕃)을 임명하고 있다.[69] 월송만호 배찬봉은 울릉도 수토하러 들어간 상태에서 파직(罷職)되었다.

하지만 이 기사에서 1772년에 월송만호 배찬봉이 울릉도를 수토했다는 사실이 밝혀졌다. 배찬봉이 문제를 일으키지 않았다면, 1772년 울릉도 수토와 관련된 기록은 아무데서도 찾을 수 없었을 것이다.

(3) 1774년 삼척영장 장지제(張志濟) 수토 추정

1774년에는 삼척영장의 수토가 추정된다.

1772년 월송만호 배찬봉이 수토하였고, 1776년에 다시 월송만호가 수토하였기 때문이다. 이때 삼척영장은 장지제(張志濟)이다.[70] 1774년 울릉도 수토는 영조 대의 마지막 수토이다.

---

68 『승정원일기』, 영조 48년(1772) 5월 6일.

69 "李世蕃爲越松萬戶". 『승정원일기』, 영조 48년(1772) 5월 6일.

70 "張志濟爲三陟營將". 『승정원일기』, 영조 48년(1772) 7월 1일; "趙㦳爲三陟營將". 『승정원일기』, 영조 50년(1774) 6월 19일.

9) 쟁점시기 IX(1776~1800) : 정조대의 수토

차수(최대)	쟁점시기	김호동 2007	배재홍 2011	손승철 2011	심현용 2013	백인기 2013	이원택 2014	비고주)
30	IX		1776		1776	1776		월송만호(?)
						1778		수토정지
31			1779			1779		(삼척영장??)
32						1781		(월송만호??)
33			1783		1783	1783		(삼척영장??)
						1785		수토정지
34			1786	1786	1786	1786		월송만호 김창윤
			1787		1787	1787		삼척 별정교졸 적간(항길)
35						1788		(삼척영장??)
36						1790		월송만호 수토
37						1792		(삼척영장??)
38		1794	1794	1794	1794	1794		월송만호 한창국
39			1795			1795		삼척영장 이동헌
40			1797			1797		삼척영장 이홍덕
41			1799	1799	1799	1799		월송만호 노인소

정조 연간은 울릉도 수토 관련 기록이 가장 풍부한 시기라고 할 수 있다. 기록들만으로 보면 울릉도 수토를 가장 적극적으로 한 것처럼 보이기도 한다. 정조에서 순조 초기에 이르는 시기는 조선이 북쪽 변방, 서해, 남해, 동해 등 전국의 변경에서 수토가 활발하게 진행된 시기이기도 하다. 18세기 사회경제적 성장의 결과로 군사 분야의 수토가 활성화된 것으로 볼 수도 있다.

(1) 1776년 월송만호 수토

1776년에는 월송만호가 수토하였다.

영조가 4월 22일 승하하고, 정조가 4월 27일 즉위하였다. 5월 22일에 도승지가 강원감사가 보낸 울릉도 수토 결과를 보고하였는데, 월송만호의 보고서가 장황해서 그 보고서를 상세하게 조사한 후 그 결과에 따라 경책(警策)하기로 한다.

浩修曰, 卽伏見江原監司金夏材鬱陵島搜討啓本則越松萬戶之報狀, 極其張皇, 考之前例, 亦無如此之規, 而依所報謄啓 有欠詳審, 推考警責, 何如? 上曰, 依爲之。越松萬戶, 從重推考, 可也。[71]

이때 월송만호는 안재수(安載壽)였다.[72]

(2) 1778년 수토정지

1778년 울릉도 수토는 정지되었다.

강원감사 김이소(金履素)의 장계에 따라 흉년으로 합조(合操), 순점(巡點), 수토(搜討)는 정지하고, 권별무도시(勸別武都試)는 의례적으로 거행하도록 한다.

尙喆曰, 此江原前監司金履素今春合操與巡點擧行當否, 令廟堂稟旨指揮, 勸別武都試設行, 鬱陵島搜討, 今當災歲, 姑爲停止, 待年豊擧行事, 爲請矣。當此荐饑連賑之時, 累千軍兵裹糧赴操之弊, 誠如道臣所論鬱陵搜討, 亦有災年退行之例, 合操巡點與搜討, 竝姑停止, 勸別武都試, 依例擧行之意, 分付, 何如? 上曰, 依爲之。[73]

---

71 『승정원일기』, 정조 즉위년(1776) 5월 22일.

72 "安載壽爲越松萬戶". 『승정원일기』, 영조 50년(1774) 6월 19일; " 鄭潤基爲越松萬戶". 『승정원일기』, 정조 즉위년(1776) 12월 29일.

73 『승정원일기』 정조 2년(1778) 1월 10일.

(3) 1779년 삼척영장 수토

1779년 삼척영장이 울릉도를 수토하였다.

강원감사가 다음해 울릉도 수토와 관련해서 진휼(賑恤)로 연기를 요청한 1778년 12월 장계에 대해서 논의하면서 울릉도 수토 실시를 결정했기 때문이다.

> "尙喆曰, 此江原監司李亨逵狀啓也。以爲鬱陵島搜討, 明年當爲擧行, 而嶺東諸邑, 今將設賑, 入島之時, 爲弊不些, 搜討一款, 令廟堂, 稟旨分付矣。搜討, 乃是三年一次擧行之事, 而此與軍兵操鍊之弊, 有異, 連次停退, 亦甚疎虞。明年則依例爲之之意, 分付, 何如? 上曰, 依爲之。"[74]

1779년 울릉도 수토 때에 삼척영장은 남이오(南履五)였다.[75]

(4) 1781년 월송만호 수토 추정

1781년에 월송만호의 수토가 추정된다.

울릉도를 수토한 것이 확실하지만 구체적인 사실에 대한 기록은 없다.

1779년 삼척영장의 수토를 통해서 1781년에는 월송만호의 수토를 추정할 수 있다. 이때 월송만호는 정태홍(鄭泰興)이다.[76]

---

74 『승정원일기』, 정조 2년(1778) 12월 20일.

75 "南履五爲三陟營將". 『승정원일기』, 정조 2년(1778) 7월 1일; "李㼅爲三陟營將". 정조 3년(1779) 7월 15일

76 『승정원일기』, 정조 3년(1779) 7월 15일; 『승정원일기』, 정조 5년(1781) 6월 22일.

(5) 1783년 삼척영장 수토

1783년에 울릉도 수토가 거행되었다.

1785년 수토정지를 논의하는 가운데 재작년(再昨年)에 수토했다는 내용을 통해서 1783년에 울릉도 수토가 확인된다. 이때 삼척영장은 홍지호(洪志浩)이다.[77]

(6) 1785년 수토정지

1785년 울릉도 수토를 정지하였다.

영동의 흉년으로 수토정지를 청하면서, 재작년(1783)에 수토했기 때문에 연속으로 수토를 정지하는 것이 아니라는 점을 강조하여, 울릉도 수토가 정지된다.

命善曰, 此源春監司徐鼎修狀啓也, 以爲鬱陵島搜討, 間一年擧行, 自是定式, 而嶺東諸邑, 纔經大賑, 昨年穡事, 又未免歉, 今春搜討, 何以爲之云矣。搜討往來時, 民弊不少, 故道臣狀辭, 不無請停之意, 且再昨年, 旣行搜討, 則與屢年停闕有異, 今春則勿爲擧行事, 分付, 何如? 上曰, 依爲之。.[78]

(7) 1786년 월송만호 김창윤(金昌胤) 수토

1786년에는 월송만호 김창윤(金昌胤)이 수토하였다. 1785년에 정지된 수토를 거행한 것이다. 월송만호 김창윤의 수토는 『일성록』에 상세한 수토 내용이 수록되어 있다. 김창윤의 수토 보고[79]에는 이 수토가 1785년 정지된

77 『승정원일기』, 정조 5년(1781) 12월 27일; 『승정원일기』, 정조 7년(1783) 6월 24일.

78 『승정원일기』, 정조 9년(1785) 1월 10일.

79 한국고전번역원, 『일성록』, 정조 10년(1786) 6월 4일. http://db.itkc.or.kr/inLink?DCI=ITKC_IT_V0_A10_06A_04A_00080_2004_058_XML; 규장각 한국학연구원, 『일성록』, 정조 10(1786),

수토를 1년 후에 실시하고 있음을 밝히고 있다는 점도 주목할 만하다.

(8) 1787년 삼척 교졸(校卒) 적간(摘奸)

1787년에는 울릉도 수토 대신에 울릉도를 적간(摘奸) 하였다.

『항길고택일기』에 울릉도 수토를 하지 않는 해인데, 삼척의 교졸(校卒)을 보내서 울릉도 적간(摘奸)을 실시했다는 기록을 찾아낸 배재홍은 이를 해석하고 임시수토로 구분했다.[80]

> "울릉도에 적도(賊徒)가 있다는 소문이 있어 삼척과 강릉에서 단독으로 수토를 거행하라는 칙관(飭關)이 내려와" 8월 11일 울진 죽변진(竹邊津)에서 발선하여 16일 계명(鷄鳴, 丑時)에 본읍(本邑, 삼척읍)으로 돌아왔다. 특이한 일이다.(『항길고택일기』 정조 11년 8월 12일)[81]

1787년은 프랑스 라페루즈 탐험대가 동북아시아를 탐험하면서 우리나라 제주도와 남해안 그리고 포항 등지를 탐사하고, 아울러 울릉도에서 우리나라 사람들이 배를 만들고 있다는 중요한 기록을 남긴 해이다.[82]

배재홍(2011)의 연구에 따르면, 그럼에도 불구하고 1787년에는 경상도, 함경도에서 울릉도에 몰래 들어가 잠채(潛採)하여 문제가 된 것이 여러 건

6월 4일. http://kyujanggak.snu.ac.kr/home/YDG/ILS_CONTVIEW.jsp?setid=1317183&pos=3&ptype=class&subtype=ils&lclass=year&mclass=1700&year=1786&month=6&day=4

80 "鬱島有賊徒云 三陟江陵單擧搜討 飭關來到 故今月十一日 發船蔚珍竹邊津 十六日鷄鳴 廻還本邑 異事也" Op. cit. 배재홍, 2011, p. 120.

81 Ibid.

82 이진명, 2005, 『독도 지리상의 재발견』 개정증보판, 삼인, pp. 51-54.

있었다.[83] 첫째는 서울 사는 당하관이 경상도에서 뱃사람 30명을 모아 울릉도에 몰래 들어가 대나무를 베어온 사건이고, 둘째는 울산 어부 추잇돌(秋莡乭)과 최잠돌(崔潛乭)이 격군 14명을 인솔하고 울릉도에 잠입한 사건이며, 셋째는 울릉도를 왕래한 김광춘(金廣春)이 함경도 덕원부(德源府)에서 잡혔는데, 강원도로 이송해서 처치하는 일과 관련된 사건이 있다.

1787년 울릉도 적간(摘奸)은 7월 24일 울산 해척(海尺)들의 처리와 관련해서 "별정교졸(別定校卒)"을 정해서 수행하였다. 따라서 『항길고택일기』에 있는 "울릉도에 적도(賊徒)가 있다(鬱陵有賊徒)"는 것은 연해 어부들의 울릉도 범월(犯越)을 막기 위한 것이다.

(9) 1788년 삼척영장 수토

1788년에는 삼척영장의 수토가 추정된다.

1790년에 월송만호 남종희(南宗禧)가 수토하였기 때문이다. 이때 삼척영장은 정은성(鄭殷誠)이었다.[84]

(10) 1790년 월송만호 수토

1790년에는 월송만호가 수토하였다.

삼척진영(三陟鎭營) 장교와 아전들이 경상도에 넘어가 울릉도 수토에 소요되는 배를 차출하면서 문제를 일으켰다는 『일성록』 기록에 1790년 월송만호의 울릉도 수토가 기록되어 있다.[85]

울릉도 수토에 필요한 배 4척과 인원 60명을 강원도와 경상도가 반반씩

---

83 Op. cit. 배재홍, 2011, pp. 119-120.

84 "鄭殷誠爲三陟營將". 『승정원일기』, 정조 11년(1787) 12월 22일; "李殷昌爲三陟營將". 『승정원일기』, 정조 13년(1789) 6월 20일.

85 『일성록』, 정조 14년(1790) 10월 10일.

준비하도록 한다는 내용을 좀 더 구체적으로 확인할 수 있다.

(11) 1792년 삼척영장 수토

1792년에는 삼척영장의 수토가 추정된다.

1790년과 1794년 월송만호가 수토하였기 때문이다. 이때 삼척영장은 민유수(閔有洙)였다.[86]

(12) 1794년 월송만호 한창국(韓昌國) 수토

1794년 월송만호 한창국(韓昌國)이 수토하였다. 1794년 울릉도 수토는 『조선왕조실록』의 울릉도 수토 관련 기록 중 가장 상세한 내용을 담고 있다. 이 내용은 『일성록』에도 실려 있다. 따라서 『정조실록』의 번역본과 『일성록』 번역본이 있다. 두 번역본은 대동소이하지만 약간의 차이가 있어서 주의가 필요하다.

월송만호 한창국은 왜학(倭學) 이복상(李福祥) 및 상하 역원(役員) 및 격군 80명 등 약 90~100명 내외가 배4척에 나눠 타고, 1794년 4월 21일 울릉도로 출발하여 22일에 황토구미에 도착하였다. 황토구미에서 산에 올라 조사하고 향목정(香木亭)에서 수토봉물인 향목(香木)을 채취하였다. 24일에는 남쪽 통구미(桶丘尾津)에 도착했고, 25일에는 장작지(長作地浦, 사동)에 도착하여 대밭(竹田)에서 수토봉물인 대나무(篁竹)를 베고, 동남쪽 저전동(楮田洞)으로 갔는데, 저전동 앞쪽에 방패도(防牌島, 관음도), 죽도(竹島), 옹도(瓮島, 북저바위로 추정)가 있는데, 가파른 절벽으로 이루어져 오르지 못했다고 하였다. 저전동에서 자고, 26일에 가지도(可支島)에 가서 가지어(可支

86 "閔有洙爲三陟營將". 『승정원일기』, 정조 15년(1791) 6월 24일; "徐命託爲三陟營將", "鄭聖翰爲三陟營將". 『승정원일기』, 정조 16년(1792) 12월 18일

魚) 2마리를 총으로 잡은 후, 구미진(丘尾津) 계곡을 조사한 후 현재 천부(天府)와 추산(錐山) 앞 바다에 있는 죽암(竹巖, 딴바위), 후포암(帿布岩, 삼선암 중 제3암), 공암(孔巖, 코끼리바위), 추산(錐山, 송곳산) 등을 두루 조사하였다. 그리고 통구미(桶丘尾)로 가서 머무르며 돌아오기 위해 바람을 기다렸다고 하였다.[87]

월송만호 한창국의 수토기록에 나오는 가지도(可支島)를 독도로 보기도 하지만, 울릉도 수토경로를 보거나, 가지도에 간 이유가 수토봉물인 가지어피(可支魚皮) 2벌을 얻기 위한 것이었다. 따라서 수토관 한창국이 굳이 독도에 갈 이유도, 수토경로 상 시간적 여유도, 그 당시 수토선(搜討船)과 수토인력의 상황도 가지도(可支島)가 결코 독도가 아님을 알 수 있다.

(13) 1795년 삼척영장 이동헌(李東憲) 수토

1795년에 삼척영장 이동헌이 울릉도를 수토했다. 원래는 다음 해인 1796년에 수토를 해야 하는데 인삼채취를 위해 수토를 앞당긴 것이다.

인삼의 산출이 줄어들면서 가격이 급등하자, 울릉도 인삼에 주목하게 된다. 2년마다 시행하는 울릉도 수토시에 인삼을 채취하지만, 계절적으로 3~4월에 해당하여서 인삼의 채취시기와 맞지 않는 문제가 생긴다. 인삼의 채취시기인 6, 7월에 맞추어 채삼군(採蔘軍)과 함께 수토하도록 한다.[88]

삼척영장 이동헌의 수토보고에 보면 경상, 전라, 함경 3도 연안의 해상(海商)들 중에서 울릉도에 들어가 나무를 베어 배를 만들고, 물고기와 미역을 채취하고, 몰래 인삼을 캔 흔적이 곳곳에 널려 있다고 하였다. 따라서 비변사에서는 3도의 지방관들에게 신칙하고, 차후에는 수토시기를 정하지 않

87 『정조실록』, 정조 18년(1794) 6월 3일.

88 『승정원일기』, 정조 19년(1795) 6월 4일.

고 불시에 수토해야 한다고 정조에게 의견을 올리고 윤허를 받는다.[89]

(14) 1797년 삼척영장 이홍덕(李鴻德) 수토

1797년에는 삼척영장 이홍덕(李鴻德)이 울릉도를 수토하였다.

1796년이 삼척영장의 원래 수토 차례이나 울릉도 산삼 채취를 위해 한 해를 앞당겨 1795년에 삼척영장 이동헌이 수토하였다.

1797년 수토는 월송만호가 거행할 차례인데 울릉도 산삼 채취를 위해 삼척영장 이홍덕이 또 울릉도를 수토하게 되었다.

1796년 6월 24일 『일성록』 기사에 1797년 울릉도를 수토하는 문제에 대해 논의하였다. 내년(1797)이면 삼척영장 이동헌의 임기가 만료되어 내직으로 옮겨야 하므로 삼척영장을 가려 뽑아야 하고, 무엇보다 내년은 월송만호 차례인데 반드시 삼척영장을 들여보내 미리 경영하게 함으로써 올해처럼 시기를 놓치는 일이 없도록 해야 한다고 하였다.[90]

또 9월 15일 일성록에는 인삼채취를 위해 제철이 되기 전에 들어가야 하며, 제철에 채취하는 것의 득실을 알아보기 위해 다시 채취하러 보내는 것이라 하였고, 이를 위해서 월송만호 대신에 삼척영장을 보내기로 한다.[91]

1797년 7월 18일에 삼척영장 이홍덕이 울릉도를 수토하고 보고한 내용을 강원감사가 장계하였다. 삼척영장 이홍덕은 인삼채취에 맞추어 4, 5월 수토가 아닌 6, 7월경에 수토한 것으로 보인다.

그리고 이홍덕의 수토봉물 중에 자단향(紫檀香) 50닙(立)이 있었는데,

---

89 한국고전연구원, 『국역일성록』, 정조 19년(1795) 8월 21. http://db.itkc.or.kr/inLink?DCI=ITKC_IT_V0_A19_08A_21A_00010_2014_135_XML.

90 『국역일성록』, 정조 20년(1796) 6월 24일; 『승정원일기』, 정조 20년(1796) 6월 24일; 비변사등록, 정조 20년(1796) 6월 25일.

91 『국역일성록』, 정조 20년(1796) 9월 15일; 『승정원일기』, 정조 20년(1796) 9월 15일.

이것을 10닢(立) 내외로 감축하라는 정조의 명이 있었다. 따라서 수토관련 자료 중 자단향 10닢으로 기록된 경우는 1797년 이후의 자료로 볼 수 있다. 삼척시립박물관 「울릉도도형(鬱陵島圖形)」의 수토봉물(搜討封物)에 "향판가봉 10닢(香板加封十立)"이라 하였는데,[92] 이 「울릉도도형」의 작성 시기도 이홍덕 수토 이후로 추정할 수 있다.

이홍덕의 수토는 『일성록』의 자단향(紫檀香)과 관련된 부분[93]을 통해서 수토 사실을 확인할 수 있다.

(15) 1799년 월송만호 노인소(盧仁素) 수토

1799년에는 월송만호 노인소(盧仁素)가 수토하였다.

1799년 3월에는 강원감사가 월송만호가 수토할 차례인데, 채삼절목(採蔘節目)에 영장이 갈 때만 채삼꾼(採蔘軍)을 들여보낸다고 되어 있어서 또 다시 삼척영장이 가야 하는지를 문의하자, 울릉도 산삼 채취의 성과가 미흡함을 들어서, 울릉도 수토를 전례대로 삼척영장과 월송만호가 교대로 거행하게 하고, 채삼꾼을 들여보내는 일을 중지하도록 한다.[94] 승정원일기 6월 21일 기사에는 짤막하게 강원감사의 울릉도 수토 장계 사실만을 기록하였다.[95] 그런데 일성록 10월 2일 기사에는 월송만호 노인소가 울릉도를 수토할 때 표류한 울산의 잠선(潛船) 1척을 잡았는데, 이 사실을 보고하지 않았고, 경상 좌병사를 통해서 이 사실이 밝혀진다.[96] 그 과정에서 월송만호 노인소

---

92 백인기, 2012, "삼척 울릉도도형의 해석에 관한 일 연구", 『한국고지도연구』 4(1), pp. 36-37.

93 한국고전번역원, 『국역일성록』, 정조 21년(1797) 7월 18일. http://db.itkc.or.kr/inLink?DCI=ITKC_IT_V0_A21_07A_18A_00050_2015_156_XML

94 『국역일성록』, 정조 23년(1799) 3월 18일.

95 『승정원일기』, 정조 23년(1799) 6월 21일.

96 『국역일성록』, 정조 23년(1799) 10월 2일.

의 울릉도 수토 사실이 확인되었다.

월송만호 노인소가 울릉도를 수토할 때 울릉도에 잠입한 울산 어민들을 적발하였으나 수토선(搜討船)이 바람에 부서지자 그 판재들로 배를 한 척 만들어 돌아왔다. 이 사실은 이때 울릉도에 들어갔던 울산 어민 2명이 울릉도 전복을 팔다 경상좌병영(慶尙左兵營)에 적발되어 신문하는 과정에서 노인소의 행적이 드러났고, 이를 경상좌병사 이보한(李普漢)이 첩정을 올리자 경상감사 신기(申耆)가 비변사에 장계하면서 월송만호 노인소의 울릉도 수토 사실이 확인된다.

"공문을 가지고 제주도에 전복을 따러 가다가 바람을 만나 울릉도에 표착했다"는 것은 안용복 사건에서도 발견된다. 그러나 이번 월송만호 노인소 사건에 나타난 어민들은 바람에 표류해왔고, 또 울릉도에 있던 수토선(搜討船)들과 어민의 배들이 바람에 모두 부서지는 상황이 벌어져서, 전례가 없는 수토관의 행태가 드러나기도 하였다.[97]

10) 쟁점시기 X(1801~1809) : 울릉도 잠선(潛船) 기록이 상세한 시기

차수(최대)	쟁점 시기	김호동 2007	배재홍 2011	손승철 2011	심현용 2013	백인기 2013	이원택 2014	비고[주)]
42		1801	1801	1801	1801	1801		삼척영장 김최환(항길)
43			1803	1803	1803	1803		월송만호 박수빈
	1804		1804					
44			1805		1805	1805		삼척영장 이보국
45			1807		1807	1807		월송만호 이태근
46			1809		1809	1809		삼척영장 이재홍(항길)

97 『국역비변사등록』, 정조 23년(1799) 9월 2일.

(1) 1801년 삼척영장 김최환(金寂煥) 수토

1801년에는 삼척영장 김최환(金寂煥)이 수토하였다.

2002년 조사에서 울릉도 태하1리 태하1교 건너 방파제 뒤편 바위절벽에서 발견하였다. 발견 당시에는 "使○龍 營將 金寂煥" 등으로 알려졌다.[98] 김호동은 이 각석문을 바탕으로 삼척영장 김최환이 1801년에 수토하였음을 확인하였다.[99]

디지털 향토문화대전의 "태하리 각석문"[100]의 사진을 통해 필자가 판독한 바로는 "왜학 전일룡 영장 김최환(倭學 田一龍 營將 金寂煥)"이다. "倭學 田一龍"으로 검색하였더니, 고(故) 심충성씨 블로그에 2017년 4월에 올린 울릉군 서면 태하리 각석에 대한 사진과 판독문이 올라와 있었다.[101] 각석에 대한 풍부한 경험을 가진 심충성씨의 안목이 아니었으면 판독이 어려웠을 것이다. 이 자리를 빌려 고인께 감사의 말씀을 드린다.

2002년 조사에서는 "ㄱ) 使○龍 營將 金寂煥 軍官 高應道 李正佑 丙○○ 朴○○ 李○○"이었다.

심충성씨의 조사 결과는 다음과 같다.

> 왜학 전일룡/ 영장 김최환/ 군관 고응도/ 이정우/ 원유식/ 박월득/ 박병상
>
> 倭學 田一龍/ 營將 金寂煥/ 軍官 高應道/ 李正佑/元酉式/ 朴釸得/ 朴丙尙

---

98 울릉군지편찬위원회, 2007, 『울릉군지』, p.1042.

99 Ibid. 1042-1043. "ㄱ) 使○龍 營將 金寂煥 軍官 高應道 李正佑 丙○○, ㄴ) 金致淵 金○○, ㄷ) 柳○, ㄹ) ○亥○ 白成文 ○○ 朴守○ 軍官 文泰室 安在○, ㅁ) 江陵 ○手 金○贊, ㅂ) 金泰○ 朴致基 ○○○, ㅅ) 李○, ㅇ) 朴龍振 倭學 使令 林得千 金益○"

100 http://ulleung.grandculture.net/Contents?local=ulleung&dataType=01&contents_id=GC01500471 (2019.9.18. 검색)

101 심충성, 2017, "울릉군 서면 태하리 바위글씨 '영장 김최환(營將 金寂煥)". 다음 블로그 닥발골, 울릉문화재, http://blog.daum.net/simdak1993/3103116 (2019.9.24. 검색. 2022년 10월에는 접속 불가)

그런데 원유식(元酉式)의 원(元)[102]은 아래에 인위적인 가로획 2개와 세로획 하나가 있어 신(辛)으로 보인다. 신유식(辛酉式) 즉 "신유년(辛酉, 1801)에 본뜨다(새기다)"의 의미가 되어, 박월득(朴釗得)과 박병상(朴丙尙)이 각석자(刻石者)임을 알 수 있다. 즉 각석자(刻石者)의 표시라서 전체에서 가장 작은 글씨로 썼을 것이다. 또한 신유년(辛酉年)은 수토한 해와 일치한다.

또한 배재홍의 연구(2011)의 연구에서는 『항길고택일기』 1801년 3월 30일 기록에서 울릉도 수토를 확인하였다.[103] 그 근거는 수토료(搜討料) 대미(大米) 2되 6홉(二升六合), 소미(小米) 3되 4홉(三升四合)을 납부했다는 기록이다.[104] 그리고 『승정원일기』에 따르면 1801년 당시 삼척영장은 김최환(金寂煥)이었다.[105]

(2) 1803년 월송만호 박수빈(朴守彬) 수토

1803년에는 월송만호 박수빈(朴守彬)이 울릉도를 수토하였다.

승정원일기 순조 3년(1803) 5월 22일 기사에 따르면, 월송만호 박수빈이 울릉도를 수토할 때 전라도 흥양(興陽)[106], 장흥(長興), 순천(順天) 등 3읍의 사선(私船) 12척이 울릉도에 잠입하여 한달을 머물러 있던 것을 잡았는데, 월송만호 박수빈은 수토에 참여한 원역(員役)들의 말을 듣고, 잠선자들의 뇌물을 받은 후 이들을 무단히 놓아주었음이 강원감사의 장계를 통해 밝혀졌다.[107]

월송만호 박수빈의 수토 결과 보고는 기록이 없고, 다만 박수빈이 울릉도

---

102 한성주, 2021, "울릉도 수토 각석문의 현황과 특징", 독도연구 31, 150-154.

103 Op.cit. 배재홍, 2011, p. 117.

104 Ibid. p. 139.

105 "金最煥爲三陟營將". 『승정원일기』, 순조 즉위년(1800) 12월 22일; "崔秉教爲三陟營將". 『승정원일기』, 순조 2년(1802) 1월 9일.

106 지금의 고흥군과 여수시 거문도, 초도 등을 관할했던 흥양현(興陽縣)

107 『국역비변사등록』, 순조 3년(1803) 5월 22일.

에서 잠선(潛船)을 잡고서 놓아준 것이 문제가 된 기록만 있다.

월송만호 박수빈의 각석문은 『울릉군지』(2007)에 "ㄹ) ○亥○ 白成文 ○ ○ 朴守○ 軍官 文泰室 安在○, ㄴ) 金致淵 金○○, ㄷ) 柳○"으로 기록된 것이다.[108]

심충성이 새롭게 판독한 내용은 다음과 같다.

> 해재/ 백성문//
>
> 만호/ 박수빈// 군관/ 안태관/ 안인강// 왜학/ 서성신// 김치연/ 김문수// 유영
>
> 亥載/ 白成文//
>
> 萬戶/ 朴守彬// 軍官/ 安泰寬/ 安仁弜// 倭學/ 徐聖臣// 金致淵/ 金文修// 柳榮

『비변사등록』에는 왜학을 서성신(徐成臣)이라 하였는데, 각석문에는 서성신(徐聖臣)으로 새겼다.

"해재(亥載)"는 『울릉군지』(2007)에서 "○亥○"로 판독한 것과 비교하면 월송만호 박수빈이 수토한 해가 계해년(癸亥年, 1803)이므로 "계해재백성문(癸亥載/ 白成文)", 즉 "계해년에 백성문이 싣다(새기다)"로 하는 것이 맞을 것 같다.

군관 안태관, 안인강은 진장(鎭將)인 월송만호를 보필하는 사람들이고, 김치연, 김문수, 유영 또한 월송만호의 수행원으로 추측된다. 왜학도 월송만호의 수행원에 속하지만 잠선(潛船)의 선주들과의 관계를 보면 만호의 수행원들과는 다른 처지임을 알 수 있다.

심충성씨가 2016년에 태하리 각석문을 확인하고, 2017년 4월에 사진과 판독문을 올렸는데, 그것을 본 대구의 『매일신문』 기자 김도훈이 심충성씨

108 밑줄은 필자가 강조.

와 울릉도에 동행하여 각석문을 살펴보고 그 내용을 기사에 실었다.[109]

(3) 1805년 삼척영장 이보국(李輔國) 수토

1805년에는 삼척영장 이보국(李輔國)이 수토하였다.

삼척영장 이보국의 수토는 다른 기록은 없고, 울릉도 각석문에만 남아 있다. 이보국의 각석문은 2002년 조사에서는 빠져있는데, 김호동의 책에 이미 각석문의 존재와 1804~5년 삼척영장으로 근무했다는 것을 기록하였다.[110]

영장 이보국의 각석문은 태하리 각석문 암벽이 시작되는 입구에 있으며, 글씨가 선명하여 2002년 조사 누락 후 얼마 지나지 않아 발견되었다. 2006년 『경북도민일보』 기사에는 "태하리 이보국 각석문 등 수십 년째 방치, 전문인력 충원·문화재 지정 등 대책시급"이라는 기사가 실렸다.[111]

심충성(2017)의 판독문은 다음과 같다.

> "영장/ 이보국// 반종/ 을축사월/ 박승원// 영리 김정호/ 이방 김택향// 도척/ 김맹득// 급창/ 정천수
>
> (營將/ 李輔國// 伴從/ 乙丑四月/ 朴升源// 營吏 金定浩/ 吏房 金宅享// 刀尺/ 金孟得// 及唱 鄭千守)"

> "군관/ 김광록/ 박동윤// 통인/ 김관춘

---

109 김도훈, "울릉도 수토사 '만호 박수빈' 각석문 새로 발견", 『매일신문』,2017년 6월 29일자. http://news.imaeil.com/Society/2017062900002298170 (2019.10.12. 검색) '수토사'라는 용어가 최근 10여 년간 일시적으로 사용된 적이 있다. 지금은 수토를 맡은 지방관을 뜻하는, 수토관(搜討官)이라는 사료 속의 용어가 사용된다.

110 Op. cit., 김호동

111 김성권, 2006, "울릉, 문화유산 훼손 심각", 『경북도민일보』 2006. 5. 4. http://www.hidomin.com/news/articleView.html?idxno=306 (2019.10.12. 검색)

(軍官/ 金光祿/ 朴東倫// 通引/ 金寬春)"

"왜학// 사령/ 임득천// 김익용
(倭學// 使令/ 林淂千// 金益瑢)"

왜학 김익용을 뚝 떨어져서 쓰고 그 사이에 사령 임득천을 썼다. 2002년 조사에서 "ㅇ) 朴龍振 倭學 使令 林得千 金益○"에 해당한다.

"강릉/ 취수[112]/ 김윤찬/ 박모진
(江陵/ 吹手/ 金允贊 朴毛振)"

2002년 조사에서 "ㅁ) 江陵 ○手 金○贊 ㅂ)朴龍振"에 해당한다.
영장 이보국 각석문을 순서대로 쓰면 다음과 같다.

영장 이보국 반종 박승원 영리 김정호 이방 김택향 도척 김맹득 급창 정천수 군관 김광록 박동윤 통인 김관춘 왜학 김익용 사령 임득천 강릉취수 김윤찬 박모진

營將 李輔國 伴從 朴升源 營吏 金定浩 吏房 金宅享 刀尺 金孟得 及唱 鄭千守 軍官 金光祿 朴東倫 通引 金寬春 倭學 金益瑢 使令 林淂千 江陵吹手 金允贊 朴毛振

이보국 글자 주변의 인물들을 통해 보면 박석창 각석문이나 삼척시립박물관 울릉도도형 등의 배행(陪行) 인물 기록처럼 많은 사람을 기록하고 있다.[113]

---

112 취수(吹手)는 군중(軍中)에서 관악기와 타악기를 연주하던 취타수(吹打手) 중에서 호적(號笛), 나발(喇叭), 나각(螺角) 등의 관악기를 연주하던 군사를 말한다. ("취타수", 『한국민족문화대백과사전』 참조

113 박석창 각석문 배행인물: 軍官 折衝 朴省三 折衝 金壽元 倭學閑良 朴命逸 軍官閑良 金

(4) 1807년 월송만호 이태근(李泰根) 수토

1807년에는 월송만호 이태근(李泰根)이 수토하였다.

월송만호 이태근도 울릉도 수토시에 잠선(潛船) 14척에 150여명을 잡았다. 이들은 1803년 월송만호 박수빈이 적발한 잠선들과 같이 모두 전라도 흥양, 장흥, 순천 등에서 온 것이었다. 이때 울릉도 수토에 함께 간 왜학 이복상(李馥祥), 울진 사공 이기축(李己丑), 흥해 사공 김윤석(金允石) 등이 잠선의 선주들과 내통하여 이를 무마하려 하였다. 수토관 이태근은 자신을 따르는 자가 11명밖에 없고, 울릉도 수토에 따라간 사격들과 울릉도 잠입자들이 한통속이 되어 이들을 잡아 올 수 없었다고 보고하였다. 다만 이들 선주의 성명과 주소를 책으로 만들어 올리고, 왜학 이복상이 뇌물을 받고, 원역 11명에게는 뇌물을 주려 한 죄상을 밝혀서 보고하였다. 이태근의 보고를 받은 강원감사는 이를 다시 비변사에 보고하고 잠선자(潛船者)들을 해당 도에 알려서 강원도 감영에 잡아와 처벌하고자 한다고 장계를 올렸다. 이에 비변사에서는 1803년과 똑같이 전라도 흥양, 장흥, 순천 등지에서 울릉도에 몰래 들어간 사실을 들어 3읍의 수령들을 의금부에서 처리하기를 청한다. 의금부에서는 순천부사 송상렴(宋祥濂)을 잡아가두고, 장흥부사 조태석(趙台錫)과 흥양현감 이계(李晵)는 잡아들이기로 했다.[114]

전라도 순천, 흥양, 고흥 등지의 어부들도 울릉도를 왕래하고 있었다. 1801년부터 유배 중이었던 다산 정약용에 따르면 전라도의 이들 지역뿐만 아니라 강진의 뱃사람들도 울릉도를 수시로 드나들었고,[115] 경상도 하동은

元聲 都沙工 崔粉 江陵通人 金蔓 營吏 金嗣興 軍色 金孝良 中房 朴一貫 及唱 金時云 庫直 金危玄 食母 金世長 奴子金禮發 使令 金乙秦(泰) 삼척시립박물관 울릉도도형 주요 수토참여자: 營將一名 倭學一名 軍官二名 營吏一名 吏房一名 庫子一名 軍牢二名 都沙工一名

114 『일성록』, 순조3년(1807) 5월 12일.

115 정약용, "탐진어가십장(耽津漁歌十章)", 『여유당전서(與猶堂全書)』, 제1집, 시문집

울릉도에서 가져온 물건들이 모여드는 곳이었다.[116] 정약용은 1801년 경상도 포항의 장기에 유배되었을 때, 장기 사람들이 울릉도에 가서 대나무를 배 한가득 싣고 왔다고 기록하였다.[117]

또한 1696년 안용복이 2차로 도일할 때 함께 간 사람들도 전라도 순천의 상승(商僧) 뇌헌(雷憲) 등의 무리였다. 전라도 순천, 낙안, 흥양이 역시 순천의 주변 지역이라는 점이 흥미롭다.

왜학 이복상(李馥祥)은 1794년 월송만호 한창국의 수토에 동행했던 왜학 이복상(李福祥)과 동일인으로 추정된다. 특히 그가 보인 행동들은 오랫동안 울릉도 수토에 참여함으로써 울릉도 잠상(潛商)들과 친분을 쌓은 것으로 보이기 때문이다.

(5) 1809년 삼척영장 수토

1809년에는 삼척영장이 수토하였다.

『항길고택일기』에 3월에 수토료를 납부했다고 하였다.[118] 그리고 이보다 앞선 1월에 강원도 어사의 서계에 삼척영장 이재홍(李載弘)이 엄격하게 조련하고 단속하여 "수토를 감당할 만하다[才堪搜討]"고 하였는데,[119] 이재홍이 수토관임을 알 수 있다.

제4권. 한국고전번역원, 한국문집총간.

116 정약용, "두치진(豆巵津)", 『여유당전서(與猶堂全書)』, 제1집, 시문집 제1권. 한국고전번역원, 한국문집총간. http://db.itkc.or.kr/inLink?DCI=ITKC_MO_0597A_0010_020_0600_2004_A281_XML (2019.9.20. 검색)

117 정약용, "기성잡시이십칠수(鬐城雜詩二十七首)", 『여유당전서(與猶堂全書)』, 제1집, 시문집 제4권. 한국고전번역원, 한국문집총간. http://db.itkc.or.kr/inLink?DCI=ITKC_MO_0597A_0040_010_0230_2004_A281_XML (2019.9.20. 검색)

118 Op. cit. 배재홍, 2011, p. 118.

119 『일성록』, 순조9년(1809) 1월 11일.

이재홍이 울릉도를 수토하기로 되어 있었고, 1809년 3월에 삼척지역에서 수토에 드는 비용을 거두었다는 것은 4월이나 5월의 울릉도 수토를 준비했다는 것을 보여준다. 이를 통해 삼척영장 이재홍의 수토를 추정할 수 있다. 이재홍은 1808년 6월 삼척영장에 임명되었고, 후임 삼척영장은 1809년 7월에 임명되었다.[120]

11) 쟁점시기 XI(1811~1831) : 『항길고택일기』로 밝혀진 수토

차수 (최대)	쟁점 시기	김호동 2007	배재홍 2011	손승철 2011	심현용 2013	백인기 2013	이원택 2014	비고[주)]
47	XI		1811		1811	1811		월송만호?(항길)
48			1813		1813	1813		삼척영장?(항길)
						1815		수토정지 대후년 차거행
49						1817		월송만호?
50			1819		1819	1819		삼척영장 오재신(항길)
51						1821		월송만호?
52			1823		1823	1823		삼척영장?(항길)
53						1825		월송만호?(항길)
54						1827		삼척영장 하시명
55			1829		1829	1829		월송만호?(항길)
		1830						
56			1831		1831	1831		삼척영장 이경정

120 "李載弘爲三陟營將", 『승정원일기』, 순조 8년(1808) 6월 21일; "申善應爲三陟營將", 『승정원일기』, 순조 9년(1809) 7월 11일.

(1) 1811년 월송만호 수토

1811년에는 월송만호가 수토하였다.

『항길고택일기』에 역시 3월 1일에 수토료를 납부했다는 기록이 있고,[121] 윤회수토의 원칙에 따라 추정하였다. 이때 월송만호는 김원증(金元曾)이었다.[122]

(2) 1813년 삼척영장 수토

1813년에는 삼척영장이 수토하였다.

『항길고택일기』에 2월 21일에 수토료를 납부했다는 기록이 있고,[123] 윤회수토의 원칙에 따라 추정하였다. 이때 삼척영장은 한대홍(韓大洪)이었다.[124]

(3) 1815년 수토정지

1815년에는 흉년으로 울릉도 수토를 정지하였다.

그런데 이전에는 수토정지 후 바로 이듬해에 수토를 거행하였는데, 1815년에는 "대 후년차 거행(待後年次擧行)"이라고 하여, 다음 해가 아닌 다음 차례로 연기하였다.

『일성록』의 기록은 다음과 같다.

> 비변사에서 아뢰기를 "강원도 울릉도 수토는 금년이 차례로, 선척(船隻)과 격군(格軍) 그리고 바다를 건너는데 필요한 물품들을 강원도와 영남이 나누어 담당하여 거행하는데, 흉년을 만나 정지하여 면제하는 것은 예전에 이미 전례가 있으므로 다음

---

121 Op.cit. 배재홍, 2011, p. 118.

122 "金元曾爲越松萬戶". 『승정원일기』, 순조 10년(1810) 12월 27일; "兪仁柱爲越松萬戶". 『승정원일기』, 순조 13년(1813) 7월 28일.

123 Op.cit. 배재홍, 2011, p. 118.

124 "韓大洪爲三陟營將". 『승정원일기』, 순조 12년(1812) 6월 29일; "張夢說爲三陟營將". 『승정원일기』, 순조 13년(1813) 7월 28일.

차례를 기다려 거행하겠다는 뜻으로 분부해주실 것을 청합니다." 하였다. 그것을 윤허하였다.[125]

備局啓言 江原道鬱陵島搜討 今年爲當次 而船隻格軍渡海物種 自本道及嶺南當爲分定擧行 而遇歉停免 前旣有例 待後年次擧行之意 請分付 允之[126]

같은 날, 같은 문제에 대한 『승정원일기』의 기록은 강원도의 흉년뿐만 아니라 영남의 흉년을 덧붙여서 울릉도 수토 정지를 청하고 있다.

또 비변사에서 장계의 일로 아뢰기를 "강원도 울릉도 수토는 금년이 차례로 선척과 격군 그리고 바다를 건너는데 필요한 물품들을 강원도와 영남이 나누어 담당하여 거행합니다. 일은 당연히 때에 맞춰 통보하여 이를 시키고, 바람을 기다려 들어가게 합니다. 지금 강원도의 연해 각읍이 모두 흉년을 면하지 못했고, 영남 민읍의 형편은 더욱더 말할 수가 없습니다. 흉년을 만나 정지하여 면제하는 것은 예전에 이미 전례가 있으므로, 이번에도 다음 차례를 기다려 거행하겠다는 뜻으로 분부하시는 것이 어떻겠습니까?" 하였다. 전교하기를 "윤허하다" 하였다.[127]

○ 又以備邊司言啓曰, 江原道鬱陵島搜討, 今年爲當次, 而船隻格軍渡海物種, 自本道及嶺南, 當爲分定擧行事, 當及時知委, 使之待風和入去, 而第今本道沿海各邑, 俱未免歉, 嶺南民邑之勢, 尤無可言, 遇歉停免, 前旣有例, 今亦待後年次擧行之意, 分付, 何如? 傳曰, 允。[128]

125 필자 번역.

126 『일성록』, 순조 15년(1815) 1월 13일.

127 필자 번역.

128 『승정원일기』, 순조 15년(1815) 1월 13일.

(4) 1817년 월송만호 수토

1817년에는 월송만호의 수토가 추정된다.

간년 윤회수토의 원칙에 비추어보면 1815년 월송만호 수토차례에 수토가 정지되고, "다음 차례를 기다려 거행한다(待後年次擧行)"라고 했으며, 1819년에 삼척영장 오재신이 수토하였기 때문이다. 이때 월송만호는 방일호(方一好)이다.[129]

(5) 1819년 삼척영장 오재신(吳在臣) 수토

1819년에는 삼척영장 오재신(嗚載臣)이 수토하였다.

『항길고택일기』에 윤4월 9일 기록에, "진장(鎭將)이 울릉도에 들어가기 위해 평해읍[平邑]으로 출발하였다(鎭將 以鬱島入去次 發向平邑)"고 기록하였다.[130] 죽변진(竹邊津)은 울진군에 있고, 구미진(丘尾津)은 평해군(平海郡)에 있기 때문에 평해읍으로 떠났다는 것은 구미진, 즉 구산포(龜山浦)[131]로 떠났다고 볼 수 있다. 이때 삼척영장은 오재신(嗚在臣)이 임명되었는데,[132] 1819년 『일성록』과 『승정원일기』에는 오재신(嗚載臣)으로 기록되어 있다.[133]

---

129 "方一好爲越松萬戶". 『승정원일기』, 순조 17년(1817) 2월 19일; "柳泰根爲越松萬戶". 『승정원일기』, 순조 19년(1819) 6월 25일.

130 Op.cit. 배재홍, 2011, p. 118, p. 126.

131 경상북도 울진군 기성면 구산리 구산항(龜山港).

132 "嗚在臣爲三陟營將". 『승정원일기』, 순조 18년(1818) 12월 27일; "崔鎭一爲三陟營將". 『승정원일기』, 순조 19년(1819) 8월 8일.

133 "惠民署…醫女選上…三陟婢貞分…三陟鎭營將嗚載臣…謂以逃走,屢次頉報, 追聞元不逃走". 『일성록』, 순조 19년 7월 18일; 『승정원일기』, 순조 19년 7월 18일; "三陟營將嗚載臣爲先令該府拿問嚴勘事". 『승정원일기』, 순조 19년 7월 19일.

(6) 1821년 월송만호 수토 추정

1821년에는 월송만호의 수토가 추정된다.

1819년 삼척영장 수토가 있었고, 1823년 울릉도 수토는 삼척영장이 수행한 것으로 추정되기 때문이다. 이때 월송만호는 정복희(丁復禧)이다.[134]

(7) 1823년 삼척영장 수토

1823년에 삼척영장이 수토하였다.

『항길고택일기』에 1823년 3월에 수토료를 납부[135]하였다고 하였기 때문에 울릉도 수토가 거행된 것은 사실이다. 그런데 1827년 삼척영장 하시명이 수토하였기 때문에 4년 전인 1823년에도 삼척영장이 수토한 것으로 보인다. 이때 삼척영장은 남희(南熙)였다.[136]

(8) 1825년 월송만호 수토

1825년에는 월송만호의 수토가 추정된다.

『항길고택일기』에 따르면 1825년 9월에 수토료(搜討料) 관련 내용이 있다.

"울릉도 수토료(搜討料)는 도정한 쌀[大米] 16섬(石) 4말(斗)이다. 예부터 지금까지 본 읍의 결역(結役)으로 이 비용을 담당했다. 지금 고을 수령(삼척부사) 민사관(閔師寬)[137]이 삼척진영(三陟鎭營)과 상의하여 울진읍으로 옮기기로 정하였다. 이것은 막

134 "丁復禧爲越松萬戶". 『승정원일기』, 순조 24년(1824) 6월 25일; "金聲烈爲越松萬戶". 『승정원일기』, 순조 26년(1826) 12월 26일.

135 Op.cit. 배재홍, 2011, p. 118.

136 "南熙爲三陟營將". 『승정원일기』, 순조 23년(1823) 3월 11일; "兵批, …副護軍…南熙, 以上竝單付。". 『승정원일기』, 순조 25년(1825) 11월 19일.

137 원문의 민사관(閔思寬)을 『승정원일기』의 기록에 따라 민사관(閔師寬)으로 정정하여 번역함

대한 혜택이다."[138]

"鬱陵島搜討時 大米十六石餘斗 自古及今 本邑結役當之 今本倅閔思寬營門相議 移定蔚珍邑 此是莫大之澤,".[139]

울릉도 수토비용은 지방 군현에서 거둔 잡역세(雜役稅), 즉 결역(結役)이었다. 삼척의 결역을 울진의 결역으로 옮겼다는 것은 삼척의 주민들에게는 큰 혜택이 아닐 수 없다.

하지만 수토료를 납부했다는 내용이 없기 때문에, 수토 여부를 전혀 확인할 길이 없는 것도 사실이다.

다만 윤회수토의 원칙에서 볼 때, 1827년 삼척영장 하시명(河始明)이 수토했기 때문에 1825년 월송만호의 수토를 추정할 수 있다.

(9) 1827년 삼척영장 하시명(河始明) 수토

1827년에는 삼척영장 하시명(河始明)이 수토하였다.

원래 삼척영장 이문형(李文馨)이 수토하려 하였으나 부상(父喪)을 당하여 1826년 12월 전라도 병마우후(兵馬虞候) 하시명을 삼척영장에 임명한다.[140] 하지만 부임이 늦어지자 강원감사가 빨리 내려보내 달라는 장계를 올리자, 전라도 병사(兵使)에게 관문을 보내 조정에 하직 인사도 하지 말고 밤을 잊고 부임하게 한다.[141] 하시명이 급하게 울릉도 수토에 나섰음을 알 수 있다.

삼척영장 하시명은 4월 16일 왜학 최갑문(崔甲文) 및 사격(沙格) 등 80

---

138 Op. cit. 배재홍, 2011, p. 139.

139 Ibid.

140 『승정원일기』, 순조 26년(1826) 12월 26일.

141 『승정원일기』, 순조 27년(1827) 3월 12일.

명과 4척의 배로 울릉도 수토를 시작하여 23일 울릉도에 도착하고, 3일간 울릉도를 살핀 후, 27일 강릉에 도착하여 자단향 원봉 2토막, 가봉 10토막, 청죽 3개, 석간주 6되, 가지어피 2벌 등을 바쳤는데, 울릉도도형과 함께 비변사로 올려 보냈다고 하였다.[142]

울릉도 수토가 처음에는 간이년(間二年)이 '3년마다'라는 의미였지만, 1827년에는 간이년(間二年)을 '2년마다'라는 의미로 사용하고 있다(鬱陵島搜討 間二年擧行 自是定式 而今年搜討).

또한 "하나하나 척량(一一尺量)" 한다고 했는데, 그러한 내용을 실제로 보여주는 것이 삼척시립박물관 「울릉도도형(鬱陵島圖形)」이다.[143]

(10) 1829년 월송만호 수토

1829년에는 월송만호가 수토하였다.

『항길고택일기』 1929년 4월 3일자에 월송만호수토를 기록하였다.[144] 이때 월송만호는 김성열(金聲烈)이었다.[145]

(11) 1831년 삼척영장 이경정(李慶鼎) 수토

1831년에는 삼척영장 이경정이 수토하였다.

『일성록』에 삼척영장 이경정이 4월 8일에 울릉도에 도착하여 울릉도를 수토하고 도형(圖形), 자단향, 청죽, 석간주, 가지어피 등을 비변사에 올려 보

---

142 『일성록』, 순조 27년(1827) 5월 19일.

143 Op. cit. 백인기, 2012.

144 Op. cit. 배재홍, 2011, p. 118.

145 "金聲烈爲越松萬戶". 『승정원일기』, 순조 26년(1826) 12월 26일; "黃在中爲越松萬戶". 『승정원일기』, 순조 29년(1829) 6월 24일.

낸다고 기록하고 있다.[146]

이경정의 울릉도 태하동 각석문에도 도광(道光) 신묘(辛卯)라고 하여 1831년임을 표시하였다. 1847년 울릉도를 수토한 삼척영장 정재천(鄭在天)의 기록이 함께 새겨져 있던 이 각석은 사라지고 없다.

1963년 국립박물관 울릉도 조사에서 김원룡은 1962년 이홍직이 발표한 도동의 각석문 2건(1711년 삼척영장 박석창 신묘명 각석문, 1735년 삼척영장 구억 옹정(雍正) 13년 각석문) 외에 태하리에서 새롭게 두 건을 추가로 발견하였다. 하나는 삼척영장 정재천(鄭在天)과 삼척영장 이경정(李慶鼎) 등의 이름이 새겨진 각석(刻石)으로 현재 태하리 각석문으로 알려져 있는 것이며, 다른 하나는 문화재 자료 제411호로 지정된 태하리 광서명 각석문(台霞里 光緖銘 刻石文)이다.[147] 지금은 사진만 남아 있다.

『울릉군지』(1989)의 탈초문은 다음과 같다.

> 營將 鄭在天 知印 鄭和吉 安應辰
>
> 陪吏 金永佑 道光 辛卯營將 李慶鼎
>
> 配行 薛永浩 李漢郁 田光周[148]

『울릉군지』(1989) 탈초문을 남아 있는 희미한 사진을 대조하면, 먼저 1831년 삼척영장 이경정이 와서 이름을 새겼고, 1847년 삼척영장 정재천이 와서 이경정 각석의 옆에 좀 더 작은 글씨로 이름을 새겼음을 알 수 있다. 사진을 토대로 탈초문을 다음과 같이 배열할 수 있다.

---

146 『일성록』, 순조 31년(1831) 5월 14일.

147 김원룡, 1963, 『울릉도』 국립박물관 고적조사보고서 제4호, p. 65.

148 울릉군청, 1989, 『울릉군지』, p. 490.

營將 鄭在天 知印 鄭和吉

安應辰

陪吏 金永佑

道光 辛卯 營將 李慶鼎

配行 薛永浩

李漢郁 田光周

안응진(安應辰)은 정재천과 함께 온 사람이 아니라, 이경정과 함께 온 사람으로 보인다.

『울릉군지』(1989)에는 "台霞港 入口 右便 岩壁에 彫刻되어 있었으나 物揚場施設로 除去되었다."라고 하였다.[149]

김원룡이 1963년 해변의 바위에서 발견한 제1석은 태하항 공사를 하면서 깨어져 한 쪽에 떨어져 나와 있었는데, 지금은 볼 수 없게 되었다.

삼척영장 이경정은 1830년 3월 2일 삼척영장에 임명되고, 1831년 6월5일 오위장(五衛將)에 임명될 때까지 삼척영장으로 재직하였다.[150]

149 Ibid.

150 "李慶鼎爲三陟營將". 『승정원일기』, 순조 30년9(1830) 3월 2일; "五衛將李濟弘前任晉州營將, 鄭日履前任江華中軍, 李慶昆鼎前任三陟營將". 『승정원일기』, 순조 31년(1831) 6월 5일.

12) 쟁점시기 XII(1831~1841) : 수토의 일상화와 수토기록 누락

차수 (최대)	쟁점 시기	김호동 2007	배재홍 2011	손승철 2011	심현용 2013	백인기 2013	이원택 2014	비고[주)]
56			1831		1831	1831		삼척영장 이경정
57	XII					1833		(월송만호??)
58	XII					1835		(삼척영장??)
59	XII					1837		(월송만호??)
60	XII					1839		(삼척영장??)
61			1841	1841	1841	1841		월송만호 오인현

1831년 삼척영장 이경정의 수토에서 1841년 월송만호 오인현의 수토까지 사이에 울릉도 수토관련 자료가 아직 발견되지 않았다.

간년(間年) 윤회수토(輪回搜討)의 원칙에 따라서 추정해 보면, 1831년 삼척영장, 1833년 월송만호, 1835년 삼척영장, 1837년 월송만호, 1839년 삼척영장, 1841년 월송만호의 순서이다.

1841년 월송만호 오인현의 수토가 거행되었다는 사실과 지금까지 수토기록이 없다가 발견된 기록들, 그리고 울릉도 수토제도의 시작과 종료 등을 고려할 때 이 시기도 기록만 없을 뿐이고 정상적인 수토가 거행된 것으로 추정된다.

(1) 1833년 월송만호 수토 추정

1833년 월송만호의 수토가 추정된다.

간년(間年) 윤회수토(輪回搜討)의 원칙에 따르면 월송만호의 수토 차례이다. 이때 월송만호는 이상호(李尙浩)였다.[151]

---

151 "李尙浩爲越松萬戶", 『승정원일기』, 순조 31년(1831) 12월 25일; "李錫麟爲越松萬戶", 순조 34년(1834) 6월 25일.

(2) 1835년 삼척영장 수토 추정

1835년 삼척영장의 수토가 추정된다.

간년(間年) 윤회수토(輪回搜討)의 원칙에 따르면 삼척영장의 수토 차례이다. 이때 삼척영장은 남성노(南成老)였다.[152]

(3) 1837년 월송만호 수토 추정

1837년 월송만호의 수토가 추정된다.

간년(間年) 윤회수토(輪回搜討)의 원칙에 따르면 월송만호의 수토 차례이다. 이때 월송만호는 임장희(林章熙)였다.[153]

(4) 1839년 삼척영장 수토 추정

1839년 삼척영장의 수토가 추정된다.

간년(間年) 윤회수토(輪回搜討)의 원칙에 따르면 삼척영장의 수토 차례이다. 이때 삼척영장은 이민곤(李敏坤)이었다.[154]

원래 1838년 12월 24일 유영노(柳永魯)를 삼척영장에 임명하여 삼척에서 복무하던 중에 전임지(前任地)였던 청주(淸州)에서의 죄상에 대한 장계로 의금부로 잡혀오게 된다.[155] 그래서 급히 이민곤(李敏坤)이 3월 22일에

---

152 "南成老爲三陟營將,", 『승정원일기』, 순조 34년(1834) 6월 25일; "南允豐爲三陟營將", 헌종 1년(1835) 12월 22일.

153 "林章熙爲越松萬戶", 『승정원일기』, 헌종 2년(1836) 12월 25일; "李寅和爲越松萬戶", 헌종 3년(1837) 9월 8일.

154 "李敏坤爲三陟營將", 『승정원일기』, 헌종 5년(1839) 3월 22일; "崔成範爲三陟營將", 헌종 5년(1839) 12월 22일.

155 "柳永魯爲三陟營將", 『승정원일기』, 헌종 4년(1838) 12월 24일; "○ 南獻教, 以義禁府言啓曰, 忠淸監司趙冀永啓本內, 淸州前兵虞候柳永魯罪狀, 令攸司稟處事, 啓下矣。柳永魯, 以三陟營將, 時在任所, 依例發遣府書吏, 交代後拿來, 何如? 傳曰, 待待命拿囚。", 『승정원일기』, 헌종 5년(1839) 3월 10일.

임명되어, 울릉도를 수토한 것으로 추정할 수 있다.

13) 쟁점시기 XIII(1841~1847)

차수(최대)	쟁점 시기	김호동 2007	배재홍 2011	손승철 2011	심현용 2013	백인기 2013	이원택 2014	비고[주)]
61	XIII		1841	1841	1841	1841		월송만호 오인현
62			1843		1843	1843		삼척영장?(항길)
63			1845		1845	1845		월송만호?(항길)
64		1847	1847		1847	1847		삼척영장 정재천

(1) 1841년 월송만호 오인현(吳仁顯) 수토

1841년에는 월송만호 오인현이 수토하였다.

월송만호 오인현(嗚仁顯)은 울릉도 수토시에 잠상(潛商)의 선척(船隻)을 잡았지만 뇌물을 받고 놓아주었다는 사실이 발각되었다.[156] 1807년 월송만호 이태근은 잠선(潛船) 14척을 잡았지만 왜학과 수토 사격(沙格)들이 잠선 선주(船主)들과 내통하여 잡아올 수 없었다고 했다. 1841년 월송만호 오인현은 스스로 뇌물을 받고 잠상들을 놓아주는 범법을 저질렀다.

월송만호 오인현(嗚仁顯)의 수뢰(受賂)에 대해 무겁게 죄를 주고, 도로 받아들여 징수한 것(還徵者)과 선척이 몰래 채취한 물건은 관련자들이 대납하여 관청에 바치도록 명함(命越松萬戶 嗚仁顯重勘捧賂 還徵者及船隻潛採之物 徵出屬公)

영의정 조인영(趙寅永)이 아뢰기를 "강원감사 조병헌(趙秉憲)의 장계를 보니, 말하기를 '울릉도 수토 때에 잠상(潛商)의 선척을 보고 잡았는데 뇌물을 받고 보내주었

156 『일성록』, 헌종 7년(1841) 6월 10일; 국역비변사등록, 헌종 7년(1841), 6월 10일. (http://db.history.go.kr/id/bb_229r_001_07_0060)

습니다. 월송만호 오인현의 죄상을 유사(攸司)에 품처하도록 영을 내려주십시오. 그리고 법을 어기고 각종 뇌물로 준 물건들은 책으로 만들어 올려 보내며, 속공(屬公) 여부 의논하여 본사(本司, 비변사)에 보고한다고' 하였습니다. 수토의 정사(政事)는 전혀 엄중하지 않으면서, 진장(鎭將)의 몸으로 뇌물을 받고 몰래 풀어준 것이 이와 같이 낭자(狼藉)합니다. 변방의 금령(禁令)을 생각하면 아주 통탄스럽습니다. 월송만호가 옥에 갇히기를 기다려 법을 더하고 무겁게 죄를 주십시오. 뇌물을 환수하는 것과 해당 도(道)에 속공(屬公)한 뱃사람들에게 죄를 주는 것은 본도(道)에서 아뢴 대로 시행하며, 선척(船隻)과 남아 있는 몰래 채취한 물건들 역시 본도(本道, 강원도)에서 해당 도(道)에 공문을 보내 법에 따라 본도에 대신 속공(屬公)하도록 명을 내려주실 것을 청하니 분부해주십시오." 하니 "그렇게 하라" 하였다.[157]

命越松萬戶 嗚仁顯重勘捧賂 還徵者及船隻潛採之物 徵出屬公

領議政 趙寅永啓言 卽見江原監司 趙秉憲狀啓 則以爲鬱陵島搜討時 見捉潛商船隻捧賂送之越松萬戶嗚仁顯罪狀 請令攸司稟處 而冒犯各種行賂等物 修成冊上送 屬公與否論報本司矣 搜討之政何等嚴重 而身爲鎭將 捧賂潛放 若是狼藉 言念邊禁 萬萬駭痛越松萬戶待就囚 加律重勘 捧賂之還徵者 竝該道屬公船格 勘律依道啓施行 而船隻與潛採餘存之物 亦令本道文移該道 依法徵出屬公本道事 請分付 從之(『일성록』)[158]

『국역비변사등록』[159]의 울릉도 수토(搜討)를 "울릉도 수색", 수토를 "수색 토벌" 등으로 번역하고 있어서 조선시대 수토(搜討)에 대해 잘 알지 못하던 때에 이뤄진 것임을 짐작할 수 있다.

오인현의 처벌과 관련해서 1841년 6월 22일 오인현의 사건과 관련된 왜

157 필자 번역. 『국역비변사등록』 참조.

158 『일성록』, 헌종 7년(1841) 6월 10일.

159 『국역비변사등록』, 헌종 7년(1841) 6월 10일.

학(倭學)의 처리에 대해 경상도에서 보고한 내용이 『각사등록』에 기록되어 있다.[160]

삼척영장 오인현은 표류해온 왜선(倭船)의 처리를 둘러싸고 다시 문제가 된다. 이전 울릉도 수토에서 뇌물을 받고 잠상을 풀어준 것까지 두 가지를 처벌하도록 결정한다.

또 아뢰기를 "지난번 오인현은 왜선이 표류해왔을 때 이미 이를 신칙(申飭)한 것이 좋지 못했을 뿐만 아니라 울릉도 수토의 법의(法意)가 지극히 중한 것을 잊고 법을 어긴 상선들을 뇌물을 받고 몰래 풀어준 처사는 극히 통탄스럽습니다. 범한 일이 이와 같이 낭자하니 감히 한 가지로 말할 수 없음이 자명하며, 두 가지 죄가 모두 드러났다고 할 수 있습니다. 이로써 법을 적용하는 것이 어떻겠습니까?" 하니 상주(上奏)한 것을 윤허하였다.[161]

又啓目, 向前鳴仁顯亦, 倭船之漂蕩, 已是提飭之不善是除良, 鬱島之搜討, 罔念法意之至重, 冒禁之商舶, 捧賂而潛放, 處事極爲駭痛, 所犯若是狼藉, 毋敢一辭自明, 可謂兩罪俱發, 以此照律, 何如? 判付啓依允。[162]

(2) 1843년 삼척영장 수토

1843년에는 울릉도 수토가 거행되었다.

『항길고택일기』 4월 3일자에 수토기록이 있다.[163] 윤회수토의 원칙에 따라

---

160 『각사등록』 경상도 3, 刑房來報關錄 1, 辛丑六月二十二日. http://db.history.go.kr/id/ks_013_0380_0060 (2019.9.20. 검색);『각사등록(各司謄錄)』 13, 경상도편 3, 刑房來報關錄 1, pp. 0564c~ 0565a. http://library.history.go.kr/Redirect.ax?cid=13355&url=http://library.history.go.kr/dhrs/dhrsXIFViewer.jsp?system=dlidb&id=000000048254 (2019.9.20. 검색);

161 필자 번역.

162 『승정원일기』, 헌종 7년(1841) 8월 1일.

163 Op. cit. 배재홍, 2011, p. 118.

삼척영장이 수토한 것으로 추정된다. 이때 삼척영장은 박종무(朴宗茂)였다.[164]

(3) 1845년 월송만호 수토

1845년에는 울릉도 수토가 거행되었다.

『항길고택일기』 3월 17일자에 수토기록이 있다.[165] 윤회수토의 원칙에 따라 월송만호가 수토한 것으로 추정된다. 이때 월송만호는 오신범(嗚信範)이었다.[166]

14) 쟁점시기 XIV(1847~1859): 다양한 수토기록

차수 (최대)	쟁점 시기	김호동 2007	배재홍 2011	손승철 2011	심현용 2013	백인기 2013	이원택 2014	비고[주)]
64		1847	1847		1847	1847		삼척영장 정재천
65	XIV					1849		월송만호 이규상
66						1851		(삼척영장??)
67						1853		월송만호 석충선
68						1855		삼척영장 이원명
69						1857	1857	월송만호 지희상
70			1859		1859	1859		삼척영장 강재의 (항길)

164 "朴宗茂爲三陟營將". 『승정원일기』, 헌종 8년(1842) 6월 22일; "呂東冕爲三陟營將". 『승정원일기』, 헌종 9년(1843) 6월 25일.

165 Op. cit

166 "嗚信範爲越松萬戶". 『승정원일기』, 헌종 9년(1843) 10월 17일; "徐興春爲越松萬戶". 『승정원일기』, 헌종 12년(1846) 4월 2일.

(1) 1847년 삼척영장 정재천(鄭在天) 수토

1847년에는 삼척영장 정재천(鄭在天)이 수토하였다.

삼척영장 정채천의 울릉도 수토 사실은 태하리 각석문을 통해서만 확인된다. 정채천의 울릉도 수토 각석문은 1963년 김원룡의 울릉도 고고학 조사 보고서를 통해 그 존재가 이미 알려져 있었다.[167]

1831년 삼척영장 이경정(李慶鼎)의 각석문이 새겨진 돌에 함께 새긴 삼척영장 정재천의 각석문은 다음과 같다.

> 영장 정재천/ 지인 정화길/ 안응진/ 배리 김영우/
>
> 營將 鄭在天/ 知印 鄭和吉/ 安應辰/ 陪吏 金永祐[168]

심충성씨의 사진과 탈초문 및 분석을 참고하면, 1831년 삼척영장 이경정(李慶鼎)의 각석문에서 논한 바와 같이, "안응진(安應辰), 배리(陪吏) 김영우(金永祐)"는 정재천의 수행원이 아닐 가능성이 크다고 생각한다.

김호동은 관동읍지에 기재된 정재천의 재임시기(1846.7.~1847.6.)를 통해 1847년에 수토한 것으로 추정하였다.[169] 『승정원일기』에도 정재천이 1846년 7월에 삼척영장에 임명되었고, 후임 삼척영장으로는 안택신(安宅臣)이 1847년 6월에 임명되었다.[170]

『항길고택일기』의 1843년 1845년 울릉도 수토 기록 발견과 『일성록』의 1849년 월송만호 이규상 수토기록이 발견되기 전까지는 삼척영장 정재천

---

167 "營將 鄭在天 知印 鄭和吉 安應辰 陪吏 金永祐". Op. cit. 김원룡, 1963, p. 65.

168 Op. cit. 김원룡.

169 Op. cit. 김호동, 2007, p. 115.

170 "鄭在天爲三陟營將". 『승정원일기』, 헌종 12년(1846) 7월 11일; "安宅臣爲三陟營將". 『승정원일기』, 헌종 13년(1847) 6월 24일.

의 울릉도 수토시기를 두고 1846년인지 1847년인지 논란이 있었다. 그래서 1846년 7월에 임명된 정재천이 그 해에 수토하기는 힘들고 이듬해인 1847년에 수토한 것으로 추정했었다. 하지만 이제는 1843년, 1845년, 1849년 수토기록을 통해서 정재천의 울릉도 수토가 1847년임을 확인할 수 있다.

(2) 1849년 월송만호 이규상(李圭祥) 수토

1849년에는 월송만호 이규상(李圭祥)이 수토하였다.

이규상은 4월 8일 왜학 김영준(金英俊), 원역 11인, 사격 64명이 기선(騎船) 4척에 나눠 타고 공식적으로 수토를 시작한다. 19일에 울릉도에 도착,[171] 18척의 잠선을 잡았는데, 그중 1척은 통영(統營)의 이양선(異樣船) 수검(搜檢)을 하는 배였다. 공문을 가진 통영배의 선주는 돌려보내고, 17명만 잡아 윤4월 1일 울릉도에서 돌아왔다. 강원감영에서는 월송만호 이규상이 잠선 선주 17명을 잡아오고, 나머지 인원들을 울릉도에 버려두고 온 것도 문제 삼는다.[172]

또 이규상의 첩정에 통영 이양선 수검(搜檢) 선척(船隻)의 내용은 「경상좌병영계록(慶尙左兵營啓錄)」에도 언급되어 있다.[173]

(3) 1851년 삼척영장 수토 추정

1851년에는 삼척영장의 수토가 추정된다.

1849년 월송만호 이규상 수토, 1853년 월송만호 석충선 수토, 1855년 삼

---

171 4월 8일 수토를 개시했는데, 11일 후인 19일에 울릉도에 도착한 것은 바람을 기다리다 17일나 18일에 울릉도로 출항한 것으로 추정할 수 있다.

172 『일성록』, 헌종 15년(1849) 5월 4일.

173 『각사등록』 11, 「경상좌병영계록(慶尙左兵營啓錄)」 1(0592a~0594c). http://db.history.go.kr/id/ks_011_0080_0560 (2019. 10. 21. 검색)

척영장 이원명 수토가 있었으므로, 윤회수토의 원칙에 따라 1851년에는 삼척영장이 수토했을 것으로 추정하였다. 1853년 월송만호 석충선 수토와 1855년 삼척영장 이원명의 수토는 1857년 월송만호 지희상의 수토보고 속에서 확인되었다.

이때 삼척영장은 허윤(許潤)이었다.[174]

(4) 1853년 월송만호 석충선(石忠先) 수토

1853년에는 월송만호 석충선(石忠先)이 수토하였다.

월송만호 석충선의 수토 사실은 『강원도관초(江原道關草)』에 1857년 월송만호 지희상(池熙祥)의 수토기록 중 울릉도 바위에 월송만호 석충선과 삼척영장 이원명의 이름이 새겨져 있었다는 기록[175]과 승정원일기 월송만호 석충선 임명을 통해 확인할 수 있다.[176]

삼척영장 이원명과 월송만호 석충선의 각석문은 월송만호 지희상의 수토기록에만 있다.

(5) 1855년 삼척영장 이원명(李原明) 수토

1855년 삼척영장 이원명(李源明)이 수토하였다.

역시 1857년 지희상의 수토기록에 나와 있고, 승정원일기의 삼척영장 이원명의 임명 사실을 통해 확인하였다.[177]

---

174 "許潤爲三陟營將". 『승정원일기』, 철종 1년(1850) 5월 4일; "李長祜爲三陟營將", 『승정원일기』, 철종 2년(1851) 6월 26일.

175 Op. cit. 이원택, 2014, pp. 188-191.

176 "石忠先爲越松萬戶". 『승정원일기』, 철종 2년(1851) 12월 27일; "李東暹爲越松萬戶", 『승정원일기』, 철종 4년(1853) 6월 1일.

177 Op. cit. 이원택; "李源明爲三陟營將". 『승정원일기』, 철종 5년(1854) 윤7월 1일, 다음 삼척영장 권인병(權寅秉)의 임명 일자는 『승정원일기』에서 찾지 못하고, 다만 1857

(6) 1857년 월송만호 지희상(池熙祥) 수토

1857년 월송만호 지희상(池熙祥)이 수토하였다.

이원택(2014)은 강원도관초에서 지희상 수토관련 기록을 발굴하고, 원문과 번역문을 실었다.[178] 그 내용을 통해서 지희상의 수토사실뿐만 아니라 월송만호 석충선과 삼척영장 이원명의 수토사실도 함께 확인할 수 있었다.

(7) 1859년 삼척영장 강재의(姜在毅) 수토

1859년 삼척영장 강재의(姜在毅)가 수토하였다.

『항길고택일기』 중 1859년 4월 9일에 "영장 울릉도발행 강재의(營將 鬱陵島發行 姜在毅)"라고 기록되어 있고, 같은 달인 4월 25일에 "저녁 수토선이 망상면 어내진에 정박하였다(夕 搜討船泊望祥面於乃津)"라고 기록했다고 하였다.[179] 승정원일기 삼척영장 임명사실에 비춰보아도 삼척영장 강재의의 수토를 확인할 수 있다.[180]

년 6월 15일 기사에 "江原監司 李鍾愚啓本三陟營將 權寅秉 若將改過解克有終下"라고 언급되어 있다.

178 Op. cit. 이원택; 한국고전번역원 고전번역본 "강원감영계록(江原監營啓錄) 철종 8년(1857) 윤5월 15일"(http://db.itkc.or.kr/inLink?DCI=ITKC_BT_1453A_0830_020_0550_2018_066_XML (2019.9.24. 검색)) 참조.

179 Op. cit. 배재홍, 2011, pp. 127-128.

180 "姜在毅爲三陟營將". 『승정원일기』, 철종 9년(1858) 6월 22일; "李冕周爲三陟營將". 『승정원일기』, 철종 10년(1859) 6월 25일.

15) 쟁점시기 XV(1859~1867) : 진주민란의 여파(?)

<table>
<tr><th>차수
(최대)</th><th>쟁점
시기</th><th>김호동
2007</th><th>배재홍
2011</th><th>손승철
2011</th><th>심현용
2013</th><th>백인기
2013</th><th>이원택
2014</th><th>비고주)</th></tr>
<tr><td>70</td><td></td><td></td><td>1859</td><td></td><td>1859</td><td>1859</td><td></td><td>삼척영장 강재의</td></tr>
<tr><td>71</td><td rowspan="5">XIV</td><td></td><td></td><td></td><td></td><td>1861</td><td></td><td>(월송만호??)</td></tr>
<tr><td></td><td></td><td></td><td></td><td></td><td>1963</td><td></td><td>진주민란 수토정지 추정</td></tr>
<tr><td>72</td><td></td><td></td><td></td><td></td><td>1865</td><td></td><td>(삼척영장??)</td></tr>
<tr><td></td><td></td><td></td><td></td><td>1866</td><td></td><td></td><td></td></tr>
<tr><td>73</td><td></td><td></td><td></td><td></td><td>1867</td><td>1867</td><td>월송만호 장원익</td></tr>
</table>

1861년, 1863년, 1865년의 울릉도 수토 관련 기록이 없다.

1859년 삼척영장의 수토로부터 간년윤회 수토의 원칙을 적용시키면, 1861년 월송만호, 1863년 삼척영장, 1865년 월송만호, 1867년 삼척영장의 순서가 되어야 한다. 그런데 1867년에는 월송만호 장원익이 수토하였기 때문에 윤회수토의 원칙이 맞으려면 한 번의 수토가 정지되었다고 추정할 수 있다.

인삼채취를 위해 삼척영장이 연속해서 수토한 경우도 있고, 삼척영장이 수토 출발 직전에 병이 나서 월송만호가 수토관으로 대신 간 경우도 있었다. 월송만호가 대신 간 경우에는 3번 연속 수토관이 월송만호였다.

울릉도 수토가 한 번 정지되었을 경우를 중심으로 살펴본다.

여기서 주목되는 것은 1862년 전국적인 민란이다. 이 여파가 다음해까지 이어져 1863녀 수토가 정지되었을 가능성을 생각해 볼 수 있다. 1862년 2월 진주민란은 삼정의 폐해가 극심해지는 봄철을 맞아 시작되어 경상도, 전라도, 충청도의 각 지역에서 일어났다. 전결세(田結稅), 환곡(還穀), 군역(軍役) 등 세금문제가 전국적인 민란으로 이어진 점을 생각할 때, 군역(軍役)과 결역(結役)이 결부된 울릉도 수토를 거행하는데 큰 어려움이 있었을 것으로 생각한다.

그럼에도 불구하고 울릉도 수토를 거행할 수는 있었겠지만, 당장 군역(軍役)과 결역(結役)이 달린 수토를 쉽게 거행하기는 어려웠을 것으로 생각해서, 수토가 정지되었다면, 임술민란이 일어난 다음해인 1863년이었을 것으로 추정한다.

(1) 1861년 월송만호 수토 추정

1861년 월송만호의 수토가 추정된다.

간년(間年) 윤회수토(輪回搜討)의 원칙에 따르면 1859년 삼척영장 강재의(姜在毅)가 수토하였기 때문에 월송만호의 수토 차례이다. 이때 월송만호는 최윤수(崔允秀)였다.[181]

(2) 1863년 수토 정지 추정: 진주민란의 전국 확산 여파

1863년 수토는 정지된 것으로 추정할 수 있다.

윤회수토(輪回搜討)의 원칙을 따랐을 때, 1859년 삼척영장, 1861년 월송만호, 1863년 삼척영장, 1865년 월송만호, 1867년 삼척영장의 순서로 수토가 진행된다.

그런데 1867년 울릉도 수토는 월송만호 장원익(張源翼)이 담당하였기 때문에 1861년, 1863년, 1865년 중 한 번의 수토가 정지되었을 가능성이 크다.

세 시기 중에서 1863년을 주목하는 이유는 앞서 밝힌 바와 같이 삼정(三政)이 문란해지고 지방관과 아전들의 탐학이 극심해지면서 1862년 진주민란 등 전국적으로 크고 작은 민란이 번져나갔기 때문이다. 이들 민란의 목적이 부당한 세금납부에 대한 항거였기 때문에, 주 공격대상도 지방관, 아전,

---

181 "崔允秀爲越松萬戶", 『승정원일기』, 철종 11년(1860) 12월 20일.

토호 등이었다.

민심의 혼란, 수토비용의 마련 등을 고려할 때, 1863년 울릉도 수토는 거행하기 쉽지 않아서, 정지됐을 것으로 추정한다.

(3) 1865년 삼척영장 수토 추정

1865년 삼척영장의 수토가 추정된다.

1863년 울릉도 수토가 정지됐을 가능성이 매우 크고, 또 1867년 월송만호 장원익(張源翼)이 수토했기 때문에, 간년(間年) 윤회수토(輪回搜討)의 원칙에 따르면 삼척영장의 수토 차례이다. 이때 삼척영장은 안의석(安義錫)이었다.[182]

16) 쟁점시기 XVI(1867~1881): 대풍헌과 강원도관초

차수 (최대)	쟁점 시기	김호동 2007	배재홍 2011	손승철 2011	심현용 2013	백인기 2013	이원택 2014	비고주)
73						1867	1867	월송만호 장원익
					1868			
74						1869		삼척영장 (홍재신?)
75						1871		(월송만호??)
76	XV					1873	1873	월송만호수토 (영장의 病)
77						1875		(월송만호??)
78						1877		(삼척영장??)
79						1879	1879	(월송만호??)
80			1881		1881	1881		삼척영장??

182 "安義錫爲三陟營將", 『승정원일기』, 고종 1년(1864) 6월 20일; "沈英奎爲三陟營將", 『승정원일기』, 고종 2년(1865) 6월 22일.

과거에 이시기에는 수토를 거행하지 않은 것으로 생각하기도 했다. 하지만 1881년 울릉도 수토관이 '왜인들이 울릉도에 월경하여 몰래 나무를 베어가고 있는 사실'을 적발했다는 기사를 통해서 울릉도 수토가 계속되고 있음을 알 수 있었다.

1881년 울릉도 수토는 1882년 이규원의 울릉도 검찰, 1883년 울릉도 개척이 이루어지는 계기가 되었다. 울릉도에 공식적으로 다시 사람들이 거주하게 되면서, 울릉도가 지방행정조직에 편입되고, 1900년 대한제국 칙령 제41호에 의해 울도군이 설치되었다.

(1) 1867년 월송만호 장원익(張源翼) 수토

1867년 월송만호 장원익(張源翼)이 수토하였다.

1867년 울릉도 수토에 관해서는 경북 울진군 대풍헌의 자료와 현판이 발견되면서 논의가 시작되었다. 심현용의 초기 대풍헌 현판연구에서는 1866년과 1868년에 월송만호 장원익이 수토한 것으로 추정하였다.[183] 실제 대풍헌 현판 내용의 해석상의 차이에서 오는 문제로서 그 당시부터 1867년에 울릉도 수토가 있었다는 주장이 있었다. 그런데 이원택(2014)의 강원감영 울릉도 수토 사료 연구에서 1867년 울릉도 수토기록[184]을 발굴함에 따라 월송만호 장원익의 울릉도 수토는 1867년으로 확정되었다.

이 수토기록에는 1868년 다음해 울릉도 수토를 위해서 영남에서 준비하는 물건과 인원을 요청하는 내용과 1867년 수토를 시작하면서 수토 인원들

---

183 심현용, 2008, "조선시대 울릉도·독도 搜討관련 '蔚珍 待風軒' 소장자료 考察", 『강원문화사연구』 13, pp. 73-118; 심현용, 2010, "울진 대풍헌 현판", 『대구사학』 98, pp. 337-373; 심현용, 2013, 심현용, 2013, "조선시대 울릉도 수토정책에 대한 고고학적 시·공간 검토", 『영토해양연구』 6, pp. 162-207.

184 Op. cit. 이원택, 2014, pp. 191-192.

의 명단과 식량(糧饌) 및 잡물(襍物) 수효를 보고하는 내용이다.[185]

영남에서 울릉도 수토선(搜討船) 2척, 격군 30명을 제공하는 것은 강원과 영남에 분정(分定)한다는 실제 세부내용을 보여준다. 실제 울릉도 수토는 수토선 4척, 격군 60명이 동원되는 것을 알 수 있다.

이원택의 논문이 사용한 『각사등록』 영인본의 표점이 잘못된 것으로 생각한다. "嶺南船二隻及格軍三十名, 東萊倭學兵船, 汁物擔桶長水桶等物"을 표점에 따라 해석하면 "영남선 2척, 격군 30명, 동래왜학 병선, 집물 담통 장수통 등 물건"이라고 해석되는데, 이렇게 되면 영남선 2척에 '동래왜학 병선'이 추가되어 3척이 될 수 있다. 규장각 소장 원본 『강원감영관첩(江原監營關牒)』에는 이러한 표점이 없다.[186]

따라서 "嶺南船二隻及格軍三十名, 東萊倭學, 兵船汁物, 擔桶長水桶等物"로 하여 "동래왜학(東萊倭學)과 병선집물(兵船汁物)"로 해야 할 것 같다. 동래왜학은 왜어(倭語) 통역을 말하고, 병선집물은 병선에 쓰이는 온갖 기구들을 지칭한다. 그중에서 담통(擔桶)은 어깨에 매는 통으로 특히 어깨에 매는 물통인 담수통(擔水桶)을 말하고, 장수통(長水桶)은 긴 물통을 말한다.

다음은 울릉도 수토관(搜討官)이 울릉도 수토를 개시하는 것에 대해 비변사에 보낸 첩보를 보면, 월송만호 장원익의 울릉도 수토는 공식적으로 4월 11일 시작되었으며, 월송포(越松浦)를 출발하여 곧장 구산진(邱山津) 대풍소(待風所)로 갔다(今月十一日離發, 直向邱山津待風所)는 것을 알 수 있으며, 수토 인원 명단(所率員役·沙格姓名)과 소요되는 식량과 물건 등의 목록(粮撰·襍物數爻)을 작성하여(修成册) 4월 18일에 강원감영에서 올려보냈

185 Ibid.; 고전번역원, 고전번역서, 각사등록, 강원감영관첩, 고종 3년 12월 8일. http://db.itkc.or.kr/inLink?DCI=ITKC_BT_1453A_0850_010_0720_2018_067_XML 참조.

186 규장각 원문검색서비스, "同治五年十二月初八日", 『江原監營關牒』, 2책, p. 21b. http://kyudb.snu.ac.kr (2019.9.24. 검색)

다는 것을 확인할 수 있다.[187]

(2) 1869년 삼척영장 수토 추정

1869년에는 삼척영장의 수토가 추정된다.

심현용은 월송만호 장원익이 1866년과 1868년에 두 번 수토했다고 한 적이 있다.[188] 1866년으로 추정한 수토는 1867년 월송만호 장원익 수토이고, 1868년 수토는 1869년 삼척영장의 수토가 맞는 것 같다.

울진 대풍헌 현판 중 "(가칭)영찰 황공지해 몰세불망지판(營察黃公之海沒世不忘之板)"[189]이라고 명명할 수 있는 "영찰(營察) 황지해(黃之海)"가 기사년(己巳年, 1869)에 도움을 주었다는 내용이다[190]. 대풍헌 현판이라는 점을 고려하면, 삼척진영(三陟鎭營)의 수토 차례인 기사년(1869)에 삼척진영의 영찰(營察)인 황지해가 삼척영장이 수토할 때 구산동(邱山洞)에 도움을 주었다는 것으로 해석할 수 있다.

이때의 삼척영장은 홍재신(洪在愼)이었다.[191]

(3) 1871년 월송만호 수토 추정

1871년에는 월송만호의 수토가 추정된다.

1871년은 월송만호 수토차례인데 수토관련 자료는 아직 발견되지 않고

---

187 Ibid.

188 심현용, 2013, "조선시대 울릉도 수토정책에 대한 고고학적 시·공간 검토", 『영토해양연구』 6, pp. 178-179.

189 원래 "월송영장 황공 영세불망지판"이라고 불렀었다.

190 "기사년(1869, 고종 6)에 영찰 황지해가 비호(庇護)해주고, 재물을 베푸는 등의 혜택을 주었다(己巳 黃營察之海 恒垂庇護之澤 物施出等之惠)."

191 "洪在愼爲三陟營將". 『승정원일기』, 고종 6년(1869) 3월 2일; "金源默爲三陟營將". 『승정원일기』, 고종 6년(1869) 12월 21일.

있다. 1867년 월송만호, 1869년 삼척영장, 1873년 삼척영장의 수토가 있었기 때문에 간년(間年) 윤회수토(輪回搜討)의 원칙에 따라 1871년에는 월송만호가 수토한 것으로 추정할 수 있다. 이때 월송만호는 한두석(韓斗錫)이었다.[192]

(4) 1873년 삼척영장 대신 월송만호 수토

1873년에는 삼척진영에 수토하였는데, 수토관은 월송만호가 맡았다.

1873년은 삼척영장의 수토차례이다. 삼척진영에서는 울릉도 수토를 준비하였다.[193] 그런데 수토에 임박하여 삼척영장이 병이 들어 수토를 거행할 수 없기 때문에 수토관을 월송만호로 임명하여 보내기로 한다.[194] 삼척진영에서 울릉도 수토를 주관했는데, 수토관만 월송만호가 대신 가게 된 경우이다.

한편, 1873년 4월 22일 구산진을 출발한 울릉도 수토선 4척이 바람으로 표류하여 월송만호가 탄 배만 24일 돌아온다. 아울러 통제영에서는 나머지 3척의 행방을 찾기 위해 각 연해 읍진(邑鎭)에 관문을 보내고 이들의 행방을 수소문하도록 하였다.[195]

5월 29일자 통제영 장계에는 다행히 울릉도 수토선 3척은 울릉도에 도착했다가 무사히 돌아왔다고 하였다.[196]

---

192 "韓斗錫爲越松萬戶". 『승정원일기』, 고종 7년(1870) 12월 19일;

193 Op. cit. 이원택, 2014, 192-193. (각사등록 27, 강원도편1, 江原監營關牒, 346상)

194 Ibid, 193. (각사등록 27, 강원도편1, 江原監營關牒, 350하)

195 한국고전번역원, 『국역각사등록』, 「통제영계록(統制營啓錄)」, 고종 10년(1873) 5월 18일. http://db.itkc.or.kr/inLink?DCI=ITKC_BT_1453A_0670_040_0430_2016_052_XML (2019. 9.24. 검색)

196 한국고전번역원, 『국역각사등록』, 「통제영계록(統制營啓錄)」, 고종 10년(1873) 5월 29일. (http://db.itkc.or.kr/inLink?DCI=ITKC_BT_1453A_0670_040_0460_2016_052_XML) (2019. 9.24. 검색)

(5) 1875년 월송만호 수토 추정

1875년에는 간년 윤회수토의 정식에 따라 월송만호의 수토가 추정된다.

1871년, 1873년, 1875년 3번 연속으로 월송만호가 울릉도 수토관을 맡았다. 그러나 1871년은 월송포진(越松浦鎭)에서 수토를 거행했고, 1873년에는 삼척진영(三陟鎭營)에서 수토를 거행했지만 월송만호가 수토관으로 참여한 경우이다. 따라서 1875년에는 다시 월송포진에서 수토를 거행한 것으로 추정할 수 있다. 이때 월송만호는 최봉수(崔鳳秀)였다.[197]

(6) 1877년 삼척영장 수토 추정

1877년에는 삼척영장의 수토가 추정된다.

1875년과 마찬가지로 울릉도 수토에 대한 기록은 없다. 그렇지만 울릉도 수토가 지속되고 있었다는 것은 1879년 기록이나 1881년 기록에서 알 수 있기 때문에 간년 윤회수토의 원칙에 따라 1877년 삼척영장의 울릉도 수토를 추정할 수 있다.

이때 삼척영장은 김필구(金弼求)였다.[198]

(7) 1879년 월송만호 수토 추정

1879년에는 월송만호의 수토가 추정된다.

1879년 수토와 관련된 기록으로 조선말 유학의 거두 한주(寒州) 이진상(李震相)의 "망견 수토선 자울릉도 회항(望見搜討船自鬱陵島回港)"이라는 시(詩)가 있다. 시의 내용보다는 시의 제목이 바로 "수토선이 울릉도에서 항

197 "崔鳳秀爲越送萬戶". 『승정원일기』, 고종 11년(1874) 10월 27일; "張友植爲越松浦萬戶". 『승정원일기』, 고종 13년(1876) 12월 20일.

198 "金弼求爲三陟營將". 『승정원일기』, 고종 10년(1873) 1월 13일; "宋熙昇爲三陟營將". 『승정원일기』, 고종 11년(1874) 7월 12일

구로 돌아오는 것을 바라보다"이기 때문에 1879년 울릉도 수토가 거행되었음을 알 수 있다.[199]

한국고전번역원 한주선생문집(寒洲先生文集) 해제에 따르면 이진상은 1879년 봄에 금강산을 유람하면서 시를 썼다. "발금강산(發金剛山)", "도하회 약유사옹 동행(到河回 約柳士雍 同行)", "임청각 경차퇴도운(臨淸閣 敬次退陶韻)", "오산당(吳山堂)", "청량산(淸凉山)", "무이현(武夷峴)", "주곡화조숙찬(注谷和趙叔贊)", "월송정(越松亭)", "망양정(望洋亭)", "망견 수토선자울릉도 회항(望見搜討船自鬱陵島回港)", "소공대(召公臺)", "숙 임원(宿林院)", "정라도(汀羅島)", "육향대 하(六香臺下) 관미옹퇴조비(觀眉翁退潮碑)", "죽서루(竹西樓)" 등 유람지의 순서에 따라 문집의 시를 배치하고 있다.[200] 이 순서를 통해서 평해 월송포(越松浦)와 가까운 망양정에서 소공대 사이에서 울릉도 수토선이 돌아오는 것을 보았으며, 1879년에 울릉도 수토가 이루어졌다는 사실을 알 수 있다.

간년 윤회수토의 원칙에 따르면 월송만호가 수토했으며, 수토관은 월송만호 박삼수(朴三秀)로 추정된다.[201]

1879년은 국제법 전문가이자 러시아 전권공사로 쿠릴-사할린 국경획정 협상을 체결한 에노모토 다케아키(榎本武揚)가 지인들과 군수기업 등과 함께 몰래 울릉도를 침범하기 시작한 해이기도 하다. 그러나 이들은 1879년에 울릉도에 몰래 벌목하러 왔다가 별다른 성과 없이 돌아간 것으로 기록되어 있다. 이들이 그냥 성과 없이 돌아갈 수밖에 없었던 이유는 아마도 울릉도

---

199 이진상, "望見搜討船自鬱陵島回港", 『寒州先生文集』 권2, 詩, 27. (http://db.itkc.or.kr/inLink?DCI=ITKC_MO_0640A_0020_010_1030_2009_A317_XML)

200 이진상, 『寒州先生文集』 권2, 詩. (http://db.itkc.or.kr/dir/item?itemId=MO#/dir/node?dataId=ITKC_MO_0640A_0020_010) 안동 하회, 청량산 오산당, 청량산,

201 "朴三秀爲越松萬戶". 『승정원일기』, 고종 16년(1879) 2월 28일; "元喜觀爲越松萬戶". 『승정원일기』, 고종 17년(1880) 12월 26일

수토가 거행되면서 조선의 군선(軍船)과 군인들이 있었기 때문일 것이다. 그래서 다음 해인 1880년에는 일본 해군 군함을 이용하여 울릉도 벌목을 시도한다.[202]

즉, 1879년은 어쩌면 에노모토 무리가 울릉도가 조선 땅임을 실제로 확인한 해이며, 울릉도 침탈을 실행에 옮기기 시작한 해이다.

17) 쟁점시기 XVI(1881~1894)

차수(최대)	쟁점시기	김호동 2007	배재홍 2011	손승철 2011	심현용 2013	백인기 2013	이원택 2014	비고[주)]
80			1881		1881	1881		삼척영장
	XVI			1882				이규원 검찰
81						1883		월송만호 안영식
				1884				
82						1885		평해군수 심의완
83						1887		평해군수 박태원
					1888		1888	월송만호 검찰
84						1889	1889	월송만호 서경수
							1890	월송만호 검찰
85						1891	1891	월송만호 이종인
86							1892	월송만호 수토 윤시병 검찰
87						1893	1893	평해군수 조종성
						1894		수토제도 폐지

1881년부터 1894년까지는 일본의 울릉도 침략이 본격화되고, 조선정부는 이에 대응하여 울릉도 수토에 더하여 울릉도 검찰, 울릉도 개척 등을 실시한 시기이다.

202 박병섭, 2010, "일본인의 제3차 울릉도 침입", 한일관계사연구 35, 201-211.

(1) 1881년 삼척영장 수토

1881년에는 울릉도 수토가 거행되었다.

수토관과 관련된 기록은 없지만 윤회수토의 원칙에 따르면 1881년은 삼척영장 차례이다. 이때 삼척영장은 남준희(南俊熙)였다.[203]

1881년 울릉도 수토는 전례(前例)가 없었던 일본인 도벌자(盜伐者)를 적발한 내용을 통해 수토 사실을 확인할 수 있다. 그 외에 울릉도 수토 자체와 관련된 내용들은 사서(史書)나 강원감영의 관초(關草) 등 등록(謄錄)에도 누락되어 있다. 잠시 설치되었던 통리기무아문(統理機務衙門, 1880.12.21.~1882.6.10.)[204] 때문이었는지 기록이 이전과는 다르게 소략해졌다.

울릉도 수토관이 울릉도에서 왜인들이 몰래 들어와 벌목하는 것을 적발하여 보고하자, 조선정부는 변금(邊禁)에 관계된 일이므로 통리기무아문(統理機務衙門)에서 처리하도록 하고, 동래부 왜관을 통해 일본 외무성에 서계를 보내게 하고 부호군(副護軍) 이규원(李奎遠)을 울릉도검찰사(鬱陵島檢察使)에 임명한다.[205]

5월 22일 울릉도 불법 침범 문제는 국경에 관한 문제[변금(邊禁)]에 해

---

203 "南俊熙爲三陟營將". 『승정원일기』, 고종 17년(1880) 12월 29일; "金箕瑞爲三陟營將". 『승정원일기』, 고종 19년(1882) 3월 16일.

204 『고종실록』, 고종 17년(1880) 12월 20일, "… 전교하기를 '삼군부(三軍府)를 설치한 지 여러 해가 되었으나 지금은 한만한 직사(職事)를 하는 것이나 다름없으니, 삼군부를 혁파하고 새로 설치하는 아문의 처소로 삼으라.' 하였다.(敎曰: 三軍府之設置, 雖有年, 而今無異汗漫職事, 革罷以爲新設衙門處所。); 『고종실록』, 고종 17년(1880) 12월 21일, "의정부(議政府)에서, '아문(衙門)을 설치하는 일에 대해 건치(建置)하기에 합당한 것을 절목(節目)을 써서 들입니다.'라고 아뢰었다.【1. 아문의 호칭은 통리기무아문(統理機務衙門)으로 한다. … 】(議政府以'衙門設置事, 可合建置者, 節目書入'啓。【一, 衙門稱號, 以統理機務衙門爲之。…】"; 『고종실록』, 고종 19년(1882) 6월 10일, "… 전교하기를, '기무아문(機務衙門)을 혁파(革罷)하고 삼군부(三軍府)라고 칭하라.' 하였다.(… 敎曰: 機務衙門革罷, 以三軍府爲稱。)"

205 『고종실록』, 고종 18년(1881) 5월 22일.

당하기 때문에 동래부(東萊府)를 통해 일본 외무성에 서계(書契)를 전달하기로 한다.

이와 관련된 내용은 일본 외무성 기록인 『조선국 울릉도에 불법 도항한 일본인 처분 건(朝鮮國蔚陵島ヘ犯禁渡航ノ日本人ヲ引戻處分一件)』(1881년 7월~1886년 4월)[206]을 통해 살펴볼 수 있다.

먼저 1881년 6월 조선에서 일본 외무성에 보낸 서계(書契)이다. 이 서계에서 예조판서 심순택은 계유년(1693)에 섬을 혼동하는 문제를 양국 간에 바르게 귀착했는데, 일본인이 몰래 들어와서 벌목을 하는 것을 처리하라고 요구한다.

8월 20일 이에 대해 일본은 일단 서계의 사실을 조사하고 일본인 귀환용 선박을 보내겠다고 답신을 보낸다.

박병섭(2009)은 1881년 울릉도 수토관이 울릉도에서 적발한 일본인에 대한 기록인 야마모토 오사미(山本修身)가 명치 16년(1883) 9월 3일에 야마구치현(山口縣)에 제출한 「복명서」를 발굴하였다.[207]

> …
>
> 14년 봄 조선국 순찰사가 섬에 와서 응접한 대의는 아래와 같다고 한다.
>
> 조선인 왈 이 섬은 우리나라에 속하는데 귀국 사람들이 무슨 일이 있어서 도항하였는가.
>
> 일본인 왈 풍파 때문에 표착한 자들이다.
>
> 조선인 왈 언제쯤 귀국하는가?

---

206 박지영, 2018, 『독도관계 일본고문서 5』, 경상북도 독도사료연구회.

207 박병섭, 2009, 『한말 울릉도·독도 어업-독도 영유권의 관점에서』, 한국해양수산개발원, pp. 93-96, 235-238.

일본인 왈 마중 배가 오는 대로 할 것이다.

조선일 왈 이름 및 직함을 듣고 싶다.[208]

十四年春 朝鮮国巡察使 來島シテ応接シタル大意ハ左ノ如クナリシト云フ

朝鮮人云ク 本島ハ我國ノ留メ山ニ有之處 貴國人等何等ノ用事アリテ渡航セシ哉

日本人云ク 風波ノ爲メ漂着シタル者ニ有之

朝云ク 何日頃歸國スル哉

日云ク 迎船ノ着次第ナリ

朝云ク 人名並職名ヲ承知致度[209]

야마모토 「복명서」 중에서 1881년 '조선국 순찰사'는 예조판서 심순택의 서계 중에 '울릉도 수토관(蔚陵島搜討官)'을 가리킨다.

일본정부가 울릉도에 불법 밀항한 일본인들을 철수시키는 과정은 울릉도의 영유권을 확정하는 사건이었다. 나아가 야마모토의 「복명서」에는 울릉도에 들어온 자들도 이미 그러한 사실을 알고 있었다는 것을 보여준다.

첫째, 수토관과의 문답 중에 일본인이 도항 이유를 "풍파 때문에 표착한 자들이다(風波ノ爲メ漂着シタル者ニ有之)"라고 한 것이고,

둘째, 자신들의 직함, 특히 주소를 거짓으로 조작한 것이다.

박병섭(2009)은 "울릉도에서의 어업"을 설명하면서 1876년 강화도조약(大朝鮮大日本修好條規)에서 부산(1876), 원산(1880), 인천(1883)을 개항지로 지정하였는데, 개항되지 않은 울릉도에 일본인이 침입하여 도벌(盜伐)과 밀어(密漁)를 하였다고 하였다.[210]

---

208 Ibid. pp. 94-95.

209 Ibid. p. 236.

210 Ibid. pp. 13-15.

울릉도로의 침입은 러시아공사 에노모토 다케아키(榎本武揚)[211]을 중심으로 관민 일체가 되어 행하여졌다. 1878년에 에노모토, 처제[212] 하야시 신지로(林紳二郎), 도쿄도 평민 치카마쓰 마쓰지로(近松松二郎), 이와사키 아무개(岩崎某)[213] 등이 울릉도 사업을 준비하였다.[214] 이듬해 치카마쓰는 벌목에 필요한 인부를 주로 야마구치현에서 모집하여 울릉도로 보냈고 본격적인 도벌과 어로활동을 하였다. 어로활동은 주로 전복의 채취였다. 구체적으로 1879~80년 경 야마구치현의 무카쓰쿠(向津具)반도 오오우라(大津)의 해녀들이 울릉도 방면으로 출어하였다고 증언하고 있으므로, 치카마쓰가 그녀들을 데리고 울릉도에 갔다고 생각된다.[215]

1881년 울릉도 수토관이 적발한 일본인들에 대해서도 박병섭(2009)의 연구에서 확인할 수 있다.

야마모토의 「복명서」에 의하면 치카마쓰 외에 울릉도에서 어로를 한 자는 아사히

---

211 에노모토 다케아키(榎本武揚)는 1874년 1월 18일 러시아 특명전권공사에 임명되어 3월 10일 요코하마(横浜)를 출발 파리, 네덜란드, 베를린을 경유하여 6월에 상트 페테르부르크에 부임한다. 1875년 러시아와 "상트 페테르부르크 조약"을 체결하고, 1878년 7월 26일 귀국길에 올라 시베리아를 횡단한 후 9월 29일 블라디보스톡에 도착한다. 이후 기선 함관환(函館丸)을 타고 10월 4일 북해도 오타루(小樽)로 간 다음 10월 21일에 동경에 도착한다. 그는 러시아 특명전권공사에 임명되기 직전에 북해도 개발을 위해 임시로 설치되었던 개척사(開拓使, 1869.7.8.~1882.2.8.)에 1872년 8월부터 1874년 1월까지 근무했다.(ウィキペディア(Wikipedia), 榎本武揚. https://ja.wikipedia.org/wiki/%E6%A6%8E%E6%9C%AC%E6%AD%A6%E6%8F%9A (2022. 11. 1. 방문); 박병섭, 2010, "일본인의 제3차 울릉도 침범", 『한일관계사연구』 35, pp. 203-205.)

212 처제(妻弟)의 의미는 처의 남동생인 처남을 뜻함. (Ibid. 박병섭)

213 이와사키 아무개(岩崎某)는 울릉도 장작지포(長斫支浦)에 "日本國 松島"라는 표목을 세운 나가암기충조(岩崎忠照)와 동일 인물로 추정된다.

214 원문 각주가 인용한 〈부록 1〉의 야마모토 오사미(山本修身)의 「복명서」의 내용 (박병섭, 2009, p. 93)에 따라 수정함.

215 Op. cit. 박병섭, 2009, pp.11-12.

구미(旭組)였다. 오오쓰(大津)의 후지쓰 마사노리(藤津正憲)는 아사히구미의 지배자로서 1881년 5월부터 울릉도로 인부를 보내 벌목사업을 개시하였으나, 다음해인 1882년에는 '직공어인(職工漁人)'을 보내고 벌목 외에 어로를 개시하였다. 구체적으로는 야마구치현 미시마(見島)군의 미시마우라(見島浦)의 나카야마 이와노스케(中山岩之助)를 주주어업방(株主漁業方)의 대표자로 하고 미시마우라의 잠수부 15명을 보내 전복을 채취하였다. 야마모토의 복명서에는 이들 15명의 이름까지 기록되어 있다.[216]

(2) 1882년 울릉도검찰사 이규원(李奎遠) 검찰(檢察)

1882년 울릉도검찰사(鬱陵島檢察使) 이규원(李奎遠)이 울릉도를 검찰하였다.

1881년에는 울릉도를 수토하고 일본인들이 불법으로 잠입하여 도벌하고 있는 사실을 적발하였다. 수토결과에 따라 1881년 특별히 이규원(李奎遠)을 울릉도검찰사(鬱陵島檢察使)로 임명하여, 1882년 울릉도 검찰을 실시하였다.

1882년 울릉도 검찰에 대한 고종의 관심이 매우 지대하였다.[217]

첫째, 울릉도와 관련된 지리적 지식을 분명히 하고자 하였다. 울릉도 외에 우산도, 송도, 죽도, 송죽도 등을 분명히 확인하라고 하였다.

울릉도 검찰 직전인 1882년 4월 7일 고종은 이규원을 소견(召見) 하였다. 여기서 우산도(芋山島), 송죽도(松竹島) 또는 (松島)와 죽도(竹島)에 대해 조사하라는 고종의 명(命)에 이규원은 우산도(芋山島)가 울릉도(鬱陵島)라고 밝히고 있다. 그러자 고종이 송도(松島), 죽도(竹島), 우산도(于山島)가 모두 울릉도(鬱陵島)를 가리킨다고 하는데 이 또한 확인하라고 한다.

둘째, 울릉도에 읍(邑)을 설치하여 개척하는 것과 관련된 자세하게 하여

---

216 Ibid. p. 12.

217 『고종실록』, 고종 19년(1882) 4월 7일. (2022. 11. 1. 방문)

지도와 별단으로 보고하도록 한다. 이와 관련하여 같은 날 『승정원일기』에는 울릉도에 백성을 옮겼을 때 먹고사는 문제를 해결할 방법에 대해 상세하게 조사하고 방책을 보고하라는 내용도 포함되어 있다.[218]

셋째, 고종은 울릉도 검찰 경로, 검찰 시기, 검찰 인원 및 구성 등에 대해 상세하게 하문한다. 이 내용은 실록에는 빠져 있지만 같은 날 『승정원일기』에는 수록되어 있다.[219]

1882년 6월 5일 이규원이 울릉도 검찰을 마치고 고종을 소견하였다. 이규원이 울릉도 검찰에 대해 보고하였다.[220]

첫째, 울릉도에 읍을 설치하는데 필요한 경작지가 있고, 개척을 하면 약초꾼 등 백성들도 따를 것이라고 보고한다.

둘째, 울릉도에 들어와 조선과 어채하는 백성이 있었고, 왜인들이 여전히 있었으며, 일본인들이 울릉도에 일본국 표목(標木)을 세워 놓았다고 보고한다. 그래서 일본공사 하나부사 요시타다(花房義質)에게 다시 공한(公翰)을 보내고 일본 외무성에도 서계(書契)를 보내도록 한다.

이에 따라 1882년 6월 16일 삼군부(三軍府)[221]에서는 일본인의 울릉도 작목(斫木)을 금하는 공문(公文)을 다시 보내기로 한다. 삼군부에서는 1881년 5월 22일에 울릉도 불법 밀항 일본인에 대한 수토관의 보고에 대응하여 6월에 일본 외무성에 울릉도에서 일본인의 벌목을 금지하도록 서계를 보낸

---

218 『국역 승정원일기』, 고종 19년(1882) 4월 7일. 고전번역원, http://db.itkc.or.kr/inLink?DCI=ITKC_ST_Z0_A19_04A_07A_00440_2004_095_XML (2022. 11. 1. 방문) 이 부분은 『승정원일기』 이규원 관련 기사의 맨 마지막 부분으로 아래 나오는 『승정원일기』 인용문의 바로 다음에 나오지만, 울릉도 검찰의 중요성과 관련해서 먼저 언급하였다.

219 Op. cit.

220 『고종실록』, 고종 19년(1882) 6월 5일.

221 1882년 6월 10일 임오군란의 난병들이 경복궁을 점거하게 되자, 통리기무아문(統理機務衙門)을 폐지하고 다시 예전의 삼군부(三軍府)를 부활하여 설치하였다.

바가 있음을 확인하고 일본인 울릉도 불법 밀항 금지 조치를 요청하는 서계를 다시 보내기로 한 것이다.[222]

그리고 예조(禮曹)에서 1882년 6월 일본 외무성에 일본인 울릉도 불법 침입을 금지하겠다는 약속이 지켜지지 않고 있으니 법을 통해 엄격하게 금지하도록 하라는 서계를 보낸다.[223]

이규원의 검찰은 수토는 아니지만 그 형식과 그 내용은 울릉도 수토와 유사한 형식으로 진행되었고, 『울릉도 검찰일기(鬱陵島檢察日記)』, 『계초본(啓草本)』 등의 기록 및 보고서와, 『울릉도내도(鬱陵島內圖)』 및 『울릉도외도(鬱陵島外圖)』 등 울릉도지도가 남아있기 때문에 울릉도 수토제도를 이해하는데 귀중한 자료이다.

1960년대 초 이선근의 『울릉도 검찰일기』 연구[224]는 1800년대 들어서면서 울릉도 수토가 폐지되었을 것이라는 생각을 아예 차단하는 역할을 하였다. 이홍직(1962)은 일제시대 도동항에서 발견된 삼척영장 박석창(朴錫昌) 각석문(1711)과 삼척영장 구억(具億)의 각석문(1735) 자료를 발표하여 울릉도 수토 각석문에 대한 관심을 불러일으켰다. 이어서 김원룡(1963)은 이홍직의 연구를 확대하여, 『울릉도 고고학』에서 삼척영장 이경정(李慶鼎)의 각석문(1831)과 삼척영장 정재천(鄭在天) 각석문(1847)을 발견하였다.[225] 1800년대 삼척영장들의 울릉도 각석문은 울릉도 수토가 지속되었음을 보여주는 사례들로 많은 관심을 받았다.

검찰사 이규원의 울릉도 검찰은 4월 10일부터 5월 27일까지 총 48일간의 여정이었다. 서울에서 평해까지는 11일, 평해에서 서울까지는 13일이 소

---

222 『고종실록』, 고종 19년(1882) 6월 16일.

223 Op. cit. 박지영, p. 188.

224 Op. cit. 이선근, 1964.

225 Op. cit. 김원룡, 1963, pp. 64-65.

요되었다. 구산포에서 울릉도는 2일, 울릉도에서 구산포도 2일이 소요되었다.

검찰사 이규원이 1882년 4월 30일 울릉도에 도착해서 5월 11일 울릉도를 출발할 때까지 울릉도를 검찰하였다. 울릉도에서의 검찰경로는 다음과 같다.[226]

4. 30. 소황토구미(小黃土邱尾, 학포) 도착

5. 1. 풍랑이 심해 학포에 머무름. 산신과 신당에 제사

5. 2. 소황토구미 → 육로(陸路) 산행(山行) → 대황토구미(大黃土邱尾, 태하)

5. 3. 대황토구미 → 흑작지(黑斫支, 현포) → 해로(海路) → **촉대암(燭臺岩)** → 창우암(倡優岩, 노인봉) → 추봉(錐峯) → 천년포(千年浦, 추산) → 왜선창포(倭船艙浦, 천부) → 점심 → 육로 산행 → 중곡(中谷) → 홍문가(紅門街) → 나리동(羅里洞) → 중봉(中峯) → 나리동

5. 4. 나리동(羅里洞) → 성인봉(聖人峯) → 저포(苧浦) … 창암(鎗岩, 저동항 촛대바위)

5. 5. **저포(苧布) → 장작지(長斫支, 사동)**

5. 6. 장작지 → 통구미산(桶邱尾山) → 통구미(桶邱尾)

5. 7. 통구미 → 육로 → 소황토구미

5. 8. 소황토구미 휴식, 소황토구미와 통구미에 각석(刻石)[227]

5. 9. 소황토구미 … 울릉도 해로(海路) 검찰 → 향목구미(香木邱尾), 향목포(香木浦) → **대황토구미** → 대풍포(待風浦) → **현작지(玄斫支, 현포)**[228] **→ 왜선창(倭船艙)** → 산봉(蒜峯) → 죽암(竹岩) → 동암(東岩) → 서암(西岩) → **촉대**

---

226 Ibid. pp. 134-145.

227 소황토구미의 각석(刻石)은 지금도 거의 온전히 남아 있지만, 통구미의 각석(刻石)은 흔적조차 없다. 언제 없어졌는지도 확인되지 않는다.

228 5월 3일 육로로 갈 때 흑작지(黑斫支)와 같은 장소로 아마도 "검은작지"

암(燭臺岩) → 석간주혈(石間朱穴) → 선판구미(船板邱尾) → 도항(島項) … 죽도(竹島) → 와달웅통구미(臥達雄通邱尾) → 죽암(竹岩)

5.10. 죽암 → 도방청포(道方廳浦) … 죽포(竹浦) → 장작지포(長斫支浦, 남포(南浦)) → 통구미(桶邱尾) … 화암(華岩) → 동포(洞浦, 남양)[229] → 사태구미(沙汰邱尾) → 산막동포구(山幕洞浦口) → 소황토구미(小黃土邱尾)

5.11. 소황토구미에서 육지로 출항

5월 2일부터 5월 7일까지는 육로를 통해 울릉도를 검찰하였다. 그렇지만 5월 3일 흑작지(黑斫支, 현포)에서 왜선창(倭船艙, 천부)까지는 배를 이용하였다.

5월 9일과 10일 이틀 동안은 배를 타고 울릉도를 일주(一周)하면서 울릉도를 검찰하였다.[230]

규장각 한국학연구원 소장 울릉도외도(鬱陵島外島)의 지명과 검찰일기의 지명을 비교하면 거의 일치함을 알 수 있다.

(3) 1883년 월송만호 안영식(安永植) 수토

1883년에는 월송만호 안영식(安永植)이 수토를 거행하였다.

『승정원일기』에 따르면 "월송만호 안영식(安永植)[231]이 적은 방비를 가지고도 무사히 수토를 이미 마쳤다고(越松萬戶安永植, 以小防無事搜討而已

229 동포(洞浦)는 보통 곡포(谷浦)로 표기하는데 '골개'를 차자하면서 같은 뜻의 글씨를 사용한 것으로 보인다. "검은작지"를 흑작지(黑斫支) 또는 현작지(玄斫支)로 표기한 것과 같은 맥락이라 할 수 있다.

230 지금은 유람선으로 울릉도를 일주하는데 약 2시간이 소요된다. 울릉도 유람선은 몇 년 전에는 사동항에서 출발했었는데, 2019년 6월에는 도동항에서 출발했다.

231 『승정원일기』, 고종 20년(1883) 12월 29일; 같은 날 『일성록』에는 안영진(安永鎭)으로 기록되어 있다(越松萬戶 安永鎭 以小防無事搜討而已爲目).

爲目)" 하였다.[232] 1년 전인 1882년에 울릉도 검찰이 있었지만 울릉도 수토는 정례적으로 시행되었음을 알 수 있는 사례이다. 1883년 울릉도 수토는 울릉도 개척을 시작하는 것이 더욱 중요한 일이었기 때문에 개척에 신경을 많이 쓰게 되었지만, 수토의 업무도 무사히 마쳤음을 알 수 있다.

1883년에는 본격적으로 울릉도 개척이 시작된다. 1883년 음력 4월에는 필요한 식량, 도구 등을 마련하여, 4월말에서 5월초에는 1차 울릉도 개척민들이 울릉도에 들어가 개척을 시작한 것으로 보인다.

『강원감영관첩(江原監營關牒)』에 따르면, 1883년 3월 15일 의정부에서 강원감영에 내려보낸 관칙(關飭)에서 도장(島長) 전석규(全錫奎)를 내려보내니 도장의 계획을 파악하여 강원감영에서 개척을 지원하도록 한다.[233]

이 관문(關文)과 관련하여 1883년 4월 3일 강원도에서 의정부에 첩보(牒報)를 통해 개척에 필요한 각종 비품을 책으로 만들어 올리고, 비용에 대해서 보고한다.[234]

울릉도 개척에 나선 사람들은 개척민 30여명, 사격(沙格) 40명, 목수 2명, 대장장이[冶匠] 2명 등 총 74명 +α라고 할 수 있다. 사격 40명과 목수 2명, 대장장이 2명은 육지로 귀환할 사람들이기 때문에 지급할 비품 항목에 빠져 있음을 각종 비품의 수량에서 확인할 수 있다.

개척민 30여 명이라고 했으나, 숟가락과 젓가락[匙箸]이 30개, 삿자리[蘆席]가 30벌, 사기(砂器) 60벌, 뜸[草苫] 30장 등으로 봤을 때 개척민 30명을 기준으로 하였고, 나머지 인원은 이들에게 딸린 유아(幼兒)로 추정할 수 있다.

---

232 "江原前監司尹宇善啓本中, 越松萬戶安永植, 以小防無事搜討而已爲目". 『승정원일기』, 고종 20년(1883) 12월 29일.

233 국사편찬위원회, 『각사등록』 27, 강원도 1, 「강원감영관첩」, 463상. http://library.history.go.kr/dhrs/dhrsXIFViewer.jsp?system=dlidb&id=000000066435 (2022. 11. 1. 방문)

234 Ibid. 463하-464상.

4월말에서 9월까지 식량으로 쌀 60석(石)을 배정하였는데, 개척민 30명을 기준으로 1명당 2석, 약 288kg이다. 9월말까지 160일(10일+30일×5개월)로 계산해보면 1인당 1일 1.8kg, 한 끼에 600g씩으로 추정할 수 있다.[235]

이 자료에는 4월이라고만 되어 있고, 정확한 날짜는 없는데, 앞의 강원감영 첩보(牒報)에서 이 책자를 언급하고 있기 때문에 4월 3일 이전에 작성되었음을 알 수 있다.

이렇게 울릉도 개척이 시작되어 2, 3개월 후인 음력 7월에는 울릉도의 대황토포(大黃土浦), 곡포(谷浦), 추봉(錐峯), 현포동(玄浦洞) 등 네 곳에 16호 54명이 정착하였음을 보고하였다. 공식적인 개척민 30여 명 이외에도 개별적으로 울릉도에 정착하기 위해 온 개척민들이 20쯤 더 있었다는 것을 알 수 있다.

1883년 9월 일본은 내무소서기관(內務少書記官) 히가키 나오에(檜垣直枝)를 파견하여 10월에 울릉도에 있던 일본인 255명을 일본으로 데려갔다.

울릉도에 침범한 일본인들이 대략 80여 명 정도로 추정하고 있었는데 실제로는 그보다 3배가 넘는 255명이 불법으로 침입해서 벌목 등을 하고 있었음을 알 수 있다.

1883년 9월 3일자로 야마모토가 「복명서」를 작성하였는데, 야마구치현(山口縣)에서 일본정부의 소환에 앞서서 울릉도에 불법 도항한 일본인들을 조사한 것이다. 히가키 나오에는 울릉도에서 소환한 일본인 255명 중에서

---

235 한 끼 쌀 600g은 1960~1970년대 1인당 평균 1일 양곡소비량보다 많다. 1963년부터 2018년까지 우리나라 1인당 연간 양곡소비량은 1967년 196.8kg이 최고였고 2018년 69.5kg이 최저이다. 1인당 연간 쌀소비량은 1970년 136.4kg이 최고였다가 계속 감소추세에 있는데 가장 최근인 2018년에는 61.0kg으로 줄어들었다. 1인당 1일 평균소비량으로 환산하면 1967년 1일 양곡소비량은 539.2g인데, 1883년 1인당 지급된 쌀은 3배 이상임을 알 수 있다.통계청, 「양곡소비량조사」(http://kosis.kr/statHtml/statHtml.do?orgId=101&tblId=DT_1ED0001&conn_path=I2)

241명을 10월 20일에 야마구치현에 인계하는데 인수자로 나선 사람이 바로 울릉도 소환에 참여하고 복명서를 작성한 야마모토 오사미이다.[236]

1884년 1월 11일 동남제도개척사(東南諸道開拓使) 김옥균(金玉均)의 장계에 따라 울릉도도장(鬱陵島島長) 전석규(全錫圭)를 형조에 압송하여 처벌하게 하고 후임 도장을 강원감사의 추천을 받아 임명하기로 하였다.

김옥균이 지적한 죄상은 도장이 표빙을 발행하여 목재를 돈과 쌀로 교환했다는 것이다.[237]

히가키 나오에의 1883년 11월 「복명서」에는 이와 관련하여 울릉도에 불법도항한 일본인들이 1882년 겨울과 1883년에 울릉도장 전석규의 요청에 따라 식량이 부족한 울릉도 개척민들에게 쌀을 공급하였고, 1883년 10월 울릉도를 떠나면서도 울릉도도장의 요청에 따라 역시 쌀 25포대를 지급하였다는 내용이 있다. 아울러 도장 전석규가 적극적으로 벌목한 나무를 일본인들에게 가져가라고 요청하였으나 히가키는 양국 정부가 판단할 일이며 자신의 소관이 아니라고 밝혔다는 내용으로 기록하였다.[238]

히가키가 첨부한 도장 전석규의 서계 내용을 보면, 향후 침입하여 벌목하지 말 것을 말하면서도, 이미 벌목한 나무는 다 실어가라고 하고 있다는 점이 특이하다.[239]

그리고 일본인들도 벌목한 나무가 자신들의 소유라고 강변하고 있는 점[240] 등을 볼 때 동남제도개척사 김옥균이 울릉도도장 전석규가 사사로이 울릉도 나무를 돈과 쌀 등을 받고 팔았다는 죄의 내용이 사실임을 짐작할 수 있다.

---

236 Ibid. p. 44.

237 『고종실록』, 고종 21년(1884) 1월 11일.

238 Op. cit. 박지영, 2018, pp. 202-203.

239 Ibid.

240 Ibid. pp. 203-204.

(4) 1885년 평해군수 심의완(沈宜琬) 수토

1885년 울릉도 수토는 평해군수 심의완(沈宜琬)이 거행하였다.

심의완은 1882년 이규원의 울릉도 검찰 때 중추원도사(中樞院都事)로서 수행했었다. 1885년 3월 26일 급히 평해군수에 임명되어 울릉도 수토에 나서게 된다.[241]

1885년 울릉도 수토부터는 더 이상 삼척영장이 울릉도 수토에 참여하지 않는다. 1884년 울릉도 개척민들을 관리하기 위해 울릉도첨사 직을 만들어 삼척영장이 겸하게 하였다가, 평해군수가 겸직하도록 하면서 삼척영장은 더 이상 울릉도 수토를 하지 않게 된 것이다.

1884년 1월에 울릉도도장 전석규(全錫奎)가 일본인들에게 자기 마음대로 울릉도 나무를 일본인들에게 판매한 것이 동남제도개척사 김옥균에게 적발되면서 파직되고, 울릉도도장이 공석이 된다. 그래서 1884년 3월 15일 정식으로 울릉도첨사(鬱陵島僉使) 직을 만들어 삼척영장이 울릉도첨사를 겸직[鬱陵島僉使兼三陟營將]하게 하고,[242] 4월 12일에는 신상규(申相珪)를 울릉도첨사에 임명하였다.[243] 그런데 삼척영장 신상규(申相珪)가 6월 21일 평해군수에 임명되자, 6월 30일 평해군수가 울릉도첨사를 겸직[平海郡守兼鬱陵島僉使]하게 한다.[244]

1884년 7월 13일 고종은 새로 임명된 평해군수 겸 울릉도첨사 신상규

---

241 『일성록』, 고종 22년(1885) 3월 26일. "議政府啓言平海郡守方有闕矣該守令旣兼鬱陵島僉使 搜檢之行事係緊急令該曹口傳各別擇差請不日下送教以江華判官 沈宜琬特爲加資令該曹擬入"

242 『고종실록』 고종 21년(1884) 3월 15일.

243 『승정원일기』, 고종 21년(1884) 4월 12일.

244 『고종실록』 고종 21년(1884) 6월 30일.; 『국역승정원일기』, 고종 21년(1884) 6월 21일. 한국고전번역원, http://db.itkc.or.kr/inLink?DCI=ITKC_ST_Z0_A21_06A_21A_00180_2004_106_XML (2022. 11. 1. 방문)

를 소견하고 울릉도를 관장할 방책 등을 세우라 하자, 신상규는 총융사(摠戎使) 이규원에게서 방책을 들었다고 대답하고, 울릉도를 왕래할 배를 새로 만들고자 하는데 배를 만들 재목을 구하는 문제로 울릉도에 가는 것은 내년(1885)이 될 것이라고 대답한다.[245]

1885년 3월 울릉도 개척을 본격적으로 관리할 울릉도첨사 신상규가 갑자기 사망한다.[246] 따라서 1885년 3월 26일 울릉도 수토를 위해 급히 심의완(沈宜琬)을 정3품으로 품계를 올려 평해군수로 임명하였다.[247]

한편 갑신정변으로 김옥균이 일본으로 망명함에 따라 1884년 12월 17일 이규원(李奎遠)이 동남개척사(東南開拓使)에 임명된다.[248]

평해군수 심의완(沈宜琬)은 1882년 이규원의 울릉도 검찰 때 군관(軍官)으로 참가한 바 있다. 1882년 이규원의 울릉도 검찰 「계초본(啓草本)」에 심의완은 중추원 도사(中樞院都事)로 기록되어 있고, 야마모토 오사미(山本修身)의 복명서에도 군관(軍官) 심의완(沈宜琬)으로 기록되어 있다.[249]

심의완은 1885년 6월에 울릉도를 수토하고 북면 현포리 광암마을 앞 해변 광암(光岩)에 각석문을 남긴다. 1989년 『울릉군지』에는 광암 각석의 건립 시기를 1885년 6월이라고 하였기 때문이다. 1989년 당시에는 광암(光岩) 두 글자만 남아있었다고 하였다.

---

245 『승정원일기』, 고종 21년(1884) 7월 13일.

246 『일성록』, 고종 22년(1885) 3월 23일. 규장각한국학연구원, http://kyudb.snu.ac.kr/book/text.do?book_cd=GK12816_00&vol_no=0290 (2022. 11. 1. 방문)

247 『일성록』, 고종 22년(1885) 3월 26일. 규장각한국학연구원, http://kyudb.snu.ac.kr/book/text.do?book_cd=GK12816_00&vol_no=0290 (2022. 11. 1. 방문)

248 『고종실록』, 고종 21년(1884) 12월 17일.

249 Op. cit. 이혜은, 2006, p. 200; Op. cit. 박병섭, 2009, p. 95.

광암(光岩)

전검찰사 행개척참판 이규원

행평해군수 겸 울릉도첨사 심의완

도장 서경수

군관 김세운

光岩

前檢察使 行開拓參判 李奎遠

行平海郡守 兼 鬱陵島僉使 沈宜琬

島長 徐敬秀

軍官 金世云[250]

이 각석문을 통해 알 수 있는 사실은 다음과 같다.

첫째, 동남제도개척사 이규원이 1885년 수토에 관여하고 있었으며,

둘째, 심의완(沈宜琬)이 평해군수로서 울릉도의 개척업무와 수토업무를 수행하였고,

셋째, 서경수(徐敬秀)가 1885년에 이미 울릉도도장(島長)이었다는 점이다.

특히 주목되는 점은 이규원이 1882년 검찰에 이어, 1885년에 제2대 동남제도개척사로서 울릉도에 다시 왔는가 하는 점이다. 일단 각석문의 형식만으로 본다면 울릉도 수토각석문의 형식을 따르고 있다는 점에서 이규원이 1885년 울릉도 수토 때 재차 울릉도에 왔다고 할 수 있다. 다만 이규원과 심의완의 관계를 봤을 때, 동남제도개척사는 육지에 있고, 심의완이 수토관으로 울릉도 수토를 주도했을 가능성이 오히려 클 것 같은 생각이 든다. 지위로 볼 때도 종2품 참판보다 높은 품계의 이규원이 위험한 울릉도 수토에 직

250 울릉군지편찬위원회,1989, "刻石文", 『울릉군지』, p. 490.

접 참여했을 가능성은 희박해 보인다.

(5) 1887년 평해군수 박태원(朴泰遠) 수토

1887년에는 평해군수 겸 울릉도첨사(平海郡守兼鬱陵島僉使) 박태원(朴泰遠)이 수토하였다.

1887년 음력 윤4월 8일 울릉도로 출발하여 윤4월 29일 평해군으로 돌아왔다.[251]

박태원의 수토 일정은 다음과 같다.

윤4월 8일 묘시(卯時) 울릉도로 발선

4월 9일 술시(戌時) 대황토포(大黃土浦) 도착

4월 14일까지 도민(島民) 진휼(賑恤)

4월 15일 육로로 곡포동(谷浦洞), 통구미(樋口尾), 가도두(假道頭), 장포동(長浦洞) 유숙

4월 16일 장사동(長社洞), 도방포(道傍浦), 저포동(苧浦洞), 죽전구미(竹田邱尾) 유숙

4월 17일 나리동(羅里洞), 추암(錐巖), 광암동(廣巖洞), 향목곡(香木谷), 황토굴(黃土窟)

4월 18일 대황토포(大黃土浦)

4월 20일 신시(申時) 발선(發船)

4월 23일 술시(戌時) 풍랑을 만남

4월 25일 오시(午時) 삼척진 앞바다 도착

4월 29일 평해군 구산진(邱山鎭) 도착

박태원은 4월 9일 울릉도에 도착하여 5일간 진휼을 하고, 4월 15일부터

251 "동백장계(東伯狀啓)", 한성주보 제54호(1886년7월25일). 동방미디어 한성순보,한성주보 http://www.koreaa2z.com. (2022. 11. 1. 방문)

17일까지 3일간 육로로 울릉도를 조사하였다.

이전의 수토와 비교해서 주목할 것이 몇 가지 있다.

첫째, 울릉도에 도착해서 먼저 가져간 식량으로 도민(島民)을 진휼하는 것이다. 도착한 다음날인 4월 10일부터 14일까지 5일간 진휼한 것으로 보인다. 진휼에 사용한 곡식을 1883년 개척시 개척민 30여 명에게 지급한 곡식 및 1883년 10월 진휼과 비교하면, 곡식의 양은 1883년 30명 5개월분 쌀 60석, 1887년 진휼 곡식 총 145석(나락 65석, 쌀 60석, 좁쌀 25석, 콩 10석, 메밀 5석)으로 약 2배 정도 된다. 1883년 7월 당시에 계획보다 20여명이 늘어난 54명의 개척민이 있었는데, 4년 후에는 훨씬 많은 인구가 있었을 것으로 생각된다. 박태원이 수토보고와 함께 민호와 간전에 대해서도 보고했는데, 신문기사에는 개척민과 간전 현황에 대한 상세한 내역을 누락하고 있어서 아쉽다.

둘째, 수토의 규모가 이전보다 반으로 줄어들었다. 수토선 2척에 인원이 40명으로, 전에는 수토선 4척에 인원이 80명 이상이었던 것과 비교된다. 울릉도를 개척하고 평해군 소속으로 삼으면서, 이전에 영남에서 수토선 2척과 격군 30~40명을 분정(分定)했던 제도가 없어진 것으로 보인다.

셋째, 수토봉물 외에 민호(民戶)와 간전(墾田) 등 개척 현황을 추가로 보고하였다.

넷째, 개척 이전과 다름없이 수토봉물(搜討封物)을 올려보냈다.

이점은 다른 점이라기보다는 이전의 수토와 변화가 없다는 점이 오히려 특이하게 느껴진다. 개척 후의 수토에서도 수토봉물(搜討封物)로 역시 울릉도도형(鬱陵島圖形) 1장, 자단향 원봉(元封) 2토막, 가봉(加封) 10토막, 청죽(青竹) 3개, 석간주(石間朱) 6되, 가지어피 2벌을 동일하게 올려보냈다.

(6) 1888년 월송만호 겸 울릉도도장 서경수(徐敬秀) 검찰

1888년 월송만호 겸 울릉도도장 서경수(徐敬秀)가 검찰하였다.

1885년 6월 울릉도 수토 후에 새긴 광암(廣巖) 각석에 이미 서경수(徐敬秀)가 울릉도도장으로 기록되어 있다. 아마도 제1대 울릉도도장 전석규(全錫奎)가 1884년 1월 파직되고, 삼척영장을 울릉도첨사로 임명하여 울릉도를 관리하도록 했지만, 겸직하는 울릉도첨사가 울릉도에 계속 머무를 수 없으므로 제2대 울릉도도장으로 서경수를 임명한 것으로 보인다.

울릉도 도장 서경수는 1888년 2월 7일~6월 15일 사이에 월송만호에 임명되어 울릉도도장을 겸직하게 된다.[252] 실제로는 도장 서경수에게 월송만호의 관직을 주고 계속해서 울릉도장을 겸하게 한 것으로 보인다. 따라서 『고종실록』의 2월 6일자 기사나 『승정원일기』 2월 7일자 기사는 도장 서경수를 승진시켜 월송만호를 겸직하게 한다는 내용이다.

1888년 2월 6일 울릉도도장(鬱陵島島長)을 월송만호가 겸직하게 된다.[253]

울릉도도장 서경수는 1887년에 영국인 미첼(米鐵)과 일본인 영목승지승(鈴木勝之承) 울릉도 벌목 문제를 보고한다. 영국인 미첼(米鐵)이 1885년 통리기무아문의 벌목 문서를 가지고 울릉도 벌목을 한 일이며, 또 하나는 일본

252 월송만호 겸 울릉도도장 서경수의 정확한 임명 일자는 알 수 없으나 『승정원일기』 1888년 2월 7일 기사에 월송만호 겸 울릉도도장(越松萬戶兼鬱陵島島長) 직을 새로 만들어 관원을 임명하기로 하였고, 같은 해 『승정원일기』 6월 15일 기사에는 강원감사가 관리들을 평가하는 춘하포폄(春夏褒貶)에 서경수에 대한 평가는 없고 다만 이름만 올렸다는 것을 봐서 울릉도 도민이던 서경수가 월송만호에 임명된 것은 1888년 2월에서 6월 사이로 추정할 수 있다. 2월 7일 기사로 볼 때 늦어도 2월 중에 임명한 것으로 추정된다. 변방의 무관들이 임금께 관직을 제수받고 하직인사를 하는데 2개월 가까이 소요됐던 것을 생각하면 실제로 울릉도도장 서경수가 월송만호로 업무를 보기 시작한 것은 5, 6월이 되어서였을 것으로 추정할 수 있다.

253 『고종실록』, 고종 25년(1888) 2월 6일; 『국역승정원일기』, 고종 25년(1888) 2월 6일; 『승정원일기』, 고종 25년(1888) 2월 6일.

인 영목승지승(鈴木勝之承)이 도벌(盜伐)한 일이다.

월송만호 겸 울릉도도장(越松萬戶兼鬱陵島島長) 서경수는 1888년 5월 21일부터 울릉도에 들어가서 검찰하고, 6월 19일 환진하였다. 서경수는 울릉도 검찰에 대해서 조정에 보고한다. 6월 28일에 울릉도장 서경수의 첩보가 조정에 접수되자, 6월 30일 조정에서는 첩보에 수록된 울릉도에 집을 짓고 자리잡은 일본인 문제에 대하여 일본대리공사에게 서계를 보낸다.[254]

1888년 7월 6일 희야(姬野)무리가 허가도 없이 불법으로 어로를 하고 있으며, 미첼의 경우 나무를 운반해 간 것을 금칙(禁飭)하지 못한 것을 지적하는 정부의 지침(題辭)이 있었다. 그리고 불법으로 벌목하던 능야순조(能野順造) 무리가 목재 구매를 신청한데 대해서도 벌목을 금하고 법을 지키도록 신칙하라는 정부의 지침(題辭)이 있었다.

희야(姬野) 무리는 잠수기어업으로 제주도에서 문제를 일으킨 후루야 리쇼(古屋利涉) 밑에서 일하던 왜인들이다. 고옥리섭은 1886년 조선정부로부터 제주목사의 잠수기어업 금지에 따른 배상을 받았으며, 그와 함께 5년간 어업 관련 면세를 받았었는데, 이를 기화로 울릉도에서 허가도 없이 어업을 한 것이다.

1888년 검도(檢島)는 수토가 아니므로 수토봉물(搜討封物)을 올려보내지 않았고, 다만 검찰한 내용을 보고하였다. 따라서 1888년에는 울릉도 검찰이 있었고, 울릉도 수토는 없었다.

1888년 월송만호 서경수의 울릉도 검찰 보고에서 주목해야 할 점은 월송만호 겸 도장 서경수가 가도장(假島長)을 임명한 사실이다. 서경수는 자신의 울릉도도장(鬱陵島島長) 업무를 대신할 가도장(假島長)으로 김연태(金演泰)를 임명한 것이다. 울릉도 가도장(假島長)은 울릉도도장(鬱陵島島長), 즉

---

254 고려대학교, 1969,『구한국외교문서』1,「일안(日案)」1, 문서번호 1229, p. 566.

월송만호 겸 울릉도도장이 울릉도에 머무르지 않는 시기에 대신해서 울릉도 도장의 업무를 보조하는 역할임을 알 수 있다. 그리고 임명권자도 울릉도도장(鬱陵島島長)이며 가도장은 정식 관직이 아님을 알 수 있다.

한때 가도장(假島長)의 개념에 대한 혼동이 있었다. 이는 사료 발굴이 부족해서 "울릉도도장(鬱陵島島長)", "겸직 울릉도첨사(鬱陵島僉使)", "겸직 울릉도도장(鬱陵島島長)"을 엄밀히 구별하지 못한 결과라고 할 수 있다.

(7) 1889년 월송만호 겸 울릉도도장 서경수(徐敬秀) 수토

1889년 월송만호 겸 울릉도도장 서경수(徐敬秀)가 수토하였다.

1889년 3월 7일 서경수는 울릉도에 도착하여 울릉도 수토와 병행하여 개척민들의 개척상황을 파악하는 검찰 업무를 동시에 수행하였다. 서경수는 울릉도에 도착하여 개척상황을 파악하는 한편, 울릉도에 들어와 전복을 채취하던 일본인들에게 조취를 취하고 그 내용을 동래부(東萊府)에 보고한다.

1889년 3월 30일 접수한 동래관첩외안(東萊關牒外案)의 강원도 월송포래첩(月松浦來牒)에는 서경수가 조치한 내용이 비교적 상세하게 기록되어 있다.[255]

월송만호 겸 울릉도도장(越松萬戶兼鬱陵島島長) 서경수는 울릉도 수토를 마친 후에 그 결과를 울릉도도형 및 진상물종(進上物種) 등과 함께 통리교섭통상사무아문(統理交涉通商事務衙門)에 보고한다.[256]

아울러 강원도관초에는 수토봉물(搜討封物)을 올려보낸다는 강원감영의 간략한 수토 장계 사실이 기록되어 있다.[257]

---

255 『각사등록』 13, 경상도편, pp. 63하-64상; 국사편찬위원회, 『각사등록』, 경상도편 3, 東萊關牒外案1, 3월 26일. http://db.history.go.kr/id/ks_013_0040_0300 .

256 강원도관초, 고종 26년(1889) 7월 26일. (이원택, 2014, 198에서 재인용)

257 Op. cit. 이원택, 2014, p. 198. 밑줄은 필자 수정.

(8) 1891년 월송만호 겸 울릉도도장 이종인(李種仁) 수토

1891년 월송만호 이종인(李宗仁)이 수토하였다.

강원도관초 1891년 8월 16일자에는 월송만호가 울릉도를 수토했다고 밝히고 있는데, 이때도 울릉도 검찰 등과는 달리 울릉도도형(鬱陵島圖形)과 함께 수토방물(搜討方物)을 바치고 있다. 수토방물은 자단향(紫檀香) 12토막, 청죽(靑竹) 3개, 가지어피(可支魚皮) 2벌, 석간주(石間朱) 6되 등으로 통상적인 품목과 수량이 동일함을 알 수 있다. 아울러 울릉도의 민호(民戶)와 간전(墾田)에 대해서 별도의 보고서를 작성하여 바쳤다.

> 신묘년(1891) 8월 16일. 동영은 보고합니다. 월송만호가 올린, 울릉도 수토 후 본도 도형 및 진상할 자단향 12토막, 청죽 3개, 가지어 가죽 2벌, 석간주 6되를 감봉(監封)하여 내무부로 올려보내고, 민호(民戶)와 간전(墾田)을 성책(成冊)하여 다시 고쳐 올리는 일입니다. 제(題).[258]
>
> 同日. 萊 15營報, 越松萬戶呈, 以菸陵島搜討後, 本島圖形及進上紫丹香十二吐, 靑竹三箇, 可支魚皮二領, 石間朱六升, 監封上送于內務府, 民戶墾田成冊, 更爲修呈事. 題.(『각사등록』 27, 487하)[259]

(9) 1892년 윤시병 검찰 및 월송만호 수토

1892년에는 울릉도검찰사의(鬱陵島檢察事宜) 윤시병(尹始炳)이 울릉도를 검찰하였다. 울릉도 형편을 검찰하기 위해 파견된 윤시병은 조정에 상납하는 미역을 실은 배를 평해군에 억류한 사건 등을 처리한다. 이러한 사실은 월송만호가 겸직하는 울릉도도장(鬱陵島島長)의 보고와 평해군수 울릉도첨

---

258 Ibid. pp. 196-197; 강원도관초 고종 28년(1891) 8월 16일.

259 Ibid. p. 199.

사(鬱陵島僉使)의 보고를 통해 알 수 있다.[260]

강원도관초에는 강원감영에서 월송만호의 울릉도 수토를 치보했는데, 인구 및 간전(墾田) 성책(成冊)과 진상물종(進上物種)을 표실(漂失)했다고 보고하였다.[261]

1892년 월송만호의 수토는 역시 검찰과 함께 진행된 것으로 보인다. 매년 검찰을 하면서, 다시 2년마다 수토도 병행하던 상황이었던 것 같다. 년 만에 다시 울릉도 수토가 진행된 것을 알 수 있다. 진상물종(進上物種)의 표실(漂失)은 매년 수토가 만들어낸 의도적인 과실(過失)이 아닌지 생각해 볼 수도 있지 않을까 한다.

(10) 1893년 평해군수 조종성(趙鐘成) 수토

1893년에는 평해군수 조종성(趙鐘成)이 울릉도를 수토하였다.

1892년 12월에는 울릉도 수토를 월송만호가 아닌 평해군수가 구례에 따라 실시하도록 한다.[262] 이에 따라 1893년 조종성은 울릉도를 수토하고 9월 20일 수토 후에 울릉도도형 1본, 자단향 원봉(元封) 2토막, 가봉(加封) 10토막, 청죽 3개, 석간주 6되, 가지어피 2벌을 내무부(內務府)에 상송(上送)하고, 민호 및 간전 성책도 수정하여 올려 보낸다고 보고하였다.

앞서 살펴본 바와 같이 1889년 울릉도 수토와 1891년 울릉도 수토는 월송만호가 거행하였다.

그런데 1892년 12월에 평해군수 조종성으로 하여금 구례(舊例)에 따라

---

260 「강원도관초」, "임진(1892) 7월 26일, 鬱陵島長報"; "임진(1892) 8월 23일, 關東營及平海"; "임진(1892) 8월 26일, 關東營"; "임진(1892) 9월 23일, 三陟右營將報"; "임진(1892) 10월 23일, 鬱陵島島長報"; "임진(1892) 11월 23일, 鬱陵島僉使報", 『각사등록』 27, 강원도편 1, 489-490.

261 Op. cit. 이원택, 2014, p. 200.

262 Op. cit.「강원도관초」, 임진(1892) 12월 9일.

울릉도를 수토하도록 한다. 자세한 내용에 대한 언급은 없지만 울릉도 일본인 문제가 더욱 심각해졌기 때문으로 여겨진다. 평해군수 조종성은 수토이기 때문에 수토봉물을 함께 올려보내고 있다.

> 계사년(1893) 9월 20일. 강원도가 보고합니다. 평해에서 올린, 울릉도 수토 후 도형 1본, 자단향 원봉 2토막, 가봉 10토막, 청죽 3개, 석간주 6되, 가지어 가죽 2벌을 감봉하여 내무부로 올려보내고, 민호와 간전을 성책하여 올려보내는 일입니다. 제(題) 도부(到付).
>
> 癸巳九月二十日. 江原道報, 平海呈, 以鬱陵島搜討後, 圖形一本·紫檀香元封二吐, 加封十吐, 青竹三介, 石間朱六升, 可支魚皮二領, 監封上送于內務府. 民戶墾田成冊上送事, 題到付.(『각사등록』 27, 493하)[263]

태하리 밭 가운데 있는 "광서명 각석문(光緖銘 刻石文)은 광서(光緖) 19년 계사(癸巳)(1893) 5월에 평해군수 겸 울릉도첨사(平海郡守 兼 鬱陵島僉使) 조종성(趙鍾成) 영세불망비(永世不忘碑)가 있다. 이는 평해군수의 울릉도 수토에 따른 것으로 보인다.

월송만호가 울릉도도장을 겸임하면서 평해군수의 울릉도 수토는 행해지지 않고, 월송만호가 단독으로 울릉도 검찰과 울릉도 수토를 거행하였다. 그런데 구제(舊制)에 의한 울릉도 수토를 시행하기로 함에 따라 평해군수가 울릉도를 수토하고, 그 내용을 각석문의 형태로 남겨 놓았다.

(11) 1894년 12월 울릉도 수토제도 폐지

1894년 12월 27일 울릉도 수토 선격집물(船格什物)을 영구히 혁파하기

263 Op. cit. p. 203.

로 한다.[264] 이로써 울릉도 수토제도가 폐지되었다.

표면적인 이유는 울릉도를 개척한지 오래되었고, 경상좌수영 관할 연해(沿海) 읍면에서 노꾼(船格)과 비품(什物)을 월송진(越松鎭)으로 보내던 것을 영구히 폐지한다는 것이다.[265]

일본이 청일전쟁에서 승리하고 친일 성향의 김홍집내각이 들어서면서 울릉도 수토가 폐지되었다는 것에 주목할 필요가 있다. 이것은 울릉도에 대한 일본의 침탈이 더욱 강화되는 빌미가 되었다고 생각하기 때문이다.

1895년 1월 29일에는 월송만호가 겸하고 있던 울릉도도장을 더 이상 겸직하지 않게 하고, 별도로 울릉도도장을 임명하기로 한다.[266]

그러나 별도의 울릉도도장을 임명하는 대신에 1895년 8월 16일 울릉도에 도감(島監)을 두기로 하였다. 이에 따라 1895년 9월 20일 배계주(裵季周)가 울릉도 도감(鬱陵島島監)에 임명된다. 울릉도 도감 배계주는 1900년 10월 27일 칙령 제41호에 의해 울도군(鬱島郡)과 울도군수(鬱島郡守)가 설치된 후인 1900년 11월 26일 울도군수에 임명된다. 울릉도도감(鬱陵島島監)은 1895년 8월 16일 설치되어 1900년 10월 26일까지 한시적으로 있었던 관직이며, 오직 배계주 한 사람만이 울릉도도감으로 업무를 보았다.[267]

---

264 『일성록』, 고종 31년(1894) 12월 27일.

265 『승정원일기』 고종 31년(1894) 12월 27일. 한국고전번역원, ITKC_ST_Z0_A31_12A_27A_00070_2004_167_XML

266 『승정원일기』 고종 32년(1895) 1월 29일. 한국고전번역원, 승정원일기, ITKC_ST_Z0_A32_01A_29A_00080_2004_167_XML

267 1890년 9월일 자(字) 울릉도도감(鬱陵島島監) 오성일(嗚聖一)의 교지(敎旨)가 있지만, 아마도 울릉도 금벌도감(禁伐島監) 교지로 보인다. 울릉도도장을 대신하는 울릉도도감 제도는 1895년에 만들어졌기 때문이다.

Ⅳ. 결론

1. 울릉도 수토 사례 요약

울릉도 수토 연구는 이제 수토 추정이 지속성 연구의 중요한 부분이 되었으며, 수토 사실이 추정된 것보다 훨씬 많아진 상황이다. 이번 논문을 통해서 1694년 삼척영장 장한상부터 1893년 평해군수 조종성까지 87회의 울릉도 수토를 확인할 수 있었다.

1) 1694년-1735년

제1차 삼척 장한상(1694), 제2차 월송 전회일(1699), 제3차 삼척 이준명(1702), 제4차 월송만호(1705), 제5차 삼척 박석창(1711), 제6차 월송 남중하(1714), 제7차 삼척영장(1719), 제8차 (월송만호)(1724?), 제9차 삼척 이만협(1727) 제10차 월송만호(1731?), 제11차 삼척 구억(1735)

두 번의 월송만호 수토를 추정하였는데, 제8차 울릉도 수토는 2편의 울릉도 관련 시(詩)가 발견된 1724년이 가장 유력하며, 제10차 울릉도 수토는 1734년 수토정지 3년 전이라는 점에서 가장 유력하게 생각했다.

2) 1735년-1745년

10년간은 아무런 기록이 없는 시기이다.

1735년에서 10년이 지나 1745년 월송만호 박후기가 수토했다면 분명히 논란이 있었을 터인데 아무런 기록이 없다. 즉 수토가 어느 정도 순조롭게 지속되고 있는 방증으로 볼 수 있다.

또 1735년 수토정지 요청에 대해 영조가 강력하게 수토 시행을 결정한 점을 고려하면, 영조의 성격과 그 당시 정국에서 수토를 연기하거나 누락할 생각을 하기 힘들었을 것이다.

다만, 윤회수토의 원칙에서 그 사이에 1번이나 3번의 수토는 불가능하고, 오직 2번 또는 4번의 수토가 가능한데, 서슬 퍼런 영조와 당시 정국을 고려하면 2년 간격 4번의 수토가 가장 타당하게 생각된다.

1737년 월송만호 수토추정, 1739년 삼척영장 수토추정, 1741년 월송만호 수토추정, 1743년 삼척영장 수토추정

제12차 (월송만호)(1737?), 제13차 (삼척영장)(1739?), 제14차 (월송만호)(1741?) 제15차 (삼척영장)(1743?)

3) 1745년-1751년

영조가 1746년과 1748년에 새로 수토한 사실이 있는지 묻고 울릉도지도를 들이라 했다는 점에서 울릉도 수토가 2년 간격으로 계속되었을 가능성이 있다.

그렇다면 기록이 없는 것이 수토를 안 한 것이 될 수도 있지만, 무사히 수토했다는 방증으로 생각하고 영조의 1746년과 1748년 울릉도 수토사실 하문 기록과 관련하여 수토를 추정하면 다음과 같다.

제16차 월송만호 박후기(1745), 제17차 (삼척영장)(1747), 제18차 (월송만호)(1749), 제19차 삼척영장 심의희(1751)

4) 1751년-1760년

1751년 삼척영장 수토에서 1760년 삼척영장의 수토까지 그사이 9년 동안 수토 관련 기록이 전혀 없다.

삼척영장의 수토가 연속되어 있어서 윤회수토의 원칙에 따르면 한 번 이상의 수토가 있었음을 알 수 있는데, 한 번의 수토(월송)나 세 번의 수토(월송, 삼척, 월송)가 가능하다. 따라서 1753년, 1756년, 1757년 수토 가능성이 크다. 그런데 1755년에 전국적으로 대흉년이었고, 1755년에도 흉년을 면치 못했다. 1757년 1월 강원도의 사정도 매우 곤궁하여 1757년에 수토를 정지했을 가능성이 크다. 따라서 1753년 월송, 1755년 삼척, 1758년 월송 수토 차례로 추정하면, 1760년 삼척 수토 차례와 잘 맞아떨어진다.

제20차 (월송만호)(1753), 제21차 (삼척영장)(1755), 제22차 (월송만호)(1758)

5) 1760년-1765년

이 사이에 한 번의 월송만호 수토가 있어야 한다.

1764년 수토정지가 있었고, 1765년 삼척영장이 수토했으므로 1762년은 월송만호 수토 차례이다.

제23차 삼척영장(1760), 제24차 (월송만호)(1762), 제25차 삼척 조한기(1765)

5) 1765년-1770년

이 사이에도 한 번의 월송만호 수토가 있어야 한다.

1765년 삼척영장 수토 1769년 삼척영장 수토정지로부터 1767년 월송만호 수토를 추정할 수 있다. 아울러 1769년 수토정지로부터 1770년 삼척영장의 수토를 추정할 수 있다.

제26차 (월송만호)(1767), 제27차 (삼척영장)(1770)

6) 1770년-1776년

1770년 삼척영장 연기된 수토, 1772년 월송만호 배찬봉 울릉도 수토·중이라는 기사, 1776년 월송만호가 수토했다는 기사를 통해 1774년 삼척영장 수토를 추정할 수 있다.

제28차 월송 배찬봉(1772), 제29차 (삼척영장)(1774)

7) 1776년-1800년: 정조 때 울릉도 수토 총괄

1776년 장황한 월송만호 수토보고, 1778년 흉년 수토정지, 1779년 삼척영장 수토 거행 결정, 1781년 월송만호 수토추정, 1783년 삼척영장 수토 사실을 1785년 논의에서 확인, 1785년은 수토정지, 1786년 월송만호 김창윤 수토, 1787년 삼척 교졸 적간의 경우 수토는 아니나 울릉도를 수색함, 1788년 삼척영장 수토추정, 1790년 월송만호 수토 기사, 1792년 삼척영장 수토추정, 1794년 월송만호 한창국 수토, 1795년 삼척영장 이동헌 수토, 1797년 삼척영장 이홍덕 수토, 1799년 월송만호 노인소 수토 등이 있었다.

제30차 월송만호(1776), 제31차 삼척영장(1779), 제32차 (월송만호)(1781), 제33차 삼척영장(1783), 제34차 월송 김창윤(1786), 제35차 (삼척영장)(1788), 제36차 월송만호(1790), 제37차 (삼척영장)(1792), 제38차 월송 한창국(1794), 제39차 삼척 이동헌(175), 제40차 삼척 이홍덕(1797), 제41차 월송 노인소(1799)

8) 1801년-1809년

1801년 삼척영장 김최환 수토, 1803년 월송만호 박수빈 수토, 1805년 삼척영장 이보국 수토, 1807년 월송만호 이태근 수토, 1809년 삼척영장 수토

제42차 삼척 김최환(1801), 제43차 월송 박수빈(1803), 제44차 삼척 이보국(1805), 제45차 월송 이태근(1807), 제46차 삼척영장(1809)

9) 1811년-1831년

1811년 월송만호 수토, 1813년 삼척영장 수토, 1815년 수토정지, 1817년 월송만호 수토추정, 1819년 삼척영장 수토, 1821년 월송만호 수토추정, 1823년 삼척영장 수토, 1825년 월송만호 수토, 1827년 삼척영장 하시명 수토, 1829년 월송만호 수토, 1831년 삼척영장 이경정 수토

제47차 월송만호(1811), 제48차 삼척영장(1813), 제49차 (월송만호)(1817) 제50차 삼척영장(1819), 제51차 (월송만호)(1821), 제52차 삼척영장(1823) 제53차 월송만호(1825), 제54차 삼척 하시명(1827), 제55차 월송만호(1829) 제56차 삼척 이경정(1831)

10) 1832년-1840년

1833년 월송만호 수토추정, 1835년 삼척영장 수토추정, 1837년 월송만호 수토추정, 1839년 삼척영장 수토추정

제57차 (월송만호)(1833), 제58차 (삼척영장)(1835), 제59차 (월송만호)(1837), 제60차 (삼척영장)(1839)

11) 1841-1846년

1841년 월송만호 오인현 수토, 1843년 삼척영장 수토추정, 1845년 월송만호 수토추정,

제61차 월송 오인현(1841), 제62차 (삼척영장)(1843), 제63차 (월송만호)(1845)

12) 1847년-1859년

1847년 삼척영장 정재천 수토, 1849년 월송만호 이규상 수토, 1851년 삼척영장 수토추정, 1853년 월송만호 석충선 수토, 1855년 삼척영장 이원명 수토, 1857년 월송만호 지희상 수토, 1859년 삼척영장 강재의 수토

제64차 삼척 정재천(1847), 제65차 월송 이규상(1849), 제66차 (삼척영장)(1851)
제67차 월송 석충선(1853), 제68차 삼척 이원명(1855), 제69차 월송 지희상(1857)
제70차 삼척 강재의(1859)

13) 1859년-1865년

1861년 월송만호 수토추정, 1862년~1863년 진주민란 등 전국적인 민란 여파로 1863년 수토정지 추정, 1865년 삼척영장 수토 추정,

제71차 (월송만호)(1861), 제72차 (삼척영장)(1865)

14) 1867년-1881년

1867년 월송만호 장원익 수토, 1869년 삼척영장 수토추정, 1871년 월송만호 수토추정, 1873년 삼척진영 수토(수토관은 월송만호), 1875년 월송만호 수토추정, 1877년 삼척영장 수토추정, 1879년 월송만호 수토, 1881년 삼척영장 수토

제73차 월송 장원익(1867), 제74차 (삼척영장)(1869), 제75차 (월송만호)(1871)
제76차 삼척(월송만호)(1873), 제77차 (월송만호)(1875), 제78차 (삼척영장)(1877)

제79차 월송만호(1879), 제80차 삼척영장(1881)

15) 1881년-1894년

1882년 검찰사 이규원 검찰, 1883년 월송만호 안영식 수토, 1885년 평해군수 심의완 수토, 1887년 평해군수 박태완 수토, 1889년 월송만호겸울릉도도장(이하 월송만호) 서경수 수토, 1891년 월송만호 이종인 수토, 1892년 윤시병 검찰 및 월송만호 수토, 1893년 평해군수 조종성 수토, 1894년 울릉도 수토 폐지

제81차 월송 안영식(1883), 제82차 평해 심의완(1885), 제83차 평해 박태완(1887)
제84차 월송 서경수(1889), 제85차 월송 이종인(1891), 제86차 월송 박지영(1892)
제87차 평해 조종성(1893)

2. 울릉도 수토에 인식의 변화

울릉도 수토 사례를 전체적으로 살펴보면서 울릉도 수토에 대한 인식의 변화를 파악할 수 있었다.

첫째, 울릉도 수토의 기피이다. 1694년 삼척첨사 임명을 거부한 무신 이준명처럼 울릉도 수토를 기피하는 관리들이 있었다. 그러한 경향은 1760년 울릉도 수토를 피하고자 일부러 상관과 불화를 일으켜 파직을 기도한 삼척영장 이유천에게까지 이어진다.

둘째, 울릉도 경제적 가치에 대한 인식이다. 1769년 흉년으로 울릉도 수토가 정지되었는데 삼척영장 홍우보가 사사로이 울릉도에 들어가 막대한 양의 울릉도 인삼을 캐와서 유통하다 적발된 사건이다. 이후에는 울릉도가 기피지역이 아닌 선호지역이 되어서 특별한 일이 없으면 2년마다 꼬박꼬박 울

릉도 수토를 시행하였다. 오랫동안 울릉도 수토에 참여한 왜학 이복상(李馥祥)[268]의 경우에는 울릉도 잠선 선주들과 한통속이 되어 수토관들을 농락하는 지경에 이르기도 하였다.

셋째, 1879년부터 시작된 일본의 침입과 울릉도 개척이다. 세 번째 변화는 일본의 정한론에 따른 울릉도 개척론을 무력화시켰다. 1879년 일본인들이 울릉도를 침입하면서 내세웠던 "빈 섬을 3년간 점유하면 일본의 영토가 된다"는 논리를 내세울 수 없게 하였다. 하지만 우리나라 연안 주민들에게는 울릉도가 열린 공간으로 바뀌었다기보다는 오히려 닫힌 공간으로 변했을 수 있다. 울릉도가 개척되면서 울릉도도장(鬱陵島島長) 또는 울릉도첨사(鬱陵島僉使)가 울릉도를 관할하였고, 울릉도 개척민들에게 토지 개척의 권한이 부여되었기 때문에 외부인들의 울릉도 자원에 대한 접근성이 제한되었다. 울릉도, 독도를 수시로 드나들던 뱃사람들에게는 점점 쉽게 갈 수 없는 섬이 되었다. 울릉도의 벌목도, 어채도 이제 주인 행세하는 주민들 때문에 그 활동이 위축되었을 것이다. 반면에 이전에는 비중이 크지 않았던 독도에서의 어채, 특히 미역채취 등은 더욱 활성화되었을 가능성도 있다.

마지막 시기에 빛나는 울릉도 수토관을 꼽으라면 월송만호 겸 울릉도도장 서경수(徐敬秀)를 들 수 있다. 제주도에서 행패를 부리던 잠수기업자들이 울릉도에서 약탈적인 전복채취를 자행하자, 적극적으로 나서서 이들의 잠수도구와 채취한 전복을 모두 몰수하였다. 그러나 일본공사의 항의를 받아서 결국은 모두 돌려주게 된다.

우리나라가 힘든 역사적 시련을 떨쳐내지 못하고, 일본 침략의 제물이 된 적이 있고, 최근까지 일본이 우리보다 훨씬 잘나갔었지만, 역사를 뒤돌아보

---

268 『일성록』에는 정조 18년(1794) 월송만호 한창국의 수토에 참여한 왜학 이복상(李福祥)과 순조 17년(1807) 월송만호 이태근의 수토에 참여한 왜학 이복상(李馥祥)이 나오는데 한자만 다른 동일인으로 추정된다.

면 항상 그런 법은 없다. 울릉도 수토 연구도 이러한 뒤틀린 역사를 바로잡아가는 한 과정이라 생각한다.

3. 울릉도 수토 연구의 향후 방향

울릉도 수토 연구는 진행 중이다. 하지만 독도영유권에 대한 일본의 침략주의가 끝나고 사죄하는 날이 온다면 울릉도 독도 연구는 어떻게 될 것인가? 그러한 점을 고려해서 몇 가지 가능성을 생각해보면 다음과 같다.

1) 연안지역과 관련성 연구 확대

울릉도 수토 연구가 울릉도와 바다로 연결된 지역들을 포괄하는 새로운 역사연구의 구심점 역할을 하면서 국내적으로는 연안지역과 울릉도의 생활권 연구를 강화하고, 대외적으로는 중동에서 울릉도, 울릉도에서 태평양, 북미, 남미에 이르는 해양문화권의 접점 연구로 이어질 수 있기를 기대한다.

2) 울릉도 특산 생물 복원 연구 확대

울릉도 대나무나 큰 쥐는 동남아시아와 동일한 생태계를 이루고 있는 점을 고려하면 결코 허황한 이야기만은 아니라고 생각한다.

이를 위해서는 동남아시아와 생태계를 바탕으로 한 상호 연계 방안을 모색하고, 궁극적으로는 사라진 울릉도 특산 생물 복원의 문제들도 발전시켜 나갈 수 있을 것으로 생각한다.

3) 학문 연구의 심화

울릉도 수토 연구는 울진군 기성면 구산리의 과거를 돌아보게 하고, 허물어질 뻔한 대풍헌을 복원해냈다. 버려질 수도 있었던 『항길고택일기』를 보전하였으며, 역사연구에서 중앙사와 지방사 연구의 중요성이 결코 다르지 않다는 점을 인식하게 하였다. 제주도의 지명 "작지"가 울릉도에 '흑작지', '장작지'로 남아 있기 때문에 제주도 사투리 "작지"도 더욱 가치를 가질 수 있다고 생각한다.

조선 후기 신도(薪島) 수토를 통해 지켜낸 평안북도 신도군을 보면 아무래도 가슴이 뿌듯해진다. 어쩌면 울릉도 독도는 그보다 훨씬 가슴 뿌듯해지는 곳이다.

울릉도 수토 연구가 지속성을 가지려면 학문적 보편성을 확대하고, 학문적 파급력을 계속 확장해 나가야 할 것이다.

참고문헌

1. 국내 문헌

『강원도관초(江原道關草)』

『고려사(高麗史)』

『광서구년사월일울릉도개척시선격량미잡물용입가량성책(光緖九年四月日鬱陵島開拓時船格粮米雜物容入假量成冊)』

『국역 비변사등록(備邊司謄錄)』

『다산시문집(茶山詩文集)』

『동계집(東谿集)』

『만기요람(萬機要覽)』

『삼국사기(三國史記)』

『삼국유사(三國遺事)』

『승정원일기(承政院日記)』

『연려실기술(燃藜室記述)』

『오주 연문 장전 산고(五洲衍文長箋散稿)』

『일성록(日省錄)』

『조선왕조실록(朝鮮王朝實錄)』

『춘관지(春官志)』

『통제영계록(統制營啓錄)』

『한주선생문집(寒州先生文集)』

규장각한국학연구원, 『울릉도도형(鬱陵島圖形)』

"동백장계(東伯狀啓)", 『한성주보』 제54호, 1887년7월25일.

"울릉도장수본(鬱陵島長手本)", 『한성주보』 제23호, 1886년 6월 4일.

경상북도 독도사료연구회, 2018, 『독도관계 일본고문서 5』.
국립산림과학원, 2005, 『대나무의 모든 것』
국사편찬위원회, 1990, 『각사등록』 평안도편13, v. 41, 「중산수토록(中山搜討錄)」, pp. 717-721.
김수희, 2015, "동해상에서의 무주지 선점 법리를 이용한 섬 '발견'과 '명칭 변경'", 『영토해양연구』 10, pp. 64-85.
김수희, 2015, "일본의 독도 영토편입과 오키도(隱岐島) 어민들의 독도 진출", 『한일관계사연구』 51, pp. 483-511.
김영, 2019, "근대조선과 요시다쇼인-울릉도론을 중심으로", 일본어문학 제85집, 353-377.
김영진, 2015, "조선후기 '와유록(臥遊錄)' 이본 연구", 『고전문학연구』 제48집, pp. 221-257.
김원룡, 1963, 『울릉도』(부 영암군 내동리 옹관묘), 국립박물관.
김태원, 2018, 『울릉도 독도 식물도감』, 자연과생태.
김호동, 2007, 『독도, 울릉도의 역사』, 경인문화사.
독도박물관, 『신묘명(辛卯銘) 각석문(刻石文)』
李圭景, "울릉도사실변증설", 『오주연문장전산고(五洲衍文長箋散稿)』 經史篇
李乙, 1923, "동해의 一點碧인 鬱陵島를 찻고서", 『개벽』 제41호, 1923.11.1., pp. 74-84.
박병섭, 2009, 「한말 울릉도·독도 어업」, 한국해양수산개발원.
박병섭, 2010, "한말의 울릉도 어업과 독도 영유권 문제", 독도연구 8, pp. 153-232.
박병섭, 2010, "일본인의 제3차 울릉도 침범", 『한일관계사연구』 35, pp. 199-223.

배재홍, 2011, “조선후기 울릉도 수토제 운용의 실상”, 『대구사학』 제103권, pp. 113-148.

백인기, 2012, “삼척 울릉도도형의 해석에 대한 일 연구”, 『한국고지도연구』 4(1), pp. 33-55.

백인기, 2013, “조선후기 울릉도 수토제도의 주기성과 그 의의 I”, 『이사부와 동해』 6호, pp. 149-188.

백인기, 2019, “사라진 울릉도 특산 동식물: 울릉도 대나무, 울릉도 복숭아, 울릉도 쥐를 중심으로” , 『 2019년 대한지리학회 연례학술대회 자료집』, pp. 145-147.

백인기, 2020, “조선 후기 주기적 울릉도 수토와 울릉도 인식 양상에 대한 연구”, 독도연구 제29호, 127-172.

법제처, 1976, 『춘관지 하』, 법제처자료 제86집.

徐敬秀, “울릉도장 수본(鬱陵島長手本)”, 『漢城週報』 1886.7.5.

成海應, “울릉도”, 『연경재전집(研經齋全集)』 권63

손승철, 2011, “중근세 조선인의 도서 경영과 경계인식 고찰”, 『한일관계사연구』 39, pp. 205-259.

손승철, 2015, “조선후기 수토기록의 문헌사적 연구- 울릉도 수토 연구의 회고와 전망”, 『한일관계사연구』 51, pp. 95-136.

송병기, 1985, “울릉도·독도 영유의 역사적 배경”, 『독도연구』, 한국근대사자료연구협의회, pp. 147-286.

송병기, 1998, “조선후기의 울릉도 경영 - 수토제도(搜討制度)의 확립”, 『진단학보』, 86호, pp. 157-174.

송병기, 2010, 『울릉도와 독도, 그 역사적 검증』, 역사공간.

송휘영, 2015, “개항기 일본인의 울릉도 침입과 「울릉도도항금지령」”, 『독도연구』 제19호, pp. 81-107.

신현철 등, 2009, 『중국 대나무 도감』, 국립산림과학원

신현철 등, 2011, 『중국 대나무 도감 2』, 국립산림과학원

심의승(沈宜昇) 편, 1916, 「삼척군지』

심현용, 2015, "울진 대풍헌의 울릉도·독도 수토 자료와 그 역사적 의미", 영남대 독도연구소 편, 『울진 대풍헌과 조선시대 울릉도·독도의 수토사』, 선인.

심현용, 2008, "조선시대 울릉도·독도 搜討관련 '蔚珍 待風軒' 소장자료 考察", 『강원문화사연구』 13, pp. 73-118

심현용, 2010, "울진 대풍헌 현판", 『대구사학』 98, pp. 337-373

심현용, 2013, "조선시대 울릉도 수토정책에 대한 고고학적 시·공간 검토", 『영토해양연구』 6, pp. 162-207.

영남대학교 독도연구소 편, 2015, 『울진 대풍헌과 조선시대 울릉도 독도의 수토사』, 선인

오상학, 2006, "조선시대 지도에 표현된 울릉도·독도 인식의 변화", 『문화역사지리』 18(1), pp. 78-101.

娱原碧雲, 권오엽 역, 2011, 『죽도 및 울릉도』, 한국학술정보(주)

유미림, 2007, 『「울릉도」와 「울릉도사적」 역주 및 관련기록의 비교연구』, 한국해양수산개발원.

유미림, 2013, 『우리 사료 속의 독도와 울릉도』, 지식산업사.

유병오 등, 2016, 『우리나라 대나무 산림자원』, 국립산림과학원

윤명희, 2004, 『야생동물』, 대원사

윤소영, 2016, "울릉도민 홍재현(洪在現)의 시마네현 방문(1898)과 그의 삶에 대한 재검토", 『독도연구』 20, pp. 37-65.

이상태, 1995, "역사 문헌상의 동해 표기에 대하여", 『사학연구』 제50호, pp. 473-486.

이선근, 1964, "근세 울릉도문제와 검찰사 이규원의 탐험성과", 『대동문화연구』 1, pp. 295-335.

이원택, 2014, "조선후기 강원감영 울릉도 수토 사료 해제 및 번역", 영토해양연구 8, pp. 184-203.

이원택, 2018, "「울릉도사적(蔚陵島事蹟)」의 문헌학적 검토", 『영토해양연구』, 16, pp. 6-28.

이원택, 2019, "19세기 울릉도 수토 사료 해제 및 번역", 『영토해양연구』 15, pp. 114-129.

이원택, 2019, "울진 대풍헌 현판 기문류(記文類) 자료의 해제 및 번역", 『영토해양연구』 17, pp. 174-213.

이원택, 2020, 조한기(趙漢紀)의 「울릉도수토기(鬱陵島搜討記)」 해제 및 번역, 영토해양연구 제19권, 114-133.

이혜은, 이형근, 2006, 『만은(晩隱) 이규원(李奎遠)의 「울릉도 검찰일기(鬱陵島檢察日記)」』, 한국해양수산개발원.

이홍직, 1962, "鬱陵島搜討官關係碑 二, 『미술사학연구』 제3권 제7호, pp. 263-265.

조혁상, 2009, "朝鮮後期 士人의 日本刀 認識에 대한 考察", 한문학보 20, pp. 515-544.

최석금, 2011, "국포집(菊圃集)", 『한국문집총간해제』, 한국고전번역원.

한성주, 2021, "울릉도 수토 각석문의 현황과 특징", 독도연구 31, 137-171

황상기, 1954, 『독도영유권 해설』, 노동학생사.

홍순권, "일제시기의 지방통치와 조선인 관리에 관한 일고찰", 국사관논총 제64집, 37-64.

2. 국외 문헌

일본정부, 1946-7, Minor Islands adjacent to Japan proper.

川上健三, 1966,『竹島の歷史地理學的硏究』, 古今書院.

3. 인터넷 자료

국사편찬위원회 전자사료관. http://archive.history.go.kr

국사편찬위원회 한국사데이터베이스, http://db.history.go.kr/

규장각 한국학연구원, http://kyujanggak.snu.ac.kr/

동북아역사재단, 독도, https://www.nahf.or.kr/gnb07/snb03.do

산림청 국가생물종지식정보시스템, http://www.forest.go.kr/

심충성, "닥밭골, 울릉문화재", 다음 블로그, http://blog.daum.net/simdak1993

외교부, 독도, https://dokdo.mofa.go.kr/kor/

한국고전번역원 한국고전종합DB, http://db.itkc.or.kr/

황상기,1957."독도영유권1", 동아일보, 1957.02.28. 2면.

미국 의회도서관, 朝鮮全圖, https://www.loc.gov/item/84697511/

울릉도 수토관 인원구성과 주민역할에 대한 연구

신태훈 | 강원대학교 박사수료

Ⅰ. 서론

1694년에 장한상부터 시작된 울릉도 수토제는 1894년 폐지에 이르기까지 200년간 시행되었다. 처음에는 2년 간격을 두고 3년마다 한 번씩 시행되었으나 18세기 말경부터는 2년마다 수토가 시행되었고, 19세기 말에 이르면 매년 수토를 실시하였다.

이렇게 시작된 울릉도 수토관은 삼척포진영과 구산진에서 번갈아가면서 출발하다가 1768년 이후 평해 구산진에서 일률적으로 출발하게 된다. 그러나 울릉도가 먼 바다에 있기 때문에 울릉도에 가기 위해서는 바람이 순풍이 불길 기다려야만 했다. 이러한 과정에서 필연적으로 수토에 소요되는 예산은 계속해서 증가할 수밖에 없었다. 계속해서 증가되는 예산에 대해서는 조정에서 책임지는 것이 아닌 지방인 강원도, 특히 영동지방의 군현에 부과되었다.

지금까지 울릉도 수토 비용을 어떻게 충당했는지에 대한 연구는 배재홍, 심현용, 이원택, 손승철이 있다. 배재홍은 영동지역 주민들은 搜討料 80여 석을 부담해야 했다고 보았다. 구체적으로 어떻게 분배했는지는 알 수 없지만 삼척의 경우대미 16석을 부과하였다고 하였다. 이를 삼척 주민들은 토지에 따라 납부하였는데 1결당 대미는 약 2되, 소미는 3~4되 정도 납부하였다고 보았다. 심현용과 이원택은 대풍헌 소장 현판 및 문서를 번역하여 구산동 주민들이 어떻게 수토비용을 마련한지를 살펴보았다. 손승철은 이러한 부분들을 종합하여 앞으로 수토 연구가 나아갈 방향을 제시하였다.

기존 연구에서 배재홍은 삼척주민의 역할을 좀 더 구체적으로 설명하였고, 월송포의 경우에는 수토절목을 간략하게 나열하는데 그치고 있다. 심현용과 이원택의 경우는 대풍헌의 현판 및 「완문」과 「수토절목」의 번역을 중점적으로 하여 이 문서들의 시기에 대해서 밝히는 것에 그치고 있다는 한계점을 가지고 있다.

따라서 본고에서는 18세기 이후 울릉도 수토의 출항지가 된 구산진에서는 어떻게 수토관 일행의 체류비를 마련했는지에 대해서 알아보고자 한다. 먼저 Ⅱ장에서는 수토관 구성에서 지역주민들이 어떤 역할을 하였는지에 대해서 알아보고자 한다. 인원구성에서 어떻게 분배를 했는지와 채삼군을 보낼 때 지역별로 몇 명을 보냈는지에 대해서 알아볼 것이다. Ⅲ장에서는 수토시 연해 주민의 비용조달에 대해서 주민들이 자체적으로 비용을 마련하기 위해서 어떠한 조치를 취했는지에 대한 것과 해당지역의 관리들이 주민들을 위해 어느정도 금액을 出捐하였는지에 대해서 살펴보고자 한다. Ⅳ장에서는 수토 거행의 부담을 지는 지역의 주민에게 주어지는 혜택은 무엇이 있었는지에 대해서 살펴보고자 한다.

Ⅱ. 수토관 구성에서 보이는 지역분배

1. 인원 및 선박 구성에서의 지역분배

울릉도 수토에는 많은 인원이 필요했다. 수토 책임을 맡고 있는 삼척영장, 월송만호에서부터 선박에 노를 젓는 格軍까지 다양한 직책의 사람들이 동원된 것을 확인할 수 있다. 사료에서는 주로 담당자인 삼척영장, 월송만호, 왜학[1], 군관, 등만 표시하고 있다. 하지만 이외에도 많은 이들이 수토관 구성에 다양한 직군으로 포함되어 있었는데 이 부분에서는 중요직책과 보조직책을 나누어 역할에 대해서 설명하고 출신지를 알 수 있는 경우에 그들의 출신지에 대해서도 알아보도록 하겠다.

〈표 1〉 수토관 직책 및 하는 일

순번	직책	직책	하는 일
1	중요직책	三陟營將, 越松萬戶	수토관으로서 울릉도에 가서 왜인탐색, 지세파악, 토산물채취를 하고 감영에 보고를 올린다.
2		譯官	일본인을 만날 것을 대비에 통역관 임무를 수행
3		軍官	지방의 진에 배치된 직업군인
4		鎭吏	
5		軍牢	
6	보조직책	都沙工	조운선이나 군함선에 소속된 뱃사공의 우두머리
7		通引	수령의 신변에서 呼召·使喚에 응하던 이속이다.
8		營吏	감영이나 수영 등의 본여에 딸린 이속
9		軍色	군의 제반 사무를 맡아 봄
10		中房	수령을 따라 다니며 시중을 드는 사람
11		及唱	군아에서 부리던 사내종
12		差備待令畵員	도화서에서 임시로 차출되는 화원
13		吹手	나팔수
14		刀尺	지방 관아에서 음식을 조리하던 사람
15		伴從	호위병
16		使令	관청에서 심부름을 하거나 군관 밑에 있으면서 죄인에게 곤장을 치는 일 등을 함
17		庫直	창고를 관리

1 사료에 따라 역관 혹은 왜학이라고 기재함.

먼저 수토관의 경우에는 삼척영장과 월송만호가 교대로 하였다. 수토관은 수토임무를 담당하는 총책임자로 삼척영장의 경우 정3품이고, 월송만호의 경우 종4품 무관직이다.[2] 왜학은 울릉도 수토제가 확립된 이유가 일본 어부와의 마찰이었기 때문에 조정에서는 수토를 거행할 때 왜학을 동원하는 것이 원칙이었다.[3] 왜학의 경우는 주로 동래 왜학 소속의 역관을 데리고 갔으나 왜학 중에 마땅한 사람이 없을 시에는 일반 백성 가운데서 일본어에 능통한 사람을 뽑기도 하였다.[4]

원역으로 구성된 군관은 장수 휘하에서 여러 군사적 직임을 수행하던 장교급의 무관으로 각도에 배치되었는데 평안도와 함경도는 10인의 군관을 배치하고 나머지 도의 경우에는 5인이 배치되었다. 수토에 동원된 군관의 경우 2명에서 많게는 5명까지 동원되기도 하는데 보통 2명이 배치한 것으로 보인다. 鎭吏는 진의 下吏를 뜻한다. 軍牢는 군영과 관아에 소속되어 죄인을 다스리는 일을 맡았던 군졸이다. 군뢰를 대동한 것은 울릉도에 몰래 잠입한 사람들을 잡아오기 위함으로 보인다.

수토 인원 구성 중 가장 많은 인원을 차지하는 직책은 格軍이었다. 수토 인원 80명 중의 약 60명은 격군으로 구성되어 있었다. 이들은 노를 젓는 임무를 담당하고 있었으며 이들의 구성은 정규 수군과 더불어 토병, 포작, 노비 등으로 구성되고 있다.[5]

또한 보조직책 중 '통인'이 있는 것을 확인할 수 있는데 통인은 경기도와

2 신태훈, 「삼척영장과 울릉도 수토제」, 『이사부와 동해』 15호, 한국이사부학회, 2019, 105쪽.

3 신태훈, 「조선시대 島嶼地域 搜討에 관한 硏究」, 강원대학교 석사학위논문, 2017, 38쪽.

4 위의 논문.

5 제장명, 「임진왜란 시기 전라좌수군의 전투수행구성원과 전투 수행」, 『이순신연구논총』 21호, 순천향대학교 이순신연구소, 2014, 26쪽

영동지역에서 불리던 칭호로 통인이 있었다는 것이 영동지역에서 인원을 차출하였음을 알 수 있다.

원역의 구성에 대해서는 1807년(순조 7) 월송만호 이태근의 수토기록을 그 내용을 알 수 있는데 아래의 사료와 같다.

> 越松萬戶 李泰根의 첩정에 '지난 3월 26일에 왜학 李馥祥, 원역(員役), 사격(沙格)까지 모두 72명이 4척의 배에 나누어 타고 출발하여 4월 7일에 본도(本島)에 이르렀습니다. … (중략) … 제가 데리고 간 동래(東萊)의 왜학 이복상, 울진(蔚珍)의 사격 이기축(李己丑), 흥해(興海)의 사격 김윤석(金允石) 등이 잠선의 선주와 서로 호응하여 보호하려는 의도가 분명할 뿐만이 아니었습니다.[6]

위의 사료에서는 이태근이 데리고 간 사격[7]의 출신지가 나오는데 울진사람인 이기축과 흥해의 사격 김윤석이다. 당시 울진은 강원도에 속해 있었고, 흥해는 경상도에 속해있었다. 울릉도 수토는 강원도에서 맡아서 진행하였는데 경상도 소속인 흥해 지역의 사격이 들어간 이유는 울릉도 수토비용에 대해서 강원도와 경상도가 서로 나눠 부담했기 때문이다. 1698년 윤시동이 건의한 사실을 통해 이를 알 수 있는데 그 내용은 아래와 같다.

> 근년에 장한상이 들어갔을 때 양미 200석을 강원도 각 읍에서 합쳐 보냈는데 지금 이렇게 하기는 어려우니 반드시 영남에 선척을 나누어 정하고 본 읍에서 배를 고쳐야 한다. 또한 水夫도 마땅히 반을 영남에서 부담해야한다.[8]

---

6 『일성록』 182책, 순조 7년 5월 12이 계축.

7 사격은 사공과 격군으로 사공은 선장에 해당하고 격군을 노를 젓는 사람을 뜻하는데 해당 사료에서 사격은 선장에 해당하는 인물로 보인다.

8 『승정원일기』 378책, 숙종 24년 4월 20일 갑자.

수토에 들어가는 비용을 오로지 강원도에서 부담하는 것이 힘에 부치니 영남에 선척을 분배하고 배를 고치는 부분에 있어서만 강원도가 부담하는 것으로 하였다. 또한 수부에 대해서도 반을 영남에서 부담해야한다고 주장하였다. 이러한 윤시동의 주장은 받아들여진 것으로 보인다. 그 이유는 1790년 이세삼의 상언을 통해 영남과 강원도가 반반씩 분정했다는 사실을 알 수 있다.

울릉도를 수토하는 일은 격년으로 하고 三陟營將 및 월송만호가 돌아가며 거행하는데, 해당 연한 때마다 왕래하는 배 4척과 格軍 60명은 전례대로 본도 및 경상도 沿海邑이 반반씩 分定해 달라고 비국에 論報하면 비국에서 嶺營에 行會하고 본영에서도 차례가 된 鎭浦에 관문을 보내어 거행하게 하는 것이 수토를 시작한 이래로 應行하는 규례입니다.[9]

수토에 필요한 배 4척과 격군 60명을 강원도와 경상도 연해 읍들이 반반씩 분정하는 것이 수토를 시작한 이래로 마땅히 하는 규례라고 한 것으로 보아 윤시동의 건의가 받아들여져 계속해서 이뤄지고 있음을 알 수 있다. 울진이 강원도에서 수토를 담당하는 지역이었다면 경상도에서는 지금의 경상북도 영덕군인 寧海府에서 담당하였다. 다음 사료는 영해부가 수토 물자를 취합하는 곳임을 알 수 있는 자료이다.

"울릉도(鬱陵島)를 수토(搜討)할 때에 필요한 선박(船舶)과 격군(格軍)은 경상도(慶尙道) 남쪽 연해안에 위치한 각 고을에 지정(卜定)하고 이를 모두 회합하는 것은 영해부(寧海府)에서 전부 관장하여 거행합니다. 이에 완전하고 견고한 선박과 물에

9 『일성록』 354책, 정조 14년 10월 10일 정사.

익숙한 격군을 며칠 안에 준비해 보내라는 뜻으로 영해부로 관문을 보내 신칙하여 나라의 역사(役事)를 수행할 수 있도록 하였습니다.

위 내용을 통해 경상도에 지정한 물자와 인원을 회합하는 지역이 영해부였음을 알 수 있다. 영해부에서는 배정된 물자와 인원을 구성한 뒤 수토날짜에 맞춰서 구산진에 도착해서 강원도에 배정된 물자와 인원과 합한 뒤 수토를 거행하였다.

또한 평해군수와 영해부사는 수토관이 무사히 귀환하는데에도 서로 협조를 했다. 1873년 4월 22일에 울릉도로 출발한 4척의 수토선 중에 1척만이 돌아오자 3척에 대해서 같이 수색해 줄 것을 요청하였고, 이에 영해부에서도 3척을 수색하고 탐지할 것을 약속하였다.[10]

2. 채삼군 구성시 지역할당

앞서 언급한 부분은 정기적인 수토에서의 인원 및 물자 분배부분에 해당된다. 일반적인 수토가 왜인탐색, 지세파악, 거주자 송환에 목적이 있는 반면 1795년, 1797년에 파견된 수토는 蔘의 채취를 위해 파견된 수토관였다. 그 이유는 국내의 蔘의 생산량이 매우 적어져 삼의 가격이 치솟자 관동지방의 蔘契의 貢人이 비변사에 와서 여러 번 호소를 했기 때문이다. 그에 대한 대책을 모색 중 울릉도가 일찍이 삼이 생산되는 지역이고, 내의원 의원들이 오대산에서 캔 것과 삼의 품질이 차이가 없다고 하니 수토의 시기를 삼이 나는 시기로 옮길 것을 청하였다.[11] 채삼꾼의 규모는 30명으로 강릉 5명, 양양

---

10 『각사등록』「統制營啓錄」 고종 10년 5월 18일.

11 『일성록』 499책, 정조 19년 6월 4일.

8명, 삼척 10명, 평해 4명, 울진 3명으로 나누어 배정하였으며 자격요건은 반드시 산골에서 생장하여 삼과 황기를 익숙히 아는 자였다.[12]

하지만 채삼꾼으로 지정된 이들이 풍랑에 익숙하지 않다는 핑계를 대며 피하기 때문에 이를 뽑는 任掌들이 뇌물을 요구하기도 한다고 하였다. 더구나 채삼꾼의 경비가 1인당 2~5냥까지 드는데 채취한 삼은 1795년에는 2냥 8돈, 1797년에는 5냥 6돈이었다. 울릉도의 삼의 품질이 그리 좋지 않기 때문에 울릉도 삼을 채취하여 얻는 경제적 이익보다 채취하기 위해서 소요되는 경비가 더 많은 셈이다. 더구나 채취량도 채삼꾼의 역량에 따라 달라져 예측하기 어렵기 때문에 채삼꾼을 보내는 것은 연안 주민들의 부담만 가중시키는 일이 되었다. 결국 채삼꾼은 1797년 수토를 마지막으로 해서 이후 수토에는 포함되지 않았다.

Ⅲ. 민·관의 수토비용 마련을 위한 대책

울릉도 수토를 실시하는 데는 막대한 예산이 소요되었다. 처음 수토관으로 간 장한상의 경우에는 150명이 동원되었고, 수토 양미는 200석에 다 달았다. 이후 수토관의 인원은 80명 내외 선에서 울릉도 수토를 시행하였다. 장한상을 기준으로 삼으면 1인당 약 1.3석이 소요되었고 이를 80명 기준으로 하면 약 112석에 해당한다. 아무리 작게 잡아도 100석의 식량이 소요된다고 볼 수 있다. 더구나 울릉도 수토는 바람의 때를 맞춰서 가야 하므로 순풍이 불지 않으면 계속해서 순풍을 기다려야 하는 상황이 발생하기도 하였다. 이럴 경우는 수토 비용이 계속해서 증가할 수밖에 없는 상황이다. 이러

12 『일성록』 629책, 정조 23년 3월 18일 병자.

한 수토 비용 문제로 인해 수토 초기에는 삼척포 및 장오항과 월송포 구산진에서 번갈아 가면서 출항하였다. 하지만 18세기 이후에는 수토관의 출항지가 월송포로 일원화되면서 월송포 9개 마을[13]에서 수토에 필요한 모든 비용을 충당하게 되었다.

1. 민간에서의 수토비용 마련

월송포 9개 동에서 부담해온 수토 비용은 19세기 들어오면서 구산동에서만 부담하게 되어 洞民의 부담이 가중되었다. 이러한 사실은 대풍헌 완문에서 확인할 수 있다.

> 방금 구산동민들이 올린 訴狀의 내용을 보니, "울릉도를 搜討할 때 진영 사또[14]와 월송만호의 행차에 드는 잡비와 수토를 奉行하는 절차 등을 전에는 沿海의 9洞에서 힘을 합쳐 그때그때 지켜왔는데, 지금은 저희 동에서만 유독 이 일을 전담하여 편중된 피해와 심한 고통을 일일이 나열할 수 없을 지경입니다.[15]

위 내용을 보면 울릉도 수토 행차에 들어가는 잡비와 봉행하는 절차를 모두 구산동에서 부담하고 있음을 알 수 있다. 이를 통해 수토에 들어가는 비용은 관청에서 부담하는 것이 아니라 洞에서 자체적으로 부담하고 있음을 알 수 있다.

이렇게 부담이 가중되자 구산동의 주민들은 소장을 내서 9개 동에서 각

---

13 표산동, 봉수동, 어현동, 직고동, 구암동, 거일동, 포흠동, 아음동, 구산동

14 삼척영장을 말함.

15 이원택·정명수, 「울진 대풍헌 영세불망지판류(永世不忘之板類) 자료의 해제 및 번역」, 『영토해양연구』 18호, 동북아역사재단, 2019, 138쪽.

각 돈을 모아 총 120냥을 마련하여 이 돈을 각 동에 나눠 원금은 보존하고 이자만 매년 2월에 推捧하게 할 것을 요청하였다. 이에 월송만호는 이러한 제안이 이자를 증식해 비용을 조달하는데 혜택이 있으므로 향청과 작청에서 각 동에 120냥을 나눠주고 매 냥[兩] 3푼(分) 정도를 매년 2월에 추봉하여 수토할 때 들어가는 비용에 더 보태는 것으로 한다고 하였다. 여기서 나오는 1냥은 현재 가치로는 약 6만 8800원이다.[16] 이때 각 동에 분배된 돈의 액수는 아래의 〈표 2〉과 같다.

〈표 2〉 9개 동 동별 출연금

연번	동이름	액수
1	표산동	15냥
2	봉수동	8냥
3	어현동	7냥
4	직고동	20냥
5	구암동	5냥
6	거일동	20냥
7	표흠동	10냥
8	야음동	5냥
9	구산동	30냥

이와 더불어 9개 동의 동민들은 자신들이 부담해야 하는 수토 비용을 마련하기 위한 대책도 논의하였다. 구산동 대풍헌 소장문서인 『수토절목』은 동민들이 대책을 세운 이유와 그 상세 내용이 기록되어 있는데 이들이 이러한 대책을 마련한 이유는 아래의 내용과 같다.

16 기획재정부 정책브리핑 www.korea.kr

월송진은 본진(구산진)에서 서로 거리가 매우 가까워 그 들어가는 비용이 아주 많지 않지만 삼척진에서 행차할 때 다 본진에서 유숙하였습니다. 유숙하는 기간이 길고 짧은 것은 바람의 형세가 좋고 나쁨에 달려 있으니, 그러한즉 8, 9일이나 십수 일이 되기에 십상입니다. 비록 유숙하는 날이 길지 않더라도 하루 이틀 안에 각 항목의 비용 액수가 참으로 적지 않습니다. 이 적지 않은 비용을 저희 9동에 담당시키는 것이 곧 저희 9동의 큰 폐해라 하겠습니다. 매번 돈을 걷을 때마다 원망과 증오가 더해져 모두 '버티기 어렵다.'라고 얘기합니다.

위 내용은 삼척영장이나 월송만호가 수토를 거행할 때 모두 구산진에서 바람을 기다리며 머문 사실을 알 수 있다. 월송진의 경우는 거리가 가까워 그 비용이 많이 들지 않지만 삼척진의 경우에는 거리가 멀고, 순풍이 불지 않을 땐 8일 이상에서 십수 일에까지 소요되기 때문에 이 비용을 부담하는 것이 9개 동의 동민들의 원망과 증오가 더해진다고 하였다. 실제로 1823년에 삼척영장이 수토를 거행하기 위해 구산동에서 유숙하였는데 이틀 동안에 지출된 비용이 100 金에 가까웠다. 이틀 동안에 지출한 비용만 하더라도 이 정도인데 8일 이상 소요되면 지출되는 비용을 단순 계산하면 약 800금에 이르게 된다.

이에 9개 동민은 구산진에 상선이 어염과 미역을 막론하고 정박해서 나루터에 내릴 때 貰를 받고자 했고, 이에 대한 이자를 취하여 마땅히 써야 할 비용에 보충해서 쓰는 것이 각 동을 영구히 보전할 대책이라고 보았다. 그리고 세를 받는 것에 대한 규칙을 『절목』으로 작성해 달라고 요청하였다.

이러한 동민들의 요구에 구산진에선 상선에게 세를 받는 것은 다른 각 道의 해안가 고을에서도 통용되는 관례이므로 이들의 요구를 수용하여 『절목』을 4건을 만들어 하나는 作廳[17]에 비치하고, 하나는 揮羅浦[18]에 하나는 직고동에 하나는 구산동에 준다고 하였다. 구산진에서 만든 절목의 항은 총 12개로 그 내용은 아래의 〈표 3〉와 같다.

〈표 3〉 수토절목 내용

순번	내용	비고
1	상선에 받는 세에 대한 규칙 소금: 1섬에 5푼 명태: 1바리에 1전	
2	선주에게 세를 받는 규칙 - 미역 채취선 선주: 2냥 소금 선주: 5전 작은 고기잡이 선주: 5전	
3	보고에 관한 일 해당 洞任과 선주가 함께 정박한 사유를 관가에 가서 보고함.	
4	감독관[句檢監官] 임명에 관한 일 구산동민 중 성실하고 능력 있는 자 한 명을 선택해서 관에 보고하여 차출 진 별로 세를 받음 세를 받을 때 해당 동임 및 선주와 함께 거행	
5	징수에 관한 일 상선 정박 뒤 해당 진의 보고 후 관청에서 뎨김[題辭] 후 감독관을 보냄 수취한 세를 해당 감독관이 구산동에 납부 구산동은 이 돈을 가지고 이자를 취함	
6	비용 지출에 관한 건 1 구산동은 거둔 세를 통해 해마다 이자를 취함 이 비용은 수토 시 순풍을 기다릴 때 지급해서 사용 이 과정은 모두 구산동에서만 거행할 것.	
7	보고 하지 않을 시 벌칙 보고를 숨길 시 해당 존위 동임 및 선주 엄히 다스림	

17 서리들의 집무청을 말함.

18 지금의 후리포.

순번	내용	비고
8	비용 지출에 관한 건 2 삼척영장의 식사 비용은 이미 관에서 제공한 것이 있으면 거론할 필요 없음 그 부하와 말의 음식비는 관청에서 차출한 색리 1명과 구산동임이 함께 거행하여 비용을 지출하고 기록 이때 지출 항목은 「辛未節目」에 따라 지출하되 부풀리지 말 것.	「신미절목」은 현존하지 않음.
9	염선 징수에 관한 건 한 섬에 5푼씩 징수한 것을 구산동에 주어 수토관에게 보태어 쓰게 한다. 염한에게 받는 세금은 중복되니 지금부터 영원히 혁파	
10	주민 혜택에 관한 건 구산동의 노고에 보답하고자 민가의 부역을 줄여준다.	
11	기타 조항 월송만호가 수토 거행 때 절차 및 기타 여러 조항은 이미 「신미절목」에 따른다.	
12	미지한 조건은 추후 마련한다.	

9개 동의 요청에 따라 세금을 걷는 기준과 거두어들이는 과정에 대해서 11개 조목으로 작성하여 4곳(작청, 휘라포, 직고동, 구산동)에 배포하였다. 먼저 상선에 부과하는 세금에는 소금과 명태에 관해서만 나온 것으로 보아 울진 구산진에서는 소금과 명태의 거래가 주로 이뤄지고 있었음을 알 수 있다. 또한 제2항에서 소금, 미역 채취선, 작은 고기잡이배의 선주에게도 세를 부과하였는데 소금 선주의 한해서는 이미 1항에서 세를 부과하였기에 이 부분에 대해서는 폐지한다고 제8항에 기재하였다. 이를 통해 드나드는 상선의 주거래 물품 및 채집상품은 소금, 명태, 미역, 기타 작은 물고기 등임을 알 수 있다.

「수토절목」에서는 세를 거둬들이는 과정도 세세하게 적시하였다. 특히 세를 거둬들이는 과정에서 서로 속이는 것을 막기 위해 감독관 1인을 두었는데 구산동 출신 중 성실하고 능력 있는 자를 차출하였다. 세를 거두는 과정은 먼저 선박이 정박하면 해당 동임과 선주는 함께 사유를 관가에 가서 보고를 한다. 보고가 들어오면 관에서는 데김하고 감독관을 보내는데 이때에 도 역시 해당 동임과 선주는 동행하였다. 감독관은 동임과 선주와 동행하여 해당 진의 세를 걷고 이를 구산동에 내게 하였다.

이렇게 거둔 비용은 수토를 거행하는 데에만 사용되었다. 비용 지출에 관해선 제6항과 8항에 기재하였는데 구산동은 거둔 세를 통해 해마다 이자를 취하고 그 이자를 수토 거행 시 순풍을 기다릴 때 사용하기로 하였다. 한편 제8항에는 삼척영장의 식비 지출과 그 부하의 식비에 대한 부분도 규정지었는데 삼척영장의 경우 관에서 이미 제공한 것이 있으면 거론할 필요 없다고 되어 있어 관에서 제공한 것이 없음 구산동에서 이 또한 지출한 것으로 보인다. 그 부하와 말의 음식비는 관청에서 차출된 색리 1명과 구산동임이 함께 거행하여 비용을 지출하고 이를 기록해놓았다. 이때의 지출항목은 「신미절목」에 따라 지출한다고 되어 있는데 신미절목은 현존하지 않아 그 기준에 대해서는 자세히 알 수 없다.

해당 관청에서는 주민들에 노고에 대해 혜택을 주어 불만을 잠재우고자 하였다. 혜택의 첫째는 부역의 면제였다. 부역 면제에 관해서는 『수토절목』의 10조항에 나타나 있는데 그 내용은 아래와 같다.

> 9개 洞의 큰 폐해는 모두 구산동에 떠맡겨져 있기에 그들을 위해 바로잡게 한 것이니, 돈은 비록 세를 받을 곳이 있다 하더라도 또한 그들의 노고에 보답하는 恩典이 없어서는 안 되기에 자질구레한 민가의 부역은 除減해 준다.

위와 같이 비록 구산동에서 선박과 선주에게 세를 받기로 했으나 이들의 노고에 보답하는 恩典이 없어서는 안 된다는 것을 관청에서 인정하여 자질구레한 민간의 부역에 대해서는 제감한다고 한 것이다.

부역의 면제 이외에도 면세의 혜택이 있었는데 수토선을 관리하는 선주에게 해당하는 것이었다. 아래의 사료는 해당 선주에게 주어지는 해택에 대한 설명이다.

> 배를 만들 목재는 바다 근처의 私養山에서 즉시 벌채하도록 해 주었고 監官과 色吏를 정하여 감독하게 해서 지금 한창 배를 만들고 있는데 … (중략) … 船主는 각각 해당 읍의 海夫 중에서 신원이 확실하고 부유한 자를 골라 영구적으로 정하여 公稅를 징수하지 말고 그가 마음대로 장사를 하도록 해 주되, 후략.[19]

조정에서는 선주에게 그 배의 운용권을 맡겼으며, 공세를 징수하지 않는 면세의 혜택을 주었다.

2. 관에서의 수토비용 마련

수토 비용을 마련하기 위한 9개 동민의 자구책도 있긴 하지만 수토에는 많은 물력이 소모되었기에 수토를 담당하는 삼척포와 월송포가 속해있는 강원도에서도 비용을 일부 충당하였다. 또한 해당 지역의 관리인 월송만호, 平海郡守, 銓任 등이 수토 비용을 출연하여 바람을 기다리는 동안 늘어나는 수토 비용을 충당하기도 하였다. 이러한 기록은 구산동 대풍헌에 영세불망지판의 이름으로 걸려있어 확인할 수 있다.

1) 강원도에서의 수토비용 마련

구산동 주민들과 월송만호 및 평해군수의 출연금을 통해서 수토비용을 충당을 하였지만 수토 진행을 맡은 강원도에서도 수토에 대한 비용을 충당하였다.

---

19 『일성록』 549책, 정조 20년 12월 11일 임오.

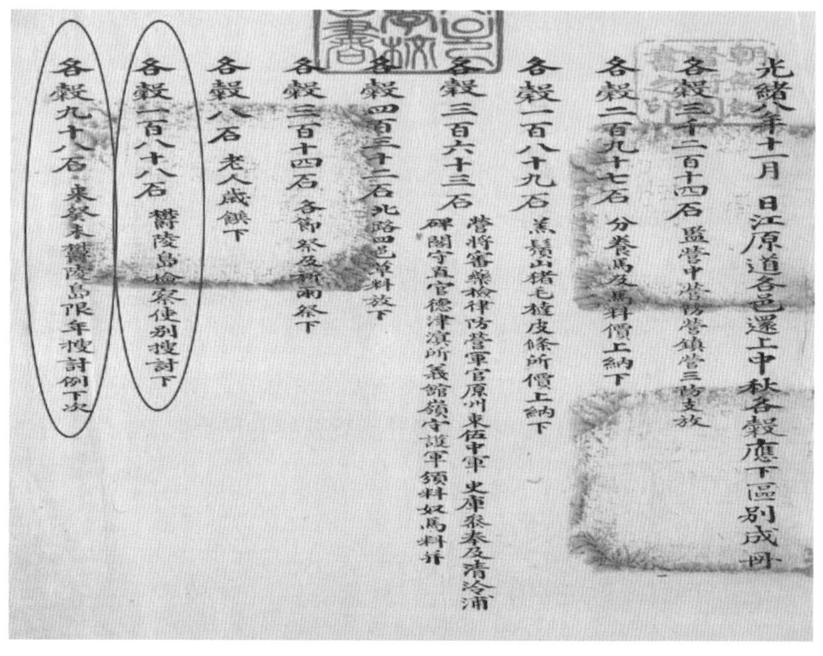

光緒八年十一月 日江原道各邑還上中秋各穀應下區別成冊
各穀三千二百十四石 監營中營防營鎮營三防支放
各穀二百九十七石 分養馬及馬料價上納下
各穀一百八十九石 羔鬚山猪毛植皮條所價上納下
各穀三百六十三石 營將審藥檢律防營軍官原州東伍中軍 史庫參奉及清泠浦
碑閣守直官德津濱所義館嶺守護軍領料奴馬料并
各穀四百三十二石 北路四邑草料放下
各穀三百十四石 各節祭及祈雨祭下
各穀八石 老人歲饌下
各穀一百八十八石 鬱陵島檢察使別搜討下
各穀九十八石 來癸未鬱陵島限年搜討例下次

〈그림 1〉 강원도 환곡성책

위의 〈그림 1〉은 1882년에 작성된 「江原道各邑還上中秋各穀應下區別成冊」이다. 위 사료에 따르면 울릉도 검찰사가 특별히 수토하는 명목으로 환곡미 188석을 배정한다고 하였고 돌아오는 계미년(1883) 울릉도 수토에 전례대로 98석을 배정한다고 하였다.[20] 이러한 사실을 통해 구산동에서 모든 것을 부담한 것이 아니라 강원도에서도 일정부분은 수토비용을 부담하였음을 알 수 있다.

20 『江原道還穀成冊』 001면; 各穀一百八十八石 鬱陵島檢察使別搜討下, 各穀九十八石 來癸未鬱陵島限年搜討例下次

2) 평해군수 심능무·이윤흡

심능무는 1866년(고종 3)에 평해 군수로 부임되고, 이윤흡은 1868년(고종 5)에 부임되었다. 심능무는 자신이 당년[21] 수토할 때 70금을 내어 비용의 충당하여 동민의 어려움을 해소하고자 했고 이윤흡은 權卜[22] 15결을 본동에 떼어 주고 동민들로 하여금 柴草를 판매하여 수토하는 해에 쓰이는 자잘한 비용을 보충하도록 하였고, 수토가 없을 때에는 판매한 시초로 이자를 취하여 후의 수토에 보태게 하였다.

권복은 煙司의 시초 가운데 結役[23]에 따라 관아 창고에 넣어두고 쓰는 것인데, 권복이라는 명목을 붙이고, 차역에게 방매하면 15결의 1년 판매 가격은 30금이 된다고 하였다.[24] 이렇게 쓰이는 돈을 구산동에 맡겨 이자를 부리게 하였는데 권복은 돈과 현저하게 달라 이를 손을 댈 수 있는 사람이 없어 구산동에 돌아가는 권복은 수토 비용을 마련하는 데에 큰 도움이 된 것으로 보인다.

심능무와 이윤흡 이 두 사람이 출연한 기금은 총합이 100금이다. 특히 이윤흡은 권복을 출연하여 구산동이 이자를 취할 수 있게 했으므로 그 기금의 양은 더 늘어날 것으로 보인다. 이는 앞서 수토관들이 이틀 동안 대풍헌에

---

21 당년의 수토는 현판의 기록대로 1866년에 심능무가 부임했다면 1866년은 수토가 없는 해이므로 당년은 1867년으로 보인다. 하지만 1867년에 2월 심능무가 부친상을 당하여 수토를 갈 수 없게 되자 장원익이 대신 수토를 거행하였다.; 이원택·정명수, 「울진 대풍헌 영세불망지판류(永世不忘之板類) 자료의 해제 및 번역」, 『영토해양연구』 18호, 동북아역사재단, 2019, 140쪽.

22 권복: 부족한 경비를 충당하기 위해 民結에 田稅를 임시로 정하여 부과하는 것을 말한다.

23 결역: 조선 후기 토지에 부과되었던 역, 부과세의 일종으로 정식 세금인 전세, 대동미, 삼수미 결전 이외에 지방의 여러 비용을 마련하기 위해 징수하던 세금이다.

24 이원택·정명수, 「울진 대풍헌 영세불망지판류(永世不忘之板類) 자료의 해제 및 번역」, 『영토해양연구』 18호, 동북아역사재단, 2019, 141쪽.

유숙하면서 지출되는 비용이기도 하다.

3) 월송만호 장원익

월송만호 장원익은 원주 사람으로 1866년(고종 3)에 월송만호로 부임하게 되면서 수토의 임무를 맡게 되었다. 장원인은 부임 이듬해인 1867년(고종 4)에 구산동에 행차하여 구산동 동민이 부담하는 수토 비용을 주제로 대화를 하며 동민의 고충을 듣게 되는데 그 내용은 아래와 같다.

> 장원익이 洞民에게 묻기를 "역관을 머물게 하고 沙格을 대접하는 데, 너희 동에서 비용을 대는가?" 하였다. 동민이 대답하기를, "邱山津에서 待風所를 운용한 것이 어느 옛날인들 없었겠습니까마는 式年에 부뚜막을 늘려 밥을 지어야 하니, 戶口를 배로 불려 돈을 거두느라 고아에게 고통을 분담시키고 아녀자에게 세금을 내게 합니다. 백성들이 겪는 고충이 대략 이와 같습니다." 하였다.

위 내용은 동민이 수토 비용에 대해서 어떠한 생각을 하고 있는지에 대해서 잘 보여주는 사례라고 볼 수 있다. 특히 동민들의 대답에서 알 수 있듯이 수토 비용을 조달하기 위해서 호구수를 늘렸던 사실을 알 수 있다. 호구수는 정해져 있기에 이를 늘리는 위해 관청에서는 고아와 아녀자에게까지 세금을 부담시켜 수토에 쓰이는 비용을 충당했다.

이러한 사실을 접하게 된 장원익은 1868년 20금을 구산동에 보태면서 미약하지만 구산동 동민에게 도움이 되길 바란다고 하였다. 구산동 동민은 이 돈을 바로 쓰지 않고 2년 동안 이자를 부려서 20금이었던 돈은 수십 금이 되었다. 사람들은 이 돈을 '搜討補用錢'이라 명명하고 장원익의 덕행을 칭송하는 현판을 대풍헌에 걸었다.

4) 평해군수 이용익

이용익은 1868년(고종 5)에 평해군수로 임명된다. 이용익은 구산진이 삼척포영과 월송포진에서 격년으로 수토를 거행할 때마다 불필요한 비용이 너무 많음을 크게 근심하여 100금을 均役所[25]에 주어 원금은 보존하고 이자를 취하게 하였다. 균역소에서는 이자를 2푼 5리 정도로 정해서 매년 봄·가을로 나누어 구산진에게 주었고, 구산진에서는 이 돈을 수토 비용에 보태는 자산으로 사용하였다.

이용익은 수토 비용에 대해서 출연한 것 외에 동민들을 위해 출연을 하였는데 관청의 무너진 곳을 일일이 수리하고 지붕을 이었으며, 기민을 구제하고 나룻터의 폐단을 바로잡았다고 하였다는데 이는 모두 녹봉을 출연하였고, 이를 통해 경내가 안정되었다고 소개하였다.[26]

5) 영찰 황지해

영찰 황지해의 공을 기리는 「월송영장황공영세불망지판」에서는 수토 비용에 대해서 언급이 나오는데 영세불망지판에 의하면 구산동이 격년으로 수토할 때 바람을 기다리는 곳으로 站役에 한 번 응할 때마다 100금이 소비된다고 하였다. 이에 황지해는 1869년(고종 6)에 30금을 구산동에 주었고, 그 돈이 1~2년이 지나 이자가 늘어나서 구산동 동민에게 큰 도움이 되었다. 황지해는 앞서 소개한 「평해군수이용익영세불망지판」을 만드는데 일조한 일원으로 기록되어 있기도 하다.

---

25 均役所: 아전들이 근무하는 作廳 또는 지방 사족들의 鄕廳을 일컫는 듯함.

26 위의 논문, 145쪽.

6) 銓任 손주형·손종간·손수백

손주형은 1824년(순조 24)에 전임을 맡고 있었는데 이때 경내의 소금 상인들에게 거두는 석두세[27]를 모두 구산동에 주어 용도에 보태게 하였다. 손종간은 손주형의 族姪로 1849년(헌종 15)에 전임으로 있으면서 銓所에 으레 공납하던 소금 1섬을 영원히 견감시켜 주었고, 1878년(고종 15)에 손종간의 손자 손수백이 그 뜻을 계승하였다.

3. 민·관합동의 수토선의 건조 및 운영

수토를 할 때 인원도 중요하지만 제일 중요한 것을 울릉도까지 가는 운송수단인 선박의 확보였다. 하지만 수토를 담당하는 당시 강원도에서는 먼 바다를 나갈 수 있는 적합한 선박이 없었다. 이러한 상황은 윤시동의 보고에서 알 수 있다.

> 전 삼척 영장 李東憲의 말을 들어 보니, '파도가 험한 큰 바다를 항해하려면 전적으로 배와 노에 의지해야 하는데 영동지역에는 적합한 선척이 없어서 매번 영남지역에서 빌려 쓰니 튼튼하지 못할 것은 당연한 형세로 뱃줄은 썩고 노는 망가져서 열에 하나도 온전한 것이 없습니다. 그러므로 기계는 삼척의 海民들에게서 취해 쓰지만 수리하느라 바다를 건널 양식을 모두 써 버리게 되어 바다를 항해할 때에 가서는 대부분이 치패되고 맙니다. 내년은 반드시 삼을 채취해야 하는 시기이니 기한이 되기 전에 들여보내야 할 것입니다. 선척은 삼척과 강릉(江陵)에서 각각 1척씩을 만들어서 그 고

27 석두세에 대한 기준으로 전라남도각군균역해세조사정총성책(全羅南道各郡均役海稅調査正摠成册)에 "염석두세는 매 석(石)에 大는 3전, 中은 2전, 小는 1전 5푼[分]을 받았는데 이후로는 크게에 상관없이 1전 1푼씩 받는다는 수취의 기준"이라는 말이 나온다.; 위의 논문 148쪽.

을의 해민들을 정해서 지급하여 장사를 하도록 맡겨 두었다가 수색할 해가 되면 기한에 맞추어 정비하여 대기하는 것으로 정식(定式)을 정해서 시행하면 멀리 영남의 선척을 취해 오는 폐단이 제거될 것입니다. 이렇게 되면 배 2척으로 충분하므로 挾船 2척을 더 입파(入把)하는 규정도 제거할 수 있을 것이고, 그 밖에 員役과 採夫 및 通引과 종 등 여러 명색 중 긴요하지 않은 것들도 아울러 줄일 수 있을 것입니다. 이런 내용을 도신에게 말했더니 도신 서유방도 매우 좋다고 하였습니다.'라고 하였습니다.[28]

위의 사료를 통해 당시 영동지역에는 울릉도로 갈 적합한 배가 없어 영동지역에서 배를 빌려 간 것임을 알 수 있다. 하지만 영남지역에서는 온전한 배를 빌려주지 않아 이를 수리하는데 그 비용을 다 쓰게 되니 강릉과 삼척에 배를 1척씩 건조하게 하여 평상시에는 장사하는데 사용하다가 수토 거행시에는 수토선으로 이용하자는 것이다. 이렇게 되면 배 2척으로 충분히 수토를 할 수 있게 되고 이로인해 배에 소요되는 긴요하지 않은 인원들을 줄일 수 있어 자연스럽게 수토비용도 줄일 수 있다는 것이다.

윤시동의 건의는 그해 겨울 바로 실천에 옮겨지는데 배를 만들고 운영하는 계획이 구체적으로 제시되게 된다.

배를 만들 목재는 바다 근처의 私養山에서 즉시 벌채하도록 해 주었고 監官과 色吏를 정하여 감독하게 해서 지금 한창 배를 만들고 있는데, 배의 몸체는 영남의 배보다 약간 크게 하여 挾船 둘을 더 入把하는 규정을 없앴습니다. 들어갈 물력과 공장들의 糧料는 영서 白土船의 규례에 따라 詳定穀으로 會減하도록 하였습니다. 船主는 각각 해당 읍의 海夫 중에서 신원이 확실하고 부유한 자를 골라 영구적으로 정하여 公稅를 징수하지 말고 그가 마음대로 장사를 하도록 해 주되, 수토하는 기한이 된 해에

28 『일성록』 544책, 정조 20년 9월 15일 정사.

기일에 맞추어 대령하도록 하였습니다. 훗날에 개조하고 개삭하는 일은 반드시 정해진 연한을 두어야만 오래도록 거행할 수 있습니다. 개삭하는 일은 5년마다, 개조하는 일은 10년마다 하는 것으로 정하되, 기한 안에 손상된 곳이 있으면 선주가 담당하여 수선하게 하고, 개조하거나 개삭할 때 들어가는 물력만 상정곡 중에서 적당히 헤아려 지급해 주는 것이 매우 편하고 좋을 것입니다. 이에 이대로 거행할 생각입니다.

제반 명색 중에서 긴요하지 않은 것들은 해당 營將에게 분부하여 적절히 덜어 내거나 없애도록 하였고, 공장들의 양미로는 원래 정해 놓은 곡식 80섬을 강릉과 삼척 두 읍에 떼어 주었습니다.[29]

위의 내용을 통해 배를 만들 때 소요되는 목재는 근처의 사양산에서 벌목을 하였고, 배의 규모가 영남의 배보다 약간 큰 것임을 알 수 있다. 또한 그 배를 운용하는 것은 해당 읍의 해부 중에서 부유한 자를 골랐고, 선주는 해당 배에 수선을 담당하였다. 정부에서는 선주에게 그 배의 운용권을 맡겼으며, 공세를 징수하지 않는 면세의 혜택을 주었다. 수선에 대해서는 선주가 부담을 하지만 개삭과 개조에 들어가는 비용은 상정곡에서 지원을 해주는 형태로 정하였다. 배를 만드는 것은 국가에서 담당하여 만들지만 그 운용에 대해서는 민간차원에서 한 것이다. 특히 선주를 해당 읍의 해부 중 부유한 자를 골랐다는 것은 배를 수선하는데 많은 물력이 들어가기에 이를 반영한 것이다.

---

29 『일성록』 549책, 정조 20년 12월 11일 임오.

Ⅳ. 결론

지금까지 울릉도 수토시 沿海지역이 어떤 역할을 하였는지에 대해서 살펴보았다. 울릉도 수토라는 제도는 한양의 중앙정부에서 확립을 하고 시행을 하였지만 실제로 수토를 시행하는 주체는 삼척과 울진에서 담당하였다. 하지만 삼척과 울진에서만 담당하기에는 많은 물력이 동원되어야 했고, 가장 중요한 울릉도까지 갈 선박이 강원도에 없었기 때문에 경상도와 分定 하여 수토를 진행하였다. 결국 수토는 강원도와 경상도가 연합하여 수행한 제도인 것이다. 이러한 흐름에서 본 고에서는 크게 수토관 구성에서 지역분배와 연해 주민의 수토비용 조달이라는 2가지 관점에서 살펴보았다.

첫째 수토관 구성에서의 지역분배에 대해서는 수토관 구성 인원 및 선척에서의 지역분배와 채삼군 구성시의 지역할당을 살펴보았다. 수토관 인원구성은 크게 중요직책과 보조직책으로 나눠진다. 중요직책에는 수토의 총책임자인 삼척영장과 월송만호를 중심으로 왜학과 원역 등으로 구성된다. 이중 왜학은 동래 역관 출신이나 그 지역의 일본어에 능통한 사람을 뽑았다. 원역에는 군관, 鎭吏, 군뢰 등이 포함된다. 중요직책에서의 지역색은 왜학을 제외하고는 크게 나타나지 않는다.

출신지역을 알아 볼 수 있는 직책은 보조직책에서 나오게 된다. 보조직책 중 通引은 경기도와 영동지방에서 불리우는 직책이름인데 울릉도 각석문에 통인 앞에 '강릉'이라는 지명이 있어 강릉 출신을 데리고 갔음을 확인할 수 있다. 또한 200년간의 수토관 파견 중 2차례(1795,1797) 수토에 채삼군을 파견하였는데 총 30명(강릉 5명, 양양 8명, 삼척 10명, 평해 4명, 울진 3명)을 지역별로 분배하여 파견하였다. 채삼군이 수토관에 포함되었는지 아님 별도의 집단으로 움직여 갔는지에 대해서는 채삼군 파견 전후 수토관 전체 구성에 대한 자료가 없어서 알 수는 없지만 기존의 목적 이외에 별도의 목적을 가지고 수토를 파견했음을 알 수가 있다.

둘째는 가장 중요한 재원 조달에 있어서 연해 지역의 역할이다. 이 부분은 관과 민으로 나눌 수 있는데 먼저 민간에서는 울진 소속 9개 동의 주민들이 각 동마다 출연금을 모아서 그 이자를 통해 수토관이 대풍헌에서 바람을 기다릴 때 추가되는 비용을 조달하고자 하였다. 이와 더불어 주민들은 구산포를 드나드는 상선에 대해서 세금을 거두어 그 비용을 마련하고자 하였는데 그 내용을 상세하게 적어놓은 것이 『수토절목』이다.

민과 더불어 관에서도 수토비용 마련책을 마련하였는데 첫 번째로는 강원도에서 비용을 일부 분담하였다. 『강원도환곡성책』에 보면 울릉도 수토비에 항목으로 환곡미가 정해져 있는 것을 볼 수 있다. 이 자료에는 당해 수토와 관련된 비용 뿐만 아니라 내년에 거행할 수토에 대해서도 비용을 책정하고 있어 사료로써 귀중한 가치를 지닌다. 수토에 주체인 강원도에서 비용을 한 것과 별개로 해당 고을의 관리들도 출연금을 내놓기도 하였다. 월송만호 장원익, 평해군수 심능무, 이윤흡 등은 자신들의 사비를 내놓아 주민들의 고통을 조금이나마 분담하고자 하였다. 이에 대해 주민들은 영세불망비를 놓아 이를 기억하고자 하였다.

선박에 대해서는 민관이 합동해서 대책을 마련하고자 하였다. 강원도에 울릉도로 나가는 배가 없어 영남의 배를 빌렸는데 영남의 배가 멀쩡한 것이 아니라서 수리하는데 수토 비용의 대부분을 소비한다고 하여 배 2척을 새로 건조하기로 하였다. 2척의 배의 운용권은 해당 고을의 부유한 주민을 정해서 선주로 삼고 선주는 해당 배에 수선을 담당하였다. 정부에서는 선주에게 공세를 징수하지 않는 면세의 혜택을 주었다. 또한 수선에 대해서는 선주가 부담을 하지만 개삭과 개조에 들어가는 비용은 상정곡에서 지원을 해주는 형태로 정하였다.

위에서 살펴봤듯이 울릉도 수토제는 단순히 삼척영장과 월송만호만이 담당한 것이 아니었다. 지방행정구역상으로는 강원도와 경상도가 협력하여 진행하였다. 실제로 울릉도로 떠났던 수토선 4척 중 1척만 돌아오고 3척이 돌아오지 않자 경상도에 요청한 사실이 있어 두 道가 울릉도 수토에 있어서 긴밀히 연합한 사실을 알 수 있다. 더불어 인원 및 선척 구성에 있어서도 반반씩 분정하여 수토를 준비하였고, 경상도의 수토 인원 및 선척은 寧海府에 모여서 강원도 울진으로 보내는 것을 규칙으로 하였다.

또한 수토하는 과정에서 지역주민들의 역할은 대단히 컸다고 볼 수 있다. 일단 비용적인 면에서 주민들은 자구책을 제시하는 등 수토에 들어가는 많은 비용을 담당하였고, 선척을 움직이는 주요요소인 船格에 연해안 주민들이 다수 들어간 것을 통해 비용과 인적구성에 많은 부분을 차지하고 있음을 알 수 있다.

다만 사료의 한계로 인해 수토 전체 구성원의 인적사항 파악이 어렵고 전체 비용에 대해서도 작성했다는 기록만 있고 결과물이 있지 않아서 이 부분에 대한 것은 추후 연구과제로 남겨놓고 본고에서는 마무리 하고자 한다.

참고문헌

1. 사료

『各司謄錄』, 『日省錄』, 『備邊司謄錄』, 『江原道還穀成冊』

2. 논문

배재홍, 「조선후기 울릉도 수토제 운용의 실상」, 『대구사학』 103호, 대구사학회, 2011.

손승철, 「조선후기 수토기록의 문헌사적 연구 - 울릉도 수토 연구의 회고와 전망 -」, 『한일관계사연구』 51호, 한일관계사학회, 2015.

심현용, 「월송포진성과 울릉도·독도 수토 관련 유적·유물」, 『이사부와 동해』 14호, 한국이사부학회, 2018.

심현용, 「울진 대풍헌 현판」, 『대구사학』 98호, 대구사학회, 2010.

심현용, 「조선시대 울릉도·독도 搜討관련 '蔚珍 待風軒' 소장자료 考察」, 『강원문화사연구』 13호, 강원향토문화연구회, 2008.

이원택·정명수, 「울진 대풍헌 소장「완문」과 「수토절목」의 해제 및 번역」, 『영토해양연구』 16호, 2018.

제장명, 「임진왜란 시기 전라좌수군의 전투수행구성원과 전투 수행」, 『이순신연구논총』 21호, 순천향대학교 이순신연구소, 2014.

한성주, 「울릉도 수토 각석문의 현황과 특징」, 『독도연구』 31호, 영남대학교 독도연구소, 2021.

제2편

어디서 무엇을 수토했나?

울릉도 수토관의 뱃길, 해류병을 활용한 울릉항로 탐색

이효웅 | 해양탐험가

Ⅰ. 머리말

삼척포진[1]은 강원도 우영(右營)이 있었던 곳으로 울릉도 수토[2]의 중심지였다. 울릉도를 수토하는 뱃길의 역사는 울릉항로의 기초가 된다. 조선시대의 울릉항로는 함경도 어민들의 항로와 강원도 수토관들의 항로 그리고 경상도 어민들의 항로로 크게 세 가지로 나눌 수 있다. 강원도 수토관들의 항로는 삼척항로와 월송항로로 나눌 수 있다.

고려 말부터 연안의 어민들은 세금과 군역 등을 피해 울릉도로 숨어들었다. 조선 태종 때부터 안무사 김인우(金麟雨)[3]는 울릉도에 여러 차례 가서 주민들을 쇄출(刷出)[4]하였다. 특히 세종(1397~1450) 때는 함경도 북쪽의 어민들도 울릉도에 다니면서 삼봉도(三峰島)와 요도(蓼島)의 전설이 생겼다. 성종(1457~1495) 때는 요도 탐색대를 만들어 양양 앞 바다의 요도 찾기에 나섰으나 실패하였고, 이후 울릉도를 금령(禁令)의 구역으로 만들고 섬을 비워

---

1 삼척포진 수군첨절제사는 조선시대 삼척포에 배치한 수군 지휘관으로 영장이라고도 한다. 삼척포진은 안인포(강릉), 고성포, 울진포, 월송포 등 4개의 만호영과 울릉도를 관장하였다.

2 무엇을 알아내거나 찾기 위하여 조사하거나 엿봄.

3 안무사(安撫使)로 우산무릉등처(于山武陵等妻)에 태종 16년(1416), 태종 17년(1417), 세종 7년(1425)에 세 차례 파견되었다.

4 샅샅이 뒤져서 찾아냄.

두었다.

임진왜란(1592~1598) 이후인 17세기 초에는 일본 어민들이 울릉도·독도를 넘나들기 시작하면서 어복(魚鰒)과 향죽(香竹), 강치 등을 남획하여 갔다.[5] 그리고 17세기 말에는 우리 어민들도 울릉도·독도를 드나들면서 1692년에는 울릉도를 서로 자기의 영역이라 주장하였다.[6] 그러다 1693년에는 일본 어민들이 울릉도에서 안용복과 박어둔을 납치하기에 이르렀다. 그러자 1694년에 조선에서 장한상(張漢相) 삼척 첨사(재임기간 1694.7~1696.4)를 울릉도 수토관으로 임명하여 울릉도를 대대적으로 수토하게 되었다. 이후 삼척영장과 월송만호가 200여 년 동안 정기적으로 교대하여 울릉도를 수토하였다.

삼척항로는 서풍이 불어야만 울릉도로 항해할 수 있기 때문에 수토초기에는 삼척포 진영에서 출항하여 울릉도와 거리가 가까운 남쪽의 장오리진(오늘날의 장호항)이나 죽변진으로 이동하여 서풍을 기다렸다. 동해안에서 서풍이 많은 계절은 가을철 북서풍인데 이는 시기적으로 늦어서 항해와 수토에 어려움이 있다. 태백산맥의 동쪽에 위치한 영동지방은 봄철부터 건조한 강풍인 양간지풍(襄杆之風)이 가끔 분다.[7] 그러므로 서풍이 불 때까지 일주일이든 보름이든 기다려야 했다. 그래서 강원도 제일 남쪽의 평해 구산포(오늘날 구산항)에서 남서풍과 해류를 이용한 항해를 하게 되었다.

동해의 해류는 북쪽에서 내려오는 연해주한류와 북한한류가 있고 남쪽에서 올라오는 동한난류와 대마난류 외해지류가 있다. 동한난류는 동해안에

5 쿠보이노리오 저, 이장우 역, 『지도해설 독도의 진실』, 「일본학자가 조사한 독도는 한국땅」, 부산민족학교 독도학당, 2017, 93~95쪽.

6 오오니시 토시테루 저, 권정 역, 『안용복과 원록각서』, 한국학술정보, 2011, 28쪽.

7 「봄철 영동지역 국지 하강풍 메커니즘과 지형 효과에 대한 연구」, 김정훈, 2006. Atmosphere, 16(2), 67쪽.

서 북한한류를 만나 동쪽으로 이동하면서 울릉항로에서 조경 수역[8]을 이룬다. 그리고 동쪽으로 흐르는 해류는 울릉도 주변에서 소용돌이해류를 만들어 수종(水宗)[9]을 일으키면서 해난사고의 주요 원인이 된다. 삼척 영장 장한상과 군관 최세철의 항해에서 삼척항로 두 곳에서 수종이 나타났는데, 귀항할 때는 수종이 없었다.

연구자는 본 논문에서 조선시대 울릉도 수토관과 어민들의 울릉도·독도 항해기록을 조사·검토하여 삼척항로와 월송항로의 문제점을 알아보고, 울릉항로의 특성과 수종의 원인이 무엇인지 해류병실험을 통하여 알아보고자 한다.

Ⅱ. 울릉도 수토관과 어민들의 뱃길

울릉도 수토관의 출발지는 심현용의 「수토사의 출발지 변천」에서 '출발지가 장오리진, 죽변진, 울진포, 구산포 등 여러 곳이 사료에서 확인된다.'고 하였고[10], 윤천수는 「울릉도 수토 출발지 변천」에서 '수토초기에는 삼척 영장과 월송 만호가 번갈아 수토관이 되므로 출발지가 장오리진, 울진포, 죽변진, 구산포로 바뀌다가 언제부터인가 모두 구산포가 출발지가 되었다.'고 하였다.[11]

---

8 조경 수역은 서로 성질이 다른 해류가 만나는 수역으로 동해에는 울릉도를 중심으로 북한한류와 동한난류가 만나는 수역을 가리키며 계절과 수온에 따라 수역이 변한다.

9 수종(수지)은 해저에 해산, 협곡 등이 있는 곳에서 서로 다른 해류가 부딪치거나 역류가 생기면서 물마루가 높아지는 현상으로 기압이 낮아져서 안개와 파도를 만든다. 동해상으로 저기압이 지날 때는 더욱 심하게 나타난다.

10 심현용, 「조선시대 울릉도 수토정책(搜討政策)에 대한 고고학적 시·공간 검토」, 『영토해양연구』 6, 동북아역사재단, 2013, 185~189쪽.

11 윤천수, 「월송포 진성 발굴 의의와 울릉도 수토 출발지 변천사」, 『이사부와 동해』 5호, 한국이사부학회, 2013, 115~117쪽.

1. 삼척항로

조선시대 삼척에는 강원도 수군진영인 삼척포진이 있었다. 삼척포는 오십천 하류의 죽곶도(오늘날의 육향산) 앞 자라소부터 수심이 깊어 자연항구가 되었다.[12] 삼척포진은 오화리산성에 있던 것을 1511년 죽곶도에 진동루(鎭東樓)를 짓고, 1520년(중종15) 삼척포진성이 완공되어 옮겨왔다.[13] 수토 초기에는 삼척포진의 영하(營下)인 진동루 아래 선착장에서 바람을 기다렸으나 여름철 서풍은 자주 불지 않으므로 남쪽의 장오리로 이동하여 순풍을 기다렸다. 장오리진은 삼척포진에서 약 22km 남쪽에 있으며 미풍에 노를 저으면 반나절 정도 걸린다. 장오리진은 동풍과 남풍을 막아주며 북풍을 제외하면 비교적 안전한 포구였다. 그리고 장오리진 어귀 두 곳(오늘날의 장오해변과 용화해변)에는 많은 선박들이 안전하게 묘박(錨泊)할 수 있고, 울릉도와 거리가 가까워서 수토선들은 이곳을 대풍소로 이용하고 바람을 기다렸다. 그러나 장오리 대풍소는 구산포의 대풍헌처럼 육상에서 대기한 것이 아니라 포구의 선상에서 바람을 기다렸기 때문에 많은 불편이 있었다고 본다.

최초의 울릉도 수토선들은 삼척진영에서 바람을 기다리다 장오리로 이동하여 서풍을 기다렸는데, 최세철과 장한상의 항해[14]에 잘 나타나 있다. 연구자의 항해경험[15]으로 설명하면 다음과 같다.

---

12 김진원, 『육향정』, 가락종친회, 1984, 72쪽.

13 진동루는 조선시대 강원도 삼척포진성의 동문루로 영장이 수군을 지휘하던 곳이다. 삼척포진성은 둘레가 900척[약 270m]이고 높이가 8척[약 242cm]이며, 영동 9개 군(평해, 울진, 삼척, 강릉, 양양, 간성, 고성, 통천, 흡곡)과 울릉도의 수군(水軍)을 총괄하였다.

14 손승철, 「울릉도 수토와 장한상」, 『이사부와 동해』 5호, 한국이사부학회, 2013, 50~51쪽.

15 코스모스 호 제작(16피트, FRP 자작보트, 1인용, 50마력, 120리터, 연비 3km) 및 8,000km 항해. 2002년 7월 25일, 동해 어달항에서 코스모스 호 단독으로 울릉도·독도를 항해하여 7월 29일 독도탐사에 성공하였고, 수종 현상과 무풍 등을 경험하였다.

[자료1] 최세철의 항해

1694년 삼척 군관 최세철은 8월 16일 두 척의 배에 사격을 갖추어 태우고 영하(營下)에서 바람을 기다리다가, 18일에 본진 앞바다로 80리쯤 나아가 장오리 어귀에서 하루를 머물렀다. 8월 20일 유시쯤 다행히 순풍을 만나 두 척의 배는 돛을 달고 바다로 나아가 밤새도록 배를 몰았다. 다음날 여명에 하나의 섬이 구름 사이로 보였다. 해가 뜬 뒤에 물안개가 가득하여 섬의 형체를 알아볼 수 없었다. 동쪽으로 항해하다가 유시쯤 큰 파도가 배를 흔들어 대는 바람에 거의 십여리를 나아가지 못했다. 아마 수지(水旨)[16]가 있어서 그런가 보다 하였다. 술시에 또다시 허공을 때리는 사나운 파도를 만났는데, 이것도 물마루의 한 줄기였다. 또 하루를 바다에서 보내고 8월 22일 묘시쯤 커다란 산이 눈앞에 보였는데, 잠깐이면 도달할 수 있을 것으로 보았다. 그러나 풍랑이 너무 거세서 돛대가 아무 소용없이 출입과 진퇴를 반복하는 사이에 지체되었다가 미시에 겨우 북쪽 해안에 도달하였다. ~중략

8월 30일 축시에 동풍을 만나 항해하다가 술시에 번개가 치더니 광풍이 비를 몰고 오고 파도가 거세어져서 돛대가 꺾여버렸고 뒤편 판목이 부러졌다. 동아줄과 쇠못으로 수리하여 동풍을 받아서 나는 듯이 항해하여 9월 1일 술시에 돌아왔다. 왕복 거리를 합산하면 7주야 걸렸다.[17]

군관 최세철은 장한상 영장의 명으로 울릉도의 형편과 거리, 물길 등을 정탐(偵探)하기 위하여 1694년 8월, 본대의 선척을 만드는 동안 빠른 어선 두 척을 골라 출항준비를 하였다. 8월 16일 유시부터 삼척진영 진동루 아래

2002년부터 2022년까지 울릉도·독도 항해 경험은 보트 3회, 요트 2회, 범선 코리아나 7회, 함정 1회, 여객선 4회, 계 18회.

16 물마루 현상으로 水旨 또는 水宗이라 한다. 본고에서 이해하기 쉽게 수종(水宗)이라고 하였다.

17 손승철, 박미현 편저, 『울릉도·독도 품은 강원도 사람들』, 삼척시·강원도민일보, 2012, 409~411쪽. [자료1]은 '「울릉도」의 군관 최세철 항해'를 연구자가 요약했다.

에서 바람을 기다리다가 바람이 불지 않자 남쪽 장오리 어귀로 이동하여 바람을 기다렸다. 8월 20일 유시쯤 순풍을 만나 두 척의 배는 돛을 달고 밤새도록 달렸다. 다음날 해뜨기 전에 섬을 보았는데, 여기서부터 안개가 껴서 사방을 분간할 수 없었다. 다행히 날이 맑아 구름 속으로 동쪽은 알 수 있었다. 그런데 갑자기 파도가 치면서 배가 흔들려서 항해를 제대로 할 수 없었다. 동해안의 유능한 선두들은 울릉도 항로에서 수종이 있다는 것을 알고 있는 것 같다. 그래서 이 지역을 조심스럽게 통과하려고 하였는데, 술시에 또 한 번 사나운 파도를 만나 애를 먹었다. 군관 최세철은 8월 20일 저녁에 떠나 다음 날 저녁에 1차 수종이 발생한 해역에 들어섰고, 2시간 후에 2차 수종이 발생한 해역에 들어섰다. 22일 오후에 울릉도에 도착하여서 약 44시간을 항해하였다. 수종이 나타나는 지역은 중간이 넘는 지역에서 두 번 발생하였다. 귀항할 때는 돌풍을 만나 힘들었고, 항해 시간은 왕복 7일이 걸렸다.

[자료2] 장한상의 항해

1694년 삼척 영장 장한상은 별견 역관 안신휘와 각 방면의 일꾼과 사공, 격군(格軍) 도합 150명을 기선(騎船) 1척, 복선(卜船)1척, 급수선(汲水船) 4척에 배의 크기에 따라 나누어 싣고, 삼척부 남면 장오리에서 9월 19일 사시에 서풍을 타고 바다로 나갔다. 술시에 바다 한가운데 들어서니 큰 파도가 치는 곳이 있었다. 이는 필시 물마루(水旨)이니 5리 밖의 두 번째 물마루로 가야 하였다. 하지만 배들이 파도에 휩쓸려 흩어져서 어디로 갔는지 알 수 없었다. ~중략

섬은 북쪽에 보이는데 바닷물은 동쪽으로 흘렀다. 배에 탄 사람들은 정신을 바짝 차리고 있는 힘을 다하여 노를 저어 뱃머리를 섬으로 향하였다. 죽을힘을 다해서 사시에 섬의 남쪽 켠 닻줄을 맬만한 바위가 많은 모퉁이에 이르렀다. 잠시 육지에 올라가 밥을 짓고 있는데 급수선 4척이 멀리서 천천히 다가오는 것이 보였으나 복선은 어디 갔는지 보이지 않았다. 유시에 남쪽 바다로부터 복선이 와서 모든 배들이 재난을 피할

수 있었다.~중략[18][19]

삼척영장 장한상의 수토선 6척은 9월 중순경 삼척포 진영을 떠나 9월 19일 삼척 장오리포에서 바람을 기다렸다. 9월 20일 북서풍이 불자 출항하였으나 1차 수종지역에서 큰 파도를 만났고, 다음 수종지역이 '5리 밖에 있다고 하여 두 번의 고비를 넘겨야 된다.'고 하였다. 이것은 군관 최세철의 사전 탐사에서 얻은 경험이었다. 그러나 6척의 선박들은 모두 흩어지고 기선은 치목이 부러져서 방향과 균형을 잡을 수 없었고, 해류는 동쪽으로 흘렀다. 기선은 9월 20일 사시에 울릉도 남쪽에 도착하였고, 급수선은 오시 경에, 복선은 유시에 도착하였다. 항해 시간은 대략 기선은 약 24시간, 급수선은 약 26시간, 복선은 약 32시간 정도 걸렸다. 복선은 북서풍을 받아 남쪽으로 멀리 갔다가 노를 저어서 되돌아왔고, 기선은 크고 치목이 부러져 제자리에서 맴돌아 멀리 가지 못하였다. 귀항할 때는 동풍을 받아 30시간 만에 빠르게 왔고 수종은 없었다.

삼척항로의 특징은 삼척포 진영에서 출항하여 남쪽의 장오리진으로 이동하여 서풍을 기다렸다. 그러나 일부 영장들은 죽변진까지 남하하여 항해하였다. 그리고 삼척·울릉 항로에는 수종이 두 곳에서 나타나서 항해에 어려움이 있었다. 그래서 삼척항로의 문제점으로 '1819년 삼척영장 오재신(재임기간 1818.12~1819.7)이 울릉도로 가기 위하여 평해로 떠났다'[20]고 한 것으로 보아 이 시기에 월송항로가 정식이 되어 삼척영장들은 육로로 월송포로 이동한 것 같다.

18 『숙종실록』, 「한국고전번역원DB」, 숙종 20년(1694) 8월 14일, 【원전】 39집 344쪽.

19 손승철, 박미현 편저, 앞의 책, 411~414쪽. [자료2]는 '『울릉도 사적』의 삼척 영장 장한상 항해'를 연구자가 요약했다.

20 심현용, 앞의 논문, 187쪽 재인용, 원본 『한길댁 생활일기』, 1819년 윤4월 9일.

연구자도 2002년 7월 26일, 동해시 어달항에서 울릉도까지 보트(코스모스 호)로 단독항해를 하였다. 당시 울릉도 항해는 처음이라 항로에 대한 정보가 전혀 없어서 기대 반 걱정 반이었다. 출항할 때에는 날씨가 좋았는데, 울릉도 공해상에 들어서자 갑자기 50m 앞을 볼 수 없을 정도의 안개와 1.5m 정도의 파도로 항해를 제대로 할 수 없어서 해경함정의 물결만 보고 따라갔다. GPS만 믿고 한동안 항해하여 이 지역을 겨우 통과하여 울릉도 가까이에 가니 기상이 좋고 파도가 전혀 없어서 많이 놀랐다.

〈표 1〉 동해안 항·포구에서 울릉도 대풍감 거리와 방위(구글지도)

지 역	거리(km)	해 리	성인봉 방위°	순 풍
삼척포	142.9	77.16	86.7 卯方	서풍
장호리포	133.5	72.08	80 卯方	서풍
죽변진	131.8	71.17	68.5 寅方	남서풍
구산진(월송포)	144.4	77.97	56 寅方	남서풍
영해(축산)	163.7	88.39	48.5 寅丑方	남서풍, 남풍

[자료3] 이준명의 항해

삼척 영장(三陟營將) 이준명(李浚明)과 왜역(倭譯) 최재홍(崔再弘)이 울릉도(鬱陵島)에서 돌아와 그곳의 도형(圖形)과 자단향(紫檀香)·청죽(青竹)·석간주(石間朱)·어피(魚皮) 등의 물건을 바쳤다. 울릉도는 2년을 걸러 변장(邊將)을 보내어 번갈아 가며 찾아 구하는 것이 이미 정식(定式)으로 되어 있었는데, 올해에는 삼척(三陟)이 그 차례에 해당되기 때문에 이준명이 울진(蔚珍) 죽변진(竹邊津)에서 배를 타고 이틀낮밤 만에 돌아왔는데, 제주(濟州)보다 갑절이나 멀다고 한다.

[자료3]에서 삼척영장 이준명(재임기간 1701.8~1703.9)[21]은 1702년 5월,

21 『숙종실록』, 「한국고전번역원DB」, 숙종실록 36 권, 숙종 28년(1702) 5월 28일 기유 2

'울진 죽변진에서 배를 타고 이틀 낮 밤 만에 돌아왔다'고 하였는데, 여기에는 석연치 않는 점이 보인다. 영장이 죽변진에서 배를 탔다면 수토선을 미리 보내고 육로로 이용하여 죽변진까지 갔는지? 아니면 수토선을 죽변진에서 마련하였는지? 그리고 왕복에 이틀 낮밤 만에 돌아왔는지? 많은 혼돈을 주고 있다. 그래서 『숙종실록』의 원문을 살펴보니 '浚明乘船于蔚珍竹邊津 兩晝夜而還歸 比濟州倍遠云' 하였다. '이준명이 울진 죽변진에서 배를 타고 이틀 낮 밤 만에 돌아왔는데, 제주보다 갑절이나 멀다고 한다.'라고 하였지만, 이 기사는 내용이 함축되어 있어서 연구자는 '이준명은 삼척포진에서 출항하여 죽변진까지 남하(南下)하여 바람을 기다렸다가 울릉도를 수토하고 올 때 이틀 낮밤에 돌아왔다'라고 해석한다.

죽변진에서 울릉도까지 항해거리는 약 140km(140km/24h=5.8km), 삼척포에서 울릉도까지의 항해거리는 약 150km(150km/24h=6.25km), 왕복 평균 290km/48h=6km/h(3.24노트)의 속력이다. 즉, 3.24노트 속력으로 48시간 동안 왕복으로 순풍을 받고 항해해야 하는 속력이다. 여기에 울릉도 도형과 각종 진상품을 준비해야 하는 시간은 빠져있으므로 이 항해 기록은 편도 항해 기록이다. 그러므로 귀항시간이 울릉도에서 삼척포진까지 또는 죽변진까지 약 48시간 걸렸다고 본다. 삼척포진에서는 서풍이 불어야만 항해할 수 있는데, 지역적으로 두타산(1,353m), 청옥산(1,404m) 등의 높은 산에 막혀 있어서 양간지풍과 같은 강한 서풍을 받아야만 항해가 가능하였다. 그러므로 수토초기에는 삼척포진에서 남쪽으로 이동하여 바람을 기다렸는데, 남쪽은 동한난류와 남풍을 이용한 측풍항해가 가능하여 일부 영장들은 장오리보다 더 남쪽의 죽변진으로 남하하여 항해하였다. 〈그림 2〉의 그림에도 울

번째 기사. 三陟營將李浚明倭譯崔再弘 還自鬱陵島 獻其圖形及紫檀香青竹石間朱魚皮等物 鬱陵島間二年 使邊將輪回搜討 已有定式 而今年三陟當次故浚明乘船于蔚珍竹邊津 兩晝夜而還歸 비제주倍遠云.

진-울릉도는 순풍에 이틀 걸린다.(自蔚珍得順風二日到)

2. 월송항로

월송항로의 중심지는 구미진(오늘날의 구산항) 대풍헌(待風軒)[22]으로 만호가 있는 월송포진[23]과는 약 2km 북쪽에 있다. 동해안에서 울릉도와 가장 가까운 거리는 울진 죽변진으로 약 132km이다. 삼척이나 월송포(越松浦) 보다 약 12km 정도 더 가까워서 노를 저으면 약 2시간 정도 단축할 수 있다. 그러나 '죽변진에 모여서 출항하려면 많은 시간과 경비가 들어간다. 그래서 인지 울진포는 1627년에 폐지되었고 삼척포영과 월송포진이 나누어 수토를 담당하였다.'[24] 조선 후기에는 월송포진이 수토를 전담한 것 같으나 월송만호들의 수토와 항해기록을 자세히 알 수 없어 『승정원일기』에서 조사하여 〈표 2〉의 '월송만호 일람표'를 만들었다.

〈표 2〉 월송만호 일람표

연도	왕	이름	연도	왕	이름	연도	왕	이름
1625	인조3	林東俊	1729	영조5	李徵	1816	순조16	朴載熙
1636	인조14	金得淇	1731	영조7	權尙德	1817	순조17	方一好
1638	인조16	崔良國	1734	영조10	鄭德章	1819	순조19	柳泰根

---

22 대풍헌은 조선시대 구산포에서 울릉도로 가던 수토관들이 순풍을 기다리며 머물렀던 건물로 건물의 정확한 건립연대는 알 수 없으나 '구산동사 중수기'에 의하면 1851년(철종 2) 중수하고 대풍헌이란 현판을 걸었다는 기록이 남아있다.

23 월송포진은 평해 동북쪽에 있으며, 1555년(명종 10)에 둘레 489~628척, 높이 6~7척의 석축을 쌓아 조성되었다. 여기에 수군만호 1명과 수군 400명을 주둔시켰으며 울릉도를 수토할 때 수토군이 이곳 월송포에서도 출발하였다.

24 심현용, 위의 논문, 187쪽. 울진군은 1962년 12월 12일 강원도에서 경상북도로 이관되었다.

연도	왕	이름	연도	왕	이름	연도	왕	이름
1640	인조18	元大健	1736	영조12	金道鼎	1821	순조21	李昌潤
1649	효종 즉	文士淸	1738	영조14	金文尙	1824	순조24	丁復禧
1652	효종3	韓繼美	1740	영조16	韓宗大	1826	순조26	金聲烈
1655	효종6	禹濟民	1742	영조18	朴厚基	1829	순조29	黃在中
1657	효종8	朴懽	1745	영조21	鄭雲興	1831	순조31	李尙浩
1659	현종 즉	柳濠	1746	영조22	丁昌祿	1834	순조34	李錫麟
1661	현종2	鄭時允	1748	영조24	文世郁	1836	헌종2	林章熙
1664	현종5	權崇	1751	영조27	韓重良	1837	헌종3	李寅和
1665	현종6	崔斗平	1752	영조28	尹鑽	1839	헌종5	吳仁顯
1671	현종12	宋榮遠	1755	영조31	金應錫	1841	헌종7	看護之
1672	현종13	元萬	1757	영조33	崔挺良	1841	헌종7	金鉷哲
1674	현종15	曺信	1758	영조34	安天澤	1843	헌종9	吳信範
1678	숙종4	金聖胄	1760	영조36	申城	1846	헌종12	徐興春
1679	숙종5	申應星	1762	영조38	洪大年	1848	헌종14	李圭祥
1682	숙종8	朴世重	1765	영조41	金振聲	1849	헌종15	李之枘
1684	숙종10	尹欽	1767	영조43	金成澤	1851	철종2	石忠先
1686	숙종12	李寅奭	1769	영조45	裵贊奉	1853	철종4	李東暹
1689	숙종15	李重五	1772	영조48	李世蕃	1855	철종6	池熙祥
1691	숙종17	池重源	1774	영조50	安載壽	1858	철종9	安養奎
1693	숙종19	洪爾長	1776	정조 즉	鄭潤基	1860	철종11	崔允秀
1694	숙종20	朱世基	1779	정조3	鄭泰興	1863	철종14	安光魯
1697	숙종23	邢時挺	1781	정조5	朴相豐	1865	고종2	金箕植
1699	숙종25	田會一	1783	정조7	金昌胤	1866	고종3	張源翼
1701	숙종27	丁萬興	1786	정조10	金宗赫	1869	고종6	徐兢洙
1703	숙종29	盧益有	1788	정조12	南宗禧	1870	고종7	韓斗錫
1705	숙종31	吳興良	1790	정조14	金珍澤	1874	고종11	崔鳳秀
1706	숙종32	金益俊	1793	정조17	金應極	1879	고종16	朴三秀
1707	숙종33	李俊發	1793	정조17	韓昌國	1880	고종17	元喜觀
1710	숙종36	尹徵商	1795	정조19	李壽鳳	1882	고종19	安永植
1712	숙종38	南重河	1797	정조21	盧仁素	1883	고종20	李裕信
1715	숙종41	朴尙廉	1799	정조23	申光載	1885	고종22	安敬學

연도	왕	이름	연도	왕	이름	연도	왕	이름
1717	숙종43	朴東輔	1802	순조2	朴守彬	1887	고종24	黃鎭基
1720	숙종46	張泰興	1803	순조3	劉宗赫	1888	고종25	徐敬秀
1721	경종1	鄭二綱	1805	순조5	李泰根	1890	고종27	李鍾仁
1722	경종2	朴師脩	1808	순조8	崔獻祥	1892	고종29	朴之榮
1725	영조1	邊尙謙	1810	순조10	金元會	1892	고종29	李完甲
1727	영조3	李衛相	1813	순조13	兪仁柱	1894	고종31	劉鉉, 朴濟榮

월송만호 최초의 울릉도 수토관은 전회일(田會一)(재임기간 1699.4.26~5.6)로 『숙종실록』에 '울릉도를 수토하고 대풍소(待風所)로 돌아왔다. 본도(本島)의 지형(地形)과 토산품을 진상하였다.'[25]고 간략히 기록되어있다. 월송항로의 항해를 월송만호 김창윤과 한창국 그리고 검찰사 이규원의 항해에서 설명하면 다음과 같다.

[자료4] 김창윤의 항해

1786년 월송만호 김창윤(金昌胤)은 4월 19일 평해 구미진(丘尾津)에서 바람을 살피다가 4월 27일 오시에 4척의 배에 80명이 승선하여 출항하였다. 28일 묘시에 울릉도가 보였고, 사경 끝에 네 척의 배가 모여 4월 29일 저전동에 도착하였다.~중략

수토를 마치고 5월 4일 신시에 울릉도 대풍소에서 제를 지내고 돛을 걸고 출항하여 5월 5일 유시에 월송만호의 배가 삼척 장오리(長五里)에 정박하였고, 술시에 왜학(倭學)의 배 2척이 와서 정박하였으며, 해시에 하복(下卜)의 배 1척이 또 왔다. 5월 7일에 대풍소에 돌아가 정박하였고, 5월 8일에 진(鎭)으로 돌아왔다.[26][27]

25 『숙종실록』,「한국고전번역원DB」, 숙종 25년 기묘(1699)7월 15일, 25-07-15.

26 『일성록』,「한국고전번역원DB」, 정조 10년 병오(1786) 6월 4일, 10-06-04[08].

27 [자료4]은 '월송 만호 김창윤의 항해'를 연구자가 요약했다.

월송만호 김창윤(재임기간 1783.12~1786.12)은 평해 구미진(구미포=구산포, 구산항)에서 4월 19일부터 8일간 순풍을 기다려 27일 낮에 출항하여 4월 29일 울릉도 저전동에 도착하였다. 귀항할 때는 동풍을 받아 삼척 장오리포로 모두 돌아왔고, 연안을 타고 노를 저어 남쪽으로 항해하여 귀항하였다. 이것으로 당시의 월송포진의 울릉도항로와 항해방법을 알 수 있으며 수종은 없었던 것 같다. 울릉도 수토는 만호가 있는 월송포진[28]에서 출발하여 구미진에서 바람을 기다렸다가 항해하였고, 귀항할 때는 동풍을 타고 장오리에 모여 남하하였다.

[자료5] 한창국의 항해

1794년 월송만호 한창국(韓昌國)은 4척의 배에 왜학(倭學)과 격군 80명을 싣고 4월 21일 미시에 출항하여 유시에 북풍을 만나 4척의 배가 뿔뿔이 흩어졌다. 만호는 식량을 뿌려 해신에게 먹이고 바다에 기원 한 다음 횃불을 들어 신호하니 두 척의 배는 서로 호응하나 한 척은 보이지 않았다. 4월 22일 인시에 두 척의 배가 가까이 오고 동쪽 구름 위로 울릉도가 보여 서쪽의 황토구미진(黃土丘尾津)에 배를 정박하였다. 울릉도를 수토하고 4월 30일 울릉도를 출항하여 5월 8일 본진으로 돌아왔다.[29][30]

월성만호 한창국(1793.6~1795.12)은 4월 21일 오후에 순풍항해를 하였으나 저녁에 동해상을 지나는 저기압으로 북풍을 만나 모든 배가 뿔뿔이 흩어졌다. 당시 기상이 나쁠 때는 바다에 제를 지내고 식량을 뿌려 해신에게

28 『향토문화전자대전』, 「월송포」, 월송포진은 평해에서 동북쪽으로 7리에 있으며, 1555년(명종 10)에 둘레 489~628척, 높이 6~7척 되는 석축을 쌓아 만들었고, 수군만호 1명과 수군 400명을 주둔시켰다.

29 『일성록』, 「한국고전번역원DB」, 정조 18년 갑인(1794) 6월 3일.

30 [자료5]는 '월송 만호 한창국의 항해'를 연구자가 요약했다.

주고 야간에는 횃불로 신호를 주고받는 항해방법 등이 나타나 있다. 그리고 울릉도로 갈 때는 4월 21일 오후에 출항하여 4월 22일 저녁 무렵에 도착하였다. 그러나 귀항할 때는 통구미에서 제사를 지내고 바람을 기다리다 4월 30일 출항하여 5월 8일에 도착하였으므로 약 9일 걸렸다. 여름철에는 역풍(남풍)의 영향으로 대기하였다가 바람이 약할 때 노를 저어서 항해하므로 귀항은 더 힘들었을 것이다.

[자료6] 이규원의 항해

1882년 검찰사 이규원은 4월 27일부터 바람을 기다리다가 4월 29일 오전 10시경 세 척의 배에 사공, 격수, 포수, 취수, 석수, 도척, 영리 등을 태우고 구산포에서 출항하여 바다 가운데 이르렀는데 바람이 약해지고 역류가 흘러 배가 잘 나가지 못하였다. 한밤중에는 안개로 방향을 잃고 파도가 솟구쳐서 배의 앞 돛이 흔들려 배 안의 사람들이 놀랐다. 밤이 지나도록 망망대해에서 향하는 곳을 도무지 모르겠다. 이내 바람을 따라 동쪽으로 향하였다. 처음에는 寅艮方(동북동)으로 향하다가 甲卯方(동동북)으로 방향을 바꾸었다. 정오 무렵에 멀리 울릉도의 형상이 보여 곧바로 癸丑方(동북북)으로 향하였는데 순풍을 받아서 화살같이, 별같이 빨리 달릴 수 있었다.~중략

5월 11일 맑음. 산신에게 기도하고 오전 9시경 출항하였다. 큰 파도를 세 차례 넘어 바다 가운데로 나오니 바람은 자고 물은 거꾸로 흘러서 배가 나아갈 길이 없었기 때문에 바다 위에서 멈칫거리며 낮을 보내고 밤을 지새우는 것이 전날 같았고, 곤란함은 굳이 기록할 필요가 없었다. 5월 13일 저녁에 이르러 바로 울진군으로 향하였으나 파도가 심해서 정박하지 못하고 노를 저어 겨우겨우 평해 구산포로 정박하니 밤 10시쯤 되었다.[31]

31 손승철, 박미현 편저, 앞의 책, 424~444쪽. [자료6]는 '검찰사 이규원의 항해'를 연구자가 요약했다.

검찰사 이규원은 소용돌이해류가 발생하는 지역에서 역류를 만났고, 한밤중에는 수종에 놀랐으나 사고는 없었던 것 같다. 그리고 일반적으로 시간이나 방향을 나타낼 때는 십이지(十二支)를 많이 사용하는데, '寅艮方, 甲卯方, 癸丑方'의 24방위로 기록하였다.[32] 망망대해에서 '寅艮方(약 동북동: 60°)'에서 '甲卯方(약 동동북: 75°)'으로 방향을 바꾸어 항해하다가 울릉도가 보이자 癸丑方(약 동북북: 15°) 방향을 바꾼 것으로 보아 24방위 나침반[33]이나 패철을 사용하여 항해하였다. 당시 세 척의 수토선은 모두 강원도 선박으로 상선(上船)은 간성의 배이고 사공은 박춘달(朴春達)이며 종선은 강릉과 양양의 배였다.[34] 당시 나침반을 이용한 항해는 원거리 항해를 하는 선박에는 일반적으로 나침반을 사용하였는지? 아니면, 검찰사 이규원이 이번 항해를 위하여 특별히 나침반을 준비해 온 것인지는 알 수 없다. 〈사진 2〉의 나침반은 일본에서 사용된 항해용 나침반으로 12支를 나타내며 중국의 나침반은 24支干을 나타내는 것도 있으나, 범선의 항해는 속력이 늦으므로 12支 나침반이면 충분하다. 우리나라에서 나침반항해가 언제부터 시작되었는지는 기록이 없어 알 수 없으나 이규원의 수토선은 울릉도를 항해할 때 나침반 또는 패철을 이용하여 항해하였다.

음력 5월에는 동해바다 기상이 안정되고 날씨가 더워지면서 무풍과 안개가 수시로 발생한다. 우리나라는 대부분 연안 항해를 하였기 때문에 나침반

---

32 손승철, 박미현 편저, 위의 책, 435쪽. '寅艮方'를 24방위를 오늘날의 16방위 '동북동'이라고 고쳐서 기록하였다. 그러나 24방위는 한 방위가 15도이고, 16방위는 22.5도로 약간의 차이가 있다.

33 24방위는 열두 개의 지지(地支)와 간(艮), 손(巽), 건(乾), 경(庚). 갑(甲), 을(乙), 병(丙), 정(丁), 경(庚), 신(辛), 임(壬), 계(癸)로 방위를 나타낸다.(甲卯, 正卯, 乙卯, 辰巽, 正巽,巳巽, 丙午, 正午, 丁午, 未坤, 正坤, 申坤, 庚酉, 正酉, 申酉, 戌乾, 正乾, 亥乾, 壬子, 正子, 癸子, 丑艮, 正艮, 寅艮).

34 손승철, 박미현 편저, 위의 책, 434~435쪽.

〈사진 1〉 패철과 자작 12지 나침반

〈사진 2〉 일본 항해용 12지 나침반

의 필요성을 못 느꼈으나 울릉도 항해 중에는 육지가 보이지 않을 때가 많고 특히, 해무 및 흐린 날씨에는 나침반의 필요성이 절실하기 때문에 육상에서 지관들이 사용하는 패철이나 나침반을 준비하여 필요할 때 방향을 살폈다고 본다. 귀항할 때도 역류와 무풍으로 바다 가운데서 약 하루 반나절 정도는 항해할 수 없었는데도 안전하게 귀항할 수 있었던 것은 나침반항해를 하였기 때문이다.

연구자도 2018년 8월 말경 태풍 직후에 범선 코리아나 호[35]로 SCF 극동범선대회[36]에 참가할 때 무풍을 두 번 만났다. 일반적으로 태풍이 지나고 3~4일 후에는 기압이 안정되어 무풍 상태가 되는데, 아침에 울릉도를 보았는데 저녁에도 울릉도가 보여서 하루 종일 해류를 타고 울릉도 북쪽 공해상에서 맴돌았다. 밤에 바람을 만나 항해를 하였으나 아침부터 또 무풍을 만나 해류를 타고 북대화퇴 어장의 중국 쌍끌이 어선들 사이를 하루 종일 누비고 다녔다. 그리고 2002년 8월 단독으로 독도탐사를 마치고 울릉도에서 귀항

35 코리아나 호 제원: 전장 41m, 전폭 7m, 135톤, 마스트 4개, 마스트 높이 30m, 항해속도 8~10노트, 승선 인원 72명(크루즈 약 30명), 선장 정채호, 선적 대한민국 여수.

36 2018 SCF 극동범선대회는 블라디보스토크 동방경제포럼 이벤트 행사로 개최함. 여수-블라디보스토크 범선 경기에서 코리아나 호 종합 준우승. 연구자는 코리아나 호 항해팀장으로 참여했다.

〈그림 1〉 울릉도 수토관과 어민들의 항로

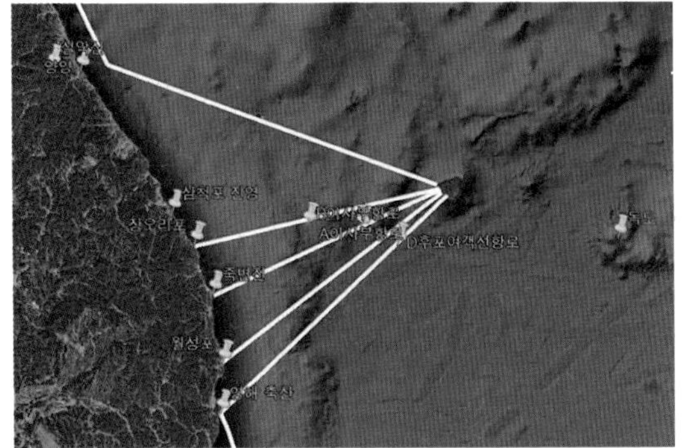

〈그림 2〉 울진(죽변진)-울릉항로

중에 전자장비 일체(GPS, 무전기, 휴대폰)가 순간적으로 고전압이 흘러 모두 고장이 났다. 그러나 다행히 파도는 없어서 위험하지 않았으나 한번 정지하니 해무로 방향을 전혀 구분할 수 없었다. 비상용 나침반을 찾아 서쪽으로 항해하면서 삼척의 이정표인 두타산(1,353m)과 동해화력발전소 굴뚝을 찾아 무사히 귀항하여 나침반의 중요성을 느꼈다. 이후부터 모든 장비는 두 개씩 갖추게 되었다.

월송항로의 특징은 북동쪽으로 약 35° 의 사행항로로 여름철의 남서풍이나 남풍을 이용한 순풍항해를 할 수 있다. 그리고 초여름의 동한난류는 세력이 점점 강해져서 삼척까지 올라가므로 순풍항해에 도움을 준다. 그러나 귀항할 때는 울릉도에서 동풍을 타고 삼척 장오리 대풍소에 모여 노를 저어서 남쪽으로 항해하였기 때문에 귀항이 더 힘들었다. 그러다 19세기 말에는 나침반항해를 하면서 귀항할 때 장오리를 거치지 않고, 해무에도 헤매지 않아서 시간도 단축하고 안전하게 항해할 수 있었다. 범선항해는 순풍을 기다려야 하는데 대풍소에서 순풍을 기다리는 데는 짧게는 2~3일에서 길게는 보름[37] 정도 걸렸으므로 식량, 식수, 부식 등의 체류 비용이 많이 들었고 특히, 구산 지역주민들은 수토군들의 뒷바라지에 많은 노고가 있었다.[38]

3. 수토 및 항해기록

[자료7] 『대한민국 독도』

조선은 울릉도 분쟁이 수습된 17세기 말부터 약 100년 동안 3년에 한 번씩 울릉도 등지에 관리를 파견했다. 이 기간에는 독도를 잘 지켜 냈다. 그런데 19세기에 들어와서 조선은 80년이 넘도록 울릉도 등지에 관리를 파견하지 않았다. 조선은 1511년경에도 약 180년간이나 울릉도에 관리를 파견하지 않아 조·일간 영토분쟁의 빌미를 제공한 적이 있었다.[39]

2010년에 출판한『대한민국 독도』[40]에는 수토기록이 많이 발굴되지 않아서인지 '19세기에는 80년이 넘도록 수토관을 울릉도 등지에 보내지 않았다.'고 하였고, '일본에 영토분쟁의 빌미를 제공한 적이 있다.'고 하였다. 그래서 조선 전기에 쇄출한 기록과 장한상 이후에 울릉도를 수토한 모든 기록을 수집·발굴하여 체계적으로 관리할 필요가 있다.

본 논문에서는 조선시대 안무사, 경차관, 검찰사, 영장, 만호 등 울릉도를 쇄출·수토한 자료(사료, 각석문, 일기, 실적, 현판 등)를 수집·검토하여 울릉

37 손승철, 「조선 후기 수토 기록의 문헌사적 연구」「울릉도 수토 연구의 회고와 전망」, 『한일관계사 연구』 통권 51호, 한일관계사학회, 2015, 120쪽.

38 심현용, 앞의 논문, 194쪽~196쪽.

39 [자료7]은 『대한민국 독도』, 1장 '독도와 대한제국 칙령 제41호', 16쪽. '고종, 공도 정책을 이주 정책으로 바꾸다.'를 연구자가 요약했다.

40 호사카 유지·세종대 독도종합연구소 저, 『대한민국 독도』, 성인당, 2010.

도 항해기록을 체계적으로 알아보고자 〈표 3〉의 '조선시대 울릉도 수토일람표'[41]를 만들었다. 〈표 3〉의 1은 사료에서는 못 찾았지만, 김기백[42]의 증언으로 문중의 『송호실적』을 참고하였다. 『송호실적』에는 '임진왜란 후 일본으로 돌아가지 못한 잔당들이 울릉도에 들어가 소굴을 이루고 약탈을 일삼으므로 광해군 5년(1613) 3월, 김연성 삼척영장이 갑사(甲士) 80명과 포수 100명을 거느리고 울릉도를 수토하러 갔다가 돌아오는 길에 풍랑을 만나 영장의 선박 등 여러 척이 표몰되고 작은 배 한척만 평해로 귀항하였다.'고 하였다.

장한상 영장의 수토선단은 150명에 기선1척, 복선 1척, 급수선 4척, 계 6척이었다. 김연성 영장의 선단을 비교해 보면, 수토군이 180명이면 기선 1척, 복선 1척, 급수선 7~8척, 계 9~10척 정도로 구성되었을 것이다. 그중에서 작은 급수선 한 척 10여명만 살아 돌아왔다. 울릉도에서 귀항할 때 수종지역에서 동해상을 지나는 저기압의 영향으로 북동풍을 받아 선박들은 추풍낙엽같이 침몰되고 말았다. 다행이 작은 급수선 한척은 위험지역을 피해 평해해변에 도착하여 이 사실을 알리게 되었다. 이와 같은 사실은 추후 장한상의 수토에 반영되어 크고 튼튼한 수토선을 제작하게 되었을 것이다.

울릉도 수토는 1613년 김연성 영장부터 56회를 조사하여 제작하였다. 이 자료는 『조선왕조실록』, 『승정원일기』, 『항길고택(恒吉古宅) 일기』[43], 『강원도관초』 등에서 조사하였다. 이 일람표에는 16세기의 쇄출·수토한 기록은 찾지 못하였으나 비교적 기간별로 많은 자료를 수집·발굴하여 정리하였고,

---

41 심현용 앞의 논문, 178-179쪽 표(김호동, 손승철, 배재홍의 표를 수정 보완함)와 김수문, 『삼척도호부 암각문 연구』, 「역대 울릉도 토포사 일람표」, 퍼플, 2020, 325쪽을 참고하여 추가하였다.

42 김기백, 전 울릉도 관광과장 겸 독도박물관장. 국역 『송호실적』, 金漢哲 저, 金洪永 편저, 학민문화사, 1998, 146~148쪽.

43 『항길고택(恒吉古宅) 일기』는 2018년, 강릉 김씨 후손이 동북아역사재단에 기증한 자료를 배재홍이 『한길댁 생활일기』로 학계에 소개하였다.

1801년부터 1881년까지 25회의 수토 기록을 조사하였다.

〈표 3〉 조선시대 울릉도 수토(搜討)일람표

순	시기	직 위	이 름	출 처	비 고
가	1416	안무사	김인우	『태종실록』태종16년 9월2일	
나	1417	안무사	김인우	『태종실록』태종17년 3월5일	쇄출
다	1425	안무사	김인우	『세종실록』세종7년 8월8일	쇄출, 표몰
라	1438	경차관	남회, 조민	『세종실록』세종20년 7월15일	쇄출
마	1472	경차관	박종원	『성종실록』성종3년 6월12일	삼봉도 수색
바	1476	-	김자주	『성종실록』성종7년 10월27일	삼봉도 수색
1	1613	삼척 영장	김연성	『송호실적』광해군5년, 태하리 비석[44]	특별수토 표몰
2	1694	삼척 영장	장한상	『숙종실록』숙종20년 8월14일	특별수토
3	1699	월송 만호	전회일	『숙종실록』숙종25년 7월15일	
4	1702	삼척 영장	이준명	『숙종실록』숙종28년 5월28일	
5	1705	월송 만호	오홍량	『숙종실록』숙종31년 6월13일	표몰
6	1711	삼척 영장	박석창	울릉도 도동리 신묘명각석문	태하전시관
7	1719	삼척 영장	홍처무	『승정원일기』숙조45년 5월26일[45]	
8	1727	삼척 영장	이만협	동아일보 1957. 2. 28. 황상기 기고문[46]	

---

44 사료에서 표몰된 자료는 찾지 못하였으나, 광해군일기[중초본] 82권, 광해 6년(1614) 9월 2일 신해 2번째 기사에 '울릉도에 왜노(倭奴)의 왕래를 금지하라'라고 하여 당시의 상황을 짐작할 수 있다. 『승정원일기』는 1623년부터 기록이 공개되었는데 속히 추가 공개되기를 바란다.

45 심현용 앞의 논문, 178-179쪽 표(김호동, 손승철, 배재홍의 표를 수정 보완함)와 김수문, 『삼척도호부 암각문 연구』, 「역대 울릉도 토포사 일람표」, 퍼플, 2020, 325쪽을 참고하여 추가하였다.

김기백, 전 울릉도 관광과장 겸 독도박물관장.

『항길고택(恒吉古宅) 일기』는 2018년, 강릉 김씨 후손이 동북아역사재단에 기증한 자료를 배재홍이 『한길댁 생활일기』로 학계에 소개하였다.

왕세자께 수토를 보고하고 논의 함. 백인기, 「조선후기 울릉도 수토제도의 주기성과 그 의의」, 『이사부와 동해』 6호, 한국이사부학회, 2013, 165~174쪽.

순	시기	직 위	이 름	출 처	비 고
9	1735	삼척 영장	구억	『영조실록』 영조11년 1월13일	각석문 탁본
10	1745	월송 만호	박후기	『승정원일기』영조22년 4월24일	
11	1751	삼척 영장	심의희	『승정원일기』영조45년 10월15일	
12	1765	삼척 영장	조한기	『승정원일기』영조41년 2월18일	
*	1769	삼척 영장	홍우보	『승정원일기』영조45년 12월9일[47]	산삼 절도
13	1770	삼척 영장	김숙	『승정원일기』영조46년 윤5월5일	특별수토
14	1772	월송 만호	배찬봉	『승정원일기』영조48년 5월6일	
15	1776	월송 만호	안재수[48]	『승정원일기』정조1년 5월22일	안재소
16	1779	삼척 영장	남이오	『승정원일기』정조2년 12월20일	
17	1783	삼척 영장	민광승	『승정원일기』정조7년 6월24일	정조9년1월10일
18	1786	월송 만호	김창윤	『일성록』 정조10년 6월4일	
*	1787	삼척 영장	조광현	『승정원일기』정조11년 7월25일[49]	울산해척14명
*	1787	덕원 신도	·	『비변사등록』정조11년 8월29일[50]	신도해척15명
19	1794	월송 만호	한창국	『정조실록』 정조18년 6월3일	
20	1795	삼척 영장	이동헌	『승정원일기』정조19년 8월21일	특별수토
21	1797	삼척 영장	이홍덕	『승정원일기』정조20년 9월15일	수토선2척 제작
22	1799	월송 만호	노인소	『승정원일기』정조23년 10월2일[51]	해척 2명

46 이만협 영장은 1727년 왜학 최만적 외 98명을 인솔하고 4월 11일 출항하여 5월 2일 죽변진에 회착.

47 배재홍 옮김,『국역 척주선생안』, 120쪽, "삼척 영장이 수토할 차례이지만 흉년으로 임금이 그만두라고 하였는데, 영장 홍우보는 울릉도에 사람을 보내어 산삼을 몰래 캐내던 일이 발각되었다."

48 1776년 월송 만호 이름은 두 가지다. 영조 50년 6월 19일(安載壽), 6월21일(安載素)라 기록하였다.

49 1787(정조11) 7월 25일, 경상도 울산의 해척 추잇돌, 최잠돌 등 격군 14명(秋莻乭·崔潛乭等, 率格軍十四名)이 울릉도에서 어복, 향죽 채취하고 돌아오다 본부 포구에서 적발됨. 주범과 종범으로 나눈 것 같음. 실제 울릉도를 수토한 것은 아니다.

50 『비변사등록』, 정조 11년 8월 29일, 선박 4척과 편죽 1,164부를 울릉도에서 제작하여 덕원 신도에서 판매하다가 발각되었다.

51 울산 사공 2명이 울릉도에 몰래 들어가 복어(전복)를 채취하여 발매하였다. 무단으로 들어간 것을 숨기고 보고 하지 않아 파직 당하였고, 동래 왜학도 함께 죄를 받았다.

순	시기	직 위	이 름	출 처	비 고
23	1801	삼척 영장	김최환	태하 좌측암벽 각석문	
24	1803	월송 만호	박수빈	『비변사등록』 순조3년 5월22일	해척 12명
25	1805	삼척 영장	이보국	태하 좌측암벽 각석문	
26	1807	월송 만호	이태근	『한길댁생활일기』순조7년 2월7일	
27	1809	삼척 영장	이재홍	『한길댁생활일기』순조9년 3월1일	
28	1811	월송 만호	김원증	『한길댁생활일기』순조11년 3월1일	
29	1813	삼척 영장	한대홍	『한길댁생활일기』순조13년2월21일	
30	1819	삼척 영장	오재신	『한길댁생활일기』순조19년윤4월9일	
31	1823	삼척 영장	남희	『한길댁생활일기』순조23년 3월1일	
32	1827	삼척 영장	하시명	『승정원일기』순조27년 3월12일	
33	1829	월송 만호	김성렬	『한길댁생활일기』순조29년 4월3일	
34	1831	삼척 영장	이경정	태하 황토굴 우측암벽 각석문	
35	1841	월송 만호	오인현	『비변사등록』 헌종7년 6월10일	뇌물사건
36	1843	삼척 영장	박종무	『한길댁생활일기』헌종9년 4월3일	
37	1845	월송 만호	오신범	『한길댁생활일기』헌종11년 3월17일	
38	1847	삼척 영장	정재천	태하 황토굴 우측암벽 각석문	
39	1849	월송 만호	이지남	『경상좌병영계록』철종1년 8월9일	
*	1849	통영 군관	서문억	『경상좌병영계록』철종1년 8월9일[52]	이양선 정탐
40	1853	월송 만호	석충선	태하 황토굴 우측암벽 각석문	
41	1855	삼척 영장	이원명	태하 황토굴 우측암벽 각석문	
42	1857	월송 만호	지희상	『강원감영계록』철종8년 윤5월15일	
43	1859	삼척 영장	강재의	『한길댁생활일기』철종10년 4월9일	
44	1867	월송 만호	장원익	『강원감영관첩』고종4년 4월20일	대풍헌 현판
45	1873	월송 만호	한두석	『통제영계록』고종10년 5월18일	3척 표류
46	1879	월송 만호	박삼수	『강원감영관첩』고종15년 11월13일	

52 『경상좌병영계록』, 철종 1년(1849) 8월 9일, 통영 군관 서문억과 김이방 결군 28명, 이양선을 수토함.

순	시기	직 위	이 름	출 처	비 고
47	1881	월송 만호	원희관	『승정원일기』고종18년 5월22일[53]	
48	1882	검찰사	이규원	『승정원일기』고종19년 4월7일 광서명각석문, 학포 각석문	특별수토
49	1888	월송 만호	서경수	『각사등록』27,481하, 고종25년 7월10일[54]	
50	1889	월송 만호	서경수	『강원도관초』고종26년 7월26일	광서명각석문
51	1890	월송 만호	이종인	『고종시대사』고종27년 윤2월18일[55]	
52	1891	월송 만호	이종인	『강원도관초』고종28년 8월16일	
53	1892	월송 만호	박지영	『강원도관초』고종29년 7월14일	
54	1893	평해 군수	조종성	『강원도관초』고종30년 3월12일	
55	1893	월송 만호	이완갑	『강원도관초』고종30년 9월20일	
56	1894	평해 군수	조종성	『강원도관초』고종31년 11월9일	울릉도사검관

〈표 3〉의 결과를 보면, 울릉도 수토는 1694년 장한상 영장의 특별수토 이후 1699년 전회일 만호부터 3년 주기로 시행되다가 수토중기인 1795년 이동헌 영장부터 2년 주기로 시행되었다. 울릉도 수토선은 영남에서 매번 4척의 수토선을 빌려 쓰다 보니 폐단과 불편이 있었다. 그러다 이동헌 영장의 제안으로 삼척과 강릉에서 전용 수토선을 각각 1척씩, 2척을 제작하여 1797년 이홍덕 영장부터 사용하고 수토가 끝나면 어민들에게 대여하고 관리하

53 『승정원일기』, 고종 18년 5월 22일, 울릉도 수토관 보고에 "나무를 베고 있는 검은 옷을 입은 7명에게 글을 써서 물어보니 일본사람으로 나무를 원산과 부산으로 보내려고 한다."고 대답하였다.

54 이원택, 「조선 후기 강원감영 울릉도 수토 사료 해제 및 번역」, 『영토해양연구』 제8호, 2014년, 185~196쪽.

55 "울릉도는 외국인이 잠상(潛商) 벌목하고 있는바 일찍이 월송 만호를 도장(島長)에 겸차하여 검찰하였을 때도 이러하지 않았으니 만큼 하거(下去) 후에는 각별히 찰칙(察飭)하여 전과 같은 폐(弊)가 없게 하라"고 하였다.

게 하였다. 수토초기에는 나라 사정으로 수토가 일정하지 않았고 해척(海尺) 사건 등으로 특별수토를 하기도 하였다. 1867년 장원익 만호 이후 삼척영장이 보이지 않아 1870년대부터 울릉도 수토는 월송포로 이관되었을 것이다. 1888년 서경수 만호부터 1년 주기로 시행하여 1894년 평해군수 조성성을 마지막으로 울릉도 수토는 울릉도감에 넘겼다.

앞으로도 울릉도 수토자료들이 더 많이 발굴되어 부족한 부분들을 채워서 일본에게 빌미를 주는 일이 있어서는 안되겠다.

4. 조선 어민들의 울릉도·독도 항해와 항로

함경도 어민들이 울릉도를 가려면 대부분 북쪽에서 연안을 타고 내려오다가 강원도에서 남동쪽으로 항해한다. 그러나 조선 초의 김한경은 반대로 북쪽으로 올라가서 말응대(말응대진)에서 정남항해를 하였다. 함경도나 강원도에서 항해하면 울릉도가 먼저 보이므로 독도를 보기 어렵다. 그러나 남쪽의 어민들은 마음만 먹으면 독도를 볼 수도 있고 갈 수도 있다. 남쪽에서 북동쪽으로 항해하다가 울릉도가 보이면 울릉도를 좌측에 두고 동쪽으로 항해하면 독도를 찾을 수 있다.

북쪽의 어민들은 가을철 북서풍이나 서풍을 타고 동남쪽으로 항해하였고, 반대로 귀항할 때는 남동풍이나 동풍을 타고 서쪽으로 측풍항해를 하였다. 경상도, 전라도 어민들은 봄·여름철의 남서풍을 타고 북동쪽으로 항해하고, 울릉도에서 동풍이나 북동풍을 타고 서쪽이나 남쪽으로 항해한다. 그러나 강원도 어민들은 삼척포진과 월송포진에 강원도 수군진영이 있고 감시가 심하여 금령의 섬인 울릉도·독도에는 가기 어려웠다.

1) 함경도 어민들의 항해와 항로

조선 초에는 바닷가의 어민들은 세금과 군역 등을 피하기 위하여 가족을 데리고 이상향인 동쪽바다의 울릉도로 숨어들었다. 당시 울릉도는 섬에서 민중을 해방 시킬 정진인(鄭眞人)이 출래할 것이라는 믿음이 널리 퍼져 '해도출병설'이 끊임없이 이어지면서 울릉도는 동해의 이상향으로 희구되어[56] 많은 사람들이 울릉도로 숨어들었다.

1473년(성종 4)에 영안도 관찰사 정란종(鄭蘭宗)에게 내린 유서(諭書)에서 '무릉도는 잘 아는 섬이고 요도(蓼島)는 모르는 섬인데 세상에 전하기를 무릉도 북쪽에 요도가 있다지만 다녀온 사람이 하나도 없으니 의심스럽다.' 하였다.[57] 당시 요도는 울릉도 북쪽의 미지(未知)의 섬으로 알고 있었고 영안도를 중심으로 요도를 찾기 시작하여 멀리 보이는 섬은 요도라고 추정하여 보고 하였다. 그러던 중, 양양 앞 바다에 요도가 있다고 소문이 났다.

1476년(성종 7)에 섬으로 도망간 사람들을 불러들이려고 삼봉도에 갔다 온 사람들을 찾아서 탐색대를 만들어 요도 찾기에 나섰다. 함경도 관찰사는 김자주와 송영로와 전에 갔다 온 김흥, 김한경, 이오을망 등 12인에게 마상선(麻尙船) 5척을 주어 요도를 찾게 하였다.

[자료8] 김자주와 김한경의 항해

김자주는 지난 9월 16일에 경성(鏡城) 땅 옹구미(甕仇未)에서 배를 출발하여, 섬으로 향해 같은 날 부령(富寧) 땅 청암(靑巖)에 도착하여 자고, 17일에 회령(會寧) 땅 가린곶(加隣串)에 도착하여 잤으며, 18일에는 경원(慶源) 땅 말응대(末應大)에 도착하여 잤고, 25일에 섬 서쪽 7, 8리 남짓한 거리에 정박하고 바라보니, 섬 북쪽에 세 바위

56 주강현, 『독도견문록』, 웅진싱크빅, 2008, 26쪽.

57 『성종실록』 권16, 성종 4년 1월 9일 경자.

가 벌려 섰고, 다음은 작은 섬, 다음은 암석이 벌여 섰으며, 다음은 복판 섬이고, 복판 섬 서쪽에 또 작은 섬이 있는데, 다 바닷물이 통합니다. 또 바다 섬 사이에는 인형 같은 것이 별도로 선 것이 30개나 되므로 의심이 나고 두려워서 곧바로 갈 수가 없어 섬 모양을 그려 왔습니다.[58]

김자주와 김한경의 함경도항로를 살펴보면, 경성(옹구미:청진시?)-부령(청암:청진항)-회령(가린곶:가린단)-경원(말응대:말응대진)이다. 마지막 출항지가 경원의 말응대는 북쪽에서 가장 크고 좋은 항구인 오늘날의 라진항으로 추정되는데, 여기에서 울릉도 성인봉까지 약528km(285.2해리, 174.5°), 독도까지 약 570km(308해리, 166°)이다. 당시의 항해방법을 추측해 보면, 경성에서 더 북쪽으로 올라간 것은 동해상의 이정표인 울릉도(성인봉 986m)를 향하여 태양과 북극성을 이용한 정남항해를 하기 위해서였다고 본다. 김자주 일행은 9월 19일 경원에서 도착하여 말응대진에서 항해준비와 바람을 기다렸다가 9월 22일 출항하여 4晝 3夜[59](530km/84h=6.3km(3.4노트))를 항해하여 9월 25일에 울릉도에 도착하였다.

울릉도 북동쪽의 7,8리(약 3.5km) 북서쪽에 도착하여 세 바위(삼선암)를 바라보고, 작은 섬(관음도)를 지나니 암석이 벌려 섰으며(와달리 절벽), 다음은 복판 섬(죽도), 복판 섬 서쪽에 작은 섬(북저바위)을 확인하였다. 그리고 복판 섬(죽도)에서 와달리 절벽 아래 가까이 오니 갯바위에 있는 인형(강치)[60] 30개를 발견하였다. 지친 항해로 섬 가까이 오니 이상한 사람들이 보

58 『성종실록』, 「한국고전번역원DB」, 성종7년(1476) 10월 27일, 07-10-27[02], 【원전】 9집 391쪽. 10월 22일 기사에는 "경성에서 4주 3야에 울릉도에 갔다"고 하였다. [자료8] '요도탐사대 김자주의 보고'를 연구자가 요약했다.

59 성종실록 72권, 성종 7년 10월 22일 임진 3번째 기사.

60 주강현, 『독도강치 멸종사』, 2016, 50쪽. 일본인이 조사한 독도 강치의 모습은 "새끼는 섬의 바위굴에서 해를 보낸다. 암수 비율은 일부다처다. 수컷 한 마리에 암컷 30마리

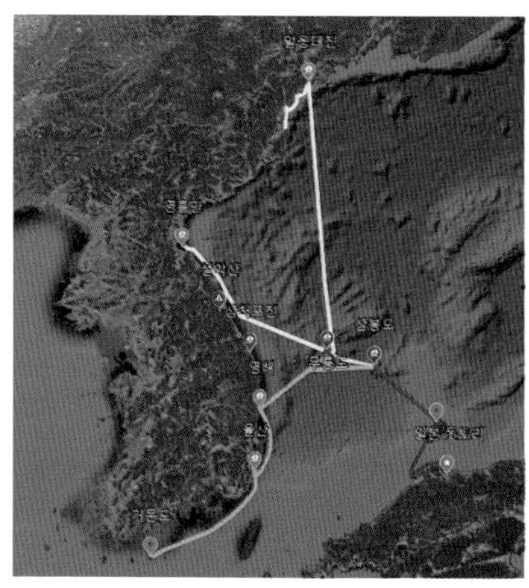

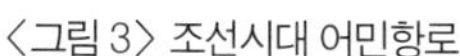
〈그림 3〉 조선시대 어민항로

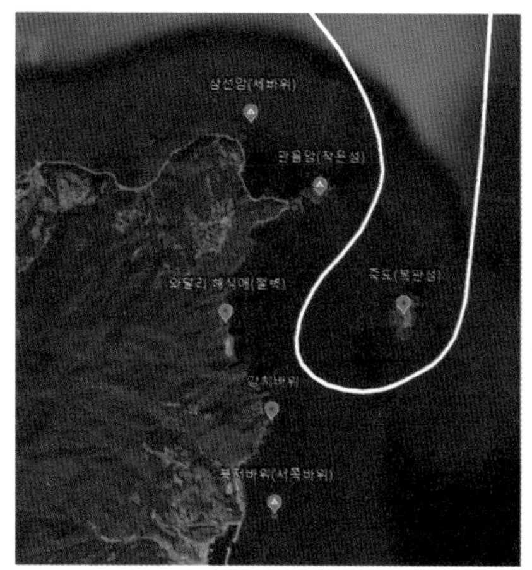

〈그림 4〉 1476년 요도탐색대 울릉도항로

이므로 겁이 나서 상륙도 못하고 섬 모양을 그려 가지고 왔다. 김자주와 김한경 일행이 인형을 구별하지 못하였던 것은 그만큼 항해가 힘들었기 때문이다. 회백색의 강치를 가을철 북쪽에서 남쪽을 보는 역광 상태이므로 강치들의 모습이 반짝반짝 빛나서 흰옷을 입은 사람처럼 보여 잘 구분할 수 없었다.[61]

〈그림 3〉의 '조선시대 어민항로'에서 흰색은 함경도 어민들의 항로, 노란색은 전라도·경상도 어민들의 항로, 빨간색은 일본 어민들의 항로이다.

정도 비율이다. 수컷은 큰 것은 1장, 몸무게는 150관 나가는 것도 있다. 암 컷은 큰 것은 6척 정도로 암수 모두 처음에는 회색이지만 성장하면서 회백색으로 변한다. 수컷은 검은색이 많다."

61 연구자는 울릉도 바다 동굴탐사(2015년 외)를 여러 차례 하였다. 울릉도의 와달리와 내수전 사이에는 해식동굴이 6개 정도 있다. 어떤 동굴은 몽돌 광장으로 되어있는데, 이런 곳은 강치들의 서식지와 보금자리였다.

2) 요도·삼봉도의 실체

박세당의 『서계잡록(西溪雜錄)』[62]「울릉도」에는 요도에 관한 이야기는 없지만, 삼봉도에 관한 이야기는 몇 차례 나온다. 울릉도-신라사에 "울릉은 '무릉' 또는 '우릉'이라고 한다. 높은 곳에 올라가 멀리 바라보면 세 봉우리가 우뚝 솟아 허공을 떠받치고 있는데.... 중략, 모래톱의 수목(水木)까지도 또렷이 볼 수 있다."고 하였는데, 이것은 육지에서 본 모습이다. 그리고 고려 의종 때 명주도 감창(溟洲道監倉) 김유립(金柔立)은 울릉도에 가서 산마루에서 사방을 둘러보았는데 삼봉에 관한 이야기는 없었다. 조선 성종 2년에 "따로 삼봉도가 있다."고 하는 자가 있어 박원종을 파견하여 찾아보게 하였다. 그러나 박종원의 배는 풍랑이 심하여 멀리서 바라보고 돌아왔고, 나머지 세척은 울릉도를 탐색하고 왔으나 삼봉도 이야기는 없었다. 그리고 조선 초 김한경 일행은 삼봉도에 세 차례나 갔다고 하나 강치를 구별 못하고 무서워할 정도라면 울릉도 정상에는 오르지 않았다고 본다. 이와 같이 울릉도를 육지에서 본 모습, 해안에서 본 모습 그리고 김유립은 산에 올라도 큰 산만 본 모습 등이 있다. 그러므로 조선 전기의 삼봉도에 관한 기록은 직접 정상에 올라 본 모습은 없다고 하여도 무방할 것 같으며 사람들마다 보는 모습은 다르다고 할 수 있다.

1429년 세종 때부터 양양 앞바다의 요도를 찾기 시작하였고, 1470년 성종 때는 또 다른 삼봉도를 찾으려고 했으나 끝내 찾지 못하고 1480년에 수색을 멈추고 포기하였다. 요도항로는 두 가지로 영흥만항로와 말응대항로가 있다. 함경도 영흥만 주변의 어민들은 연안 항해를 하면서 통천, 장전, 양양의 대청봉까지 내려왔다. 그리고 대청봉(1,708m)을 뒤로하고 태양을 가늠하여 약 200km 떨어진 남동쪽으로 사선항해하면서 울릉도를 항해하였을 것이

62 박세당(朴世堂, 1629~1703)의 서계잡록(西溪雜錄, 1659)의 울릉도(鬱陵島).

다. 북서풍이나 서풍이 부는 맑은 날 항해하면 하루 만에 절반 이상 갈 수 있으므로 영흥만에서 양양을 거쳐 대풍감까지 약 365km는 순풍을 만나면 약 2~3일 걸린다. 북쪽 어민들의 이정표는 양양 설악산이라고 추정하며, 이곳을 중심으로 항해하였으므로 양양 앞바다에 새로운 섬이 있다고 생각하였을 것이다. 울릉도 해역에서 기상이 나빠지면 북서풍과 해류를 타거나 야간에는 울릉도를 지나쳐 독도에 다다를 수 있다.

독도는 울릉도에서도 약 90km 동동남(107° 辰方) 쪽으로 떨어져 있다. 독도의 이름은 우산도(于山島)·자산도(子山島)·송도(松島)·가지도(可支島) 등으로 불리다가 1900년에 석도(石島), 1906년부터 독도(獨島)라 부르게 되었다.[63]

조선 초 요도에 관한 소문이 돌자 세종은 요도에 갔다 온 사람을 수소문한 가운데 함흥의 포청사(蒲靑社) 김남련[64]이 전에 요도에 갔다 왔다는 소문을 듣고 찾기 시작하였다. 그리고 1430년(세종12) "경성(鏡城) 무지곶(無地串)과 홍원(洪原) 보청사(補靑社)에 사람을 시켜 올라가 바라보게 하면 요도(蓼島)를 볼 수 있을 것이다."라고 하였다. 연구자는 무지곶은 오늘날 명천 무수단으로 여기에서 볼 수 있는 섬은 25km 남서쪽의 작은 섬 길주 난도(약 0.5x0.1km)이다. 이 섬은 연안에서 약 17km이므로 볼 수 있는 섬이므로 요도가 될 수 없다. 그리고 통천의 난도(약 0.7×0.4km)도 연대산(통천 당산)에서 거리가 약 14.5km로 볼 수 있는 섬이므로 요도가 될 수 없다. 김남련을 만난 기록은 없으나 길주 난도와 통천 난도는 요도라고 볼 수 없다.

김한경(金漢京)은 1470년대에 세 차례나 삼봉도에 다녀왔다고 한다.

---

63 국회도서관, 울릉도 독도 명칭. dokdo.nanet.go.kr/dokdo/front.dokdo?menu=namehistory4

64 『세종실록』, 「한국고전번역원DB」, 세종 12년(1430) 1월 26일,【원전】3집 214쪽. "요도(蓼島)에 가 본 사람이나, 이 섬에 대하여 보고 들은 사람을 모두 찾게 하니, 함흥부 포청사에 사는 김남련이 요도에 갔다 왔다고 하였다."

1471년 5월, 김한경은 김흥과 함께 둘이서 삼봉도(무릉도)에 가서 사람을 만나고 왔다고 한다. 1472년 5월 28일, 김한경은 박종원 경차관과 함께 4척의 배로 울진에서 무릉도에 갔으나 박종원의 배는 표류하여 청간정으로 돌아왔다. 나머지 3척은 무릉도에 도착하여 3일간 수색하였으나 사람을 찾지 못하고 6월 6일 강릉 오이진에 도착하였다. 김한경은 경차관의 명으로 항로를 안내해야 하므로 박종원의 배에 승선했을 것이다. 1475년 5월에도 김한경 일행 6명(임도치, 임유재, 김옥산, 이오을망, 김덕생)은 말응대진에서 배를 타고 3일 동안 가서 삼봉도 가까이에 갔다가 '7, 8리쯤 떨어진 곳에서 섬을 바라보았지만 바람에 막혀 끝내 도달할 수 없었다.'고 하였다.[65]

김한경 일행 6명의 표류항로를 살펴보면, 말응대진에서 성인봉을 중심으로 정남항해를 하였으나 초여름에 가끔 나타나는 동해안의 양간지풍(서풍)의 영향으로 동쪽으로 밀리게 되었다. 사력을 다하여 노를 저어 울릉도 7, 8리(약 3.5km)까지 왔으나 표류하고 말았다. 북쪽에서 서풍을 받아 울릉도 동남쪽으로 40km 정도 표류하면 수평선에 새로운 섬을 발견하게 된다.[66] 이 섬은 두 개 또는 세 개의 봉우리로 되어있는 돌섬이다. 김한경 일행은 이 섬 가까이 왔거나, 섬에 상륙하여 휴식을 취하고 바람을 기다려 북극성을 찾아 귀향하였을 것이다.

독도 삼봉도는 맑은 날에는 울릉도가 먼저 보이므로 갈 수 없지만, 황천(荒天)에서는 시야가 좋지 않거나 바람(서풍, 북서풍)과 해류 또는 야간 항해로 울릉도를 지나갈 수 있다. 항해자들은 다행히 작은 섬을 발견하였으나

65 『성종실록』, 성종7년(1476) 6월 22일, 【원전】 9집 354쪽, 경성(鏡城)의 김한경(金漢京) 등 2인이 신묘년(1471) 5월에 삼봉도(三峰島)에 표박(漂泊)하여 섬사람들과 만나고 왔고, 을미년 5월에 김한경 등 6인이 삼봉도에 갔으나~끝내 바람에 막혀 도달할 수 없었다.

66 연구자(2002.7.29.)는 여름철에 울릉도에서 코스모스 호로 독도탐사 시 중간지점에서 독도를 보았다.

사방을 둘러보아도 그 섬에는 나무도 없고 포구도 없고 올라가기 힘든 돌섬이었다. 그러나 섬을 한 바퀴 둘러보면서 작은 동굴에서 식수[67]를 발견하여 구사일생으로 귀향하였다. 그리하여 또 다른 삼봉도나 요도의 전설이 생겼다고 추정한다.

1476년 김한경 등 12인(김자주, 송영로, 김흥, 이오을망 등)은 관찰사의 명으로 5척의 배로 탐색대를 만들어 무릉도 북쪽에 소문난 요도나 삼봉도를 찾기 시작하였다. 탐색대의 항로는 9월 16일, 경성에서 북쪽으로 올라가서 경원 말응대(말응대진)에서 정남항해를 하여 울릉도에 도착하였다. 동해에서 가장 긴 항로(528km)로 순풍항해만 할 수 없다. 4일간의 지친 항해로 피곤하였지만, 김자주의 공초에 울릉도 북동쪽의 삼선암과 관음도, 죽도, 강치 등의 모습을 처음 본 것처럼 기록하여 김한경은 전에 독도 삼봉도에 왔다 갔을 가능성이 있다. 그리고 1479년 영안도에서는 왕명으로 대대적인 탐색대를 만들어 32명의 지원자를 모집하였는데 김한경도 지원하였고 "전에 세 차례 갔다가 왔다."고 하였다. 세척의 삼봉도 탐색대는 1480년 5월 출항 직전에 장마와 풍수(風水)로 삼봉도 행차를 정지하였다.[68]

김한경은 울릉도를 네 차례(1471년, 1472년, 1475년, 1476년) 항해하면서 세 차례는 말응대에서 항해하였고 한 차례는 울진포에서 따라갔다. 그중에서 두 차례를 표류하였는데, 한 차례는 독도까지 표류하였다고 본다. 연구자는 김한경이 선택한 말응대항로는 개인이 개척할 수 없는 항로라고 본다. 항해 거리가 500km가 넘고 북쪽에서 남쪽으로 4~7일간 항해하는 항로

---

67 물골 동굴: 독도 물골 동굴에는 하루 약 200리터의 샘물이 나온다. 이곳은 서도 뒤쪽에 있어서 풍랑이 있을 때는 찾기 어려우나 파도가 잔잔하면 찾기 쉽다. 신봉학(강원 동해시, 2017년 80세)은 1975년 죽변에서 목선(돛대 3대, 노 8개, 7~8톤)을 타고 독도에서 해녀들과 함께 물골 동굴에서 숙식하면서 한 달 정도 미역, 전복, 문어 등의 어업하였다. 연구자는 2002년, 2009년, 2017년에 답사함.

68 『성종실록』, 성종 11년(1480) 5월 30일, 11-05-30.

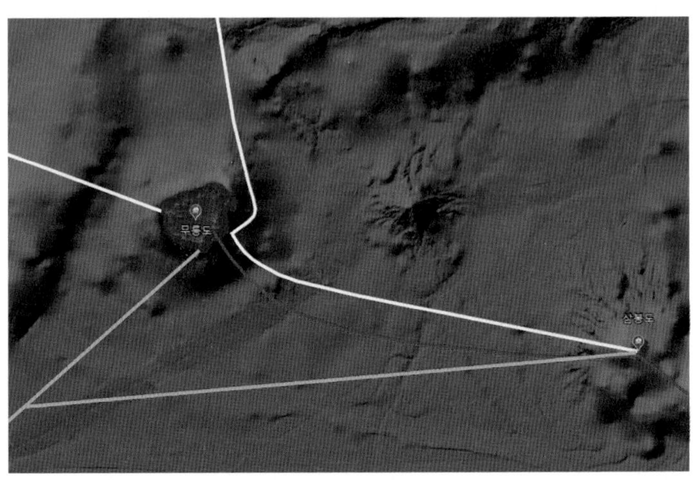

〈그림 5〉 조선 어민들의 독도 표류 예상항로

를 둘이서 간다는 것은 대단한 모험이다. 동해안에서 울릉도(132~145km)의 약 3.5~4배에 해당하는 거리다. 이 항로는 11세기 동여진의 울릉도항로라고 보며, 예전부터 동해바다의 무릉도, 삼봉도, 요도의 소문이 북쪽의 영안도 어민들에게 인구회자(人口膾炙) 되었다고 본다. 그래서 김한경은 항해 모험가로 동료 김흥과 함께 모험을 시작하여 말응대진에서 무릉도를 세 차례나 다녀와서 무릉도항로를 개척하였다. 그리고 1475년 김한경 일행 6명은 독도 삼봉도까지 표류하였다가 살아 돌아와서 새로운 전설이 생겼다. 그러나 나라에서는 또 다른 삼봉도를 찾지 못하자 1480년 영안도 관찰사 이극돈(李克墩)의 계책에 따라 희생양(犧牲羊)이 되었고 삼봉도는 금령의 섬이 되었다.[69]

69 『성종실록』 125권, 성종 12년(1481) 1월 9일, 갑신 5번째 기사.
"처음에 이 말을 한 김한경(金漢京)의 무리들이 말로 속이고 대중을 미혹(迷惑)하게 한 죄가 분명하니, 극형에 처하여 그 시체를 온 도(道)에 전하게 하여 여러 사람들에게 보인다면, 어리석은 백성들도 삼봉도(三峯島)가 기필코 없다는 것을 알고 서로 선

〈사진 3〉 四방향(동서남북)에서 본 울릉도

1787년 5월 맑은 날에도 프랑스 라페루즈 원정대[70]가 동해를 탐사할 때, 울릉도를 발견했으나 일본으로 가면서 독도를 발견하지 못하였다. 독도는 위치를 알면 쉽게 찾을 수 있으나 작기 때문에 항로를 모르고서는 찾기 어렵다. 즉, 표류하다가 우연히 만나는 '구사일생의 섬'이다.

조선 전기의 '요도와 삼봉도'에 관한 연구를 손승철, 유미림, 정연식 등의 학자들에 의하면 요도는 거짓이거나 삼봉도는 울릉도로 파악하고 있다. 특히 정연식은 여러 가지 방법으로 요도와 삼봉도를 검증하여서 '길주의 난도와 통천의 난도는 요도가 될 수 없다.' 하였고, 요도탐색대의 항로를 제시하였으나 연구자와 다르다. 선우영준은 독도라고 주장하였으나 근거가 미약하다.[71] 그리고 독도 표류항로에 대한 연구들은 없다.

동(煽動)하여 미혹됨이 저절로 풀릴 것입니다."

70 『라페루즈의 세계 일주 항해기』 I, 국립해양박물관, 번역총서 1, 2016, 526쪽.

71 손승철, 「조선 전기 요도와 삼봉도의 실체에 관한 연구」, 『한일관계사연구』 제44집, 2013, 57~78쪽. ; 정연식, 「15세기의 蓼島, 三峯島와 울릉도」, 『조선시대사학보』 제92호, 2020, 41~94쪽. ; 유미림, 「울릉도·독도의 명칭 변천과 '독도' 인식의 연속성」, 『해양정책연구 2021년 겨울호』 제36권 2호, 34~37쪽. ; 선우영준, "조선 성종때 발견한 '삼봉도'는 독도가 맞다", 한겨레(2007.10.27.).

연구자는 요도와 조선 전기의 또 다른 삼봉도는 독도라고 추정한다.

첫째, 울릉도는 바다에서 사방을 둘러보면 〈사진 3〉과 같이 화산섬으로 형태가 비슷한 하나의 산으로 보인다. 울릉도는 예로부터 우산국, 우릉도, 무릉도 등의 이름이 널리 알려져 있으므로 조선 전기의 영안도에 소문난 또 다른 삼봉도는 독도라 추정한다. 독도 삼봉도를 찾지 못하자 무릉도가 삼봉도로 변했다.

둘째, 독도는 주봉인 서도의 대한봉(168.5m)과 탕건봉(97.8m), 동도의 우산봉(98.6m) 세 개의 봉우리가 뚜렷하고 울릉도에서 독도에 가면 삼봉도로 보인다.

셋째, 요도(蓼島)를 '구사일생(九死一生)한 섬'으로 풀이한다.[72] 무릉도를 가다가 태풍이나 돌풍을 만나 황천(荒天) 항해하여 작은 섬에서 구사일생으로 살아 돌아온 사람들로 부터 인구회자(人口膾炙)되었다.

2017년 독도 주민 김성도[73]는 독도 주위에 표류하는 북한 어선을 발견하여 어부들을 자기 집(어민숙소)으로 데리고 와서 독도경비대에 신고하였다. 식사하면서 "여기에 살겠는가?"라고 물었더니, "고향에 처자식이 있어 가야겠다."고 하였고, "고향이 어디냐?"고 물었더니 "원산"이라고 하였다.[74] 북한 어부들은 동해해경에 인계되어 판문점을 통하여 북송되었다.[75] 다섯 명의 어부들은 고향에 가서 독도라는 이름을 모른다면 어디에 갔다 왔다고 하겠는가? 그리고 2018년 일본 홋가이도 TV에서 홋가이도에 표류한 북한 어선이

72 蓼(여뀌 료(요))의 뜻은 여뀌(마디풀과 한해살이풀), 괴로움, 분란한 모양. 독초(고기잡이로 사용). 네이버 지식백과에 요도는 많은 백성들이 행복하게 살고 있다고 알려진 전설 속의 상상의 섬이나 삼각주의 유배지 섬을 말한다. 그리고 여뀌를 뜻하는 한자 蓼(료)는 춘추전국시대의 요나라를 뜻하기도 하고, 좁고 작은 땅 모양을 일컫기도 한다.

73 김성도씨는 최종덕씨에 이어 독도 지키미로 살다가 2018년 10월 21일 별세하였다.

74 오문수, 『흉허물 없는 사람 있소?』, 비지아이, 2021년, 174쪽.

75 "북한 선박은 기관 고장으로 동해를 표류한 것으로 확인됐으며 5명의 북한 선원들은 모두 북측으로 돌아가겠다는 의사를 밝혔다."고 말했다. (중앙일보 기사, 2017.02.15.).

155척이라고 방송하였다.[76] 발해, 동여진, 고려시대에도 북쪽 어민들은 울릉도를 항해하다 큰바람을 만나 동해상에서 표류하는 경우가 종종 있다. 대부분 일본으로 표류하지만, 독도를 만나 운 좋게 살아 돌아간 사람들이 요도, 삼봉도라고 소문내었을 것이다.

3) 경상도와 전라도 어민들의 울릉도·독도 항해

안용복[77]은 1693년과 1696년에 영해 축산항에서 두 차례나 울릉도를 거처 일본까지 도항하였다. 1693년 4월 18일 안용복은 박어둔과 함께 울릉도에서 일본 어부에 납치되어 일본으로 갔다. 그 후 1696년 5월에는 전라도 흥국사 뇌헌 스님 등 11명과 함께 울릉도에서 어업하는 일본 어민들을 쫓아내고, 일본 어민들에게 "송도(松島)는 자산도(子山島, 독도)이며 우리나라 땅이다"[78]라고 말하였다. 5월 16일 독도로 가서 일본 어민들을 쫓아내고 일본으로 가서 우리나라 땅인 울릉도와 독도에 대한 일본의 침범에 항의하였다. 이와 같이 안용복은 두 차례 11명과 함께 독도를 가까이 지났거나 독도에서 숙박했으므로 일행들은 독도에 대하여 잘 알 것이다. 이와 같은 이야기는 17세기 말부터 울산, 부산을 중심으로 전라도까지 울릉도와 독도의 이야기는 삽시간에 퍼졌다.

경상도, 전라도 어민들은 울릉도에 가서 어업하고 황죽을 베거나 배를 만들어 오면서 울릉도는 보물섬으로 소문이 났다. 특히, 전라도의 거문도·초도·흥양 등의 어민들은 거제도, 부산, 울산을 거처 홍해나 축산항에서 남서풍과 동한난류를 이용하여 울릉도까지 약 162km를 48° 동북쪽으로 사선항

---

76 이효웅, 「해류병 실험을 통해 본 이사부함대의 동해 항로」, 『이사부와 동해』 16호, 한국이사부학회, 2020, 236쪽.

77 『숙종실록』, 숙종 20년 갑술(1694) 2월 23일, 【원전】 39집 293쪽.

78 『숙종실록』, 숙종 22년 무인(1696) 9월 25일, 2번째 기사

해를 하였다. 그리고 남쪽 어민 중에는 울릉도를 다니다 태풍이나 돌풍을 만나서 독도까지 가 보았거나 독도 이야기를 전해 들어서 알고 있었다.

[자료9] 우청도(羽淸島) 이야기

『척주선생안(陟州先生案)』[79]에 '윤속 삼척부사는 병진년(1796) 7월에 상경하여 사직하였는데, 임금이 여러 번 복귀를 재촉하는 교지를 내렸지만 굳게 사양하여 임금의 뜻을 거부하다 파직 당했다. 윤속 부사는 우릉(羽陵)의 팔륜아 사건(八倫兒事件)으로 서리를 신문하였는데, 그 서리(書吏)가 올린 원정(原情)에서 말하기를 "우청도(羽淸島)는 망망한 바다 가운데에 있는데, 그 섬이 삼척지방에 소속되었다고 하는 것은 일찍이 몰랐던 일이다."라고 하였다.'[80]

『척주선생안』의 '우릉 팔륜아 사건'[81]은 윤속 부사(재임 기간 1792.4~1796.7) 부임 이전 1787년(정조 11)에 울산 어민 14명이 울릉도에 가서 어복(魚鰒)과 향죽(香竹)을 몰래 훔쳐 나오다 삼척부 포구에서 붙잡힌 사건으로 주범과 종범으로 나누어 주범을 팔륜아로 부른 것 같다. 서리가 취조하는 과정에서 어민들은 '망망한 동해바다 가운데 있는 우청도(독도)'[82] 까지 갔다 왔다.

---

79 『척주선생안』은 삼척지방 수령을 거처간 역대 관리들의 명단으로 여기에는 삼척 지역의 모든 분야의 중요 사실들을 기록하였다. 1855년(철종5) 강릉 김씨 한길댁 김구혁이 개서하였다. 아래 책, 15쪽.

80 [자료9]은 배재홍 역, 『국역 척주선생안(陟州先生案)』, 삼척문화원, 2003, 130쪽의 내용을 연구자가 요약하였다.

81 승정원일기 1630책 (탈초본 86책) 정조 11년 7월 25일 경인 12/47 기사(慶尙道蔚山海尺秋乭·崔潛乭等, 率格軍十四名, 潛入鬱陵島). 추잇돌, 최잠돌 격군 등 14명 중 주범과 종범으로 나누어 주범 8명을 '팔륜아'로 분류한 것 같다. 이 사건을 『척주선생안』 당시의 기록자(김효지?)가 1796년 7월에 윤속 부사가 사직한 내용을 앞에 기록하여, 사직 후에 울릉도에 가서 '우릉 팔륜아 사건'을 처리하는 것으로 오해할 수 있다.

82 우청도(羽淸島), 삼척군, 『삼척군지』, 강원일보사출판국, 1984, 825쪽.

남쪽 어민들은 예전부터 울릉도를 다니면서 독도를 알고 있었고, 그 섬은 울릉도와 마찬가지로 삼척에 소속된 섬으로 알고 있었다.(안용복도 울릉도와 독도는 삼척관할로 알고 있었다.[83]) 그러나 서리들은 우청도를 몰랐고 이 사실은 얼토당토않는 이야기로 받아들여져 보고되지 않았다. 그 후 윤속 부사의 재조사로 서리를 신문하는 과정에서 서리가 올린 원정에 예전의 우청도 이야기가 나왔다고 본다. 이 이야기는 보고되지 않아 사료에서 빠졌으나 삼척의 사찬지『척주선생안』에 실려 전해지고 있다.

연구자는 우청도는 '양 날개를 펼친 맑고 푸른 섬'이라 해석한다.[84] 우청도는 멀리서 보면 새가 날아가는 모습을 하고 위에 올라 가 보면 동도와 서도 사이의 수심이 낮아 맑고 푸르게 보인다. 우청도는 맑고 잔잔한 날 독도에 가 본 사람만 느낄 수 있다. 울산이나 남쪽의 어민들은 울릉도를 다니면서 기상이 나쁘면 풍랑과 해류로 우청도까지 가게 되었는데, 이런 사실은 관아(官衙)에서는 모르지만, 어민들 사이에 소문나서 우청도를 알게 되었고 그곳은 삼척영장(강원도) 관할인 것도 알고 있었다. 1787년 여름, 울산 어민들은 울릉도를 가다가 바람으로 독도에 가게 되었다. 독도를 둘러보고 높은 곳에 올라 울릉도를 확인하고 독도에서 어복을 채취하고, 울릉도로 가서 향죽을 베어 동풍을 받아 돌아오다 삼척 포구에서 잡혔다.[85]

이와 같이 17세기 말부터 남쪽의 어민들은 울릉도를 다니면서 일부 어민들

---

83 2005년, 일본에서 발견된 사료인「원록구병자년조선주착안일권지각서(元祿九丙子年朝鮮 舟着岸一卷之覺書)」(1696년 안용복이 오키섬에 도착하였을 때 오키섬의 관리가 안용복을 조사한 내용을 기록한 문서)는 안용복이 울릉도(竹島)와 독도(松島)가 강원도 소속이라고 진술하였다.

84 이효웅, '독도의 다른 이름 우청도', 서울신문(2002.12.19.) 30면.

85 『일성록』, 정조 11년 7월 25일, 왕은 어업하여 몰수한 물품을 "이번에 본도의 영읍(營邑)이 폐해를 끼친 것은 적지 않으나 장계를 가지고 온 해당 장교(將校)의 노역(勞役)도 적지 않으니, 물종을 모두 도신(道臣)에게 획급하여 나누어 주도록 하되 교졸에게 넉넉히 주게 하라고 분부하라." 하였다.

〈사진 4〉 우청도(독도)

〈사진 5〉 독도에서 본 울릉도

은 독도에 가서 어로작업을 하였으며, 자산도와 우청도는 독도라고 확신한다.

Ⅲ. 해류병을 활용한 울릉항로 탐색

1. 해류병 선행연구

해류병은 바닷물의 흐름을 조사하기 위하여 바다에 투입하는 병으로 1900년 이후에 주로 이용되었다. 병 속에 엽서를 넣어 바다에 투하하여 주운 사람으로부터 일시·장소·번호 등의 기록으로 해류의 이동을 알 수 있다.

김윤배와 이규태는 「1932년 일본의 동해 해양조사의 숨은 배경과 과학적 의미」에서 '일본은 한반도와 일본열도 주변에 6,789개의 표층 해류 측정용 해류병을 투하하여 25%인 1,729개 회수되어 한반도 주변 해역의 표층 해류 모식도를 제시하였다.'[86]고 하였다. 그리고 동해에는 4,269개를 투하하여

86 김윤배, 이규태, 「1932년 일본의 동해 해양조사의 숨은 배경과 과학적 의미」, 한국해양과학기술원 울릉도 독도해양과학기지, 동국대학교, 2013년. 『수산교육연구』 제29권 제5호, 통권 89호, 2017, 1377~1379쪽.

1,459(31%)를 회수하였다고 한다.[87]

우리나라 동해의 해류병실험은 1962년 부산중앙시험장에서 최초로 해류병을 이용하여 해류연구를 하였다. 오늘날 해류 조사는 GPS를 이용한 표층 뜰개를 사용하는데, 오일러식과 라그랑지식 방법이 있다. 오일러식은 고정된 위치에서 해수의 유속을 측정하고, 라그랑지식은 부유물 또는 부표와 같이 물체가 이동하는 위치를 측정해서 해수의 흐름을 알아낸다. 표층 뜰개는 해류를 따라 이동하면서 위치 정보와 이동 속도, 수온, 기압 등의 여러 가지 관측정보들을 인공위성을 통하여 지상 기지국으로 전송한다.[88]

2. 해류병 제작 및 투하

해류병은 과거 범선항해에서 해류를 어떻게 이용하였는지 알아보고자 연구자가 자체 고안하여 이사부해류병이라고 명명하였다. 아울러 동한난류의 흐름을 알아보고자 동해안과 울릉도·독도해역, 대한해협의 동수도와 서수도에 투하하였다. 해류병은 처음에 연구자가 직접 카약을 이용하여 삼척과 월송항로의 연안에 남북으로 투하하였고, 이후 범선 코리아나 호와 여객선 등을 이용하여 매년 200~300개씩 울릉항로와 수토관 항로 등에 투하한 후 GPS로 투하 위치를 기록하고 회수메일을 기다렸다.

87 우다(宇田道隆), 『水産試驗場報告』 제5호, 일본 농림성 수산시험장 해양조사부 수산시험장 보고, 昭和 9년5월, 154쪽.

88 박주은·김수윤·최병주·변도성, 「1991년부터 2017년까지 표층 뜰개 자료를 이용하여 계산한 동해의 평균 표층 해류와 해류 변동성」, 『바다』, 한국해양학회지, 2019, 209~210쪽.

1) 이사부해류병

이사부해류병의 특징은 소형 PE 투명 요구르트병을 재활용하여 뚜껑에 추(볼트·너트)를 부착하여 부표의 원리로 복원력을 이용하였다. 무게 중심을 낮추어 약 2/3정도 물속에 거꾸로 잠기게 하여 바람의 영향을 최소화하였다. 위쪽에 적색, 황색 등 리본을 부착하여 눈에 쉽게 띄게 하였다. 해류병의 재질은 PE병으로 깨지거나 물이 스며들지 않아 바다나 해변에서 오래 보존될 수 있다.[89] 그리고 크기가 작고 안전하며 운반·보관이 용이하여 경제적이고 환경오염도 최소화하였다.

이사부해류병의 크기는 길이 약 30cm로 본체, 추, 깃대 세 부분으로 구성되어있다. 본체는 약 ∅100mm×45mm의 투명 PE병(15g)에 하부는 ∅10mm×50mm의 일반 볼트·너트(약45g)로 추를 만들어 요구르트 뚜껑에 접착하고, 깃대는 약 130mm의 풍선꽂이 빨대와 받침을 PE병 바닥에 접착하고 약 300mm의 색상 리본을 빨대에 고정하였다. 본체 내부에는 약 200mm×150mm의 메시지(4g)를 넣어 전체 무게 약 70g 정도이다.

〈사진 6〉 해류병 실험

〈사진 7〉 해류병 투하

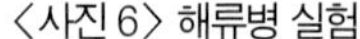

89 블라디보스토크 아스콜드 섬에서 2022.7.9. 발견된 해류병(2018-9-148)은 표트르대제만에 2018.9.14. 투하하여 약 3년 10개월 만에 발견되었다. 두 곳에 50개씩 투하하여 27개가 회수되었다.

2) 해류병 메시지

이사부항로탐사 해류병 Number: 20 - -

안녕하십니까? 저는 해양탐험가 이효웅입니다.
동해 해류를 조사하기 위하여 해류병을 동해(일본해)에 투하하였습니다.
해류병의 메세지를 메일(발견장소, 날짜, 병번호)로 알려주시면 감사의 인사를 드리겠습니다. 감사합니다.
범선 코리아나 (사)이사부기념사업회 이효웅 20 年 月 日

E-mail: cosmos4645@naver.com / Blog: www.isabu.kr /HP:010-6390-7837(82-10-6390-7837)

海流探査 海流瓶

こんにちは。
わたしは韓国の東海(日本海)の海流の動きを把握するためにこんな瓶を 分けて送りしました。
この瓶を発見した場合、発見日と発見場所、番号を 書いてはたしにメールを送てれれば ありがたくと思います。
ありがとうござ。 はんせん koreana 名前:イヒョウン

Бутылка океанского тока

Как дела?
Чтобы исследовать течение Восточного моря, мы сбросили океанский поток в Восточном море (Японское море). Я хотел бы поблагодарить вас за сообщение этого потока океана по электронной почте (место, дата, номер бутылки).
Благодарю вас. Парусное судно kyriana Lee HyoWong

Ocean current bottle

Hello.
This is bottle for understanding the flow of Ocean current of the Republic of Korea.
If you find this bottle, please send me information(finding place, date, bottle number) by e-mail.
Sincerely. Tall ship koreana Lee HyoWong

〈그림 6〉 해류병 메시지

〈사진 8〉 야마가타현 쓰루오카시 880km

해류병 메시지는 처음에 3개 국어(한국어, 영어, 일어)로 된 메시지를 사용하다가 2018년부터 러시아어를 추가하여 4개 국어로 된 메시지를 사용하고 있다. 메시지에는 인사말과 목적, 넘버, 날짜, 이름, 메일, 연락처 등이 적혀있다. 회수된 메시지는 대부분 메일(cosmos4645@naver.com)로 접수되고 가끔 휴대폰으로 접수되고 있다. 회수한 사람은 주민, 관광객, 피서객, 순찰군인, 자원봉사자 등이다. 그리고 나가사키 오도열도 고토에서는 해상의 어부가 회수하였고, 러시아에서는 피서객이 회수하였다. 메시지를 보내준 분들께 처음에는 선물이나 기념품을 보내드렸는데, 지금은 해류병 투하자료와 독도사진, 항로탐사 사진 등을 메일로 보내주고 있다.

3) 해류병 투하

해류병은 처음에 삼척, 궁촌, 용화, 죽변, 후포 연안에서 카약으로 해상 1~2마일 정도 나가서 투하하였다. 이후 범선 코리아나 호를 이용하여 이사부항로(삼척-울릉도·독도), 나가사키, 고베, 블라디보스토크 등 범선축제 및 범선대회에 참가하면서 투하하였다. 그리고 DBS 크루즈로 동해항에서 일본 사카이미나토 여행 중에도 투하하였다.

해류병은 세 곳을 나누어 실험과 조사를 하였다.

첫째, 동해안을 따라 남북으로 삼척에서 포항까지

둘째, 동서로 삼척에서 울릉도·독도까지

셋째, 대마도의 동수도와 서수도

2014년부터 2020년까지 1,920개를 투하하여 동한난류를 조사하였다. 처음에는 카약을 이용하여 삼척에서 후포까지 연안 5곳에 100개를 투하하면서 실험하였고, 2015년부터 범선 등을 이용하여 여러 곳에 투하하면서 조사하였다. 해류병은 10~100개 단위로 투하하였으나 최근에는 환경오염 등을 고려하여 1년에 1회 정도 한 곳에 25개씩 4곳을 선정하여 100개를 투하하고 있다.

3. 해류병 연구결과 및 연안 항로의 특성 탐색

1) 해류병 실험 및 결과분석

첫째, 동해안(삼척-포항)에는 세 차례 투하하여 16개가 회수되었다.

*1차 투하(2014.6.15~6.21)는 삼척, 궁촌, 임원, 죽변, 구산 5개소에 각각 20개씩 100개를 투하여, 삼척 맹방해변에서 2개, 삼척 용화해변에서 7개가 회수되어 모두 9개가 회수되었다.

6월 15일, 카약으로 삼척항 2km 해상에 해류병 10개를 투하하고, 100m씩 나가면서 1~2개씩 4km 해상까지 투하하고 GPS로 해류병을 추적하였다. 30분간 330° (북북서) 방향으로 500m를 0.54노트의 속력으로 이동하였는데, 발견된 지점은 남쪽의 삼척 맹방해안에서 두 개가 회수되었다. 해류병은 조류를 타고 북으로 이동하다가 북한한류의 영향으로 남쪽으로 이동하였다.

2015년 6월 21일, 해류병 20개를 궁촌항 2.5km부터 3.3km 해상까지 나가면서 2개씩 투하하여 7개가 회수되었다. 140° 방향으로 남서진하여 남쪽인 용화해변에서 발견되었다. 그러나 임원, 죽변, 구산에서 투하한 것은 3곳에 60개인데 한 개도 발견되지 않았다. 동해안으로 북상하는 동한난류는 북한한류와 부딪혀 삼척 장호부터 외양으로 간다고 추측한다.

*2차 투하(2015.7.25)는 삼척항 6km 해상에서 100개를 투하한 것 중 2개가 회수되었다.

강릉 강문해변에서 회수되어 7월에는 동한난류가 강한 것을 알 수 있었다.

*3차 투하(2020.7.21)는 울릉도·독도 이사부항로탐사 후 여수로 귀항하는 범선에서 30개씩 6곳에 180개의 해류병을 투하여 7개가 회수되었다.

삼척 덕산에 투하한 해류병은 강원 고성해변에서, 장호에서 투하한 것은 강릉해변에서, 경북 구산에서 투하한 것은 삼척 맹방해변에서 발견되어 7월에는 동한난류가 북으로 강하게 흐르는 것을 확인하였다.

결과, 삼척을 중심으로 한 동해안에는 6월 중순까지는 북한한류가 강하였고, 7월에는 동한난류가 강하였다. 북한한류는 장호 구간부터 동한한류와 부딪혀 동쪽으로 이동하는 것 같다. 그리고 동해안에서는 초여름 냉수대 현상으로 안개가 자주 끼는데 장호지역의 해저지형으로 인하여 경계를 이루는 것 같다.

둘째, 수토관항로 및 이사부항로(삼척-울릉도-독도) 구간에 여러 차례 투하한 해류병은 9개가 회수되었다.

*이사부항로탐사(2014.10.18.) 시 공해상에 두 차례 각각 20개씩 40개를 투하하였다. 울릉도 사동항 남쪽 약 2.5km(37° 26'27.40"N130° 52'03.80"E)에 투하한 것 중 하나가 일본 돗토리현 요나고시 오시노츠(2014.11.10)에서 19일 만에 회수되었다. 이 해류병은 직선거리 약 450km 떨어진 117° 남동동의 오시노츠에 18.5일 걸려서 단순계산하면 0.54노트 속력으로 이동하였다. 당시 해상에는 전날부터 북서풍이 강하게 불어 파도의 영향으로 빠르게 이동

하였다고 본다. 그 외에 일본 본토의 후쿠이현, 시마네현, 야마가타현, 효고현에서 각 1개씩 4개가 회수되어 일본 서해안에서 5개가 회수되었다.

*동해항에서 DBS드림 호로 일본 사카이미나토 여행(2016.3.31) 중 두 곳에 20개씩 40개를 투하하였다. 삼척 공해상 80km(37° 10'14.35"N129° 54'14.23"E)에 투하한 것 중 하나가 북쪽 610km 떨어진 러시아 포시에트해변(2016.8.2)[90]에서 발견되었다. 일반적으로 쿠로시오해류의 동한난류는 우리나라를 벗어나지 않는 것으로 알려졌으나 예상외로 러시아 포시에트까지 이동하였다.

*동해상에서 해류병이 거꾸로 이동한 것이 3개가 있다. 이사부 항로탐사 시 삼척 약80km(37° 21'37.64"N129° 59'48.43"E) 해상에 투하(2016.7.10)한 것이 거꾸로 76km 떨어진 울진 기성해변(2017.1.11)에서 발견되었다. 2개는 약 100km(37° 20'16.70"N130° 18'57.97"E) 해상에 투하(2017.8.4)한 것이 거꾸로 포항 도구해변(2017.9.2.과 10.26)에서 발견되었다.

결과, 동해상 80~100km 해상에서 두 차례 3개의 해류병이 거꾸로 동해안에서 발견되어 울릉도 조경수역에서 해류가 소용돌이 현상으로 역류가 되는 것을 알 수 있었다. 그리고 울진 해저계곡에 투하한 것은 러시아 포시에트까지 이동하여 동해상의 해류의 흐름은 〈그림 7〉과 같이 다양하게 흐르는 것을 알 수 있었다.

〈그림 8〉의 울릉항로의 '역류 해류병과 여객선항로' 해저지형을 자세히 보면, 울릉항로에는 김인우해산[91] 등이 있어 삼척에서 이안되는 해류들은 이 지역을 지나면서 소용돌이해류와 역류가 발생하여 수종이 생긴다. 특히, 여름철에 동해상으로 저기압이 지날 때는 앞을 분간할 수 없을 정도의 안개와

---

90 회수: 러시아 Vladimir, 2016년 8월 2일, 42° 36′19.2"N 130° 55′39.9"E, 번호 2016-20.

91 국립해양조사원, 개방해 지도 참고.(http://www.khoa.go.kr/oceanmap/main.do)

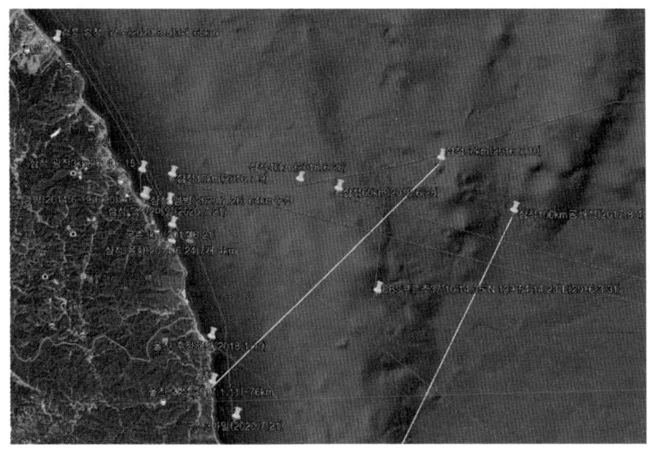

〈그림 7〉 동해안 해류병 이동경로

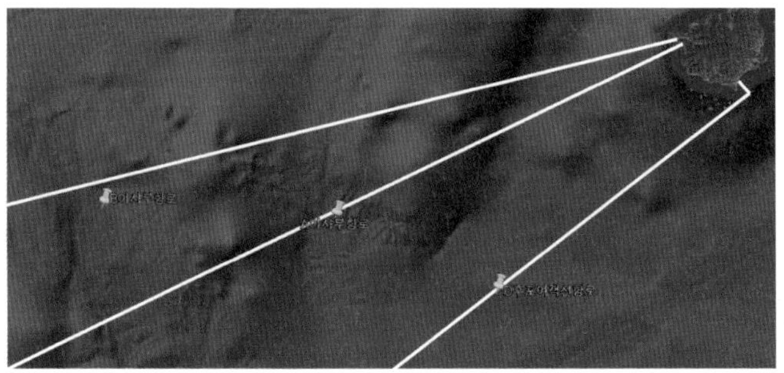

〈그림 8〉 역류 해류병과 여객선항로

파도가 생겨 해난사고의 주요 원인이 된다. 〈그림 8〉의 제일 윗선은 장오리 항로, 가운데는 죽변항로로 해류병이 두 곳에서 거꾸로 역류하였다.

2021년 7월에 〈그림 8〉의 제일 아래 선의 후포-울릉도 여객선항로[92] D지역(37° 15'10"N130° 31'55"E) 에서는 4회 중 1회만 구름이 짙게 끼는 현상을

92 후포 여객선 항로에서 수종지역을 관찰하기 위하여 2021년 7월 8일, 7월 11일, 7월 25일, 7월 26일 4회를 관찰하였다.

관찰하였다. 승무원에게 수종 현상을 설명하고 물었더니 그런 현상을 못 느꼈다고 하였다. 이와 같이 남쪽의 항로에서는 해산이 없어 소용돌이해류가 발생하지 않거나 적어서 안정된 항해를 할 수 있으나, 기상이 나빠서 북쪽으로 항해하면 수종이 나타난다. 그리고 국립해양조사원에서 표층 뜰개[93]를 이용하여 발견한 내용을 보면, 울릉도 남쪽에서 울릉소용돌이는 시계방향으로 회전하면서 따뜻한 난수의 특성을 보이고 독도소용돌이는 반시계방향으로 회전하면서 차가운 냉수대를 이루는 것이 특징이라고 하였다.[94]

셋째, 대마도를 중심으로 동한난류와 대마난류의 흐름을 알아보기 위하여 세 차례 투하하여 4개의 해류병이 회수되었다.

일반적으로 대마도를 중심으로 서수도는 동한난류로 북상하고 일부는 대마난류 외해지류로 북상하다가 남동쪽으로 흐른다. 그리고 동수도의 대마난류는 일본 서해안을 따라 북상한다.

대마난류를 조사하기 위하여 2017년 고베 범선축제[95]에 참가하면서 대한해협 동수도인 쓰시마와 이끼섬 사이(34° 02'07.52"N 129° 45'35.60"E)에 50개를 투하(2017.7.10)한 것 중 한 개가 약 330km 떨어진 울진 죽변 후정해변(2018.1.10.)에서 순찰 중인 군인에게 회수되었다.

2019년 나가사키 범선축제에 참가하기 위하여 대한해협을 지나다 서수도(34° 16'21.63"N 128° 04'09.37"E)에 40개(2019.4.16) 중 하나가 소매물도 등

---

93 위성 뜰개(Surface Velocity Program-type)는 관측센서, 위성송신기를 장착한 해상부표로 인공위성을 통해 위치 정보를 전송하는 해류관측 해양 장비이다.

94 울릉 난수성소용돌이는 반경이 100km 이상이었던 것에 반하여, 올해 확인된 소용돌이는 반경이 약 50km로 지난해보다 규모가 작고, 남서쪽으로 약간 이동하여 발달하였다. 회전 주기는 7~10일로, 시속 약 1.4km(0.75노트)의 회전속도를 갖는 것으로 관측되었다.(국립해양조사원 2016.6.2. 보도자료).

95 2017년 고베 개항 150주년을 기념하기 위한 고베 세계범선축제에 범선 코리아나 호가 초청되었다. 여수-대마도-간몬해협-세토내해-고베.

대섬에서 회수되었다.

동수도(33° 33'34.05"N128° 55'23.11"E)에 40개 중 2개가 회수되었는데, 하나는 남쪽으로 40km 떨어진 나가사키현 오지마섬 서쪽해상(2019.5.8)에서 어부에게 회수되었고, 또 하나는 남쪽으로 75km 떨어진 나가사키현 고토시 오가와라해변(2020.9.8.)에서 회수되었다.

결과, 2017년의 쓰시마섬과 이끼섬 사이의 동수도 대마난류는 일본 서해안으로 흐를 것으로 예상하였으나 한반도 연안으로 북상하였다. 2019년 대한해협 서수도의 동한난류는 예상대로 북동진하였으나, 동수도의 고토시 북쪽에 투하한 것은 예상외로 남쪽의 나가사키 수로로 이동하였다. 1932년 일본 『수산시험장보고』 82쪽의 해류도에도 쓰시마섬 동수로의 해류가 북상하여 포항 북쪽으로 해류가 이동하는 것이 표시되어 있다.

〈표 4〉의 '이사부해류병 회수표'는 2014년부터 2022년까지 해류병을 투하한 것 중 회수된 것만 표로 나타내었다. 연구자가 7년 동안 1,920개를 투하하여 31개가 회수된 해류병은 국내에서 23개, 일본 7개, 러시아 1개가 회수되어 회수율은 1.6%이다. 외국에서 발견되는 예는 1,920개 중 8개로 0.41%이다.

〈표 4〉 이사부해류병 회수표(2014-2022)

순	투하지점 및 거리	투하일시	수량	회수지점	회수일시	회수
1	삼척항 2-4km 카약	2014.6.15	20	삼척 맹방해변	2014.6.19 2014.6.20	1개 1개
2	삼척 궁촌 2.5-3.3km 카약	2014.6.21	20	삼척 용화해변	2014.6.24 2014.8.18 2014.12.27	5개 1개 1개
3	울릉도 남쪽 범선	2014.10.23	20	돗토리현 오시노츠해변	2014.11.10	1개
4	삼척 6km 범선	2015.7.25	100	강릉 안목해변 강릉 사천항내	2015.8.2 2015.8.4	1개 1개

순	투하지점 및 거리	투하일시	수량	회수지점	회수일시	회수
5	호산 50km DBS쿠루즈	2016.3.31	20	러시아 포시에트해변	2016.8.9	1개
6	이사부항로탐사 삼척 10km 범선	2016.7.9	100	후쿠이현 쿠미 시마네현코 타가하마	2017.1.17 2017.7.17	2개
7	삼척 80km 범선	2016.7.10	50	울진 기성해변	2017.1.11	1개
8	쓰시마와 오키섬 중간 (고베 2017-7-151~200)	2017.7.10	50	울진 죽변 후정해변	2018.1.10	1개
9	삼척-울릉도 범선 100km (2017-7~50)	2017.8.4	50	포항 남구 도구해변	2017.9.2 2017.10.26	2개
10	삼척 56km범선 (51-100)	2018.6.28	50	쓰루오카 유라해변	2018.12.2	1개
11	삼척 62km범선 (101-200)	2018.6.28	100	효고현 우라카미	2018.12.23	1개
12	쓰시마해협 (2019-41-80)	2019.4.16	40	나가사키현 오지마 서쪽 2km(4-60)	2019.5.8	1개
13	세존도 25km (2019-1-40)	2019.4.16	40	소매물도(4-39)	2019.5.4	1개
14	쓰시마해협 (2019-41-80)	2019.4.16	10	나가사키 고토시	2020.9.8	1개
15	장호 2마일 (2020-G-1~30)	2020.7.21	30	강릉 송정 강문	2020.8.5	3개
16	구산 대풍헌 (2020-9-1~30)	2020.7.21	30	삼척 맹방해변	2020.7.26	1개
17	축산 4마일 (2020-10-1~30)	2020.7.21	30	영덕 석동	2020.7.28	1개
18	영일만 입구 (2020-11-1~30)	2020.7.21	30	포항 화진해변	2020.9.10	1개
19	병 번호 모름	2020.7.21	30	고성 삼포해변	2020.9.25	1개
계	한 23, 일 7, 러 1		1,920			31개

해류병은 동쪽으로 약 900km 떨어진 야마가타현에서, 남서쪽으로

165km 떨어진 포항에서, 남쪽으로 75km 떨어진 고토시에서, 북으로 610km 떨어진 포시에트에서 발견되었다. 결과적으로 동해상의 해류는 동, 서, 남, 북 모든 방향으로 이동·회전한다. 동한난류는 북으로 포시에트까지 이동하고, 울릉도 조경수역에서는 소용돌이해류가 발생한다. 그리고 대한해협의 동수도 해류 일부는 남쪽 나가사키 수로로 흐른다. 그 외 대부분의 해류병은 일본 서해안이나 일본열도를 따라 북상하였다고 본다.

이러한 결과를 바탕으로 〈그림10〉의 이사부해류병 해류도는 〈표 4〉의 이사부해류병 회수표를 이용하여 해류병 이동경로를 구글지도에서 투하지점과 회수지점을 직선 연결하여 '이사부해류병 해류도'를 제작하였다. 그러나 국립해양조사원의 해류도와는 다소 차이가 있다. 이사부해류병의 무게는 약 70g으로 표층 뜰개와 무게에서 많은 차이가 나서 바람과 파도에 취약하다.

〈표 5〉 삼척-울릉 항로의 역류 해류병

투하 일시	투하 지역	회수 지역	방향	거리km	회수일
2016.7.10	삼척항 80km	울진 기성	남서	76	2017.1.11
2017.8.4	삼척항 100km	포항 도구	남남서	165	2017.9.2
2017.8.4	〃	〃	〃	〃	2017.10.26

〈표 5〉에서 삼척항 80km-100km 두 곳에서 3개의 해류병이 역류되어 동해안에서 회수되었다. 울릉항로에는 삼척항 88km와 110km(장호항 76km와 99km)에 김인우해산 등이 있다.

일반적으로 동해상의 해류는 연안에서는 북으로 흐르고 공해상에서는 한반도에서 일본열도로 흐르며 조류는 남북으로 흐른다. 실험결과 김인우해산 등에서 소용돌이해류가 발생하여 역류되었고 이 지역에서 수종이 나타났다. 그리고 귀항할 때는 수종의 이야기가 없는 것으로 보아 날씨에 영향이 있다고 본다. 결론적으로 수종의 원인은 김인우해산 지역에서 저기압이 동

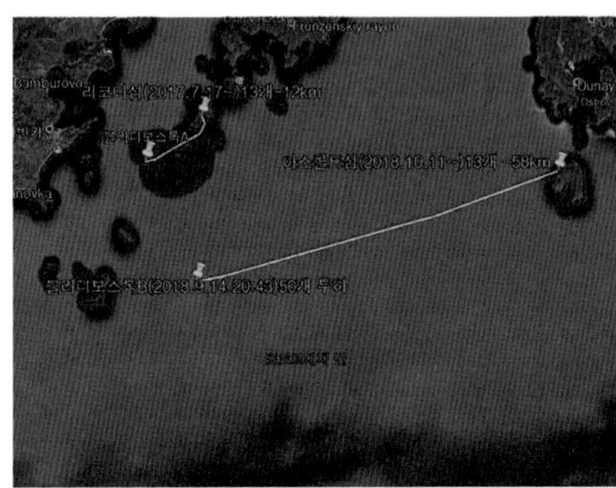

〈그림 9〉 블라디보스토크 해류병

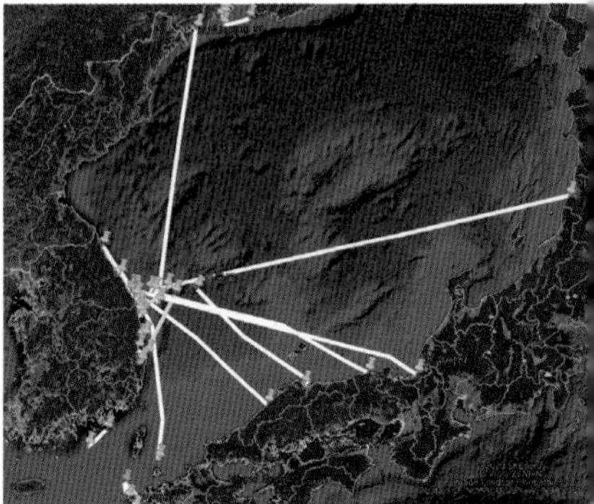

〈그림 10〉 이사부해류병 해류도

해상으로 지날 때 소용돌이해류, 조류, 바람 등이 합쳐질 때 수종현상이 크게 나타난다.

그리고 2018년 표류연구를 위하여 블라디보스토크 앞 두 곳에 50개씩 100개를 투하하여 두 개의 섬에서 27개가 회수되었는데, 이곳에서도 역류가 발생하였다.[96] 2014년부터 2020년까지 총 2,020개의 해류병을 투하하여 58개가 회수되어 회수율은 2.9%이다.

2) 연안 항로의 특성 탐색

첫째, 장오리(장호리)[97] 지역의 냉수대로 생기는 안개의 원인을 살펴보았다.

수토선이 출항하는 5~6월(음력 4~5월)에는 동해안의 냉수대(冷水帶)[98]로 인하여 안개가 자주 발생하여 항해를 방해한다. 초여름 강원도 연안에는

96 「해류병 실험을 통해 본 17세기 법성스님의 표류항로 추적」, 『도서문화』 제53집, 목포대학교 도서문화연구원, 2019

97 장호항은 강원도 삼척시 근덕면 장호리에 있는 어항로 1971년 12월 21일 국가어항으로 지정되었으며, '장울리, 장오리라고 부르다가 장호리가 되었다.'고 한다.

98 서풍에 의하여 표층의 따뜻한 난류를 동쪽으로 밀어내면서 저층의 한류가 위로 올라오고 따뜻한 공기와 만나서 안개가 발생한다.

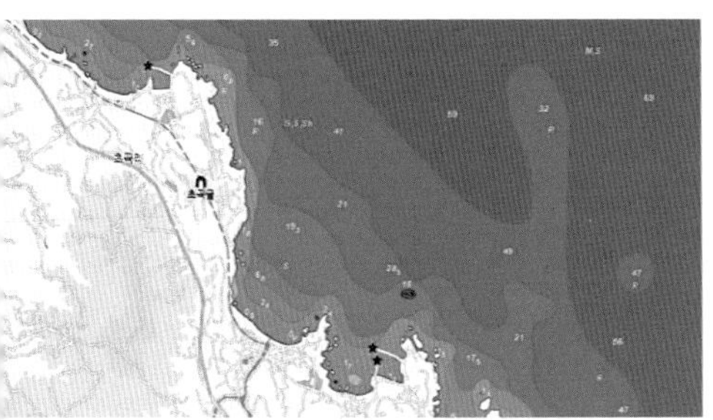

〈그림 11〉 장호리 해저의 만곡지형(다음지도)

〈사진 9〉 연구자의 세일카약

냉수대 안개로 삼척 장호를 경계로 북쪽에는 안개가 심하게 끼는데, 장호부터는 안개가 옅어지고 남쪽에는 안개가 거의 없다. 연구자는 이와 같은 현상을 알아보기 위하여 자동차로 이 지역을 몇 차례 답사하면서 안개를 확인하였다. 그리고 해류병실험에서도 장호 남쪽에서는 해류병이 하나도 회수되지 않았다. 원인을 살펴보니, 장호 앞 약 2km의 해저지형이 만곡(灣曲)형으로 되어있어 차가운 북한한류는 안쪽에 모여 상승하면서 수면의 더운 공기와 만나서 안개를 만든다. 그리고 동한난류는 바깥쪽으로 흘러서 울릉도 근해의 조경수역으로 이동한다고 추정한다.

둘째, 월송항로의 울릉도 수토선의 노 젓기 속력을 카약과 비교해 보았다.

월송항로의 수토선들은 귀항할 때 울릉도에서 동풍을 타고 장오리나 죽변진에 모여서 남쪽으로 노를 저어서 구산포로 항해하였다. 수토선들은 남풍과 동한난류로 남하하는 것이 힘들었는데, 항해 속도가 어느 정도인지 검찰사 이규원의 항해에서 살펴보면,

이규원의 수토선은 1882년 5월 11일, 울릉도에서 귀항할 때 큰 파도를 넘어 바다 가운데서 바람은 자고 역류를 만나 표류하였다. 다음 날 저녁 무렵에 울진으로 향하였으나 파도가 심하여 입항을 포기하고 노를 힘들게 저어서 해시(밤 10시)에 구산포에

도착하였다.

당시 울진의 어느 포구인지는 정확하지 않으나 구산포에서 왕피천[99] 하류의 울진포까지 약 26km를 저녁 6시경에 떠나서 사력을 다하여 밤 10시경에 도착하였다면, 약 4시간 동안 노 젓기를 하였다. 남하 속력은 기상 환경에 따라서 다르나 사력을 다한 귀항 속도가 약 3.5노트(26km/4h/1.852)라면 일반적인 남하 속도는 약 3노트(5.56km/h) 정도라고 본다.

연구자는 연안 항로의 특성을 알아보고자 2014년 7월 21일 항해체험으로 울진 봉평해변에서 야영하고 06시에 세일카약으로 세일링과 페들링(노 젓기)을 하면서 단독항해를 하였다. 항해의 특징은 장마가 끝난 후 동해바다의 기상이 안정되어 아침에는 바람이 없거나 미풍이었다. 그러나 오후 1시부터 5-6m/s 정도의 남동풍이 불어서 1~1.5m의 파도가 생겨 카약 투어링이 힘들었다. 궁촌항에서 3시간 동안 피항하고 오후 4시에 출발하여 오후 6시에 삼척 오십천(삼척교:장미공원)에 도착하였다. 항해결과 54km/9h/1.852=3.24knot/h로 보통 세일(돛) 없이 장거리항해 시에는 평속 5km/h 정도였는데 결과는 6km/h였다. 약 1m^{2}의 세일과 남동풍과 해류의 영향으로 약 20% 이상의 체력감소와 속력이 증가하였다. 수토선의 귀항항해는 남풍과 해류의 영향으로 온 힘을 다하여 약 3.5노트의 속력으로 항해하였다. 그러나 연구자는 사진촬영을 하면서 3.2노트의 속력이었으므로 실제 경주속도는 3.5노트로 비슷할 것이다. 그러나 방향과 기상이 다르기 때문에 단순비교는 큰 의미가 없으나 참고할 만하다.

---

99 심현용, 앞의 논문, 186쪽.

V. 맺음말

울릉도 수토관의 뱃길은 수토초기에는 삼척영장이 있는 삼척포진과 만호가 있는 월송포진에서 교대로 출항하였다. 삼척에서는 서풍에서만 울릉도를 항해할 수 있는데, 수토시기인 4~6월에는 서풍이 많지 않아 많은 시간을 기다려야 했다. 그래서 삼척진영에서 출항하여 장오리진과 죽변진으로 이동하면서 서풍을 기다렸다. 그리고 삼척항로에는 수종지역이 있어서 해난사고를 자주 일으켰다. 그러나 월송항로는 구산포에서 남서풍(남풍)과 동한난류를 이용한 순풍항해를 하여 삼척항로보다 안전성과 효율성이 좋았다. 그리고 울릉항로의 경험축적으로 수토관들은 삼척항로의 문제점을 건의하여 수토중기부터 월송항로가 정식항로가 되었다. 수토말기에는 울릉항로에 나침반항해를 하면서 더 빠르고 더 안전한 항해를 할 수 있었다.

해류병실험을 통해 울릉항로의 특성을 살펴보니, 삼척에서 6월에는 동한난류가 강하지 않았으나 7월에는 동한난류가 강하였다. 울릉항로 80~100km 해상에서 소용돌이해류로 역류가 발생하여 수종을 일으키는 두 곳을 확인하였다. 그리고 초여름의 서풍으로 발생하는 냉수대의 안개는 한류가 표층으로 올라오면서 발생하는데, 삼척 장호리를 경계로 남쪽에는 안개가 거의 없다. 이 현상은 장호리 해저의 만곡지형 안쪽에서 북한한류가 상승하면서 안개를 만들고 동한난류와 함께 밖으로 밀려서 외양으로 이동하기 때문이다. 그리고 한류와 난류의 세력은 계절별로 다르나 초여름부터는 삼척의 장호를 중심으로 울릉도 조경수역으로 이동한다고 본다.

연구자는 울릉도 수토관의 뱃길을 직접 항해 및 체험을 해보았고, 아울러 해류병실험을 통해 조선시대 수토관의 울릉항로에 대하여 다음과 같이 결론을 도출하였다.

첫째, 삼척항로는 서풍과 수종지역 두 곳이 문제점으로 지적되었다.

둘째, 삼척-울릉항로의 해류병실험에서 80~100km 해상 두 곳에서 3개의 해류병이 역류하였다.

셋째, 수종은 항해와 실험을 통해 확인한 결과, 김인우해산 지역에서 저기압이 동해상으로 지날 때 소용돌이해류에서 크게 발생한다.

넷째, 초여름의 동한난류는 삼척 장호의 해저 만곡지형부터 북한한류를 만나 안개를 만들고 외양으로 이동한다.

다섯째, 월송항로는 남서풍과 동한난류를 이용한 순풍항해를 하였다. 그러나 귀항할 때는 동풍을 받아 삼척 연안에 모여서 남쪽으로 이동하였기 때문에 귀항이 더 힘들었다.

여섯째, 수토말기에는 나침반항해를 하면서 더 빠르고 안전한 항해를 하였다.

일곱째, 「조선시대 울릉도 수토일람표」와 「월송만호 일람표」를 만들어 울릉도 수토를 체계적으로 알 수 있게 하였다.

여덟째, 조선 어민들이 다녀온 또 다른 삼봉도와 우청도는 독도라고 추정되며 독도에서 어업을 하였다.

본 연구를 통해 확인된 울릉항로에서 나타나는 수종의 원인과 장호 해저의 만곡지형에 따른 해류의 변화를 계절별로 면밀히 조사할 필요성이 있다. 그리고 2017년 독도에 표류한 북한 어민들처럼 조선 어민들이 다녀온 삼봉도·우청도는 독도라고 추정되므로 독도 표류항로에 대한 연구가 더 필요하다.

참고문헌

1. 도서

김구혁, 배재홍 옮김, 『국역 척주 선생안』, 삼척문화원, 2003.

김수문, 『삼척도호부 암각문 연구』, 퍼플, 2020.

김정경 편저, 배재홍 옮김, 『삼척향토지』, 삼척시립박물관, 2016.

김진원, 『육향정』, 가락삼척종친회, 1984.

김호동, 『독도·울릉도의 역사』, 영남대학교독도연구소 독도연구총서, 경인문화사, 2007.

라페루즈,『라페루즈의 세계 일주 항해기』, 국립해양박물관, 번역총서 1. 2016.

배재홍, 『문헌·금석문 자료로 본 두타산 무릉계』,동해문화원, 2005.

삼척군, 『삼척군지』, 강원일보사출판국, 1984.

손승철, 박미현 편저, 『울릉도·독도 품은 강원도 사람들』, 삼척시·강원도민일보, 2012.

오오니시 토시테루 저, 권정 역, 『안용복과 원록각서』,한국학술정보, 2011.

오문수, 『흉허물 없는 사람 있소?』, 비지아이, 2021년, 174쪽.

우다(宇田道隆), 『水産試驗場報告』 제5호, 수산시험장, 昭和 9년3월(1934).

이승철·이한길, 『정라진 문화사』,「삼척포진 영장」, 삼척시립박물관, 2016.

주강현, 『독도견문록』, 웅진싱크빅, 2008.

주강현, 『독도강치 멸종사』, 서해문집, 2016.

쿠보이노리오 저, 이장우 역, 『지도해설 독도의 진실』, 「일본학자가 조사한 독도는 한국 땅」, 부산민족학교 독도학당, 2017, 93~95쪽.

호사카 유지·세종대 독도종합연구소 저, 『대한민국 독도』, 성인당, 2010, 16쪽.

2. 논문

김윤배 · 이규태, 「1932년 일본의 동해 해양조사의 숨은 배경과 과학적 의미」, 『수산교육연구』 제29권 제5호, 통권 89호, 2017, 1377~1379쪽.

김정훈, 「봄철 영동지역 국지 하강풍 메커니즘과 지형 효과에 대한 연구」, 2006. Atmosphere, 16(2), 67쪽.

김호동, 「독도의 영유권 확립을 위한 연구」, 『연구결과보고서』, 영남대학교 독도연구소, 2010, 64~65쪽.

박주은 · 김수윤 · 최병주 · 변도성, 「1991년부터 2017년까지 표층 뜰개 자료를 이용하여 계산한 동해의 평균 표층 해류와 해류 변동성」, 『바다』, 한국 해양학회지, 2019, 211~212쪽.

배재홍, 「수토사 장한상의 관력과 주요 행적」, 『이사부와 동해』16호, 한국이사부학회, 2020, 138~141쪽.

백인기, 「조선후기 울릉도 수토제도의 주기성과 그 의의」,『이사부와 동해』 6호, 한국이사부학회, 2013, 160~182쪽.

손승철, 「울릉도 수토와 장한상」,『이사부와 동해』5호, 한국이사부학회, 2013, 50~59쪽.

손승철, 「조선후기 수토기록의 문헌사적 연구」「울릉도 수토 연구의 회고와 전망」,『한일관계사 연구』통권 51호, 한일관계사학회, 2015, 103~105쪽.

손승철, 「조선전기 요도와 삼봉도의 실체에 관한 연구」, 『한일관계사연구』 제44집, 2013, 57~78쪽.

송휘영,「안용복의 도일활동과 그 의미」,『이사부와 동해』16호, 한국이사부학회, 2020, 93~98쪽.

심현용, 「조선시대 울릉도 수토정책(搜討政策)에 대한 고고학적 시·공간 검토」,『영토해양연구』6, 동북아역사재단, 2013, 176~180쪽.

유미림, 「울릉도·독도의 명칭 변천과 '독도' 인식의 연속성」, 『해양정책연구 2021년 겨울호』 제36권 2호, 34~37쪽.

윤천수, 「월송포 진성 발굴 의의와 울릉도 수토 출발지 변천사」,『이사부와 동해』5호, 한국이사부학회, 2013, 113~117쪽.

이효웅, 「해류병 실험을 통해 본 17세기 법성스님의 표류항로 추적」, 『도서문화』 제53집, 목포대학교 도서문화연구원, 2019

이효웅, 「해류병 실험을 통해 본 이사부함대의 동해 항로」,『이사부와 동해』 16호, 한국이사부학회, 2020, 237~255쪽.

이홍권, 「검찰사 이규원의 생애와 영토수호 활동」,『이사부와 동해』16호, 한국이사부학회, 2020, 163~168쪽.

정연식, 「15세기의 蓼島, 三峯島와 울릉도」,『조선시대사학보』 제92호, 2020, 41~94쪽.

한성주, 「무릉등처안무사 김인우의 활동에 대하여」, 『이사부와 동해』16호, 한국이사부학회, 2020, 53~73쪽.

선우영준, "조선 성종때 발견한 '삼봉도'는 독도가 맞다", 한겨레(2007.10.27.).

한국사데이타베이스(db.history.go.kr/index.jsp), 한국고전번역원(db.itkc.or.kr), 『한국민족문화대백과사전』(한국학중앙연구원), Google Earth Pro, 네이버.

울릉도 수토와 19세기 조선 지도 발달

김기혁 | 부산대학교 명예교수

Ⅰ. 들어가면서

1. 연구배경과 목적

지도는 인간이 스스로 어디에 있는지 확인하기 위한 욕구로 시작되어 가보지 못한 세계의 정보를 공유하기 위해 만들어진다. 또한 지도는 지리정보를 그린 그림 차원을 넘어 강역의 표상 등 영토적인 의미를 지니기도 한다. 측량기술이 발달하지 못한 시대의 옛지도는 탐험을 통해 혹은 이전 지도를 바탕으로 만들어진다. 과거의 역사지리를 그린 것이기 때문에 우리는 이를 통해 당 시대인들의 공간 인식 내용을 파악할 수 있다.

동해의 변방(frontiers)으로 존재했던 울릉도가 강역 공간으로 구체적인 지리체로서 인식되기 시작한 것은 17세기 울릉도 수토가 시작된 이후이다. 조선 전기에 주민쇄환정책이 실시되었고 울릉도에 대한 지리 지식은 정확하지 않았다(김기혁, 2009). 또한 울릉도 외에 다른 섬이 존재한다는 이도설(二島說)이 유입되면서 '우산(于山)' 지명에 대해 혼돈을 빚게 되었다. 이들 섬들에 대해 '鬱陵', '蔚陵', '武陵', '于山' 등의 여러 지명을 사용한 것은 울릉도 지리체에 대해 정확한 정보를 갖고 있지 못하였음을 보여준다.

울릉도 수토는 동아시아 정세와 이에 따른 변방 관리 정책 변화와 맥락을 같이 한다. 당시 중원에 청나라가 들어서면서 북방 강역의 관리에 대한 인식이 강화되었고, 지도에 국경이 그려지게 되었다. 동해에서는 임진왜란 이후에도 일본인들이 자주 출몰하여 주민들에게 피해를 입혔다. 안용복 사건(1693)을 계기로 동해의 해방(海防) 정책이 변하기 시작하였고 강역의 범위와 경계에 대해 구체적으로 인식하기 시작하였다. 남구만(南九萬, 1629-1711)이 주도하여 이전의 쇄환정책을 재검토하고 1694년에 장한상(張漢相, 1656-1724)으로 하여금 울릉도를 심찰(審察)하게 하였다. 1697년(숙종 23)부터 수토(搜討)[1] 가 시작되었으며 이는 1895년까지 2~3년 간격으로 실시되었다. 수토는 울릉도가 동해 강역의 변방에서 내지(內地)로 편입되는 계기가 되었으며 1882년에 개척령이 반포되고 1900년 울도군이 설치되었다.

수토 이후의 수토기와 지도들은 울릉도 지리체의 지식이 구체화되는 계기가 되었으며 이는 해방 정책의 토대가 되었다. 조선 전기 지도에서 울릉도는 단순히 섬으로 묘사되었고 울릉·우산 지명만이 기재되었을 뿐이다. 수토가 진행된 18세기 정상기(鄭尙驥, 1678-1752)의 『동국지도』에서는 중봉으로부터 해안에 이어진 산줄기가 표현되고, '朱土屈' 지명과 '竹田'이 쓰여 졌다. 이전에 서쪽에 그려졌던 '于山島'가 울릉도 동쪽에 묘사되었고, 이는 이 섬이 강역의 동단(東端)으로 표상화되었음을 의미한다. 주기에는 '自蔚珍 得風時 二日到'가 쓰여 있다. 이후 제작된 군현지도에서도 울릉도는 더욱 상세하게 그려져 있고, 이는 수토로 유입된 지리 정보가 지도로 표현된 결과이다. 이들 지리 지식은 19세기 『대동여지도』(1861)까지 큰 변화없이 유지되었다.

그동안 울릉도 수토 연구는 여러 분야에서 많이 이루어졌지만 현장 기록에 대한 연구는 활발하지 못하였다. 이는 '수토'라는 정책의 역사적 내용에 초점을 맞춘 것도 있지만, 수토 당시 울릉도의 지리와 고지명을 비롯한 역사

---

1 조선시대 관원들의 울릉도 파견은 '심찰(審察)', '수토(搜討)', '검찰(檢察)' 등의 용어로 사용된다. 본 논문에서는 '수토' 용어는 이들을 포함하는 의미로 사용하였다.

지리 연구가 충분하게 이루어지지 못하였기 때문이다. 『대동여지도』(1861)에 '于山島' 지명이 판각되어 있지 않은 사실에 대해 심도있는 논의가 이루어지지 못하는 것도 이와 맥락을 같이 한다.

『대동여지도』를 모사한 지도에서 우산도가 다시 그려지는 것은 당시 이 지도가 지닌 강역에서의 의미를 보여준다. 17세기부터 수토관들의 현지 경로와 그들이 경험한 장소에 대한 기록이 지도에 그려지고, 이들은 편집되어 19세기 『청구도』(1834)와 『대동여지도』 목판본을 거쳐 모사본까지 이어진다. 본 연구는 수토기를 바탕으로 울릉도에서 수토 경로를 파악하고, 경험한 기억을 공간적으로 재현하고자 하였다. 그리고 이들 기억이 수토지도로 표현되고 그 내용이 이후 지도에 어떻게 영향을 주었는가를 분석하였다. 이는 당시 울릉도 지리체가 강역 공간으로 인식되어가는 과정을 파악하는데 도움을 줄 수 있을 것이다.

2. 울릉도의 고지명

수토관들의 울릉도내 이동 경로는 고지명(古地名)을 통해 파악하였다. 이들 지명들은 대부분 현재 사용하고 있지 않다. 이는 우리나라 지명의 복잡한 역사적인 변화에 기인한 것이다. 또한 당시 지명이 거의 남아 있지 않아 이들의 정확한 위치 비정은 매우 어렵다. 본 글에서는 기존 연구(김기혁, 2006)를 토대로 수토기 서술의 전후 맥락과 수토지도, 군현지도를 비롯한 고지도, 이규원(1882)의 『검찰일기』, 「울릉도내·외도」와 일제 강점기 초의 발행된 『조선지지자료』, 『조선지형도』(1:50,000) 등과 현지답사를 바탕으로 19세기의 고지명의 위치를 비정하고 수토기 지명을 통해 경로를 파악하였다.

울릉도의 산지와 하천 유로의 자연지리와 고지명은 〈그림 1〉과 같다. 화산 활동으로 형성되어 중앙에 성인봉이 있고 북쪽에 칼데라인 나리분지가

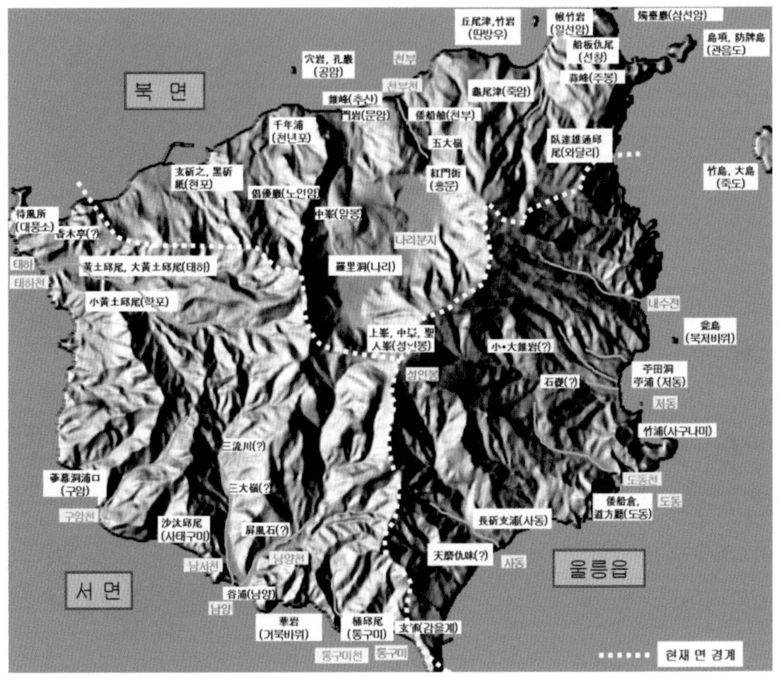

〈그림 1〉 울릉도 지리와 고지명 위치 비정(자료 김기혁, 2011)

있다. 토양은 대부분 현무암 토질로 구성되어 투수성이 강하다. 지표면은 경사가 급해 상류에서 하천 유로의 발달은 미약하나 해안에 연한 하류에서는 지면위로 흐르며 이를 중심으로 취락이 형성되어 있다.

하천 유로는 보면 섬 동남쪽의 울릉읍 해안으로 지방하천인 도동천이 흐르며 저동리로는 봉래폭포천, 용바위골천을 비롯하여 4곳의 유로가 있다. 사동리에는 옥천천 유로 등 3곳으로 하천이 흐른다. 서면 남서리로는 두암천과 남서천이, 남양리로는 남양천을 비롯하여 통구미천이 흐른다. 태하리로는 지방하천인 태하천을 비롯하여 삼막천, 서달천이 있다. 북면으로는 천부리에 천부천을 비롯하여 죽암천과 수계천, 추산리에 추산천, 현포리에 평리천과 현포천이 흐른다.

1) 울릉읍 일대

울릉읍 일대의 취락 지명인 '도방청(道方廳)', '왜강창(倭舡滄)'은 도동의 옛지명이다. 사동은 '장작지(長作之)'이며, 저동은 '저전동(苧田洞)'과 '저포(苧浦)'이다. 성인봉의 옛지명은 '성인봉(聖人峰)', '중봉(中峰)'이다. 삼봉은 지도에 수록되어 있지 않으나 성인봉 일대의 산지를 지칭한다. '와달웅통구미(臥達雄達邱尾)'는 지금의 와달리 일대이며, 수토기에서 해구인 가지어가 포획된 곳으로 수록되어 있다. 일부 수토기의 전후 맥락을 볼 때 와달리 일대로 추정되나 「울릉도외도」에 '가지도(可支島)'는 지도의 서쪽 해안에 그려져, 다른 지명으로 추정된다. '죽도(竹島)'는 지금의 죽도이다. '옹도(瓮島)', '죽포(竹浦)', '천마구미(天磨仇味)', '석초(石礎)'는 고지도에 수록되지 않았으나 수토 경로를 보면 각각 지금의 북저바위, 사구나미, 간령 일대, 저동 내륙 일대이다.

2) 서면 일대

서면 일대의 지명에서 『검찰일기』에 수록된 '곡포(谷浦)'와 '현포(玄圃)'는 지금의 남양 골개와 감을계이다. '황토구미(黃土仇味)'는 지금의 태하동 일대로, '대황토구미' 지명이다. 황토구미는 이곳에 형성된 철분이 산화되어 형성되어 토양이 붉은 빛을 띠는 황토굴에서 비롯된 지명이다. '통구미(桶邱尾)'는 지금도 사용하는 이름이다.

'사태구미(沙汰邱尾)'는 남양에서 구암으로 넘어가는 해안에 있는 지명으로 지금의 사태감이다. '삼막동포구(蔘幕洞浦口)'는 구암 수층동에서 학포로 넘어가는 곳의 지명으로 지금은 산막 혹은 삼막으로 부른다. '대풍소(待風所)'와 '향목정(香木亭)'은 섬의 북서쪽에 해안으로 돌출된 지형으로 지금도 남아 있다. 『검찰일기』에 수록된 '화암(華岩)'은 서면 통구미에 있는 거북바위로 추정된다. 수토기에 수록된 '병풍석(屛風石)', '삼대령(三大嶺)', '삼류천(三流川)'은 고지도에 수록되어 있지 않으나 내용의 전후 맥락으로 볼 때 각각 서면 태하 내륙 일대의 주상절리가 발달한 곳과 남양천 일대로 생각된다.

3) 북면 일대

북면 일대에서 '나리동(羅里洞)'은 지금의 나리 분지에 해당된다. '왜선창(倭船艙)'은 천부, '현작지(玄斫之)'는 현포리 일대로 『검찰일기』에서는 '흑작지(黑斫之)'로 수록되어 있다. '선판구미(船板邱尾)'는 지금의 섬목 일대를 일컫는 것으로 생각된다. 그러나 울릉도 현지에서 이 지명은 지금의 내수전의 해안 일대를 지칭하는 것으로 사용되고 있어 검토가 필요하다. '산봉(蒜峰)'은 천부리 일대의 두루봉[周峰]을 지칭한다. '추산(錐山)'은 지금의 추산 일대이다. '천년포(千年浦)'는 북면 해안의 천부 서쪽에 위치한 깍기등 일대로 지금도 사용된다. '공암(孔巖)'은 코끼리 바위이다. 주상절리가 발달하고, 바위에 큰 구멍이 있어 유래된 지명이다. '후죽암(帿竹巖)'은 일선암, 삼선암 일대로 암석 형태를 대나무 모습으로 표현한 것이다. '촉대암(燭台岩)'은 일선암을 일컫는다.

'창우암(倡優岩)'은 현포리의 노인봉 일대의 지명이다. '문암(門岩)은 천년포 부근에서 동굴 사이로 도로가 뚫려 있는 곳을 지칭한다. 김창윤의 수토기에 수록된 '대추암(大錐巖)'과 '소추암(小錐巖)'은 『해동지도』에 표현된 것으로 보아 북면 일대의 내륙 산지로 추정된다. '조항(鳥項)'은 지금의 섬목 일대를 지칭하는 것으로 보이나 당시에는 관음도에 명명된 것으로 보인다. 고지도에 수록되지 않은 '구미진(丘尾津)'과 '죽암(竹巖)'은 지금의 북면 천부리의 죽암 마을 일대를 지칭한 것으로 보인다. 수토기에 수록된 '방패도(防牌島)'는 전후 맥락으로 보았을 때 관음도로 생각된다. 『검찰일기』의 '오대령(五大嶺)'은 천부에서 나리동으로 올라가는 고개를 일컫는 것이다.

Ⅱ. 울릉도 수토 경로

1. 수토기

1694년 장한상의 심찰 이후 울릉도 수토는 삼척영장과 월성만호가 번갈아가면서 2-3년 간격으로 실시되었고 수토기와 지도를 장계하였다. 수토 관련 기사는 1702년(숙종 28) 삼척영장 이준명(李浚明)의 수토를 비롯하여 여러 건이 확인되며 이 중 수토 내용과 경로가 비교적 구체적으로 수록된 수토기는 〈표 1〉과 같다.

10건의 수토 기록이 확인되며, 이 중 17세기는 장한상(1694)의 『울릉도사적』이 유일하다. 18세기의 경우 전기의 기록은 남아 있지 않으며 후기로는 조한기(1763), 김창윤(1786), 한창국(1794)의 기록이 있다. 19세기에는 하시명(1827), 이경정(1831), 이규상(1849), 지희상(1857)과 함께 박태원(1887) 수토기가 있다. 1882년의 이규원의 『검찰일기』는 개척령 반포를 위해 실시한 검찰 활동의 보고서로 기록 내용과 지도는 매우 상세하다. 이 연구에서는 군현지도가 그려지기 시작한 17-18세기의 기록을 중심으로 경로를 분석하였다.

〈표 1〉 조선시대 울릉도 수토기 및 검찰일기

시기	수토 및 검찰관	사료	수록 자료 및 소장처
1694년	張漢相(삼척영장)	『울릉도사적』	국사편찬위원회(숙종 20)
1763년*	趙漢紀(삼척영장)	「수토기」	『와유록』(규장각, 영조 41)
1786년	金昌胤(월송만호)	「수토기」	『일성록』(1786, 정조 10)
1794년	韓昌國(월송만호)	「수토기」	『정조실록』(1794, 정조 18)
1827년*	河始明(삼척영장)*	「수토기」	『일성록』(1827, 순조 27)

시기	수토 및 검찰관	사료	수록 자료 및 소장처
1831년*	李慶鼎(삼척영장)	「수토기」	『일성록(1831, 순조 31)
1849년*	李奎祥(월송만호)	「수토기」	『일성록』(1849, 헌종 19)
1857년*	池熙祥(월송만호)	「수토기」	『각사등록』(1857, 철종 8)
1882년	李奎遠(검찰사)	『울릉도검찰일기』	국립제주박물관
1887년*	朴泰遠(평해군수)	「수토기」	『한성주보』(1887, 고종 24)

* 출처 : 이원택(2014, 2018, 2020)

2. 수토 경로

1) 장한상의 「울릉도사적」(1694년)

「울릉도사적」은 장한상이 1694년(숙종 20) 심찰한 후 조정에 올린것이다. 일부 내용이 박세당(朴世堂, 1629~1703)의 「울릉도」에 수록되어 있으며, 『숙종실록』(1694)에도 포함되어 있다. 그의 심찰은 9월 19일~10월 3일까지 보름간에 걸쳐 실시되었다. 첨사와 역관, 선원 등 150명을 4척의 배에 나누어 타고 삼척부의 남면 오리진(五里津)에서 시작하였고. 사시(巳時, 오전 10시경)에 출발하였으나 도중에 파도가 심하여 바다에서 밤을 보내고 이튿날 사시(巳時)에 울릉도에 도착하였다. 유시(酉時, 오후 5시경)에 이르러서야 배들이 모두 수습되었다.

섬에 체류하는 동안 비가 많이 쏟아져 심찰은 원활하게 진행되지 않았다. 비가 그친 후에야 중봉의 삼봉에 올랐으며, 이곳에서 서쪽에 육지의 (강릉)대관령과 진방(辰方, 동남동 방향)의 300리 거리에 작은 섬이 있음을 확인하였다.[2] 이후 섬 주위를 심찰하면서 민간의 거주 흔적으로 취사 도구를

2 '西望大關嶺逶迤之狀 東望海中有一島杳 在辰方 而其大未滿蔚島三分之一 不過三百餘里。'

발견하였으나 조선인의 것이 아니었고, 선박 건조에 사용되었던 널빤지들은 조선의 배에 사용된 것임을 확인하였다.

「울릉도사적」은 수토 기록 중 가장 최초의 자료로 적지 않은 분량으로 서술되어 있다. 그러나 지명은 지금의 성인봉에 해당하는 '中峰'만 있어 구체적인 경로 파악은 불가능하다. 그러나 기록에서 자연 경관의 설명 내용이 상세하며 취락 내용도 간접적으로 표현되어 있다. 심찰 중 그가 확인한 '울릉도 동남쪽의 섬'은 지금의 독도(獨島)에 해당한다.

2) 조한기(趙漢基) 수토기(1763년)

조한기(趙漢基)의 기록은 『실록』등에 포함된 다른 수토기와 다르게 기행문인 『와유록(臥遊錄)』(제4책 규장각)에 삽입되어 있다. 고려말에서 조선에 이르기까지 송도, 관동, 관북지방을 여행한 기행문을 엮은 책으로 편찬자와 연대는 미상이다. 수토기는 관동지방의 기행문을 담은 제6책에 수록되어 있다. 장서각에 소장된 동일한 이름의 『와유록』에 울릉도 글이 수록되어 있으나 수토와는 관련이 없는 내용이다. 조한기의 수토기는 최근의 연구(이원택, 2020)를 통해 학계에 소개되었다.

조한기는 1764년(영조 40) 삼척영장으로 임명되었으며 1765년 6월까지 재임하였다. 실록에 그가 수토하였다는 기록은 없으나 수토기에서는 그가 1765년 4월경에 삼척영장으로서 주관하였음을 보여준다. 수토는 원래 1764년(영조 40)에 실시될 예정이었으나 흉년으로 한 해 연기하였으며(『비변사등록』. 1764년. 1월 8일) 1765년 삼척영장 순번때 수토한 것으로 보인다. 문서에는 뒷부분에 수록 진상품을 감봉(監封)하는 내용이 누락되어 있어 다른 공문서 형식의 수토기와 차이가 있다. 이 때문에 이 기록은 첩정(牒呈)을 편집하여 수록한 글로 보고 있다.

〈표 2〉 조한기 수토 경로 구성

날짜	원문(밑줄은 지명)
4월 16일	[원문] 促船終日, 日昏乃到苧田仇味, 泊船下陸. 顧視山勢, 石壁四圍, 不得接足, 間間有石穴, 如門可以出入. 山下廣濶, 皆宜墾闢, 田可爲數十日耕, 畓可爲數十石落.
4월 17일	[원문] 到可知仇味, 坡野廣闢, 皆可耕種, 而巖石爭奇, 澗溪競淸, 川聲山色, 濃濃滴滴, 眩人耳目. 到貝田仇味, 景槪如一, 而前有二石峰, 如叢石狀, 名曰'帷升峰', 峰之底各有一石穴, 狀如虹蜺倒橫, 寬可容四五隻船繫纜, 其中吹打軍樂, 海山咸響, 魚跳波鳥啼林, 若相和應也. 後有錐峰, 峰頭觸天, 眼力難及, 其側有峰, 名曰'朱砂', 朱砂之上, 又有白雲峯, 屹立天際, 右挾群峯, 左臨蒼溟, 四壁如削, 鳥亦不能飛到, 傍有蓮花隱仙之遊, 諸峯皆俯揖仰拱環侍, 白雲之下有龍湫, 諸峯泉瀑, 皆注其中, 深不可測, 而朱砂懸瀑, 尤奇飛落五十餘丈而復散作十三瀑,
4월 18일	[원문] 十八日, 到待風所, 山川如貝田矣.
4월 19일	[원문] 十九日, 到黃土仇味, 土沃野濶, 畓可爲數百頃矣
4월 20일	[원문] 二十日, 到倭船所, 地形如黃土署同矣. 其中家舍堦砌及古人石葬形基, 宛然矣.
4월 21일-	[원문] 念一日得回船風發行, 行四晝夜, 念四日午後, 南望越松山色,

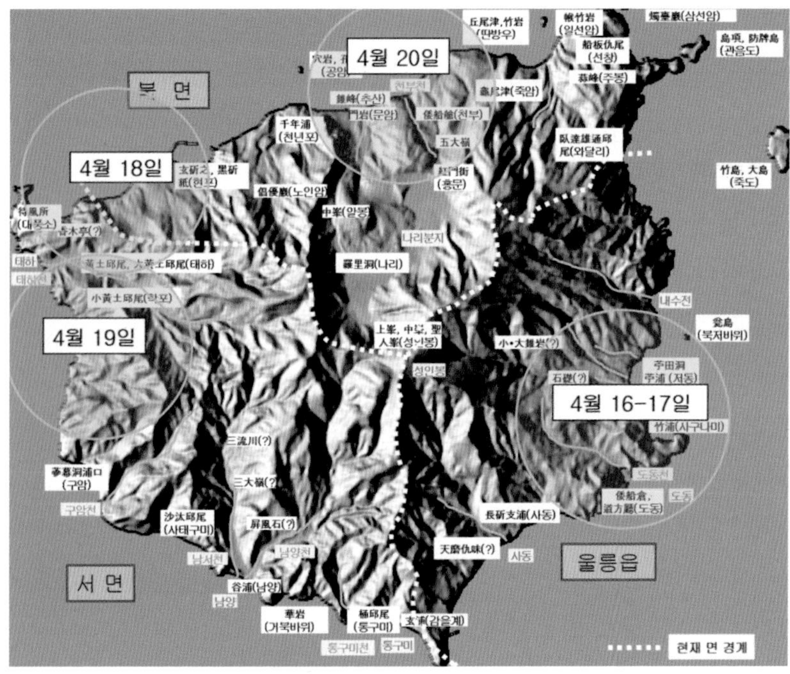

〈그림 2〉 조한기 수토의 날짜별 체류 장소(1764)

수토기에 담긴 일정을 보면, 4월 초부터 준비가 시작되어 4월 4일, 4척의 배로 준비를 마친 후 삼척에서 의식을 치루었으며, 조한기는 별도로 육로를 이용하여 울진현으로 이동하였다. 바다 기상이 좋지 않아 며칠 머무른 후 15일 새벽에야 출항하였고, 이튿날인 16일 저녁에 울릉도에 도착하여 수토를 시작하였다. 5박 6일의 수토를 마무리한 후 21일 울릉도를 출발하여 24일 월송포로 귀환하고 26일 삼척본진에 도착하였다.

〈표 2〉와 〈그림 2〉는 는 울릉도 도착 이후의 일정을 요약한 것이다[3]. 4월 16일 울릉도가 시야에 들어오고 난 후 종일토록 배를 재촉하여 날이 저물 무렵에 동남 해안의 저전구미(苧田仇味, 지금의 저전동)에 도착하였다. 기사에는 '둘러보니 석벽(石壁)이 사방을 감싸고 있어서 발을 디딜 곳이 없었다. 간간히 바위굴(石穴)이 있어 문(門)과 같이 출입할 수 있었다. 산 아래는 광활하여 모두 개간하기에 적당하였고 밭은 수십 경(耕)이, 논은 가히 수십 두락(石落)이 될 만했다.' 하여 울릉도 산세를 설명하였다.

4월 17일 일정은 가지구미(可知仇味)에서 시작되어 패전구미(貝田仇味)를 지나 바닷가에 있는 총석(叢石) 모양의 악승봉(帷升峰)을 보았다. 봉우리 아래 석혈(石穴)이 있었으며 배 4-5척이 정박할 수 있음을 서술하였다. 내륙에서 추봉(錐峰)과 주사봉(朱砂峰)과 백운봉(白雲峯)을 보고 그 아래에 용추(龍湫)에 다다랐다. 이 용추는 지금의 저전동에 있는 봉래폭포로 보인다.

4월 18일 이후의 일정은 간략하게 수록되어 있다. 18일 지금 울릉도 북서쪽 태하리 일대인 '대풍소(待風所)에 도착하여 보니 패전구미(貝田仇味)와 모습이 비슷하다.'라고 서술하였다. 19일에는 황토구미(黃土仇味)를 보고 '토지가 비옥하고 들판이 넓어 논이 수백 경(頃)은 될듯하다'고 기록하였다.

3 조한기의 수토 경로에서 4월 17일을 제외한 다른 날의 일정은 간략하게 서술되어 있어 경로 지도는 별도로 제시하지 않았다.

지금의 태하천 유역에 해당된다. 20일에는 왜선소(倭船所)를 보고 '모습이 황토구미와 비슷하다'라 표현하였다. 왜선소는 지금의 천부 일대이다. 이곳에서 가옥의 섬돌과 옛사람의 돌무덤[石葬]이 남아 있음을 보았다. 21일에는 울릉도에서 출발하여 나흘동안 항해하였고 24일 오후에 들어서 월송(越松) 포구가 남쪽 시야에 들어왔다.

이상의 내용을 정리하면 조한기의 수토는 울릉도 동남 해안의 저전동과 북쪽의 태하동, 천부 일대를 중심으로 진행되었음을 보여주며, 도서와 내륙에 대한 구체적인 기록은 나타나지 않는다.

3) 김창윤 수토기(1786년)

김창윤(金昌胤)의 수토기는 『일성록』(1786년, 정조 10)에 수록되어 있으며 원춘감사(原春監司) 이치중(李致中)이 장계한 것이다. 월송 만호였던 그의 수토는 원래 1785년(정조9)에 시행될 예정이었으나 흉년으로 이를 거르고 이듬해 실시된 것이다. 수토는 4월 27일~5월 5일 9일간 이루어졌다.

(1) 행로와 귀로

4월 19일 평해 구미진(丘尾津)에서 바람을 살피고 27일 오시(午時, 정오경)에 왜학(倭學)과 선원 80여명이 4척의 배에 나누어 타고 출발하였다. 왜학(倭學)을 동행한 것은 일본인이 거주한 것을 염두에 둔 것이다. 이튿날인 28일 묘시(卯時, 오전 6시경)에 울릉도가 시야(視野)에 들어왔으며 몇 시간 지나지 않아 섬에 점차 접근하였다. 사경(四更, 새벽 1-3시경) 즈음에 흩어진 배를 모아 수습하여 섬에 도착하였다. 이튿날인 29일에 배의 닻을 올리고 저전동(苧田洞)에 이르러 목욕하고 산제를 지낸 후 수토를 시작하였다.[4]

---

4 [行路] 四月十九日 候風于平海丘尾津, 二十七日午時 分四船與倭學李裕文 上下員役沙格

육지로의 귀로는[5] 6일간의 수토가 마무리된 후 5월 4일 해신에 제사를 지내고 출발하여, 5일 유시(酉時, 오후 6시경)에 만호(萬戶)의 배가 삼척 원덕면의 장오리(長五里)에 도착하였다. 술시(戌時 오후 8시경)에 왜학(倭學)의 배 2척이 정박하였고, 해시(亥時, 오후 10시경) 하복(下卜)의 배 1척이 도착하였다. 가지어를 비롯한 울릉도 산물과 함께 지도와 첩정을 비변사에 올려 보냈다. 그가 올린 지도는 남아 있지 않다.

⑵ 울릉도내 경로

김창윤의 수토 활동을 날짜별로 요약한 것과 경로는 〈표 3〉, 〈그림 3〉과 같다. 5일간의 울릉도 체류기간 중 도착 첫날인 28일의 숙박지는 수록되어 있지 않다.

〈표 3〉 김창윤 수토 경로 구성

날짜	원문 요약과 경로 지명(현재 위치)
4월 29일	[원문] 二十九日解纜到苧田洞四船之人沐浴山祭後看審則 自洞口至中峯二十餘里, 重峯疊嶂內外, 相連中, 有三峯最秀。此是一島之主鎭, 而洞裏石城痕 周可數三里, 宛然猶存, 城內有大錐巖 小錐巖 石礎 苧田等處, 土地平衍 可墾田畓八九石。落前進 可支仇味 則山腰有兩石窟 其深難測, 可支魚驚出投水之際, 砲手齊放 捉得二首。
	[경로] 上峰(성인봉)→苧田洞(울릉읍 저동)→大錐巖(울릉읍 저동 내륙)→小錐巖(울릉읍 저동 내륙)→石礎(울릉읍 저동 내륙)→苧田(註記)→可支島仇味(울릉읍 와달리 일대)

竝八十名齊發。二十八日卯時 船格等指 曰彼黑雲底乃島中上峯云云。未過數時 最高三峯宛然入望。四更未四船同聚悲喜交極各陳危怖之狀。二十九日 解纜到苧田洞 四船之人沐浴山祭後...

5 [歸路] 同日申時 一行齊登壇上 謹祭海神 掛帆旋歸初。五日酉時 萬戶船還泊 三陟遠德面長五里, 戌時倭學船二隻來泊, 亥時下卜船一隻又來。初七轉泊待風所 初八還鎭 所產可支魚 皮二令 青竹三 箇紫檀香二吐莫 石間朱五升 本島圖形一件 牒呈 上送備邊司緣由馳啓。

날짜	원문 요약과 경로 지명(현재 위치)
5월 1일	[원문] 五月初一日 卯時 轉向南邊倭船滄, 則自洞口 至中峯三十餘里 皆是殘山 石城 石塔 石葬等 遺址宛然。轉向前面巖壁削列水邊。到長作地竹林處 則竹林稀疏 元無體大者 北到天磨仇味。
	[경로] 倭舡滄(울릉읍 도동)→長作地(울릉읍 사동)→天磨仇味(현재 간령 부근)
5월 2일	[원문] 初二日 平明省審 則有巖屹立水中, 狀如牛角 名以帿竹巖。東有防牌島距大島 爲三里許。
	[경로] 帿竹巖(일선암·삼선암)→防牌島(관음도)
5월 3일	[원문] 初三日 到玄作地 石山重疊 海邊則嚴石而已。錐山則 山形奇異 石色怪黑竹巖則兩巖屹立狀 如帿竹。傍有孔巖 中通小桶船。到黃土仇味 則山形重疊 谷水成川 可畓三十餘石 可田數十餘石。自洞至中峯三十餘里, 左右土窟巖石, 上有前日搜討官等 題名。
	[경로] 玄作地(북면 현포리)→錐山(북면 추산)→竹巖(북면 천부리 죽암)→孔巖(북면 공암)→黃土仇味(서면 태하)
5월 4일	[원문] 初四日 轉向香木亭, 大抵一島 周回可百二十餘里 南北七八十里 東西六七十里。四面皆絕壁 山形箇箇峻險 大溪小澗 或瀑或流 千丈銀虹 萬斗噴玉。自待風所望見 樹木則冬栢 側栢 香木 楓木 檜木 欕木 梧桐 桑楡檀木 羽蟲則島鷗 毛族則猫鼠而已 海族則甘藿 鰒魚 可支魚。搜探後 同日申時 一行齊登壇上謹祭海神 掛帆旋歸。
	[경로] 香木亭(서면 향목정)→待風所(서면 대풍소)

수토 첫날인 29일의 기록을 요약하면 '배가 출항하여 저전동(苧田洞)에 이르러 산제(山祭)를 지낸 뒤에 간심(看審)하니, 동구(洞口)에서 중봉(中峰)까지 20여 리에 산봉우리들이 겹쳐서 서로 연이어 있는데 가운데에 있는 세 봉우리가 가장 빼어났다. 이곳이 섬의 주진(主鎭)으로 마을 안에 둘레가 2, 3리는 됨직한 석성(石城)의 흔적이 아직 남아 있었고, 성안에 있는 대추암(大錐巖)·소추암(小錐巖)·석초(石礎)·저전 등은 토지가 평탄하고 넓어서 논밭 8, 9섬지기를 개간할 만하다. 앞쪽으로 가지도구미(可支島仇味)에 나아가니, 산허리에 석굴 두 개가 있었는데 그 깊이를 헤아리기 어려웠고, 가지어(可支魚)가 놀라 뛰쳐나왔다가 물로 뛰어드는 사이에 포수가 총을 쏘아 두 마리를 잡았다.'는 내용이 담겨 있다.

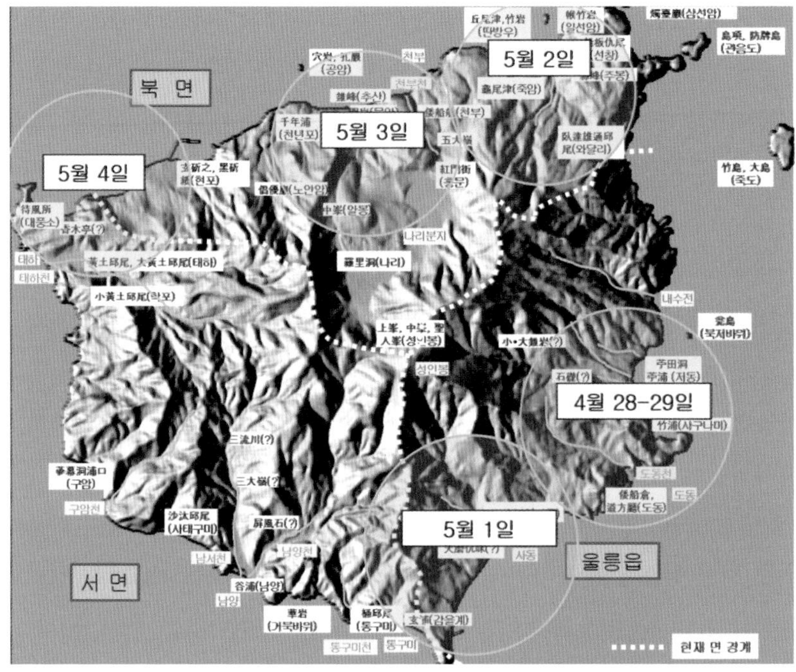

〈그림 3〉 김창윤 수토의 날짜별 체류 장소(1786)

기사에는 지명으로 저전동(苧田洞)과 대추암(大錐巖)·소추암(小錐巖)·석초(石礎)·저전(苧田)과 가지도구미(可支島仇味)가 순차적으로 수록되어 있어 지금의 울릉읍 저동 일대에서 수토가 이루어진 것으로 보인다. 저동을 '主鎭'으로 표현한 것은 이 일대를 주민이 거주하였던 곳으로 생각했던 것으로 보인다. 함께 언급된 석성(石城)은 과거 거주 흔적을 묘사한 것이다. 가지어(可支魚)를 잡은 가지도구미(可支島仇味)는 지금 저동의 북쪽에 있는 와달리 일대이다. 와달리 일대에서 해구나 해우(海牛)를 잡았다는 기록은 이후의 한창국 「수토기」나 이규원의 『검찰일기』에서도 나타난다.

1일의 기록에는 '묘시(卯時, 오전 6시경)에 남쪽 왜강창(倭舡滄)으로 가서 보니 동구(洞口)에서부터 중봉(中峰)까지 30여 리가 모두 전란을 겪고 남은 산으로, 석성·석탑(石塔)·석장(石葬) 등의 유적지가 뚜렷하였다. 앞쪽으로 돌아가니 암벽이 물가에 깎아지른 듯이 늘어서 있었다. 장작지(長作地)의 대숲이 있는 곳에 이르자, 숲이 듬성듬성하고 원래 큰 대나무는 없었으며 북쪽으로 천마구미(天磨仇味)까지 닿아 있었다.'의 내용이 담겨 있다.

기사에서 지명은 왜선창(倭船滄), 장작지(長作地)와 천마구미(天磨仇味)가 수록되어 있어 지금의 도동[倭船滄] 일대와 사동에서 수토가 진행되었음을 보여준다. 두 곳에서 모두 배에서 내려 내륙에서 조사가 이루어진 것은 주민의 거주 가능성이 높은 지역이었기 때문인 것으로 보인다. 짧은 일정에서 이틀을 저동과, 도동, 사동에서 지낸 것은 이 일대를 섬의 중심 공간으로 생각하였기 때문인 것으로 추정된다.

셋째 날인 2일의 활동을 요약하면 '아침에 보니 어떤 바위가 바다 가운데 우뚝 서있어서 그 모양이 마침 쇠뿔 같았다. 이름이 후죽암(帿竹巖, 지금의 삼선암)이라 하였다. 그 동쪽에 방패도(防牌島)가 있는데 큰 섬(大島)과 거리가 3리쯤 떨어져 있었다.' 는 기록이 있다. 이는 지금의 일선암, 삼선암, 관음암과 죽도 일대를 묘사한 것이다.

넷째날인 3일의 기록을 요약하면 '현작지(玄作地)에 다다르니 돌산이 있고 바닷가에는 바윗돌뿐이었다. 추산(錐山)은 산의 형태가 기이하고 돌이 괴이한 검은색이며, 죽암(竹巖)은 양쪽 바위가 우뚝 서서 모양이 마치 후죽(帿竹)과 같았다. 가까이 공암(孔巖)이 있는데 가운데로 작은 통선(桶船)이 통과하였다. 황토구미(黃土仇味)에 이르자, 산이 중첩되어 있었고 계곡 물이 내를 이루어 30여 석의 논농사를 지을 만하고 수십 여 석의 밭을 갈 수 있었다. 마을로부터 중봉까지 30여 리에는 좌우로 토굴의 바위 위에 예전 수토관들의 이름을 적어 놓은 것이 있었다.'는 내용이 담겨 있다.

지명에서 '현작지(玄作地), 추산(錐山) 죽암(竹巖), 공암(孔巖), 황토구미(黃土仇味)가 순차적으로 나열되어 있어 울릉도 북면의 북쪽 해안을 따라 수토가 진행되었음을 보여준다. 현작지는 지금의 북면의 현포항 일대로 당시에 배가 접안할 수 있었다. 추산은 지금의 송곳산으로 묘사 내용은 지금과 유사하다. 죽암은 대나무 형상으로 설명되어, 지금의 북면 동쪽 해안에 있는 일선암과 유사하나 동일한 곳인지는 확실하지 않다. 공암은 코끼리바위에 해당된다.

황토구미는 지금의 태하천 하구에 있는 굴로 적색토양에서 지명이 비롯되었다. 이곳은 울릉도에서 드물게 태하천 유역에 평지가 발달한 곳으로 1900년 울도군이 설치될 때 1903년 군청이 도동(道洞)으로 옮기기 전까지 중심지 역할을 한 곳이다. 기사에서 언급된 수토관의 이름은 지금 태하리의 각석문에 남아 있다.

마지막 날인 5월 4일의 기록을 요약하면 '항목정(香木亭)으로 향하여 보니, 섬 전체의 둘레가 120여리, 남북 7, 80리, 동서로 6, 70리이다. 사면이 모두 절벽으로, 산의 형태가 험준하고 큰 시내와 작은 산골물이 쏟아져 내리기도 하고 흐르기도 하여 천 장(丈)의 은빛 무지개가 만 두(斗)의 옥을 토해 내는 듯하였다. 대풍소(待風所)에서 바라다 보니 수목으로는 동백나무·(중략) 날짐승으로는 까마귀와 비둘기, 들짐승으로는 고양이와 쥐뿐이었고, 해산물로는 미역·복어·가지어가 있었다.'는 내용을 담고 있다. 같은 날 신시(申時, 오후 3시경)에 일행이 제사를 지내고, 돛을 걸고 (육지로) 출발하였다.

이날 일정에서 지명은 항목정과 대풍소 2곳만 수록되어 있는데 이들은 주로 북면 태하리 부근이다. 항목정으로 향하였다[轉向]는 기록으로 볼 때 수토 기간 중에는 주로 섬 동남쪽의 저동 일대에 체류한 것으로 보이며, 육지로 출항하기 전에 이곳에 들른 것으로 보인다. 수토기 말미에는 섬의 둘레와 남북 거리 등 섬의 제원, 바다에서 육지를 바라보는 모습과 함께 섬의 산물이 수록되어 있다.

수토 경로를 종합하면 첫날 저동 일대에 도착하여 이곳을 거점으로 하여 해안 중심으로 배를 이용한 수토가 이루어졌음을 보여준다. 내륙의 탐사는 저동과 태하 일대를 중심으로 부분적으로 진행되었고 일부에서 옛 석성(石城)의 흔적을 확인하였다. 장한상의 심찰과는 다르게 왜인과 조선인의 거주 내용은 담겨 있지 않다. 김창윤의 수토는 1694년 장한상이 심찰 이후 약 90년, 조한기 수토 후 21년이 지난 후 실시된 것이기 때문에 기록은 이전에 비해 비교적 구체적인 내용을 담고 있다.

4) 한창국 수토기(1794년)

한창국의 수토기는 1794년(정조 18) 4월에 수토하여 남긴 기록이다. 「울릉도도형」을 작성하여 비변사에 바쳤다는 기록이 지도는 있으나 남아 있지 않다. 내용 구성은 8년 앞서 실시된 김창윤의 수토 기록과 유사하다. 행로와 함께 섬에 도착한 이후 경로가 서술되어 있으며 4월 30일 울릉도를 출발하여 본진에 오기까지의 귀로는 간단히 서술되었다.

(1) 행로

행로[6]를 요약하면 4월 21일 4척의 배에 왜학(倭學) 이복상(李福祥)과 함께 80여명의 선원을 태우고 미시(未時, 오후 2시 경)에 출발하였으며 유시(酉時, 오후 6시경)에 이르러 풍랑을 만나 배들이 흩어졌다. 해신(海神)에 제사를 지내고 나서 보니 2척의 배가 실종되었다. 이튿날인 22일 인시(寅時, 오전 4시경)에 이들과 다시 조우하였으며 멀리 울릉도가 시야에 들어왔다.

---

6 四月二十一日, 幸得順風, 糧饌雜物分, 載四隻船, 與倭學李福祥及上下員役、格軍八十名, 同日未時量, 到于大洋中, 則酉時, 北風猝起, 雲霧四塞, 驟雨霹靂, 一時齊發, 四船各自分散, 莫知所向。萬戶收拾精神, 戎服禱海, 多散糧米, 以餽海神後, 使格軍輩, 擧火應之, 則二隻船擧火而應, 一隻船漠然無火矣。二十二日寅時, 怒濤漸息, 只見遠海之中, 二隻船帆自南而來。格軍輩擧手指東曰 彼雲霧中隱隱如雲者, 疑是島中上峰也。萬戶詳細遠望, 則果是島形也。

(2) 울릉도내 경로

울릉도내 수토 경로와 이를 지도로 표현한 것은 표 4., 그림 4.와 같다. 수토기에는 4월 22일부터 26일까지 5일간의 일정이 수록되어 있으며 23일의 내용은 누락되어 있다. 첫날 22일의 내용을 요약하면 섬 서쪽의 황토구미진(黃土丘尾津)에 정박하여 산으로 올라가서 보니, 계곡에서 중봉(中峰)까지의 30여 리에는 산세가 중첩되면서 계곡의 물이 내를 이루고 있었다. 그 안에 논 60여 섬지기의 땅이 있고, 골짜기는 아주 좁고 폭포가 있었다. 그 왼편은 황토구미굴(黃土丘尾窟)이 있고 오른편은 병풍석(屛風石)이 있으며 그 위에는 향목정(香木亭)이 있었다는 내용이 수록되어 있다.

지명을 보면 울릉도 북서쪽의 지금 태하리 부근인 황토구미진에 정박한 것으로 나타나 김창윤의 수토와 차이가 난다. 경로에는 황토구미진과 병풍석, 향목정이 있어 태하리 일대를 중심으로 수토하였음을 보여준다. 내용 중 '중봉에서 흘러 내리는 계곡 물'은 지금의 태하천 유로를 묘사한 것이다. 향목정에 대해서는 '수토관으로 추정되는 육지 사람들이 향나무를 주기적으로 베어가서 나무가 줄어들었다.'라고 서술되어 있다.

〈표 4〉 한창국 수토 경로 구성

날짜	원문 요약과 경로 지명(현재 위치)
4월 22일	[원문] 親自擊皷, 激勵格軍, 卽爲到泊於島之西面黃土丘尾津。登山看審, 則自谷至中峰三十餘里, 而山形重疊, 谷水成川, 其中有可作水田六十餘石下種之地。谷則狹窄, 有瀑布, 而左爲黃土丘尾窟, 右爲屛風石。其上又有香木亭, 故斫取香木, 而以間年斫取之故, 漸就稀少。
	[경로] 黃土丘尾津(서면 태하)→中峰(성인봉)→黃土丘尾窟(서면 태하)→屛風石(서면 태하 내륙)→香木亭(서면 향목정)
4월 23일	일정 없음
4월 24일	[원문] 二十四日到桶丘尾津, 則谷形如桶, 前有一巖在海中, 與島相距可爲五十步, 而高近數十丈, 周回皆是絶壁。谷口巖石層層, 僅僅攀登而見之, 則山高谷深, 樹木參天, 雜草茂密, 通涉無路。
	[경로] 桶丘尾津(서면 통구미)

날짜	원문 요약과 경로 지명(현재 위치)
4월 25일	[원문] 二十五日到長作地浦, 谷口果有竹田, 非但稀踈, 擧皆體小。其中擇其稍大者斫取後, 仍向東南楮田洞, 則自洞口至中峰爲數十里許, 而洞裏廣闊基址, 顯有三處, 可作水田數十石下種之地。前有三島, 在北曰防牌島, 在中曰竹島, 在東曰瓮島。三島相距, 不過百餘步, 島之周回, 各爲數十把, 險巖葎屼, 難以登覽, 仍爲止宿。
	[경로] 長作地浦(울릉읍 사동)→楮田洞(울릉읍 저동)→防牌島(울릉읍 관음도)→竹島(울릉읍 죽도)→瓮島(울릉읍 북저바위)
4월 26일	[원문] 二十六日轉向可支島, 四五箇可支魚, 驚駭躍出, 形若水牛。砲手齊放, 捉得二首, 而丘尾津山形, 最爲奇異, 入谷數里, 則昔日人家遺址, 宛然尙存。左右山谷, 甚爲幽深, 難於登陟。仍遍看竹巖、帿布巖、孔巖、錐山等諸處, 行到桶丘尾禱山祭海, 待風留住。 蓋島周回, 摠爲論之, 則南北七八十里許, 東西五六十里許。環海則皆是層巖絶壁, 四方山谷, 則間有昔日人居之土址, 而田土可墾處, 合爲數百石下種之地。樹木則香、栢、蘗、檜、桑、榛, 雜草則靑芹、葵、艾、苧、楮。其餘異樹奇草, 不知名, 難以盡記。羽蟲則雁、鷹、鷗、鷺, 毛蟲則貓、鼠, 海産則藿、鰒而已。
	[경로] 可支島(울릉읍 와달리 부근)→丘尾津(죽암)→竹巖(북면 딴바위)→帿布巖(북면 일선암·삼선암)→孔巖(북면 공암)→錐山(북면 추산)→桶丘尾(울릉읍 통구미)

24일의 일정은 주로 통구미진 일대에서 수토가 이루어졌다. 내용을 요약하면 '통구미진(桶丘尾津)에 도착하니 계곡 모습이 마치 나무통과 같고 그 앞에 바위가 하나 있는데, 바닷속에 있는 그 바위는 섬과 거리가 50보쯤 되고 높이가 수십 길이나 되며, 주위는 사면이 모두 절벽이었다. 계곡 어귀에 암석이 쌓여 있는데, 근근이 기어 올라가 보니 산은 높고 골은 깊은데다 수목은 하늘에 맞닿아 있고 잡초는 무성하여 길을 헤치고 나갈 수가 없었다.'라 하여 계곡의 험준한 지형을 묘사하고 있다. 수토를 마친 후 이곳에서 숙박한 것으로 보인다.

25일에는 지금의 사동인 장작지포(長作地浦)와 저동 일대에서 수토가 이루어졌다. 내용을 요약하면 '장작지포에는 대밭이 있었으나 듬성듬성하게 자라고 거의 작달막하였다. 저전동은 골짜기 어귀에서 중봉에 이르기까지 널찍한 터전이 있어 수십 마지기 정도 되었다. 앞에 세 개의 섬이 있는데, 북

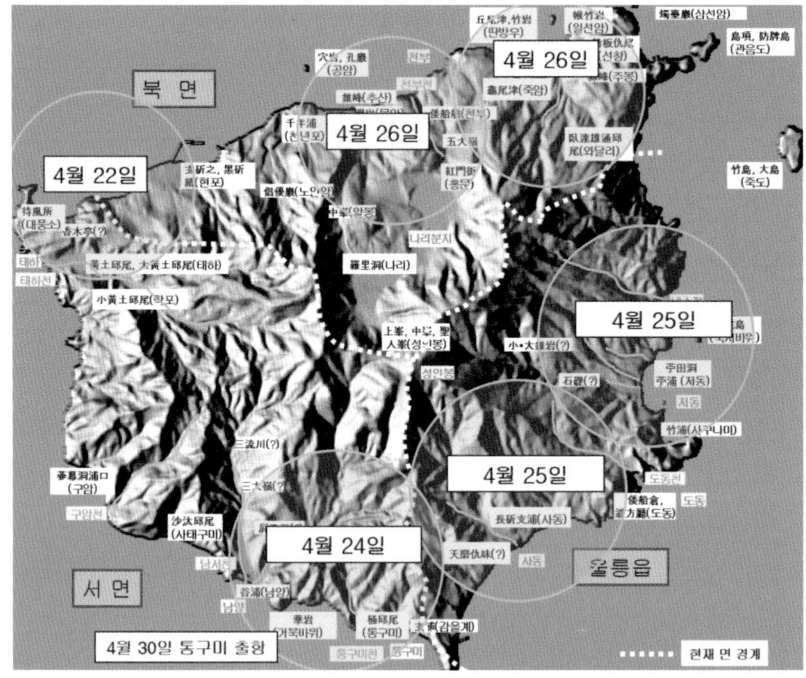

〈그림 4〉 한창국 수토 날짜별 체류 장소(1794)

쪽은 방패도(防牌島), 가운데는 죽도(竹島), 동쪽의 섬은 옹도(瓮島)였으며 세 섬 사이의 거리는 1백여 보(步)에 불과하고 둘레는 각각 수십 파(把)씩 되는데, 지형이 험하였다'라는 내용이 수록되어 있다. 숙박은 저전동에서 하였다.

26일의 기록에는 경로와 함께 울릉도 섬 크기와 산물이 정리되어 있다. 지명으로 가지도(可支島), 구미진(丘尾津), 죽암(竹巖), 후포암(帿布巖), 공암(孔巖), 추산(錐山) 등이 있어 북면의 해안 일대를 수토하였음을 보여준다. 가지도에서는 가지어 2마리를 포획하였으며 구미진에서는 인가 터를 확인하였다. 마지막 일정인 통구미에 가서 출항 준비를 하며 숙박을 하였다.

수토기 말미에 섬 크기를 남북 70-80리, 동서 50-60리로 기술하고 있으며 험준한 해안 지형과 함께 토산물로 수목, 잡초, 조류, 동물과 해산물 등을 수록하였다.

이상과 같은 한창국의 수토기 내용을 종합하면 첫날 황토구미에서 정박한 후 해안을 따라 이동하여 통구미진, 저동에서 숙박 후 다시 통구미로 돌아가 출항하고 있어 김창윤의 수토 경로와 차이가 있다. 즉 김창윤이 서면 일대를 제외한 반면 한창국은 전 해안을 일주하면서 수토를 진행하였다. 황토구미와 저동에서 1박을, 통구미에서 2박을 하였다. 내륙을 수토한 곳은 태하, 통구미, 저동, 죽암 일대이며 도동의 수토 내용은 담겨 있지 않다. 김창윤의 수토기는 북쪽 해안의 섬을 중심으로 서술하고 있는 반면에 한창국은 동남 해안에 있는 지금의 관음도[防牌島], 죽도(竹島), 북저바위[瓮島]에 대해 비교적 상세히 설명하고 있다. 한편, 한창국이 서술한 섬의 크기와 산물의 내용은 김창윤의 수토기와 유사하다

Ⅲ. 수토와 지도 발달

1. 수토지도

〈표 5〉 울릉도 수토 및 검찰지도

유형	지도제	시기	크기	소장처	지명	명명*
수토지도	「鬱陵島圖形」	1711년	71.4×62.2cm	규장각	3	『박석창도형』
	「鬱陵島圖形」	未詳	96.0×93.8cm	국립중앙도서관	19	『국중도형』
	「鬱陵島圖形」	未詳	80.0×120.0cm	삼척시립박물관	19	『삼척도형』
검찰지도	「鬱陵島外圖」	1882년	134.0×97.5cm	규장각	36	『울릉도외도』
	「鬱陵島內圖」	1882년	110.1×65.7cm	규장각	16	『울릉도내도』

* 백인기(2012)에 따름

수토관은 울릉도 수토 이후 보고서와 함께 울릉도도형, 특산물을 바치도록 되어 있었다. 〈표 5〉는 수토와 검찰활동의 결과 그려진 지도의 서지 내용이다. 현재 5점이 남아 있으며[7], 이 중 「박석창도형」과 이규원의 「울릉도내·외도」를 제외하면 제작자와 연대가 미상이다.[8] 앞에서 소개된 김창윤과 한창국의 수토기에 지도를 그려 바쳤다는 기록이 있으나 지도는 확인되지 않는다. 이 절에서는 수토지도를 통해 당시 수토관들이 그린 울릉도의 내용을 분석하였다.

---

7 한편 수토지도로 추정되는 인터넷상에 있으나 소장처가 불확실하다. 지도 이름은 「울릉도도」로 가운데 나리동을 중심으로 평지를 그리고, 산지는 해안을 향하여 거칠게 표현되어 있다. 수록된 지명이 매우 상세한 것으로 보아 수토지도로 간주된다. 한편 간송미술관에도 한질의 지도가 있는 것으로 나타나 있다. 이에 대한 연구는 차후에 미룬다.

8 본 연구에서 「울릉도내·외도」(1882)의 소개는 생략하였다.

1)「박석창도형」(규장각)

이 지도(〈그림 5〉)는 현재 남아 있는 수토 지도 중 가장 오래된 것이다. 지도 뒷면에 '營將朴錫昌所作 鬱陵島地圖'라고 기재되어 있다. 박석창(朴錫昌)은 1710년(숙종 36) 9월에 삼척영장으로 임명된 후 다음 해인 1711년 5월에 울릉도를 수토하였다. 1694년 장한상의 심찰 이후 17년이 지나 실시된 것으로 비교적 이른 시기의 수토이다. 지도와 함께 좌측에 다음과 같은 내용의 주기가 쓰여 있다.

> 신묘 5월 14일 왜선창(倭舡倉)에서 대풍소(待風所)로 배를 옮겨 서툰 글 한마디 표기하다. 뒷날 (方上에 묘암목을 세워 새겨넣었다) 만리 푸른 바다밖 장군 계수나무 배에 오르다. 평생을 충신(忠信)에 기대어 험난함이 스스로 사라진다. 수토관 朴錫昌, 군관 朴省三·金壽元, 왜학 朴命逸.'

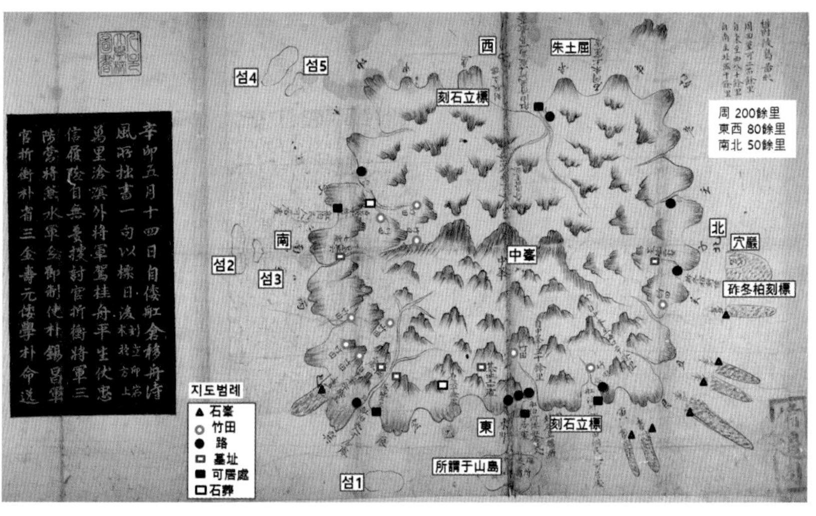

〈그림 5〉「박석창도형」(규장각)

이 내용은 지금 그가 울릉도 도동리에 세웠던 각석에 동일하게 새겨 있다. 이 비석은 지금도 남아 있으며 지도에서는 '각석입표소(刻石立標所)'로 표시하였다. 이 각석문은 현재 남아있는 울릉도 수토 각석문 중 가장 오래된 것이다.

지도에서 울릉도는 사각형에 가까운 원형으로 묘사되었다. 서쪽을 위로 하였고, 방위는 동서남북과 24방위를 함께 사용하였다. 지도의 우측 상단에 울릉도의 섬 크기와 관련된 내용으로 '주위 200여리, 동서 80여리, 남북 50여리'가 기재되어 있다. 섬의 묘사를 보면 중앙에 중봉을 중심으로 세 봉우리가 중봉을 향하여 독립된 산지로 묘사되어 있다. 중앙의 산지 표현에서 중봉과 마주 보는 산지는 비교적 작게 그려져 있고, '하천이 이곳에서 유출되고 있다.'는 내용의 주기로 보아 지금의 나리분지 일대를 묘사한 것이다.

해안으로 유입하는 하천 중 3곳은 비교적 큰 규모로 그려져 있고, 9곳에 작은 유로가 묘사되어 있다. 동쪽과 남쪽의 해안에 6개의 섬이 묘사되어 있으며, 북동쪽의 해안에는 기암절벽들이 그려져 있다. 지금의 공암('코끼리바위')에는 '穴岩'으로 기재되어 있다. 30여 곳에 수록된 내용은 '竹田', '石葬', '基址' 등으로 대부분 지명이 아닌 주기 성격을 담고 있다. 지명은 '中峰'과 '苧田洞'[9]과 함께 동쪽 바다에 묘사된 '于山島'[10], '倭船倉' 등 3곳 뿐이다.

2) 「국중도형」(국립중앙도서관)

이 지도(〈그림 6〉)에서 울릉도는 4각형의 섬으로 묘사되었으며, 지도 위쪽을 북쪽으로 정치하였다. 방위는 12간지를 이용하여 표현하였다. 산지가 내륙으로 향하는 독립된 산지로 표현되어 있어 「박석창도형」과 유사하다.

---

9 '舡泊所 倭舡倉民人可居處'의 주기가 쓰여 있다.

10 '海長竹田 所謂于山島'의 주기가 쓰여 있다.

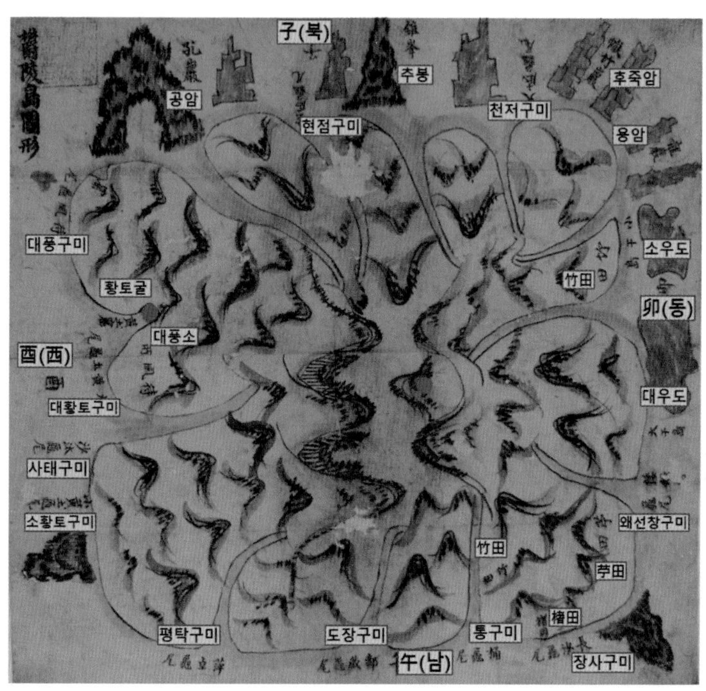

〈그림 6〉「국중도형」(국립중앙도서관)

섬의 중앙에 그려진 산지에는 붉은색 점을 이용하여 정상을 표현하였다. 산지 사이에 그려진 평지는 나리분지를 묘사한 것이다. 지도에서 하천은 11곳에 유로가 묘사되어 있어 「박석창도형」과 동일하다. 하천이 해안으로 유입하는 일대에는 기암절벽들이 실경으로 거칠게 그려져 있다.

수록 지명은 「박석창도형」에 비해 보다 구체적으로 기재되어 있고 특히 해안의 지명이 상세하다. 동쪽 해안에 '倭船倉龜尾', 남쪽에 '長沙龜尾', '桶龜尾', '都藏龜尾', '萍卓龜尾' 가 있다. 서쪽 해안에는 '小黃土龜尾', '沙汰龜尾', '大黃土龜尾', '待風龜尾'가 기재되어 있으며, 북쪽에 '玄店龜尾', '天底龜尾' 등이 있다. 아 중 '孔巖', '錐峯' 등은 지금의 코끼리바위와 추산을 지칭한다. '候竹巖', '龍巖' 등은 일선암, 삼선암을 그린 것으로 추정된다. 이중 지명에서 유형부가 '-龜尾'인 이름은 포구가 발달한 만입부를 의미한다. 지도의 동남쪽과 남서쪽에도 해안 지형이 묘사되어 있으나 지명은 기재되어 있지 않다.

내륙에는 지명이 거의 쓰여 있지 않다. '竹田'이 2곳, '苧田'이 1곳, '楮田'이 1곳이 있으나 이는 지명보다는 주기에 가깝다. 서쪽의 내륙에 '待風所'가 있으나 별도로 '대풍구미' 지명이 있는 것으로 보아 이것도 주기에 해당되는 것으로 생각된다. 섬은 동쪽에 다른 지도에서 나타나지 않는 '大于島'와 '小于島'가 2곳만 묘사되어 있다[11]. 서쪽의 '黃土窟' 지명에도 붉은색이 칠해져 있다. 이 지도는 「박석창도형」에 비해 내용과 지명이 상세한 것으로 볼 때 이후의 수토때 그려진 것으로 추정된다.

3) 「삼척도형」(삼척시립박물관)

「삼척도형」(〈그림 7〉)은 2007년 일반에게 알려졌으며 지도의 구체적인 내용은 2012년에 백인기(2012)에 의해 학계에 소개되었다. 크기는 80.0×120.0cm로 다른 지도에 비해 비교적 크다. 지도제인 '울릉도도형'이 지도의 중앙에 쓰여 있으며 이를 중심으로 오른쪽에 수토 후에 바쳐진 진상품이, 왼쪽에 수토에 함께 한 왜학(倭學)과 군관(軍官) 등의 숫자가 쓰여 있다.

지도의 정치는 북쪽을 아래로 하고 좌측을 동쪽으로 배치하여 그렸다. 채색은 묵색과 함께 주황색 물감을 이용하여 내륙의 산지와 해안의 섬을 표현하였다. 산지는 봉우리가 겹친 모습으로 그렸고 하천 유로는 묘사되지 않았다. 섬 중앙의 산지 사이에 그려진 평지는 나리분지를 묘사한 것이다. 내륙에는 지명이 기재되지 않았으며 산지 곳곳에 대죽(大竹) 형태의 수목을 그려 넣었다.

---

11 이 지명에 대하여 이를 대간도(大干島), 소간도(小干島)로 읽어 이를 수토기에서 나타나는 '防牌島'의 이칭으로 해석하여야 한다는 견해가 있다.(김기혁, 2009)

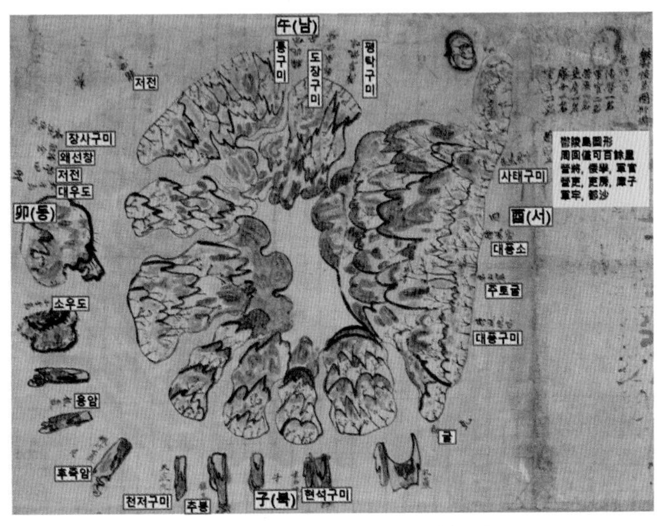

〈그림 7〉「삼척도형」(삼척박물관)(부분)

이는 이전 지도에서 나타나는 '竹田'을 그림으로 묘사한 것으로 보인다.

해안에는 만입부를 지칭하는 '-仇味' 지명과 '窟' 등의 지명이 기재되어 있다. 동쪽 해안에는 '苧田'과 '倭船倉', '長沙仇味'와 '楮田', 남쪽 해안에 '通仇味'와 '都藏仇味', '萍草仇味'를 비롯하여 서쪽 해안에 '沙汰仇味', '待風所', '朱土屈', '待風仇味'가 쓰여 있다. 북쪽 해안에는 '天底仇味'와 '玄石仇味'가 있다. 섬 지명으로는 주로 동쪽과 북쪽 해안에 기재되어 있다. 동쪽에는 '大于島'와 '小于島', '龍巖', 북쪽 해안에 '帿竹巖', '錐峰', '孔巖'이 묘사되어 있다. 이와 같은 지도의 내용은「국중도형」과 유사하다.

2. 군현지도와 조선전도

수토가 본격적으로 실시된 18세기는 조선의 지도 발달에서도 획기적인 전기가 이루어진 시기이다. 각 고을을 상세하게 그린 군현지도가 다양한 모습으로 그려졌으며 이들은 대부분 지도책으로 성책되었다. 이들 지도의 유형은 회화식, 1리방안식, 20리 방안식 지도와 고을에서 그린 지도로 나뉜다. 당시 울릉도는 설읍(設邑)되지 않았으나 지도책에는 낱장으로 그려져 삽입되어 있다.

이 중 울릉도를 그린 대표적인 지도는 『해동지도』와 『조선지도』이다. 이들이 만들어진 시기는 앞에서 소개된 조한기 수토의 전후에 해당된다. 『해동지도』는 18세기 중반에 홍문관에서 그린 회화식 지도이다. 『조선지도』는 1770년에 영조의 명을 받아 신경준(申景濬, 1712-1781)이 20리 방안위에 그린 것으로 19세기의 『청구도』(1834)와 『대동여지도』(1861)의 바탕이 되었다.

1) 군현지도

(1) 『해동지도』

〈그림 8〉은 『해동지도』에 그려진 울릉도이다. 우측 상단의 지도제 아래에는 '周回二白餘里, 東西八十餘里, 南北五十餘里'로 섬의 크기가 쓰여 있다. 이어서 상단 여백을 이용하여 울릉도의 산물(産物)로 어류와 수목과 함께 서식 동물들이 수록되어 있다. 이들은 앞서 소개된 수토기의 내용과 유사하다.

울릉도는 원형으로 그려져 있으며 북쪽을 위로 정치하고 있다. 중앙에 중봉을 배치하고 독립적으로 묘사된 산지들이 이곳을 향해 폐화식(閉花式)으로 그려져 있다. 중봉에서 발원한 여섯 줄기의 하천들이 해안으로 유입하는 모습이 묘사되어 있다. 해안에는 동쪽에 가장 큰 섬이 그려져 있으며 남쪽에 5곳이 묘사되어 있다. 동쪽에 그려진 섬에는 '所謂 于山島'가 쓰여 있다.

성인봉은 '中峰'으로 기재하였으며, 해안 일대의 지명이 상세하다. 만입부 지명의 유형부는 '仇尾'로 표기되어 있다. 남쪽에 '朱土仇尾'와 '朱土窟, 북쪽에 '天底仇尾', 동쪽에 '道庄仇尾'가 있다. 해안 지명으로 북쪽에 '孔岩',

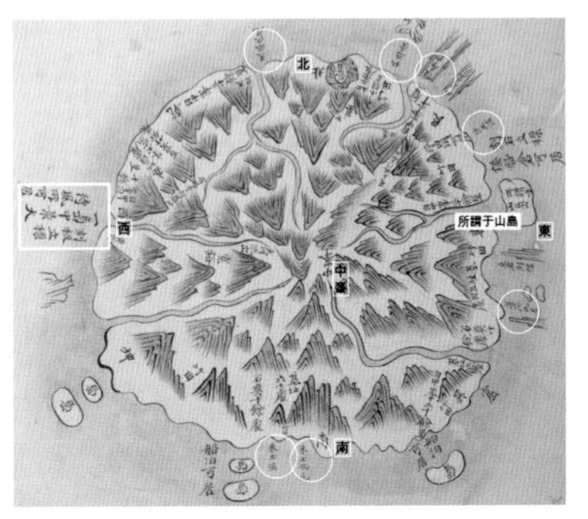

〈그림 8〉『해동지도』(규장각)(부분)

'大岩', '大錐岩', '小錐岩', '仙遊臺', '候布岩', '牛角岩' 등이 있으며, 동쪽에는 '苧田洞'과 '沙工浦', '于山島 등이 있다. 다른 텍스트들은 '竹田', '基址', '石葬' 등의 대부분 장소를 설명하는 주기이다.

지도 내용을 종합하면 구도와 묘사, 방위 표시, 섬의 갯수와 묘사 방법 등은 「박석창도형」과 거의 유사하다. 특히 '于山島' 설명 내용과 '立石刻標'가 동일한 내용으로 기재되어 있다. 해안의 '-仇尾'와 섬 이름의 경우 북동쪽 해안 일대에 새로운 지명이 기재되어 있다. 이는 이 지도가 「박석창도형」을 바탕으로 하여 이후 수토에서 유입된 지리 정보를 이용하여 만들어진 것임을 보여준다.

(2) 『조선지도』

『조선지도』의 울릉도 지도는 〈그림 9〉와 같다. 5×8개의 20리 방안 위에 그려져 있으며 '于山島'가 울릉도에서 동쪽으로 약40리 떨어진 곳에 묘사되어 있다. 이는 앞의 수토지도나 『해동지도』에서 해안 가까이 그려진 것과 차이를 보인다. 울릉도 남쪽에는 5개의 도서가 묘사되어 있으나 지명은 기재되어 있지 않다.

방위 표시는 동서남북 사방(四方)으로 기재하였으며 해안선의 형태는 실제와 유사하다. 산지는 청록색 물감을 이용하여 중봉에서 해안으로 이어진 산줄기 형태로 묘사되어 있다. 하천은 중봉에서 발원하여 해안으로 유입하

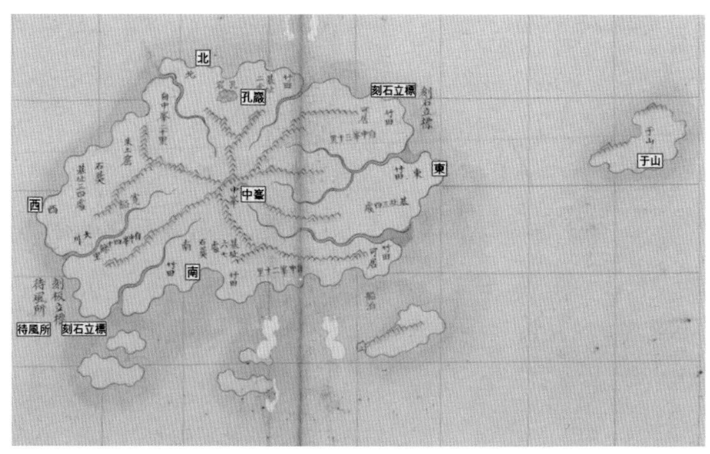

〈그림 9〉『조선지도』 중 「울릉도」(규장각)

는 6곳의 유로가 그려져 있는데 이는 『해동지도』 내용과 동일하다.

지명은 '中峰'외에 거의 기재되어 있지 않으며 '石葬', '竹田', '基址'와 '大川' 등 대부분 주기 성격을 담고 있다. 다만 북쪽 해안의 내륙에 '孔岩'이 호수 형태로 그려져 있다. 본 섬의 남서쪽에 '刻板立標', '待風所'가 쓰여 있는데 이는 태하천의 황토구미 일대를 그린 것이다. 북동쪽의 '刻石立標'는 「박석창도형」의 도동리 각석을 나타낸다. 지도에서 섬의 숫자와 하천 유로 묘사를 볼 때 지리정보는 박석창의 「울릉도도형」을 바탕으로 하고, 방안도법을 토대로 지도를 완성한 것으로 보인다.

2) 19세기 대축척 조선전도

(1) 『청구도』

1834년(순조 34) 고산자 김정호가 필사본으로 제작한 지도로 1861년 『대동여지도』의 바탕이 되었다. 2책 혹은 4책으로 되어 있으며 18점의 이본

(異本)이 남아 있다. 지도 크기는 『대동여지도』와 동일하며 책 크기에 따라 축척은 약 1/162,000~220,000 사이이다. 현대 지도처럼 전국이 일정한 크기의 방안으로 분할되어 있어 이를 연결시키면 고을과 도별 지도를 만들 수 있다. 남북 29층으로 구성되어 있으며 울릉도는 제18층 1면에 그려져 있다. 지도에서 고을 읍치와 울릉도에는 역사지리 내용의 주기가 쓰여 있다.

규장각 소장 『청구도』(古4709-21)에 그려진 울릉도는 〈그림 10-1〉과 같다. 중앙에 중봉이 그려져 있고 이곳에서 산줄기가 해안쪽으로 이어져 있다. 산록에 발원한 물줄기가 해안 6곳에서 바다로 유입한다. 남쪽에 섬이 5곳 묘사되어 있으나 지명은 쓰여 있지 않다. 동쪽에 우산도가 그려져 있다.

지명은 '中峰'과 '孔岩'외에 거의 기재되어 있지 않으며 대신 주기 내용이 쓰여 있다. 그 내용은 (동)'自中峯三十餘里 基址三四處' (서)'自中峯四十餘里 基址三四處'(남동)'自中峯二十餘里 基址六七処'可居' (북)'自中峯二十餘里 基址二処' 으로 대부분 중봉으로부터의 거리와 가거처와 관련된 내용을 담고 있다. 이와 같은 지도 내용은 우산도가 동쪽 해안에 가까이 그려진 것 외에는 『조선지도』와 거의 동일하다.

지도에는 여백을 이용하여 역사지리 내용의 주기가 있다. 규장각본의 경우 우산도 아래쪽에 수토와 관련된 주기가 다음과 같은 내용으로 쓰여 있다.

> "영조 11년에 강원도 감사 趙最壽가 장계를 올려 말하기를 '울릉도를 조사하여 보니 땅이 넓고 토지가 비옥하며, 사람이 거주한 흔적이 있습니다. 그리고 그 서쪽에 또 우산도가 있는데, 역시 넓고 광활합니다.'라고 이른 즉, 소위 西字는 이 지도에 (그 섬이) 동쪽에 있는 것과 서로 다르다." (英宗十一年 江原監司 趙最壽 啓言 鬱陵島 地廣土沃 有人居旧址 而其西又有于山島 亦廣濶則 所謂西字 與此圖在東相左')

이는 1735년(영조 11)에 강원도 감사 조최수(趙最壽)가 장계한 수토 기록 중 일부이다. 주기에서는 농경지와 주민이 거주한 흔적을 설명하고 있다. 우산도 내용도 수록하고 있으나 정확한 정보에 근거하고 있지 못함을 보여준다. 이는 당시 김정호가 우산도의 실체에 대해 정확한 확신을 갖지 못하였음을 의미한다. 한편 규장각본의 『청구요람』(古4709-21A)에서는 울릉도의 역사지리 연혁 내용과 함께 산물(産物)이 보다 상세히 쓰여 있다.

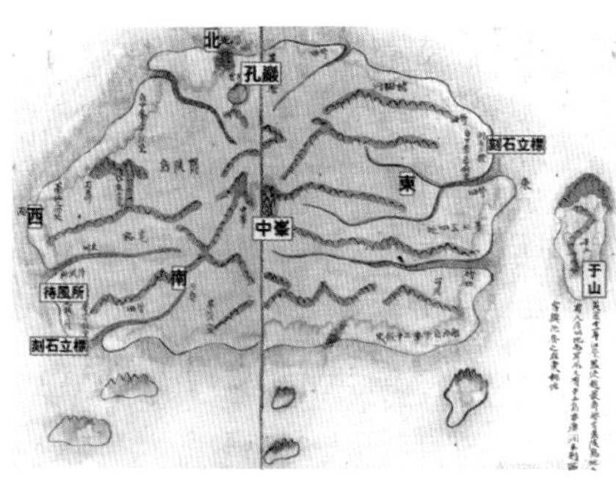

〈그림 10-1〉『청구도』(1834, 규장각)

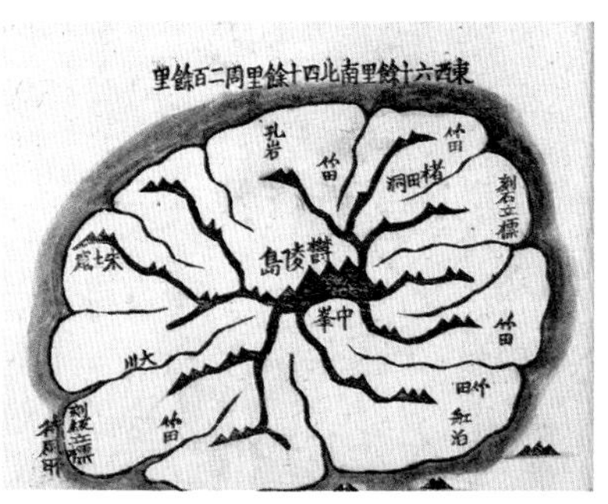

〈그림 10-2〉『대동여지도』 목판본(1861, 규장각)

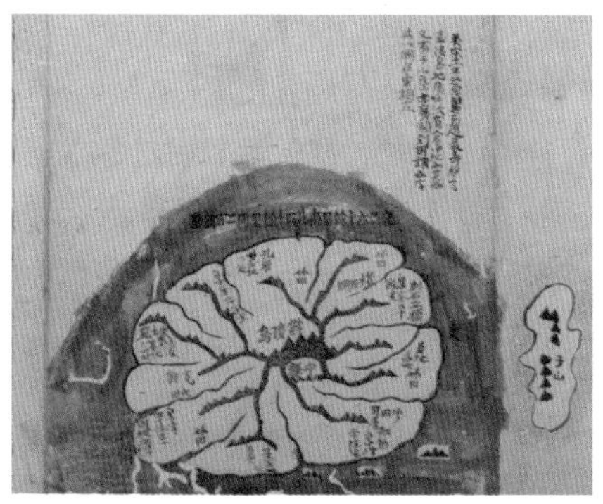

〈그림 10-3〉『대동여지도』 목판본(일본국회도서관)

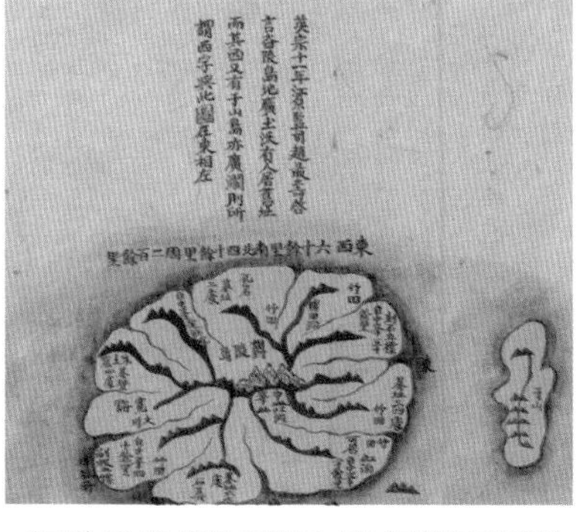

〈그림 10-4〉『대동여지도』 모사본(한국연구원)

〈그림 10〉『청구도』와 『대동여지도』의 울릉도

(2) 『대동여지도』 목판본·모사본

『대동여지도』는 1861년(철종 12)에 목판 가채본으로 만들어진 지도이다. 22첩의 분첩절첩식의 형식으로 되어 있고, 각 첩의 크기는 30.0×20.0cm이다. 22첩을 모아 붙이면 세로 약 7m, 가로 4m 내외의 크기가 된다. 지리 정보는 『청구도』를 바탕으로 하고 있으나 목판본으로 제작하면서 체제를 재구성하여 내용이 적지 않게 수정되었다.

울릉도(〈그림 10-2〉)는 제14첩 1면에 간인되어 있다. 섬의 위쪽에 '동서 60여리, 남북 40여리, 주 200여리(東西六十餘里 南北四十餘里 周二百餘里)'가 쓰여 있어 울릉도 크기의 내용을 담고 있다. 지도의 전체 구도는 『청구도』와 많은 차이를 보인다. 동쪽에 우산도가 묘사되어 있지 않으며 남쪽에 3곳의 섬만 그려져 있다. 산줄기는 중앙의 중봉에서 해안으로 이어지는 모습은 유사하나 하천 유로는 11곳에 그려져 있어 『청구도』에 비해 훨씬 많다. 그러나 수록 지명은 『청구도』 수준을 넘지 못하고 있으며, 중봉과 공암 외에는 대부분 주기 성격의 내용이다.

목판본 『대동여지도』는 국내외에 지금 35점이 소장되어 있어 당시 사회에서 널리 보급되었음을 보여준다. 『청구도』에 비해 고을을 연결하는 모습이 이용에 편리하게 그려져 있다. 이를 필사로 모사한 지도도 적지 않게 남아 있다. 18점이 확인되는데 이는 목판본의 공급이 지도 수요에 미치지 못하였음을 보여준다. 모사본은 목판본을 그대로 베낀 것이 있는가 하면 내용을 수정한 지도가 있다. 이 중 주목되는 유형은 절첩 크기를 변형시킨 지도로 국내외에 4점이 확인되고 있다(김기혁, 2022b).

〈그림 10-4〉는 변형모사본(한국연구원)에 그려진 울릉도 지도이다. 기본 구도는 목판본과 동일하다. 그러나 울릉도 동쪽에 우산도가 그려져 있으며 남쪽의 섬은 5곳으로 늘어나 있다. 본 섬에는 목판본에 있지 않은 주기들이 추가되어 있으며, 북쪽에는 영조11년의 수토 관련 기사가 있다. 이들은 모두

『청구도』에 수록되었다가 『대동여지도』에서 삭제되었던 내용들이다. 다른 3점의 모사본도 이와 동일한 내용을 담고 있다.

이들 모사본의 모본은 일본국회도서관에 소장된 『대동여지도』(그림 10-3.)이다. 원래 일본 육군에서 이용하였던 지도로 이후 지금의 소장처로 이관된 것이다. 절첩 형태를 보면 모사본 크기와 동일하게 변형되어 있으며 우산도를 포함한 울릉도 일대의 묘사 내용도 동일하다.

변형 모사본이 여러 점 남아 있는 것은 『대동여지도』의 울릉도 지도에 담긴 당시의 강역 인식 내용에 대해 여러 논의를 가능하게 한다. 앞서 『청구도』의 주기 내용은 김정호가 우산도 실체에 대해 정확한 확신을 갖지 못하였음을 보여주며, 이는 목판본에서 섬의 삭제로 나타났다. 모사본에서 이를 다시 그려 넣은 것은 모사본 제작자들이 우산도가 담고 있는 강역에서의 상징성을 반영한 것이다. 이는 당시 지도를 제작하면서 우산도 존재에 대한 인식, 그리고 이를 지도로 표현하는 방법과의 사이에서 적지 않은 고민을 하였음을 시사한다.

Ⅳ. 요약 및 맺음말

조선 후기에 실시된 수토는 동해의 울릉도가 조선 강역의 변방에서 내지로 편입되는 계기가 되었다. 이 글에서는 울릉도 수토기에 수록된 지명을 이용하여 그들의 경로를 지도를 통해 재현하고, 이들을 바탕으로 수토지도의 내용과 18세기 이후 지도에 미친 영향을 밝히고자 하였다.

18세기 수토 기록은 시기에 따라 지명과 경로에서 차이를 보인다. 장한상의 『울릉도사적』에는 분량에 비해 수록 지명은 적다. 지금의 성인봉인 '中峰'이 유일하며 섬내의 경로는 수록되어 있지 않다. 조한기의 수토기에는 11

곳의 지명이 나타나 심찰기에 비해 상세해졌다. 김창윤과 한창국의 수토기 경로는 이에 비해 비교적 상세하다. 김창윤의 울릉도 도착 장소는 지금의 저동 일대인 저전동인 것으로 보인다. 한창국은 김창윤과 다르게 첫날에는 태하리 부근의 황토구미진에서 정박을 하였다. 이후 해안을 따라 이동하여 통구미와 저동에서 숙박한 후 통구미에서 출항하였다. 경로를 종합하면 수토는 대부분 해안을 따라 진행되었으며 내륙 수토는 거의 이루어지지 못하였다. 주민과 관련하여서는 가옥 흔적들을 소개하면서 거주 내용을 간접적으로 서술하고 있다.

수토지도를 보면 「박석창도형」(1711)이 가장 초기의 것이다. 지명은 거의 기재되어 있지 않으며 '竹田', '基址' 등 대부분 주기 성격을 띠는 내용이 기재되어 있다. 섬의 동쪽에 '所謂于山島'가 기재되어 있다. 이는 우산도가 강역 동단으로서 상징성을 지니게 된 것은 「박석창도형」이 그려진 18세기 초반부터 시작되었음을 보여준다.

18세기의 『해동지도』와 『조선지도』는 「박석창도형」을 바탕으로 하고 있다. 이는 군현지도책의 울릉도 지도가 실제 현장에서 이루어진 수토 내용을 바탕으로 하였음을 보여준다. 수토 지도에 이어서 군현 지도에 울릉도 동쪽에 우산도가 묘사되는 것은 지도를 통해 동해 강역에서 지니는 상징성이 강화되었음을 보여준다.

19세기 『청구도』에서도 울릉도 동쪽에 우산도가 묘사되었다. 이는 울릉도와 우산도의 표상이 사회에서 공유되기 시작하였음을 의미한다. 우산도는 「대동여지도」 목탄본에서 잠시 지워졌다가 이를 모사한 지도에서 다시 그려진다. 이는 당시 김정호를 비롯한 지도 제작자들이 '우산도'가 담고 있는 강역에 대한 상징성과 지도학적인 묘사 방법의 사이에서 섬의 존재에 대해 인식론적인 사유를 하였음을 보여준다.

참고문헌

김기혁·윤용출, 『울릉도·독도 역사지리 사료 연구』, 한국해양수산개발원, 2006.

김기혁, 「조선-일제강점기 울릉도 지명의 생성과 변화」, 『문화역사지리』, 18(1), 38-62, 2006.

김기혁, 「조선 후기 고지도에 나타난 우산도(于山島) 지명 연구」, 『국립중앙도서관 독도관련자료 해제집』, 158-176, 2009.

김기혁, 「조선 후기 울릉도 수토 기록에서 나타난 부속 도서 지명 연구」, 『문화역사지리』, 117-139, 2011.

김기혁, 「일본동양문고 소장 필사본 대동여지도(18첩) 연구」, 『한국고지도연구』, 13(1), 141-166, 2021.

김기혁, 「대동여지도 판본 형태와 유형 연구」, 『한국고지도연구』, 14(1), 31-71, 2022a.

김기혁, 「대동여지도 모사본의 형태와 유형 연구」, 『문화역사지리』, 34(2), 1-28, 2022b.

백인기, 「삼척 울릉도도형의 해석에 대한 일 연구」, 『한국고지도연구』, 4(1), 33-55, 2012.

이원택, 「조한기(趙漢紀)의 울릉도수토기 해제 및 번역」, 『영토해양연구』, 19, 114-126, 2020.

이원택, 조선 후기 강원 감영 울릉도 수토사료 해제 및 번역, 『영토해양연구』, 8, 184-203, 2014,

이원택, 「19세기 울릉도 수토 사료해제 및 번역」, 『영토해양연구』, 15, 114-129, 2018.

1882년 울릉도검찰사 전후 이규원의 활동과 조선정부의 울릉도 이주정책

김영수 | 동북아역사재단 교양총서편찬위원장

Ⅰ. 머리말

기존연구는 1882년 4월 이규원(李奎遠, 1833-1901)의 울릉도검찰사 활동 전후 일본의 울릉도 불법 벌목과 조선의 울릉도 '개척'이라는 부분을 주목했다. 또한 조선 정부가 울릉도 정책을 수토에서 '개척'으로 전환된 이유를 추적했다. 더 나아가 울릉도 주변 죽서에 대한 위치, 김옥균의 동남제도개척사겸관포경사(東南諸島開拓使兼管捕鯨事) 임명과정, 울릉도 '개척' 이후 상황, 조일 어업협정 체결과 울릉도의 관계, 울릉도 불법 벌목을 둘러싼 조선과 일본의 외교 관계, 러시아와 일본의 울릉도삼림권을 둘러싼 대립 등에 관한 연구가 진척되었다.[1]

1960년대 이규원의 『울릉도검찰일기』(鬱陵島檢察日記)가 일찍이 소개됐지만 다양한 자료에 기초한 본격적인 연구는 비교적 최근에 진행되었다. 그 이유는 이규원의 「계초본」(啓草本), 「유사」(遺事), 「비문」(碑文) 등의 다양한 자료가 2000년대 정리되었기 때문이었다.[2]

---

1 김영수, 「고종과 이규원의 울릉도와 독도 위치와 명칭에 관한 인식과정」, 『사림』 63, 2018, 37쪽.

2 이선근, 「울릉도 및 독도 탐험 소고」, 『독도』, 대한공론사, 1965 ; 신용하 편저, 『독도영유권 자료의 탐구』 3권, 독도연구보전협회, 2000 ; 이혜은, 『만은(晩隱) 이규원의 울릉도검찰일기(鬱陵島檢察日記)』, 한국해양수산개발원, 2006.

이규원은 울릉도검찰 관련 기록을 「啓草本」과 『鬱陵島檢察日記』로 남겼다. 두 기록의 원본은 현재 국립제주박물관에 소장되었다.[3] 이규원은 『鬱陵島檢察日記』에서 1882년 5월 7일 소황토구미(小黃土邱尾)에 도착했다고 기록되었다. 그런데 「啓草本」에는 이규원이 쉬는 일정이 축소되어 기록되었다. 이러한 사실은 『鬱陵島檢察日記』에 기초하여 「啓草本」을 작성했다는 것을 의미한다.[4] 정인서(鄭寅書)에 따르면 이규원은 울릉도검찰일기(鬱陵島檢察日記)을 남겼는데 종이가 부분적으로 찢어졌고 글자에 덧칠함이 많아서 쉽게 알지 못한 상황이었다.[5] 한편 이규원은 울릉도 보고서에서 빠진 것이 있다면 문장(文辭)의 문제라고 주장했다.[6] 이것은 두 가지로 해석할 수 있다. 하나는 이규원이 겸손함을 표현하려는 의도이다. 다른 하나는 혹시 보고서인 「啓草本」에 사실이 누락되더라도 공격을 피하려는 의도이다.

기존연구는 울릉도와 독도의 명칭을 정리하면서 이규원의 울릉도검찰사 활동의 의미를 살펴보았다.[7] 김호동은 이규원의 울릉도 검찰 활동을 비판했다. 김호동에 따르면 이규원은 독도를 검찰하지 못했을 뿐만 아니라 현지에

---

3 국립제주박물관편, 『察理使 李奎遠』, 통천문화사, 2004 ; 이혜은·이형근, 『만은(晩隱) 이규원의 울릉도검찰일기(鬱陵島檢察日記)』, 한국해양수산개발원, 2006, 217쪽.

4 李奎遠, 光緒八年(1882) 壬午 六月, 「啓草本」; 李奎遠, 1882.5.8, 『鬱陵島檢察日記』.

5 鄭寅書, 「晩隱公遺事」, 『만은(晩隱) 이규원의 울릉도검찰일기(鬱陵島檢察日記)』, 한국해양수산개발원, 2006, 128쪽.

6 "신이 섬에 도착한 뒤에 먼저 높은 곳은 걸어 다녔고, 다시 배를 몰아 산기슭을 살펴서 발길이 이르지 않은 곳이 없으므로 섬의 형세가 눈에 선하나, 다만 문장(文辭)에 능하지 못하여 누락된 것이 많을 것입니다. 이러한 연유에서 계문을 작성하여 급히 올렸습니다(臣於入島之後 旣步履其高顚 復舟駛其山麓 包日之間 足跡無所不到 全島形勝 瞭然在目 而惟其拙於文辭 尙多掛漏是白乎旀 緣由馳 啓爲白臥乎事云云)."(李奎遠, 光緒八年(1882) 壬午 六月, 「啓草本」)

7 이한기, 『한국의 영토』, 서울대학교출판부, 1969, 250-251쪽 ; 신용하, 『일본의 한국침략과 주권침탈, 서울, 경인출판사, 2005, 287-292 ; 김호동, 『독도 울릉도의 역사』, 경인문화사, 2007, 170쪽 ; 선우영준, 「독도 영토권원의 연구」, 성균관대학교 행정학과 박사논문, 2006, 264쪽.

서 만난 사람들과 이야기를 나눈 흔적도 검찰일기에 보이지 않았다. 이규원의 검찰일기에는 우산도에 관한 언급이 없고, 울릉도 검찰 이후 고종과 이규원은 우산도에 관해 언급하지 않았다.[8] 송병기는 이규원의 울릉도 검찰 전후 조선정부의 울릉도 정책 변화와 '개척' 과정, 울릉도를 둘러싼 조일관계를 상세히 고찰했다. 송병기는 이규원의 울릉도 검찰을 조선의 울릉도 '개척'의 결정과 이민의 시작이라고 평가했다.[9] 신용하는 이규원 검찰사 파견 이후 조선 정부의 울릉도와 독도의 '재개척'을 주목하면서 동남제도개척사의 의미를 파악했다. 신용하는 조선이 1882년 4월 이규원의 검찰사 파견으로 울릉도의 실태를 파악할 수 있었고 쇄환공도정책을 폐기하여 울릉도와 독도 '재개척'을 본격적으로 시작했다고 주장했다.[10]

기존 연구는 2010년대 조선의 영토와 해양 인식, 김옥균 관련 인물 연구, 1880년대 울릉도 벌목과 어업 연구로 발전했다. 박은숙은 1882년 조선의 울릉도 '개척' 과정 및 동남제도 개척사 김옥균의 활동을 상세히 추적했는데 고종과 박영효 등이 울릉도 '개척'을 포함한 조선의 영토수호에 대한 의지를 갖고 있었다고 주장했다.[11] 박성준은 1880년대 울릉도 벌목 사업 체결을 통해서 조선의 해양 정책의 근거를 살펴보았는데 1880년 조선의 이전과 대조적인 울릉도 정책의 추진이 만국공법에 대한 인식의 확대로 파악했다.[12] 그런데 당시 조선과 일본은 1880년대 울릉도 '개척'과 삼림채벌뿐만 아니라

8 김호동, 「이규원의 울릉도 검찰 활동의 허와 실」, 『대구사학』 71, 2003, 12쪽.

9 송병기, 『울릉도와 독도』, 단국대학교출판부, 2005, 87, 121-123쪽.

10 신용하, 『한국의 독도영유권 연구』, 경인문화사, 2006, 30쪽.

11 박은숙, 「동남제도 개척사 김옥균의 활동과 영토 영해 인식」, 『동북아역사논총』 36, 2012, 99-102쪽.

12 박성준, 「1880년대 조선의 울릉도 벌목 계약 체결과 벌목권을 둘러싼 각국과의 갈등」, 『동북아역사논총』 43, 2014, 125, 144쪽 ; 이규태, 「울릉도 삼림채벌권을 둘러싼 러일의 정책」, 『사총』 79, 2013, 203쪽.

울릉도 어업과 관련하여 대립했다.[13]

한편 울릉도에서 이규원의 지리적 조사에 초점을 맞춘 일련의 연구도 진행되었다. 정광중은 이규원 검찰사가 만난 인물들을 정리하면서 지리적 정보를 살펴보았는데 이런 기록이 '개척민'들을 이주시키고 일본정부에 항의하는 기초 자료로 활용되었다고 주장했다. 정광중에 따르면 지리적 정보라는 관점에서 이규원의 검찰결과는 첫째 울릉도에 사람들의 거주여부와 그들이 행하는 작업이었다. 둘째 사람들이 정착할 수 있는 장소와 포구 관련 내용이었다. 셋째 산악지형과 해안지형의 요소와 관련된 내용이었다.[14] 이혜은은 이규원의 생애를 간략히 서술하면서 울릉도검찰일기에 나타난 자연환경과 인문환경 등을 살펴보았는데 울릉도의 거주지에 대한 추천이 중요한 인문지리적인 요소였다. 이는 지형, 경사도, 토양의 비옥도, 물, 가능한 산업까지를 고려한 결과였다고 주장했다.[15] 이혜은은 1882년 이후 울릉도의 지리경관 변화를 살펴보았는데 이규원 울릉도검찰사에 의해 울릉도 검찰이 이루어지고 '개척령'이 내려진 1882년부터 행정구역에 관한 변화가 이루어져 왔다고 주장했다. 개척기동안에는 일본인에 의한 벌목, 나리분지를 비롯한 거주지역의 경관변화, 산신당의 존재, 교회의 형성 등 울릉도에는 많은 변화가 일어났다.[16] 김기혁의 연구는 이규원의 이동경로, 현재의 지명과 이규원의 지명을 연결시켰다는 점에서 의미가 크다. 이규원의 검찰활동은 '개척령' 반포를 전제로 한 것이므로 경로와 조사 내용 등이 이전의 정기적인 수토 보다

---

13 김수희, 『근대 일본어민의 한국진출과 어업경영』, 경인문화사, 2010, 19쪽 ; 이영학, 「개항 이후 일제의 어업 침투와 조선 어민의 대응」, 『역사와 현실』 18, 1995.

14 정광중, 「이규원(李奎遠)의 『울릉도검찰일기』에 나타난 지리적 정보」, 『국토지리학회』 40-2, 2006, 227쪽.

15 이혜은, 「1882년의 울릉도 지리환경」, 『문화역사지리』 21-2, 2009, 130쪽.

16 이혜은, 「개척기 울릉도의 지리경관」, 『한국사진지리학회지』 22-4, 2012, 15, 23쪽.

세밀한 지역 조사가 진행되었다. 이전과 달리 육로를 이용한 내륙 조사가 중심이 되었다. 조사 초기에 나리 분지를 탐험한 것은 이곳의 '개척' 가능성을 중시했는데, 이는 검찰 활동 후 별도로 나리 분지를 상세하게 그린 지도를 제작한 점에서도 잘 나타난다.[17]

최근 연구는 이규원의 전체 생애, 이규원 검찰의 의미, 전라도지역과의 연계 등으로 확장되었다. 김기주는 전라도 지역과 울릉도와의 연관성을 본격적으로 추적했는데 울릉도는 관청의 간섭을 받지 않는 풍부한 목재의 공급처였고 선세의 부담을 물지 않으면서 배를 제작할 수 있는 곳이었다. 조선정부는 공적인 조운선의 건조를 내세움으로써 동시에 '개척민'을 끌어 모으는 방안을 생각해 낸 것이었다.[18] 양태진은 이규원의 울릉도 검찰 활동을 정리했는데 이규원의 울릉도 검찰의 의미를 다음과 같이 부여했다. 울릉도가 자도(子島)인 독도를 영속화(領屬化)하는 것은 자연스러운 것이었다. 이규원의 검찰 활동과 『울릉도 검찰일기』는 일본에 울릉도가 조선의 영토임을 명확히 알리는 데 밑거름이 되었다.[19] 이흥권은 처음으로 이규원의 울릉도검찰사로 가는 과정, 이규원의 전반적인 생애를 추적했다.[20] 이흥권은 이규원의 확인으로 일본쪽에 서계를 보내 일본인의 벌목을 금지시킬 것을 요청했다며 울릉도검찰사 이규원의 수토의 의미를 파악했다. 고종의 울릉도 관방정책은 전국 관방정책의 일환으로 울릉도를 '개척'하고자 하는 그의 영토수호의지를 살펴볼 수 있었다.[21]

---

17 김기혁, 「조선 후기 울릉도의 搜討기록에서 나타난 부속 도서 지명 연구」, 『문화역사지리』 23-2, 2011, 137쪽.

18 김기주, 「조선후기-대한제국기 울릉도 독도 개척과 전라도인의 활동」, 『대구사학』 109, 2012, 93-94쪽.

19 양태진, 「조선정부의 영토관할정책 전환에 대한 고찰」, 『영토해양연구』 6, 2013, 273쪽.

20 이흥권, 「검찰사 이규원의 생애와 영토수호 활동」, 『이사부와 동해』 16, 2020.

21 이흥권, 「고종의 울릉도 關防정책과 이규원의 울릉도 수토」, 『이사부와 동해』 15,

한편 조선정부는 울릉도 정책을 '수토'라는 용어로 표기했고, '울릉도 수토관'이라는 명칭을 공식적으로 사용했다. 따라서 1882년 이규원의 검찰사 활동 이전까지는 조선정부의 울릉도 정책에 대해서 '수토정책'이라고 규정하는 것이 합리적이다.[22] 그런데 기존연구는 이규원의 검찰사 활동 이후 고종의 울릉도 정책을 '개척'과 '재개척'이라는 용어를 혼용하여 사용했다. 하지만 이규원의 검찰사 활동 이후 조선의 울릉도 '이주정책'이 본격적으로 실행되었다는 사실을 고려한다면 1882년 이후 고종의 울릉도 정책은 '이주정책(移住政策)'이라고 부르는 것이 타당할 것이다.[23]

기존연구는 울릉도검찰사 활동 전후 일본의 울릉도 불법 벌목, 조선의 울릉도 이주 이유, 울릉도 불법 벌목을 둘러싼 조선과 일본의 외교 관계, 울릉도에서 이규원의 지리적 조사, 이규원의 전반적인 생애 등을 주목했다. 하지만 정작 울릉도 조사 전후 이규원이 만난 인물, 이규원 가문의 활동과 연고지 등에 연구가 여전히 미진한 상황이다. 향후 이규원과 그의 주변 인물에

2019, 260, 269쪽

22 김영수, 『제국의 이중성 : 근대 독도를 둘러싼 한국, 일본, 러시아』, 동북아역사재단, 2019, 177-179쪽. 수토관(搜討官) 관련 명칭이 나오는 사료는 다음과 같다. "則枚擧鬱陵島搜討官所報."(『高宗實錄』, 高宗 18년(1881) 5월 22일) "原營人張公源翼, 以搜討官來."(朴齊恩, 「越松萬戶張源翼永世不忘之板」, 『蔚珍 待風軒 懸板』, 1870)

23 그 결과 1894년 12월 27일 울릉도 이주정책은 수토정책을 완전히 대체했다. "울릉도(鬱陵島)를 수토(搜討)하는 격군(格軍)과 집물(什物)을 영원히 없애는 것입니다. 해당 도는 지금 이미 개척(開拓)되었는데, 좌수영(左水營)이 동쪽 바닷가 각 읍에 나누어 배정하여 삼척(三陟) 월송진(越松鎭)으로 들여보내는 것은 너무도 의미가 없습니다. 수토하는 격군과 집물을 이제부터 영원히 없애도록 영남(嶺南)과 관동(關東) 두 도에 마땅히 분부해야 합니다."(『承政院日記』, 高宗 31년(1894) 12월 27일) 『日省錄』) 조선시대 이주정책이라는 용어는 없지만 '이주(移住)'라는 용어는 다양하게 사용되었다. "江都糧儲不多, 而移住之初, 大小人員, 若無持糧."(『承政院日記』, 仁祖 5년(1627) 1월 26일) "卽見泰安防禦使申錫源移住狀啓."(『承政院日記』, 高宗 16년 기묘(1879) 3월 5일) "兵使移住甲山, 以防犯越."(『肅宗實錄』, 肅宗 27년(1701) 2월 25일) "本家當爲移住於別宮近處."(『高宗實錄』, 高宗 3년(1866) 1월 17일)

대한 사료 발굴을 진행하면서 조선의 울릉도와 독도에 대한 인식을 주목해야 한다. 이 논문은 조선정부의 울릉도 정책 및 이규원의 검찰사 임명, 고종의 울릉도 이주정책과 조선의 울릉도 관할 등을 살펴볼 것이다. 무엇보다도 이규원의 검찰 활동 이후 울릉도를 둘러싼 일본과의 외교관계를 주목할 것이다.

Ⅱ. 울릉도검찰사 전후 이규원의 활동

이규원(李奎遠, 1833-1901)은 1833년 3월 19일 의정부좌참찬(議政府左參贊), 지의금(知義禁, *판사), 훈련원사(訓練院事)를 역임한 이면대(李勉大)의 둘째 아들로 출생했다. 이면대의 첫째 아들은 이주원(李冑遠)으로 무과에 급제했다. 조부는 호조참판 출신 이우형(李宇亨)이었다. 이규원은 정종(定宗)의 10번째 왕자인 덕천군(德泉君)의 13대손이었다. 이규원의 7대조는 호조판서 석문(石門) 이경직(李景稷, 1577-1640)이었다. 이경직은 한시(漢詩)인 사부(詞賦)에 뛰어났다. 연려실(燃藜室) 이긍익(李肯翊), 강화학파(江華學派) 영재(寧齋) 이건창(李建昌) 등이 모두 석문의 자손이었다.[24]

시와 전서에 뛰어난 전 오위도총부부총관(五衛都摠府副摠管) 신익성(申翊聖)에 따르면 이경직은 백사(白沙 이항복(李恒福)과 사계(沙溪) 김장생(金長生)으로 부터 학문을 배웠다. 이경직은 교제할 때 정성을 다하고 자못 호방한 기운을 지녀 종종 술자리에서 담론할 때면 격분하고 강개하여 꼿꼿이 남에게 굽히지 않았으며 가끔 남의 면전에다 책망하여 상대의 얼굴이 붉

24 李弼夏編, 『全州李氏德泉君派譜』, 大田: 以文社, 20冊, 1938 ; 全州李氏德泉君派譜李象翼編, 『全州李氏德泉君派譜』. 4冊, 全州李氏德泉君派宗會, 1983 ; 이혜은·이형근, 『만은 이규원의 울릉도 검찰일기』, 한국해양수산개발원, 2006, 8-11쪽.

어져 스스로 견딜 수 없을 정도였다.[25]

이경직는 1617년 7월부터 10월까지 일본과의 외교관계 때문에 정사(正使) 첨지중추부사(僉知中樞府事) 오윤겸(嗚允謙)과 부사(副使) 행호군(行護軍) 박재(朴梓)와 함께 종사관(從事官)의 신분으로 대마도로 출장을 다녀왔다. 1617년 7월 7일 사절단은 부산에서 배를 타고 대마도로 가는 도중에 파도로 고생했는데 그 과정에서 이경직은 다음과 같은 기록을 남겼다. "홀로 능히 태평하여, 죽고 사는 데에 조금도 생각이 없었다. 다만 생각 속에 '다시 부모를 뵙고 거듭 천안을 뵙겠다'는 여덟 글자만이 저절로 마음에 싹텄다."[26] 이러한 사실은 이경직이 위기 속에서도 본능적으로 충효심이 강했다는 면모를 알려준다.

이규원은 강원도 금화군(金化郡) 금화읍(金化邑) 암정리(巖井里) 출생했고 1901년 11월 11일 강원도 금화군 금화읍(金化邑) 운장리(雲長里)에서 사망했다.[27] 금화 지역은 이규원의 선영(先塋)이 묻혀 있는 곳이었다.

---

25 申翊聖, 「祭李留守 景稷 文, 祭文」, 『樂全堂集』, 卷之十五, 1654. 선조 34년(1601) 사마시(司馬試)에 합격하고, 선조 39년에 증광문과(增廣文科) 병과(丙科)에 급제했다. 1617년 회답사(回答使) 오윤겸(嗚允謙)과 함께 종사관(從事官)의 직책으로 일본에 다녀왔다. 광해군 14년(1622)에 명나라 장수 모문룡(毛文龍)이 가도(椵島)에 주둔(駐屯)했을 때에는 철산 부사(鐵山府使)로 있으면서 모문룡의 신임을 얻었다. 인조 5년(1627) 정묘호란 때에는 병조참판으로서 강화도(江華島)에 호종했다가 후금국(後金國) 사신과 교섭하여 화의를 성립시켰고, 동년 병자호란 때에는 남한산성에 있다가 청국(淸國)과 교섭하여 청 태종(淸太宗)의 칙서(勅書)를 받아오기도 했다. 그 후 호조판서, 도승지, 강화유수(江華留守) 등을 역임했다(李景稷, 「扶桑錄」, 1617 ; 이익성, 「扶桑錄」, 『海行摠載』, 민족문화추진회, 1974).

26 "獨能晏然. 略無死生之念. 但於思量之間. 有更見父母重觀天顔八字. 自然萌於心上. 此是不知不覺間動念處也."(李景稷, 1617.7.7, 「扶桑錄」)

27 李弼夏編, 『全州李氏德泉君派譜』, 大田: 以文社, 20冊, 1938 ; 全州李氏德泉君派譜李象翼編, 『全州李氏德泉君派譜』. 4冊, 全州李氏德泉君派宗會, 1983 ; 이혜은·이형근, 『만은 이규원의 울릉도 검찰일기』, 한국해양수산개발원, 2006, 8-11쪽. 어영대장이공규원익영비(御營大將李公奎遠益詠碑)는 金化邑에서 岩井里(莊岩)로 가는 대로변 좌측에 건립했으나 후에 도로확장으로 인하여 龍楊里(柳谷) 선영(先塋)으로 옮겨졌다

금화군(金化郡)은 고구려시대 부여군(夫如郡) 지역이었으며, 통일신라시대 경덕왕 때에 한주(漢州-경기, 황해, 충북 등)의 부평군(富平郡)으로 개칭되었다. 고려시대 현종 9년(1018)에 금화(金化)로 개칭되어 삭방도(朔方道-강원지방)에 편입 동주(東州-철원)에 소속했다. 조선시대 인종 21년(1143)에 다시 금화현(金化縣, 縣務)이 되었다.

태조 3년(1394)에 교주강릉도(交州江陵道)를 강원도(江原道)로 개칭하자 금화와 금성은 강원도관찰사의 관할에 들어갔다. 『세종실록』 지리지에 따르면 당시 금화현은 호수 181호, 인구 517명, 군사 77명이었고, 금성현은 호수 412호, 인구 855명, 군사 119명이었다.

조선 태종 16년(1416) 금화현(金化縣)으로 구획되어 현감(縣監)으로 개편되었다. 고종 32년(1895) 5월 26일 칙령 제98호로 전국에 도(道)를 없애고 23부(府)로 구획할 때 춘천부(春川府) 금화군(金化郡)이 되었는데 학포리(鶴浦里)와 사기막리(沙器幕里)가 있었다. 1896년 8월 4일 칙령 제36호에 의거하여 13도(道)로 구획할 때 강원도에 편입되었다. 금화현은 조선시대 서울에서 금강산을 유람하기 위해서 지나가는 지역이었다. 당시 서울-양주목-포천현-양평군-철원군-김화현-금성현(금강산)-회양부-함흥부-경흥부 등으로 가는 길이 있었다.

대한제국 융희 2년(1908)에 금화군이 금성군(金城郡)에 통합되었다. 일제강점기 1914년 3월 1일 조선총독부령(朝鮮總督府令) 제111호(1913년 12월 29일 공포)에 의거 부·군·면(府郡面)을 폐합할 때 금성군을 흡수하여 다시 금화군으로 개명하여 금화면이 되었다. 초북면(初北面)의 리현(梨峴), 찰청동(察廳洞)의 2개리와 초동면(初東面)의 망소(望所), 봉미(鳳尾), 감령(甘

(이혜은·이형근, 『만은 이규원의 울릉도 검찰일기』, 한국해양수산개발원, 2006, 114쪽). 고종 18년(1881) 울릉도검찰사(鬱陵島檢察使)로 임명되었으며 그해 9월 부인 평양조씨(平壤趙氏)가 사망했다. 장인은 함경북도병마절도사 출신 조희순(趙羲純)이었다.

嶺)의 3개리를 병합하여 읍내(邑內), 운장(雲長), 생창(生昌), 암정(巖井), 학사(鶴沙), 용양(龍楊), 감봉(甘鳳) 등의 7개리를 관할했다. 1944년 10월 1일 조선총독부령(朝鮮總督府令) 제253호에 의거 읍으로 승격되었다.

1592년 임진왜란 때 서울을 점령한 일본군이 동두천을 거쳐 철원·평강·금화·회양을 지나 함경도로 진격해 금화지역의 피해가 극심했다. 1895년에 시작된 의병투쟁에 금화와 금성 군민들이 참여했다.[28] 금화지역의 특성을 파악하기 위해서는 조선시대 일본과 청국과의 대립 과정 중 금화에서 발생한 사건을 추적할 필요가 있다. 금화 지역의 임진왜란, 병자호란, 을미의병을 살펴보면 다음과 같다.

금화현은 임진왜란 당시 일본군이 점령했는데 반일 의식이 강할 수밖에 없는 장소적 특성을 가지고 있었다. 1592년 6월 임진왜란 당시 일본군대가 강원도의 주현(州縣)을 함락시켰다. 강원도 순찰사 유영길(柳永吉)은 부하 원호(元豪)로 하여금 금화현(金化縣)에 주둔한 일본군을 공격하도록 지시했는데, 일본군대가 미리 알고 복병을 설치하여 원호를 포위하자 형세가 위축되어 원호가 전사했다.[29]

1593년 1월 경기 관찰사 이정형(李廷馨)에 따르면 포천(抱川)에 주둔한 일본군대가 금화(金化)·철원(鐵原)의 일본군과 서로 연락하며 진격하여 사람을 죽이고 재물을 약탈했다.[30] 그래서 임진왜란 당시 강원도 금화(金化)·홍천(洪川)·양구(楊口)·횡성(橫城)·인제(麟蹄)·안협(安峽) 등은 모두 일본군에 의해 점거 당한 지역이었다.[31]

금화현은 병자호란의 격전지 중 하나였다. 1637년 1월 6일 함경감사 민

---

28 https://www.cwg.go.kr

29 『宣祖修正實錄』, 宣祖 25년(1592) 6월 1일

30 『宣祖實錄』, 宣祖 26년(1593) 1월 17일

31 『宣祖實錄』, 宣祖 26년(1593) 6월 5일

성휘(閔聖徽)는 군사를 거느리고 강원도 금화현(金化縣)에 도착했다.[32] 또한 1월 28일 평안도 관찰사 홍명구(洪命耉)는 금화(金化)에 도착하여 청국군대와 싸우다가 패배하여 전사했다. 홍명구는 처음에는 금화(金化)에 도착하여 청국군을 만나 수백 명을 베고 몇 백의 사람과 가축을 구조했다. 그 후 홍명구는 백전산(柏田山)에서 청국군의 연합군 1만 기병(騎兵)에 맞서 싸웠는데 처음에는 청군 장수 2명을 죽이며 격파했지만 이후 포위하는 청국군대에 패배했다. 최후의 전투에서 홍명구는 활을 당겨 청군을 공격했는데, 몸에 세 개의 화살을 맞자 스스로 뽑아버리는 동시에 칼을 빼어 치고 찌르다가 전사했다.[33] 금화군은 홍명구를 기념하는 충렬사를 세울 정도로 병자호란을 기억하고 있었다.

금화(金化) 지역은 을미의병이 활발히 활동한 지역 중 한군데였다. 을미의병의 봉기는 모두 국모를 위한 복수, 단발령에 대한 반항, 일본인 배척 등에서 비롯되었다.

1896년 2월 24일 주한 일본공사 고무라 주타로(小村壽太郎)는 의병이 현재 서울에서 멀리는 200리쯤, 가깝게는 60~70리 즉 동남쪽 여주(驪州)일대, 동쪽은 춘천, 북쪽은 양주(楊州)·철원(鐵原), 서남쪽은 과천(果川)·안산(安山) 등에서 활동하고 있다고 보고했다. 또한 고무라는 신임 내각의 의병에 대한 대응 방안을 기록하면서 지방 관리 중 사망자를 포함한 내용도 보

32 『仁祖實錄』, 仁祖 15년(1637) 1월 6일

33 "홍명구가 급히 유림(柳琳)을 부르며 서로 구원하도록 했으나 유림이 응하지 않고 도망했으므로 휘하의 장사(將士)들이 많이 전사했다."(『仁祖實錄』, 仁祖 15년(1637) 1월 28일) "금강산 길은 병자호란 때 평안감사 홍명구(洪命耉)가 전투 끝에 순절한 금화읍 '잣나무밭'을 거쳐 건천리 수태사(水泰寺) 입구로 이어진다. 금화의 주산인 오신산(五申山)에 있다. 평강군으로 넘어가면 정자연(亭子淵)이 있다. 주지하듯이 철원·금화·평강은 6·25 때 '철의 삼각지대'로 불리며 수많은 젊은 목숨이 사라졌다."(「오항녕의 조선 문명으로 읽다」, 『중앙일보』, 2021.12.24) 평안도관찰사 홍명구 충렬비 및 평안도병마절도사 유림 대첩비는 김화현 읍내리 630번지(천동)의 충렬사에 있다.

고했다. 신임 내각은 양주(楊州)와 포천(抱川) 방면에 친위대 1개 중대, 홍천(洪川) 방면에도 친위대 1개 중대, 안산(安山) 방면에 강화병력(江華兵)을 보낼 계획을 수립했다. 의병에 의해 살해된 지방 관리는 단양(丹陽) 군수 권숙(權潚), 청풍(淸風) 군수 서상기(徐相夔), 강릉관찰사(江陵觀察使) 이위(李暐), 충청도관찰사 김규식(金奎軾)이었다.[34]

1896년 4월 29일 원산주재 일본영사 니구치 요시히사(二口美久)는 을미의병이 금화(金化)·금성(金城)·철원(鐵原) 등지에 활발히 활동하고 있다고 보고했다.[35] 1896년 5월 14일 원산주재 일본영사 니구치는 금성(金城) 등의 의병이 강릉과 동일한 '부류'라고 보고했다. 당시 조선정부는 훈련대(訓練隊)를 금화(金化)까지 파견하여 의병을 진압했다.[36]

을미의병 당시 금화 백성들도 의병에 참여했는데 경기도 동부 지방인 가평(加平)·양평(楊平) 등지에서 의병이 봉기하여 세력을 떨쳤다. 강원도에서는 특히 춘천지방과 강릉(江陵)·삼척(三陟) 지방에서 활발한 활동을 벌인 의병이 봉기했다. 춘천 의병장 이소응(李昭應)은 포수(砲手)를 많이 거느린 지평군수(砥平郡守) 맹영재(孟英在)를 찾아가서 같이 항쟁을 벌이자고 협상하다가 뜻을 이루지 못하고 제천(堤川)으로 가서 의병장 유인석(柳麟錫)의

---

34 『駐韓日本公使館記錄(9)』, 1896년 2월 24일, 機密第14號「新政府의 現況報告」, 小村→西園寺 外務大臣臨時代理, 154쪽

35 "鐵原·平康·金化·金城·淮陽 등 각지는 지금 상황이 달라지는 것을 볼 수 없고, 오직 이들 지역은 전에도 폭도들이 모여 있던 곳으로서 폭행을 제멋대로 하여 재물을 약탈했기 때문에 양민들은 지금까지 그 피해를 탄식하는 자가 많다고 함."(『駐韓日本公使館記錄(8)』, 1896년 4월 29일, 機密第7號「러시아인과 日本人에 대한 폭도의 태도」, 元山 二等領事 二口美久→特命全權公使 小村壽太郎)

36 "金城에서는 일종의 폭도들이 집합하고 있는데, 이들은 江陵의 폭도와 같은 부류로서 그에 상응하는 세력이 있기 때문에 정부는 토벌을 하기 위해 訓練隊를 파견했다. 현재의 소식을 전하는 파발꾼이 金化 근처까지 동행했다고 말하고 있습니다."(『駐韓日本公使館記錄(8)』, 1896년 5월 14일, 公第44號「京元 간 陸路開通 件」, 元山 二等領事 二口美久→特命全權公使 小村壽太郎)

호좌의병진(湖左義兵陣)에 가담했다.[37] 1896년 춘천 의병장 이소응과 제천 의병장 유인석은 을미의병을 주도하며 해당 지역에 격문을 붙였는데, 당시 을미의병의 국가와 외세에 대한 인식을 보여주었다. 이소응과 유인석은 위정척사사상을 내포하고 있었는데, 주자학적 화이의식(華夷意識)에 기반하고 있었기 때문에 자연 보수성과 배타성을 갖고 있었다. 그럼에도 두 사람은 위정척사사상에 기반을 두었지만 보수적 화이사상을 민족주의사상으로 승화시키려고 노력했다.

하지만 을미의병은 1896년 겨울 급격히 약화되었다. 주한 일본임시대리공사(臨時代理公使) 가토는 1896년 11월 18일 의병(內地暴徒)이 약화되었다고 보고했다. 아관파천 이후 의병(폭도)의 활동이 9개월 만에 약화되었다. 최근 경상도 신흥면(新興面)에 출몰했지만 겨우 40명에 불과했다.[38]

결국 을미의병은 충의사상(忠義思想)과 존왕양이(尊王攘夷)로 승화하고 항일민족운동으로 발전시키려 했다. 임진왜란, 병자호란, 을미의병 등의 연결고리는 존왕양이(尊王攘夷) 사상이라는 공통점을 가지고 있었다. 따라서 의병활동이 활발한 금화 지역은 충의사상(忠義思想)과 존왕양이(尊王攘夷) 의식이 강한 지역적 특색을 갖고 있었다. 이러한 금화 지역의 특색을 자연스럽게 흡수한 이규원은 충의사상(忠義思想)과 존왕양이(尊王攘夷) 의식을 소유한 인물이었다.

이규원(李奎遠)은 철종 2년 1851년 신해(辛亥) 정시(庭試) 무과(武科)에 19세의 나이로 급제했다.[39] 이규원은 본래 문관의 가문이었지만 무관이 되려

---

37 윤병석, 「대한제국의 종말과 의병항쟁」, 『한국사』 19, 탐구당, 1981, 363-366쪽.

38 『駐韓日本公使館記錄(11)』, 1896년 11월 18일, 報告第15號 「施政一班 등 보고」, 加藤臨時代理公使→大隈 外務大臣, 99쪽.

39 『무보(武譜)』(한국학중앙연구원 장서각[K2-1741]) ; 이혜은·이형근, 『만은 이규원의 울릉도 검찰일기』, 한국해양수산개발원, 2006, 130-133쪽.

고 말 타고 활쏘기를 연습하여 무과에 합격했다.

1862년(壬戌) 1월 평안도(平安道) 구성부사(龜城府使), 1868년(戊辰) 12월 함경도(咸鏡道) 정평부사(定平府使), 1871년 10월 함경도 단천부사(端川府使), 1871년(辛未) 12월 황해도(黃海道) 풍천부사(豊川府使), 1876년 1월 경기도(京畿道) 통진부사(通津府使), 1877년(丁丑) 12월 강원도(江原道) 횡성현감(橫城縣監), 1878년 1월 전라도(全羅道) 진도부사(珍島府使), 1879년(己卯) 6월 함경도(咸鏡道) 부령부사(富寧府使), 1882(壬午) 3월 함경도(咸鏡道) 명천부사(明川府使) 등을 역임했다.[40]

이규원은 1882년 1월 '말을 잘 타는' 이규원은 방어사(防禦使)의 이력(履歷)을 수여받았다.[41] 부호군(副護軍 *종4품) 이규원은 1881년 5월 23일 울릉도검찰사(鬱陵島檢察使)로 임명되었는데 실제 1882년 4월 울릉도를 조사할 수 있었다.[42]

민태호는 황해와 경기 감사로 재직하면서 황해 풍천부사(豊川府使)와 경기 통진부사(通津府使)를 수행한 이규원을 관찰했는데 이규원이 "임금을 위하여 나랏일에 근면하고 위험을 피하지 않는다"는 사실을 알고 있었다. 그런 이유로 민태호는 이규원을 울릉도검찰사로 추천했다. 그러자 고종은 이규원을 울릉도검찰사(鬱陵島檢察使)로 임명했다. 이규원은 고종의 지시를 받들어 섬으로 들어가 일본인의 벌목을 금하고 섬 내를 널리 돌아다녔다. 그는 울릉도에서 위험한 산지와 벼랑들을 원숭이처럼 붙잡고 기어오르며 그 지세와 특산물을 조사하고 계절에 따라 유숙하는 사람과 토막생활을 하고 있는

40 http://people.aks.ac.kr. 함경도 단천부사(端川府使)(『高宗實錄』, 高宗 8年(1871) 10月 28日). 경기도 통진부사(通津府使)(『高宗實錄』, 高宗 13年(1876) 1月 13日).

41 "善騎將李奎遠, 竝許用防禦使履歷."(『承政院日記』, 高宗 19년(1882) 1월 11일)

42 "臣於辛已五月二十三日 猥荷鬱陵島檢察之 命."(李奎遠, 光緖八年(1882) 壬午 六月, 「啓草本」)

상황을 모두 탐사했다. 그는 돌아와서 상세히 고종에게 보고했다.[43]

고종은 이규원의 활동에 크게 만족하고 즉시 경상좌병사(慶尙左兵使 *종2품)로 승진시켰다. 고종은 이규원이 부임하기 전에 품계를 높여 도감중군(都監中軍, *訓鍊都監의 종2품 무관)으로 임명했는데 무신의 가장 영예로운 관직이었다. 얼마 후 어영대장(御營大將)에 임명되었다가 총융사(總戎使)로 전임했다.[44]

이규원은 50세에 울릉도 검찰을 다녀온 후 이규원은 특별히 우수함을 고종으로부터 인정받고 군부의 주요 직책을 맡았다. 1882년 7월 울산에 소재한 경상좌도 병마절도사(慶尙左道兵馬節度使), 1882년 9월 어영대장(御營大將), 1884년 10월 기연해방사무(畿沿·海防事務) 총관(總管), 1884년 12월 동남개척사(東南開拓使) 등에 임명되었다.[45]

---

43 鄭寅書, 「晩隱公遺事」 『만은(晩隱) 이규원의 울릉도검찰일기(鬱陵島檢察日記)』, 한국해양수산개발원, 2006, 125쪽

44 "그 때는 나라가 태평하므로 사대부가 다만 문벌로서 서로 자랑만 일삼고 문무 여러 대신들이 맡은 직무를 소홀히 하는 것이 습관이 되었다. 국사에 헌신하는 사람이 없는지라 고종이 깊이 그 폐해를 파악했다."(鄭寅書, 「晩隱公遺事」 『만은(晩隱) 이규원의 울릉도검찰일기(鬱陵島檢察日記)』, 한국해양수산개발원, 2006, 125쪽)

45 경상좌도 병마절도사(慶尙左道兵馬節度使).(『高宗實錄』, 高宗 19年(1882) 7月 28日) 어영대장(御營大將).(『高宗實錄』, 高宗 19年(1882) 9月 24日) 총융사(總戎使).(『高宗實錄』, 高宗 20年 6月 22日) 해방사무총판(海防事務總辦).(『高宗實錄』, 高宗 21年(1884) 10月 20日) 동남개척사(東南開拓使).(『高宗實錄』, 高宗 21年(1884) 12月 17日) "총관기연해방사무(總管畿沿·海防事務)의 후임에 행호군(行護軍) 이규원(李奎遠)을 제수하다."(『承政院日記』, 高宗 21년(1884) 10월 20일)

Ⅲ. 조선정부의 울릉도 이주정책

1880년대 초 일본인은 불법적으로 울릉도를 왕래하면서 삼림을 벌목했다. 1881년 5월 22일 강원감사(江原監司) 임한수(林翰洙)의 보고서(狀啓)에 근거하여 통리기무아문(統理機務衙門)은 "일본인이 울릉도에서 나무를 벌목하고 원산(元山)과 부산(釜山)으로 보내려고 한다"며 이규원(李奎遠)을 울릉도검찰사에 임명하도록 요청했다.[46]

이규원의 임명과 동시에 조선정부는 외교적인 항의를 일본정부에게 전개했다. 예조판서(禮曹判書) 심순택(沈舜澤)은 1881년 6월 일본인의 울릉도 불법 벌목에 항의하는 문서를 일본 외무경(外務卿) 이노우에 가오루(井上馨)에게 보냈다. 심순택은 일본정부가 울릉도에서 일본인의 불법 행동을 금지시킬 것을 강력하게 주장했다.

심순택(沈舜澤)은 "숙종 19년 1693년(癸酉)에 일본인이 섬(울릉도)의 이름을 착인(錯認)한 일로 여러 차례 문서가 왕복하다가 마침내 귀정(歸正)" 되었고 "일본정부가 그 섬에 들어가서 고기잡이하는 일을 영구히 허가하지 않겠다는 문서가 아직도 장고(掌故)에 실려 있다"고 주장했다. 심순택(沈舜澤)은 울릉도가 "삼한(三韓) 때부터 본국에 소속"되었고, "토지와 물산이 본국의 여도(輿圖)에 상세히 실려 있다"고 주장했다. 심순택은 조선이 수토관을 해마다 울릉도에 파견한 이유를 "옛 번폐(藩蔽, 울타리)를 중히 여기고 강계(疆界)를 튼튼하게 하는 도리"라고 주장했다.[47]

일본 외무경대리(外務卿代理)이자 외무차관(外務大輔) 우에노 카게노리

---

46 『高宗實錄』, 高宗18年(1881) 5月 22日.

47 『日本外交文書』(14), 10事項, 160號, 明治14年(1881)8月27日, 「朝鮮國蔚陵島へ我國民入往魚採候儀ニ付上申ノ件」, 外務卿代理 上野景範外務大輔→三條太政大臣宛 : 송병기, 『독도영유권자료선』, 한림대학교, 2004, 156-167쪽.

(上野景範)는 1881년 8월 20일 울릉도에서 일본인의 불법 행위를 금지에 관한 내용을 예조판서(禮曹判書) 심순택(沈舜澤)에게 다음과 같이 보냈다. 일본이 울릉도에 어채하는 것은 "경계에 들어갔기 때문에 금제(禁制)를 따르지 않을 수 없는 도리에 어긋난 일"이라고 판단했는데 우에노는 "곧바로 사실을 조사하여 양국의 후호(厚好)에 장애가 되는 일이 없도록 하겠다"고 약속했다.[48]

1881년 11월 일본 외무경(外務卿) 이노우에 가오루(井上馨)는 조선정부에게 답변서를 보냈다. 이노우에 따르면 일본정부가 조사한 결과 울릉도에 일본인이 거주했지만 현재는 일본인 모두는 철수했는데 그는 "변민이 법규에 어두워 번뜻하면 잘못을 답습하는데 이 뒤로는 다시 금령을 신칙하여 양국의 신의를 돈독하게"할 것을 약속했다.[49]

경리사(經理事) 이재면(李載冕)은 1881년 12월 4일 울릉도 불법 일본인을 "철수하게 돌아가게 하고 특별히 금령을 신칙하겠다"는 일본정부의 답변서를 받았다며 일본 외무성 2등속(外務二等屬) 소에다(副田節)에게 문서를 전달했다.[50]

이러한 과정에서 이규원(李奎遠)은 1881년 5월 23일 울릉도검찰사(鬱陵島檢察使)로 임명되었다.[51] 이규원은 배로 1882년 4월 울릉도를 조사할 수

---

48 『日本外交文書』(14), 10事項, 160號, 明治14年(1881)8月20日, 「朝鮮國蔚陵島へ我國民入往魚採候儀ニ付上申ノ件 附屬書 二」, 日本外務卿代理 上野景範 外務大輔→禮曹判書 沈舜澤.

49 『日本外交文書』(14), 10事項, 161號, 明治14年(1881)10月7日, 「朝鮮國蔚陵島ノ儀ニ付朝鮮政府へ送翰ノ儀上申ノ件 附屬書 一」, 井上馨外務卿→禮曹判書 沈舜澤.

50 "울릉도에서 작벌을 금하는 것은 우리나라의 성전(成典)인데, 일본정부가 사핵하여 철수하여 돌아가게 하고 특별히 금령을 신칙하여 신의가 득실합니다."(『日本外交文書』(14), 10事項, 161號, 辛巳(1881)12月4日, 「朝鮮國蔚陵島ノ儀ニ付朝鮮政府へ送翰ノ儀上申ノ件 附屬書 一」, 經理事 李載冕→外務二等屬 副田節)

51 "臣於辛已五月二十三日 猥荷鬱陵島檢察之 命."(李奎遠, 光緖八年(1882) 壬午 六月,

있었다. 이규원은 1882년 4월 12일 원주목(原州牧), 4월 20일 평해군(平海郡)에 도착했고 1882년 4월 30일 울릉도 서쪽 소황토구미(小黃土邱尾)인 현재 학포에 도착했다.[52] 울릉도를 조사하고 출발한 이규원 검찰사 일행은 5월 13일 평해 구산포(邱山浦)에 정박하고 육지에 내렸다.[53]

고종은 이규원의 검찰 보고서와 면담을 통해서 이규원의 단계적 울릉도 이주를 받아들였고 실행했다. 울릉도 불법 벌목 일본인의 추방을 위한 외교적 노력, 울릉도 관련 행정제도 신설, 울릉도 이주를 위한 백성이 모집 등이 바로 그것이다.

고종은 1882년 6월 16일 삼군부(三軍府)가 일본인의 울릉도 불법 벌목을 항의하는 외교 문서를 일본정부에게 보내자고 제안하자 승인했다. 삼군부에 따르면 울릉도검찰사 이규원(李奎遠)은 일본인(日本人)들이 한쪽 구석에 막을 치고는 송도(松島)라 칭하면서 나무 푯말을 세웠으니 공문을 띄워 힐책하기를 요청(啓請)했다. 삼군부는 강역(疆域)을 신중하고 견고하게 지켜야 한다는 법칙을 준수해야 한다고 주장했다.[54]

이규원의 검찰사 활동은 대외적으로 한일 관계에서 일본인의 울릉도 도항 금지라는 일본정부가 중앙과 지방에 반포하는 명령인 '유시(諭示)'를 이

「啓草本」)

52 李奎遠, 光緖八年(1882) 壬午 六月,「啓草本」; 李奎遠, 1882.4.30,『鬱陵島檢察日記』.

53 李奎遠, 光緖八年(1882) 壬午 六月,「啓草本」; 李奎遠, 1882.4.30,『鬱陵島檢察日記』.

54 "三軍府啓 鬱陵島檢察使李奎遠 以日本人結幕一隅 稱以松島 所木立標 啓請移書詰責事有旨令三軍府稟處矣. 以日本人之侵斫此島樹木 自其國禁止之意 已有文字 而今於檢察之行 目見其猶復自如 則不得不更申前意 永杜此弊 令文任撰送書契何如. 允之."(『高宗實錄』, 高宗 19年(1882) 6月 16日) "朴鳳彬, 以三軍府言啓曰, 卽見鬱陵島檢察使李奎遠書啓, 則以爲, 日本人, 結幕一隅, 稱以松島, 立標斫木, 移書詰責, 恐不可已事, 判付有令三軍府稟處之命矣. 殊厥疆界, 愼固封守, 自有典則, 而以日本人之侵斫此島樹木, 自其國禁止之意, 已有文字, 而今於檢察之行, 目見其猶復自如, 則不得不更申前意, 永杜此弊, 令文任, 撰送書契, 何如? 傳曰, 允."(『承政院日記』, 高宗19年(1882) 6月 16日)

끌어 내었다.

1882년 6월 조선 예조판서 이회정(李會正)은 일본인의 울릉도 도항 금지를 일본 외무경 이노우에 가오루에게 요구했다. "조선[敝邦]의 울릉도(鬱陵島)는 경계 사이에 있는 것이 아닙니다. 최근 일본인이 나무를 베고 자르는 일 때문에 서계(書契)를 보내서 일본정부가 특별히 금지하기를 바랐습니다. 조선은 검찰사(檢察使) 이규원(李奎遠)을 파견했는데, 섬의 경계를 두루 살피고 돌아와서, 벌목과 고기잡이가 여전하여 이전과 달라진 것이 없다고 보고했습니다. 의아함이 깊어지고 커져서 서함으로 질의하니 귀 조정에서 조량(照諒)하기 바랍니다. 법을 마련하고 완곡하게 타일러 엄격히 방지하여 전의 잘못을 따르지 말도록 하면 매우 다행이겠습니다."

1882년 12월 16일 일본 외무경 이노우에 가오루(井上馨)은 일본인의 울릉도 도항 금지에 대해서 태정대신(太政大臣) 산조 사네토미(三條實美)에게 다음과 같은 문서를 보냈다.

이노우에의 공(公) 제272호 문서에 따르면 1881년 7월 조선정부는 일본인이 조선에 속한 울릉도(蔚陵島)[일본인은 다케시마(竹島) 또는 마쓰시마(松島)로 부름]에 도항하여 함부로 벌목하고 있다고 조회했는데 일본정부는 "곧 금지하겠다."고 답변했다. 그리고 1882년 6월 조선정부는 또다시 일본인의 울릉도 도항 금지를 요청하는 문서를 보냈다. 이노우에에 따르면 "이후에도 여전히 도항하는 자가 있으면 조선정부에 대해 교제 상 부적절할 뿐만 아니라 일본정부의 금령(禁令)이 인민에게 미치지 않음을 보여주는 혐의가 있습니다. 따라서 다케조에(竹添) 변리공사가 조선정부에 금지하겠다는 취지로 답장하도록 해야 합니다. 또 이후 오해가 없도록 일본 내무경이 각 부·현(府縣)에 유시(諭示)하도록 하기를 바랍니다."

이노우에는 유시(諭示)의 내용에 대해서 "울릉도에 대해 조선 정부와 의정(議定)한 연월을 삽입해서 종래부터 조선국에 속했으며 특별히 오늘날에

정한 것이 아님을 인증(引證)하고, 울릉도의 위치를 명시하여 도항을 금하는 것"이라고 기록했다.

이노우에 가오루(井上馨)는 유시(諭示)를 어기고 울릉도에 가서 사사로이 매매하는 일본인을 일한무역규칙 제9칙에 따라 처벌하고, 수목을 도벌(盜伐)하는 일본인을 일본형법 제373조에 따라 처벌해야 한다고 주장했다. 위의 취지를 미리 사법경(司法卿)이 각 재판소에 내훈(內訓)할 것을 제안했다. 이노우에는 일본외교관 기타지와(北澤正誠)의 저서 「죽도판도고(竹島版圖考)(기타지와는 송도=죽도=울릉도로 파악함)」를 제출하며 참고할 것을 제안했다. 이에 대해 1883년 3월 1일 태정대신(太政大臣) 산조 사네토미(三條實美)는 이노우에의 상신한 문서를 승인했다.[55]

1882년 8월 20일 영의정 홍순목(洪淳穆)은 조선정부의 울릉도 이주를 제안했고 고종은 이를 승인했다. 홍순목에 따르면 울릉도는 바다 가운데 외로이 떨어져 있는 하나의 미개간지이지만 땅이 비옥하다고 합니다. 우선 백성을 모집해서 밭을 일구고 5년 후에 조세를 물리면 스스로 점차 취락(聚落)을 이룰 것입니다. 영남(嶺南)과 호남(湖南)의 조운선(漕運船)이 울릉도에서 재목을 베서 배를 만들도록 허락하면 백성들이 모여들 것입니다. 우선 울릉도검찰사(檢察使)에게 문의하여 도장(島長)임명하여, 규율과 질서를 세우고 그 제도를 새로 만들어야 합니다. 홍순목은 강원감사(監司)에게 진(鎭)을 설치할 계획을 알려줄 것을 고종에게 요청했다.[56]

이러한 결과 울릉도 첫 도장은 전석규(全錫圭)로 임명되었다. 1882년 9

55 『日本外交文書』(15), 158號, 明治15年(1882)12月16日.

56 "次對. 領議政洪淳穆曰. (...) 向來檢察使復命時 鬱陵島地圖與書契 伏想已經乙覽. 而此島僻在海中 天荒一區 聞是沃衍之地 爲先募民起墾 五年後定稅 則自至漸成聚落. 且兩南漕船 許令來此 取材而造之 人叢亦當繁集 此爲及今可圖者也. 然若管領無人 雜弊難防 其勤實幹事者 問議於檢察使 姑以島長差送 創立制置規模 豫講他日設鎭之意 分付道臣何如. 允之."(『高宗實錄』, 高宗 19年(1882) 8月 20日)

월 6일 의정부는 울릉도 도장 전석규(全錫圭) 임명을 통보하면서 거처를 마련하도록 강원감영에게 지시했다. 그리고 의정부는 진(鎭)의 설치에 대해서 도장의 보고에 기초하여 적절히 제도를 만들고 그 경과를 보고하도록 강원감영에 지시했다.

1883년 3월 15일 의정부는 울릉도 이주와 관련하여 전석규가 내려갔고, "진(鎭)을 설치하는 데 기틀이 되는 사업이 원대한 계책이 될 수 있도록 할 것"을 강원감영에게 지시했다.[57] 전석규는 울릉도에 들어온 지 이미 10년이 넘은 경상도 함양의 사족 출신으로, 약초 캐는 일에 종사했다. 그는 울릉도 지리에 익숙해서 사람이 살만한 곳과 각종 토산물을 상세히 알고 있었다.[58]

1883년 3월 16일 고종은 김옥균을 동남제도개척사(東南諸島開拓使)로 임명했다.[59] 황성신문은 1883년 동남제도 개척사와 울릉도 연관성을 기록했다. 황성신문에 따르면 동남제도개척사 김옥균은 종사관 백봉배(白奉培)를 울릉도의 '개척' 사무로 맡겼다.[60] 그런데 김옥균은 1884년 1월 11일 울릉도에서 일본인의 불법 벌목 현황을 보고하면서 여기에 결탁한 울릉도 도장 전석규(全錫圭)의 처벌을 요구했다.[61]

1883년 4월 강원도 관찰사 남정익(南廷益)은 울릉도 이주정책에 필요한 물자를 보고했다. 물자 공급을 위해서 총 4척 선박이 출항하고, 사공과 격군

---

57 『各司謄錄(27)』, 「江原監營關牒」, 壬午年(1882) 9月 6日, 453쪽 ; 『各司謄錄(27)』, 「江原監營關牒」, 癸未年(1883) 3月 15日, 463쪽.

58 송병기, 『울릉도와 독도, 그 역사적 검증』, 역사공간, 2010, 178쪽.

59 『高宗實錄』 高宗 20年(1883) 3月 16日 ; 『承政院日記』, 高宗20年(1883) 3月 16日)

60 『皇城新聞』, 1899.9.23, 鬱陵島 事況.

61 울릉도 도장(島長) 전석규(全錫圭)는 일본인의 울릉도 벌채를 금지시키지 못하고 물건과 교환한 죄목으로 1년 만에 파면당했다.(『高宗實錄』, 高宗 21年(1884) 1月 11日) 갑신정변 이후 이규원이 동남개척사로 임명되었다.(『高宗實錄』 高宗 21年(1884) 12月 17日)

(沙格) 40명, 목수 2명, 대장장이(冶匠) 2명 등의 인원이 동원될 예정이었다. 또한 벼(租) 20석, 콩(太) 2석, 조(粟) 2석, 팥(小豆) 등의 종자를 준비하고, 백미(白米) 60석, 소(牛) 2마리, 총(銃) 3자루, 화약(火藥) 3근 등이 준비되었다.[62]

1883년 5월 9일 전석규는 울릉도 이주를 위해 양식과 잡물을 싣고 평해군에서 울릉도로 출발했다. 1883년 6월 6일 강원감영은 평해군수의 보고를 의정부에 첩보했다. "필요한 선격, 양미, 잡물을 도장과 다시 상의하여 모두 2260냥 9푼을 마련했다."[63] 1883년 7월 강원도관찰사는 울릉도 대황토포(大黃土浦) 4호, 곡포(谷浦) 5호, 추봉(錐峯) 2호, 현포동(玄浦洞) 5호 등 총 16호 54명이 이주했다고 보고했다.[64]

조선정부는 울릉도 이주정책을 본격적으로 추진했다. 1884년 3월 울릉도첨사(鬱陵島僉使) 겸 삼척영장(三陟營將), 1884년 6월 울릉도첨사(鬱陵島僉使) 겸 평해군수(平海郡守), 1888년 2월 첨사(僉使)를 다시 도장(島長)으로 바뀌었는데, 평해군(平海郡) 소속 월송진만호(越松鎭萬戶)가 울릉도도장(鬱陵島島長)을 겸직했다.[65] 울릉도장은 1888년부터 3월 전후 매년 울릉도를 수토하여 기본적으로 지도와 토산물을 바치고, 신구호수 남녀인구 개간면적 등에 관한 보고서를 작성했다.

고종은 이규원의 검찰사 활동 이후 신임 평해 군수 신상규에게 울릉도 이주의 방책 강구를 구체적으로 명령했다. 이규원의 검찰활동은 대내적으로 조선인의 울릉도 이주정책 뿐만 아니라 교통수단의 강화를 위한 조치를 이

---

62 "鬱陵島開拓時船格粮米雜物容入假量成冊."(高宗 20年(1883) 4月[奎17041] : 신용하, 『독도영유권 자료의 탐구』, 독도연구보전협회, 1999, 117쪽)

63 『各司謄錄(27)』, 「江原監營關牒」, 癸未年(1883) 6月 7日, 466쪽.

64 "江原道鬱陵島新入民戶人口姓名年歲及田土起墾數爻成冊."(光緒 9年, 高宗 20年(1883), 癸未 7月, 奎 17117 : 신용하, 『독도영유권 자료의 탐구』, 독도연구보전협회, 1999, 121쪽)

65 『高宗實錄』, 高宗 21年(1884) 3月 15日 ; 『高宗實錄』, 高宗 21年(1884) 6月 30日 ; 『高宗實錄』, 高宗 25年(1888) 2月 6日.

끌어 내었다. 1884년 7월 13일 고종은 신임 평해군수(平海郡守) 신상규(申相珪)을 만났는데 고종이 물었고 신상규가 다음과 같이 대답했다.

"평해군수는 새로 개척하는 울릉도(鬱陵島)를 겸하여 관장하게 될 것이니, 마땅히 방책을 강구함이 있어야 할 것이다. (그대는) 이 섬을 본 적이 있는가?"

"신은 이 섬을 본 적은 없습니다. 총융사(摠戎使) 이규원(李奎遠)에게서 대략 방책을 들을 수 있었습니다. 이규원은 울릉도가 바다 가운데에 있어서 수로가 매우 험하므로 우리나라 선박으로는 봄과 여름 교체기를 제외하고는 건널 수가 없다고 말했습니다. 신이 내려간 뒤에 선박을 만들되 돛을 단[掛帆] 배의 제도[船制]를 대략 모방하면 상시로 통행할 수 있을 것입니다. 그런데 선박의 재목을 섬 안에서 취해야 하니 형편상 내년이 되어야 하겠습니다."

"배를 만드는 일은 매우 좋으나 내년 봄이 되어야 한다면 너무 늦다. 비록 육지에서 재목을 구하는 한이 있더라도 기어이 올해 안에 만들어야 한다. 이 섬에 이미 들어가 사는 백성이 있으니 어찌 이같이 험하고 막혀서야 되겠는가?"

"이 섬에 들어가 사는 백성은, 듣자하니 60여 호가 있는데 육지에서는 이러한 선박의 재목을 구할 수 없다고 하니, 이 점이 근심스럽고 안타깝습니다."

"내려간 뒤에 경상도관찰사(道伯)와 방책을 상의하여 속히 이룰 계획을 세우라."[66]

고종은 울릉도 이주정책을 수행하기 위해서는 선박의 왕래가 중요하다고 판단했고 신속한 선박 제조를 통해 교통수단의 확립을 평해군수 신상규에게 지시했다. 이러한 사실은 이규원의 울릉도검찰사 이후 본격적인 울릉도 이주정책 실행에 대한 고종의 의지를 보여주었다.

---

66 『承政院日記』, 高宗 21年(1884) 7月 13日.

Ⅳ. 맺음말

임진왜란, 병자호란, 을미의병 등의 연결고리는 존왕양이(尊王攘夷) 사상이라는 공통점을 가지고 있었다. 따라서 의병활동이 활발한 금화 지역은 충의사상(忠義思想)과 존왕양이(尊王攘夷) 의식이 강한 지역적 특색을 갖고 있었다. 이러한 금화 지역의 특색을 자연스럽게 흡수한 이규원은 충의사상(忠義思想)과 존왕양이(尊王攘夷)의 의식을 소유한 인물이었다.

울릉도검찰사 이규원은 1882년 4월 7일 창덕궁 희정당(熙政堂)에서 고종을 알현하고 4월 10일 서울을 출발한 다음 4월 12일 원주목(原州牧), 4월 20일 평해군(平海郡)에 도착했다. 서울에서 출발한지 20일이 지나서야 이규원은 1882년 4월 29일 오전 구산포(邱山浦)에서 울릉도로 출항했다. 이규원은 1882년 4월 30일 저녁(酉時, 오후 6시경) 울릉도 서쪽 소황토구미(小黃土邱尾, 현재 학포)에 도착했다. 5월 12일 아침 울릉도를 출발한 다음 이규원 검찰사 일행은 5월 13일 저녁(亥時, 10시경)쯤 평해 구산포(邱山浦)로 정박하고 육지에 내렸다. 그 후 이규원은 5월 27일 서울에 도착해서 계본(啓本)을 본격적으로 작성했다. 1882년 6월 5일 이규원은 창덕궁 희정당(熙政堂)에서 다시 고종을 공식적으로 만날 수 있었다. 그 후 고종은 이규원의 울릉도검찰사 활동을 인정하여 1882년 7월 경상좌도 병마절도사로 승진시켰다.

1882년 9월 6일 의정부는 울릉도 도장 전석규(全錫圭)의 임명을 알려주면서 울릉도에 진(鎭)의 설치를 준비할 것을 강원감영에게 지시했다. 1883년 3월 16일 고종은 김옥균을 동남제도개척사(東南諸島開拓使)로 임명하고 포경 등의 일을 겸하게 했다. 그 후 1883년 7월 강원도관찰사는 울릉도 대황토포(大黃土浦) 4호, 곡포(谷浦) 5호, 추봉(錐峯) 2호, 현포동(玄浦洞) 5호 등 총 16호 54명이 이주한 사실을 보고했다.

조선은 울릉도 이주정책을 실행하면서 울릉도의 행정관할을 구체적으로 추진했다. 1884년 3월 울릉도첨사(鬱陵島僉使) 겸 삼척영장(三陟營將), 1884년 6월 울릉도첨사(鬱陵島僉使) 겸 평해군수(平海郡守), 1888년 2월 첨사(僉使)를 다시 도장(島長)으로 바뀌었는데, 평해군(平海郡) 소속 월송진만호(越松鎭萬戶)가 울릉도도장(鬱陵島島長)을 겸직했다. 울릉도장은 1888년부터 3월 전후 매년 울릉도를 수토하여 기본적으로 지도와 토산물을 바치고, 신구호수 남녀인구 개간면적 등에 관한 보고서를 작성했다.

조선은 1888년 울릉도 출신 서경수를 월송만호에 임명했고 1890년 8월 7일 월송만호 겸 울릉도장으로 이종인(李種仁), 1892년 2월 16일 조선은 월송만호 겸 울릉도장으로 박지영(朴之榮), 1893년 1월 29일 월송만호 겸 울릉도 도장을 이완갑(李完甲)으로 임명했다. 1892년 12월 9일 조선은 평해군수 조종성(趙鍾成)을 특별히 울릉도를 조사하도록 울릉도 사검관(鬱陵島查檢官)으로 임명했다. 또한 1893년 11월 9일 평해군수(平海郡守) 조종성(趙鍾成)은 다시 울릉도 사검관(鬱陵島查檢官)으로 임명되었다.

고종은 1894년 12월 경상도위무사 이중하(李重夏)가 울릉도의 이주가 이미 수행되어 울릉도 수토 선격(船格)과 집물(什物)을 폐지할 것을 제안하자 승인했다. 고종은 1895년 1월 29일 내부대신 박영효가 월송만호의 울릉도장 겸임을 해제하고, 대신 전임도장을 두어 울릉도 업무를 관장할 것을 제안하자 승인했다. 1895년 8월 고종은 내부대신 박정양이 울릉도의 도장을 도감(島監)으로 바꿀 것을 제안하자 승인했는데 1895년 9월 20일 도감에 울릉도인 배계주가 판임관 대우로 임명되었다.

이규원의 검찰사 활동은 대외적으로 한일 관계에서 일본인의 울릉도 도항 금지라는 일본정부가 중앙과 지방에 반포하는 명령인 '유시(諭示)'를 이끌어 내었다. 고종은 울릉도 이주정책을 수행하기 위해서는 선박의 왕래가 중요하다고 판단했고 신속한 선박 제조를 통해 교통수단의 확립을 평해군수 신상규에게 지시했다. 이러한 사실은 이규원의 울릉도 검찰 이후 본격적인 울릉도 이주정책 실행에 대한 고종의 의지를 보여준다. 또한 조선정부는 조약에 기초하여 울릉도를 불통상(不通商) 항구로 판단했는데 일본인의 불법행동에 대해서 '벌금'으로 처벌할 것도 지시했다.

조선정부는 울릉도 정책을 '수토'라는 용어로 표기했고, '울릉도 수토관'이라는 명칭을 공식적으로 사용했다. 따라서 1882년 이규원의 검찰사 활동 이전까지는 조선시대의 울릉도 정책에 대해서 '수토정책'이라고 규정하는 것이 합리적이다. 그런데 조선정부는 검찰사 이규원의 1882년 6월 보고서에 기초하여 본격적인 울릉도 이주정책을 실행했다. 따라서 이규원의 검찰사 활동 이후 조선의 울릉도 '이주정책'이 본격적으로 실행되었다는 사실을 고려한다면 1882년 이후 고종의 울릉도 정책은 '이주정책(移住政策)'이라고 부르는 것이 타당할 것이다. 이러한 역사적 맥락 속에서 1894년 12월 27일 울릉도 이주정책은 수토정책을 완전히 대체했다. 또한 1900년 10월 25일 대한제국 칙령 41호는 울릉도에 석도(石島=독도)가 소속된 사실을 국내외적으로 선포했는데 이규원의 검찰사 활동에서 비롯된 울릉도 이주정책은 동해의 울릉도와 독도에 대한 한국의 영유권 강화에 기여한 것이다.

참고문헌

1. 자료

『宣祖修正實錄』, 『宣祖實錄』, 『仁祖實錄』, 『高宗實錄』, 『承政院日記』, 『各司謄錄』, 『皇城新聞』.

國史編纂委員會編, 『駐韓日本公使館記錄』, 8권, 國史編纂委員會, 1993.

國史編纂委員會編, 『駐韓日本公使館記錄』, 9권, 國史編纂委員會, 1993.

國史編纂委員會編, 『駐韓日本公使館記錄』, 11권, 國史編纂委員會, 1994.

국립제주박물관편, 『察理使 李奎遠』, 통천문화사, 2004.

李奎遠, 「啓草本」, 光緖八年(1882) 壬午 六月.

李奎遠, 『鬱陵島檢察日記』, 1882.

송병기, 『독도영유권자료선』, 한림대학교, 2004.

이익성, 「扶桑錄」, 『海行摠載』, 민족문화추진회, 1974.

이혜은, 『만은(晩隱) 이규원의 울릉도검찰일기(鬱陵島檢察日記)』, 한국해양수산개발원, 2006.

2. 연구서와 논문

김기주, 「조선후기-대한제국기 울릉도 독도 개척과 전라도인의 활동」, 『대구사학』 109, 2012.

김기혁, 「조선 후기 울릉도의 搜討기록에서 나타난 부속 도서 지명 연구」, 『문화역사지리』 23-2, 2011.

김수희, 『근대 일본어민의 한국진출과 어업경영』, 경인문화사, 2010.

김영수, 「고종과 이규원의 울릉도와 독도 위치와 명칭에 관한 인식과정」, 『사림』 63, 2018.

김영수, 『제국의 이중성 : 근대 독도를 둘러싼 한국, 일본, 러시아』, 동북아역사재단, 2019.

김호동, 「이규원의 울릉도 검찰 활동의 허와 실」, 『대구사학』 71, 2003.

김호동, 『독도 울릉도의 역사』, 경인문화사, 2007.

박성준, 「1880년대 조선의 울릉도 벌목 계약 체결과 벌목권을 둘러싼 각국과의 갈등」, 『동북아역사논총』 43, 2014.

박은숙, 「동남제도 개척사 김옥균의 활동과 영토 영해 인식」, 『동북아역사논총』 36, 2012.

선우영준, 「독도 영토권원의 연구」, 성균관대학교 행정학과 박사논문, 2006.

송병기, 『울릉도와 독도』, 단국대학교출판부, 2005.

신용하 편저, 『독도영유권 자료의 탐구』 3권, 독도연구보전협회, 2000.

신용하, 『일본의 한국침략과 주권침탈, 서울, 경인출판사, 2005.

신용하, 『한국의 독도영유권 연구』, 경인문화사, 2006.

양태진, 「조선정부의 영토관할정책 전환에 대한 고찰」, 『영토해양연구』 6, 2013.

윤병석, 「대한제국의 종말과 의병항쟁」, 『한국사』 19, 탐구당, 1981.

이규태, 「울릉도 삼림채벌권을 둘러싼 러일의 정책」, 『사총』 79, 2013.

이선근, 「울릉도 및 독도 탐험 소고」, 『독도』, 대한공론사, 1965.

이영학, 「개항 이후 일제의 어업 침투와 조선 어민의 대응」, 『역사와 현실』 18, 1995.

이한기, 『한국의 영토』, 서울대학교출판부, 1969.

이혜은, 「1882년의 울릉도 지리환경」, 『문화역사지리』 21-2, 2009.

이혜은, 「개척기 울릉도의 지리경관」, 『한국사진지리학회지』 22-4, 2012.

이흥권, 「검찰사 이규원의 생애와 영토수호 활동」, 『이사부와 동해』 16, 2020.

이홍권, 「고종의 울릉도 關防정책과 이규원의 울릉도 수토」, 『이사부와 동해』 15, 2019.

정광중, 「이규원(李奎遠)의 울릉도검찰일기에 나타난 지리적 정보」, 『국토지리학회』 40-2, 2006.

제3편

수토가 남긴 유적과 유물

울릉도 수토 각석문의 현황과 문제점*

한성주 | 강원대학교 사학전공 교수

Ⅰ. 머리말

'수토(搜討)'는 무엇을 알아내거나 찾기 위하여 수색하여 조사한다는 의미를 가지고 있다. 조선시대의 수토제도(搜討制度)는 대체로 비정기적으로 연안 지역에 있는 섬의 형편을 알아보고, 사람이 살고 있는지 혹은 왜인(倭人) 등의 외적이 침입했는지 조사하는 것이다.

조선 전기의 비정기적인 수토에서 조선 후기 정기적인 수토제로의 변화에는 1693년 안용복(安龍福)의 1차 피납 사건 및 장한상(張漢相)의 울릉도 수토가 계기가 되었다. 즉 조선시대 수토제도의 기원과 정착은 안용복의 1차 도일과 대마도주가 조선 어민의 울릉도(鬱陵島) 출어금지(出漁禁止)를 요청하면서부터 시작되었다. 조선에서는 울릉도에 장한상을 파견하여 울릉도의 지세를 살펴보게 하고, 왜인에게 그곳이 우리나라의 땅임을 알게 하였다.

특히 장한상은 울릉도 수토 후 제출한 복명서(復命書)에 1~2년 간격으로 수토하는 것이 마땅하다고 건의하였으며, 이것이 숙종에 의해 받아들여지면서 울릉도의 수토 방침이 결정되었다. 이어 안용복의 2차 도일 사건 후, 울릉도의 영유권 문제가 매듭지어지면서 조선의 수토가 제도화되어 시행되었다.

그에 따라 삼척첨사(三陟僉使)와 월송만호(越松萬戶)가 번갈아 울릉도

---

* 이 논문은 『독도연구』 제31호(영남대학교 독도연구소, 2021.12)에 게재한 것을 수정하여 재수록한 것임.

를 수토하였고, 울릉도에 도착한 수토사(搜討使)[1]들은 자신들이 다녀간 흔적을 남기기 위해 각석문(刻石文)을 남겼다. 각석문 이외에도 수토사들은 수토 관련 기록들을 남겼는데, 주로 문서로 된 수토기(搜討記), 울릉도 도형(圖形), 그리고 대풍헌(待風軒) 등의 편액(扁額)이 있다.

수토사들이 울릉도를 수토하였다는 가장 확실하고 직접적인 증거가 울릉도에 남긴 각석문이다. 그동안 단편적으로 울릉도 수토 각석문에 대한 조사·연구가 이루어졌지만,[2] 아직 종합적인 연구가 이루어지지 않아 대략적인 현황만 파악할 수 있을 뿐이다. 이에 본고에서는 그동안 수토 각석문의 조사 및 연구 현황을 파악하고, 현재까지 발견된 각석문의 내용을 비교 검토하는 동시에 이에 대한 문제점을 살펴보고자 한다.

---

1 문서의 공식적인 기록은 수토(搜討), 수토관(搜討官)으로 되어 있지만, 그 수행원들 모두를 지칭한다는 의미로 본고에서는 수토사(搜討使)로 칭한다.

2 울릉도 수토 각석문에 대한 조사·연구는 다음과 같다. 李弘稙, 「鬱陵島搜討關係碑 二」, 『考古美術』 제3권 제7호, 한국미술사학회, 1962; 金元龍, 『鬱陵島』, 國立博物館古蹟調査報告 제4책, 국립중앙박물관, 1963; 鬱陵郡, 『鬱陵島鄕土誌』, 鬱陵郡公報室, 1963; 鬱陵郡誌編纂委員會 編, 『鬱陵郡誌』, 鬱陵郡, 1989; 鬱陵文化院, 『鬱陵文化』 제2호, 1997; 崔夢龍·辛叔靜·尹根一·李盛周·金泰植, 『鬱陵島 地表調査 報告書 Ⅰ』, 서울대학교박물관학술총서 6, 서울대학교 박물관, 1997; 崔夢龍·辛叔靜·李東瑛·李盛周·金庚澤·金泰植, 『鬱陵島-考古學的 調査研究』, 서울대학교 박물관, 1998; 李承鎭, 「울릉도 역사의 새로운 발견-세 가지 각석문(刻石文)의 검토-」, 『鬱陵文化』 제5호, 울릉문화원, 2000; 鬱陵郡·慶尙北道文化財硏究院, 『文化遺蹟分布地圖-鬱陵郡-』, 2002; 울릉군·울릉군지 편찬위원회, 『鬱陵郡誌』, 울릉군, 2007; 손승철, 「조선후기 수토기록의 문헌사적 연구-울릉도 수토 연구의 회고와 전망-」, 『한일관계사학회』 제51집, 2015 등이 있다.

Ⅱ. 울릉도 수토 각석문의 현황

1. 수토 각석문 조사 현황

울릉도 수토 각석문을 최초로 조사·연구한 것은 이홍직(李弘稙)과 김원룡(金元龍)이다.[3] 이홍직은 일제강점기인 1937년 11월 20일 울릉도 도동(道洞) 축항공사장(築港工事場)에서 발견된 두 개의 각석문 탁본을 해방 후에 입수하여 그 전문을 소개하였다.[4]

이 탁본은 일제강점기 초기의 경주박물관장을 했던 모로가 히데오(諸鹿央雄)가 후지다 료사큐(藤田亮策) 교수에게 보냈던 것인데, 탁본 중 1장에는 모로가 히데오의 자필로 '昭和一二, 一一, 二○, 鬱陵島道洞築港工事場舊漁業組合倉庫跡發見二個內其二, 昭和一三, 七, 二二手拓', 즉 '1937년(소화 12) 11월 20일, 울릉도 도동 축항공사장 옛 어업조합창고 유적에서 발견한 2개 중에 그 두 번째, 1938년(소화 13) 7월 22일, 탁본을 뜸'이라고 쓰여 있었다.

다른 하나는 '手拓於島廳', 즉 '울릉도 군청에서 탁본을 뜸'이라고 적혀 있었는데, 이홍직은 '발견되자 도청(島廳)으로 옮겨서 보관한 모양'이라고 하였으며, '울릉도를 조사한 일이 있는 김원룡씨에게 문의한즉 도청에서 본 기억이 있다'고 써 놓았다.

이홍직이 전문을 게재한 내용을 보면, 도동항 축성공사 중 발견되어 울릉도 군청에 있었던 각석문은 현재 울릉도향토사료관을 거쳐 울릉도수토역사전시관에 소장되어 있는 '울릉도 도동리 신묘명 각석문(鬱陵島 道同里 辛卯銘 刻石文)'으로 소위 '박석창 각석문(朴錫昌 刻石文, 1711년)'이고, 나머지

3 李弘稙, 앞의 논문, 1962; 金元龍, 앞의 책, 1963.

4 이하 李弘稙, 앞의 논문, 1962, 263~265쪽..

하나가 현재 행방불명인 '구억 각석문(具億 刻石文, 1735년)'이다.[5]

김원룡은 '도동에는 3개의 각석이 있는데, 두 개는 1937년 11월 20일 울릉도 도동 축성공사장에서 발견되어, 제1석은 군청(郡廳) 앞뜰에 있었다고 기억하는데 지금 행방불명이고, 제2석은 농협창고(農協倉庫)에 있다'고 하였다.[6] 그리고 '제3의 각석은 경찰서(警察署) 아래 민가(民家) 뒤의 암벽(岩壁)에 있으며, 시찰우용정(視察禹用鼎) 군수심흥택(郡守沈興澤)의 10자가 응회암격(凝灰岩壁)에 새겨져 있다'고 하였는데, 현재 이 각석문 역시 그 행방을 찾을 수 없다.

또 김원룡은 '대하동(臺霞洞) 앞 해변의 큰 암괴표면(巖塊表面)에 각자한 것과 거기서 동쪽 약 4백 미터 전우범씨 댁 옆 암석에 각자한 것의 두 개가 있다'고 하여 대하동(지금의 태하리)에 두 개의 각석문이 있다고 하였다. 김원룡이 전문을 게재한 내용을 보면, '대하동 앞 해변의 큰 암괴표면에 각자한 것'은 소위 '이경정·정재천 각석문(李慶鼎·鄭在天 刻石文, 1831년/1847년)'인데, 물양장시설로 제거되었다고 한다.[7] '동쪽 약 4백 미터' 떨어져 있던 것은 '울릉도 태하리 광서명 각석문(鬱陵島 台霞里 光緖銘 刻石文)'으로, 이 각석문은 1890년(고종 27) 4월과 1893년(고종 30) 5월에 새긴 것이다.[8]

---

5 '울릉도 도동리 신묘명 각석문(鬱陵島 道同里 辛卯銘 刻石文)'은 경상북도 문화재자료 제413호로 지정되어 있다. '구억 각석문(具億 刻石文)'의 탁본 내용을 보면 '乙卯'라는 간지가 확인되므로 '울릉도 도동리 을묘명 각석문(鬱陵島 道同里 乙卯銘 刻石文)'으로 부르는 것이 적당할 것 같다.

6 이하 金元龍, 앞의 책, 1963, 64~65쪽. 김원룡이 각석의 전문을 기록한 것을 보면, 그가 제1석이라고 한 '옹정(雍正) 13년' 각석은 '구억 각석문'이고, 제2석은 '박석창 각석문'이다. 이홍직이 기록한 것과 차이가 있으나, 결국 하나의 각석은 군청 앞뜰에, 다른 하나는 농협창고 앞에 있었다는 것을 알 수 있다.

7 鬱陵郡誌編纂委員會 編, 앞의 책, 1989, 490쪽.

8 '울릉도 태하리 광서명 각석문(鬱陵島 台霞里 光緖銘 刻石文)'은 경상북도 문화재자료

〈표 1〉 울릉도 수토 각석문 조사·연구 현황(2022년 현재)

각석문		연구 / 시기	이홍직 (1962)	김원룡 (1963)	『鬱陵島 鄕土誌』 (1963)	『鬱陵 郡誌』 (1989)	『鬱陵 文化』 (1997)	최몽룡 등 (1997)	이승진 (2000)	경상북도 문화재 연구원 (2002)	『鬱陵 郡誌』 (2007)	비고
릉도 동리 묘명 석문 (陵島 同里 卯銘 石文)	박석창 (朴錫昌)	1711년 (숙종 37)	○	○	○	○	○	○	○	○	○	
구억 각석문 (具億 刻石文)		1735년 (영조 11)	○	○	○	○			○			행불
울릉 하리 석문 (鬱陵 霞里 石文)	김최환 (金寂煥)	1801년 (순조 1)								○	○	
	박수빈 (朴守彬)	1803년 (순조 3)										
	이보국 (李輔國)	1805년 (순조 5)										
경정· 재천 석문 (慶鼎· 在天 石文)	이경정 (李慶鼎)	1831년 (순조 31)		○	○	○			○			행불
	정재천 (鄭在天)	1847년 (헌종 13)										
울릉도 태하리 임오명 각석문 (鬱陵島 台霞里 午銘 刻石文)		1882년 (고종 19)					○			○	○	
북면 광암부락 안석면 각석문		1885년 (고종 22)			○	○						행불
889년(고종 26)												
울릉도 태하리 광서명 각석문 (鬱陵島 台霞里 緖銘 刻石文)		1890년 (고종 27)		○	○	○	○			○	○	
393년(고종 30)												

제411호로 지정되어 있다.

각석문		연구 / 시기	이홍직 (1962)	김원룡 (1963)	『鬱陵島鄕土誌』 (1963)	『鬱陵郡誌』 (1989)	『鬱陵文化』 (1997)	최몽룡 등 (1997)	이승진 (2000)	경상북도 문화재 연구원 (2002)	『鬱陵郡誌』 (2007)
우용정·심홍택 각석문 (禹用鼎·沈興澤 刻石文)	우용정 (禹用鼎)	1900년 (광무 4)		○							
	심홍택 (沈興澤)	1903년 (광무 7)									

한편 『울릉도향토지(鬱陵島鄕土誌)』를 보면, '박석창 각석문', '구억 각석문', '이경정·정재천 각석문', '관사골 큰바위의 것'의 내용을 수록하였는데, '관사골 큰바위의 것'은 바로 '울릉도 태하리 광서명 각석문'이다.[9] 특히 북면(北面) 광암(光岩)부락 해안석면(海岸石面)에 또 다른 각석문이 하나 있었다고 하였는데, 이 각석문은 현재 확인되고 있지 않다.[10]

그리고 『울릉문화(鬱陵文化)』 제2호에서는 '도동항 각석문(道洞港 刻石文)', '태하관사곡 각석문(台霞官舍谷 岩刻文)', '학포계곡암각문(鶴圃溪谷岩刻文)'을 수록해 놓았는데, 이는 각각 '울릉도 도동리 신묘명 각석문(박석창)', '울릉도 태하리 광서명 각석문(이규원)', '울릉도 태하리 임오명 각석문(鬱陵島 台霞里 壬午銘 刻石文, 1882년)'이다.[11] 이중 주목되는 것은 당시 '학포계곡암각문'이라고 불리던 '울릉도 태하리 임오명 각석문'이 처음으로 보고된 것이라고 할 수 있다.

최몽룡 등은 울릉도에 대한 지표조사와 고고학적 조사를 실시하면서 당시 울릉도향토사료관에 소장되어 있던 '박석창 각석문', 즉 '울릉도 도동리

9 鬱陵郡, 앞의 책, 1963, 105~106쪽.

10 『鬱陵郡誌』 역시 『鬱陵島鄕土誌鬱』와 같은 각석문을 수록하였다(鬱陵郡誌編纂委員會 編, 앞의 책, 1989).

11 鬱陵文化院, 앞의 책, 1997, 296~300쪽.

신묘명 각석문'에 대해 소개한 바 있다.[12]

이승진은 당시까지의 각석문 조사 연구 현황을 종합하여 울릉도에는 일곱 개의 각석문이 있었던 것으로 확인하였고, 이중 '박성창 각석문', '구억 각석문', '이경정·정재천 각석문'에 대해서 각석문에 보이는 삼척영장(三陟營將)의 이름을 『관동읍지(關東邑誌)』에서 모두 확인하였는데[13], 이는 울릉도 수토 각석문 관련 연구에서 주목할 만한 성과였다고 생각한다.

경상북도문화재연구원에서는 울릉군의 문화유적분포지도를 만들면서 현재 남아있는 '울릉도 도동리 신묘명 각석문', '울릉 태하리 각석문(鬱陵 台霞里 刻石文)', '울릉도 태하리 임오명 각석문', '울릉도 태하리 광서명 각석문'에 대해 조사하여 수록하였다.[14] 이 중 특히 주목되는 것은 '울릉 태하리 각석문'이라고 부르는 것으로 태하리 해변 암벽면 8곳에서 각석을 조사한 것이다.

2. 수토 각석문의 현황

1) 울릉도 도동리 신묘명 각석문

현재 울릉도수토역사전시관에 소장되어 있는 '울릉도 도동리 신묘명 각석문(鬱陵島 道同里 辛卯銘 刻石文)'은 소위 '박석창 비' 또는 '박석창 각석문', '신묘명 각석문' 등으로 불려왔는데, 현재까지 남아있는 울릉도 수토 각석문 중 가장 시기가 이른 것이다.

'신묘오월초구일도박우왜선창(辛卯五月初九日到泊于倭舡倉)'으로 시작

---

12 崔夢龍 외, 앞의 책, 1997, 47~48쪽; 崔夢龍 외, 앞의 책, 1998, 23쪽.

13 李承鎭, 앞의 논문, 2000, 74~81쪽.

14 이하 鬱陵郡·慶尙北道文化財硏究院, 앞의 책, 2002, 참고.

하는 이 각석문에는 '수토관절충장군삼척영장겸첨절제사 박석창(搜討官折衝將軍三陟營將兼僉節制使 朴錫昌)'의 이름을 확인할 수 있다. 이홍직은 이 각석문에 나타나는 신묘년을 1711년(숙종 37)으로 추측하였으나, 정확한 연대를 알 수 없었는데, 이승진이 『관동읍지』에서 박석창이 1711년 1월부터 1712년 12월까지 삼척영장으로 재임하였다는 사실을 확인함으로써 그 연대가 분명하게 밝혀졌다.[15]

『승정원일기(承政院日記)』를 보면, 1710년(숙종 36) 9월에 박석창을 삼척영장으로 임명한 것을 볼 수 있다.[16] 또한 『관동읍지』에는 그의 재임 기간이 '庚寅 十二月 除授 辛卯 正月來 壬辰 十二月 瓜遞'라고 되어 있어, 박석창이 1710년(경인년) 12월에 삼척영장으로 제수되었고, 1711년(신묘년) 1월에 삼척에 왔으며, 1712년(임진년) 12월 교체되었음을 알 수 있다.[17] 따라서 박석창은 삼척영장 재임 기간 중이던 1711년에 수토관(搜討官)으로 울릉도에 갔고, 그해 5월 9일 울릉도의 왜선창(倭舡倉)이라는 곳에 정박했음을 알 수 있다.

---

15 李弘稙, 앞의 논문, 1962, 264쪽; 李承鎭, 앞의 논문, 2000, 77쪽.

16 『承政院日記』 456책, 숙종 36년 9월 27일 무오.

17 『關東邑誌』(서울대학교 규장각한국학연구원 소장, 奎12172-v.1-7).

辛卯五月初九日到泊于
倭舡倉以爲日後憑考次
萬里滄溟外將軍駕桂舟
平生伏忠信履險自無憂
搜討官折衝將軍三陟營將
兼僉節制使朴錫昌拙句刻
石于卯方軍官折衝朴省三
折衝金壽元
倭學閑良朴命逸
軍官閑良金元聲

都沙工崔粉
江陵通引金蔓
營吏金嗣興
軍色金孝良
中房朴一貫
及唱金時云
庫直金危玄
食母金世長
奴子金禮發
使令金乙泰

〈사진 1〉 울릉도 도동리 신묘명 각석문(사진 : 문화재청)과 원문

조선후기 정기적인 수토제 실시는 1693년(숙종 19) 안용복의 1차 피랍 사건 이후 1694년(숙종 20) 장한상의 울릉도 수토로 시작되었다. '울릉도 도동리 신묘명 각석문'은 1711년 박석창이 수토를 실시한 직접적인 기록으로, 수토제 시작 후 불과 17년이 지난 후의 것이다.

〈사진 1〉의 각석문의 내용를 보면, 박석창은 1711년 5월 9일에 왜선창에 도착해서 후일에 자신이 온 것을 증빙하기 위해서 '만리창명외장군가계주평생복충신이험자무만(萬里滄溟外將軍駕桂舟平生仗忠信履險自無憂)'이라는 글을 남겼다. 이에 대해서는 다양한 해석이 있을 수 있지만, 직역하면 '만리(萬里)의 창명(滄溟) 밖으로 장군(將軍)은 계수나무 배[桂舟]를 탔다. 평생(平生) 동안 충(忠)과 신(信)을 품고 위험을 무릅쓰며 근심을 없앴다.'라고 할 수 있다.

이후 '수토관절충장군삼척영장겸첨절제사박석창(搜討官折衝將軍三陟營

將兼僉節制使朴錫昌)'이라고 자신의 관직과 이름을 밝혔는데, '수토관'을 제일 앞에 써 놓았다. 그리고 '졸구각석우묘방(拙句刻石于卯方)'이라고 하여 자신의 못난 문장을 묘방, 즉 동쪽에 각석하였다고 새겼다. 졸구라는 표현으로 보아 '만리창명외장군가계주평생복충신이험자무만(萬里滄溟外將軍駕桂舟平生仗忠信履險自無憂)'이라는 글은 박석창이 쓴 글임을 알 수 있다.

또한 수행한 인원들을 써 놓았는데, 그들은 군관(軍官) 절충(折衝) 박성삼(朴省三), 절충 김수원(金壽元), 왜학(倭學) 한량(閑良) 박명일(朴命逸), 군관 한량 김원성(金元聲), 도사공(都沙工) 최분(崔粉), 강릉(江陵) 통인(通引) 김만(金蔓), 영리(營吏) 김사흥(金嗣興), 군색(軍色) 김효량(金孝良), 중방(中房) 박일관(朴一貫), 급창(及唱) 김시운(金時云), 고직(庫直) 김위현(金危玄), 식모(食母) 김세장(金世長), 노자(奴子) 김예발(金禮發), 사령(使令) 김을태(金乙泰)였다. 즉 〈사진 1〉의 각석문에서는 박석창을 포함하여 총 15명의 이름을 확인할 수 있다.

한편 박석창은 울릉도 수토의 임무를 수행하고, 울릉도도형(鬱陵島圖形)을 남겼는데, 이 역시 현재까지 남아있는 울릉도도형 중 가장 오래된 것이다. 박석창의 울릉도도형의 좌측에는 '신묘오월십일자왜강창이강대풍소(辛卯五月十日自倭舡倉移舡待風所)'로 시작하는 묵판백서(墨版白書)가 쓰여 있는데, 이를 각석문과 비교하여 보자.

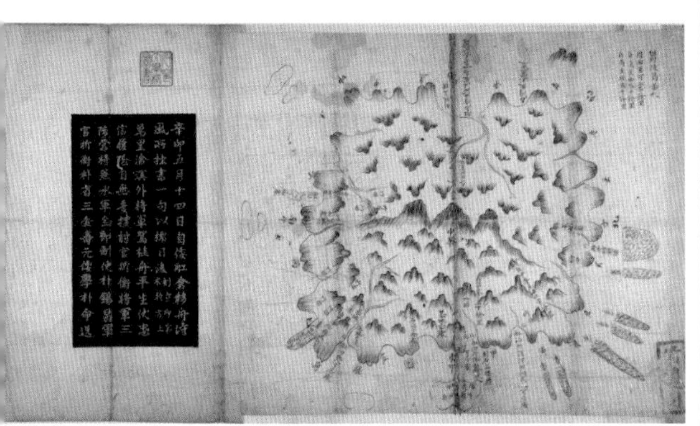

辛卯五月十日自倭舡倉移舡待
風所拙書一句以標日後(刻木立於卯方岩上)
萬里滄溟外將軍駕桂舟平生伏忠
信履險自無憂搜討官折衝將軍三
陟營將兼水軍僉節制使朴錫昌軍
官折衝朴省三金壽元倭學朴命逸

〈사진 2〉 박석창의 울릉도도형(사진 : 서울대학교 규장각한국학연구원 소장, 奎12166)과 묵판백서 원문

〈사진 2〉의 울릉도도형 묵판백서를 보면 박석창은 5월 10일 왜선창에서 대풍소(大風所)로 배를 타고 이동하였고, '졸서일구이표일후 각목입어묘방석상(拙書一句以標日後 刻木立於卯方岩上)'이라고 하여 역시 자신의 못난 글 한 문장을 후일에 자신이 온 것을 기록하기 위해서 묘방(동쪽) 바위 위에 각목(刻木)을 세웠음을 알 수 있다.

이 각목에는 〈사진 1〉의 각석문과 같이 '만리창명외장군가계주평생복충신이험자무만(萬里滄溟外將軍駕桂舟平生伏忠信履險自無憂)'이라고 써 놓았으며, 자신의 관직과 이름을 밝혔는데, 각석문에서는 첨절제사라고 했던 것을 각목에는 수군첨절제사(水軍僉節制使)라고 하였다. 그리고 수행원인 군관 절충 박성삼, 김수원, 왜학 박명일 3명만을 써 놓아서, 각목에는 박석창을 포함하여 4명의 이름만을 쓴 것을 알 수 있다.

따라서 〈사진 1〉의 각석문과 〈사진 2〉의 울릉도도형 묵판백서를 종합해 보면, 박석창은 5월 9일에 왜선창에 각석문을 남겼고, 다음날 대풍소로 이동하여 각문을 남겼음을 알 수 있다. 그런데 박석창의 울릉도도형을 자세히 보면, 여기에는 그가 각석문과 각문을 남긴 곳이 표시되어 있다.

〈사진 3〉의 아랫부분을 보면, '각석입표소(刻石立標所)'라고 하여 각석을 하고 세워서 표시한 곳을 표시해 두었다. 바로 옆은 '선박소왜선창민인가거처(船舡所倭舡倉民人可居處)'와 방위를 표시한 '동묘(東卯)'라는 글씨가 보인다. 윗부분을 보면, '각판입표(刻板立標)', '서유(西酉)', '선박대풍소(船舡待風所)'라고 하여 대풍소에서 판목에 글씨를 새겨 세워 놓았음을 알 수 있는데, 이것은 〈사진 2〉 울릉도도형 묵판백서의 각목이다.

따라서 박석창은 왜선창에 각석하고, 대풍소에는 각목(각판)하였다는 것을 울릉도도형에 분명하게 써 둔 것을 확인할 수 있다. 결국 박석창은 울릉도 동쪽에는 바위에 각석문을 새겼고, 서쪽에는 각목(각판)을 새겼는데, 각석문과 각목(각판)에는 자신의 쓴 같은 내용의 글귀를 써 놓았으며, 자신의 이름과 수행원의 이름을 써 놓았다.

그리고 〈사진 1〉의 각석문과 〈사진 2〉의 울릉도도형 묵판백서를 보면, 각석문과 각문을 새긴 방향이 모두 묘방, 즉 동쪽이라고 한 점이 흥미롭다. 박석창은 왜 울릉도 동쪽에 있는 왜선창과 서쪽에 있는 대풍소에 각각 각석문과 각문을 세우면서 모두 방향을 동쪽으로 한 것일까? 묘방은 정동(正東)을 중심으로 한 15도 각도 안을 말하는 것으로, 울릉도에서 동쪽으로는 독도가 있으며, 독도를 지나면 일본이 있다. 박석창은 독도를 의식하여 각석문과 각문을 독도 방향인 동쪽을 바라보게 하였고, 일본인의 독도 및 울릉도 잠입 등을 경계하려고 한 것은 아닐까? 이는 박석창이 수토관이었음을 생각해보면 타당성 있는 추측이라고 생각한다.

한편 1711년 박석창의 울릉도도형에 나타난 '각석입표(刻石立標)', '각판입표(刻板立標)' 표시는 그 이후인 18세기 중반~19세기 후반에 제작된 『광여도(廣輿圖)』, 『조선지도(朝鮮地圖)』, 『팔도여지도(八道輿地圖)』, 『해동

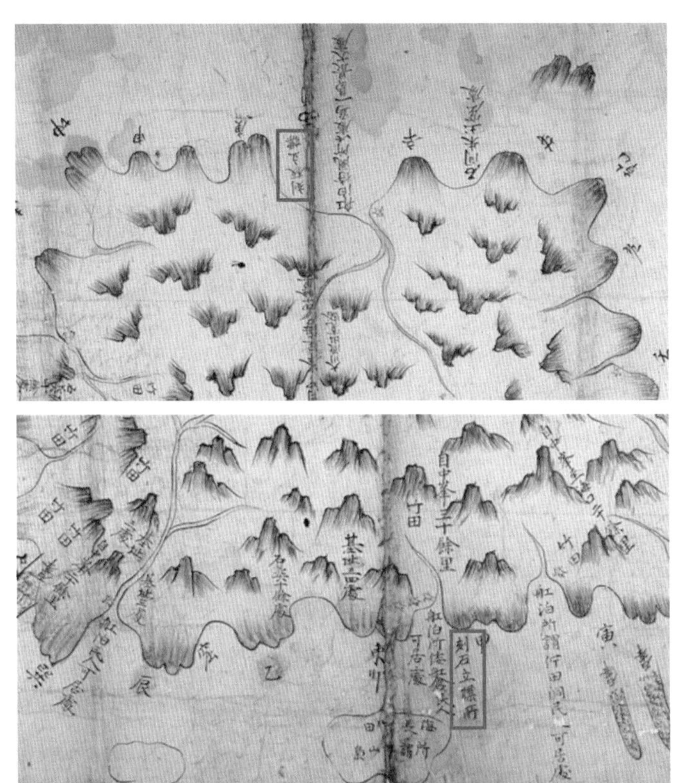

〈사진 3〉 울릉도도형, 박석창, 신묘(1711), 상·하 부분 확대
(사진 : 울대학교 규장각한국학연구원 소장, 奎12166)

지도(海東地圖)』, 『동여(東輿)』, 『지도(地圖)』, 『청구도(青丘圖)』, 『대동여지도(大東輿地圖)』의 울릉도 지도에서 모두 확인할 수 있다.[18]

결국 18세기 중반~19세기 후반까지 제작된 울릉도 지도들은 박석창의

18 손승철·박미현 편저, 『울릉도·독도 품은 강원도 사람들』, 강원도민일보·삼척시, 2012, 84~93쪽에는 박석창의 울릉도도형부터 대동여지도까지 사진과 해제가 있는데, 사진에서 '각석입표(刻石立標)', '각판입표(刻板立標)'를 모두 확인할 수 있고, 해제에도 이와 관련된 내용이 쓰여 있다.

울릉도도형에서 영향을 받았음을 알 수 있다. 또한 어쩌면 수토관으로 울릉도에 각석을 남긴 것은 박석창이 시초일지 모르며, 이후 울릉도에 온 수토관들은 박석창이 각석과 각판을 세웠다는 사실을 인지하고 이를 본받아서 각석문을 남겼을 가능성이 매우 크다. 이 경우 박석창 관련 울릉도 도동리 신묘명 각석문은 현재까지 남아있는 울릉도 수토 각석문 중 가장 오랜된 것일 수 있고, 울릉도 수토 각석문 중 최초의 것일 가능성도 있다.

2) 구억 각석문(행불)

구억 각석문(具億 刻石文)은 이홍직이 입수한 탁본 2장 중 1장으로 현재 탁본만 전하는 것으로 알려져 있다. 이홍직은 탁본을 근거로 하여 구억 각석문의 높이를 47cm, 아랫폭을 37cm, 윗폭을 19cm로 추정하였다.[19]

雍正十三年乙卯閏
四月初八日搜討官三
陟營將具億
軍官崔獜
朴元昌
倭學金善義

〈사진 4〉 구억 각석문 탁본(사진 : 이홍직, 앞의 논문, 1962)과 원문

19 이홍직, 앞의 논문, 1962, 264쪽.

구억 각석문은 그 내용을 탁본 사진만으로도 확인할 수 있다. 그 내용을 보면 '옹정십삼년을묘윤4월초팔일(雍正十三年乙卯閏四月初八日)'이라고 하여 각석문을 새긴 날짜를 알 수 있다. 옹정(雍正) 13년 을묘년(乙卯年)은 1735년(영조 11)이고, 구억은 1734년(영조 10) 3월 19일에 삼척영장으로 제수되었으며,[20] 『관동읍지』에는 그의 삼척영장 재임 기간이 '甲寅 五月 到任 丙辰 九月 瓜遞'로 되어 있어서 1734년 5월에 삼척에 도착하여 1736년(영조 12) 9월에 교체되었음을 확인할 수 있다.[21] 즉, 이 각석문을 통해 구억은 삼척영장으로 재직하고 있던 1735년에 울릉도를 수토하였던 것이 확인된다.

이후 '수토관삼척영장구억(搜討官三陟營將具億)'이라고 하여 그의 관직과 이름을 밝혔는데, 역시 '수토관'을 제일 앞에 썼다. 그리고 수행원인 군관 최린(崔獜)과 박원창(朴元昌), 왜학 김선의(金善義)를 기록하였는데, 각석문에 나타나는 이름은 구억을 포함하여 총 4명이다.

3) 울릉 태하리 각석문

울릉 태하리 각석문(鬱陵 台霞里 刻石文)은 태하1리 태하1교를 건너 방파재 뒤편 돌출암반 하단, 울릉수협 태하출장소와 유류저장소를 지난 지점의 해변 암벽면에서 방파제 뒤쪽의 화장실까지 길이 약 30m, 높이 2m 이내 8곳에서 발견되었다.[22] 이 각석문은 아직 정밀 판독이 이루어지지 않아 8곳에 흩어져 있는 각석문의 내용 중 판독할 수 있는 부분이 많지 않다.

20 『承政院日記』 776책, 영조 10년 3월 19일 을미.

21 『關東邑誌』(서울대학교 규장각한국학연구원 소장, 奎12172-v.1-7).

22 鬱陵郡·慶尙北道文化財硏究院, 앞의 책, 2002.

1) 使□龍 營將 金□換 軍官 高應道 李正世 丙□□ 朴□□ 李□□
2) 金致淵 金□□
3) 柳□
4) □亥□ 白成文 □□ 朴守□ 軍官 文泰室 安在□ 倭學徐聖□
5) 江陵 □手 金□贇
6) 金泰□ 朴致基 □□□
7) 李□
8) 朴龍振 倭學 使令 朴得千 金益□

〈사진 5〉 울릉 태하리 각석문(사진 : 신태훈)과 원문(鬱陵郡·慶尙北道文化財硏究院, 2002)

한편 심충성은 울릉 태하리 각석문을 세 부분으로 나누어서 판독하였는데, 그 내용은 다음과 같다.[23]

먼저 〈표 2〉의 ①을 보면, 영장(營將) 김최환(金㝡煥), 군관(軍官) 고응도(高應道), 이정우(李正佑), 원유식(元酉式), 박월득(朴鈅得), 박병상(朴丙尙), 왜학(倭學) 전일룡(田一龍) 등 총 7명의 이름을 확인할 수 있다. 이들 중 김최환은 1800년(순조 즉위년) 12월 22일에 삼척영장에 제수되었고,[24] 신유(辛酉, 1801년, 순조 1) 5월에 삼척에 왔다가 임술(壬戌, 1802년) 1월에 오위장(五衛將)이 되어서 이배(移拜)되었다.[25] 따라서 김최환의 삼척영장 제수 및 재임 사실을 확인할 수 있고, 이 각석문을 통해 그가 삼척영장으로 재임하던 1801년에 수토관이 되어 울릉도에 왔음이 확인된다.

다음으로 〈표 2〉의 ②를 보면, 총 8명의 이름이 확인되는데, 만호(萬戶)

23 경상북도 향토사를 연구하던 故심충성씨는 우리나라 구석구석 손수 찾아다니면서 비문에 물을 묻혀서 판독하는 것으로 유명하였다(심충성 블로그 참고, https://blog.daum.net/simdak1993).

24 『承政院日記』 1831책, 순조 즉위년 12월 22일 경오.

25 『關東邑誌』(서울대학교 규장각한국학연구원 소장, 奎12172-v.1-7).

박수빈(朴守彬), 군관(軍官) 안태실(安泰室), 안인강(安仁弜), 왜학(倭學) 서성신(徐聖臣), 해재(亥載) 백성문(白成文), 유영(柳榮), 김치연(金致淵), 김문수(金文修)이다. 박수빈은 1802년(순조 2) 1월 9일에 월송만호(越松萬戶)로 제수되었으며,[26] 그는 월송만호로 재임하던 1803년에 수토관이 되어 울릉도에 다녀왔다.

〈표 2〉 울릉 태하리 각석문(심충성 판독)

① 영장(營將) 김최환(金寂煥)	② 만호(萬戶) 박수빈(朴守彬)	③ 영장(營將) 이보국(李輔國)
營將 金寂煥[27] 軍官 高應道 李正佑 元酉式 朴鈅得 朴丙尙 倭學 田一龍	萬戶 朴守彬 軍官 安泰室 安仁弜 倭學 徐聖臣 亥載 白成文 柳榮 金致淵 金文修	營將 李輔國 伴從 朴升源 乙丑 四月 營吏 金定浩 吏房 金宅享 刀尺 金孟得 及唱 鄭千守 軍官 金光祿 朴東倫 通引 金寬春 倭學 金益琀 使令 林潟千 江陵 吹手 金允贊 朴毛振

그런데 월송만호 박수빈이 울릉도를 수토할 때 호남의 흥양(興陽), 장흥(長興), 순천(順天) 등 3개 고을의 사선(私船) 12척이 울릉도에 몰래 들어가서 한 달이 넘도록 머물러 있었다.[28] 박수빈은 이들을 모두 체포하였으나, 왜학 서성신이 울릉도에 잠입한 사람들에게 뇌물을 받은 것을 모르고 수행원들의 말만 듣고 풀어주었다. 후에 이 사실이 강원도(江原道)와 비변사(備邊

26 『承政院日記』 1846책, 순조 2년 1월 9일 신사.

27 심충성은 '换'으로 판독하였으나 '煥'으로 바로잡았다.

28 이하 『承政院日記』 1867책, 순조 3년 5월 22일 을묘; 『日省錄』 순조 3년 5월 22일 참고.

司)에 알려져서 박수빈은 수토관이 된 몸으로 잠채(潛採)하는 간사한 백성들을 붙잡았으면서도 숨기고 보고하지 않았을 뿐만 아니라 고의로 놓아주었다는 죄로 관직을 모두 빼앗기고 변방에 충군(充軍)되었다.[29] 그러나 이때 그의 나이가 74세였기 때문에 변방에 충군하는 것에서 유배로 바뀌었다가, 1805년(순조 5)에 유배에서 풀려나고 직첩을 환급받았다.[30]

따라서 문헌 자료를 통해 박수빈의 월송만호 제수, 재임시 수토관 파견, 왜학 서성신의 이름을 확인할 수 있어, 이 각석문과 비교하면 그의 울릉도 수토 관련 활동을 명확하게 알 수 있다.

마지막으로 〈표 2〉의 ③을 보면, 영장(營將) 이보국(李輔國), 반종(件從) 박승원(朴升源), 을축(乙丑) 사월(四月), 영리(營吏) 김정호(金定浩), 이방(吏房) 김택향(金宅享), 도척(刀尺) 김맹득(金孟得), 급창(及唱) 정천수(鄭千守), 군관(軍官) 김광록(金光祿), 박동윤(朴東倫), 통인(通引) 김관춘(金寬春), 왜학(倭學) 김익용(金益瑢), 사령(使令) 임득천(林得千), 강릉(江陵) 취수(吹手) 김윤찬(金允贊), 박모진(朴毛振) 등 총 13명의 이름을 확인할 수 있다.

이보국은 1804년(순조 4) 7월 10일에 삼척영장으로 제수되었고,[31] 갑자(甲子 1804년) 7월에 삼척에 왔다가 을축(1805년) 윤6월에 체임되어 갔다고 기록되어 있다.[32] 즉 각석문에 보이는 '을축 사월'은 1805년 4월로, 그는 수토관이 되어 울릉도에 갔다 온 후 삼척영장에서 체임된 것으로 볼 수 있고, 그해 윤6월의 기록을 보면, 이보국이 오위장(五衛將)이 되었음을 확인할 수

29 『承政院日記』 1869책, 순조 3년 7월 7일 기해; 12일 갑진; 『日省錄』 순조 3년 7월 7일; 12일.

30 『承政院日記』와 『日省錄』 참고.

31 『承政院日記』 1882책, 순조 4년 7월 10일 병신.

32 『關東邑誌』(서울대학교 규장각한국학연구원 소장, 奎12172-v.1-7).

있다.[33]

결국 울릉도 태하리 각석문에 보이는 영장 김최환, 만호 박수빈, 영장 이보국의 이름을 통해 1801년(순조 1) 삼척영장, 1803년(순조 3) 월송만호, 1805년(순조 5) 삼척영장이 번갈아 가면서 수토관이 되어 지속적인 울릉도 수토를 시행하였음을 알 수 있다. 그러나 이 각석문에 대해서는 정밀 판독이 이루어질 필요가 있다.

4) 이경정·정재천 각석문(행불)

이경정·정재천 각석문(李慶鼎·鄭在天 刻石文)은 김원룡과 울릉군에 의해 처음으로 소개되었지만, 현재 물양장시설 공사로 사라진 각석문이다.[34] 그러나 이 각석문의 사진과 원문 탈초가 남아있어 각석문의 내용을 확인할 수 있다. 이 각석문에는 영장(營將) 이경정(李慶鼎)과 영장 정재천(鄭在天)이 나타난다. 따라서 두 명의 수토관이 시기를 달리하여 각석문을 새긴 것이다.

① 영장(營將) 이경정(李慶鼎)	② 영장(營將) 정재천(鄭在天)
道光辛卯營將李慶鼎 配行薛永浩 李漢郁 田尤周	營將鄭在天 知印鄭和吉 安應辰 陪吏金永祐

〈사진 6〉 이경정·정재천 각석문(사진 : 金元龍, 앞의 책, 1963)과 원문(울릉군, 앞의 책, 1963)

33 『承政院日記』 1895책, 순조 5년 윤 6월 25일 병오.

34 金元龍, 앞의 책, 1963; 울릉군, 앞의 책, 1963; 울릉군, 앞의 책, 1989, 참고.

먼저 〈사진 6〉의 ①을 보면, '도광(道光) 신묘(辛卯)'라는 연대가 쓰여있고, 영장 이경정, 배행(配行) 설영호(薛永浩), 이한욱(李漢郁), 전우주(田尤周)라고 하여 총 4명의 이름이 확인된다. 도광(道光)은 청(淸)나라 제8대 황제 선종(宣宗)의 연호로, 그의 재위 기간은 1820년부터 1850년이고, 해당 기간의 신묘년은 1831년(순조 31)이다. 따라서 이 각석문은 1831년에 만들어진 것이다. 이경정은 1830년(순조 30) 3월 2일에 삼척영장에 임명되었고,[35] 경인(庚寅, 1830년) 3월에 삼척에 왔다가 동년(同年) 6월에 오위장(五衛將)에 제수되어 삼척을 떠난 것으로 되어 있지만,[36] 실제 그가 오위장이 된 것은 1831년 6월이었다.[37]

따라서 삼척영장 이경정의 실제 재임 기간은 1830년 6월부터 1831년 6월이고, 이 각석문을 통해서 그가 1831년 6월 이전에 수토관으로 울릉도에 다녀갔음을 확인할 수 있다. 그런데 『일성록(日省錄)』에 의하면, 이경정이 1831년 4월 8일에 울릉도 황토구미(黃土龜尾)에 도착하여 정박하였다는 사실을 알 수 있다.[38]

다음으로 〈사진 6〉의 ②를 보면, 영장 정재천, 지인(知印) 정화길(鄭和吉), 안응진(安應辰), 배리(陪吏) 김영우(金永祐)라고 하여 총 4명의 이름이 확인된다. 이 중 정채천은 1846년(헌종 12) 7월 11일에 삼척영장으로 제수되었고,[39] 병오(丙午, 1846년) 7월에 삼척에 왔다가 정미(丁未, 1847년) 6월

---

35 『承政院日記』 2251책, 순조 30년 3월 2일 경인.

36 『關東邑誌』(서울대학교 규장각한국학연구원 소장, 奎12172-v.1-7).

37 『承政院日記』 2266책, 순조 31년 6월 2일 임오.

38 『日省錄』 순조 31년 5월 14일에는 '강원감사윤성대이울릉도수토치계(江原監司尹聲大以鬱陵島搜討馳啓)'가 실려있는데, 이에 대한 이원택의 번역을 참고하였다(이원택, 「19세기 울릉도 수토 사료해제 및 번역」, 『영토해양연구』 15, 동북아역사재단, 2018, 118~119쪽).

39 『承政院日記』 2453책, 헌종 12년 7월 11일 갑오.

에 봉고파직(封庫罷職)되었다. 정채천이 봉고파직된 이유는 알 수 없지만, 그는 파직되기 전인 1847년 6월 이전에 수토관으로 울릉도에 파견되어 이 각석문을 남겼음을 알 수 있다.

5) 울릉도 태하리 임오명 각석문

울릉도 태하리 임오명 각석문(鬱陵島 台霞里 壬午銘 刻石文)은 학포계곡 각석문(鶴圃谿谷刻石文)으로 소개된 바 있다.[40] 이후 2001년 경상북도 문화재자료 제411호로 지정되었다. 이 각석문에 보이는 임오(壬午)는 1882년(고종 19)으로, 검찰사(檢察使) 이규원(李奎遠)이 울릉도를 검찰하고 남긴 것이다.

蔚陵島
檢察使

李奎遠
壬午五月日
全錫奎
沈宜琬

高宗八
劉淵祜
崔龍煥
朴基華
徐相鶴

〈사진 7〉 울릉도 태하리 임오명 각석문(사진 : 신태훈)과 원문

40 鬱陵文化院, 앞의 책, 1997, 299쪽.

고종은 1882년 4월 이규원을 감찰사로 삼아 울릉도의 경작 지역을 답사하고, 무단으로 왕래하는 일본인의 실태를 파악하게 하였는데, 이규원은 울릉도를 감찰한 후 「울릉도검찰일기(鬱陵島檢察日記)」와 울릉도도형(내·외도)을 남겼다. 결국 크게 보아 이규원의 울릉도에 대한 검찰 활동은 조선 후기 수토 활동과 같다고 할 수 있다.

그의 「울릉도검찰일기」를 보면, 1882년 4월 30일에 울릉도 서쪽 해변에 정박하였는데, 그 포구가 소황토구미(小黃土邱尾)였고, 5월 8일에는 황토구미에서 쉬면서 석수(石手)를 시켜서 섬이름과 사람 이름을 통구미(桶邱尾)와 황토구미에 새기게 하였다.[41]

「울릉도검찰일기」에 따라 울릉도 태하리 임오명 각석문에 보이는 '울릉도(蔚陵島)'는 섬이름을 새긴 것이고, '임오오월일(壬午五月日)'은 1883년 5월 8일임을 알 수 있다. 그리고 울릉도 통구미 부근에는 이규원이 새기게 한 또 다른 각석문이 있었다고 할 수 있다.[42]

이 각석문에 보이는 '검찰사(檢察使)'는 이규원의 당시 직책명이고, 이규원, 고종팔(高宗八), 유연호(劉淵祜), 최용환(崔龍煥), 전석규(全錫奎), 박기화(朴基華), 심의완(沈宜琓), 서상학(徐相鶴)의 이름이 보이는데, 총 8명이다.[43]

이중 심의완, 박기화, 최용환은 이규원의 「울릉도검찰일기」에서 확인

---

41 李奎遠, 「鬱陵島檢察日記」(손승철·박미현 편저, 『울릉도·독도 품은 강원도 사람들』, 강원도민일보·삼척시, 2012, 424~448쪽의 원문과 번역문 참고).

42 이규원이 통구미에 새기게 한 각석문은 현재까지 발견되지 않았다.

43 울릉도 태하리 임오명 각석문에 보이는 이름에 대한 판독은 상이한 부분이 있다.
李奎遠, 高宗八, 劉淵祜, 全錫奎, 沈宜琓, 徐相穆(디지털울릉문화대전)
李奎遠, 高宗八, 劉淵祜, 金ㅁ奎, 沈宜琓, 徐相ㅁ, 崔龍燁(문화유적분포지도)
李奎遠, 高宗八, 劉淵祜, 金錫奎, 沈宜琓, 朴基華, 崔龍燮(심충성)
본고에서는 이들의 판독을 종합하고, 이규원의 「울릉도검찰일기」와 「울릉도검찰계초본」에서 보이는 이름을 검토하여 崔龍燁 또는 崔龍燮으로 판독한 부분을 崔龍煥으로, 徐相穆 또는 徐相ㅁ으로 판독한 부분을 徐相鶴으로 바로잡았다.

할 수 있는 이름이다.[44] 그리고 이규원의 「울릉도검찰계초본(鬱陵島檢察 草本)」에는 중추원도사(中樞院都事) 심의완과 군관출신(軍官出身) 서상학, 전수문장(前守門將) 고종팔, 차비대령화원(差備待令畵員) 유연호, 밀주(密州) 박기화의 관직과 이름을 확인할 수 있으며, 전석규는 울릉도에 들어온 지 10년이 되는 함양(咸陽)에 사는 채약인(採藥人)이었다.[45] 따라서 현재 이 각석문에 보이는 총 8명의 이름은 이규원이 남긴 문헌 속에서 모두 확인된다.

6) 북면 광암부락 해안석면 각석문(행불)

『울릉군향토지(鬱陵郡鄕土誌)』를 보면, 울릉도 북면 광암부락 해안석면에 각석문이 있다고 보고되어 있다.[46] 이후 『울릉군지(鬱陵郡誌)』에도 이 각석문을 소개하면서 '현재에는 파도로 각문이 마멸되어 판독불능이며 「광암」 두 글자만 판독가능'이라고 하였다.[47] 현재는 행방이 묘연한 상태이지만, 『울릉군향토지』와 『울릉군지』에 원문이 게재되어 있어 그 내용을 확인할 수 있다.

〈표 3〉 북면 광암부락 해안석면 각석문 원문(鬱陵郡, 앞의 책, 1963)

光岩
前檢察使行 開拓使參判 李奎遠 行平海郡守兼 鬱陵島 僉事 沈宜琬
島長 徐敬守
軍官 金世云

『울릉군향토지』에는 '乙酉 6月誌 前本島 開拓令 發布年후에 本島를 來送한 記錄'이라고 하여, 이 각석문이 울릉도 개척령 이후 을유년, 즉 1885년(고

44 이규원, 「울릉도검찰일기」(손승철·박미현 편저, 『울릉도·독도 품은 강원도 사람들』, 강원도민일보·삼척시, 2012, 참고)

45 「李奎遠 鬱陵島檢察啟草本」(울릉군·울릉군지편찬위원회, 앞의 책 2007, 참고).

46 鬱陵郡, 앞의 책, 1963, 참고.

47 鬱陵郡誌編纂委員會 編, 앞의책, 1989, 490쪽.

종 22)에 새겨진 것이라고 하였다. 1882년(고종 19) 울릉도를 검찰하였던 이규원은 1884년(고종 21) 12월 17일에 동남개척사(東南開拓使)가 되었으며, 심의완은 1885년(고종 22) 3월 28일에 평해군수(平海郡守)가 되었다.[48]

한편 1882년 이규원의 건의에 따라 울릉도에 거주하고 있던 함안사람 전석규가 울릉도의 첫 도장(島長)이 되었는데, 그가 1884년 일본인과 담합하여 울릉도의 목재를 일본으로 반출시킨 사건이 일어나면서 삼척영장으로 하여금 울릉도첨사(鬱陵島僉事)를 겸임하게 하였다가, 그해 6월 평해군수가 울릉도첨사를 겸하게 하였다.

따라서 이 각석문은 전 검찰사였던 동남개척사 이규원을 쓰고, 그 다음에 평해군수겸울릉도첨사 심의완의 이름을 쓴 것이다. 1885년 이규원이 울릉도에 왔다는 기록은 없으나, 당시 동남개척사였던 이규원의 공을 기리기 위해 그의 이름을 먼저 쓴 것으로 보인다. 심의완 역시 그해에 울릉도에 왔다는 기록은 찾을 수 없었지만, 당시 평해군수겸울릉도첨사라는 그의 직책상 심의완이 울릉도에 직접 와서 각석문을 남긴 것으로 추정된다.

다만 그 뒤에 보이는 '도장(島長) 서경수(徐敬守)'와 '군관(軍官) 김세운(金世云)'은 심의완의 각석 이후에 쓰여졌을 가능성이 매우 크다. 1888년(고종 25) 울릉도에 도장을 다시 설치하고 평해군 월송포에 만호진을 신설하면서 월송진만호(越松鎭萬戶)로 하여금 울릉도장(鬱陵島長)을 겸임하게 하고 왕래하면서 울릉도를 검찰하게 하였다.[49]

그런데 1887년(고종 24) 7월에 '도장(島長) 서경수(徐敬秀)'가 영국인이 일본인들을 울릉도로 데리고 와서 벌목하려 한다고 보고하고 있어 울릉도장

---

48 『承政院日記』 2931책, 고종 21년 12월 17일 정해; 2934책, 고종 22년 3월 28일 정묘.

49 울릉군·울릉군지편찬위원회, 앞의 책 2007, 참고.

이 1888년 이전에 다시 시행되었을 가능성이 있다.[50] 또 1888년 6월에 '월송만호(越松萬戶) 서경수(徐敬秀)'가 기록되어 있고,[51] 7월에는 '월송만호 서경수가 3월 21일에 울릉도에 들어갔다가 6월 19일에 본진으로 돌아오면서 가도장(假島長)을 김연태(金演泰)로 차출하였고, 가도장 김연태는 울릉도에 머물러 있다'는 내용을 확인할 수 있다.[52]

1889년(고종 26) 7월에도 '월송포만호겸울릉도도장(越松浦萬戶兼鬱陵島島長) 서경수가 3월 6일에 울릉도에 도착해서 3개월간 머물렀다가 6월 7일에 평해(平海)로 돌아왔다'는 기록이 있으며[53] 이때 월송만호 서경수의 활동은 울릉도에 대한 '수토(搜討)'로 기록되고 인식되었다.[54] 그리고 월송포만호겸울릉도도장은 1890년(고종 27) 8월 서경수에서 이종인(李種仁)으로 교체된 것이 확인된다.[55]

따라서 북면 광암부락 해안석면 각석문 원문에 보이는 '서경수(徐敬守)'는 '서경수(徐敬秀)'를 오독한 것일 가능성이 크며, '군관 김세운'은 서경수의 군관이었을 것으로 보이는데, 서경수가 이 각석문을 남긴 것은 1887년~1890년 사이였을 것이다.

---

50 『各司謄錄』 江原道關草 고종 24년(1887) 7월 26일.

51 『承政院日記』 2974책, 고종 25년 6월 15일 을미.

52 『各司謄錄』 江原道關草 고종 25년(1888) 7월 6일; 11월 28일.

53 『各司謄錄』 江原道關草 고종 26년(1889) 7월 17일.

54 『各司謄錄』 江原道關草 고종 26년(1889) 7월 26일. 당시 월송만호 서경수는 3개월간 울릉도에 머물며 차례대로 수색하고 점검하였다. 동영(東營, 강원도감영)에서는 월송만호 서경수의 첩정에 의해 그가 울릉도를 수토(搜討)한 뒤에 섬의 도형 및 진상할 자단향(紫檀香), 청죽(青竹), 가지어(可支魚) 가죽, 석간주(石間硃) 등을 가지고 왔음으로 통리아문(統理衙門)에 올려보낸다고 보고하였다.

55 『各司謄錄』 江原道關草 고종 27년(1890) 8월 7일.

7) 울릉도 태하리 광서명 각석문

울릉도 태하리 광서명 각석문(鬱陵島 台霞里 光緖銘 刻石文)은 시기를 달리하는 두 개의 글이 새겨져 있는데, 하나는 1890년(고종 27) 4월에, 다른 하나는 1893년(고종 30) 5월에 새긴 것이다.

먼저 〈사진 8〉의 ①을 보면, '참판전검찰사행개척사이공규원(參判前檢察使行開拓使李公奎遠)'이라고 하여 울릉도검찰사와 동남개척사였던 이규원을 써 놓았고, '영의정심공순택휼진영세불망대(領議政沈公舜澤恤賑永世不忘臺)'라고 하여 영의정 심순택이 울릉도에 이주한 주민들을 진휼한 것에 대한 고마움을 잊지 않기 위해 새긴 것이다.

즉 심순택이 영의정으로 있을 때 도장 서경수가 울릉도의 농작물이 쥐와 새 때문에 심한 피해를 입어 주민들의 생계가 어렵다고 보고하자, 심순택이 고종에게 울릉도의 실정을 보고하고 평해의 환곡 가운데 300여 석으로 울릉도 주민들에게 나누어 주게 하였다.[56]

그리고 뒤에 기록된 '주사행월송만호겸도장검찰관서경수(主事行越松萬戶兼島長檢察官徐敬秀)'는 바로 1887년~1890년 사이에 울릉도장과 월송포만호를 겸임한 서경수로, 그는 여러차례 울릉도를 수토하였으며, 특히 울릉도의 피해 상황을 보고하여 울릉도의 주민을 진휼하는데 공로가 있었음으로 이를 함께 쓴 것으로 보인다.

마지막으로 '광서십육년경인사월일전오위장손주영지(光緖十六年庚寅四月日前五衛將孫周瑩誌)'라고 하였는데, 광서 16년은 경인년으로 1890년(고종 27)이며, 그해 4월 전오위장 손주영이 기록하였다는 뜻이다.

---

56 울릉군·울릉군지편찬위원회, 앞의 책, 2007, 참고.

① 광서 16년 (1890년)	② 광서 19년 (1893년)
參判前檢察使行開拓使李公奎遠 領議政沈公舜澤恤賑永世不忘臺 主事行越松萬戶兼島長檢察官徐敬秀 光緒十六年庚寅四月日前五衛將孫周瑩誌	光緒十九年癸巳五月日 聖化東漸我□西來誠功祝華惠深求蕩 行平海郡守兼鬱陵島僉使趙公鍾成永世不忘碑

〈사진 8〉 울릉도 태하리 광서명 각석문(사진 : 신태훈)과 원문

〈사진 8〉의 ②를 보면, '광서십구년계사오월일(光緒十九年癸巳五月日)'은 1893년(고종 30) 5월을 뜻하고, '성화동점아□서래성공축화혜심구탕(聖化東漸我□西來誠功祝華惠深求蕩)'[57]은 대체로 '임금의 덕화가 점차 동쪽에 왔고, 거룩한 공적이 빛나기를 바라며, 은혜가 깊고 넓다'는 뜻을 가진 것으로 볼 수 있다.

'행평해군수겸울릉도첨사조공종성영세불망비(行平海郡守兼鬱陵島僉使趙公鍾成永世不忘碑)'는 평해군수겸울릉도첨사였던 조종성의 공을 잊지 않

57 金元龍은 □ 부분을 吏로, 『울릉문화』는 使로, 『울릉군지』는 候 또는 侯로 보았다(김원룡, 앞의 책, 1963; 울릉문화원, 앞의 책, 1963, 울릉군·울릉군지편찬위원회, 앞의 책; 1989; 2007).

기 위해 새긴 것이다. 조종성은 1890년(고종 27) 8월에 평해군수가 되었고, 1893년에 6월에 전라좌수영우후(全羅左水營虞候)가 되었다.[58] 그는 1892년 '평해군수 조종성'을 특별히 울릉도에 파견라는 고종의 명령에 따라 이때 울릉도에 가서 1893년 3월 이후까지 울릉도에 머물며 검찰하였다.[59] 그리고 그 해 11월 고종은 '평해군수 조종성을 울릉도사검관(鬱陵島査檢官)'으로 삼았는데,[60] 이를 보면 조종성은 잠시 전라좌수영우후가 되었다가 다시 평해군수와 울릉도사검관이 된 것을 알 수 있다.

따라서 〈사진 8〉의 ②는 1892~1893년에 울릉도에 파견되었던 평해군수 조종성의 공덕을 기념하기 위한 것이고, 1893년 조종성이 전라좌수영우후로 임명되어 떠나게 된 것을 계기로 새겨진 것으로 볼 수 있다.

8) 우용정·심흥택 각석문(행불)

우용정·심흥택 각석문(禹用鼎·沈興澤 刻石文)은 김원룡에 의해 경찰서 아래 민가 뒤의 암벽에 있다고 조사되었는데,[61] 지금은 시내의 개발 등으로 인해 그 행방을 알 수 없다. 다만 김원룡이 수록한 사진을 통해 그 내용을 확인할 수 있다.

〈사진 9〉를 보면, '시찰(視察) 우용정(禹用鼎)'과 '군수(郡守) 심흥택(沈興澤)'이라는 10자만 확인할 수 있다. 그런데 이 각석문은 그 관직명으로 보아 고종의 대한제국 선포 이후에 만들어진 것이다.

---

58 『承政院日記』 3000책, 고종 27년 8월 8일 을사; 3035책, 고종 30년 6월 29일 기묘.

59 『各司謄錄』 江原道關草 고종 29년(1892) 12월 9일; 고종 30년(1893) 3월 12일.

60 『承政院日記』 3040책, 고종 30년 11월 15일 계사; 『各司謄錄』 江原道關草 고종 30년(1893) 11월 8일.

61 金元龍, 앞의 책, 1963.

② 1903년(광무 6)	① 1900년(광무 4)
郡守沈興澤	視察禹用鼎

〈사진 9〉 우용정·심흥택 각석문(사진 : 金元龍, 앞의 책, 1963)과 원문

우선 〈사진 9〉의 ①에 보이는 우용정이 울릉도시찰위원(鬱陵島視察委員)에 임명된 것은 1899년(광무 3) 12월이었다.[62] 우용정은 조사단을 이끌고 1900년(광무 4) 5월 31일에 울릉도에 도착하여 6월 1일부터 5일간 울릉에서의 일본인들의 불법 행위들을 조사하였는데, 대한제국은 우용정 일행의 조사 자료를 근거로 1900년 10월 25일 대한제국 칙령 제41호로「울릉도를 울도(鬱島)로 개칭하고 도감(島監)을 군수(郡守)로 개정하는 건」의 관제 개정을 단행하였고, 독도를 석도(石島)로 명명하여 울도군수가 관할하게 하였다.[63] 따라서 〈사진 9〉 ①의 '시찰 우용정'은 1900년이나 그 이후에 새겨진 것이다.

〈사진 9〉의 ②에 보이는 심흥택이 울도군수로 임명된 것은 1903년 1월이었으며,[64] 울릉도에 와서 순찰한 후 군청사(郡廳舍)를 태하동(台霞洞)에서

62 『承政院日記』 3115책, 고종 36년 11월 13일 정사.

63 이상태,「울도군 초대 군수 배계주에 관한 연구」,『영토해양연구』 11, 동북아역사재단, 2016, 65~73쪽 참고.

64 『承政院日記』 3153책, 고종 39년 12월 28일 무신.

도동(道洞)으로 이전하였다.[65] 울도군수 심흥택은 1907년 1월(광무 11) 횡성군수(橫城郡守)로 임명되었으므로,[66] 그의 울도군수 재임 기간은 1903년 1월 26일부터 1907년 1월 29일까지였다. 따라서 〈사진 9〉의 ②는 1903년 이후에 새겨진 것으로 판단할 수 있다. 그런데 〈사진 9〉의 ①과 ②는 심흥택이 울도군수가 된 이후에 만들어졌을 가능성이 있다. 즉 울도군수 심흥택이 자신의 이름을 새기면서 대한제국 칙령 제41호의 근거가 된 시찰위원 우용정의 업적을 함께 기리고자 우용정의 이름과 자신의 이름을 함께 새겼을 가능성이 있다고 생각한다.

Ⅲ. 맺음말 - 수토 각석문 관련 문제점

첫째, 울릉도 수토 각석문에 대한 정확한 현황 분석이 되어 있지 않다. 지금까지 발견된 울릉도 수토 각석문은 크게 8개로 볼 수 있다(〈표 1〉 참고). 시기적으로 보면, 1700년대 2개, 1800년대 5개, 1900년대 1개이다. 8개의 각석문을 보다 구체적으로 분류해 보면 서로 다른 14명의 각석문으로 나눌 수 있는데, 이는 수토관이나 감찰사, 울릉도도장, 울릉도첨사 등의 관직이 기록되어 있는 것을 근거로 한다.

즉 수토관의 이름이 확인되는 것은 박석창, 구억, 김최환, 박수빈, 이보국, 이경정, 정재천으로 총 7명이다. 그런데 울릉도 태하리 임오명 각석문은 1882년(고종 19) 검찰사 이규원의 울릉도 검찰과 관련된 것이고, 북면 광암부락 해안석면 각석문은 1885년(고종 22) 평해군수겸울릉도첨사였던 심의

---

65 鬱陵郡, 앞의 책, 1963, 43쪽.

66 『承政院日記』 3204책, 고종 44년 1월 29일 신유.

완과 1889년(고종 26) 월송포만호겸울릉도도장인 서경수가 새긴 것으로 판단된다. 그런데 앞서 살펴본 바와 같이 당시 서경수의 울릉도에 대한 활동은 수토로 기록되고 인식되었음을 주목할 필요가 있다.

울릉도 태하리 광서명 각석문은 이규원과 영의정 심순택, 월송만호겸도장검찰관 서경수의 공적을 기린 것(1890년, 고종 27)과 평해군수겸울릉도첨사 조종성의 업적을 기린 것(1893년, 고종 30)으로 나눌 수 있다. 한편 조선후기 강원감영 사료를 보면 1893년 평해군수 조종성의 활동까지 수토로 기록하고 있음을 알 수 있다.[67] 따라서 이규원, 심의완, 서경수(2개), 조종성의 이름이 확인되는 것까지 포함하여 모두 수토 관련 각석문이라고 할 수 있다. 이렇게 보면 7개 12명의 각석문이 수토와 관련된 것이다.

우용정·심흥택 각석문은 대한제국 시기인 1900년 이후의 것으로, 우용정의 울릉도 시찰과 그로 인한 울릉도의 행정구역 개정의 내용을 보여주는 것이다. 즉 대한제국 칙령 제41호로 도감을 군수로 개정하였는데, 바로 군수 심흥택의 이름이 새겨져 있다. 따라서 수토 관련 각석문을 분류하고, 수토사 파견 현황과 비교하여 정확한 현황 파악을 해야할 필요가 있다.

둘째, 수토 각석문에 대한 내용 분석이 미흡한 실정으로, 각석문 전체에 대한 정밀한 판독이 필요하다. 울릉도 수토 각석문들에는 수토관이었던 영장과 만호뿐만 아니라 수토사에 참여하였던 다양한 사람들의 직명(職名)과 이름이 찾아진다. 즉 군관(軍官), 왜학(倭學), 도사공(都沙工), 강릉(江陵) 통인(通引), 영리(營吏), 군색(軍色), 중방(中房), 급창(及唱), 고직(庫直), 식모(食母), 노자(奴子), 사령(使令), 해재(亥載), 반종(伴從), 이방(吏房), 도척(刀尺), 취수(吹手), 배행(配行), 지인(知印) 등이다. 또 '강릉(江陵) 통인', '강릉

67 이원택, 「조선후기 강원감영 울릉도 수토 사료 해제 및 번역」, 『영도해양연구』 8, 동북아역사재단, 2014, 참고.

취수'라고 하여 특별히 지역명이 함께 기록된 경우도 있다. 이러한 각석문에 남아있는 직명과 지명 등은 문헌 자료와의 비교 검토를 통해서 수토사의 규모나 구성 등을 파악할 수 있게 해주며 지역 사회와의 관계를 보다 소상하게 밝히게 해 준다. 즉 수토 각석문에 대한 내용 분석은 문헌 자료에 누락되거나 볼 수 없었던 부분을 보완해 준다는 점에서 매우 중요하다.

그런데 지금까지 수토 각석문은 탁본이나 가시적인 판독이 가능한 부분만 인용되어 조사자나 연구자마다 서로 다른 판독을 하는 사례가 있다. 더구나 울릉 태하리 각석문과 같이 마모가 심하거나 각석문의 내용이 여기저기 흩어져 있어 판독이 어려운 각석문도 다수가 존재한다. 따라서 울릉도 수토 각석문에 대한 정밀 탁본, 고화질 디지털 촬영, 3차원 스캐닝 등을 통한 정확한 판독 등이 조속히 이루어져야 할 것이다.

셋째, 수토 각석문에 대한 보존에 노력해야 하며, 행방불명된 각석문이나 새로운 각석문을 찾아야 한다. 현재까지 발견된 울릉도 수토 각석문은 크게 8개이지만, 남아있는 것은 발견된 수의 50%로 4개만이 남아있다. 즉, 개발이나 항구 등의 시설 설치로 없어진 각석문이 실제로 존재한다. 이렇게 행방불명된 각석문의 소재를 찾을 필요가 있다. 또 『일성록』에 의하면 김창윤(金昌胤, 1786년)의 수토 기록에 '황토구미에 이르자 … 마을로부터 중봉까지 30여 리에는 좌우로 토굴의 바위 위에 예전 수토관들의 이름을 적어 놓은 것이 있다'[68]고 하였는데, 이와 관련된 각석은 아직 발견되지 않고 있다. 그동안 알려진 울릉도 주민들의 증언에는 각석문이 수없이 많았다고 한다.

각석문은 그 재료의 특성상 시간이 지나면 점차 마모되고 소실된다는 특징을 가지고 있다. 울릉도에 있는 각석문들은 주로 해안 지역에 있다는 특징을 가지고 있어 마모뿐만 아니라 현재 태풍과 각종 토목공사 등으로 인해 각

---

68 『日省錄』 정조 10년 병오(1786) 6월 4일(병자).

석문 자체가 사라지고 있어 그 정확한 규모나 실체가 불분명한 실정이다. 따라서 각석문의 추가적인 존재를 확인하는 조사를 시급히 진행할 필요가 있으며, 조사에 따라 추가적인 각석문이 발견될 가능성을 가지고 있다.

넷째, 무엇보다 울릉도에서 발견된 각석문에 대한 종합적인 조사나 연구가 아직까지 진행되지 않았다. 최근 기술의 발달로 고해상도 디지털 사진 촬영 및 드론 촬영, 정밀 탁본, 3차원(3D) 스캐닝, RTI 촬영(다양한 각도에서 조명을 비춰 사진을 찍는 촬영기법) 등이 이루어지고 있으며, 역사학계에서는 큰 성과를 거둔 바가 있다. 한 예로 충주 고구려비는 500여 자 중 판독된 것이 200여 자에 불과했지만, 이러한 방법을 적용하여 고구려비가 건립된 정확한 연도를 판독하였고, 비석이 4면에 쓰여 진 '4면비'라는 사실이 새롭게 드러났다. 또한 울진군 성류굴에 존재하던 각석문 역시 '경진(庚辰) 진흥왕(眞興王)' 부분이 새롭게 판독되면서 진흥왕이 성류굴을 다녀간 기록으로 확인되기도 하였다. 그동안 각석문 자료는 단순히 문헌기록을 연구하는 데 보조적인 자료로 취급되었지만, 최근의 기술 발전은 각석문 자료가 문헌기록을 뛰어넘어 새로운 자료가 되고 있음을 잘 보여주고 있다.

울릉도 수토 각석문은 조선시대 울릉도에 관리를 파견한 구체적인 증거이자, 독도를 포함하는 영토 수호 활동의 직접적인 증거이다. 종합적인 조사와 연구를 통해 사라져 가는 수토 각석문을 새롭게 발견하고, 기존의 각석문과 함께 정밀 판독 작업을 거쳐 그 결과를 디지털화함으로써 항구적으로 보존해야 한다.

참고문헌

1. 자료

『承政院日記』, 『日省錄』, 『各司謄錄』, 『關東邑誌』, 「鬱陵島檢察啟草本」(李奎遠), 「鬱陵島檢察日記」(李奎遠).

2. 단행본

金元龍, 『鬱陵島』, 國立博物館古蹟調査報告 제4책(국립중앙박물관, 1963).

손승철·박미현 편저, 『울릉도·독도 품은 강원도 사람들』(강원도민일보·삼척시, 2012).

鬱陵郡, 『鬱陵島鄕土誌』(鬱陵郡公報室, 1963).

鬱陵郡·慶尙北道文化財研究院, 『文化遺蹟分布地圖-鬱陵郡-』(2002).

鬱陵郡誌編纂委員會 編, 『鬱陵郡誌』(鬱陵郡, 1989).

울릉군·울릉군지편찬위원회, 『鬱陵郡誌』(울릉군, 2007).

鬱陵文化院, 『鬱陵文化』 제2호(1997).

崔夢龍·辛叔靜·李東瑛·李盛周·金庚澤·金泰植, 『鬱陵島-考古學的 調査研究』(서울대학교 박물관, 1998).

崔夢龍·辛叔靜·尹根一·李盛周·金泰植, 『鬱陵島 地表調査 報告書 Ⅰ』(서울대학교박물관학술총서 6, 서울대학교 박물관, 1997).

3. 논문

李承鎭, 「울릉도 역사의 새로운 발견-세 가지 각석문(刻石文)의 검토-」, 『鬱陵文化』 제5호, (울릉문화원, 2000).
李弘稙, 「鬱陵島搜討關係碑 二」, 『考古美術』 제3권 제7호(한국미술사학회, 1962).
손승철, 「조선후기 수토기록의 문헌사적 연구-울릉도 수토 연구의 회고와 전망-」, 『한일관계사학회』 51(한일관계사학회, 2015).
이상태, 「울도군 초대 군수 배계주에 관한 연구」, 『영토해양연구』 11(동북아역사재단, 2016).
이원택, 「19세기 울릉도 수토 사료해제 및 번역」, 『영토해양연구』 15(동북아역사재단, 2018).
이원택, 「조선후기 강원감영 울릉도 수토 사료 해제 및 번역」, 『영도해양연구』 8(동북아역사재단, 2014).

4. 기타

규장각한국학연구원(https://kyu.snu.ac.kr/).
디지털울릉문화대전(http://ulleung.grandculture.net/ulleung).
승정원일기(http://sjw.history.go.kr/).
심충성 블로그(https://blog.daum.net/simdak1993).
한국고전종합DB(https://db.itkc.or.kr/).

대풍헌은 말한다 - 현관과 완문·수토절목을 중심으로 -

심현용 | 독도재단 편집위원, 울진 봉평리 신라비 전시관 관장

Ⅰ. 머리말

대풍헌(待風軒)은 경상북도 울진군 기성면 구산봉산로 105-2(구산1리 202번지)에 위치한다. 건물의 규모는 정면 4칸, 우측면(서쪽) 4칸, 좌측면(동쪽) 3칸의 일(一)자형 팔작기와집(56.46m^2)으로 상부가구는 2고주 5량가 초익공집이다.(사진 1) 대풍헌은 원래 마을회관[洞舍]이었으나 조선시대 어느 때부터 강원도 평해군 근북면 구산동에 있는 구산포(지금 경북 울진군 기성면 구산리 구산항)에서 울릉도(독도)로 가는 수토사(搜討使)[1]가 순풍(順風)

---

1 '수토사(搜討使)'라는 용어는 『各司謄錄』27 江原道篇1 江原道關草2 壬辰七月十四日(1892.7.14.)에 "동영(東營)은 보고합니다. 월송만호가 올린 첩정에 울릉도 수토사(搜討使)가 형편을[필자 수정: 울릉도 수토한 일의 형편을] 치보(馳報)한 바, 섬 안의 신구(新舊) 호수와 남녀 인구 및 간전(墾田: 개간하여 만든 밭) 두락 수를 성책(成册)하였는데, 모두 표류하여 잃어버려 만들어 올리지 못하니, 사체(事體)가 황송하고 진상물품[物種]은 금년(1892)에는 봉진(封進)하지 못한다는 일입니다.[東營報. 越松万戶呈, 以盃陵島搜討使[필자 수정: 事]形止馳報, 而島中新旧戶與男女人口及墾田斗數成册, 幷皆漂失, 不得修上, 事体悚惶, 進上物種, 今年段不爲封進事.]"라 하여 유일하게 확인된다. 그러나 '使'가 '事'의 오기로 보이므로 '울릉도 수토사가 형편을'을 '울릉도 수토한 일의 형편을'로 수정하는 것이 타당하다. 그러므로 결국 '搜討使'라는 용어는 사료에서 확인되지 않으며, '수토관(搜討官)'이라는 용어만 확인된다. 수토관은 수토를 하러 가는 무리의 수장(首長)을 말하는 것으로 울릉도 수토 시에는 삼척영장과 월송만호 두 개인만을 지칭한다. 울릉도 수토는 수토관 혼자가 아니라 군관, 왜학, 도사공, 통인, 영리, 사령, 격군, 식모, 노자 등 29~150여 명의 수행인원으로 이루어졌다. 필자는 '수토관과 그의 일행' 전체를 지칭하는 용어가 사료에 없어서 2011년 6월 28일 〈제1회 울

을 기다리며 머물렀던 장소로 활용되었다.

대풍헌에는 외부에 2점, 내부에 15점 등 모두 17점의 현판(대풍헌을 해체복원하면서 2010년 1월 13일 1점 추가하여 지금은 18점)이 게판(揭板)되어 있으며, 「수토절목」과 「완문」의 고문서 2점이 소장(2012년 5월 17일 안동에 있는 한국국학진흥원에 보관 위탁)되어 있다.

이중 「완문」과 「수토절목」은 권삼문[2]에 의해 처음 소개되었으며, 이후 필자에 의해 이 고문서가 재발견되어 사진[3]으로 완전히 공개되었다. 또 필자[4]

진울릉 수토사 뱃길재현 행사〉를 울진군에서 개최하면서 대풍헌에 게판된 후술한 「전임 손주형·손종간·손수백 영세불망지판」(1878.11.)에 "… 하물며 이 대풍헌은 1년의 간격을 두고 2년마다[間年] 사신의 수레가 와서 머무르고[況斯軒者 間年而使車來駐] …"라는 표현을 인용하여 '수토(搜討)'에 '사(使)'를 붙여 '搜討使'라는 용어를 만들어 사용하기 시작하였다. 그러므로 이 글에서는 삼척영장이나 월송만호 개인을 지칭할 때는 '수토관'으로, 수토관과 그 일행을 지칭할 때는 '수토사'라는 용어를 사용하겠다.

2 권삼문, 「울진의 고문서 -마을 문서와 군지-」, 『향토문화』11·12, 향토문화연구회, 1997, 212~217쪽; 권삼문, 「동해안 어촌의 고문서」, 『동해안 어촌의 민속학적 이해』, 민속원, 2001, 296~303쪽.
그러나 아쉽게도 수토(搜討)를 '수색하여 토벌하다'가 아니라 '모여서 토론하다'로 오역하고 원문을 자세히 소개하지 않아 그동안 울릉도를 연구하는 자료로 활용되지 못하였다.

3 필자는 「완문」과 「수토절목」을 2005년 6월 1일(수) 대풍헌에서 재발견하자 복사하여 당시 한국국학진흥원의 설석규 부장에게 제공하여 2005년 8월 15일(월) 울릉군 대아리조트 대회의실에서 한국국학진흥원 주관으로 진행하는 광복 60주년 기념 학술행사 자료집에 고문서 사진을 울진군 제공으로 하여 소개하고 한국국학진흥원의 이욱(「〈완문 신미 칠월 일〉, 〈수토절목 공개변통 계미시월 일 구산동〉」, 『 일본의 역사왜곡과 대응방안』광복 60주년 기념 학술대회, 한국국학진흥원, 2005, 147~168쪽)이 간략한 해제를 하였다.

4 심현용, 「조선시대 울릉도·독도 수토관련 '울진 대풍헌' 소장 자료 소개」, 『독도지킴이 수토제도에 대한 재조명』제1회 한국문화원연합회 경상북도지회 학술대회, 한국문화원연합회 경상북도지회, 2008; 심현용, 「조선시대 울릉도·독도 수토관련 '울진 대풍헌' 소장자료 고찰」, 『강원문화사연구』13, 강원향토문화연구회, 2008; 심현용, 「울진 대풍헌 현판 소개 -조선시대 울릉도·독도 수토제와 관련하여-」, 『132회 대구사학회 정기학술대회 자료집』, 대구사학회, 2009; 심현용, 「울진 대풍헌 현판」, 『대구사학』98, 대구사학회, 2010; 심현용, 「Ⅱ. 연혁」, 『울진 대풍헌 해체수리공사보고서』, 울진군, 2010.

는 대풍헌에 게판된 현판이 울릉도 수토와 관련되어 있다는 사실을 처음 발견하고 이들 현판과 「완문」·「수토절목」의 번역이 조금씩 완료되는 대로 학계에 알리기 시작하였다. 이를 계기로 필자는 울릉도(독도) 연구에 관심을 가지게 되었으며[5], 학계에서도 울릉도 수토 연구가 활성화되기 시작하였다.[6]

그러나 필자가 최종 발표한 논문[7]은 원문 판독과 번역에 다소 오류가 있어 잘못 활용될 경우 역사 왜곡이 될 수 있음을 우려하여 필자는 당시 동북아역사재단 독도연구소 홍성근 소장에게 올바른 판독과 번역을 요청하였으며, 이에 동 기관의 이원택 연구위원에게 이들 자료를 제공하여 이원택과 정명수에 의해 제대로 된 판독과 번역 및 해제가 이루어졌다.[8]

필자의 글에서 대풍헌 자료에 대한 원문의 판독과 번역은 당시 울진문화원 울진향토사연구회 고(故) 윤대웅 회장에 의해 이루어졌으며, 필자와 토론하면서 완성하였다.

5 심현용, 「조선시대 울릉도 수토정책에 대한 고고학적 시·공간 검토」, 『영토해양연구』 6, 동북아역사재단 독도연구소, 2013; 심현용, 「조선시대 울릉도·독도 수토정책에 대한 시·공간 검토」, 『우리 땅 독도지킴이 장한상』, 의성문화원, 2018; 심현용, 「월송포진성과 울릉도·독도 수토 관련 유적·유물」, 『이사부와 동해』14, 한국이사부학회, 2018.
필자에 의해, 건물은 '울진 대풍헌'이라는 명칭으로 경상북도 문화재자료 제493호(2005.9.20.)로 지정되었으며, 필자가 2년 동안 주민들을 설득하여 복원을 추진하게 되었으며, 복원 후 경상북도 유형문화재 제165호로 승격 지정(2010.3.11.)되었다. 그리고 「수토절목」과 「완문」은 '울진 대풍헌 소장 문서'라는 명칭으로 경상북도 문화재자료 제511호로 지정(2006.6.29.)되었으며, 현판 중 12점은 '울진 대풍헌 현판 일괄'이라는 명칭으로 경상북도 유형문화재 제441호로 지정(2012.5.14.)되었다.

6 영남대학교 독도연구소, 『울진 대풍헌과 조선시대 울릉도·독도의 수토사』영남대학교 독도연구소 독도연구총서 14, 도서출판 선인, 2015.

7 심현용, 「울진 대풍헌의 울릉도·독도 수토 자료와 그 역사적 의미 -조선시대 울릉도·독도 수토정책과 관련하여-」, 『울진 대풍헌과 조선시대 울릉도·독도의 수토사』영남대학교 독도연구소 독도연구총서 14, 도서출판 선인, 2015.

8 이원택·정명수, 「울진 대풍헌 소장 「완문」과 「수토절목」의 해제 및 번역」, 『영토해양연구』16, 동북아역사재단 독도연구소, 2018; 이원택·정명수, 「울진 대풍헌 현판 기문류 자료의 해제 및 번역」, 『영토해양연구』17, 동북아역사재단 독도연구소, 2019; 이원택·정명수, 「울진 대풍헌 현판 영세불망지판류 자료의 해제 및 번역」, 『영토해양연구』18, 동북아역사재단 독도연구소, 2019.

이 글에서는 이원택·정명수의 판독문과 번역문을 기본으로 활용하고 필자의 견해를 일부 추가하여 이 자료들을 재검토해 보고자 한다. 또 향후 울릉도(독도) 연구에 도움이 되고자 이들 자료의 사진과 실측도[9]를 함께 제시하겠다.

Ⅱ. 현판

현판은 모두 나무로 만들었으며, 형태는 세장방형으로 테두리를 장식하였고, 각 모서리에 날개와 다리가 달린 것도 있다. 글자는 대부분 한자로 되어 있으나 일부 국한문을 혼용하기도 하였다. 글씨체는 해서와 행서 및 초서가 혼용되었으며, 건물명류는 가로로 쓰였고[橫書], 그 외는 세로로 쓰였는데[縱書] 모두 우서(右書)되어 음각(陰刻)되었다.[10] 현판의 바탕널은 검은색을 칠하고, 명문은 흰색을 칠했는데, 일부 이름에 붉은색을 칠하기도 하였다. 또 테두리와 날개 및 다리는 붉은 색을 칠하였다.(사진 1) 이들 현판 17점은 건물의 이름을 알리는 현판 2점, 동사기와 중수기 등의 기문류 9점, 인물에 대한 영세불망지판류 6점으로 구분된다.

9 실측도는 태광건축사사무소, 『울진 대풍헌 해체수리공사보고서』, 울진군, 2010, 242~244쪽에서 전재하였으며, 크기 단위는 ㎜로 이하 동일하게 사용하였다.

10 이 글에서의 방향은 모두 유물을 기준으로 하였다. 우서는 왼쪽에서 오른쪽으로 글자가 진행되면서 쓰인 것을 말하며, 또 원문이 종서로 된 것은 편의를 위해 이 글에서 횡서로 작업하였다.

〈사진 1-1〉 복원 전 전경(남→북)

〈사진 1-2〉 복원 후 전경(남→북)

〈그림 1-3〉 대풍헌 현판(외부, 남→북)

〈그림 1-3〉 대풍헌 현판(내부, 남→북)

〈사진 1〉 대풍헌과 현판 전경

1. 건물명류 현판

1) 대풍헌

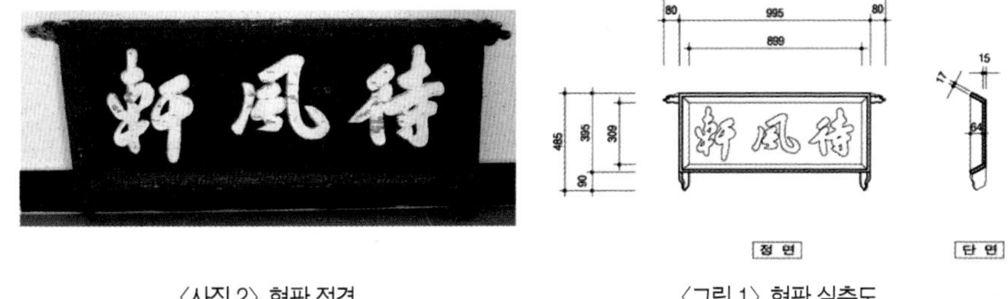

〈사진 2〉 현판 전경 〈그림 1〉 현판 실측도

(1) 원문

待風軒

(2) 번역문

대풍헌

(3) 해제

이 「대풍헌」현판(사진 2·그림 1)은 건물의 이름이 '대풍헌'이라는 것을 알리는 편액이다.

〈사진 3〉 대풍헌 상량기문이 적힌 목부재 전경

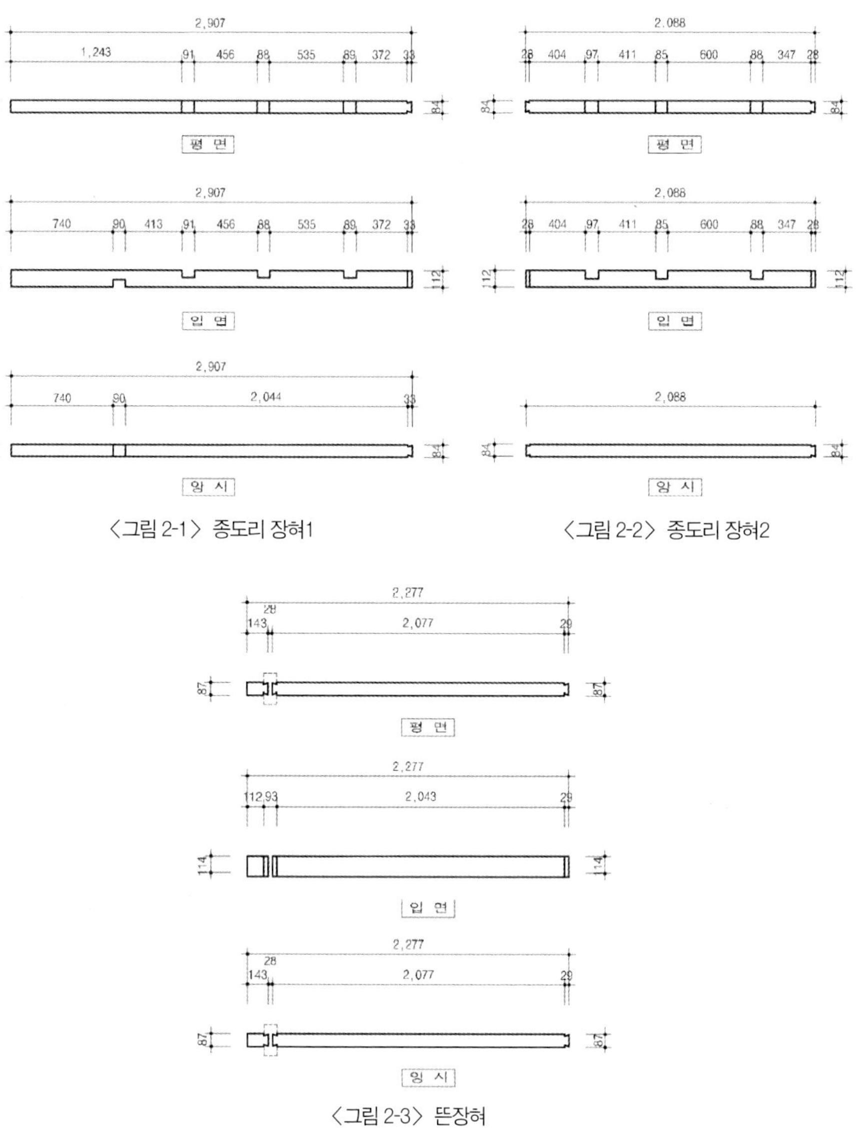

〈그림 2-1〉 종도리 장혀1

〈그림 2-2〉 종도리 장혀2

〈그림 2-3〉 뜬장혀

〈그림 2〉 대풍헌 상량기문 목부재(실측도)

마을회관의 최초 건립 시기는 알 수 없다. 그러나 대풍헌을 중수하면서 남긴 「대풍헌 상량기문」(1851.3.2.)[11]과 「구산동사중수기」현판(1851.6.)에 의해 파악이 가능하다.

대풍헌 상량기문에는 상량 시간과 공사에 참여한 사람들의 역할과 명단이 모두 기재되어 있다. 명문은 종도리 장혀①에 '歲在咸豊元年辛亥三月初二日巳時立柱, 戌時上樑, 成造都監時尊位權成度, 監役洞首李景厚.[해[歲]는 함풍(咸豊) 원년(元年) 신해(辛亥: 1851, 철종 2)년 3월 초2일 사시(巳時: 오전 9~11시)에 기둥을 세우고, 술시(戌時: 오후 7~9시)에 상량하였다. 성조도감은 시존위 권성도이고, 감역은 동수 이경후이다.]'로, 종도리 장혀②에 '監役, 時有司安大喆, 時公員金尙郁. 監役掌務, 金守東 安景祚 金允業. 木手, 都木手 朴振秀, 永興之人, 末木手 黃宗國, 副木手 黃泰振.[감역은 시유사 안대철과 시공원 김상욱이다. 감역장무는 김수동·안경조·김윤업이다. 목수는 도목수가 박진수인데 영흥사람이다. 말목수는 황종국이고, 부목수는 황태진이다.]'로, 뜬장혀에 '歲在咸豊元年辛亥.[해[歲]는 함풍(咸豊) 원년(元年) 신해(辛亥: 1851, 철종 2)년]'로 기록되어 있다.

이 「대풍헌 상량기문」(1851.3.2.)으로 1851년(철종 2) 3월 2일에 입주상량하였음을 알 수 있으며, 후술하는 「구산동사중수기」현판(1851.6., 사진 4·그림 4)에도 1851년 6월 중수하고 '대풍헌'현판을 걸었다 한 것으로 보아 이 「대풍헌」현판은 이때 게판된 것이다.

11 대풍헌은 2008년 11월 7일~2010년 1월 8일까지 울진군(문화관광과)에서 해체·복원하였는데, 2008년 12월 17일(수) 종도리 장혀[宗長舌] 2개와 뜬장혀[別長舌] 1개에서 墨書된 상량기문이 발견되었다.

2) 기성구산동사

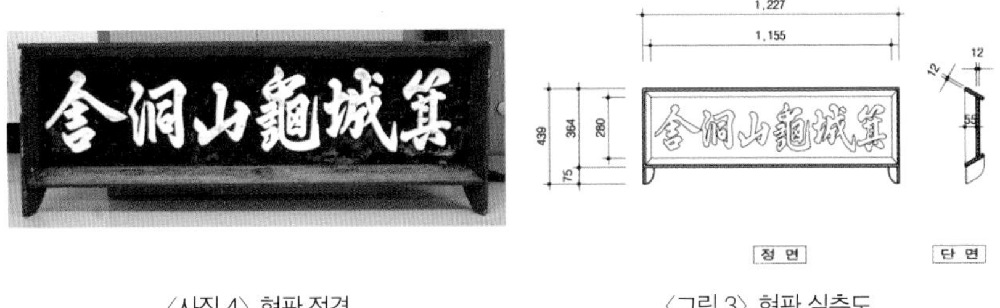

〈사진 4〉 현판 전경 〈그림 3〉 현판 실측도

(1) 원문

箕城龜山洞舍

(2) 번역문

기성구산동사.

(3) 해제

이 「기성구산동사」현판(사진 4·그림 3)은 건물의 이름이 '기성구산동사'라는 것을 알리는 편액이다. 이 현판의 시기를 알아보려면 이곳의 마을과 포구의 이름 변천이 도움된다.

사료에 의하면 1425년에는 仇彌(浦)[12], 1530년·1656년 仇於(浦)[13], 1709

12 『세종실록』세종 7년(1425) 8월 8일(갑술).

13 『신증동국여지승람』(1530) 권45 「강원도 평해군」산천; 『동국여지지』(1656) 권7 「평해군」해.

년 九味(浦)[14], 1759년 丘尾(里)[丘美(浦)][15], 1773년 丘山[16], 1786년 丘尾津[17], 1789년 丘山里[18], 1811년·1823년 邱山(洞·津)[19], 1830년 邱山(里)[20], 1851년·1857년 邱山(洞·津)[21], 1862~1866년 仇珍(浦)[22], 1866년·1867년·1870년·1871년·1873년·1878년 邱山(里·津)[23], 1881년 丘山(里)[24], 1882년 邱山(浦·洞)[25], 1888년·1899년·1904년·1906년·1911년·1912년·1917년 邱山(洞·里)[26]로 확인된다. 즉 仇彌(仇於·九味·丘尾·丘美:

---

14 권섭(1671~1759), 『유행록』권2 「해산록」(1709) 지명도리이문구적록.
권섭은 1709년(숙종 35) 4월~6월까지 관동지역을 유람한 후 「해산록」을 남겼는데, 울진·평해지역은 4월~5월 사이에 다녀갔다.

15 『여지도서』「강원도 평해군」(1759) 방리 '근북면'·고적 '월송정동변사안조산'.

16 『각도읍지』「평해군」(1773) 방리 '근북면'.

17 『일성록』정조 10년(1786) 6월 4일(병자).

18 『호구총수』(1789). 원춘도 평해 근북면.

19 「완문」(1811); 「수토절목」(1823).

20 『관동지』(1830) 「평해군지」방리 '근북면'.

21 「구산동사중수기」현판(1851.6.); 『각사등록』27 강원도편1 강원감영계록 함풍칠년윤오월십오일(1857.윤5.15.).

22 『대동지지』(1862~1866) 권16 「강원도 평해」진보 '방수'. 그러나 구진포의 珍은 구미포의 (尾)의 오타로 판단된다.

23 『각사등록』27 강원도편1 강원감영관첩2 동치오년십이월초팔일(1866.12.8.); 『각사등록』27 강원도편1 강원감영관첩2 동치육년사월이십일(1867.4.20.); 「평해군수 심능무·이윤흡 영세불망지판」(1870); 「월송만호 장원익 영세불망지판」(1870); 「평해군수 이용익 영세불망지판」(1871); 『관동읍지』(1871) 「평해군」방리 '근북면'; 『각사등록』17 경상도편7 통제영계록4 동치십이년오월십팔일(1873.5.18.); 「도감 박억이 영세불망지판」(1878).

24 『강원도읍지』「평해군읍지」(1881) 방리 '근북면'.

25 이규원(1833~1901), 『울릉도검찰일기』(1882).

26 「구산동사기」현판(1888); 『강원도평해군읍지』(1899) 방리 근북면; 「동계완문」(1904); 「중수기」현판(1906); 조선총독부, 『조선지지자료』(1911) 강원도 평해군 '근북면'; 조선총독부, 『구한국지방행정구역명칭일람』(1912); 越智唯七, 『신구대조조선전도부군면리동명칭일람』(1917).

1425~) → 丘山(1773~) → 邱山(1811~)으로 변경되었는데, 어느 시기 丘大林 장군의 전설과 관련되어 언덕 丘자로 변하고 이후 공자의 이름인 丘자를 피휘하기 위하여 같은 뜻인 언덕 邱자로 바꾼 듯하다. 그러나 현판에 나오는 거북 龜자인 '龜山'은 확인되지 않는다.

또 현대에 들어와서는 신라 말 당나라 丘大林 장군이 이곳에 귀화하여 '丘尾'라 칭하였고, 고려 말 평해군수 김제가 지형이 거북꼬리와 같다하여 '龜尾'로 개칭하여 오다가 1914년 행정구역 개편 시 '邱山'으로 되었다[27]고 알려져 있다. 즉'丘尾(신라) → 龜尾(고려) → 邱山(현대)'으로 변천되었다고 하지만 전술한 사료와 일치하지 않는다. 그렇다면 거북 龜자가 갑자기 사용되었는데, 이는 꼬리 尾자가 있으므로 언덕 丘자와 발음이 똑같은 거북 龜자를 사용하여 동네 지형이 '거북 꼬리처럼 생겼다'라는 식으로 변용시킨 것 같다. 그러므로 이 현판의 '龜山'은 현대에 와서야 생긴 것으로 보아야 한다.

필자는 이 현판의 시기를 그동안 막연히 대풍헌 중수 이전인 '1851년 3월 이전'으로 보아왔다.[28] 하지만 이원택·정명수는 1916년 평해군이 울진군에 통합되어 기성면이 새로 만들어졌으므로 '기성구산동사'의 기성구산은 '기성면 구산리'의 줄임말로 보고 1916년 이후일 가능성을 제시하였다.[29] 그

27 경북향토사연구협의회, 「제11장 울진군」, 『경북마을지』상, 경상북도, 1990, 914~915쪽; 울진군지편찬위원회, 「제Ⅴ편 마을사」, 『울진군지』상, 울진군, 2001, 995쪽.
이외 굴미산(구미산) 밑이 되므로 구미 또는 구산이라 하였는데, 1916년 3월 1일 행정 구역 변경 때 邱山里라 하였다거나(한글학회, 「울진군」, 『한국지명총람』7(경북편 Ⅳ), 1979, 115쪽) 굴미산 아래 丘山浦에 당나라 장군 丘大林이 귀화해 살면서 丘山이라 불렀고, 또 지형이 거북꼬리 같다하여 龜尾·丘尾라고도 하였으며 1963년 3월 1일 행정구역 개편 때 邱山으로 부르게 되었다(경상북도교육위원회, 「제30장 울진군」, 『경상북도 지명유래총람』, 1984, 1130쪽)는 등 일부 오류도 있지만 대체로 비슷하다.

28 심현용, 「울진 대풍헌의 울릉도·독도 수토 자료와 그 역사적 의미 -조선시대 울릉도·독도 수토정책과 관련하여-」, 『울진 대풍헌과 조선시대 울릉도·독도의 수토사』, 영남대학교 독도연구소, 2015, 197쪽.

29 이원택·정명수, 「울진 대풍헌 현판 기문류 자료의 해제 및 번역」, 『영토해양연구』17,

렇다면 1914년[30] 이후 동사가 중수될 때 게판되었을 가능성이 높다. 구산동사는 대풍헌 소장 자료에 의하면 1851년 6월, (1887년[31]), 1906년 5월, 1939년 6월, 1972년 9월에 중수했다는 기록이 확인되는데, 1914년 이후 중에서 '1939년 6월'(「동사중수기」현판)에 중수 후 낙성식까지 행한 것으로 보아 이때 게판되었을 가능성이 가장 크다.

2. 기문류 현판

1) 구산동사중수기

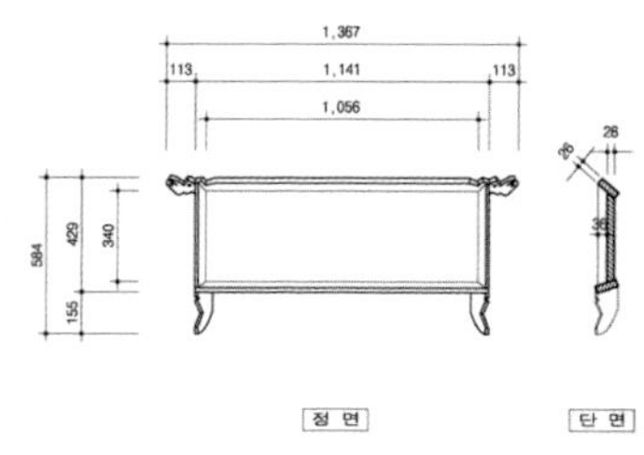

〈사진 5〉 현판 전경

〈그림 4〉 현판 실측도

동북아역사재단 독도연구소, 2019, 178쪽.

30 평해군이 울진군에 통합된 시기를 이원택·정명수는 1916년으로 보았으나 1914년이 옳다. 즉 조선총독부가 1913년 12월 29일 칙령 제111호로 지방행정제도를 개편하여 부·군제는 1914년 3월 1일부터, 면제는 1914년 4월 1일부터 시행에 들어가게 된다. 이에 따라 평해군과 울진군이 통합되어 '울진군'이라는 하나의 행정체제를 이루게 되었다.(심현용, 「고고자료와 문헌기록으로 본 울진의 연혁」, 『울진군의 역사와 문화』, 삼한문화재연구원·성림문화재연구원, 2016, 294쪽)

31 「各洞求乞標乙巳十月初八日」(1905). "丁亥年各洞求乞出給成册 … 文 一兩 邱山洞待風所重修時給戊戌年三月 …"(김택규, 『동해안어촌민속지』자료편, 영남대학교출판부, 2000, 689쪽)

(1) 원문

邱山洞舍重修記

洞曰邱山, 眞是丘將軍之遺址歟. 地接滄海, 抑亦魯仲連之所蹈也. 東通鬱陵之島, 南控月松之浦. 奉命將之大蓋或駐, 守鎭官之棨戟遙臨, 關東重地, 郡北要津. 唯我洞舍, 歲月侵久, 冗[32]礎幾頹, 風雨磨洗, 棟樑盡漏. 是以權公成度, 與李景厚金尙郁安大喆安景祚四人, 重營鳩財, 因作十餘間, 以爲搜討奉行之所. 後之人與我同志, 嗣而葺之, 庶此舍之不朽也. 噫, 東坡得雨, 以名其亭, 禹偁代竹, 以名其樓, 所以志喜也. 新揭華名曰待風軒, 海波鳴戶, 雲影臨軒, 地闢千年之基, 門泊萬里之船. 於焉嘉, 少焉出, 蟾精吐光, 朝而往, 暮而歸, 漁歌唱晩, 山海幽賞, 自在箇中, 此則一精舍之勝槪也. 余觀夫古人名物, 亦各有志焉, 以風名軒, 不亦宜乎. 遂爲之記, 以示不忘云爾.

咸豐元年辛亥六月日, 江陵散人金學鱗記, 達孝孫宗勳書.【앞부분】

成造都監 時尊位 權成度

洞長 李景厚

公員 金尙郁

有司 安大哲

曾經尊位 李宅潤·李致潤·金世得

洞長 金重億·李得求·李東秀·朴秋伯·李景洪·金光鍊·金國臣·韓福宅

洞員 李明鶴·權在彦·金守郁·金在鈺·金重九·李是赫·李景 ·朴元福·金大龍 [상단]

別有司 安景祚

都掌務 金守東

---

32 冗: 坑(아궁이 갱)의 이체자로 판독함.

別掌務 金允業

鳩財人 金致業·千光祿

官洞長 李順遜

里正 金之平

監考 金文興

刻手 金相國

木手 黃泰振·朴振秀·金丙才·安盤石·金光浩·金成根·金光銖·安億彬

原[33]

金丁玉·安萬大·李景彦 [하단]【뒷부분】

(2) 번역문

「구산동사중수기」

동(洞)을 구산(邱山)[34]이라고 하였으니, 진실로 구장군(丘將軍)[35]의 자취가 남아있는 곳이요,[36] 땅이 동해에 접해 있으니, 어쩌면 또 노중련(魯仲連)

---

33 원(原): '끝'이라는 뜻으로 '인원물제(人原物際)'에서 나온 것이다. 인원물제는 사람의 사주(四柱)나 물품의 목록을 적은 단자에서, 사람에게 관계되는 내용을 다 적은 다음에는 '原'자를 쓰고, 물품의 이름을 다 적은 다음에는 '際'자를 쓰는 것을 이르는 말이다. 제사를 지낼 때는 식순과 담당자를 적거나, 건물을 짓고 업무를 수행한 사람들을 기문(記文)에 적을 때 맨 마지막에 '原'자를 쓴다.

34 구산(邱山): 현재 경상북도 울진군 기성면에 있는 마을 이름. 원래는 평해군에 속하였으나, 1914년 평해군이 울진군에 통합되면서 구산리는 평해군 근북면(近北面)에서 울진군 기성면으로 바뀌었다.

35 구장군(丘將軍): 중국 당(唐)나라 때의 장군 구대림(丘大林). 구대림은 663년에 일본(日本)으로 사신을 가는 도중에 풍랑을 만나 표류하다가 신라(新羅)의 강역이었던 평해에 이르렀으며, 그 후 이곳에 거처를 정해 살면서 평해(平海) 구씨(丘氏)의 시조(始祖)가 되었다.

36 진실로 ~ 곳이요: 『여지도서』「강원도 평해군」(1759) 고적 '월송정 동쪽 편 모래 언덕의 조산[月松亭東邊沙岸造山]'. "신라 때 중국의 학사 황락(黃洛)과 장군 구대림(丘大林)이 중국에서 바다를 건너와 월송정 아래에 정박하였다. 구대림은 해당화가 핀 모

이 바다에 뛰어들려 했던 곳이다.[37] 동(東)으로는 울릉도(鬱陵島)와 통하고, 남(南)으로는 월송포(月松浦)와 가까워 왕명을 받든 장수(將帥)의 큰 수레가 주둔하고 진(鎭)을 지키는 관리[守鎭官]의 계극(棨戟)[38]이 멀리서 부임해 오던 관동(關東)의 요충지이자 군(郡: 平海郡) 북쪽의 중요한 나루터[津]다.

다만 우리 동사(洞舍)는 오랜 세월이 지나며 아궁이와 주춧돌이 거의 무너지고, 비바람에 닳고 씻겨 용마루와 들보에 온통 물이 새었다. 이런 까닭으로 권성도가 이경후, 김상욱, 안대철, 안경조 네 사람과 더불어 다시 지을 재물을 모아 십여 칸을 짓고 수토(搜討)[39]의 명을 받들어 행하는 곳으로 삼

래 언덕의 북쪽 포구에 거처하였다. 그래서 그 포구의 이름을 구미포(丘美浦)라 했다. 황락은 북산(北山)의 북쪽 들에 살았는데, 동쪽 편 모래 언덕에 인공으로 조산을 만들어 풍수상의 결점을 보완하였다. 우리나라 성씨에 황씨는 이 사람을 시조로 삼는다. 조산은 지금도 여전히 남아 있다."

37 어쩌면 ~ 곳이다: 노중련(魯仲連)은 중국 전국시대(戰國時代) 제(濟)나라의 뛰어난 책사로 큰 공을 세우고도 높은 벼슬과 천금을 사양하고 홀연히 숨어 산 은자이다. 『사기(史記)』「노중련열전(魯仲連列傳)」에 의하면 위(魏)나라 장군 신원연(辛垣衍)을 설득하며, 포악무도한 진(秦)나라를 황제로 섬기느니 "나는 동해 건너다가 죽겠다.[連有蹈東海而死耳]"고 하였다. 이는 백암 김제의 도해 전설을 염두에 둔 것이기도 하다. 김제는 고려 말 충신으로 평해군수를 지냈는데, 고려가 망하자 신하는 두 임금을 섬기지 않는다면서 지금의 울진군 기성면 구산리 바닷가에서 배를 타고 동해 바다로 나가 돌아오지 않았다고 한다.

38 계극(棨戟): 적흑색 비단으로 싼 나무창으로 고대에 관리가 쓰던 의장의 일종이다. 출행할 때에는 맨 앞의 병사가 이 창을 들고 전도(前導)가 되며, 임소에 당도한 뒤에는 문정(門庭)에 세워 놓는다. 왕발(王勃)의 「등왕각서(滕王閣序)」에 "좋은 명망을 지닌 도독 염공은 계극을 앞세우고 멀리서 부임해 왔고, 훌륭한 위의를 갖춘 신임 태수 우문은 휘장 친 수레를 잠시 멈추었다.[都督閻公之雅望, 棨戟遙臨, 宇文新州之懿範, 幨帷暫駐]"고 하였다.

39 수토(搜討): 섬이나 변경의 특정 지역에 백성들이 무단으로 들어가 살고 있거나 외적이 들어와 있으면 수색 토벌하여 본토로 쇄환하거나 본국으로 쫓아 보내는 것을 말한다. 울릉도 수토는 1694년부터 1894년까지 2백년간 시행되었는데, 처음에는 2년 건너 3년에 한 번씩 가는 '間二年 輪回搜討'가 정식이었으나 어느 시기에 1년 건너 2년에 한 번씩 가는 '間年(間一年) 輪回搜討'로 바뀌었다. 그 변경된 시기에 대해 배재홍은 '18세기 말경 이후부터'로 추정하였고(「조선후기 울릉도 수토제 운용의 실상」, 『대구사

았다. 뒷사람들도 우리와 뜻을 함께하여 뒤를 이어 수리한다면 이 동사[舍]는 허물어지지 않을 것이다.

아! 소동파(蘇東坡)는 비[雨]가 내리자 정자를 '희우정(喜雨亭)'이라 명명(命名)하고,[40] 왕우칭(王禹偁)은 대나무[竹]로 기와를 대신하여 누각을 '죽루(竹樓)'라 명명하였으니,[41] 이는 기쁨을 기록해 두고자 함이었다. 새로 아름다운 이름을 내걸어'대풍헌(待風軒)'이라 하니, 파도 소리가 방안까지 들리고 구름 그림자가 마루 난간에 드리우며, 땅에는 천 년이 이어질 기반이 열리고 문 앞에는 만 리를 오가는 배가 정박한다. 이에 기쁨에 겨워 잠시 밖으로 나가면 달이 떠서 아름답게 비치고, 아침에 나갔다가 저물녘에 돌아오는 어부의 노랫소리가 느지막이 들리며, 산과 바다의 그윽한 경치가 절로 이 안에 있으니 이는 곧 온 정사(精舍)의 아름다운 풍경이다.

옛 사람들[古人]이 사물에 이름 붙인 것을 보니 또한 각각 뜻이 있었으니,'풍(風)'자를 빌어 이 건물에 이름을 붙이는 것 또한 마땅하지 않겠는가.

학』103, 대구사학회, 2011, 118~119쪽), 백인기는 '1945년(영조 21) 이후부터'로추정하다가(「조선후기 울릉도 수토제도의 주기성과 그 의의 I -숙종부터 영조까지를 중심으로」, 『이사부와 동해』6, 한국이사부학회, 2013, 178쪽) '1735년(영조 11) 이후부터'로 수정하였으며(「조선 후기 주기적 울릉도 수토와 울릉도 인식 양상에 대한 연구」, 『독도연구』29, 영남대학교 독도연구소, 2020, 133·142~143쪽), 심현용은 '1797년(정조 21) 이후부터'로 추정하였다(「조선시대 울릉도 수토정책에 대한 고고학적 시·공간 검토」, 『영토해양연구』6, 동북아역사재단 독도연구소, 2013, 183쪽). 그러나 2년 주기의 윤회수토 원리와 1735년 영조의 수토 의지 및 규장각본 「청구도」(1834)의 우산도 아래쪽에 영조 11년(1735) 강원감사 조최수의 수토 관련 주기 등을 참고하면 백인기의 '1735년 이후부터'설이 가장 타당성 높다.

40 소동파는 ~ 명명하고: 중국 북송(北宋)의 대문호인 소식(蘇軾, 1037~1101)이 봉상부(鳳翔府) 첨판(僉判)으로 있을 때 봄에 가뭄이 들어 백성들이 심히 걱정하는 때에 단비가 내리고, 마침 관아 동북쪽의 정자가 완성되자 낙성식을 베풀면서 그 정자의 이름을 '희우정(喜雨亭)'이라 명명하고 「희우정기(喜雨亭記)」를 지었다.

41 왕우칭은 ~ 명명하였으니: 중국 북송 때 시인 왕우칭(954~1001)이 황주(黃州)에 유배되었을 때 그곳의 특산인 큰 대나무를 베어다가 기와 대신 지붕을 덮은 누각을 만들어 '죽루(竹樓)'라 명명하고서 「황주죽루기(黃州竹樓記)」를 지어 그 풍취를 읊었다.

마침내 기문(記文)을 지어서 잊지 않겠다는 마음을 보인다.

함풍(咸豐) 원년(元年) 신해(辛亥, 1851, 철종 2)년 6월 일에 강릉산인(江陵散人) 김학린이 짓고, 달효(達孝)[42]의 손종훈이 쓰다.

성조도감(成造都監) : 시존위 권성도, 동장 이경후, 공원 김상욱, 유사 안대철, 증경존위 이택윤·이치윤·김세득, 동장 김중억·이득구·이동수·박추백·이경홍·김광련·김국신·한복택, 동원 이명학·권재언·김수욱·김재옥·김중구·이시혁·이경묵·박원복·김대룡, 별유사 안경조, 도장무 김수동, 별장무 김윤업, 구재인 김치업·천광록, 관동장 이순손, 이정 김지평, 감고 김문홍, 각수 김상국, 목수 황태진·박진수·김병재·안반석·김광호·김성근·김광수·안억빈, 끝[原]. 김정옥·안만대·이경언.

(3) 해제

이 「구산동사중수기」현판(사진 5·그림 4)은 제목을 먼저 적은 후 앞부분에는 기문, 시기 및 찬·서자를, 뒷부분에는 참여자 명단을 상·하 2단으로 기록하였다. 또 하단의 명단 중 안억빈 다음에 '끝[原]'이라 한 것으로 보아 김정옥, 안만대, 이경언은 추기한 것 같다. 내용은 월송만호가 울릉도를 수토할 때 구산동사가 수토 임무를 봉행해 오던 곳인데, 중수 후 '대풍헌'이라 명명하여 현판을 걸었다는 것이다. 글은 김학린이 짓고 손종훈이 썼다.

시기는 '咸豐元年辛亥六月日'로 '함풍'은 중국 청나라 문종의 연호(1851~1861)인데, 원년은 1851년이므로 조선은 철종 2년에 해당되어 1851년(철종 2) 6월이다.

---

42 달효(達孝): 조선시대 평해군에 있던 마을 이름으로, 『신증동국여지승람』(1530) 권45 「강원도 평해군」 역원에 군 동쪽 5리에 달효역이 있는 것[達孝驛 在郡東五里]으로 나온다.

2) 구산동사기

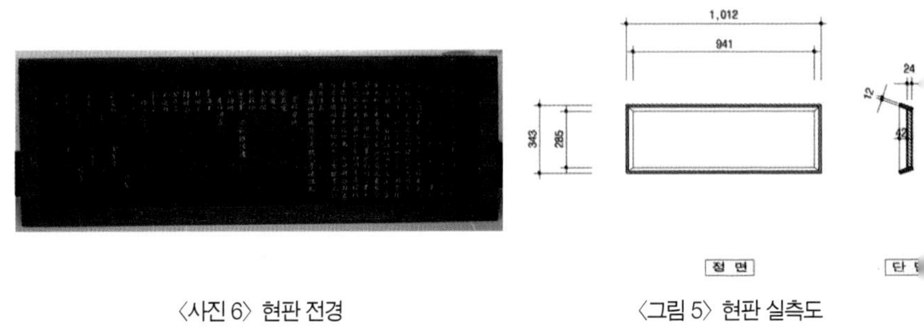

〈사진 6〉 현판 전경 〈그림 5〉 현판 실측도

(1) 원문

邱山洞舍記

余嘗觀輿誌, 繄昔丘將軍浮海來居于此, 而因名邱山, 則年代歷千, 興替不一, 中有鬱攸之灾, 而適因邑賢宰拯溺之澤, 不渙散安堵. 曾有深痼之弊, 而幸賴若爾人發蹤之功, 如看症投劑, 猗歟偉哉. 微若人, 豈如是盡心捄弊哉. 大抵莫重國事搜討役, 服一除八, 有難雜頃. 烟戶役, 呈官安民, 於古未易之功. 有功必有記. 安宅奎金碩彬, 不有已功, 歸之常例, 則洞之老少, 齊曰不可. 有功無記, 與無功同, 盍將梓板, 使後勸頌, 要余記功萬一. 不以材拙辭者, 乃是居隣同井之故也. 不已忘拙, 略記以壽其傳焉.

著雍困敦維夏上浣, 散人李瑞球記.【앞부분】

曾經尊位 安義寬·金有三·金宗潤·朴致儉·安宅奎公私雜役頃·金碩彬

曾經洞長 李得士·朴用宅·韓時白·金成雲·安道尙·李千宅

時任尊位 安宅奎

洞長 安道尙

有司 金處郁

都掌務 金孝得·金海孫 [상단]

官洞長 金業重

里正 金守業

監考 李昌福 [하단]【뒷부분】

(2) 번역문

「구산동사기」

내 일찍이 『여지(輿誌)』[43]를 살펴보니, 옛날에 구장군(丘將軍: 丘大林 장군)이 바다에 표류해 와서 이곳에 살았기 때문에 '구산(邱山)'이라 이름 붙였다고 한다.[44] 그러한 즉 연대가 천년이 지났고 왕조의 흥체(興替)가 한 번이 아니며 그 사이에 화마(火魔)의 재앙이 있었는데, 마침 고을[邑]의 덕과 지혜가 높은 재상[賢宰: 평해군수]이 위급한 상황을 구제해 준 덕택으로 사람들이 흩어지지 않고 편안히 살게 되었다. 일찍이 매우 고질적인 폐단이 있었으나 다행히 이 같은 분이 지휘하여 조정(調整)한 공덕을 입었는데, 마치 병의 증세를 보고 약을 투여한 것 같았으니 아름답고 위대하도다! 이 분이 아니었다면 어찌 이처럼 마음을 다해 폐단을 바로 잡았겠는가.

대저 막중한 국사(國事)인 수토(搜討)의 역(服)을 한 마을에 부담시키고 여덟 마을은 면제해주니,[45] 난잡한 탈이 생겼다. 동민들[烟戶]의 역(役)을 관청[官]에 바치고 백성[民: 洞民]을 편안하게 하는 것은 옛날에도 쉽지 않은 공(功)이였다. 공(功)이 있으면 반드시 기록해야 한다. 안택규(安宅奎)와 김석빈(金碩彬)은 자신의 공으로 삼지 않고 상례(常例)로 돌렸으나 동(洞: 구

---

43 여지(輿誌): 『여지도서(輿地圖書)』와 『관동지(關東誌)』등등의 지리지(地理誌)를 가리키는 용어다.

44 옛날에 ~ 한다: 『여지도서』「강원도 평해군」(1759) 고적 '월송정 동쪽 편 모래 언덕의 조산[月松亭東邊沙岸造山]'에 관련 내용이 보인다.

45 한 마을에 ~ 면제해주니: 수토에 들어가는 비용을 구산동 한 마을에만 부담시키고 주변의 여덟 마을은 면제해주었다는 것인 듯함.

산동)의 노소(老少)가 일제히 "불가하다. 공(功)이 있는데 기록하지 않으면 공(功)이 없는 것과 같다. 어찌 현판에 새겨 후세로 하여금 권면하고 칭송하게 하지 않겠느냐"고 하며, 나에게 공(功)의 만분지일(萬分之一)이라도 기록해 주기를 청하였다. 글재주가 졸렬하다고 사양하지 못한 것은 이웃에 살면서 우물을 함께 사용하기 때문이다. 그만둘 수 없어 내 졸렬함을 잊고 대략을 기록하여 그 일을 오래도록 전하고자 한다.

무자년(戊子, 1888, 고종 25) 4월 상완(上浣: 上旬, 1~10일)에 산인(散人) 이서구(李瑞球)가 짓다.

증경존위 안의관·김유삼·김종윤·박치검·안택규공사(公私)의 잡역을 면제해 준다.·김석빈, 증경동장 이득사·박용택·한시백·김성운·안도상·이천택, 시임존위 안택규, 동장 안도상, 유사 김처욱, 도장무 김효득·김해손, 관동장 김업중, 이정 김수업, 감고 이창복.

(3) 해제

이 「구산동사기」현판(사진 6·그림 5)은 제목을 먼저 적은 후 앞부분에는 기문과 시기 및 찬자를, 뒷부분에는 참여자 명단을 기록하였는데 처음에는 1단으로 기록하다가 뒤쪽에서 상·하 2단으로 기록하였다. 내용은 그동안 어려울 때 평해군수가 도움을 주었고, 또 울릉도 수토 시 구산동이 부역을 담당하였는데, 이때 고을의 안택규와 김석빈의 공을 칭송한 것이다. 글은 이서구가 적었다. 시기는 '著雍困敦維夏上浣'으로 저옹(著雍) = 戊, 곤돈(困敦) =子, 유하(維夏) = 四月, 상완(上浣) =上旬이므로 '무자년 4월 상순(1~10일)'이 된다. 무자년은 1828년(순조 28), 1888년(고종 25), 1948년 중 하나로 추정된다. 대풍헌에 게판된 모든 현판은 1851년 중수 이후의 것들이므로 이 현판도 1851년 이후의 것일 가능성이 높다. 그러므로 무자년은 1888년으로 추정된다.

3) 동계완문

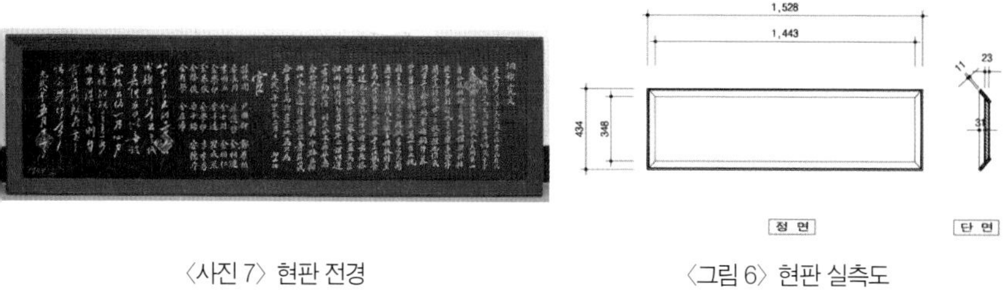

〈사진 7〉 현판 전경 〈그림 6〉 현판 실측도

(1) 원문

洞稧完文

右文爲成給事. 夫有洞然後有民, 有民然後有洞. 然而矣洞僻在海隅, 荒年累度, 殘氓難産, 末由流離. 故今夫洞員, 一齊公議, 相論并肩之情誼, 與謨相救之事勢, 創設桃李之樂事, 修序蘭亭之好會, 世世不諼之誼也. 惟我洞員二十餘名, 鳩聚楡銅, 仰慕四十賢之蘭觴, 咸集萬一員之桃園, 豈不美哉, 亦不韙歟. 易之臭蘭, 通心於同, 詩之伐木, 歌於相救, 則豈不爲人間盛事之修稧乎. 上以誠養生送死之道施也, 下以悌垂後裕前之敎謨猷. 暨自聚後, 益篤舊誼, 漸滋用利, 勿負百年之誼, 以遵一畫之約. 伏惟明主公決無私, 惠念修禊之樂事, 特垂印跡之顧助. 以永久遵行無弊之意, 玆以成給事, 千萬祈懇之地爲只爲.

光武八年甲辰二月日, 邱山洞.

官

孫快潤·安長用·李順五·金學伊·金基俊·金啓俊·金有學 [상단]·尹國仲·孫億哲·金士用·安斗遠·金學伊·安千錫·金在希 [중단]·鄭厚根·金相連·金相仁·崔成辰·李季秀·安德守 [하단]【앞부분】〈진정문〉

八十戶之大洞, 二十人之成稧, 出於奉公, 其誠可嘉. 從前以往, 無論某種公納, 一乃心力, 萬保洞規是矣, 若有不遵之民, 則自官庭別般嚴處矣. 惕念擧行事.

光武八年五月十三日【뒷부분】〈데김문〉

(2) 번역문

「동계완문」

이 글[文]은 동계(洞契)를 위해 작성하여 주는 것이다. 대저 동(洞)이 있은 후에 동민[民][46]이 있고, 동민[民][47]이 있은 후에 동(洞)이 있다. 그러나 우리 동(洞: 邱山洞)은 후미진 바다 귀퉁이에 있으면서 흉년을 여러 차례 겪게 되자 쇠잔한 백성들이 생업을 유지하기 어렵고 살아갈 방도가 없어 흩어지게 되었다. 그래서 이제 동원(洞員)들이 일제히 공의(公議)하여 함께 살아갈 정의(情誼)를 의논하고 서로 구제하는 일을 더불어 도모하여 도리원(桃李園)의 즐거운 일[48]을 시작하고 난정(蘭亭)의 좋은 모임[49]을 만들었으니 대대로 잊지 말자는 정의(情誼)이다.

우리 동원(洞員) 20여 명이 유동(鍮銅)[50]을 모아 40현자[四十賢][51]가 벌인 난정(蘭亭)의 술자리를 우러러 그리워하고 뜻밖의 사람이 모였던 도원

---

46 이원택·정명수(「울진 대풍헌 현판 기문류 자료의 해제 및 번역」, 『영토해양연구』17, 동북아역사재단 독도연구소, 2019, 188쪽)는 '백성'으로 번역하였으나, 필자가 수정하였다.

47 이원택·정명수(「울진 대풍헌 현판 기문류 자료의 해제 및 번역」, 『영토해양연구』17, 동북아역사재단 독도연구소, 2019, 188쪽)는 '백성'으로 번역하였으나, 필자가 수정하였다.

48 도리원(桃李園)의 즐거운 일: 이백(李白)의 「춘야연도리원서(春夜宴桃李園序)」에서 "복숭아꽃 자두꽃 핀 아름다운 정원에 모여, 천륜의 즐거운 일을 펼친다.[會桃李之芳園, 序天倫之樂事]"고 하였다. 여기서는 동민들이 형제처럼 즐겁게 모여 노는 일을 가리킨다.

49 난정(蘭亭)의 좋은 모임: 왕희지(王羲之)의 「난정집서(蘭亭集序)」에서 서술된 일이다. 왕희지를 비롯한 41명의 명사(名士)들이 353년 3월 3일 회계(會稽)의 난정(蘭亭)에 모여 계(禊)제사를 지낸 후 유상곡수(流觴曲水) 놀이를 하고 시문을 읊으며 즐긴 일을 가리킨다.

50 유동(鍮銅): 원문에는 '楡銅'으로 되어 있는데 '鍮銅'의 잘못으로 보인다. 유동(鍮銅)은 '아연을 섞은 놋쇠'로 고급 유기(鍮器)그릇의 재료로 쓰인다.

51 난정에서 계연(禊宴)에 모인 사람은 41명이므로 40명이 아니라 41명이라 해야 옳다.

(桃園)에 모두 모인다면 어찌 아름답지 않겠으며, 또한 좋지 않겠는가! 『주역(周易)』의 난초 향기처럼[52] 같음[同]에 마음이 통하고, 『시경(詩經)』「벌목(伐木)」의 노래[53]처럼 서로 구원한다면, 어찌 인간세상의 성대한 일인 계(: 契)를 행하는 것[54]이 아니겠는가. 위로는 산자를 봉양하고 죽은자를 장사지내는 도리를 성(誠)으로써 시행하고, 아래로는 후생(後生)들에게 드리워준 여유로운 전인(前人)들의 가르침을 공경[悌]으로써 도모한다. 모임을 가진 이후로는 옛 정의(情誼)를 더욱 돈독하게 하고 이로움을 점점 키우면서, 평생 정의(情誼)를 저버리지 말고 한 획의 규약도 준수하라. 삼가 생각하니 현명한 임금께서 공평하게 결정하고 사사로움이 없어 은혜로이 계(禊: 契)를 행하는[55] 즐거운 일을 생각하시고 돌보아 주고자 하는 인적(印跡)을 특별히 내리셨다. 이에 영원히 준행(遵行)하고 폐단이 없도록 하라는 뜻으로 완문을

52 『주역(周易)』의 난초 향기처럼: 『주역(周易)』「계사상(繫辭上)」에 "두 사람이 마음을 함께하면 그 날카로움은 쇠를 자르고, 마음을 함께한 말은 그 향기가 난초 같다.[二人同心 , 其利斷金, 同心之言 , 其臭如蘭]"고 하였다.

53 『시경(詩經)』'벌목(伐木)'의 노래: 『시경(詩經)』「소아(小雅)」'벌목(伐木)'에 "나무 베는 소리 쩡쩡 울리는데 새들은 빽빽 울면서, 깊은 골짜기에서 날아와 큰 나무로 날아가네. 빽빽 우는 것은 자기 벗을 찾는 소리지. 새들을 봐다 벗을 찾는 소리 내거늘, 하물며 사람이 친구를 찾지 않겠는가? 삼가 벗과 잘 어울리면 언제나 화평하게 되리라.[伐木丁丁, 鳥鳴嚶嚶. 出自幽谷, 遷于喬木. 嚶其鳴矣, 求其友聲. 相彼鳥矣, 猶求友聲. 矧伊人矣, 不求友生. 神之聽之, 終和且平]"고 하였다.

54 이원택·정명수(「울진 대풍헌 현판 기문류 자료의 해제 및 번역」, 『영토해양연구』17, 동북아역사재단 독도연구소, 2019, 189쪽)는 '修稧'를 '계(稧)제사를 수행하는 것'으로 번역하였다. 계제사[稧·禊]는 3월 삼짇날 액운을 떨어버리기 위하여 흐르는 물가에 가서 몸을 깨끗이 씻고 신에게 빌어 재앙을 없애고 복을 구하는 제사(행사)를 말한다. 그러나 이 현판의 내용을 읽어보면, 상호 부조나 친목을 도모하기 위하여 만드는 민간 협동 조직체인 '契'를 말하며, 이 契는 '稧(禊)'로도 혼용하여 사용하기 때문에 필자가 수정하였다.

55 이원택·정명수(「울진 대풍헌 현판 기문류 자료의 해제 및 번역」, 『영토해양연구』17, 동북아역사재단 독도연구소, 2019, 189쪽)는 '修禊'를 '계(禊)제사를 수행하는'으로 번역하였으나, 필자가 수정하였다.

작성하여 주는 것이니 모쪼록 정성을 다하도록 하라.

광무(光武) 8년(1904) 갑진(甲辰)년 2월 일에 구산동(邱山洞)에서.

관(官) 【수결(手決) 서명】

손쾌윤·안장용·이순오·김학이·김기준·김계준·김유학·윤국중·손억철·김사용·안두원·김학이·안천석·김재희·정후근·김상련·김상인·최성진·이계수·안덕수. 〈진정문〉

80호(戶)의 큰 마을[大洞]에 20인이 계(稧: 契)를 만든 것이 나라를 위하는 마음에서 비롯되었으니 그 성의가 가상하다. 앞으로 어떤 종류의 공납(公納)인지 막론하고 너희들의 마음과 힘을 하나로 모아 동의 규약[洞規]을 잘 지키라. 만약 준수하지 않는 동민[民]이 있으면 관청[官庭]에서 별도로 엄하게 처리할 것이다. 두려운 마음으로 일을 거행하라.

광무(光武) 8년(1904) 5월 13일. 〈데김문〉

(3) 해제

이 「동계완문」현판(사진 7·그림 6)은 제목을 먼저 적은 후 앞부분에는 동원 20명이 발의하여 평해군에 제출한 진정문을, 뒷부분에는 평해군에서 발급한 데김문을 기록하였으며 인장도 3개 찍혀 있다. 특히 앞부분에서 뒤쪽 명단은 상·중·하 3단으로 기록하였다. 내용은 구산동원 20명이 학당을 짓고 사회에 공헌하고자 규약을 만들었다는 것이다. 완문이란 조선시대 관부에서 향교, 서원, 결사, 촌, 개인 등에 발급한 문서를 말하는데, 이 규약을 지키고자 마을주민 20명의 명단이 적힌 문서(완문)를 다시 현판으로 제작하여 구산동사에 게판한 것이다. 그 시기는, 진정문은 '光武八年甲辰二月日'인데 '광무(光武)'는 대한제국 고종의 연호(1897~1906)이고 8년 갑진(甲辰)년은 1904년에 해당되어 1904년(대한제국 고종 광무 8) 2월이 되며, 데김문은

'光武八年五月十三日'이므로 1904년 5월 13일이다.

그런데 동계원 20명의 명단이 2년 후의 「중수기」현판(1906.5.)에도 나오는데 일부 일치하지 않는 이름이 있다. 이에 대해 이원택과 정명수[56]는 20명 중 2명은 전혀 다른 사람으로 보이고, 18명은 동일인으로 보이지만 한자가 다른 경우가 많다면서 이유는 알 수 없으나 문서로서의 신뢰성을 떨어뜨리는 사례라고 하였다.

〈사진 8-1〉 동계완문과 계안

〈사진 8-2〉 동계완문(일부)

〈사진 8〉 동계완문과 계안

필자가 2013년 5월 28일(화) 구산동에서 「동계완문」현판의 원본인 「동계완문」문서와 이들 동계원 20명이 계모임을 하면서 남긴 두루마리 문서인 「계안」을 후손에게서 찾아내었다.(〈사진 8〉) 이들의 명단을 비교해 보면 〈표 1〉과 같다.

---

56 이원택·정명수, 「울진 대풍헌 현판 기문류 자료의 해제 및 번역」, 『영토해양연구』17, 동북아역사재단 독도연구소, 2019, 179쪽.

〈표 1〉동계원 20명 명단 현황

번호	「동계완문」문서 (1904.2./ 1904.5.13.)	「동계완문」현판 (1904.2./ 1904.5.13.)	「계안」문서 (1905.12.2.)	「중수기」현판 (1906.5.)	비고
1	孫快潤	문서와 동일	孫快潤	孫快潤	
2	安長用	//	安長用	安章用	
3	李順五	//	李順五	李順元	이름이 다름
4	金學伊	//	金學伊	金學只	이름이 다름
5	金基俊	//	金基俊	金基俊	
6	金啓俊	//	金啓俊	金啓仲	이름이 다름
7	金有學	//	金有學	金有學	
8	尹國仲	//	尹國仲	尹國仲	
9	孫億哲	//	孫億哲	孫世潤	이름이 다름
10	金士用	//	金士用	金士用	
11	安斗遠	//	安斗遠	安斗遠	
12	金學伊	//	金學伊	金學伊	
13	安千錫	//	安千錫	安千石	이름이 다름
14	金在希	//		金夫哲	이름이 다름
15	鄭厚根	//	鄭厚根	鄭後根	이름이 다름
16	金相連	//	金相連	金相連	
17	金相仁	//	金相仁	金相仁	
18	崔成辰	//	崔成桭	崔成振	이름이 다름
19	李季秀	//	李季守	李錫宗	이름이 다름
20	安德守	//	安德淳	安德淳	이름이 다름

위 〈표 1〉을 살펴보면, 「동계완문」(1904.2./ 1904.5.13.)의 원본 문서와 현판의 계원 20명 이름은 동일하다. 그러나 「계안」(1905.12.2.)[57]에는 20명이라고 하면서도 '김재희'를 빠뜨렸으며, 이중 3명의 이름은 한자가 일부 바뀌어 있다. 그리고 「중수기」현판(1906.5.)에서도 10명의 이름에 한자가 일부 바뀌

57 「契案」(1905~2013 현재) 乙巳十二月二日二十契員收錢記(1905.12.2.).

었거나 전혀 다른 이름으로 되어 있다. 이는 기록하면서 잘못 적었거나 집 또는 마을에서 별도로 부르는 이름을 적었거나 그 후 이름을 변경했을 가능성이 있다. 하지만 「동계완문」의 원본 문서에서 이름 위에 '出'(손쾌윤, 손억철) 또는 '脫退(退契)'(이순오, 김상인) 또는 '移出'(김유학, 김사용, 김학이, 김재희)이라고 추기되어 있다. 이로 보아 계에서 탈퇴하는 사람이 생기면 새로운 사람을 가입시켰을 가능성도 배제할 수 없다. 그러므로 문서로서의 신뢰성은 충분하다.

4) 중수기

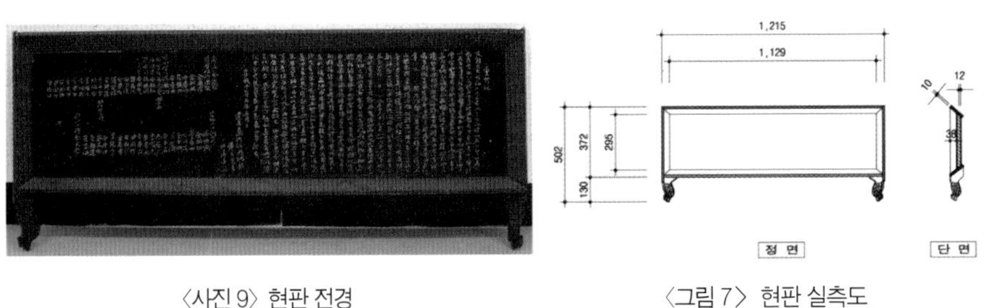

〈사진 9〉 현판 전경

〈그림 7〉 현판 실측도

(1) 원문

重修記

夫郡之東有海, 海之北有洞, 洞是海津而名曰邱山者, 何也. 在昔丘公之所占處而然也. 郡有政堂, 洞有舍宇, 故以五百年來設邑, 惟數十戶與爲洞, 是其洞舍者亦云舍宇也. 粤自辛卯之水敗, 況又癸卯之年凶, 前古大無, 而公納也, 海稅也, 各樣應役, 比前倍蓰, 洞樣也, 民情也, 其所稠殘, 漸波[58]艱難. 上下振掖, 東西貸本, 迫頭有事, 開眼無膽, 生活莫知頭緒, 離散竟至末由矣.

58 波: 波자인지 불명확함.

何幸孫公商燮[59], 顧其洞勢, 念其民窮, 任其尊位之名, 而特爲捐金, 擔債而報私, 聽弊而補公, 多至幾許兩金. 無還之無頭[60]彌縫, 洞將有成樣, 民可有支保, 懿歟韙哉. 是誰之力. 德如河海, 頌載洞天, 豈忘永世乎. 且前尊位孫公快潤[61], 以二十八中洞員, 一心同力, 隨事極勤, 與他有異, 亦豈非欽歎哉. 惟此兩公之德惠誠力, 不無褒功之道也.

見今舍宇, 年久而風雨滲漏, 上砌之楝樑朽傷, 歲深而霜雪灑茨[62], 下舍之榜椽頹圮. 則南北通衢, 逆旅之頻仍, 前後處事, 公需之多煩, 則其在洞樣接待之方, 有所難便, 故致論齊發, 修葺之意如一, 鳩聚隨力, 重建之資充數, 則豈不美哉. 是故經之營之, 不日有成, 工也匠也, 無事告訖.

時過端陽, 序屬仲夏, 飛甍復新, 高欄益舊. 枕白巖於西南, 先生之祭坍, 四面江山, 萬古一屛, 臨碧海於東北, 將軍之舊墟, 千秋日月, 九天雙鏡. 漁歌晩浦, 沙鷗秩集, 牧笛斜陽, 霞鶩齊飛. 蹈東仲連之忠節, 扶桑早紅, 擬古學士之遺跡, 越松長青, 到此一洞, 添彼十分. 噫, 後之登斯者, 觀感而興起哉.

光武十年丙午五月日, 達孝五衛將孫周炯撰, 黃京運書, 尹永善刻.【앞부분】

座上 金道仁

前尊位 金國範·金基漢·金相振·朴學珍·崔錫九·安章用

成功尊位 孫快潤

時尊位 孫商燮, 錢十兩

時洞首 金相仁

時有司 孫世潤

---

59 孫公商燮: 이중 孫商燮은 붉은색으로 칠해져 있다.

60 頭: 頭자로 되어 있으나 문리가 통하지 않아 잘못 판각되었을 가능성도 있다고 생각됨.

61 孫公快潤: 이중 孫快潤은 붉은색으로 칠해져 있다.

62 茨: 茨자인지 불명확함.

前洞首 安國賢·韓致洪·安斗遠·金基俊·韓定鎬·安德淳·李千守·韓聖周·朴福哲·李順元·崔明基·金學伊·金先伊·黃學伊·尹國仲·金俊伊 [상단]

成功二十洞員 孫快潤·金相仁·金啓仲·安斗遠·金士用·孫世潤·安千石·金學只·李順元·安章用·金基俊·尹國仲·安德淳·金有學·李錫宗·金學伊·鄭後根·金相連·崔成振

別掌務 金夫哲

原 [하단] 【뒷부분】

(2) 번역문

「중수기」

군(郡: 平海郡)의 동쪽에 바다가 있고, 바다의 북쪽에 동(洞: 邱山洞)이 있으니, 동(洞)은 바닷가에 있는 포구이건만 이름을 구산(邱山)이라 함은 어째서인가? 옛적에 구공(丘公: 丘大林 將軍)이 머문 곳이기에 그러하다. 군(郡)에는 수령이 정무를 보는 관아가 있고, 동(洞)에는 사우(舍宇)가 있다. 그래서 오백년 이래로 고을을 설치함에 수십 호(戶)가 더불어 동(洞)이 되니, 그 동사(洞舍)라는 것은 또한 사우(舍宇)라고도 한다.

아, 신묘년(1891, 고종 28)의 수해(水害)로 시작해서 게다가 또 계묘년(1903, 대한제국 광무 7)의 흉년은 예전에 일어나지 않았던 변고다. 그러나 공납(公納)과 해세(海稅)[63] 등 각종 응해야 하는 부역이 전에 비하여 두 배 다섯 배로 늘어나니, 동(洞: 구산동)의 형편과 동민들[民][64]의 실정은 그 쇠잔한 정도가 점점 어려운 상황에 이르렀다. 위아래에서 도와주고 여기저기

63 해세(海稅): 바다에서 생산되는 물품들에 매기는 세금.

64 이원택·정명수(「울진 대풍헌 현판 기문류 자료의 해제 및 번역」, 『영토해양연구』17, 동북아역사재단 독도연구소, 2019, 192쪽)는 '백성들'로 번역하였으나, 필자가 수정하였다.

서 돈을 빌리더라도 눈앞에 일이 닥쳐 눈을 뜨고 있어도 보이는 게 없는 실정이라 살아갈 단서를 찾지 못해 뿔뿔이 흩어져도 끝내 대책이 없게 되었다.

다행히 손상섭(孫商燮) 공(公)이 동(洞: 구산동)의 형세를 돌아보고 동민들[民]의 궁핍함을 염려하여, 존위(尊位)의 소임을 떠맡고 특별히 금(金)을 출연하여 부채를 담당하고 사적으로 갚아주었으며 폐단을 듣고서 공적으로 보완했는데 많게는 몇 냥의 금(金)에 이르렀다. 갚을 수 없고 두서없는 미봉책이지만 동(洞: 구산동)은 장차 제 모양을 이루게 되고, 동민들[民]은 삶을 지탱해 나갈 수 있게 되었으니 아름답고도 훌륭하도다! 이는 누구의 힘이던가! 덕은 바다처럼 넓고 칭송은 널리 퍼져 있으니 어찌 영원히 잊을 수 있겠는가. 또한 전(前) 존위 손쾌윤(孫快潤) 공(公)은 20인의 동원(洞員) 중 한 분인데, 한 마음으로 힘을 합치고 일마다 적극 애를 써서 다른 사람과는 다름이 있었으니 또한 어찌 흠모하고 찬탄하지 않을 수 있겠는가. 이 두 분(손상섭과 손쾌윤)의 후덕한 은혜와 정성스러운 조력은 공(功)을 기리는 방도가 없어서는 안 될 것이다.

지금의 사우(舍宇)는 세월이 오래되어 비바람이 새고 섬돌 위의 기둥이 썩어 상했으며, 세월이 오래되어 서리와 눈을 맞아 하사(下舍)의 서까래가 무너졌다. 남북으로 통하는 큰 길에 여행객이 빈번이 이어지며, 앞뒤로 처리하는 일에 공적인 비용이 많고 번잡하니, 동(洞: 구산동)의 형편상 손님을 접대하는 방도에 어려운 점이 있었다. 그래서 의론이 일제히 일어나 수리해야 한다는 마음이 한결같았기에 힘이 닿는 만큼 재물을 모아 중건할 재화가 수효를 채우게 되었으니 어찌 아름답지 않겠는가! 이런 까닭으로 건물을 수리하는 일이 며칠 지나지 않아 이루어져 목공과 장인이 별 탈 없이 일이 끝났음을 고하였다.

계절[時序]은 단오(端午)를 지나 5월 한여름, 나는 듯한 용마루가 다시 새로워졌고 높은 난간은 이전보다 더욱 웅장하였다. 서남쪽으로는 백암산

(白巖山)을 베고 있어 선생(先生: 金濟)[65]의 제단은 사면(四面)의 강과 산이 만고에 하나의 병풍처럼 두르고 있고, 동북쪽으로는 푸른 바다를 임하고 있어 장군(將軍: 丘大林 장군)의 옛 터에는 천년 동안 해와 달이 높은 하늘에 두 개의 거울처럼 달렸다. 뱃노래 울려 퍼지는 저녁 무렵 포구에는 갈매기가 가지런히 날아들고, 목동의 피리소리 들리는 석양 빛 아래에서는 노을 속 따오기가 나란히 날고 있다. 동해 바다에 뛰어들려 했던 노중련(魯仲連)의 충절(忠節)로 동해 바다는 일찌감치 붉게 물들고, 옛일을 본받으려는 학사(學士)[66]의 유적으로 월송(越松)은 늘 푸르니, 이 동(洞: 구산동)에 이르면 그러한 정취를 십분 더하리라. 아, 뒷날 이곳에 오르는 자들도 이를 보고 느껴 흥취가 일어나리라.

광무(光武) 10년(1906) 병오(丙午)년 5월 일에

달효(達孝)의 오위장(五衛將) 손주형(孫周炯)이 찬하고, 황경운(黃京運)이 쓰고, 윤영선(尹永善)이 새겼다.

좌상 김도인, 전존위 김국범·김기한·김상진·박학진·최석구·안장용, 성공존위 손쾌윤, 시존위 손상섭 돈 10냥, 시동수 김상인, 시유사 손세윤, 전동수 안국현·한치홍·안두원·김기준·한정호·안덕순·이천수·한성주·박복철·이순원·최명기·김학이·김선이·황학이·윤국중·김준이.

성공 20동원 손쾌윤·김상인·김계중·안두원·김사용·손세윤·안천석·김학지·이순원·안장용·김기준·윤국중·안덕순·김유학·이석종·김학이·정후근·김상련·최성진, 별장무 김부철. 끝[原].

---

65 김제(金濟): 김제는 고려 말 충신으로 평해군수를 지냈는데, 고려가 망하자 신하는 두 임금을 섬기지 않는다면서 지금의 울진군 기성면 구산리 바닷가에서 배를 타고 동해 바다로 나가 돌아오지 않았다고 한다.

66 옛일을 본받으려는 학사(學士): 고려 말 평해군수 백암(白巖) 김제(金濟)를 가리킨다.

(3) 해제

이 「중수기」현판(사진 9·그림 7)은 먼저 제목을 적은 후 앞부분에는 기문과 시기 및 찬·서·각자를, 뒷부분에는 참여자 명단을 상·하 2단으로 기록하였다. 내용은 손상섭과 손쾌윤이 동민들의 궁핍함을 알고 사비로 채무를 감당하였으며, 이 두 사람의 도움으로 대풍헌을 중수할 수 있었다는 것이다. 글은 손주형이 찬하고 황경운이 쓰고 윤영성이 새겼다. 시기는 '光武十年丙午五月日'로 '광무(光武)'는 대한제국 고종의 연호(1897~1906)이고 10년 병오(丙午)년은 1906년에 해당되어 1906년(대한제국 고종 광무 10년) 5월이 된다. 그리고 내용에서 '신묘년'의 수재와 '계묘년'의 흉년은 현판 제작 시기보다 앞서므로 신묘년은 '1891년(고종 28)', 계묘년은 '1903년(대한제국 고종 광무 7)'으로 추정된다.

5) 동사중수기

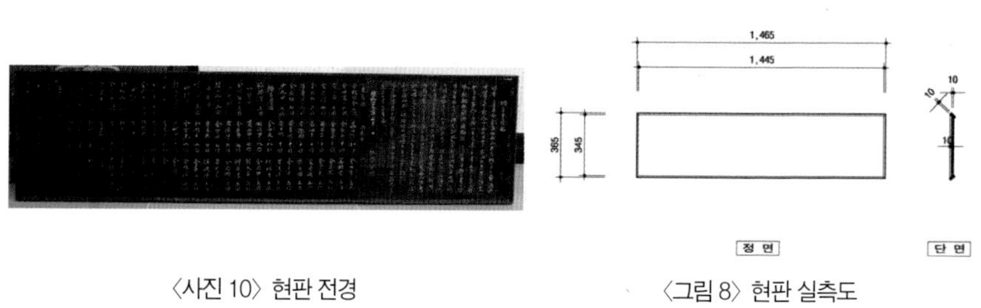

〈사진 10〉 현판 전경

〈그림 8〉 현판 실측도

(1) 원문

洞舍重修記

洞舍之建, 未知創在何代, 而始爲洞事之會議, 兼備鬱島之待風. 以之而民出其力, 官助其費, 累廢累興多見, 前人之至悃亦多, 歷史之可考矣. 世之雲變, 待風之軒, 飜作築港之所, 徵求之瘼, 化爲振興之策. 可謂百度告新, 而但恨洞舍頹圮, 朝夕難保, 洞務無妥協之地, 前蹟無繼述之人. 洞中諸位還爲之懼, 齊聲合議, 隨力出資, 不匝月而舍役訖. 居然棟宇就完, 雲物改觀, 洞之人落其成而賀之. 余誘[67]于衆曰, "諸位之追先者而保舊跡, 可謂勤且美矣. 嗣後之來是舍者, 果能先公而後私, 每誦雨我之詩, 救難而規過, 不失藍田之約. 則舍之屹于海澨者, 不但濟事之有助, 亦可小補於敦風之道"云耳. 是爲記.

檀紀四二七二年, 六月日. 孫啓守撰.【앞부분】

老尊位 安致順 金五圓·金相連 金六圓·安千石 金五圓·安德淳 金七圓·金相根 金五圓·崔貴宗 金六圓·全在福 金七圓·尹元甲 金五圓.

幹事尊位 孫啓守 金五圓.

一區長 金明俊 金五圓.

二區長 韓大淑 金五圓.

時尊位 權凡伊 金五圓.

時洞首 韓大應 金五圓.

時有司 金相文 金五圓·金成五 金五圓.

發記人 金相國 金二十二圓·金德文 金二十一圓·安萬守 金二十圓·林劍同 二十圓.

財務員 安光用 二十圓, 箕城釀造會社支店代 安世源 十五圓·金千慮 金五圓·李順汝 金五圓. [상단]

同意員 鳴石淵 金十二圓·金宗石 金十圓·金德基 金十圓·安厚奉 金十圓·安海東 金十圓·安德周 金十圓·黃奉述 金十圓·安日周 金十圓·金士文 金八圓·朴碩伊 金八圓·黃云伊 金七圓·金在守 金七圓·安景守 金七圓·金方佑 金七圓·安景周 金七圓·金同吉 金六圓·金實光 金六圓·尹相甲 金六圓·崔光伊 金六圓·黃奉彦 金六圓·權銀宗 金六圓·崔凡用 金六圓·林允八 金六圓·李京玉 金五圓·崔萬基 金五圓·金明現 金五圓·安景順 金五圓·金辰伊 金五圓·金

67 誘: 誘자인지 불명확함.

德根 金五圓·安永祚 金五圓·表山 權相述 金五圓·林達英 金五圓 [중단]· 金七星 金五圓·姜邦奎 金五圓·金有東 金五圓·金富貴 金五圓·宋學述 金五圓·方在國 金五圓·金千守 金五圓·崔道治 金五圓·孫邦守 金五圓·全用伊 金五圓·韓大奉 金五圓·河黃道 金五圓·金用國 金五圓·安聖辰 金五圓·孫錫守 金五圓·金益賢 金五圓·金啓潤 金五圓·金乭守 金五圓·金江山 金五圓·金仁得 金五圓·安德辰 金五圓·月松 金海石 金五圓·金聖泰 金五圓·李德周 金五圓.

總代 林章守. [하단]【뒷부분】

⑵ 번역문

「동사중수기」

동사(洞舍)의 건립이 어느 시대에 창건되었는지 모르겠으나 처음에는 동(洞: 구산동)의 일을 모여서 논의하기 위함이었고 울도(鬱島: 鬱陵島) 수토(搜討)를 위해 바람을 기다리는 일도 아울러 대비하였다. 이에 동민들[民]은 부역을 하고 관(官)에서는 그 비용을 보조하였는데, 누차 허물어지고 누차 다시 세워지는 것이 많았음을 알 수 있고, 선인들[前人]이 기울인 지극한 노고도 또한 많았음을 역사(歷史)에서 상고할 수 있다.

세상은 끊임없이 변해서 대풍헌(待風軒)은 항구를 건설하는 장소로 변하고, 부세를 강요하던 폐단은 진흥(振興)을 꾀하는 계책으로 바뀌었다. 온갖 법도[百度]가 새로워졌다고 할 수 있지만, 한탄스러운 것은 동사(洞舍)가 무너져 아침저녁을 보장하기 어렵고 동(洞: 구산동)은 협의해 볼 처지가 되지 못하여 전인들[前人]의 업적을 이어받을 사람이 없다는 점이었다.

동(洞: 구산동)의 제위(諸位)가 다시 이를 걱정하여 한 목소리로 합의하고 힘닿는 대로 재물을 내니, 한 달도 되지 않아 동사(洞舍)를 중수하는 일이 끝났다. 어느새 건물이 완공되어 동사(洞舍)의 경관이 새로워지니 동민들[洞人]이 낙성식(落成式)을 하며 축하하였다. 내가 여러 사람에게 말하기를,

"여러분이 선조를 추모하여 옛 유적을 보전하였으니 가히 근면하고 아름답다고 할 만합니다. 이후에 이 동사(洞舍)에 오는 자가 공적인 일을 앞세우고 먼저 하고 사사로움을 뒤로 하여 매번 '우리 공전(公田)에 비가 내린다'[68]는 시를 외우고, 어려움을 구제하고 과실을 규찰하여 남전향약(藍田鄕約)[69]의 제도를 잃지 않는다면 바닷가에 우뚝 솟은 동사(洞舍)는 세상일을 구제하는 데 도움이 될 뿐만 아니라 풍속을 돈후(敦厚)[70]케 하는 도(道)에도 작은 보탬이 될 수 있을 것이다."하였다. 이에 기문을 짓는다.

단기(檀紀) 4272년(1939) 6월 일에 손계수가 짓다.

노존위 안치순 금5원·김상련 금6원·안천석 금5원·안덕순 금7원·김상근 금5원·최귀종 금6원·전재복 금7원·윤원갑 금5원.

간사존위 손계수 금5원.

일구장 김명준 금5원.

이구장 한대숙 금5원.

시존위 권범이 금5원.

시동수 한대응 금5원.

시유사 김상문 금5원·김성오 금5원.

발기인 김상국 금22원·김덕문 금21원·안만수 금20원·임검동 20원.

---

68 우리 공전(公田)에 비가 내린다: 『시경(詩經)』「소아(小雅)」'대전(大田)'에 "우리 공전(公田)에 비가 내리고, 마침내 내 사전(私田)에 미친다.[雨我公田, 遂及我私]"라는 구절이 있다.

69 남전향약(藍田鄕約): 중국 송(宋)나라 때 남전(藍田)에 살던 여대림(呂大臨) 형제가 만들어 고을 사람들과 서로 지키기로 약속한 자치 규범이다. "덕업을 서로 권하고, 허물이 있으면 서로 타이르며, 예속으로 서로 사귀고, 어려울 때 서로 돕는다.[德業相勸, 過失相規, 禮俗相交, 患難相恤]"라는 네 조항으로 되어 있다.

70 돈후(敦厚): 인정이 매우 두터움.

재무원 안광용 20원, 기성양조회사지점대 안세원 15원·김천려 금5원·이순여 금5원.

동의원 오석연 금12원·김종석 금10원·김덕기 금10원·안후봉 금10원·안해동 금10원·안덕주 금10원·황봉술 금10원·안일주 금10원·김사문 금8원·박석이 금8원·황운이 금7원·김재수 금7원·안경수 금7원·김방우 금7원·안경주 금7원·김동길 금6원·김실광 금6원·윤상갑 금6원·최광이 금6원·황봉언 금6원·권은종 금6원·최범용 금6원·임윤팔 금6원·이경옥 금5원·최만기 금5원·김명현 금5원·안경순 금5원·김진이 금5원·김덕근 금5원·안영조 금5원·표산 권상술 금5원·임달영 금5원·김칠성 금5원·강방규 금5원·김유동 금5원·김부귀 금5원·송학술 금5원·방재국 금5원·김천수 금5원·최도치 금5원·손방수 금5원·전용이 금5원·한대봉 금5원·하황도 금5원·김용국 금5원·안성진 금5원·손석수 금5원·김익현 금5원·김계윤 금5원·김돌수 금5원·김강산 금5원·김인득 금5원·안덕진 금5원·월송 김해석 금5원·김성태 금5원·이덕주 금5원.

총대 임장수.

(3) 해제

이 「동사중수기」현판(사진 10·그림 8)은 먼저 제목을 적은 후 앞부분에는 기문과 시기 및 찬자를, 뒷부분에는 참여자 명단을 상·중·하 3단으로 기록하였다. 내용은 구산동사가 울릉도 수토 시 바람을 기다리는 대풍헌이며, 이때 동민들은 부역을 하고 관에서는 비용을 보조하기도 하였는데, 건물이 허물어져 한 달만에 중수하였다는 것이다. 글은 손계수가 찬하였다. 시기는 '檀紀四二七二年六月日'로 단기 4272년은 서기 1939년에 해당되므로 1939년 6월이 된다.

6) 성황당중수기

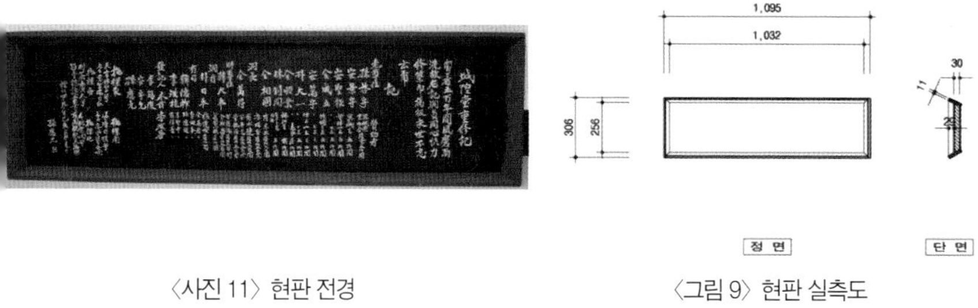

〈사진 11〉 현판 전경

〈그림 9〉 현판 실측도

(1) 원문

城隍堂重修記

粤者五百年間, 風磨雨洗, 故右記洞員, 同心協力, 修築而揭板, 永世不忘云爾.

記【앞부분】

老尊位 孫啓守·安景守·安聖根·金成五·安萬守·朴大一·金順業·林釗同·金相國

洞長 金萬得

時尊位 韓大奉

洞首 朴日奉

有司 韓億祚·李洪植

發記人 木首 李汝善·李錫復·安守允·孫應元 [상단]

贊助者 箕城漁業組合 壹萬五阡圓, 箕城里 五阡圓, 望洋一區 五阡圓, 望洋二區 五阡圓, 沙洞三區 五阡圓, 沙洞二區 三阡圓, 烽山一區 三阡圓, 烽山二區 五阡圓, 烽山老班 壹阡圓, 錦江里 貳阡圓, 峯山三光會社 五阡圓, 崔末出 壹阡五百圓, 康珠峯 壹阡五百圓, 黃水龍 壹阡五百圓, 安守允 壹阡五百圓, 李鎔復 壹阡五百圓, 安昌錫 壹阡五百圓, 金沙谷 壹阡五百圓, 邱山國民校 壹阡圓, 權達順 壹阡圓, 金泰岩 壹阡圓, 李相奉 壹阡圓, 孫應容 壹阡圓, 姜聖中 壹阡圓,

黃得善 壹阡圓 [하단]

拋樑東, 天高地厚兮, 五百萬年瑞日紅.

拋樑西, 村落廣大兮, 冠童摠讀五車書.

拋樑南, 風淸日暖兮, 三月東風鶯子喃.

拋樑北, 千秋萬代兮, 萬國祝賀大韓國.

檀紀四二九二年己亥三月二十九日, 孫應元撰.【뒷부분】

(2) 번역문

「성황당중수기」

아, 지난 500년 동안 비바람에 마모되고 씻기었다. 그래서 다음에 기록한 동원(洞員)들이 합심하여 협력하고 수축(修築)하여 영원토록 잊지 못하는 뜻을 현판에 건다.

기록[記].

노존위 손계수·안경수·안성근·김성오·안만수·박대일·김순업·임교동·김상국, 동장 김만득, 시존위 한대봉, 동수 박일봉, 유사 한억조·이홍식, 발기인 목수 이여선·이석복·안수윤·손응원.

찬조자 기성어업조합 1만5천 원·기성리 5천 원·망양1구 5천 원·망양2구 5천 원·사동3구 5천 원·사동2구 3천 원·봉산1구 3천 원·봉산2구 5천 원·봉산노반 1천 원·금강리 2천 원·봉산삼광회사 5천 원·최말출 1천5백 원·강주봉 1천5백 원·황수용 1천5백 원·안수윤 1천5백 원·이용복 1천5백 원·안창석 1천5백 원·김사곡 1천5백 원·구산국민교 1천 원·권달순 1천 원·김태암 1천 원·이상봉 1천 원·손응용 1천 원·강성중 1천 원·황득선 1천 원.

대들보 동쪽으로 (떡을) 던지니, 하늘은 높고 땅은 두터운데, 오백만년의 상스러운 해가 붉네.

대들보 서쪽으로 던지니, 촌락은 넓고 큰데, 학동들 모두 다 다섯 수레의

책을 읽네.

대들보 남쪽으로 던지니, 바람은 시원하고 햇볕은 따뜻한데, 3월의 동풍(東風)에 꾀꼬리가 지저귀네.

대들보 북쪽으로 던지니, 천추만대(千秋萬代)토록, 만국(萬國)이 대한민국[大韓國]을 축하하리.

단기(檀紀) 4292년(1959) 기해(己亥)년 3월 29일에 손응원(孫應元)이 짓다.

(3) 해제

이 「성황당중수기」현판(사진 11·그림 9)은 제목을 먼저 적은 후 앞부분에는 기문을, 뒷부분에는 참여자 명단, 시기와 찬자를 기록하였는데, 참여자 명단은 상·하 2단으로 적었다. 내용은 구산리 성황당이 훼손되어 여러 동원들이 성금을 내어 중수하였다는 것이다. 글은 손응원이 찬하고 시기는 '檀紀四二九二年己亥三月二十九日'로 1959년(단기 4292년) 3월 29일이다.

이 성황당은 대풍헌에서 남서쪽으로 약 330m 떨어진 기성면 구산리 292-3번지에 수부당과 함께 위치하는데, 제의 시 대풍헌에서 모든 준비를 한다. 성황당 내에는 '南智理大天皇神位'와 '孝舍夫人神位'를 모시고 있다.(사진 12) 그런데 2014년 울진군에서 성황당과 수부당(수구당·사자당)을 철거하고 아쉽게도 성격이 다른 두 건물을 합사하여 성황당만 크게 새로 지었다.

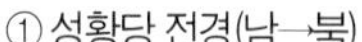

① 성황당 전경(남→북)

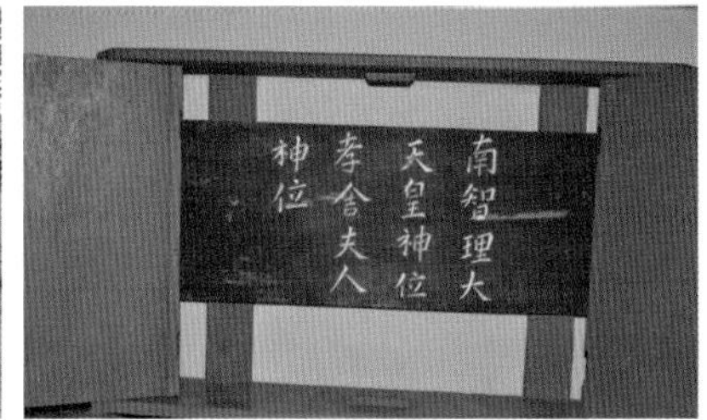

② 성황당 내 위패

〈사진 12〉 구산리 성황당과 위패

7) 사자당중수기

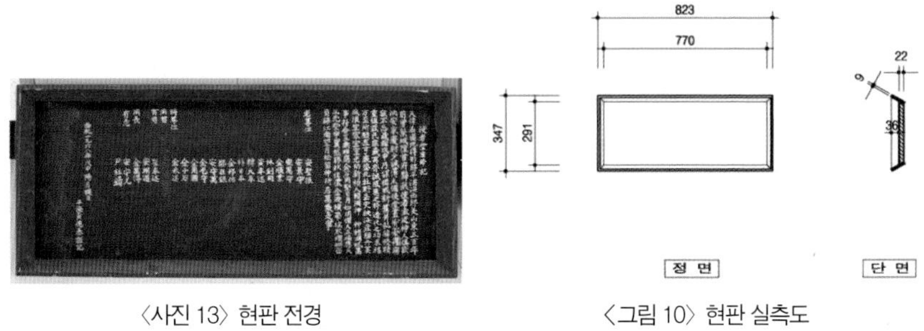

〈사진 13〉 현판 전경　〈그림 10〉 현판 실측도

(1) 원문

使者堂重修記

天作名區, 地得形勝, 平浦海西, 邱美山東. 五百年前, 曾築城隍, 首府巋然, 使者奃從. 神人俱歡, 洞安家慶, 財少誠薄, 未備使堂, 晝宵憂懼, 悟寐不忘.

歲維戊申, 乃謨構成, 新舊幷赫, 禕祲精靈. 惟玆民庶, 歲再齊誠, 感應之修, 造化之功, 求福方至, 所願直亨. 廐盛牝牡, 野去災怏, 海産驅舟, 莫△[71]風浪, 宜家宜室, 老幼新禎.

人賴洞神, 神賴洞氓, 萬事符合, 豈無相應. 金石同堅, 日月如明, 備人五福, 應天三光. 堂宇翼然, 勝狀佳濃, 金波橫帶, 瑶岑環拱. 西負錦江, 南望月松, 留神所居, 萬歲是寧.【앞부분】

老尊位 安聖根·安景守·安萬守·金順業·林釗同·黃奉逑·韓大奉·朴日本·金邦佑·鄭在銀·安守萬·金乭守·全用國·金千石

時尊位 金永逑

洞首 △△△[72]

---

71 △: 여기에 한 자가 누락된 듯함.

72 △△△: 현판에서 이름이 도삭(刀削)되었다.

有司 崔奉述·安翊道

洞長 金萬得

有志 安守允·尹柱錫

西紀一九六八年戊申陽月晦日, 平海黃德基謹記.【뒷부분】

⑵ 번역문

「사자당중수기」

하늘이 빼어난 구역[名區]을 만들고 땅이 명승지(名勝地)를 갖추니, 평해(平海) 포구[平浦]는 바다 서쪽에 있고 구미(邱美)[73]는 산의 동쪽에 있다. 5백 년 전에 일찍이 성황(城隍)을 쌓고 수부(首府)[74]가 우뚝 서니 사자(使者)가 어찌 뒤를 잇지 않았겠는가. 신령[神]과 사람[人]이 모두 기뻐하며 마을[洞]이 편안하고 집안[家]이 경사스러웠다. 다만 재물이 적고 정성이 모자라 사자당[使堂: 使者堂]을 제대로 갖추지 못했으니, 밤낮으로 근심하고 걱정하며 자나 깨나 잊지 못했다.

무신(戊申, 1968)년에 마침내 사자당을 중수(重修)할 계책을 세우니 옛것과 새 것이 함께 빛나고 정령(精靈)이 아름답게 여기리라. 이에 동민들[民庶]은 해마다 두 번 씩 일제히 정성을 바치니 신명이 감응하고 조화의 공(功)을 부려 구한 복(福)이 곧장 이르고 소원이 바로 이루어지리라. 마구간에는 암수의 가축이 번성하고 들에는 재앙이 사라지며, 해산물을 쫓아 배를

73 구미(邱美): 구산(邱山)의 다른 이름.

74 수부(首府): 이원택·정명수(「울진 대풍헌 현판 기문류 자료의 해제 및 번역」, 『영토해양연구』17, 동북아역사재단 독도연구소, 2019, 200쪽)는 수부를 한 도의 감영이 있던 곳으로 이해하고 '관아'로 번역하였다. 그러나 수부는 민속용어로서 '수구' 또는 '사자'라고도 하는데, 성황당 제사를 모시던 마을 어른들을 지칭하며, 성황당 제사를 지내던 사람들이 돌아가시면 그 노고를 기리기 위해 위패를 모신 건물을 '수부당(수구당·사자당)'이라고 하므로 필자가 수정하였다.

타고 나서면 풍랑을 만나지 않고 집안은 화목하며 노인과 아이도 새롭고 무탈하리라.

사람은 동(洞)의 신령[洞神]에게 의지하고 신령은 동(洞)의 백성[洞氓]에게 의지하니, 만사가 부합하여 어찌 상응함이 없으리오. 쇠[金]나 돌[石]과 같이 굳건하고 해[日]와 달[月]처럼 밝으며, 사람에겐 오복(五福)이 갖추어지고 하늘에는 삼광(三光)[75]이 호응하도다. 사자당[堂宇]이 날 듯하니 그 빼어난 형상은 매우 아름다우며, 달빛이 횡(橫)으로 비치고 아름다운 산우리가 두르고 있다. 서쪽으로는 금강(錦江)을 등지고 남쪽으로는 월송정(月松亭)을 바라보니, 거처하는 곳에 마음을 두고 만세토록 평안하리라.

노존위 안성근·안경수·안만수·김순업·임교동·황봉술·한대봉·박일본·김방우·정재은·안수만·김돌수·전용국·김천석, 시존위 김영술, 동수 (삭제됨), 유사 최봉술·안익도, 동장 김만득, 유지 안수윤·윤주석.

서기 1968년 무신(戊申)년 10월[陽月] 그믐[晦日: 30일]에 평해의 황덕기가 삼가 적다.

(3) 해제

이 「사자당중수기」현판(사진 13·그림 10)은 제목을 먼저 적은 후 앞부분에는 기문을, 뒷부분에는 참여자 명단, 시기 및 찬자를 기록하였다. 내용은 1968년에 사자당을 중수하게 된 경위와 관련자의 명단을 적은 것이다. 글은 황덕기가 찬하였다. 시기는 '西紀一九六八年戊申陽月晦日'로 양월[陽月]은 10월을, 회일(晦日)은 그믐으로 음력 10월의 그믐인 마지막 날은 30일이므

75 삼광(三光): 해, 달, 별을 말한다. 삼신(三辰)이라고도 한다.

로 1968년 10월 30일이 된다.

이원택과 정명수[76]는 구산동에 성황당이 두 개 있어서 하나를 성황당이라 하고, 다른 하나를 사자당이라고 한 듯하다고 하였다. 그러나 구산동에 성황당은 하나이며, 성황당 옆 남서쪽에 따로 사자당이 있다. '사자'란 성황당 제사를 모시던 사람들을 말하는데 이곳에서는 '수부(또는 수구)'라고 하며, '사자당'은 성황당 제사를 지낸 사람들의 위패를 모셔 그 노고를 기리는 건물을 지칭하는데 이곳에서는 '수부당(수구당)'이라고 한다. 그러므로 성황당과 사자당은 모셔지는 대상이 각각 달라서 그 성격도 다른 건물이다.

이 구산리 사자당은 대풍헌에서 남서쪽으로 약 330m 떨어진 기성면 구산리 292-3번지에 있는 성황당 우측(서쪽) 옆에 위치한다. 사자당 내에는 '首府使者 神位'를 모시고 있다.(사진 14) 그런데 울진군에서 2014년 성황당과 수부당을 보수하기 위해 철거하고 아쉽게도 성격이 서로 다른 두 건물을 합사하여 성황당만 새로 지었다.

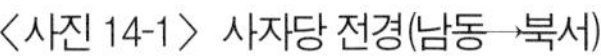

〈사진 14-1〉 사자당 전경(남동→북서)

〈사진14-2〉 사자당 내 위패

〈사진 14〉 구산리 사자당과 위패

76 이원택·정명수, 「울진 대풍헌 현판 기문류 자료의 해제 및 번역」, 『영토해양연구』17, 동북아역사재단 독도연구소, 2019, 179쪽.

8) 동사중수고사신축기

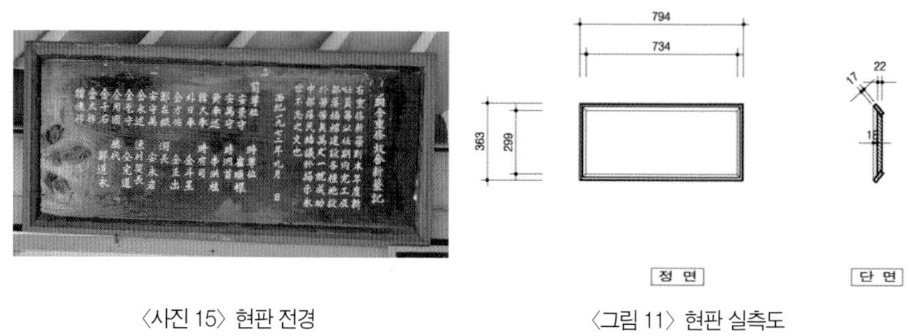

〈사진 15〉 현판 전경

〈그림 11〉 현판 실측도

(1) 원문

洞舍重修故舍新築記

右重修新築, 則本年度新任員等, 以任期內完工, 及部落橋樑建設, 各種施設, 於勞苦矣. 萬丈一就成功中, 部落民結議於揭示永世不忘之文也.

西紀一九七二年九月 日【앞부분】

前尊位 安景守·安萬守·黃奉述·韓大奉·朴日奉·金方佑·鄭在銀·安守萬·金永述·金乭守·全用國·金千石·金太祚·韓億祚 [상단]

時尊位 崔順根

時洞首 李洪植

時有司 金斗星·金正出

洞長 安永岩

漁村契長 全完道

總代 鄭道永 [하단]【뒷부분】

(2) 번역문

「동사중수고사신축기」

동사(洞舍)를 중수(重修)하고 고사(故舍)를 신축(新築)한 일은 올해 새로운 임원들이 임기 내에 완공하였고, 부락(部落)의 교량(橋樑)을 건설하면서 각종 조처를 취하느라 노고를 겪었다. 여러 공역을 한 번에 마쳤기에 부락민들[部落民]이 영원토록 잊지 않는 글을 게시(揭示)하기로 결의(結議)하였다.

서기 1972년 9월 일.

전존위 안경수·안만수·황봉술·한대봉·박일봉·김방우·정재은·안수만·김영술·김돌수·전용국·김천석·김태조·한억조, 시존위 최순근, 시동수 이홍식, 시유사 김두성·김정출, 동장 안영암, 어촌계장 전완도, 총대 정도영.

(3) 해제

이 「동사중수고사신축기」현판(사진 15·그림 11)은 제목을 먼저 적은 후 앞부분에는 기문과 시기를, 뒷부분에는 참여자 명단을 상·하 2단으로 기록하였다. 내용은 구산리 노반계의 새 임원들이 동사를 중수하고 고사를 새로 짓고 교량을 건설한 노고를 동민들이 잊지 않겠다는 것이다. 시기는 '紀一九七二年九月日'로 1972년 9월이다.

이원택과 정명수[77]는, 고사신축에 대해 고사는 동사 부근에 있던 부속 건물로 다시 지었는데[重建] 그것을 새로 지었다[新築]로 잘못 표현한 것으로 보았다. 필자가 2005년 대풍헌을 처음 조사하였을 때 동사 옆 서쪽에 부속채로 시멘트로 지어진 작은 관리사 1동(36.3m², 사진 1-①)이 있었으며, 2010년 대풍헌을 해체 복원하면서 이 관리사를 철거하였는데, 이를 '고사(故舍)'로 지칭한 듯하다. 아마 이 건물이 옛날에는 있었지만 어느 시기 오랫동안

77 이원택·정명수, 「울진 대풍헌 현판 기문류 자료의 해제 및 번역」, 『영토해양연구』17, 동북아역사재단 독도연구소, 2019, 179쪽.

없어졌다가 1972년 9월에 다시 지었기 때문에 '오래된'건물[古舍]로 표현하지 않고 '옛날의'건물[故舍]로 지칭하고 '중건'이 아니라 '신축'이라 한 듯하다.

9) 대풍헌 및 성황당 중건기

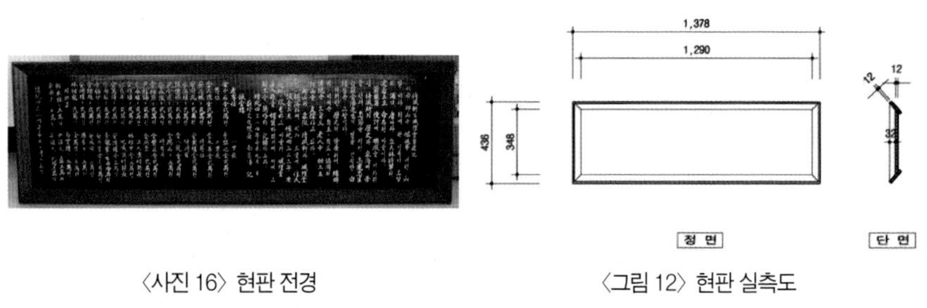

〈사진 16〉 현판 전경 〈그림 12〉 현판 실측도

(1) 원문

待風軒및城隍堂重建記

이곳 邱山은 崛山尾峯내린 山 발 바다 위에 뜬 거북이 모양의 浦口. 唐나라 丘大林將軍의 定着으로 命名된 마을이다.

鬱陵島 搜討에 順風을 기다리던 待風所의 歷史와 東海에 몸을 던져 忠節을 지킨 高麗忠臣 白巖金濟先生의 얼을 간직한 由緖깊은 고장이다.

이러한 歷史의 背景위에 綿綿히 이어온 自主·自立·協同의 傳統은 오늘도 老人을 軸으로 邱山을 支撑하고 있다.

邱山의 象徵 待風軒과 城隍堂이 頹落하여 비가 드샐새 住民의 誠金으로 檀紀四三二三年 庚 午에 改瓦하고 아울러 城隍堂 進入路를 鋪裝하였기에 이에 그 顚末을 簡略히 記錄하노라.

檀紀四三二四年辛未九月 日

蔚珍文化院長 南宗淳 記【앞부분】

誠金錄

老尊位 金千石金二萬원, 尊位 金大億金二萬원·安道根//二萬원·安守允//二萬원·李洪植//二萬원·韓億琪//二萬원·尹令述//二萬원·安永俊//二萬원·李相宗//二萬원·尹柱錫//二萬원·李奉植//二萬원·金祚項//二萬원·孫良手//二萬원·金萬得//二萬원·孫商敏//二萬원·李福伊//二萬원·金鍾旭//二萬원·安翊權//二萬원·林相龍//二萬원

同助員 鄭永植//五萬원·車壽文//五萬원 [상단]

一里長 李鎭佑金二萬원, 二里長 金永善金二萬원, 時尊位 安秉權金二萬원, 時洞首 金八龍金二萬원·金應石//五萬원, 時有司 金繁益金二萬원·金炳奎//二萬원, 法人漁村契長 林邦甲金五萬원, 地域漁村契長 安億權金五萬원·金龍雲//百三十萬원·安斗星金一百萬원·安成俊//五萬원·孫晋斗//五萬원·金萬哲//五萬원·白雲鍾//五萬원·尹得文//五十五萬원·安鏞大//二十五萬원 [하단]

檀紀四三二四年辛未十月十五日【뒷부분】

(2) 번역문

「대풍헌 및 성황당 중건기」

이곳 구산(邱山)은 굴미봉(崛山尾峯) 내린 산 발 바다 위에 뜬 거북이 모양의 포구. 당(唐)나라 구대림(丘大林) 장군(將軍)의 정착(定着)으로 명명(命名)된 마을이다. 울릉도(鬱陵島) 수토(搜討)에 순풍(順風)을 기다리던 대풍소(待風所)의 역사(歷史)와 동해(東海)에 몸을 던져 충절(忠節)을 지킨 고려충신 백암(白巖) 김제(金濟) 선생의 얼을 간직한 유서 깊은 고장이다.[78] 이러한 역사의 배경 위에 면면히 이어온 자주(自主)·자립(自立)·협동(協同)의 전통(傳統)은 오늘도 노인(老人)을 축(軸)으로 구산(邱山)을 지탱하고 있다.

---

78 동해에 ~ 고장이다: 김제(金濟)는 고려 말 충신으로 평해군수를 지냈는데, 고려가 망하자 신하는 두 임금을 섬기지 않는다면서 지금의 울진군 기성면 구산리 바닷가에서 배를 타고 동해 바다로 나가 돌아오지 않았다고 한다.

구산(邱山)의 상징 대풍헌(待風軒)과 성황당(城隍堂)이 퇴락하여 비가 드샐새 주민(住民)의 성금(誠金)으로 단기(檀紀) 4323년(1990) 경오(庚午)에 개와(改瓦)하고 아울러 성황당 진입로를 포장하였기에 이에 그 전말(顚末)을 간략히 기록하노라.

단기(檀紀) 4324년(1991) 신미(辛未) 9월 일.

울진문화원장 남종순 지음.

성금록 : 노존위 김천석 금2만 원,

존위 김대억 금2만 원·안도근 금2만 원·안수윤 금2만 원·이홍식 금2만 원·한억기 금2만 원·윤영술 금2만 원·안영준 금2만 원·이상종 금2만 원·윤주석 금2만 원·이봉식 금2만 원·김조항 금2만 원·손량수 금2만 원·김만득 금2만 원·손상민 금2만 원·이복이 금2만 원·김종욱 금2만 원·안익권 금2만 원·임상용 금2만 원,

동조원 정영식 금5만 원·차수문 금5만 원,

1리장 이진우 금2만 원, 2리장 김영선 금2만 원, 시존위 안병권 금2만 원, 시동수 김팔용 금2만 원·김응석 금5만 원, 시유사 김번익 금2만 원·김병규 금2만 원, 법인어촌계장 임방갑 금5만 원, 지역어촌계장 안억권 금5만 원·김용운 금130만 원·안두성 금1백만 원·안성준 금5만 원·손진두 금5만 원·김만철 금5만 원·백운종 금5만 원·윤득문 금55만 원·안용대 금25만 원.

단기(檀紀) 4324년(1991) 신미(辛未) 10월 15일.

(3) 해제

이 「대풍헌 및 성황당 중건기」현판(사진 16·그림 12)은 제목을 먼저 적은 후 앞부분에는 기문과 시기 및 찬자를, 뒷부분에는 참여자 명단, 찬조 금액 및 시기를 기록하였는데, 명단은 상·하 2단으로 적었다. 글자는 모두 국

한문 혼용으로 기록하였다. 내용은 울릉도 수토 시 순풍을 기다리던 대풍헌과 성황당이 퇴락하여 주민의 성금으로 대풍헌의 지붕 기와를 다시 하고 성황당의 진입로를 포장하였으며, 이때 성금을 거두었다는 것이다. 글의 기문은 남종순이 찬하였다. 시기는, 기문은 '檀紀四三二四年辛未九月日'로 1991년(단기 4324년) 9월이며, 성금 명단은 '檀紀四三二四年辛未十月十五日'로 1991년 10월 15일이다.

3. 영세불망지판류 현판

1) 평해군수 심능무·이윤흡 영세불망지판

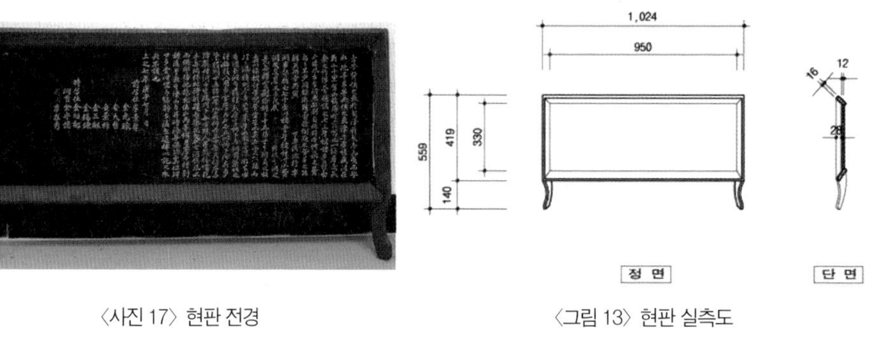

〈사진 17〉 현판 전경

〈그림 13〉 현판 실측도

(1) 원문

古昔賢侯之惠於民澤於民者, 凡幾, 而孰如沈等李等兩侯之惠澤者乎. 惟我洞在郡北十里, 背山臨海, 村落櫛比, 一境居最矣. 奈之何陟營越鎭之間三年搜討於蔚島也. 待風於本洞, 未知創自何時, 而供億之費, 每每不少, 洞樣漸致蕭條, 倒懸之勢, 莫之能解矣. 何幸丙寅沈公能武[79]下車後, 深軫本洞事勢, 捐出

79 沈公能武: 이 부분은 붉은색으로 칠해져 있다.

七十金, 以補當年搜討時所費, 洞民息肩. 又於戊辰李公玧翕[80], 特悄本洞之竟無措處, 劃給權卜十五結于本洞, 使之放賣以補搜討年冗費, 空年所賣者, 亦使取殖而次次添補, 則今或如之, 來年如之, 無限將來, 錢可滋長, 洞可蘇醒矣. 原來權卜者, 烟司柴艸之從結役, 入用於官廩者也, 而名以權卜, 防賣於差役, 則十五結一年所賣價, 爲三十金矣. 捐廩而防弊, 付洞而生殖, 則卜與錢殊, 人莫敢接嘴犯手, 與洞終始, 猗歟韙哉. 孰非民也, 本洞候風所, 而偏苦倍他. 孰非侯也, 兩等傾月廩, 而措劃裕後. 其惠其澤, 山可并峙, 海與俱深, 奚但碑口於當時, 宜可銘肺於後世. 遂梓以記之, 永矢不諼也.

上之七年庚午七月日.【앞부분】

前尊位 李景厚·金光鍊·安大哲·安景祚·金正郁·金錫鍊

時尊位 金相郁

洞首 金守億

有司 李在秀【뒷부분】

(2) 번역문

옛날에 어진 수령[賢侯] 가운데 백성들에게 은택을 베푼 사람이 모두 몇이나 되겠으며, 그 가운데 누가 심능무(沈能武), 이윤흡(李玧翕) 두 수령처럼 은택을 베풀었겠는가. 우리 동(洞: 邱山洞)은 군(郡: 平海郡) 북쪽 십 리에 있고 산을 등지고 바다에 임해 있으며 촌락이 즐비하여, 온 경내에서 풍광이 으뜸을 차지한다.

어찌하여 삼척포영(三陟浦營)[81]과 월송포진(越松浦鎭)[82]은 3년을 간격으

---

80 李公玧翕: 이 부분은 붉은색으로 칠해져 있다.

81 삼척포영(三陟浦營): 강원도 삼척포에 설치된 진영(鎭營).

82 월송포진(越松浦鎭): 조선시대 강원도 평해군 월송포에 설치된 수군진(水軍鎭). 현재 경상북도 울진군 평해읍 월송리 303-10번지 일대.

로 4년마다[間三年][83] 울도(蔚島: 鬱陵島)를 수토(搜討)하였는가. 본동(本洞: 구산동)에서 바람을 기다리는 것[待風]이 어느 시대부터 시작되었는지 모르겠으나, 수토에 필요한 비용이 매번 적지 않아서 동(洞: 구산동)의 형편이 점점 적막해지고 거꾸로 매달린 형편에 이르렀으나 누구도 해결할 방도가 없었다.

다행스럽게도 병인년(1866, 고종 3)에 심능무(沈能武) 공(公)이 수령으로 부임[84]한 후에 본동(本洞: 구산동)의 형편을 애석하게 여겨, 70금(金)을 내어 당년(當年: 1867, 고종 4)의 수토(搜討)[85]할 때 비용을 충당하니 동민(洞民)의 어깨가 가벼워졌다. 또 무진년(1868, 고종 5)에는 이윤흡(李玧翕)[86] 공(公)이 본동(本洞: 구산동)이 끝내 이 일을 처리할 방도가 없는 것을 특별히 염려하여, 권복(權卜)[87] 15결(結)을 본동(本洞: 구산동)에 떼어주고 동민

---

83 3년을 간격으로 4년마다[間三年]: 원문에 '간삼년(間三年: 3년을 간격으로 4년마다)'으로 되어 있다. 울릉도 수토가 실시된 처음에는 '간이년(間二年: 2년을 간격으로 3년마다)' 수토가 원칙이었으나, 1735년(영조 11) 이후부터는 '간일년(間一年 또는 間年·隔年: 1년을 간격으로 2년마다)' 수토로 바뀌었다. 그러므로 이 당시(1870)에는 '間一年(間年)' 수토라 하여야 옳다.

84 3년을 간격으로 4년마다[間三年]: 원문에 '간삼년(間三年: 3년을 간격으로 4년마다)'으로 되어 있다. 울릉도 수토가 실시된 처음에는 '간이년(間二年: 2년을 간격으로 3년마다)' 수토가 원칙이었으나, 1735년(영조 11) 이후부터는 '간일년(間一年 또는 間年·隔年: 1년을 간격으로 2년마다)' 수토로 바뀌었다. 그러므로 이 당시(1870)에는 '間一年(間年)' 수토라 하여야 옳다.

85 당년(當年)의 수토(搜討): 현판의 기록대로 심능무가 1866년에 부임하였다면 1866년은 수토가 없던 해이므로, 당년은 1867년을 가리킨 것으로 보인다. 1867년에는 월송만호 장원익이 울릉도를 수토하였는데, 이는 「월송만호 장원익 영세불망지판」(1870.7.)과 『各司謄錄』27 江原道篇1 江原監營關牒2 同治五年十二月初八日(1866.12.8.)·同治六年四月二十日(1867.4.20.)에서도 알 수 있다.

86 이윤흡(李玧翕): 『승정원일기』고종 4년(1867) 2월 17일(신축). "이조(吏曹)의 구전정사(口傳政事)로 이윤흡을 평해군수로 삼았다.[吏曹口傳政事, 以李玧翕爲平海郡守]"

87 권복(權卜): 부족한 경비를 충당하기 위해 민결(民結)에 전세(田稅)를 임시로 정하여 부과하는 것을 말한다.

들로 하여금 시초(柴草)[88]를 판매하여 수토하는 해[搜討年]에 쓰이는 자잘한 비용을 보충토록 했으며, 수토가 없는 해[空年]에 시초 판매한 것으로 또한 이자를 취하여 차츰차츰 보태게 하였다. 금년에도 이처럼 하고 내년(來年)에도 이처럼 한다면 장래에 무한토록 돈이 불어나고 마을[洞]이 소생할 수 있을 것이다.

원래 권복(權卜)이라는 것은 연사(煙司)[89]의 시초(柴草) 가운데 결역(結役)[90]에 따라 관아 창고[官廩]에 넣어두고 쓰는 것이다. 권복이라고 명목을 붙이고 차역(差役)[91]에게 방매(防賣)[92]하면 15결의 일 년 판매 가격이 30금(金)이 된다. 이것을 관아 창고[廩]에서 출연(出捐)하여 폐단을 막고, 동(洞: 구산동)에 맡겨 이자를 불리게 하였다. 권복은 돈과 현저하게 달라서 감히 입에 대거나 손대는 사람이 없고 동(洞: 구산동)과 영원히 함께 하게 되었으니 아름답고 훌륭하도다!

누가 백성이 아니겠는가마는 후풍소(候風所)가 본동(本洞: 구산동)에 있기에 고통이 다른 곳보다 배나 심하였다. 누가 수령[侯]이 아니겠는가마는

---

88 시초(柴草): 땔나무로 쓰는 마른 풀.

89 연사(煙司): 봉화대를 맡은 부서로 보인다.

90 결역(結役): 조선 후기에 토지에 부과되었던 역(役). 부가세의 일종으로 정식 세금인 전세(田稅), 대동미(大同米), 삼수미(三手米), 결전(結錢) 이외로 지방의 여러 비용을 마련하기 위해 징수하던 세금이다. 원래 대동법(大同法)을 실시하여 대동미란 명목으로 토지에서 결(結) 당 12두(斗)를 거두어 백성에게서 일체의 요역(徭役)을 면제하고, 대동미 중의 일부를 유치미(留置米)란 명목으로 지방에 남겨 두어 지방의 경비에 이용하도록 하였다. 원칙적으로는 백성에게 잡역(雜役)을 거두는 관행은 없어져야 했으나, 지방에서는 불시의 경비를 마련해야 한다는 명목으로 지방관이 적절히 여러 비용을 부과하였는데, 토지 결수(結數)를 기준으로 지방민에게 징수하기 시작하여 결역(結役)이란 용어가 생기게 되었다.

91 차역(差役): 성인 남정(男丁)을 각종 공역(公役)에 차출하거나 이들이 차출되는 일을 말한다.

92 연사(煙司): 봉화대를 맡은 부서로 보인다.

두 수령은 모두 월봉을 털고 (권복을) 떼어주는 조치를 취하여 뒷세대를 넉넉하게 해주었다. 그 혜택이 산처럼 높고 바다 같이 깊으니, 어찌 당대의 칭송[碑口]에서 그치겠는가. 마땅히 후대인의 가슴 속에도 새겨야 할 것이다. 마침내 현판에 기문을 새겨 영원히 잊지 않도록 한다.

금상 7년(1870, 고종 7) 경오(庚午)년 7월 일에.

전존위 이경후·김광련·안대철·안경조·김정욱·김석련, 시존위 김상욱, 동수 김수억, 유사 이재수.

(3) 해제

이 현판(사진 17·그림 13)은 제목이 없어서 필자가 「평해군수 심능무·이윤흡 영세불망지판」으로 명명하였다. 현판은 앞부분에는 기문과 시기를, 뒷부분에는 참여자 명단을 기록하였다. 내용은 삼척포영과 월송포진이 3년 간격으로(당시 실제는 1년 간격으로 2년마다) 울릉도를 윤회수토할 시 구산동 대풍헌(후풍소)에서 바람을 기다리는데, 이때 마을에서 경비를 부담하여 피해가 컸으며, 평해군수 심능무가 70금을 주고 평해군수 이윤흡도 권복 15결을 수토비용에 보충하라고 경비를 보태준 일에 대하여 그 공을 기리는 것이다.

심능무는 1865년(고종 2) 3월 8일에 평해군수로 임명[93]되어 1865년 4월 15일~1867년 2월 8일까지 역임[94]하였으며, 이윤흡은 1867년(고종 4) 2월 17일 평해군수로 임명[95]되어 1867년 4월 26일~1868년 7월 8일까지 재임

93 『승정원일기』고종 2년(1865) 3월 8일(계묘). "沈能武爲平海郡守"

94 『강원도 평해군읍지』(1899) 군선생 군수 '심능무'.

95 『승정원일기』고종 4년(1867) 2월 17일(신축). "吏曹口傳政事, 以李玧翕爲平海郡守"

[96]한다. 그렇다면 내용 중 심능무가 도움을 준 '병인년'은 1866년(고종 3)이 되고, 이윤흡이 도움을 준 '무진년'은 1868년(고종 5)이 된다. 그리고 현판에 '上之七年庚午七月日'로 된 시기는 당시 임금[上]은 '고종'으로 7년 갑오는 1870년에 해당되어 1870년(고종 7) 7월이 된다.

2) 월송만호 장원익 영세불망지판

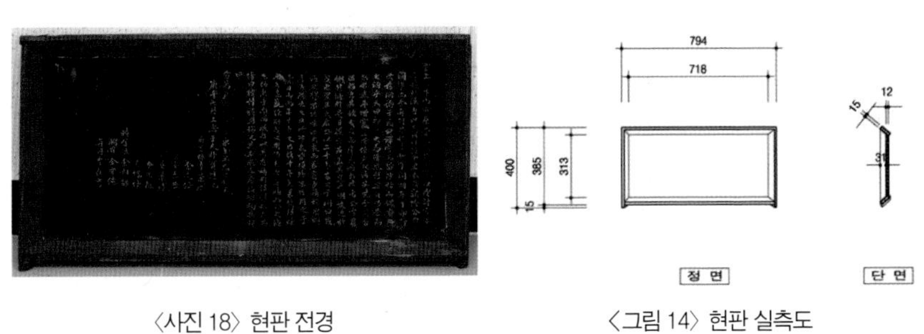

〈사진 18〉 현판 전경 〈그림 14〉 현판 실측도

(1) 원문

聖上三年丙寅, 原營人張公源翼, 以搜討官來, 守越松. 議者以爲鬱[97]島千里, 水路艱險, 公曰, "國事而登舟, 何異於安如齋閣." 明年丁卯, 行次玆洞, 詢于民曰, "譯官而留, 沙格而餽, 費汝之洞乎." 民曰, "邱津之爲待風所, 果自何昔而無, 於式年, 增竈炊飡, 倍戶收錢, 孤兒分其苦, 匹婦出其斂, 民之爲瘼, 大略如此焉." 公聞甚惻然, 迺於是日遂啓發, 蓋其急於國, 故速於民也. 翌年戊辰, 公以二十金來之于洞曰, "投河之醪, 不能味汝之衆, 而若有少補於用, 則庶可滋味之及汝耶." 衆皆頌德. 不卽用之于當日, 而兩年生息, 又得數十金矣. 若使繼

96 『강원도 평해군읍지』(1899) 군선생 군수 '이윤흡'.

97 이원택·정명수(「울진 대풍헌 현판 영세불망지판류 자료의 해제 및 번역」, 『영토해양연구』18, 동북아역사재단 독도연구소, 2019, 141쪽)는 '蔚'로 보았으나, 鬱의 윗부분 글자와 蔚의 아랫부분 글자를 합쳐서 적었으므로 필자가 '鬱'로 수정하였다.

此, 而久遠贏餘, 則民之用, 何患乎無補, 而公之德, 亦何患乎微而泯哉. 以其有補於搜討, 故名其錢曰, '搜討補用錢', 又其不泯乎厚德, 故榜其梓曰, '前萬戶張公源翼[98]永世不忘之板'云.

庚午七月上澣, 士人朴齊恩記.【앞부분】

前尊位 李景厚·金光鍊·安大哲·安景祚·金正郁·金錫鍊

時尊位 金相郁

洞首 金守億

有司 李在秀【뒷부분】

(2) 번역문

성상(聖上) 3년 병인년(1866, 고종 3)에 원영 사람[原營[99]人]인 장원익(張源翼)[100] 공(公)이 수토관(搜討官)으로 와서 월송(越松)을 지키게 되었다. 논의하는 자들이 울도(鬱島: 鬱陵島)는 천리이고 뱃길도 어렵고 위험스럽다고 하자, 공(公)이 말하기를 "나랏일[國事]로 배를 타는 것이 관아에 편안히 있는 것과 무엇이 다르겠는가."라고 하였다. 이듬해[明年] 정묘년(1867, 고종 4)에 동(洞: 邱山洞)에 행차하여 동민[民]에게 묻기를 "역관(譯官)을 머물게 하고 사격(沙格)[101]을 대접하는데, 너희 동(洞: 구산동)에서 비용을 대는가?" 하였다. 동민[民]이 대답하기를, "구진(邱津: 邱山津)[102]에서 대풍소

98 張公源翼: 이 부분은 붉은색으로 칠해져 있다.

99 원영(原營): 강원 감영이 원주에 있었기 때문에 원주 감영 혹은 줄여서 원영(原營)이라고 함.

100 장원익(張源翼): 『승정원일기』고종 3년(1866) 12월 20일(을사). "장원익(張源翼)을 월송만호(越松萬戶)로 삼았다.[兵批 … 張源翼爲越松萬戶]"

101 사격(沙格): 사공(沙工)과 격군[格軍]을 합쳐서 이르는 말로 사공은 선장에 해당하고, 격군은 노를 젓는 사람이다.

102 구진(邱津: 邱山津): 지금의 구산항으로 경상북도 울진군 기성면 구산리에 위치한

(待風所)를 운용한 것이 어느 옛날인들 없었겠습니까마는 식년(式年)[103]에 부뚜막을 늘려 밥을 지어야 하니 호구(戶口)를 배로 불려 돈을 거두느라 고아(孤兒)에게 고통을 분담시키고 아녀자[匹婦]에게 세금을 내게 합니다. 동민들[民][104]이 겪는 고충이 대략 이와 같습니다." 하였다. 공(公)이 듣고 매우 측은하게 여겨 그날로 바로 장계를 띄웠으니[啓發][105], 아마도 나랏일과 동민[民][106]을 급하게 여겼기 때문일 것이다.

다음 해[翌年] 무진년(1868, 고종 5)에 공(公)이 20금(金)을 동(洞: 구산동)에 보내면서 "강물[河]에 던진 술[107]이라 너희들에게 맛보게 할 수는 없지만 조금이라도 쓰임에 보탬이 된다면 아마도 그 혜택이 너희에게 미칠 것이다."고 하자, 뭇사람[衆]이 모두 그의 덕(德)을 칭송하였다. 그날[當日]에 바

항구이다.

103 식년(式年): 자(子), 묘(卯), 오(午), 유(酉) 따위의 간지(干支)가 들어 있는 해로 3년마다 한 번씩 돌아오는데, 이 해에 과거를 실시하거나 호적을 조사하였다. 여기서는 3년마다 울릉도를 수토(間二年搜討)하기 때문에 식년이라 말한 듯하며, 『비변사등록』숙종 44년(1718) 3월 1일에 "… 울릉도 매 식년 수토를 거행하는데[鬱陵島每式年有搜討之擧] …"와 『各司謄錄』27 江原道篇1 江原道關草3 癸巳三月十二日(1893.3.12.)에 "… 평해군수 조종성을 파견하여 먼저 울릉도로 들어가 형편을 감찰하라는 일을 … 살펴보니 전에 식년 수험 시, 연해의 민폐가 없지 않았으므로[委派平海郡守趙鍾成, 前赴鬱陵島檢察情形事 … 查在前式年搜驗時, 不無沿海民弊] …" 등에서 식년이라 한 것에서도 알 수 있다.

104 이원택·정명수(「울진 대풍헌 현판 영세불망지판류 자료의 해제 및 번역」, 『영토해양연구』18, 동북아역사재단 독도연구소, 2019, 143쪽)은 '백성들'로 번역하였으나 필자가 수정하였다.

105 장계를 띄웠으니[啓發]: 상부 관청이나 조정에 보고한 일을 가리키는 듯하다.

106 이원택·정명수(「울진 대풍헌 현판 영세불망지판류 자료의 해제 및 번역」, 『영토해양연구』18, 동북아역사재단 독도연구소, 2019, 143쪽)은 '백성'으로 번역하였으나 필자가 수정하였다.

107 강물에 던진 술: 월왕(越王) 구천(勾踐)이 오(嗚)나라를 치러 갈 때 부로(父老)들이 술을 바치자 그 술을 강물에 부어 병사들이 다 마실 수 있게 하여, 병사들을 감격시키고 싸움에서 승리를 거두었다고 한다. 여기서는 그 고사의 원래 의미보다 미미한 액수를 비유하는 것으로 보인다.

로 쓰지 않고 2년[兩年] 동안 이자가 늘어서 또한 수십 금이 되었다. 만약 이대로 계속되어 오래도록 재화가 남아있다면 어찌 동민들[民][108]의 쓰임에 보탬이 없을까 걱정하겠으며, 공(公)의 덕행[德]이 또한 어찌 사라질까 걱정하겠는가. 그것이 수토(搜討)에 보탬이 있었기에 그 돈을 '수토보용전(搜討補用錢)'이라고 이름하고, 또한 그의 두터운 덕행[厚德]도 민멸(泯滅)되지 않을 것이기에 판각(板刻)한 글로 편액(扁額)을 거니, 곧 '전 만호 장원익공을 영원토록 잊지 못하는 현판[前萬戶張公源翼永世不忘之板]'이다.

경오(庚午, 1870, 고종 7)년 7월 상한(上澣: 上旬)에 사인(士人) 박제은이 짓다.

전존위 이경후·김광련·안대철·안경조·김정욱·김석련, 시존위 김상욱, 동수 김수억, 유사 이재수.

(3) 해제

이 현판(사진 18·그림 14)은 제목이 없지만 내용 중에 '前萬戶張公源翼永世不忘之板'이라 하였으나 필자가 「월송만호 장원익 영세불망지판」으로 명명하였다. 현판은 앞부분에는 기문과 시기 및 찬자를, 뒷부분에는 참여자 명단을 기록하였다. 내용은 장원익이 1866년(고종 3) 월송만호로 부임하여 울릉도 수토 시 대풍소가 있는 구산동민들의 어려움을 알고 1867년(고종 4) 발문을 띄우고 1868년(고종 5) 20금을 수토에 보태 주었는데 이를 '수토보용전'이라 하여 그의 덕을 잊지 않고 기리기 위해 현판을 게판한다는 것이다. 글은 박제은이 찬하였다. 시기는'庚午七月'이라 하였는데, 장원익은 1866

108 이원택·정명수(「울진 대풍헌 현판 영세불망지판류 자료의 해제 및 번역」, 『영토해양연구』18, 동북아역사재단 독도연구소, 2019, 143쪽)은 '백성들'로 번역하였으나 필자가 수정하였다.

년 12월 20일에 월송만호로 임명[109]되어 1867년 4월 울릉도를 수토[110]하였으므로 경오년은 '1870년(고종 7)'이 된다. 그렇다면 내용에서 '병인년'은 1866년, '정묘년'은 1867년, '무진년'은 1868년으로 볼 수 있다. 또 1868년 장원익이 준 20금을 마을에서 바로 사용하지 않고 2년 동안 이자를 증식하였다고 하였는데, 2년은 1868년부터 삼척영장이 수토하는 1869년까지를 말하는 것으로 판단된다. 이는 「영찰 황지해 영세불망지판」(1872.8.)에서 황지해가 1869년 30금을 마을에 보태는 것에서도 1869년에 울릉도 수토가 있었음을 알 수 있다.

3) 평해군수 이용익 영세불망지판

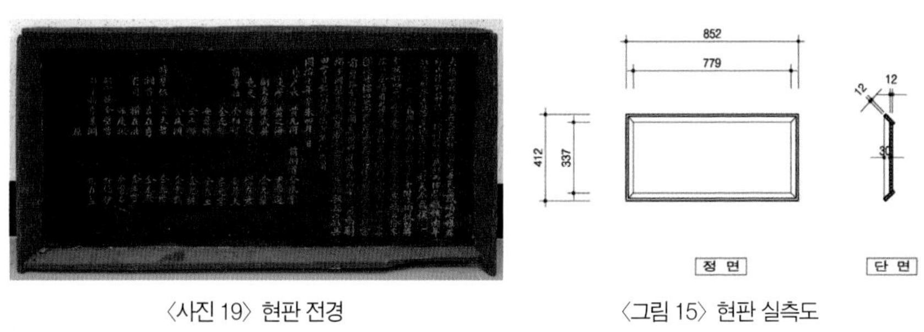

〈사진 19〉 현판 전경

〈그림 15〉 현판 실측도

109 『승정원일기』고종 3년(1866) 12월 20일(을사). "兵批 … 張源翼爲越松萬戶 … "

110 『各司謄錄』27 江原道篇1 江原監營關牒2 同治六年四月二十日(1867.4.20.). "첩보하는 일입니다. 이번에 올린 월송만호 장원익의 첩정 내에, 만호는 울릉도 수토를 위해 이달 11일 출발하여 곧바로 구산진 대풍소로 향하였는데, 인솔한 원역과 사격의 성명 및 식량[粮饌]과 잡물(襍物)의 수효를 성책하여 올려보낸다고 하였으므로 같은 성책 두 건을 감봉하여 올려보내는 일입니다.[爲牒報事. 節呈越松萬戶張源翼牒呈內, 萬戶以鬱陵島搜討次, 今月十一日離發, 直向邱山津待風所, 而所率員役·沙格姓名及粮饌·襍物數爻, 修成册上使是如爲有等以. 同成册兩件, 監封上送爲臥乎事]"

(1) 원문

夫捐廩救瘼, 明府之善政, 銘心不忘, 吳民之感頌也. 惟玆邱山津, 卽鬱陵島搜討時候風所, 而陟營越鎭, 間年行之之時, 浮費浩多, 切有賢勞之歎矣. 今我侯李公諱容益[111]氏, 深用爲憂, 捐出百金, 附之均役所, 存本取利. 以二分五里邊爲之, 每年利條, 分春秋出給本津, 以爲補用之資. 此眞結實之根, 而生稻之田也. 以之而國役共濟, 以之而民瘼更蘇, 惠澤之廣, 不啻若當前碧海, 本利之固, 奚但如在後邱山也. 玆用剞劂揭于洞壁. 凡爲洞民者, 食實而知其根, 飯稻而知其田, 常目銘心, 以爲永世不忘云爾.

同治十年辛未四月日.【앞부분】

時戶長 黃允河

吏房 黃之海

副吏房 孫武英

色吏 孫維燮

前尊位 金相郁·金光鍊·安景祚·金正郁·金成淵

時尊位 安大哲

洞首 李在秀

有司 權在洪·孫度振

都掌務 金璧哲

別掌務 李景淵

原 [상단]

前洞首 金永業·尹學逕·金允業·權在彦·安萬大·李元業·金在玉·金光銖·金秉載·金光浩·金泰辰·金正哲·安磐石·朴億伊·權在益 [하단]【뒷부분】

---

111 李公諱容益: 이 부분은 붉은색으로 칠해져 있다.

(2) 판독문

대체로 창고의 곡식을 풀어서 폐단을 구제하는 것은 현명한 관청[明府]의 선정(善政)이요, 마음에 새겨 잊지 않는 것은 우리 백성[民: 洞民]이 감격하여 은덕을 칭송하기 위함이다. 오직 이 구산진(邱山津)은 울릉도(鬱陵島)를 수토(搜討)할 때에 바람을 기다리는 곳[候風所]으로, 삼척포영(三陟浦營)과 월송포진(越松浦鎭)에서 1년 건너 2년[間年: 間一年·隔年]으로 수토를 거행할 때마다 불필요한 비용이 너무 많아 모두 고생스러움을 탄식하였다.

지금 우리 수령[我侯: 평해군수] 이용익(李容益)[112] 공(公)이 이 점을 크게 근심하여 100금(金)을 내어 균역소(均役所)[113]에 주어 원금은 보존하고 이자를 취하게 했다. (그러자 균역소에서) 2푼 5리[二分五里] 정도로 정해서 매년 이자조를 봄가을로 나누어 본진(本津)[114]에 내어 주어 비용에 보태는 자산으로 삼았다. 이는 참으로 열매가 맺히는 뿌리요, 곡식이 생산되는 논밭이었다. 그것으로 나라의 역사(役事)[國役]를 함께 해결하고 그것으로 백성들[民: 洞民]이 고통에서 다시 소생하니, 두루 미치는 혜택은 눈 앞에 펼쳐진 푸른 바다[碧海] 같을 뿐만이 아니며 원금과 이자의 견고함은 어찌 뒤에 있는 구산(邱山)과 같을 뿐이겠는가. 이에 현판에 새겨 동사(洞舍) 벽에 걸어

---

112 이용익(李容益): 『승정원일기』고종 5년(1868) 7월 8일(계미). "이용익을 평해군수로 삼았다.[又啓曰 … 李容益爲平海郡守]" 또 『승정원일기』고종 8년(1871) 2월 1일(신유). "전강원감사 조귀하(趙龜夏)가 아뢰길, … 평해군수 이용익은 관청의 무너진 곳을 일일이 수리하고 지붕을 이었으며, 기민을 구제하고 나룻터의 폐단을 바로잡았습니다. 모두 녹봉을 출연하여 경내를 안정시켰습니다.[辛未二月初一日巳時, 上御慈慶殿. 前江原監司入侍時, … 平海郡守李容益, 公廨之頹圮, 一一繕葺, 救民飢而矯津弊, 皆由捐俸而境安]". 또 『승정원일기』고종 8년(1871) 6월 1일(경신). "이용익을 다대포첨사로 삼았다.[兵批 … 李容益爲多大僉使]"

113 균역소(均役所): 아전들이 근무하는 작청(作廳) 또는 지방 사족들의 향청(鄕廳)을 일컫는 듯함.

114 본진(本津): 대풍헌이 있는 구산진을 말함.

두니, 동민(洞民)들은 열매를 먹으면 뿌리를 알고 밥을 먹으면 밭의 덕을 알게 되듯, 항상 눈으로 보고 마음에 새길 것이므로 '영원토록 잊지 않을 것'이라고 여긴다.

동치(同治) 10년(1871, 고종 8), 신미(辛未)년 4월 일에.

시호장 황윤하, 이방 황지해[115], 부이방 손무영, 색리 손유섭, 전존위 김상욱·김광련·안경조·김정욱·김성연, 시존위 안대철, 동수 이재수, 유사 권재홍·손도진, 도장무 김벽철, 별장무 이경연.

전동수 김영업·윤학손·김윤업·권재언·안만대·이원업·김재옥·김광수·김병재·김광호·김태진·김정철·안반석·박억이·권재익. 끝[原].[116]

(3) 해제

이 현판(사진 19·그림 15)은 제목이 없어서 필자가 「평해군수 이용익 영세불망지판」으로 명명하였다. 현판은 앞부분에는 기문과 시기를, 뒷부분에는 참여자 명단을 상·하 2단으로 기록하였다. 내용은 구산진은 울릉도 수토 시 바람을 기다리는 후풍소로 삼척포영과 월송포진이 1년 간격으로 2년마다[間年] 수토할 때 구산진에서 비용을 부담하는 것을 평해군수 이용익이 알고 100금을 균역소에 주어 이자를 취하여 수토비용에 보태게 한 것을 칭송한 것이다. 시기는 '同治十年辛未四月日'인데 '동치'는 중국 청나라 목종

115 이방 황지해: 이방(吏房) 황지해(黃之海)는 「영찰 황지해 영세불망지판」에 나오는 '황영찰지해(黃營察之海: 영찰 황지해)'와 이름이 같으므로 동일인으로 추정됨.

116 '끝[原]'이 상단의 '이경연' 이름 다음에 적혀있어서 이원택·정명수(「울진 대풍헌 현판 영세불망지판류 자료의 해제 및 번역」, 『영토해양연구』18, 동북아역사재단 독도연구소, 2019, 145쪽)는 '이경연' 이름 다음에 '끝'으로 번역하였다. 그러나 현판의 전체적인 배치로 보아 하단의 마지막 이름인 '권재익' 다음에 적어야 하는데 상단으로 올려서 적은 것으로 판단되어 필자가 '권재익' 이름 다음으로 옮겼다.

의 연호(1862~1874)로 동치 10년은 1871년(고종 8)에 해당되므로 '1871년 4월'이 된다. 이는 이용익이 평해군수로 1868년 임명[117]되어 다대포첨사로 1871년 발령[118]날 때까지 재임한 기간(1868.8.13.~1871.6.1.)[119]과도 일치한다.

4) 영찰 황지해 영세불망지판

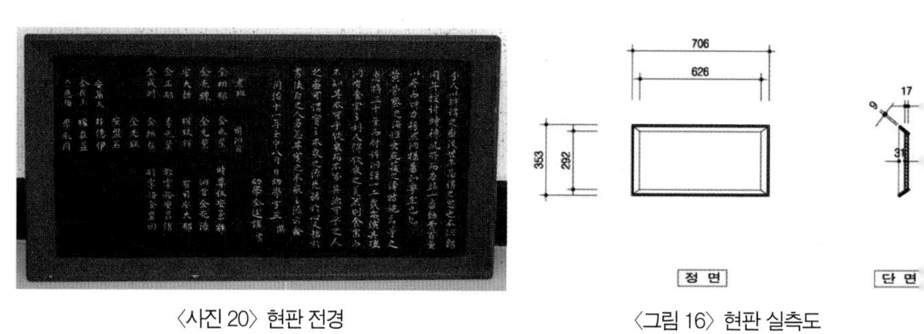

〈사진 20〉 현판 전경

〈그림 16〉 현판 실측도

(1) 원문

分人以財謂之惠, 沒世不忘謂之思也. 本洞卽間年搜討時待風所, 而應站一番, 動費百金, 以是而財力枵然, 洞樣蕭如. 粤在己巳黃營察之海, 恒垂庇護之澤, 特施出等之惠, 捐三十金, 而付諸洞. 經一二載, 而演其殖, 洞有食實之利, 人得飮泉之美. 然則食實而不知其本, 可乎. 飮泉而不知其源, 可乎. 之人之惠, 可謂實之本泉之源, 旣銘於心, 又銘於書, 使后之人另念其實之本泉之源云爾.

同治十一年壬申八月日, 幼學方五撰, 幼學金述謨書.【앞부분】

老班 金相郁·金光鍊·安大喆·金正郁·金成淵 [상단]

117 『승정원일기』고종 5년(1868) 7월 8일(계미). "又啓曰 … 李容益爲平海郡守"

118 『승정원일기』고종 8년(1871) 6월 1일(경신). "兵批 … 李容益爲多大僉使"

119 『강원도 평해군읍지』(1899) 「군선생」군수 '이용익'; 울진군지편찬위원회, 『울진군지』하, 울진군, 2001, 424쪽.

前洞首 金永業·金允業·權致祥·李元業·金炳在·金光銖·安盤石·朴億伊·權在益·李永周·安萬大·金在玉·李應伯 [중단]

時尊位 安景祚

洞首 金光浩

有司 安大郁

都掌務 安昌祚

別掌務 金岩回 [하단]【뒷부분】

(2) 번역문

재물을 사람들에게 나누어 주는 것을 '은혜[惠]'라 하고, 종신토록 잊지 않는 것을 '그리움[思]'이라고 한다. 본동(本洞: 구산동)은 1년 간격으로 2년마다[間年] 수토(搜討)할 때에 바람을 기다리는 곳[待風所]으로, 참역(站役)[120]에 한 번 응할 때마다 100금(金)이 소비되어 이 때문에 재력이 고갈되고 동(洞: 구산동)의 형편이 궁핍해졌다. 기사년(1869, 고종 6)에 영찰(營察)[121] 황지해(黃之海)가 도와주는 은택을 항상 내려주었는데 등급을 뛰어넘는 혜택을 특별히 베풀어[122] 30금(金)을 내어 주어 동(洞: 구산동)에 맡겼다. 1, 2년이 지나 그 이자가 늘어나 동(洞: 구산동)에는 열매를 먹는 이익이 있게 되었고, 사람들은 샘물[泉]을 마시게 되는 좋은 일이 있게 되었다. 그렇다

120 참역(站役): 각 역참(驛站)에 동원되는 노역(勞役).

121 『강원도 평해군읍지』(1899) 「군선생」군수 '이용익'; 울진군지편찬위원회, 『울진군지』하, 울진군, 2001, 424쪽.

122 기사년에 ~ 베풀어: 이 부분에 대해 백인기(「조선후기 울릉도수토」,『삼척, 수토사와 독도수호의 길 학술대회자료집』삼척 동해왕 이사부 독도축제 2022, 한국이사부학회, 2022, 85쪽 각주 244)는 '기사년(1869, 고종 6)에 영찰 황지해가 비호(庇護)해주고, 재물을 베푸는 등의 혜택을 주었다.[己巳 黃營察之海 恒垂庇護之澤 物施出等之惠]'로 번역하였다.

면 열매[實]를 먹으면서 그 뿌리를 몰라서 되겠는가. 샘물을 마시면서 그 근원[源]을 알지 못해서야 되겠는가. 그 사람과 그의 은혜는 열매의 뿌리요 샘의 근원이라 할 만하니, 마음에 새기고 또 글로 새겨서 후세 사람들로 하여금 각별히 열매의 뿌리와 샘물의 근원을 생각하게 할 따름이다.

동치(同治) 11년(1872, 고종9), 임신(壬申)년 8월 일에 유학(幼學) 방오가 짓고 유학 김술모가 쓰다.

노반 김상욱·김광련·안대철·김정욱·김성연, 전동수 김영업·김윤업·권치상·이원업·김병재·김광수·안반석·박억이·권재익·이영주·안만대·김재옥·이응백, 시존위 안경조, 동수 김광호, 유사 안대욱, 도장무 안창조, 별장무 김암회.

(3) 해제

이 현판(사진 20·그림 16)은 제목없이 앞부분에는 기문, 시기 및 찬·서자를, 뒷부분에는 참여자 명단을 상·중·하 3단으로 기록하였다. 내용은 구산동은 1년 간격으로 2년마다[間年] 울릉도를 수토할 때 대풍소로 이용되는 곳으로 수토 시 비용이 100금이나 소비되는 어려움을 겪자 영찰 황지해가 구산동에 30금을 주어 수토 비용에 보태 사용하게 한 공을 칭송한 것이다. 글은 방오가 찬하고 김술모가 썼다. 시기는 '同治十一年壬申八月日'인데 '동치'는 중국 청나라 목종의 연호(1862~1874)로 동치 11년은 1872년(고종 9)에 해당되므로 '1872년 8월'이 된다. 그러므로 내용 중 '기사년'은 1869년(고종 6)으로 추정된다.

그동안 이 현판의 명칭은 내용에서 '黃營察之海'를 '황영장(黃營將)이 바다를 순찰할 때'로 번역하여 황영장을 '월송영장'으로 보아 필자[123]가 「월송

123 심현용, 「울진 대풍헌 현판」, 『대구사학』98, 대구사학회, 2010, 351쪽.

영장황공영세불망지판」으로 명명하였다. 그러나 이원택·정명수[124]는 이를 '영찰 황지해'로 수정 번역하고 「평해군수 이용익 영세불망지판」(1871.4.)에 나오는 평해군의 '이방 황지해'와 동일 인물이며, 영찰은 강원도 원주 감영에 있던 아전 벼슬의 일종으로 추정하였다. 이후 필자도 두 사람을 동일 인물로 보면서 현판 명칭을 「이방 황지해 영세불망지판」으로 수정하였다.[125] 하지만 황지해의 직책은 1871년(고종 8) 4월에는 '이방'이고 1872년 8월에는 '영찰'이므로 이원택·정명수의 견해대로 「영찰 황지해 영세불망지판」으로 바로잡고자 한다. 한편 백인기[126]는 이 현판을 가칭'영찰 황공지해 몰세불망지판(營察黃公之海沒世不忘之板)'으로 명명하였다.

124 이원택·정명수, 「울진 대풍헌 현판 영세불망지판류 자료의 해제 및 번역」, 『영토해양연구』18, 동북아역사재단 독도연구소, 2019, 137·145~146쪽.

125 심현용, 「월송포진성과 울릉도·독도 수토 관련 유적·유물」, 『이사부와 동해』14, 한국이사부학회, 2018, 107~109쪽.

126 백인기, 「조선 후기 주기적 울릉도 수토와 울릉도 인식 양상에 대한 연구」, 『독도연구』29, 영남대학교 독도연구소, 2020, 150쪽.

5) 도감 박억이 영세불망지판

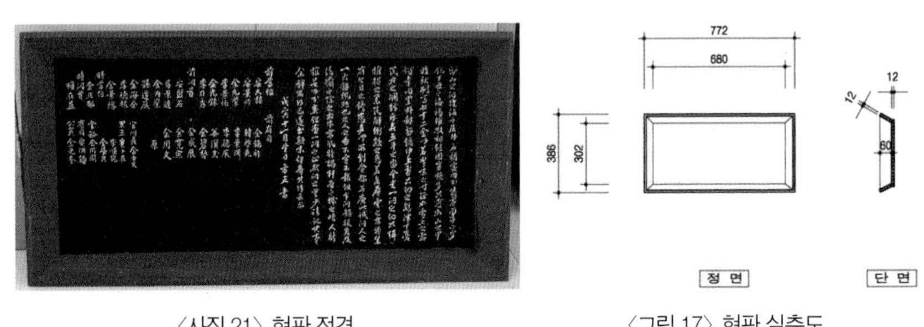

〈사진 21〉 현판 전경

〈그림 17〉 현판 실측도

(1) 원문

邱山之洞, 陸海而居, 外若稍實, 內則甚虛. 丙子之歲飢, 丁丑之海渴, 離散相繼, 困窮頗多. 公逋如山之中, 昨秋刷馬七十二金, 以若衰末之時, 正如雪上之霜. 何幸同里朴都監億伊, 上慮公納之愆滯, 下憂民力之凋殘, 斥賣五斗之畓, 全當一洞之納. 公弭推捉之擧, 民解倒懸之急, 若無層雲之高義, 豈有今日之優惠. 聲聞所到, 貪鄙幷廉, 此誠洞人之一大銘佩處也. 之人之惠, 不宜不報, 故本洞雜役, 爰及後裔而除之, 出等高風, 特揭軒眉而揚之. 噫, 人能推是心, 則奚但惠一洞而止哉. 洞之老少, 請記其事, 余辭不得已, 遂書顚末, 俾壽其傳云爾.

戊寅十一月望日, 方五書.【앞부분】

前尊位 安大喆·安景祚·金允業·李景伯·金光銖·李在秀

前洞首 安盤石·李景達·金丙業·孫道辰·金海分·李德根·金景淳

時尊位 金正郁

時洞首 權在益 [상단]

前有司 金錫祚·韓啓先·李景淵·李德辰·姜漢玉·金碧哲·金成辰·金寬宗·金用文

原

官洞長 金士文

里正 崔卜在·李順完·金學只

掌務 金用周

有司 安洪錫

公員 金光奎 [하단]【뒷부분】

(2) 번역문

구산동(邱山洞)은 육지와 바다가 경내에 포함되어 겉보기에는 삶이 좀 넉넉할 듯하지만 실제로는 매우 궁핍하다. 병자년(1876, 고종 13)에는 농사가 흉년이 들고 정축년(1877, 고종 14)에는 고기잡이도 흉년이었던 탓으로 뿔뿔이 흩어지는 사람들이 끊이지 않고 곤궁한 자들이 자못 많았다. 체납된 조세[公逋]가 산처럼 많은 가운데 작년(1877, 고종 14) 가을[昨秋]에 바쳐야 하는 쇄마가(刷馬價)[127] 72금(金)은 그처럼 쇠락해서 보잘 것 없는 해로서는 정말 설상가상(雪上加霜)이었다.

다행히 같은 마을[同里]의 도감(都監)[128] 박억이(朴億伊)가 위로는 공납(公納)이 연체될까 염려하고 아래로는 민력(民力)이 쇠잔함을 근심하여, 자신의 5두(斗) 논을 팔아 동(洞: 구산동)의 공납을 전부 충당하였다. 공(公)이 미납자를 추궁하여 잡아들이는 일을 늦추어 동민들[民][129]이 거꾸로 매달린 다급한 곤경에서 풀려나게 되었으니, 만약 층층 구름의 높은 뜻[高義]이 없었다면 어찌 오늘 같은 두터운 은혜가 있었겠는가.

---

127 쇄마가(刷馬價): 민간에서 말을 징발(徵發)하는 대신 다른 말을 마련하여 쓸 수 있도록 거두는 비용을 말한다.

128 쇄마가(刷馬價): 민간에서 말을 징발(徵發)하는 대신 다른 말을 마련하여 쓸 수 있도록 거두는 비용을 말한다.

129 이원택·정명수(「울진 대풍헌 현판 영세불망지판류 자료의 해제 및 번역」, 『영토해양연구』18, 동북아역사재단 독도연구소, 2019, 151쪽)는 '백성들'로 번역하였으나 필자가 수정하였다.

그의 명성이 이르는 곳에는 탐욕스럽고 비루한 자들도 청렴해지니 이는 진실로 동민들[洞人]이 크게 마음에 새기고 감복(感服)해야 할 것이다. 이 분(박억이)의 혜택은 마땅히 보답하지 않으면 안 된다. 그래서 본동(本洞: 구산동)의 잡역(雜役)을 그의 후손들에게 이르도록 제외시켜주고, 그 출중하고 높은 기풍[高風]은 특별히 헌(軒: 대풍헌)의 처마에 편액을 걸어 세상에 높이 드러내고자 한다. 아, 사람들이 능히 이런 마음을 확충해 간다면 어찌 한 동[一洞]에만 은혜를 베풀 뿐이겠는가! 동(洞: 구산동)의 노소(老少)가 모두 그 일을 기록해 달라 청하니, 내가 사양하다 부득이하여 결국 일의 전말(顚末)을 써서 오래도록 전하게 하고자 한다.

무인(戊寅, 1878, 고종 15)년 11월 15일[望日]에 방오가 쓰다.

전존위 안대철·안경조·김윤업·이경백·김광수·이재수, 전동수 안반석·이경달·김병업 ·손도진·김해분·이덕근·김경순, 시존위 김정욱, 시동수 권재익, 전유사 김석조·한계선·이경연·이덕진·강한옥·김벽철·김성진·김관종·김용문. 끝[原].

관동장 김사문, 이정 최복재·이순완·김학지, 장무 김용주, 유사 안홍석, 공원 김광규.

(3) 해제

이 현판(사진 21·그림 17)은 제목이 없어서 필자가 「도감 박억이 영세불망지판」으로 명명하였다. 현판은 앞부분에는 기문과 시기 및 서자를, 뒷부분에는 참여자 명단을 상·하 2단으로 기록하였다. 뒷부분 하단 명단 중간부분 쯤에 '끝[原]'이라 하고 뒤에 명단이 계속 기록된 것으로 보아 추기된 듯하다. 내용은 구산동이 병자년에는 농사가, 정축년에는 고기잡이가 2년 계속 흉년이 들어 마을의 체납된 조세가 산처럼 많아졌는데 마을의 도감 박억이 자신의 5두(斗) 논을 팔아 마을 공납을 전부 충당한 공로를 칭송한 것이다. 글은 방오가 썼다.

시기는 '戊寅十一月望日'로 무인년이 언제인지 정확히 알 수 없다. 그러나 이 글을 쓴 방오가 1872년(고종 9) 임신년에 「영찰 황지해 영세불망지판」(1872.8.)을 찬하고, 1878년(고종 15) 무인년에 「전임 손주형·손종간·손수백 영세불망지판」(1878.11.)을 찬한 것으로 보아 무인년은 '1878년'으로 추정된다. 그렇다면 내용 중 '병자년'은 1876년(고종 13), '정축년'은 1877년(고종 14)이다.

그리고 박억이는 「평해군수 이용익 영세불망지판」(1871.4.)와 「영찰 황지해 영세불망지판」(1872.8.)에서 '전동수(前洞首)'로 동수를 역임했음이 확인된다.

6) 전임 손주형·손종간·손수백 영세불망지판

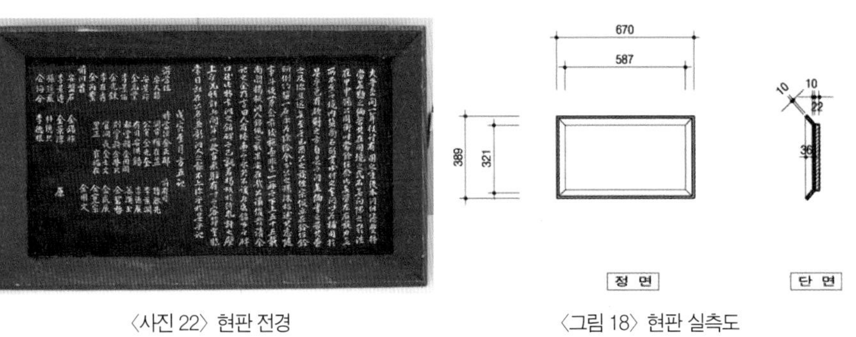

〈사진 22〉 현판 전경

〈그림 18〉 현판 실측도

(1) 원문

夫蔚島間一年搜討, 有國之重役. 本洞供億費, 獨當無勘之偏苦, 其在同境之民, 不無向隅之歎. 往在甲申, 孫公周衡, 時當銓任, 念此賢勞, 左右旋力, 無所不至, 而境內鹽商石頭貰, 皆付之本洞, 以爲輔用, 於是乎邑有碩劃之方. 自是而洞無偏當之苦, 其惠之及, 深且遠矣. 至于己酉, 公之族侄宗侃, 亦在銓任, 銓所例納鹽一石, 永爲除給. 今則公之孫洙栢, 述其志, 隨事斗護. 第念前後施惠, 非止一再, 而下上五十五載, 尙闕揭板, 洞人銘佩之義, 果安在哉. 公議俊發, 請余記之. 余乃言曰, 人有德惠而永矢不諼者, 或銘心而碑口. 然此特本洞之銘碑而已, 孰若揭板於待風軒之壁上乎. 況斯軒者, 間年而使車來駐, 有時而客節登臨, 常目所在, 公名益彰, 洞人之報, 不亦深乎. 於是乎記.

戊寅至月, 方五記.【앞부분】

前尊位 安大喆·安景祚·金允業·李景伯·金光銖·李在秀·金丙業 [상단]

前洞首 安盤石·李景達·孫道辰·金海分·金錫祚·金景淳·朴億只[130]·李德根

時尊位 金正郁

洞首 權在益

公員 金光奎

有司 安洪錫

都掌務 金用周

別掌務 金學只

官洞長 金士文

里正 崔福在 [중단]

前有司 韓啓先·李景淵·李德辰·姜漢玉·金碧哲·金成辰·金寬宗·金用文

原 [하단]【뒷부분】

⑵ 번역문

울도(蔚島: 鬱陵島)를 1년의 간격을 두고 2년마다[間一年: 間年·隔年] 수토(搜討)하는 것은 나라를 다스리는 중요한 역사(役事)[重役]이다. 본동(本

130 朴億只: 「평해군수 이용익 영세불망지판」(1871.4.)과 「영찰 황지해 영세불망지판」(1872.8.)에서 '전동수(前洞首) 박억이(朴億伊)'라는 이름이 확인되는 것으로 보아 '朴億只'는 박억이와 동일인물로 판단되며, 이름을 잘못 적었거나 집 또는 마을에서 부르는 이름을 적었거나 이름을 바꾸었을 가능성도 있다.

洞: 구산동)은 이 수토 비용을 제공하는데 유독 감당할 수 없을 정도로 고통이 심해서 같은 경내의 백성[民: 洞民]으로서 '모퉁이를 향해 탄식하는'[131] 이가 없지 않았다. 지난 갑신년(1824, 순조 24)에 손주형(孫周衡) 공(公)이 당시 전임(銓任)[132]으로 그 일을 맡고 있었는데, 이들의 수고로움을 걱정하여 여기저기 두루 힘을 쏟아 미치지 않는 곳이 없었다. 경내(境內)의 소금 상인[鹽商]들에게 거두는 석두세(石頭貰)[133]를 모두 본동(本洞: 구산동)에 주어 용도에 보태게 하니, 이에 읍(邑: 平海郡)은 먼 앞날까지 계획할 수 있는 방도를 갖추게 되었다. 이때부터 우리 동(洞: 구산동)은 극심한 고통이 사라졌으니 그가 끼친 은혜는 깊고도 원대하다.

기유년(1849, 헌종 15)에 이르러 공(公)의 족질(族姪) 손종간(孫宗侃)이 또한 전임(銓任)으로 있었는데, 전소(銓所)[134]에 으레 공납하던 소금 1섬[一石]을 영원히 견감시켜 주었다. 지금은 공(公)의 손자 손수백(孫洙栢)이 그 뜻[志]을 계승하여 일마다 도와주고 있다. 다만 그동안 베풀어준 은혜를 생각해보면 한두 번에 그친 것이 아니었으며 지금부터 거슬러 올라가면 55년[五十五載]이 지났음에도 아직 혜택을 기리는 현판이 하나도 없으니, 마을 사람들[洞人]이 가슴에 새겨 잊지 않는 정의(情義)는 과연 어디에 있는가? 공의(公議)가 크게 일어나서 나에게 기문(記文) 지을 것을 청하기에, 내가

131 '모퉁이를 향해 탄식하는': 미상

132 이방(吏房)을 지칭하는 말로 생각됨.

133 석두세(石頭貰): 소금 가마니[石頭]에 매기는 세금인 석두세(石頭稅)를 가리키는 것으로 보인다. 규장각 자료에 의하면 광무(光武) 3~6년(1899~1902)에 간행된 「완문(完文)」에 "염정세(鹽井稅) 외에 석두세(石頭稅)를 거두는 자들을 처벌하라는 지시"라는 말이 나오며, 「전라남도각군균역해세조사정총성책(全羅南道各郡均役海稅調査正摠成册)」에 "염석두세(鹽石頭稅)는 매석(每石)에 대(大)는 3전(錢) 중(中)은 2전(錢), 소(小)는 1전(錢) 5푼[分]을 받았는데 이후로는 크기에 상관없이 1전(錢) 5푼[分]씩 받는다는 수취(收取)의 기준"이라는 말이 나온다.

134 전소(銓所): 이방(吏房)이 근무하는 작청(作廳)을 일컫는 듯함.

"은혜를 감사하여 영원히 잊지 않겠다고 맹세하는 사람은 마음에 새겨두거나[銘心] 입으로 칭송하기도[碑口] 한다. 그러나 이는 다만 본동(本洞: 구산동) 사람들의 기억과 칭송일 뿐이니, 어찌 대풍헌(待風軒)의 벽에 현판을 거는 것만 하겠는가. 하물며 이 대풍헌은 1년의 간격을 두고 2년마다[間年] 사신의 수레[使車]가 와서 머무르고, 때때로 길손[客]이 지팡이 짚고 올라 항상 많은 사람의 눈에 띄는 자리이니 (편액이 걸린다면) 공(公)의 이름도 더욱 드러나게 되고 마을 사람들[洞人]의 보은의 정의도 또한 깊어지지 않겠는가."라고 하였다. 이에 기록한다.

무인(戊寅, 1878, 고종 15)년 11월[至月]에 방오가 짓다.

전존위 안대철·안경조·김윤업·이경백·김광수·이재수·김병업, 전동수 안반석·이경달 ·손도진·김해분·김석조·김경순·박억지·이덕근, 시존위 김정욱, 동수 권재익, 공원 김광규, 유사 안홍석, 도장무 김용주, 별장무 김학지, 관동장 김사문, 이정 최복재, 전유사 한계선·이경연·이덕진·강한옥·김벽철·김성진·김관종·김용문. 끝[原].

(3) 해제

이 현판(사진 22·그림 18)은 필자가 처음에 「전임 손주형·손말백·손익창 영세불망지판」으로 명명[135]하였으나 이후 「전임 손주형·손종간·손수백 영세불망지판」으로 바로 잡았다.[136]

이 현판은 제목없이 앞부분에는 기문과 시기 및 찬자를, 뒷부분에는 참여자 명단을 상·중·하 3단으로 기록하였다. 내용은 1년의 간격을 두고 2년마

---

135 심현용, 「울진 대풍헌 현판」, 『대구사학』98, 대구사학회, 2010, 353쪽.

136 심현용, 「울진 대풍헌의 울릉도·독도 수토 자료와 그 역사적 의의 -조선시대 울릉도·독도 수토정책과 관련하여-」, 『울진 대풍헌과 조선시대 울릉도·독도의 수토사』, 영남대학교 독도연구소, 2015, 159~161쪽.

다[間年] 울릉도를 수토하는데, 이때 구산동에서 감당할 수 없을 정도의 비용을 제공하였는데, 갑신년에는 전임 손주형이 경내의 소금 상인들에게 거두는 석두세를 모두 구산동에 주어 보태어 쓰게 하였고, 기유년에는 그의 족질 손종간이 또한 전임으로 있으면서 전소에 공납하던 소금 1섬을 영원히 견감시켜 주었으며, 지금은 손자 손수백이 그 뜻을 계승하여 일마다 도와주고 있다는 것으로 울릉도 수토를 위해 구산동에 도움을 준 손씨 3대를 칭송한 것이다. 글은 방오가 찬하였다.

시기는 '戊寅至月'로 무인년이 언제인지 정확히 알 수 없으나 내용에서 '지금부터 거슬러 올라가면 55년이 지났다'고 한 것에서 유추할 수 있다. 즉 이 글을 찬한 방오가 1872년(고종 9) 임신년에 「영찰 황지해 영세불망지판」(1872.8.)을 찬하고, 1878년(고종 15) 무인년에 「도감 박억이 영세불망지판」(1878.11.15.)을 쓴 것으로 보아 지금인 '무인년'은 1878년으로 추정된다. 그렇다면 '갑신년'은 1824년(순조 24), '기유년'은 1849년(헌종 15)이다.

또 명단 중 김병업은 '전존위'에 들어가 있는데, 「도감 벅억이 영세불망지판」(1878.11.)에서는 '전존위'에 들어가 있지 않고 '전동수'로 되어 있는 것으로 보아 「전임 손주형·손종간·손수백 영세불망지판」(1878.11.)을 더 늦게 제작한 것 같다.

그리고 「평해군수 이용익 영세불망지판」(1871.4.)과 「영찰 황지해 영세불망지판」(1872.8.)에서 '전동수(前洞首) 박억이(朴億伊)'라는 인물이 보이는데, 이곳에서는 '전동수(前洞首) 박억지(朴億只)'라는 인물이 확인된다. 두 사람이 다른 사람이거나 아니면 이름을 잘못 적었거나 박억이가 박억지로 이름을 바꾸었을 가능성도 배제할 수 없다.

Ⅲ. 완문과 수토절목

고문서인 「완문」과 「수토절목」은 한지에 세로로 행서체의 한자로 묵서(墨書)되었는데, 각각 6장으로 성책(成冊)되었다. 크기는 「완문」은 가로 27.5 × 세로 29cm이며, 「수토절목」은 가로 33 × 세로 42.1cm이다. 두 문서 모두 좌측 가장자리에 세로로 4개의 구멍을 뚫고 한지를 새끼처럼 꼬아 만든 끈으로 앞에서 ⊂모양으로 구멍에 끼워 뒤에서 묶었다. 문서에는 주문방인(朱文方印)이 여럿 찍혀 있다. 「완문」은 뒤표지가 마모로 심하게 찢어져 훼손되어 있으며, 「수토절목」은 맨 뒷장을 앞장들보다 더 크게 만들어 다시 앞으로

〈사진 23-1〉 완문(앞표지)

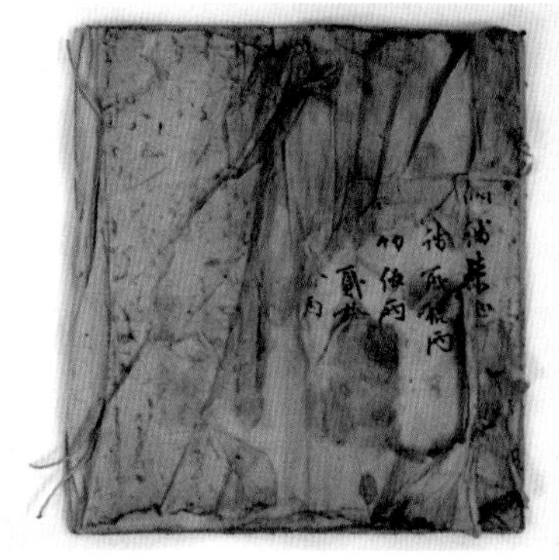

〈사진 23-2〉 완문(뒷표지)

〈사진 23-3〉 완문(앞표지 안쪽 면·1쪽)

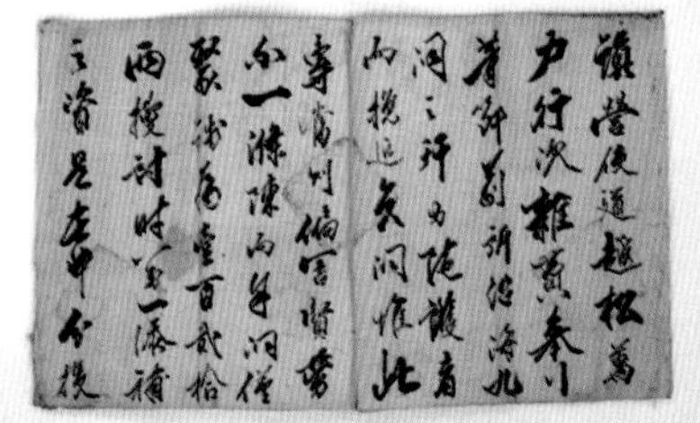

〈사진 23-4〉 완문(2·3쪽)

〈사진 23-5〉 완문(4·5쪽)

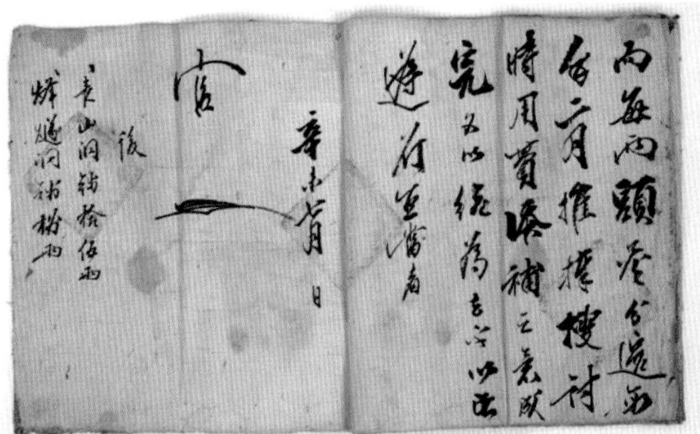

〈사진 23-6〉 완문(6·7쪽)

〈사진 23-7〉 완문(8쪽·뒷표지 안쪽 면)

〈사진 23〉 완문 전경

접어서 앞표지의 일부분을 덮었다.(사진 23·24)

1. 고문서

1) 완문2

(1) 원문

完文

辛未七月 日 [이상 표지]

右完文爲永久遵行事. 卽接邱山洞民等狀內, 鬱陵島搜討時, 鎭營使道越松萬戶行次雜費奉行等節, 前所沿海九洞之幷力隨護者, 而挽近矣洞惟此專當, 則偏害賢勞不一滌陳. 而自洞僅聚錢, 爲壹百貳拾兩, 搜討時, 萬一添補之資是在中, 分授各洞, 存本取利, 每年二月推捧亦爲有置. 莅任以來, 究諸邑弊, 則泇矣洞搜討時難支之狀, 已爲洞悉. 而右錢壹百貳拾兩, 布殖於各洞, 而亦是辦費之惠乙, 仍于鄕作廳, 的只各洞良中, 分排右錢, 而每兩頭參分邊, 每年二月推捧, 搜討時用費添補之意, 成完文以給爲去乎. 以此遵行宜當者.

辛未七月 日.

官【押】

後

表山洞 錢拾伍兩

烽燧洞 錢捌兩

於峴洞 錢柒兩[乙巳三月初七日錢二十兩出]

直古洞 錢貳拾兩

狗巖洞 錢伍兩

巨逸洞 錢貳拾兩

浦次[137]洞 錢拾兩

也音洞 錢伍兩

邱山洞 錢參拾兩

⑵ 번역문

「완문(完文)」

신미(辛未, 1811, 순조 11)년 7월 일.

이 완문은 영원토록 준행(遵行)할 일에 관한 것이다. 방금 구산동민들[邱山洞民等]이 올린 소장(訴狀)의 내용을 보니, "울릉도(鬱陵島)를 수토(搜討)할 때 진영사또(鎭營使道: 三陟營將)와 월송만호(越松萬戶)의 행차에 드는 잡비(雜費)와 수토를 봉행(奉行)하는 절차 등을 전에는 연해(沿海)의 9동(洞)에서 힘을 합쳐 그때그때 지켜왔는데, 지금은 저희 동(洞: 구산동)에서만 유독 이 일을 전담하여 편중된 피해와 심한 고통을 일일이 나열할 수 없을 지경입니다. 동(洞) 별로 삼가 돈을 모아 120냥(兩)을 마련하여 수토(搜討)할 때 만의 하나 보충해야 할 비용이 있거든, 각 동(洞)에 나누어주어 원금은 보존하고 이자만 취하되 매년 2월에 추봉(推捧)[138]하도록 해주십시오." 라고 하였다. 부임한 이래로 여러 고을[諸邑]의 폐단을 살펴보고서 너희 동(洞: 구산동)의 수토(搜討)할 때 버티기 어려운 상황을 이미 자세히 알게 되었다. 위의 돈 120냥을 각 동(洞)에 나누어주어 이자를 증식하니 또한 비용

137 심현용(「울진 대풍헌의 울릉도·독도 수토 자료와 그 역사적 의의 -조선시대 울릉도·독도 수토정책과 관련하여-」, 『울진 대풍헌과 조선시대 울릉도·독도의 수토사』, 영남대학교 독도연구소, 2015, 188~189쪽)은 '次(차)'로 보았고, 이원택·정명수(「울진 대풍헌 소장 「완문」과 「수토절목」의 해제 및 번역」, 『영토해양연구』16, 동북아역사재단 독도연구소, 2018, 125쪽)는 '欠(흠)'으로 보았다. 그러나 '次'가 옳아서 필자가 수정하였다. 자세한 것은 해제를 참조바란다.

138 추봉(推捧): 돈과 곡식을 물려 거두어들이는 것.

을 조달하는 혜택이 되며, 이에 향청(鄕廳)과 작청(作廳)[139]에서 각 동(洞)에게 위 돈을 나누어주고 매 냥(兩) 당 3푼[分] 정도를 매년 2월에 추봉(推捧)하여 수토(搜討)할 때에 들어가는 비용을 더 보태주었다는 뜻으로 완문을 작성하여 주는 것이니, 이대로 마땅히 준행하도록 하라.

신미(辛未, 1811, 순조 11)년 7월 일.

관(官)【수결서명】

다음[後]

표산동(表山洞) 돈[錢] 15냥.

봉수동(烽燧洞) 돈[錢] 8냥.

어현동(於峴洞) 돈[錢] 7냥[을사(乙巳, 1845)년[140] 3월 초7일 돈 20냥을 냄].

직고동(直古洞) 돈[錢] 20냥.

구암동(狗巖洞) 돈[錢] 5냥.

거일동(巨逸洞) 돈[錢] 20냥.

포차동(浦次洞) 돈[錢] 10냥.

야음동(也音洞) 돈[錢] 5냥.

구산동(邱山洞) 돈[錢] 30냥.

(3) 해제

「완문」은 조선시대 관부(官府)에서 백성들에게 어떤 사실을 알리거나 특전을 부여할 때 발급하는 문서로, 어떠한 사실의 확인 또는 권리나 특권의

139 작청(作廳): 고을에서 아전이 집무를 보는 곳.

140 이원택·정명수(「울진 대풍헌 소장 「완문」과 「수토절목」의 해제 및 번역」, 『영토해양연구』16, 동북아역사재단 독도연구소, 2018, 124·127쪽)은 '을사년'을 '1785년'으로 추정하였으나 필자가 '1845년'으로 수정하였다. 자세한 것은 해제를 참조바란다.

인정을 위한 확인서의 성격을 지닌다.

이 「완문」문서(사진 23)는 표지에 제목과 시기를, 안에는 먼저 사유와 시기를 적고 뒷부분에는 성금을 낸 마을의 명단과 금액을 기록하였다. 내용은 울릉도를 순찰하는 수토사의 접대를 위해 소요되는 각종 경비를 전담했던 구산동민들의 요청에 따라 부담을 경감할 수 있는 방책에 대해 평해군에서 결정하여 평해군수가 구산동에 발급해준 것이다. 즉 삼척진영 사또와 월송만호가 울릉도를 수토할 때 수토사들의 체류비는 원래 구산진 주변 연해 9개 마을에서 함께 마련하였다. 그러나 최근 들어 구산동에서 전담하여 부담하게 되었으며, 구산동에서는 돈 120냥을 모아 주변 마을에 풀어 생긴 이자로 그 경비를 충당하였으나, 그 폐해가 구산동에만 집중되어 이를 해결하기 위해 평해군에 청원을 넣은 것이다. 평해군 관아에서는 120냥을 각 동에 분배하고 1냥에 3푼 변리로 매년 2월에 추봉하여 수토 시 비용으로 쓰라고 해결 방안을 결정하였다. 그 시기는 '辛未七月日'로 되어 있다. 후술하는 「수토절목」(사진 24)에 '신미 절목'이 나오는데, 신미년에 「완문」을 발급하고 같은 해에 「절목」도 만든 것을 알려준다. 그러므로 이 「완문」은 「수토절목」보다 빠른 시기의 것임은 분명하다. 신미년 「완문」은 1811년(순조 11)으로 추정되는데, 후술하는 「수토절목」에서 자세히 검토하겠다.

그리고 「완문」의 '於峴洞 錢柒兩'뒤에 '乙巳三月初七日錢二十兩出'이 부기(附記)되어 있다. 부기된 된 '을사년'에 대해 이원택·정명수[141]는 본문의 "전에는 연해의 9동에서 힘을 합쳐 그때그때 지켜왔는데"라는 구절로 보아 「완문」이 작성된 신미년(1811)보다 빠른 '1785년(정조 9)'으로 보았다. 그러나 필자[142]는 「완문」이 작성된 신미년(1811) 이후에 추가로 기록된 것이기

141 이원택·정명수, 「울진 대풍헌 소장 「완문」과 「수토절목」의 해제 및 번역」, 『영토해양연구』16, 동북아역사재단 독도연구소, 2018, 124·127쪽.

142 심현용, 「월송포진성과 울릉도·독도 수토 관련 유적·유물」, 『이사부와 동해』14, 한

때문에 문서보다 빠를 수 없다고 보았다. 그래서 1811년 이후 을사년에 해당하는 1845년(헌종 11)과 1905년(대한제국 고종 광무 9) 중일 것인데 1905년은 1894년에 울릉도 수토제가 폐지된 이후이기 때문에 '1845년'으로 추정하였다. 또 1785년은 울릉도 수토가 정지된 해[143]이므로 수토료(搜討料)를 낼 필요가 없으며, 1845년에는 월송만호 오신범이 3월에 울릉도를 수토[144]하였으므로 이때일 가능성이 더 높다.

그리고 이 「완문」에는 표산동, 봉수동, 어현동, 직고동, 구암동, 거일동, 포차동, 야음동, 구산동 등 9개 마을이 나오며, 후술하는 「수토절목」에는 휘라포, 직고동, 구산동 등 3개 마을이 나온다. 여기에 나오는 해안 9개 마을은 구산동을 중심으로 그 북쪽은 어현동이며, 그 남쪽은 야음동까지의 구역인데, 이중 8개 마을은 현재 그 위치를 알 수 있다.

즉 어현동은 기성면 정명2리 '어티'마을이며[145], 봉수동은 지금의 기성면 봉산1리 '봉수'[146], 표산동은 기성면 봉산2리 '표산'[147], 구산동은 지금의 구산항이 있는 기성면 구산리 '구미(구산)'[148], 직고동은 평해읍 직산2리 '직고

국이사부학회, 2018, 131쪽.

143 『승정원일기』정조 9년(1785) 1월 10일(경신); 『일성록』정조 10년(1786) 6월 4일(병자).

144 「항길고택일기」헌종 11년(1845) 3월 17일.

145 한글학회, 『한국지명총람』7(경북편 Ⅳ), 1979, 121쪽; 경상북도교육위원회, 『경상북도 지명유래총람』, 1984, 1132쪽; 경북향토사연구협의회, 『경북마을지』상, 1990, 911쪽.

146 한글학회, 『한국지명총람』7(경북편 Ⅳ), 1979, 118쪽; 경상북도교육위원회, 『경상북도 지명유래총람』, 1984, 1130쪽; 경북향토사연구협의회, 『경북마을지』상, 1990, 914쪽.

147 한글학회, 『한국지명총람』7(경북편 Ⅳ), 1979, 118쪽; 경상북도교육위원회, 『경상북도 지명유래총람』, 1984, 1130쪽; 경북향토사연구협의회, 『경북마을지』상, 1990, 914쪽.

148 한글학회, 『한국지명총람』7(경북편 Ⅳ), 1979, 115쪽; 경상북도교육위원회, 『경상북도 지명유래총람』, 1984, 1130쪽; 경북향토사연구협의회, 『경북마을지』상, 1990, 914~915쪽.

개'[149], 구암동은 평해읍 거일1리 '구암[개바위]'[150], 거일동은 평해읍 거일2리 '기알(게알)'[151], 야음동은 후포면 금음3리 '야음'[152]이다.

그러나 '포차동'은 어디인지 알 수 없다. 후술하는 「수토절목」에서 포차동은 보이지 않고 '휘라포'가 나온다. 이 휘라포는 지금의 후리포(울진군 후포면 후포리 후포항)로 「완문」의 거일동과 야음동 사이에 있다. 그동안 필자는 후술하는 「수토절목」의 내용이 앞 시기인 신미년 「완문」의 내용을 포함하고 있어서 「완문」의 '포차동'을 「수토절목」의 '휘라포'로 추정하였다.[153] 하지만 厚里洞·浦次洞(1899)[154], 浦次洞·厚羅洞(1899)[155], 厚里肆·浦次肆(1900)[156], 揮里浦·浦次洞(1910)[157]이라는 두 지명이 같은 고문서에 나란히 확인되어 '포차동'과 '휘라포'는 동일한 지명으로 볼 수 없게 되었다.

이 「완문」의 해안 9개 마을 사이에서 보이지 않는 지역으로 '월송리(지금

149 한글학회, 『한국지명총람』7(경북편 Ⅳ), 1979, 179쪽; 경상북도교육위원회, 『경상북도 지명유래총람』, 1984, 1114쪽; 경북향토사연구협의회, 『경북마을지』상, 1990, 860쪽.

150 한글학회, 『한국지명총람』7(경북편 Ⅳ), 1979, 174쪽; 경상북도교육위원회, 『경상북도 지명유래총람』, 1984, 1113쪽; 경북향토사연구협의회, 『경북마을지』상, 1990, 861쪽.

151 한글학회, 『한국지명총람』7(경북편 Ⅳ), 1979, 174쪽; 경북향토사연구협의회, 『경북마을지』상, 1990, 862쪽.

152 한글학회, 『한국지명총람』7(경북편 Ⅳ), 1979, 174~175쪽; 경상북도교육위원회, 『경상북도 지명유래총람』, 1984, 1114쪽; 경북향토사연구협의회, 『경북마을지』상, 1990, 940쪽.

153 심현용, 「울진 대풍헌의 울릉도·독도 수토 자료와 그 역사적 의의 -조선시대 울릉도·독도 수토정책과 관련하여-」, 『울진 대풍헌과 조선시대 울릉도·독도의 수토사』, 영남대학교 독도연구소, 2015, 205쪽.

154 「鳩財成冊 乙亥十一月日」(1899)(김택규, 『동해안어촌민속지』자료편, 영남대학교출판부, 2000, 64쪽)

155 「乙亥十一月日 各洞求乞捧上成冊」(1899)(김택규, 『동해안어촌민속지』자료편, 영남대학교출판부, 2000, 65~66쪽)

156 「船鹽藿稅區別成冊 庚子二月日」(1900)(김택규, 『동해안어촌민속지』자료편, 영남대학교출판부, 2000, 67쪽)

157 김택규, 『동해안어촌민속지』자료편, 영남대학교출판부, 2000, 197쪽.

구산리와 직산리 사이)'와 '삼율리(지금 후포리와 금음리 사이)'가 확인된다. 고문서인 「鳩財成冊 乙亥十一月日」(1899)[158]에 '… 厚里洞 浦次洞 也音洞 … '순으로, 「各洞求乞成冊 庚戌年 日」(1910)[159]에 '… 巨逸洞 揮里浦 浦次洞 也音洞 … '순으로 해안 북쪽에서 남쪽으로 내려오면서 인접한 마을 순으로 기록되어 있는 것으로 보아 포차동은 '삼율리'부근일 가능성이 높다.

158 김택규, 『동해안어촌민속지』자료편, 영남대학교출판부, 2000, 197쪽.
159 김택규, 『동해안어촌민속지』자료편, 영남대학교출판부, 2000, 197쪽.

2) 수토절목

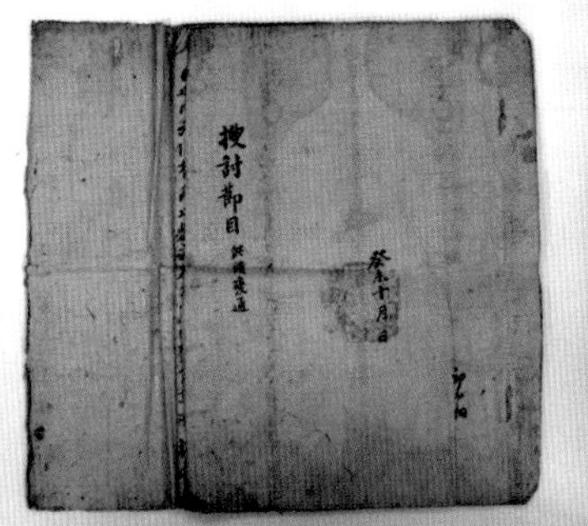

〈사진 24-1〉 수토절목(앞표지)

〈사진 24-2〉 수토절목(뒷표지)

〈사진 24-3〉 수토절목(앞표지 안쪽 면·1쪽)

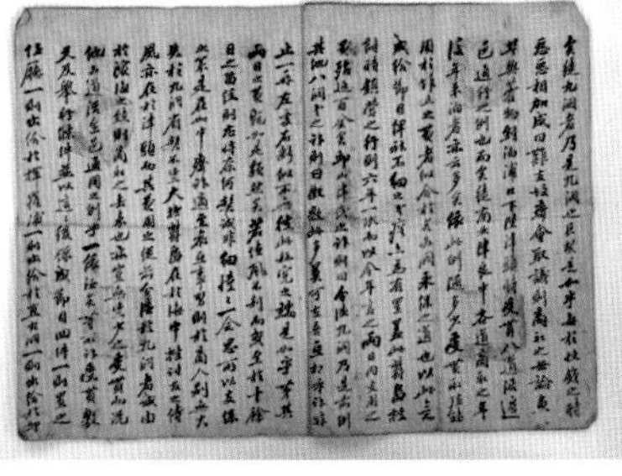

〈사진 24-4〉 수토절목(2·3쪽)

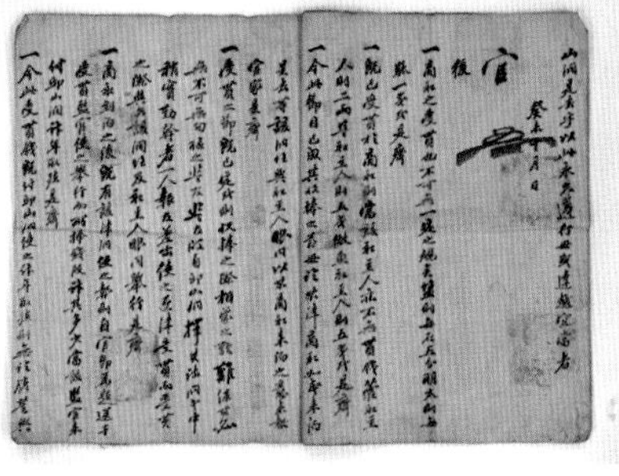

〈사진 24-5〉 수토절목(4·5쪽)

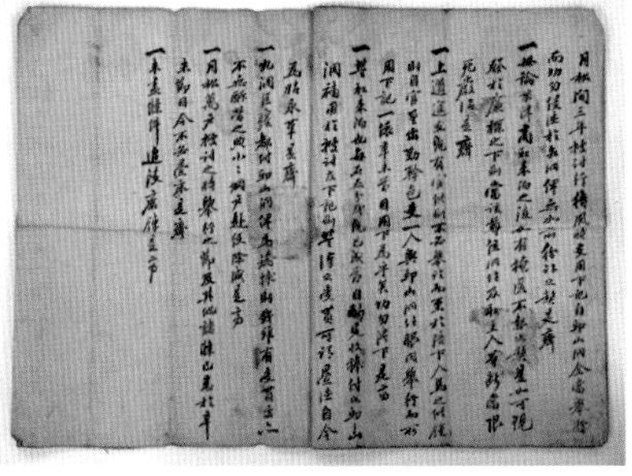

〈사진 24-6〉 수토절목(6·7쪽)

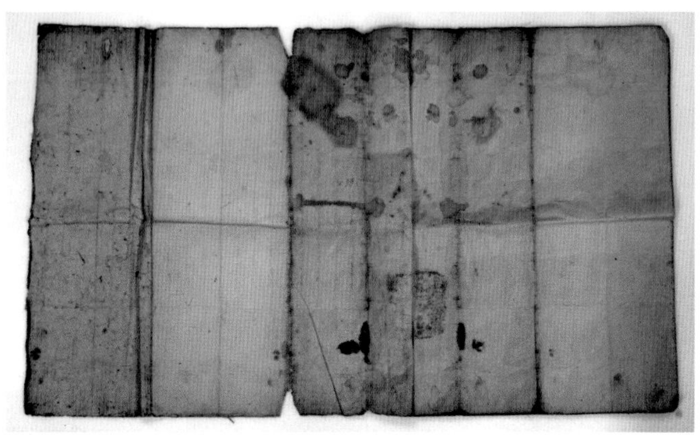

〈사진 24-7〉 수토절목(8쪽·뒷표지 안쪽 면)

〈사진 24〉 수토절목 전경

(1) 원문

搜討節目 供饋變通

癸未十月日

邱山洞 [이상 표지]

節目

右爲永久遵行事. 卽者南北津九洞民人等呈狀內, 以爲鬱陵島之搜討, 三陟鎭營使道與月松萬戶間三年行之者, 乃是定式, 而待風發船之節, 每於邱山津而爲之是乎所. 月松鎭之於本津, 則相距稍近, 其所費用, 雖不至於穎多, 至若鎭營之行, 則本津留住也. 爲日之久近, 都關於風勢之利不利, 然則易至於八九日十數日矣. 雖留住之不久, 若一二日之內, 各項費用之數, 誠爲不少, 而以不少之費, 擔當於矣徒九洞者, 乃是九洞之巨弊是如乎. 每於收錢之時, 怨惡相加, 咸曰難支. 故齊會取議, 則商船之毋論魚鹽與藿物, 到泊浦口, 下陸津頭時, 受貰, 八道沿邊邑通行之例也而矣. 徒南北津良中, 各道商船之年後年來泊者, 亦云多矣, 依此例, 隨多少, 受貰取殖, 補用於惟正之費者, 似合於矣各洞永保之道也. 以此意成給節目, 俾祛不細之民瘼亦爲有置.

蓋此鬱島搜討時, 鎭營之行, 則六年一次, 而以今年言之, 兩日內支用之費, 殆近百金矣. 邱山津民之訴則曰, 分徵九洞, 乃是前例, 其他八洞民之訴則曰, 徵數此多, 莫可支吳, 互相呼訴, 非止一再. 左處右斷, 似不無彼此稱寃之端是如乎, 第其兩日之費, 旣如是顆然矣, 若値風不利而或至於十餘日之留住, 則尤將奈何弊. 誠非細憧憧, 一念思所以支保之策是在如中, 齊訴適至參互事勢, 則於商人別無大失, 於九洞省弊不些. 大抵鬱島在於海中, 搜討官之待風, 亦在於津頭, 而其費用之從前分徵於九洞者, 誠由於濱海之致. 則商船之去來也, 亦豈無些少之受貰, 而況他各道沿邊邑通同之例乎. 一依汝矣等所訴, 受貰數爻及擧行條件, 並以這這後錄. 成節目四件, 一則置之作廳, 一則出給於揮羅浦, 一則出給於直古洞, 一則出給於邱山洞是去乎. 以此永久遵行, 毋或違越宜當者.

癸未十月 日

官【押】

後

一, 商船之受貰也, 不可無一定之規矣. 鹽則每石五分, 明太則每駄一戔式是齊.

一, 旣已受貰於商船, 則當該船主人, 亦不無貰錢. 藿船主人則二兩, 鹽船主人則五戔, 微魚船主人則五戔式是齊.

一, 今此節目已成, 其收捧之節, 毋論某津, 商船如或來泊是去等, 該洞任與船主人, 眼同以某商船來泊之意, 來報官家是齊.

一, 受貰之節, 旣已定式, 則收捧之際, 相蒙之歎, 難保其必無, 不可無句檢之監官. 監官段, 自邱山洞, 擇其該洞民中稍實勤幹者一人, 報官差出, 使之逐津受貰, 而受貰之際, 與各該洞任及船主人, 眼同擧行是齊.

一, 商船到泊之後, 旣有該津洞任之報, 則自官卽爲題, 送于受貰監官, 使之擧行, 而所捧錢段, 計其多少, 當該監官來付邱山洞, 計年取殖是齊.

一, 今此受貰錢, 旣付邱山洞, 使之計年取殖, 則無論鎭營與月松, 間三年搜討行待風時, 支用下記. 自邱山洞全當擧行, 而切勿侵徵於各洞, 無如前紛訴之弊是齊.

一, 毋論某津, 商船來泊之後, 如有掩匿不報之弊, 是如可現發於廉探之下, 則當該尊位洞任及船主人等, 斷當限死嚴治是齊.

一, 上道進支, 旣有官供, 則不必擧論, 而至於陪下人馬之供饋, 則自官差出勤幹色吏一人與邱山洞任, 眼同擧行, 而所用下記, 一依辛未節目用下爲乎矣, 切勿濫下是齊.

一, 鹽船來泊也, 每石五分式, 旣已成節目, 酌定收捧, 付之邱山洞, 補用於搜討官. 下記則鹽漢之受貰, 可謂疊徵, 自今爲始永革是齊.

一, 九洞巨瘼, 都付邱山洞, 俾爲矯捄, 則錢雖有受貰處, 亦不無酬勞之典, 小小烟戶赴役除減是齊.

一, 月松萬戶搜討之時, 擧行之節及其他諸條, 已悉於辛未節目, 今不必疊床是齊.

一, 未盡條件, 追後磨鍊是齊.

(2) 번역문

「수토절목(搜討節目)」수토할 때 음식 제공 등의 변통에 관한 것

계미(癸未, 1823, 순조 23)년 10월 일.

구산동(邱山洞).

절목(節目)

이 글은 영원토록 준행(遵行)할 일에 관한 것이다. 이번에 남북(南北) 진(津)의 9동 동민들[九洞民人等]이 올린 소장(訴狀)의 내용에, "울릉도(鬱陵島)를 수토(搜討)하려 할 때 삼척진영(三陟鎭營)의 사또[使道]와 월송만호

(月松萬戶)가 3년을 간격으로 4년마다[間三年][160] 행하는 것이 정식(定式)이고, 바람을 기다려 배[船]를 출발하는 절차는 매번 구산진(邱山津)에서 담당하였습니다. 월송진(月松鎭)은 본진(本津: 구산진)에서 서로 거리가 매우 가까워 그 들어가는 비용이 아주 많지는 않지만 진영(鎭營: 三陟鎭營)이 행차할 경우에는 다 본진(本津: 구산진)에서 유숙[留住]하였습니다. 유숙하는 기간이 길고 짧은 것은 바람의 형세가 좋고 나쁨에 달려 있으니, 그러한 즉 8, 9일이나 십수 일이 되기 십상이었습니다. 비록 유숙[留住]하는 날이 길지 않더라도 하루이틀 안에 각 항목의 비용 액수가 참으로 적지 않습니다. 이 적지 않은 비용을 저희 9동(洞)에게 담당시키는 것이 곧 저희 9동(洞)의 큰 폐해라 하겠습니다. 매번 돈을 걷을 때마다 원망과 증오가 더해져 모두들 '버티기 어렵다.'고 얘기합니다. 그래서 일제히 모여서 논의한 내용이 다음과 같습니다.

상선(商船)은 어염(魚鹽)과 미역[藿物] 등을 막론하고 배가 포구(浦口)에 정박하여 나루터[津頭]에 내릴 때 세(貰)를 받는 것은 8도(道)의 해안가 고을[沿邊邑]에서 통상 행하는 관례라고 합니다. 다만 남북 진(津)에 각 도(道)의 상선이 근년 전후로 많이 정박한다고 하니, 이 관례에 의하여 화물의 다소(多少)에 따라 세(貰)를 받아 이자를 취하여 '마땅히 써야 할 비용[惟正之費]'에 보충해서 쓴다면 저희 각 동(洞)을 영구히 보전할 대책으로 합당할 것 같습니다. 이러한 뜻으로 절목(節目)을 작성해 주어 적지 않은 민폐를 없애 주소서."라고 하였다.

---

160 뒤의 " … 대개 울도(鬱島: 鬱陵島)를 수토(搜討)할 때에 진영(鎭營)의 행차는 6년에 한 번[六年一次] 있었으나 … "라는 구절로 보아 '間三年'을 '3년 사이에 1번'이라는 뜻으로 쓴 듯하다. 그러나 '間三年'은 '3년 간격으로 4년마다'의 뜻이므로 '間二年(2년 간격으로 3년마다)'이라 해야 六年一次와 일치한다. 하지만 이미 1735년 이후부터 '間一年(1년 간격으로 2년마다)' 수토가 행해졌으므로 이때(1827)는 '間一年'이라 해야 옳다.

대개 울도(鬱島: 鬱陵島)를 수토(搜討)할 때에 진영(鎭營: 삼척진영)의 행차는 6년에 한 번[六年一次] 있었으나, 올해[今年]로 말하자면 이틀 동안 지출한 비용이 거의 100금(金)에 가깝다. 구산진(邱山津) 동민들[民]이 호소하여 말하기를 "9동(洞)에 나누어 비용을 징수하는 것이 전례(前例)이다."라고 하자, 다른 8동(洞) 동민들[民]이 호소하여 말하길 "징수하는 비용이 이처럼 많으니 우리도 견딜 수 없다."고 하며 서로 호소한 것이 한두 번이 아니었다. 이렇게 저렇게 처단하다 보면 피차간에 원망할 듯하지만, 단지 이틀의 비용이 이처럼 많은데 만약 바람이 순조롭지 못하여 혹 십여 일을 유숙[留住]하게 된다면 장차 그 폐해를 어떻게 하겠는가. 진실로 작은 걱정거리가 아니기에 일념(一念)으로 백성들의 삶을 지탱할 대책을 생각하건대, 모두 호소할 때 상대방의 형편을 서로 고려한다면 상인(商人)에게도 특별히 큰 손실이 없을 것이고 9동(洞)에도 폐해를 적잖이 줄일 수 있을 것이다.

대저 울도(鬱島: 鬱陵島)는 바다 가운데에 있고 수토관(搜討官)이 바람을 기다리는 것[待風]도 또한 구산진의 나루터[津頭]이기에 그 비용을 종전에 9동(洞)에 나누어 징수한 것은 진실로 (그 동들이) 해변에 위치한 까닭이다. 그러한즉 상선이 왔다갔다할 때에 어찌 적은 세(貰)를 받지 않겠는가. 하물며 다른 각 도(道)의 해안가 고을[沿邊邑]에도 같이 통용되는 관례가 있음에야 말할 나위가 있겠는가. 하나하나 너희들이 호소한 대로 받는 세(貰)의 수효(數爻)와 거행 조건(擧行條件)을 아울러 일일이 '다음[後]'에 기록한다. 절목(節目)을 4건 만들어 하나는 작청(作廳)[161]에 비치하고, 하나는 휘라포(揮羅浦)에 내어 주고, 하나는 직고동(直古洞)에 내어 주며, 하나는 구산동(邱山洞)에 내어 줄 것이다. 이로써 영원토록 준행하며 혹시라도 이 일을 어

161 작청(作廳): 서리들의 집무처를 말한다. 공식적으로 인리청(人吏廳) 또는 이청(吏廳)이라 하였고, 일반적으로는 작청(作廳) 또는 성청(星廳)이라고 하였다.

기는 일이 없도록 해야 할 것이다.

계미(癸未, 1823, 순조 23)년 10월 일.

관(官)【수결서명】

다음[後]

하나, 상선(商船)에 세(貰)를 받을 때 일정한 규칙이 없으면 안 된다. 소금[鹽]은 한 섬[石]에 5푼[分]으로 하고, 명태(明太)는 한 바리[駄]에 1전(戔)씩이다.

하나, 이미 상선에 세를 받았으면 마땅히 해당 선주[船主人]도 또한 세전(貰錢)이 없을 수 없다. 미역 채취선의 선주[藿船主人]는 2냥(兩)으로 하고, 소금 선주[鹽船主人]는 5전(戔)으로 하며, 작은 고기잡이 선주[魚船主人]는 5전(戔)씩이다.

하나, 절목이 이미 작성되었으면 그 거두어들이는 절차 같은 것은 어떤 진(津)을 막론하고 상선과 같은 식으로 한다. 혹 상선이 와서 정박하는 일이 있으면 해당 동임(洞任)[162]과 선주[船主人]가 함께 그 상선이 정박한 사유를 관가(官家)에 가서 보고한다.

하나, 세를 받는 절차가 이미 정식(定式)이 되었으므로 거두어들일 즈음에 서로 속이는 개탄스러운 일이 반드시 없다고 보장하기 어려우니, 맡아서 단속하는 감독관[句檢監官]이 없으면 안 된다. 감독관들[監官]은 구산동(邱山洞)에서부터 그 해당 동민 중에 다소 성실하고 능력 있는 자 한 사람을 선택해서 관(官)에 보고하고 차출하여, 그로 하여금 진(津) 별로 세를 받게 하되, 세를 받을 즈음에 각 해당 동임(洞任) 및 선주[船主人]와 함께 거행한다.

하나, 상선이 이르러 정박한 뒤에 이미 해당 진(津)의 동임의 보고가 있

162 동임(洞任): 동네의 일을 맡아보는 사람.

으면, 관청[官]에서 곧 제사(題辭)하고 세를 받는 감독관[監官]에게 보내어 그로 하여금 거행하게 한다. 그리고 거두어들인 돈은 그 다소(多少)를 헤아려 마땅히 해당 감독관이 구산동(邱山洞)에 와서 주고 해[年]를 헤아려 이자를 취하게 한다.

하나, 이렇게 받은 돈을 이미 구산동에 주어서 그들로 하여금 해마다 이자를 취하게 하겠으니, 진영(鎭營: 三陟鎭營)과 월송(月松: 月松浦鎭)을 막론하고 3년 간격으로 4년마다[間三年] 수토(搜討)하려고 바람을 기다릴 때에 지급해서 사용할 것을 아래에 기록한다. 구산동에서 모두 마땅히 거행해야 할 것을 절대로 각 동(洞)에 침징(侵徵)[163]하지 말 것이며, 그들로 하여금 이전처럼 분연히 호소하는 폐단이 없게 해야 한다.

하나, 어떤 진(津)을 막론하고 상선이 와서 정박한 후에 만약 숨기고 보고를 하지 아니한 폐단이 있어 이것이 염탐하여 발각되면, 해당 존위(尊位), 동임(洞任) 및 선주[船主人] 등은 결단코 응당 죽도록 엄하게 다스릴 것이다.

하나, 상도(上道)의 진지(進支)[164]는 이미 관(官)에서 제공한 것이 있으면 거론할 필요가 없으나, 그 부하[部下人]와 말[馬]의 음식비 같은 것은 관청[官]에서 차출한 능력 있는 색리(色吏) 한 사람과 구산동임(邱山洞任)이 함께 거행한다. 비용은 아래에 기록하니 하나하나 「신미절목(辛未節目)」[165]에 의거하여 지출하고 절대 부풀려서 지출하지 마라.

하나, 염선(鹽船)이 와서 정박할 때에는 한 섬[石]에 5푼[分]씩으로 이미 절목을 작성하여 거두어들일 것을 배정했으니 구산동에 주어서 수토관(搜

---

163 침징(侵徵): 원래의 범위를 벗어나 징수하는 것.

164 상도(上道)의 진지(進支): 상도(上道)는 삼척영장을 지칭하는 것으로 보이므로 '삼척영장의 식사'라는 의미이다.

165 「신미절목(辛未節目)」: 현재 남아있지 않지만, 앞에서 소개한 신미년의 「완문」(1811)과 함께 만들어진 「절목」이었을 것으로 추정된다.

討官)에게 보태어 쓰게 한다. 아래에 기록한 것은 염한(鹽漢)[166]에게 받는 세인데, 가히 거듭 징수한 것이라 할 만하니 지금부터 시작해서 영원히 혁파하라.

하나, 9동(洞)의 큰 폐해는 모두 구산동에 떠맡겨져 있기에 그들을 위해 바로잡게 한 것이니, 돈은 비록 세를 받을 곳이 있다 하더라도 또한 그들의 노고에 보답하는 은전(恩典)이 없어서는 안 되기에 자질구레한 민가[烟戶]의 부역은 제감(除減)해 준다.

하나, 월송만호(月松萬戶)가 수토(搜討)할 때에 거행(擧行)하는 절차 및 기타 여러 조항은 이미 「신미절목(辛未節目)」에 상세하니 지금 거듭 말할 필요가 없다.

하나, 미진한 조건(條件)은 추후에 마련한다.

(3) 해제

이 「수토절목」문서(사진 24)는 표지에 제목과 시기 및 마을명을, 안에는 절목의 사유와 시기 및 개별조항을 기록하였다. 이 문서는 울릉도를 순찰하는 수토사의 접대를 위해 소요되는 각종 경비를 전담했던 구산동민들의 요청에 따라 부담을 경감할 수 있는 방책에 대해 평해군 관아에서 결정해준 것이다.

'수토(搜討)'란 '수색하여 토벌한다'는 뜻으로 울릉도 수토 시의 12조항을 적은 것이 이'절목'이다. '수토'의 의미는 해안이나 해상 또는 해도에서 왜적·도적·변란 등을 다스리는 군사 용어로 자국민과 함께 영토를 침범한 타국인 또는 적군을 수색하여 토벌한다는 뜻이며, 이러한 수토정책은 도서(島嶼)지역에 대한 조선의 군사적 국방정책이었다.

이 「수토절목」의 내용을 살펴보면, 울릉도 수토는 삼척진영 사또와 월송만호가 3년 간격으로 4년마다(당시 실제는 1년 간격으로 2년마다) 한 번씩

166 염한(鹽漢): 소금 굽는 사람.

하는 것이 정식으로 평해 구산진에서 출발하였으며, 바람의 형편에 따라 머무는 기간이 길어지기도 하였는데, 월송포진은 구산진과 가까워 그 경비가 많이 들지 않으나, 삼척진영의 경우에는 구산진에서 유숙하여 많은 경비가 지출되므로 구산진 주변의 남북 포구 9개 마을에 부담하게 하였다. 올해에는 삼척진영의 행차인데 그동안 구산동과 주변 8개 마을에 돈을 풀어 생긴 이자로 경비를 충당하였으나, 각 마을의 형세가 각각 다르니 민원이 자주 발생해 상선과 선주에게 세를 받는 등 그 해결 방안을 논의한 바를 평해군 관아에서 결정한 것이다.

그 시기는 '癸未十月日'로 되어 있다. 그러나 「수토절목」에 나오는 '신미절목'이 전술한 신미년 「완문」을 발급하고 같은 해에 만든 절목으로 추정되고, 또 이러한 상황으로 보아 「수토절목」의 '계미년'은 「완문」보다 늦은 시기이므로, 계미년의 「수토절목」은 신미년의 「완문」보다 12년 후의 것은 분명하다.

이에 대해 권삼문[167]은 특별한 근거없이 문서의 재질이나 상태로 보아 「완문」의 신미년은 '1811년(순조 11)' 또는 '1871년(고종 8)'으로, 「수토절목」의 계미년은 '1823년(순조 23)' 또는 '1883년(고종 20)'으로 추정하였다.

또 이욱[168]은 상선이 수세하고 선주인이 널리 확산되는 것은 18세기 후반 이후의 상황이고, 1883년 7월에 조인된 '조일통상장정'에서는 조선의 경상도 해안에서 일본 어선의 어업활동을 인정하였기 때문에 1883년 7월 이후에는 수토사를 파견할 이유가 없었으므로 두 문서는 늦어도 '1883년'이전의 것이며, 신미년은 '1811년', 계미년은 '1823년'으로 추정하였다.

---

167 권삼문, 「울진의 고문서 -마을 문서와 군지-」, 『향토문화』11·12, 향토문화연구회, 1997, 212~217쪽; 권삼문, 『동해안 어촌의 민속학적 이해』, 민속원, 2001, 296~303쪽.

168 이욱, 「〈완문 신미 7월 일〉, 〈수토절목 공궤변통 계미시월 일 구산동〉」, 『일본의 역사왜곡과 대응방안』광복 60주년 기념 학술대회, 한국국학진흥원, 2005, 148쪽.

그리고 심현용[169]은 「월송만호 장원익 영세불망지판」(1870.7.)과 「평해군수 심능무·이윤흡 영세불망지판」(1870.7.)의 현판 제작 시까지 이 「완문」과 「수토절목」의 내용처럼 대풍헌 주변 동민들을 위한 수토경비 조달방법 등이 확립되지 않고 있으므로 두 문서는 이 현판들보다 늦다고 보아서 신미년은 '1871년', 계미년은 '1883년'으로 추정하였다.

그러나 이원택[170]은 『승정원일기』에서 시기를 명확히 추정할 수 있는 기사를 찾아 신미년은 '1811년', 계미년은 '1823년'으로 보았다. 이에 심현용[171]도 자신의 기존 견해를 철회하고 다음과 같이 이원택의 견해를 따랐다.

> A) 병비(兵批)에, … 안영식(安永植)을 월송만호(越松萬戶)로 삼았다.[172]

> B) 병조에서 또 아뢰기를, "제도의 포폄 계본(褒貶啓本)을 열어 보니, … 전 강원감사 윤우선(尹宇善)은 계본 가운데 월송만호(越松萬戶) 안영식(安永植)에 대해 '지역이 좁고 일이 적어 수토(搜討)하는 일뿐이다.'라고 지목하였으며, 경상감사 조강하(趙康夏)의 계본 가운데 … 지목하였습니다. 모두 하고(下考)에 두어야 마땅함에도 상고(上考)에 두었으니 전혀 전최(殿最)를 엄히 밝히는 뜻이 없

---

169 심현용, 「조선시대 울릉도 수토정책에 대한 고고학적 시·공간 검토」, 『영토해양연구』6, 동북아역사재단 독도연구소, 2013, 173~174쪽; 심현용, 「울진 대풍헌의 울릉도·독도 수토 자료와 그 역사적 의미 -조선시대 울릉도·독도 수토정책과 관련하여-」, 『울진 대풍헌과 조선시대 울릉도·독도의 수토사』, 영남대학교 독도연구소, 2015, 201~202쪽.

170 이원택·정명수, 「울진 대풍헌 소장 「완문」과 「수토절목」의 해제 및 번역」, 『영토해양연구』16, 동북아역사재단 독도연구소, 2018, 121~124쪽; 이원택, 「19세기 울릉도 수토제 운영 실태에 관한 연구」, 『이사부와 동해』14, 한국이사부학회, 2018, 166~167쪽.

171 심현용, 「월송포진성과 울릉도·독도 수토 관련 유적·유물」, 『이사부와 동해』14, 한국이사부학회, 2018, 131쪽.

172 『승정원일기』 고종 19년(1882) 10월 20일(계유). "兵批 … 安永植爲越松萬戶"

습니다. … "하였다.[173]

위 사료 A·B에서 월송만호로 안영식이 확인된다. 사료 A에서 안영식은 1882년 10월 20일 월송만호에 임명되었으며, 사료 B에서는 1883년 12월 29일 그해 봄에 월송만호 안영식이 울릉도를 수토하였다.

당시 울릉도 수토는 1년 걸러 2년에 한 번씩 삼척영장과 월송만호가 번갈아 가는 간년 윤회수토(間年輪回搜討)가 원칙이였으므로 사료 B와 같이 1883년에 월송만호 안영식이 울릉도를 수토했다면, 같은 해에 다시 삼척영장이 수토한다는 것은 불가능하다. 「수토절목」에서 금년(계미년)에는 삼척영장이 수토한다고 하였으므로 1883년(계미년)인 사료 B의 월송만호가 수토한 것과 일치하지 않는다. 그렇다면 「수토절목」의 '계미년'은 1883년보다 빠른 '1823년'일 수밖에 없다. 이는 『항길고택일기』순조 23년(1823) 3월 1일에 삼척영장 남회가 울릉도를 수토한 것[174]과도 일치한다. 그리고 「수토절목」에 인용된 '신미년 절목'에서 신미년은 현존하는 「완문」이 신미년으로 1811년(순조 11)이므로 이때 '절목'도 같이 만들었던 것이다.

---

173 『승정원일기』 고종 20년(1883) 12월 29일(을해). "又啓曰, 坼見諸道褒貶啓本, … 江原前監司尹宇善啓本中, 越松萬戶安永植, 以小防無事搜討而已爲目, 慶尙監司趙康夏啓本中, … 則俱宜置下考, 而置諸上考, 殊無嚴明殿最之意."

174 이원택, 「19세기 울릉도 수토제 운영 실태에 관한 연구」, 『이사부와 동해』114, 한국이사부학회, 2018, 159쪽.

Ⅲ. 맺음말

지금까지 울진 대풍헌에서 소장하고 있는 현판과 고문서인 완문과 수토절목에 대해 자세히 소개하고 시기와 내용 등을 살펴보았다. 기존의 견해와 다르게 시기를 다르게 보는 등 새롭게 검토한 것도 일부 있다.

이들 자료를 내용별로 구분해보면, 고문서는 2점, 상량기문 3점, 현판 17점으로 모두 3건 22점이며, 현판은 다시 건물명류 2점, 기문류 9점, 영세불망지판류 6점으로 분류되는데, 그 현황을 시기별로 살펴보면 〈표 2〉와 같다.

〈표 2〉 울진 대풍헌 소장자료 현황

	명칭	제작 시기	찬자	주요 단어	종류	비 고
1	완문	1811년(순조 11) 7월	평해군	수토, 울릉도, 진영사또, 월송만호	고문서	경상북도 '문화재 자료'지정
2	수토절목	1823년(순조 23) 10월	구산동(진정), 평해군(뎨김)	수토, 울릉도, 삼척진영, 월송만호, 수토관	〃	
3	대풍헌 상량기문	1851년(철종 2) 3월 2일			상량기문	
4	대풍헌	1851년 6월		대풍헌	건물명류 현판	경상북도 '유형문화재' 지정
5	구산동사중수기	1851년 6월	김학린(記), 손종훈(書)	수토, 울릉도, 대풍헌, 월송포	기문류 현판	
6	평해군수 심능무·이윤흡 영세불망지판	1870년(고종 7) 7월		수토, 대풍헌, 삼척포영, 월송포진	영세불망지판류 현판	
7	월송만호 장원익 영세불망지판	1870년 7월	박제은(記)	수토, 월송, 울릉도, 수토관, 대풍소	〃	
8	평해군수 이용익 영세불망지판	1871년(고종 8) 4월		수토, 울릉도, 후풍소, 삼척포영, 월송포진	〃	
9	영찰 황지해 영세불망지판	1872년(고종 9) 8월	방오(撰), 김술모(書)	수토, 대풍소	〃	
10	도감 박억이 영세불망지판	1878년(고종 15) 11월	방오(書)	대풍헌	〃	

번호	명칭	제작 시기	찬자	주요 단어	종류	비 고
11	전임 손주형·손종간·손수백 영세불망지판	1878년 11월	방오(記)	수토, 울릉도, 대풍헌	//	
12	구산동사기	1888년(고종 25) 4월	이서구(記)	수토	기문류 현판	
13	동계완문	1904년(고종 광무 8) 2월(진정), 1904년 5월 13일 (뎨김)	동원 20명 (진정), 평해군(뎨김)		//	//
14	중수기	1906년 (고종 광무 10) 5월	손주형(撰), 황경운(書), 윤영선(刻)		//	
15	동사중수기	1939년 6월	손계수(撰)	수토, 대풍헌, 울릉도	//	
16	기성구산동사	1939년 6월			건물명류 현판	경상북도 '유형문화[illegible] 지정
17	성황당중수기	1959년 3월 29일	손응원(撰)		기문류 현판	
18	사자당중수기	1968년 10월	황덕기(記)		//	
19	동사중수고사신축기	1972년 9월			//	
20	대풍헌 및 성황당 중건기	1991년 9월(기), 1991년 10월 15일 (성금록)	남종순(記)	수토, 울릉도, 대풍헌	//	

조선시대 울릉도 수토제는 1694년부터 1894년까지 200년 동안 동해안을 방어하는 수군인 강원도 삼척부에 위치한 삼척진영의 삼척영장과 평해군에 위치한 월송포진의 월송만호 등 수토관과 그의 수행인원들로 의해 시행되었다. 이들은 인원이 많을 때는 150명, 적을 때는 29명으로 이루어졌는데, 필자는 이 '수토관과 그 일행들'을 '수토사(搜討使)'라 명명하였다.

그동안 울릉도와 독도 연구에서 수토는 사료의 부족으로 연구가 진척되지 못하는 분야에 속했다. 그런데 2005년 경북 울진군 기성면 구산리에서 대풍헌에 보관된 다수의 현판과 고문서들이 필자에 의해 발견되어 울릉도 수토 연구에 활기를 불어넣어 주었다. 대풍헌에서 발견된 현판, 완문과 수토절목, 그리고 동계완문 원본과 관련 계안 등 이들 역사적 유물은 귀중한 1차 사료이다.

특히 울진 대풍헌 자료는 19세기 울릉도 수토 시 역사적 상황까지 파악할 수 있는 내용들이 포함되어 있고 『조선왕조실록』등 문헌기록에서 삼척영장과 월송만호가 처음에는 3년마다[間二年], 나중에는 2년마다[間一年] 교대로 수토한 것이 사실임을 입증하였다. 그리고 수토사들이 울릉도로 출항할 때 처음에는 삼척항, 장오항, 죽변항, 구산항 등 여러 곳에서 출항하였으나 약 100년이 지나자 모두 평해 구산항 대풍헌에서 머물다가 출항하였기에 자료가 더욱 풍부해질 수 있었다.

또한 수토사들이 구산동 마을회관인 대풍헌에서 바다의 순풍을 기다리며 유숙하던 상황도 세밀하게 밝혀졌다. 즉 구산동을 비롯한 해안 주변 9개 마을에서 수토사의 경비를 부담한 역할이 확인되어 울릉도 수토 시 지역민들의 생생한 사회상까지 파악할 수 있게 되었다. 이러한 내용들은 그동안의 사료에서 보여주지 못한 역사적 사실들로 더 의미가 있다.

그리고 이 대풍헌 자료가 지금까지 잘 남아있을 수 있었던 가장 큰 이유로는 구산리의 자치조직인 '老班契'라는 洞契에 의해서이다. 이 조직은 마을의 공동체 조직으로 마을 운영에 상당한 영향력을 행사한다. 이 노반계원의 서열에 대한 위계질서는 지금도 확고하다. 그 위계는 행공존위 - 시존위 - 행공동수(동수존위) - 행공유사로 구성되며 각 존위별로 1년 단위로 승진하여 최종 행공존위에 오른다. 이외에도 좌차 존위가 있는데, 이들은 동수도 못 하고 동네일도 못 맡았으나 나이가 많은 사람 중에서 선정한다. 이들은 존위들과 놀러 다닐 수만 있고 제관이 되거나 기타 마을 일에는 참여하지 못하며, 마을 일을 논하는 대풍헌 내의 방에는 못 들어가고 마루에서 사람들과 어울릴 수 있을 뿐이다.[175] 특히 동사인 대풍헌에서 회의를 하며 마을의 중요한 일을 결정하고 추진하는 등 모든 일들을 대풍헌에서 진행하기 때문에 지금도 대풍헌을 신성시하며 관리하고 있으며, 또 마을의 중요한 일을 현판으로 만들어 대풍헌에 게판하는 전통도 아직까지 계승하고 있다.

175 이에 대해서는 김도현, 「울진군 기성면 구산리 대풍헌과 마을신앙」, 『박물관지』16, 강원대학교중앙박물관, 2010에 자세하다.

참고문헌

1. 사료

『각도읍지』, 『각사등록』, 『강원도읍지』, 『강원도평해군읍지』, 『관동지』, 『구한국지방행정구역명칭일람』, 『대동지지』, 『동국여지지』, 『비변사등록』, 『승정원일기』, 『신구대조조선전도부군면리동명칭일람』, 『신증동국여지승람』, 『여지도서』, 『울릉도검찰일기』, 『유행록』, 『일성록』, 『조선왕조실록』, 『조선지지자료』, 『하재일기』, 『호구총수』.

2. 단행본

경상북도교육위원회, 『경상북도 지명유래총람』, 1984.
경북향토사연구협의회, 『경북마을지』상, 경상북도, 1990.
김택규, 『동해안어촌민속지』자료편, 영남대학교출판부, 2000,
영남대학교 독도연구소, 『울진 대풍헌과 조선시대 울릉도·독도의 수토사』영남대학교 독도연구소 독도연구총서 14, 도서출판 선인, 2015.
울진군지편찬위원회, 『울진군지』, 울진군, 2001.
태광건축사사무소, 『울진 대풍헌 해체수리공사보고서』, 울진군, 2010.
한글학회, 『한국지명총람』7(경북편 Ⅳ), 1979.

3. 논문

권삼문, 「울진의 고문서 -마을 문서와 군지-」, 『향토문화』11·12, 향토문화연구회, 1997.

권삼문, 「동해안 어촌의 고문서」, 『동해안 어촌의 민속학적 이해』, 민속원, 2001.

김도현, 「울진군 기성면 구산리 대풍헌과 마을신앙」, 『박물관지』16, 강원대학교중앙박물관, 2010.

배재홍, 「조선후기 울릉도 수토제 운용의 실상」, 『대구사학』103, 대구사학회, 2011.

백인기, 「조선후기 울릉도 수토제도의 주기성과 그 의의Ⅰ -숙종부터 영조까지를 중심으로」, 『이사부와 동해』6, 한국이사부학회, 2013.

백인기, 「조선 후기 주기적 울릉도 수토와 울릉도 인식 양상에 대한 연구」, 『독도연구』29, 영남대학교 독도연구소, 2020.

백인기, 「조선후기 울릉도수토」, 『삼척, 수토사와 독도수호의 길 학술대회자료집』삼척 동해왕 이사부 독도축제 2022, 한국이사부학회, 2022.

심현용, 「조선시대 울릉도·독도 수토관련 '울진 대풍헌' 소장 자료 소개」, 『독도지킴이 수토제도에 대한 재조명』제1회 한국문화원연합회 경상북도지회 학술대회, 한국문화원연합회 경상북도지회, 2008.

심현용, 「조선시대 울릉도·독도 수토관련 '울진 대풍헌' 소장자료 고찰」, 강원문화사연구』13, 강원향토문화연구회, 2008.

심현용, 「울진 대풍헌 현판 소개 -조선시대 울릉도·독도 수토제와 관련하여-」, 『132회 대구사학회 정기학술대회 자료집』, 대구사학회, 2009.

심현용, 「울진 대풍헌 현판」, 『대구사학』98, 대구사학회, 2010.

심현용, 「Ⅱ. 연혁」, 『울진 대풍헌 해체수리공사보고서』, 울진군, 2010.

심현용, 「조선시대 울릉도 수토정책에 대한 고고학적 시·공간 검토」, 『영토해양연구』6, 동북아역사재단 독도연구소, 2013.

심현용, 「울진 대풍헌의 울릉도·독도 수토 자료와 그 역사적 의미 -조선시대 울릉도·독도 수토정책과 관련하여-」, 『울진 대풍헌과 조선시대 울릉도·독도의 수토사』영남대학교 독도연구소 독도연구총서 14, 도서출판 선인, 2015.

심현용, 「고고자료와 문헌기록으로 본 울진의 연혁」, 『울진군의 역사와 문화』, 삼한문화재연구원·성림문화재연구원, 2016.

심현용, 「조선시대 울릉도·독도 수토정책에 대한 시·공간 검토」, 『우리 땅 독도지킴이 장한상』, 의성문화원, 2018.

심현용, 「월송포진성과 울릉도·독도 수토 관련 유적·유물」, 『이사부와 동해』 14, 한국이사부학회, 2018.

이욱, 「〈완문 신미 칠월 일〉, 〈수토절목 공개변통 계미시월 일 구산동〉」, 『 일본의 역사왜곡과 대응방안』광복 60주년 기념 학술대회, 한국국학진흥원, 2005.

이원택, 「19세기 울릉도 수토제 운영 실태에 관한 연구」, 『이사부와 동해』14, 한국이사부학회, 2018.

이원택·정명수, 「울진 대풍헌 소장 「완문」과 「수토절목」의 해제 및 번역」, 『영토해양연구』16, 동북아역사재단 독도연구소, 2018.

이원택·정명수, 「울진 대풍헌 현판 기문류 자료의 해제 및 번역」, 『영토해양연구』17, 동북아역사재단 독도연구소, 2019.

이원택·정명수, 「울진 대풍헌 현판 영세불망지판류 자료의 해제 및 번역」, 『영토해양연구』18, 동북아역사재단 독도연구소, 2019.

수토사 유적(삼척포진성, 월송포진성, 海汀候望)의 조사와 활용

유재춘 | 강원대학교 교수

Ⅰ. 머리말

조선시대 수토사 파견과 관련하여 여러 관련 유적지가 있지만 그 가운데 실제 수토군(搜討軍)의 출발-귀환과 관련하여 가장 밀접한 관련을 가지고 있는 유적은 강원도 지역 수군진 가운데 조선후기까지 계속 운영되며, 울릉도 수토 임무를 수행한 삼척포(三陟浦) 수군진과 월송포(越松浦) 수군진일 것이다.

진(鎭)은 신라 말부터 조선시대까지 있었던 일종의 군사적 지방행정구역 또는 단위 부대 성격의 군사집단을 말하였다. 특히 조선시대에 와서 진관체제(鎭管體制)가 완성됨에 따라 진(鎭)은 주진(主鎭), 거진(巨鎭), 제진(諸鎭)으로 분류되어 주진은 병영이나 수영(水營)과 같이 절도사가 관장하는 곳이며, 거진은 절제사나 첨절제사가, 제진은 동첨절제사(同僉節制使)·만호(萬戶)·절제도위(節制都尉) 등이 관장하는 단위 부대였다. 이 가운데 수군이 주둔하는 곳은 흔히 "浦" 명칭이 붙여졌고, 이러한 곳을 중심으로 하는 수군의 진을 "~ 浦鎭"이라고 하였다. 따라서 포진성(浦鎭城)이란 결국 포진(浦鎭)에 축조한 성곽을 말한다.

우리나라는 삼면으로 긴 연해와 도서(島嶼) 지역이 많고 또 바다와 연결되는 많은 하천이 있어서 일찍부터 물자와 사람을 운송하는데 선박을 이용하였으며, 자연히 군사적인 측면에서도 이를 활용하게 되었다. 기록을 통해 볼 때 이미 삼국시대부터 수군을 전투에 활용하고 있으며, 고려, 조선시대를 거치면서 이는 더욱 발전하게 되었다. 신라는 선부(船府)를 두었고, 고려시대에는 선병도부서(船兵都部署), 사수시(司水寺)가 있었으며, 조선시대에 이르러서는 군사체제에서 수군이라는 병종(兵種)이 완전히 정규군으로 편제되어 별도로 설치되었을 뿐만 아니라 각 도별로 수군절도사를 두고 예하 부대를 배치하여 방어태세를 체계화 하였다.

수군 유적에 대한 것은 주로 고려말 이후의 포진(浦鎭)이나 수영(水營)에 대한 연구가 이루어졌으나 성과가 많지 않다. 그러나 최근 부분적이나마 울진의 월송포진성과 삼척의 삼척포진성이 발굴조사가 이루어지고, 관련 연구가 발표되는 등 여러 가지 측면에서 연구 진전이 이루어지게 되었다.[1] 본 연구에서는 기존 연구를 바탕으로 조선시대 수군의 배치체제가 정비되어 가면서 월송포와 삼척포 수군진이 어떻게 변화되어 갔는가, 그리고 조선후기 수토 임무를 주로 담당한 삼척포진성, 월송포진성의 유적 현황, 그리고 수토 임무 수행과 관련하여 중요한 또하나의 유적인 해정후망(海汀候望)에 대해 살펴보고자 한다.

---

1 유재춘, 『韓國中世築城史硏究』, 경인문화사, 2003; 황의천, 「朝鮮時代 忠淸水營과 屬鎭의 위치에 대한 고찰」, 『保寧文化』 16, 보령문화연구회, 2007; 변동명, 「조선시대 여수 石堡와 石(堡)倉」, 『역사학연구』 제33, 호남사학회, 2008; 유재춘, 「동해안의 수군 유적 연구-강원도 지역을 중심으로-」, 『이사부와 동해』 1, 한국이사부학회, 2010; 유재춘, 「삼척지역 일대의 성곽 및 수군 유적 연구」,『이사부와 동해』 2, 한국이사부학회, 2010; 김호동, 「월송포진(越松浦鎭)의 역사」, 『蔚珍 史香』 제3호, 울진문화원, 2012; 유재춘, 「조선시대 수군 배치와 월송포진성」『울진 월송포진성 정밀지표조사 보고서』, 울진군·성림문화재연구원, 2013; 윤천수, 「월송포 진성 발굴 의의와 울릉도 수토 출발지 변천사」『이사부와 동해』 5호, 한국이사부학회, 2013; 삼한문화재연구원, 『울진 월송포진성』, 2014; 김호동, 「越松浦鎭의 역사」『사학연구』 제115호, 한국사학회, 2014; 심현용, 「월송포진성과 울릉도·독도 수토 관련 유적·유물」, 『이사부와 동해』 14, 한국이사부학회, 2018; 유재춘, 「삼척의 울릉도 수토 관련 유적」,『이사부와 동해』 14, 한국이사부학회, 2018; 유재춘, 「강원지역 성곽유적의 성격에 대한 연구」, 『인문과학연구』 68, 강원대 인문과학연구소, 2021.

Ⅱ. 삼척포진성

삼척포(현재의 삼척항)가 언제부터 수군 기항지로 사용되었는지는 명확하지 않다. 그러나 대략적인 추정이 가능한 시점을 지적한다면 아마 고려말 만호겸지군사로 남은(南誾)이 부임하여 읍성을 축조한 이후의 어느 시기부터 본격적으로 수군 기항지로 이용되었을 가능성이 크다. 이는 수군 지휘관이 오십천 북안(北岸)지역에 주재하게 된 것과 연계될 수 있을 것이다. 그러다가 독립적인 수군진성의 필요성에 따라 중종 때에 삼척항 연변에 성터를 잡아 축성한 것이라 여겨진다.

이곳은 강원도 동해안의 다른 포구(浦口)가 선박 기항지로서 조건이 적합하지 않아 치폐-이전되었던 것과는 달리 대체로 19세기까지 동해안의 중요 수군기지로 활용된 곳이다.[2] 이는 이곳의 자연입지적 조건이 정박처로 사용하기에 그만큼 우수하였다는 것을 말한다고 하겠다.

삼척의 수군 선박이 정박한 장소는 앞서 언급한 바와 같이 지금의 삼척항 일대이나 조선시대 지형은 현재와 큰 차이가 있다. 삼척포구 주변 상황이 비교적 상세하게 그려진 삼척진영 지도(19세기 후반)를 보면 삼척 오십천은 하구쪽에서 두 갈래로 갈라져 한 갈래는 고성산 쪽으로 흐르고, 한 갈래는 지금의 삼척항 중심쪽으로 수군진성을 감싸며 길게 돌아 흐르고 있다. 아마 두 갈래 물길 사이의 지점은 사구(沙丘)였을 가능성이 크다. 지도상에 만리도가 바다쪽을 막고 있는 안쪽에 "정라진"이라고 표기된 곳이 있는데, 이곳이 아마 군선을 정박시키는 지점이었을 것으로 판단된다. 이 일대는 이미 일제강점기에 항만개발 사업이 진행되면서 주변이 많이 매립되고, 만리도도

2 『연려실기술』이나 『만기요람』 기록에 의하면 삼척포는 廢鎭된 것으로 기록되어 있는 것으로 보아 18세기경에 폐지되었다가 그후 어느 시기에 다시 설치된 것으로 여겨진다.

없어져서 본래의 모습이 크게 변형되었다. 1928년도에 촬영된 삼척항 일대의 모습을 보면 대략 조선시대 수군기지로 사용하던 시기의 정라진 모습을 짐작해 볼 수 있다.

삼척포진성터는 현재 강원도 삼척시 정상동 육향산 일대에 위치한다. 삼척포성, 또는 삼척포진성(三陟浦鎭城)이라 불리우며, 중종 15년(1520)에 둘레 900척, 높이 8척으로 축조하였다.[3] 오십천(五十川) 하구(河口) 일대의 자연적인 포구가 삼척포 수군의 기항지로 이용되다가 중종대에 와서 기항지 해변지대에 성터를 잡아 축성하게 된 것이다.

〈그림 1〉 삼척진영 지도(19세기 후반)의 古城山 註記 부분(서울대 규장각한국학연구원)

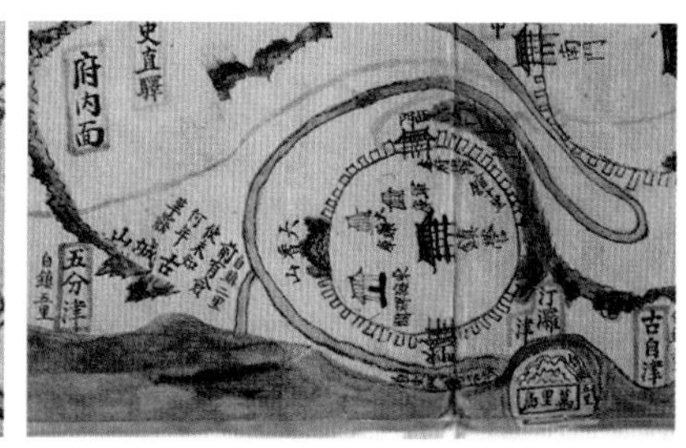

〈사진 2〉 삼척진영 지도에 표시된 오십천 하구 일대 모습(19세기 후반/서울대 규장각한국학연구원)

〈그림 3〉 삼척항 일대의 옛 모습(1928년/강원도민일보·삼척시,『울릉도·독도 품은 강원도 사람들』, 2012)

〈그림 4〉 삼척항 일대 모습(1936년/ 강원도민일보·삼척시,『울릉도·독도 품은 강원도 사람들』, 2012

3 『신증동국여지승람』 강원도 삼척도호부 關防.「三陟浦鎭 在府東八里 有水軍僉節制使營 僉節制使一人 (新增)正德庚辰 築石城 周九百尺 高八尺」

삼척포와 같은 강원도 동해안에서 중요한 수군기지에 중종대에 와서야 축성이 이루어지게 된 것은 여러 가지 사유가 있었다. 강원도 동해안은 해안선이 단조롭고 파도가 높아 배의 정박이 용이한 자연적인 포구(浦口)가 많지 않은데다가 일부를 제외하고는 조류 작용의 변화로 인하여 포구(浦口)에 계속 모래가 쌓여 배의 출입이 어려운 문제점이 있었다. 조선시대 강원도지역의 수군만호영 위치가 거듭 이전된 것은 바로 그러한 이유에서였다. 이에 세조 3년(1457) 전중추원부사 유수강(柳守剛)은 배의 출입이 어려운 포구의 병선은 아예 폐지하고, 대신 그곳에 목책(木柵)이나 석보(石堡)를 축조하여 만호로 하여금 수비하게 하자는 주장을 폈다.[4] 이러한 주장은 병선을 없앨 수 없다는 대신들의 의견에 따라 실현되지 않았지만, 정박지 문제는 일부를 제외하고 강원도 지역의 수군이 점차 허설화되어 가게 된 중요한 요인 가운데 하나였다. 또한 왜구가 점차 소멸되면서 수군의 상시적인 선상근무(船上勤務)의 원칙은 잘 지켜지지 않게 되었고, 군량과 병기의 보관 등 현실적인 필요성에 따라 수군기지에 대한 축성이 추진되게 되었다. 이에 성종 17년~22년 사이에 먼저 경상도·전라도 수군영진(水軍營鎭)에 대한 대대적인 축성사업이 이루어지고, 서해안과 동해안으로 축성을 확대하려고 하였으나 반대의견이 많아 즉시 추진되지 못하고 지지부진 하다가 연산군, 중종대의 왜변을 거치면서 연해지역에 대한 방비시설을 대대적으로 재정비하는 계기가 되었다. 특히 이 당시 왜인들이 수군진영을 공격하였기 때문에 중종대에는 성종대에 미처 이루지 못한 연해지역의 수군포소에 대한 축성이 대대적으로 이루어지게 되었다. 삼척포진성도 그 시기 방어시설 정비의 정책속에서 축성이 이루어지게 된 것이다.

---

4 『세조실록』 권7 세조 3년 4월 기유. 「…또 모래가 메워진 여러 浦의 병선을 폐지하고, 평안도 口子의 사례에 의거하여 木柵과 石堡를 점차로 축조하도록 하고, 그 沿邊의 草人도 또한 철거하도록 하고, 그 萬戶로 하여금 육지에서 방어하게 하소서」

허목의 『척주지』에 보면 "삼척진 구루(舊壘)가 오화(嗚火)에 있는데 해상(海上)의 험준한 형세에 근거한 곳이다. 홍무(洪武) 17년 우왕 10년 갑자(甲子)에 토성을 축조하였는데 둘레가 1,870척이다"라고 하였다.[5] 이 내용을 보면 이 토성이 현재의 오화리산성에 축조되었다는 것을 알 수 있는데, 이 해의 축성은 아마 같은 해 처음으로 삼척진에 만호(萬戶)를 배치하였다는 사실과 서로 연관되어 있다고 보아야 할 것이다. 즉, 오화리산성에 축성한 토성은 분명 당시 삼척진의 만호 배치와 함께 만호가 거점으로 사용하기 위한 성이었다고 보아야 할 것이다.

물론 수군의 경우 조선 성종대에 이르기까지 대체로 성보(城堡) 설치가 원칙적으로 금지되어 있었고 선상수어(船上守禦)가 원칙이었지만[6] 이 당시 삼척진에 토성을 축조한 것은 배치된 만호가 단순히 수군을 영솔하는 만호가 아니라 수군과 육수군(陸守軍)을 동시에 통솔하는 진장(鎭將)으로 배치되었기 때문이다. 더구나 당시는 삼척읍성이 완비되지 않은 상황이라 기존에 있던 산성을 활용하여 임시적으로 토성을 축조하여 왜구 침입에 대비한 것으로 여겨진다. 우왕 12년(1386) 남은(南誾)이 만호겸지군사(萬戶兼知郡事)로 부임하여 읍토성을 축조하게 되는데,[7] 아마 이후 오화리산성에 만들어졌던 만호(萬戶) 성곽의 시설물들은 삼척의 수령인 지군사(知郡事)가 겸임하면서 삼척읍성(토성)으로 이전되었을 것으로 여겨진다. 그러나 당시 성보를 즉시 폐기한 것인지 아니면 잠정적으로 관리한 것인지는 알 수 없다. 이후 대체로 삼척에 부임하는 수령은 의례 수군지휘관(만호 혹은 첨절제사)을

---

5 허목, 『척주지』하 府內.

6 유재춘, 『조선전기 강원지역의 성곽 연구』, 강원대 대학원 박사학위논문, 1998, 128·129쪽. 배재홍의 「삼척 嗚火里山城에 대한 역사적 고찰」(〈향토역사문화의 탐구와 재창출을 향한 요전산성 학술세미나〉, 삼척문화원, 2002) 참조.

7 『陟州集』 陟州先生案.

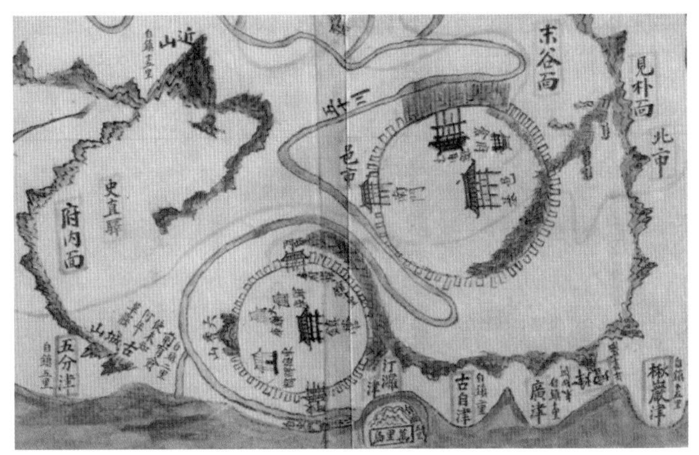

〈그림 5〉 조선후기 삼척 고지도의 삼척포 진성(下)과 삼척읍성(上)
(서울대 규장각, 『조선후기 지방지도-강원도·함경도 편-』, 도서출판 민족문화, 2005)

겸임하였기 때문에 읍성이 진장(鎭將)의 주재성(駐在城)으로 사용되었을 것이며, 그러다가 중종 15년(1520) 현재의 삼척항 연변인 육향산 일대에 수군진 석성을 축조한 것으로 여겨진다.

이곳은 강원도 동해안의 다른 포구가 선박 기항지 포구(浦口)로서 조건이 적합하지 않아 폐지 또는 이전되었던 것과는 달리 조선말까지 수군기지로 활용된 곳이다. 이는 선박기항지로서의 자연입지적 조건이 그만큼 다른 곳보다 양호하였다는 것을 말한다고 하겠다.

그런데 삼척포 수군진성은 축성된 후, 그 형세가 지키기 어렵다고 하여 비판을 받았다. 이준(李埈 :1560~1635)의 문집인 『창석선생문집(蒼石先生文集)』에 의하면, 삼척포진성은 육지에서 공격을 받을 경우 하나의 외로운 성이 되고 위쪽 대봉(對峯)에 고개가 있는데 옆에 견제할만한 곳이 없어서 적이 와서 점거하면 목을 누르는 형세이고, 아군이 그곳으로 진입하면 압란(壓卵)을 당하는 것처럼 위태로움이 있는 곳이라는 점을 지적하고 있다. 아울러 바다로부터 침입을 받아 적이 구름처럼 몰려 들면 한 척의 배와 단약한 군졸로 대항하기 어려우며 더구나 전선(戰船)을 둘만한 곳이 없어 풍파에 피해를 입기 쉽다는 것이다.[8]

19세기 후반에 그려진 〈삼척진영지도〉에 의하면 진영(鎭營) 성곽에는 청사(廳舍)와 군고(軍庫), 화약고(火藥庫) 등이 있었고, 성문은 동문과 서문이 있었다.[9] 삼척포진의 아사(衙舍)는 고종 35년(1898)에 화재로 불타 없어졌고, 대한제국기의 군사 개편으로 삼척포진영도 폐지되었다. 그 후 1916년 정라항을 새로 축조할 때 이 진성을 헐어 없애고 도로와 주택지로 조성하게 되었다.[10] 현재 포진성지는 옛 모습이 전혀 남아 있지 않으나, 당시 성곽의 남쪽 끝인 육향산 꼭대기에는 1662년 이곳 부사로 와 있던 허목이 쓴 척주동해비(陟州東海碑)와 평수토찬비(平水土贊碑)가 있고, 1947년 대동청년 단원인 지방 유지들이 건립한 육향정이라는 정자가 있으며, 그 정자 북편에 1987년 삼척시에서 건립한 삼척포진성지 기념비가 있다. 또한 육향산에 오르는 산길 우측편인 동쪽 산기슭에는 당시의 영장(營將)들의 선정비 및 불망비가 나란히 서 있다.

한편 2013년에는 삼척시에서는 수군진성 동문인 진동루를 복원하기 위하여 일대에 대한 표본조사를 실시하였으나 진동루가 있었을 것으로 추정

---

8 李埈, 『蒼石先生文集』 권5/ 疏箚/ 三陟陳弊疏 庚午.

9 『關東誌』(19세기 전반 편찬) 기록에는 삼척포진성 안에 "制勝樓"와 "鎭東樓"가 있다고 되어 있어서 포진성의 동문이 "진동루"인 것을 알 수 있는데, 허목이 저술한 『陟州志』(17세기 저술)에는 진동루가 "城東門樓"라고 기록되어 있다. 이는 즉, 읍성 동문루를 말하며, 창건 연대도 삼척포진성을 축성하기 전인 중종 6년(1511)이라고 되어 있어서 진동루가 읍성 동문루로 만들어진 것을 명확하게 알 수 있다. 어느 기록이 잘못된 것인지, 아니면 읍성과 삼척포진성의 동문을 모두 "진동루"라고 한 것인지는 추후 밝혀야 할 문제이다.

10 方東仁·李相洙·金泰水, 「三陟市의 關防遺蹟·窯址·社稷壇」 『三陟의 歷史와 文化遺蹟』, 關東大 博物館·江原道·三陟市, 1995, 427쪽.

되는 지점이 현재 도로로 사용되고 있어서 조사 가능지점에 3개소의 트렌치 조사를 한 결과 2개 지점에서 수군진성 성벽으로 판단되는 폭 420cm 정도 되는 석렬이 확인되었다.

〈그림 6〉 삼척수군진성지 위치와 표본조사 구역(강원고고문화연구원, 〈진동루 복원정비 기본계획에 따른 삼척포진성 문화재 표본조사 약식보고서〉, 2013 참조)

〈그림 7〉 삼척포진성 표본조사시 노출된 성벽 기저부(강원고고문화연구원, 〈진동루 복원정비 기본계획에 따른 삼척포진성 문화재 표본조사 약식보고서〉, 2013 참조)

〈그림 8〉 삼척포진성 표본조사시 노출된 성벽 기저부(강원고고문화연구원, 〈진동루 복원정비 기본계획에 따른 삼척포진성 문화재 표본조사 약식보고서〉, 2013 참조)

이어 2019년에는 육향산 동북측의 수군진성터를 발굴조사하였는 바, 수군진성 성벽과 건물지, 배수구, 야철지 등이 확인되었다. 특히 부분적으로 확인된 성벽 유구를 통하여 축조방식을 확인할 수 있었는데, 가는 모래와 진흙 다짐으로 성벽기초를 조성한 것은 다른 성곽유적에서 확인되지 않은 방식이다. 해변의 모래층 위에 성벽을 건설하면서 고안한 독특한 기초조성방식이라고 판단된다. 기반 다짐층 위에 넓적한 석재로 수평을 맞춘 후 축성한 것은 월송포진성 축성 방식과 동일하다.

성벽 기저부에 두텁게 다짐층을 조성하고 그 위에 넓적한 판석형 석재를 고르게 깔아 수평을 맞추어 지내력을 확보한 한 후에 그 상부에 석축 또는 토석혼축 성벽을 조성하였다. 삼척포진성 일제강점기 이후 개발로 인해 유구가 훼손 또는 교란되어 성벽이 일부만 잔존하고 있지만 월송포진성 발굴결과에 비교하여 보면 외측으로 2m 내외의 석축부(또는 토석혼축)를 만들고 그 내측으로 약 3m~4m 내외의 토축부를 조성하되 내벽 외측은 석재로

〈그림 9〉 삼척포진성 성벽 모습(외측→내측)

〈그림 10〉 삼척포진성 성벽의 석축

〈그림 11〉 삼척포진성 성벽 기저부의 다짐층

〈그림 12〉 삼척포진성 성벽 기저부의 다짐층 세부 모습

마감한 것으로 판단된다. 이 3~4m 내외의 토축부는 성벽 석축부의 내력을 보강하면서 등성시설로 활용된 유구이다.

삼척포진성 발굴조사에서는 성벽 유구 외에 성내의 은거시설, 제철 관련 유구와 유물, 집수정 등의 여러 유구가 확인되었고, 기타 유물로는 분청사기, 백자, 도기, 기와류 등 주로 조선시대 유물이 다수 출토되었다.[11] 특히 제철과 관련이 있는 슬래그류와 노벽 등이 출토되었는데, 이는 『세종실록』의 삼척포의 철 제련 기록과 일치하는 유적이다.

> 「호조에서 계하기를, "강원도 영동(嶺東) 각 포구의 선군(船軍)은 다른 부역도 별로 없고 또 병영(兵營)에 딸린 밭도 없사오니, 쌍성포(雙城浦)와 삼척포(三陟浦) 등 철을 생산하는 곳에 선군을 시켜 모래를 일어서 철을 생산하게 하고, 기타 철이 나는 각 포구에도 역시 이 예에 의하여 그 군인으로 하여금 매일 과정으로 일을 하게 하고, 감사는 관원을 보내서 시험하여 생산하는 수량을 요량하여 정하고, 본조에 통보하여 회계(回啓)한 후 시행하게 하되, 3월부터 8월까지 기간에는 철을 제련하고, 9월부터 이듬해 2월에 이르기까지는 소금을 굽게 하되, 이를 일정한 법식으로 삼게 하소서." 하니, 그대로 따랐다.」[12]

이 내용은 삼척을 비롯한 각 포구의 수군이 특별한 일이 없으니 3월~8월 기간에는 철을 생산하고, 9월~2월까지는 소금을 생산하도록 하라는 것이었다. 특히 이 기록 내용에서 알 수 있는 바와 같이 이 시기에 주로 사철을 생산하고 있었다는 점은 특기할만한 점이며, 이는 삼척포 주변에 어느 정도의 생산성을 가지는 사철 원료 채취가 가능하였다는 것을 증명하고 있는 중요

---

11 국강고고학연구소, 『삼척 이사부 역사문화 창조사업 조성부지내 유적 발굴조사 보고서 삼척포진성』, 2021.

12 『세종실록』 28권, 세종 7년 4월 26일(을축).

〈그림 13〉 삼척포진성 내부의 은거 시설 유구

한 자료이다.

또한 삼척포진성의 내부에는 다른 성곽시설물에서 많이 볼 수 없는 은거 시설이 매우 길게 조성되어 있다는 점이 특이하다. 아마 사구 지대에 성곽을 조성하면서 내부 부지에 성토다짐층을 넓게 조성하게 되면 다짐층으로 인한 배수 지연을 방지하고자 원활한 배수를 위해 부지다짐층 조성시 함께 조성한 것으로 여겨진다.

Ⅲ. 월송포진성

월송포진이 제도상 정식의 수군 포진(浦鎭)이 된 것은 조선 초기인 태조 6년(1397) 삼척, 간성진을 설치한 이후일 것이다. 그러나 수군 주둔지로서 월송포가 운영된 것은 그보다 앞선 시기로 여겨진다. 이는 이미 우왕 12년(1386) 삼척에 만호겸지군사(萬戶兼知郡事)가 임명되고 있는 것에서 알 수 있듯이 만호직과 지방 수령직을 겸하는 관리가 부임하고 있었고, 이미 고려말~조선초기에 수군이 운영되면서 태조 6년(1397) 처음으로 제도가 확립된 것이라 보는 것이 타당하기 때문이다. 아무튼 조선초기 평해의 월송포는 당시 강원도에 설치된 6개소의 만호(萬戶)가 배치되는 수군기지 가운데 하나였다. 그러나 이와 같이 정착되기 전에 월송포는 병선의 출입 문제 때문에 혁파와 재설치를 반복하게 되었다.[13]

이는 월송포 포구내에 모래가 쌓여 수심이 얕아져 병선의 출입이 원활하지 못하자 월송포를 폐지하고 이곳에 배치되어 있던 병선을 울진 수산포와 삼척포에 각각 나누어 소속시켰는데, 평해 지역 주민들은 평해군 읍성이 견고하지 못하므로 가까운 곳에 수군을 배치해 만일에 대비하여야 한다는 것을 건의하고 있다. 그러나 이러한 월송포 병선 정박처 복구사업은 곧바로 이루어지지 않았다.[14]

또한 이맹상 강원도 관찰사는 지평해군사(知平海郡事)가 관례적으로 월송포 만호를 겸직하고 있는데, 만약 침입이 있게 되면 사실상 두 가지 일을 다 수행하기 어려우니, 월송포 만호를 별도로 임명해 줄 것을 요청하고 있다. 그러나 조정에서는 강원도가 왜구의 길목이 되는 곳이 아니라고 하여 종전대로 하도록 하자, 관찰사 이맹상은 이 문제를 재차 건의하였다.

관찰사 이맹상은 평해군 읍성이 없어서 거두어 들인 미곡을 노적하게 되는데, 유사시 평해군수가 두 일을 하기 어려우니 이를 왜적으로부터 안전하게 보전하기 위해 만호를 별도로 임명해 줄 것을 요청하고 있다. 만약 상임(常任)으로 만호를 둘 수 없으면 조전(漕轉)과 성 쌓는 데에 곡식 실어 들이는 동안만 임시로라도 배치해 주는 것이 좋겠고, 만약 관원을 너무 늘이는 것이 된다면 수산포천호(水山浦千戶)를 월송포로 옮겨 임명하고, 수산포는

---

13 『세종실록』 권37, 세종 9년 7월 16일(임인).

14 『세종실록』 권105, 세종 26년 7월 20일(정묘).

울진현령으로 하여금 겸임하게 해 줄 것을 요청하였다.[15] 이에 대해 병조에서 논의하도록 하니, 병조에서는 이미 의논이 결정되어 겸임하는 것으로 하였으니 다시 고치기 어렵지만 멀리서 요량해 시행하는 것도 어려우니 대신을 보내서 실상을 살핀 후 다시 논의하도록 의정부에 건의하였으나 의정부에서는 관찰사가 보고한 대로 시행하는 것이 좋겠다고 하였으므로 보고한 대로 시행하도록 하였다.

월송포의 포구가 모래로 메워져 병선 출입이 어렵게 되는 문제는 성종 16년(1485)에 이르러서도 여전히 문제로 대두되었다. 우부승지 이세우(李世佑)는 석강(夕講) 자리에서 성종에게 "월송포와 오포(烏浦)·칠포(漆浦)의 배를 대는 곳은 수세(水勢)가 매우 사나와서 모래가 해구(海口)를 메워 배들이 육지에 있습니다. 큰 해구(海寇)들이 만약에 이른다면 어찌할 바가 없으니, 신은 생각건대, 이것은 반드시 조치할 방도가 있어야 하겠습니다"[16]라 건의하고 있다. 이러한 현상은 하천 하구를 끼고 병선 정박처를 만들다 보니 하천물과 바닷물이 부딪치면서 그 지점에 사구(砂丘)가 생겨 물길을 막기 때문이다.

이러한 문제에도 불구하고 월송포 만호진은 계속 유지되면서 1555년(명종 10)에는 축성을 하게 되었고, 임진왜란 이후에는 수군 고유 기능은 거의 상실되어 갔지만 숙종대 이후 울릉도 문제가 본격 제기되면서 평해 월송만호진은 삼척포진과 조선 말까지 번갈아 울릉도 수토(搜討) 임무를 수행하게 되었다.[17]

월송포진성은 울진군 평해읍 월송리 일대의 동해안을 따라 형성된 구릉

---

15 『세종실록』 권106 세종 26년 9월 2일(정축).

16 『성종실록』 권177 성종 16년 4월 7일(무오).

17 김호동, 「越松浦鎭의 역사」, 『蔚珍 史香』 제3호, 울진문화원, 2012 참조.

〈그림 14〉 울진 월송포진성 위치
(『울진 망양-직산간 도로확포장공사부지 내 蔚珍 越松浦鎭城』)

성 산맥 중 하나인 월출봉(해발131.1m)의 동쪽 해안평탄면 일원에 위치한다. 성터 북쪽으로는 울진군 평해읍 북쪽 오곡리와 기성면 황보리 유역에서 발원하여 동해로 유입되는 황보천이 있으며, 남쪽으로는 울진군 온정면 백암산(1,003m) 남쪽에 있는 삼승령(747.3m) 등지에서 발원하여 동해로 흘러드는 남대천이 위치하고 있다. 유적은 평해 남대천과 동해가 합류하는 기수역 충적지의 북쪽에 분포하며, 두 하천 및 동해(500m 이격)와 인접한 지형적 특징으로 인해 형성된 해안사구에 축성되었다. 조선시대 기록에 월송포진은 모래 땅이라 성을 쌓을 수 없다고[18] 한 것은 바로 이런 해안 사구지대에 자리잡고 있었기 때문이다.

성터가 입지한 구릉의 지형은 해발 1.5~10m 사이의 북고남저(北高南低) 형태의 지형으로서 2012년 (재)삼한문화재연구원의 월송포진성 남쪽 성벽 발굴조사 과정에서 성터의 낮은 지점인 남쪽구역에서 성문터가 확인된 바 있다.

18 『성종실록』 권261 성종 23년 1월 기묘.

현재 월송포진성터 대부분은 예식장의 주차장과 사찰(선적사)이 자리 잡고 있으며, 과거 포진 내에는 민가들이 여러 채 있었다고 전하지만, 지금은 모두 이주하고 2채는 선적사의 부속 건물로 사용되고 있다. 월송만호진 관청이 있었다고 하는 터(월송리 302-8·9번지)에는 빈집 1채가 대나무와 잡목에 뒤덮여 있으며, 가장자리 일부는 선적사의 텃밭으로 이용되고 있어 원래의 형태를 확인하기 어렵다. 포진 내부의 건물(월송리 303-5번지) 뒤편에 길이 4.6m, 높이 1m 정도의 축대가 잔존하고 있다. 전체 추정 규모는 둘레 322m, 면적 7,544m²이고, 평면형태는 동서 107m, 남북 73m 정도의 타원형 형태이다.[19]

조사구역의 남쪽 성벽은 (재)삼한문화재연구원에서 발굴조사 완료 후 보존조치되어 복토된 상황이다.[20] 포진성의 동쪽은 선적사 입구의 성황목인 느티나무 아래에 성 외벽 일부가 노출된 상태이며, 동벽의 북쪽에 위치하는 월송리성황당에 의하여 성벽의 훼손이 심한 상태이다. 노출된 성벽 주위로 분청사기편과 와편이 채집되었다. 또한 무성하게 우거진 대나무 숲과 성벽을 덮고 있는 퇴적토로 인해 명확하게 판단하기 어렵지만, 성벽의 잔존 현황으로 고려할 때 북쪽에 노출된 성벽까지 연장될 것으로 추정된다. 북쪽 성벽은 신혼예식장의 부속건물과 선적사를 신축할 때 대부분 유실되고 성 외벽이 현재 약 18m 정도 확인되고 있으나, 노출된 외벽 아래 퇴적토 내에 성벽이 잔존하고 있을 가능성이 높다.

그리고 예식장 동쪽 콘크리트 블럭 담장위에 1973년도에 준공된 기록이 남아 있어 이전까지는 성벽의 상부가 더 많이 잔존했던 것으로 보인다. 월송포진성의 성벽은 1970년대 초 새마을운동으로 대부분 파괴되고 건물이 들

---

19 성림문화재연구원, 〈울진 월송포진성 정밀지표조사 자문위원회의 자료〉, 2013 참조.

20 삼한문화재연구원, 『울진 망양-직산간 도로확포장공사부지 내 蔚珍 越松浦鎭城』, 2014.

어서면서 정원석과 축대로 사용되어 대부분 유실되었으며, 일부 잔존하고 있던 성벽의 하부는 선적사의 대웅전 신축과 예식장과 주차장 건립 시 유실된 것으로 추정된다. 예식장 사장의 증언에 의하면 서쪽 성벽 위에 자라는 팽나무와 보호수인 느티나무 하단의 외부에 노출된 석축은 주차장 건립시 중장비로 나무의 보호대로 사용하기 위해 정리한 것으로 원래 성 내·외벽은 아니라고 증언하고 있다.

남쪽 성벽은 2012년 조사 결과에 의하면 동서방향으로 축조되었으며, 서쪽으로 가면서 방향이 북서쪽으로 휘어진다. 이는 지적도상에 나타나는 지번의 경계와 거의 일치하는 것으로, 지적도를 작성할 당시에는 성벽이 남아 있었기 때문에 성벽을 따라 그대로 지적도가 만들어졌던 것으로 판단된다. 성벽은 황색모래층을 기반으로 축조되었으며, 잔존하는 규모는 길이 68.6m, 폭 5.8~6.2m, 높이 0.8~1.25m 정도이다. 먼저 외벽을 쌓은 후 점토를 덧대고, 모래로 덮은 다음 다시 점토로 바닥을 정지하여 내벽을 축조되었다. 외벽은 50×30cm 가량의 평편한 할석을 바닥에 놓아 수평을 맞춘 다음, 150×60×40cm 가량의 장방형 할석을 1~2단 횡평적한 후 20~30cm 정도의 할석과 흙으로 채워 넣었다. 내벽은 50×30cm 가량의 천석과 할석을 1~2단 쌓았다.[21] 이와 같이 기초공사 후 비교적 큰 석재로 외벽을 쌓고 뒷채움을 하거나 토석혼축으로 채운 후 내벽은 차곡 차곡 진흙을 다져 완성하는 방식은 고려말 조선초기에 통상적으로 사용하던 축성법이며, 세종대 이후 축성에 대한 규식화가 이루어지면서 더욱 발전되어 갔다.

2012년 발굴 조사지 중앙부 서편에서 문지로 추정되는 유구가 확인되었다. 외벽의 기저부가 성벽 내측으로 직각에 가까운 형태로 각을 이루며 축조

21 삼한문화재연구원, 『울진 망양-직산간 도로확포장공사부지 내 蔚珍 越松浦鎭城』, 2014, 32쪽. 이하 발굴조사 내용은 同 보고서 참조함.

〈그림 15〉 울진 월송포진성 유구 모습(『울진 망양-직산간 도로확포장공사부지 내 蔚珍 越松浦鎭城』/ 이하 유구 사진 同 보고서 인용)

〈그림 16〉 울진 월송포진성 유구 모습

〈그림 16〉 울진 월송포진성 유구 모습(동→서)

〈그림 16〉 울진 월송포진성 유구 모습(서→동)

되어있는데, 이로 인해 문지로 판단한 곳이며, 그 폭은 4m 정도이다. 문지의 동쪽에 내벽 안쪽으로 60~30cm 가량의 할석을 이용하여 'ㄷ'자상으로 형태로 덧댄 후 20cm 내외의 할석을 채워 넣은 구조물이 확인되었다. 크기는 길이 730cm, 폭 80cm이다.

또 성 내벽에서 북쪽으로 3m 정도 떨어진 곳에서는 우물터 1기가 조사되었다. 우물의 평면형태는 원형이며, 단면형태는 상협하광형이다. 규모는 직경 130~150cm, 깊이 180cm이다. 암갈색사질점토층을 굴착하여 조성하였으며, 30~50cm 정도의 할석을 이용하여 축조하였다. 내부에서 암키와, 수키와, 자기 등이 출토되었고, 우물 주변에서 기와편과 청동가락지 등이 출토되었다.

동벽은 선적사 진입로의 오른쪽에 성벽의 단면이 일부 노출되어 있으며, 외벽은 대나무와 생활 쓰레기에 덮여 있고 성벽 위에 성황목인 느티나무가 자라고 있다. 성황당의 북쪽으로 무성하게 우거진 대나무 숲과 성벽을 덮고 있는 퇴적토로 인해 명확하게 판단하기 어렵지만, 성벽의 잔존 현황으로 고려할 때 북쪽에 노출된 성벽까지 연장될 것으로 추정된다. 성벽은 황색모래층을 기반으로 축조되었으며, 현재 남아있는 상태를 보면 토석혼축으로 보이나 이는 외벽 면석이 대부분 없어졌기 때문이며, 석축성 외면 내측을 토석다짐으로 채웠기에 그와 같이 관찰되는 것이다. 이러한 성벽 내부에 대한 내탁식 진흙다짐, 혹은 토석혼축 다짐은 세종대 만들어진 축성 규식인 〈축성신도(築城新圖)〉 반포이후 나타난 축성방식의 문제점을 수정해 나가는 과정에서 다시 도성 축조방식을 따른 것으로 파악되기도 하였다. 최근 연구에서 조선 세종대 '축성신도' 반포 시기의 축성기법과 이에 대한 비판이 일면서 새로 나타난(단종 1년 이후) 축성방식을 분석한 연구가 이루어지기도 하였는데, 웅천읍성 발굴자료에 대한 사례 검토를 통하여 초축시기에는 '축성신도' 내용대로 내벽을 석축화하여 계단상으로 축조하였고, 증축 시기에는 토사를 정교하게 다져서 경사내탁한 것을 확인하였다. 따라서 '축성신도'에서 제시하고 있는 축성기법에 대한 비판이 일어나면서 등성시설 축조법이 다시 도성축조기법으로 환원되었다고 분석하였다.[22]

동벽의 노출된 성벽의 잔존 규모는 길이 4.6m, 너비 5.4m, 단면 바닥에

22 심정보, 「읍성 축조에 있어서 '築城新圖'의 반포 목적과 고고학적 검토」, 『文物硏究』 22, 2012.

서 최대높이 2.3m 정도 이다. 성황당 동쪽 옆에 50~70cm 크기의 성벽의 최하단석으로 추정되는 성돌이 노출되어 있다. 외벽의 하단에 50~60cm 정도의 할석으로 수평을 맞추고 그 위에 다양한 크기의 할석과 잡석을 이용하여 난적(亂積) 형태로 쌓은 4단의 석축이 확인되고 있다. 외벽의 성돌과 비슷한 할석으로 안쪽에 2~3열 정도 뒷채움하고 성벽 내부는 할석과 사질점토를 혼합하여 채워 넣었다. 내벽은 퇴적토로 인해 정확한 형태가 확인되지 않지만, 20~40cm 정도의 할석을 이용하여 성벽 안쪽으로 2열 정도가 확인되고 있다. 성벽의 상부와 주변에서 분청자기편과 소형의 와편이 일부 확인되었다.

북쪽 성벽은 신혼예식장의 부속건물과 선적사를 신축할 때 대부분 훼손되었고, 성 외벽이 현재 약 18m 정도 노출되어 확인되고 있다. 성벽의 축조방식은 남쪽 성벽의 발굴조사 결과와 같은 협축식이며, 노출된 외벽의 최하단석의 크기는 남쪽과 동쪽에서 확인된 할석보다 크기가 작으며 그 아래에 명황갈색사질점토층이 확인되었다. 잔존 규모는 외벽의 길이 18m, 단면 하부의 너비 5.4m, 단면에 노출된 최하단석에서 높이 2.3m 정도 잔존하고 있다. 외벽은 크기가 다양한 할석과 잡석을 이용하여 난적(亂積) 형태로 축조하였는데 최대 7~8단이 확인되고 있으며, 성벽 내부는 할석과 사질점토를 혼합하여 채워 넣었다.

서쪽 성벽은 출입로와 축대 등이 설치되면서 파괴되어 거의 잔존부가 확인되고 있지 않다. 월송정은 대체로 포진성의 북서쪽 성 안쪽에 위치하였던 것으로 추정되며, 월송포 만호가 주재하던 청사터(월송리 302-8·9번지)로 여겨지는 곳에는 빈집 1채가 대나무와 잡목에 뒤덮여 있으며 가장자리 일부는 선적사의 텃밭으로 이용되고 있어 원래의 형태를 확인하기 어렵다.

월송포진성내에서 수습되는 유물은 토기편, 분청자기편, 백자편, 기와편 등이 있는데, 기와는 어골문, 차륜문, 청해파문계 복합문이 주를 이루고 있다. 이러한 유물은 대체로 고려말~조선시대로 편년되고 있다. 이러한 고고학적 조사 내용은 월송포진성이 비록 1555년(명종 10) 석축으로 축조되었지만 그 이전부터 이 터가 사용되었다는 것을 의미한다.

Ⅳ. 해정후망(海汀候望) 유적

울릉도 수토가 실시되는 동안 동해 바닷가에 위치한 마을에서는 결막(結幕)을 하고 후망수직(候望 守直)해야 하였다. 삼척지방의 경우 수토관이 울릉도로 갔다가 돌아올 때까지 자연부락 단위로 수토후망수직군(搜討候望守直軍)을 조직하여 운영하였다.[23] 이는 수토선이 울릉도에 갔다가 바람의 향방에 따라 육지의 어디로 돌아올지 알 수 없었고, 항해중 풍랑을 만나 표류하거나 파선되어 떠내려 올 경우 이에 대한 신속한 조치를 위한 것이라고 여겨진다. 그러한 후망소가 어느 곳에 설치되었었는지는 명확하지 않지만 대체로는 울릉도에서 돌아오는 선박이 표류할 경우 동해안 지역에서 도달할 가능성이 높은 곳에 설치되었을 것으로 여겨진다. 특히 삼척에서부터 남쪽으로 평해에 이르는 동해안 구역은 수토군 배가 도달할 가능성이 가장 큰 곳이었기 때문에 중점적으로 운영되었을 것으로 생각되며, 이러한 후망처는 결국 동해 바다에 대한 감시가 용이한 지점이었을 것이다.

또 『만기요람(萬機要覽)』(군정편 4 海防 東海)에도 삼척의 장오리포(藏吳里浦 : 근덕면 장호리)가 동해 방면의 선박이 정박하는 곳이고 척후(斥堠)가 있다고 하였는데, 이곳은 울릉도로 수토사 선박이 출항할 때 삼척포에서 이곳으로 이동하여 바람을 기다렸다가 울릉도로 출발하는 곳이었으므로 당

23 손승철, 「조선후기 수토기록의 문헌사적 연구-울릉도 수토 연구의 회고와 전망」, 127쪽.

연히 후망하는 곳이 있었을 것으로 여겨진다.

장호리포의 후망처가 현재까지 알려진 바는 없다. 다만 지형상의 여건으로 볼 때, 장오리포 후망처는 장호항 남동쪽의 바다로 돌출된 지점이라고 추정된다. 이 지점은 해발 54m 정도되는 곳으로 남북으로 멀리까지 감시할 수 있는 지점이다.

그리고 『척주지(陟州志)』(上)에 의하면 삼척지역에는 바닷가의 망대인 해정후망(海汀候望)이 다섯 곳에 있다고 기록하고 있는데, 후망처를 지정해 놓은 것을 보면 수토군 선박이 출발한 후에 바다를 감시하는 곳으로 활용되었을 것이 틀림없다고 판단된다. 그 명칭과 위치는 다음과 같다.

1. 해정후망(海汀候望)

1) 개곡(介谷) : 부(府) 남쪽 105리

삼척시 원덕읍 월천리가 하구인 가곡천 명칭이 개곡천이라고도 한다는 것으로 보아 가곡천 하구 근처에 '개곡' 해정후망이 있었을 것으로 추정된다. 이런 점에서 보았을 때 두 개 장소가 개곡 해정후망처로 비정된다. 하나는 현재 가곡천 하구에서 북쪽으로 600m 정도 떨어진 호산천 하구 남측의 '해망산'이 이에 해당하는 것으로 비정된다. 해망산은 호산천 하구에서 바다쪽으로 돌출한 바위산으로, 일제강점기에 제작된 1:5만 지도에는 '해명산(海明山)'으로 표기되어 있다. 다른 하나는 가곡천 하구 남쪽의 바다에 연접한 해발 83m 되는 봉우리이다. 가곡천 하구의 오똑한 산봉우리여서 멀리까지 관찰이 가능한 지점이다.

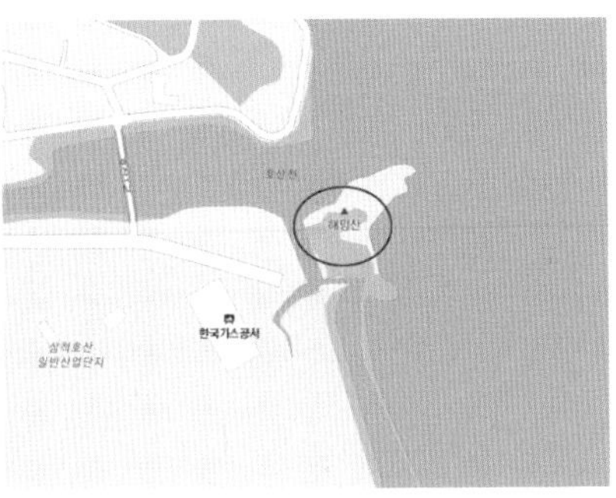

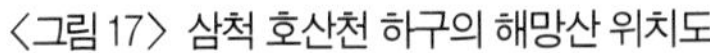
〈그림 17〉 삼척 호산천 하구의 해망산 위치도

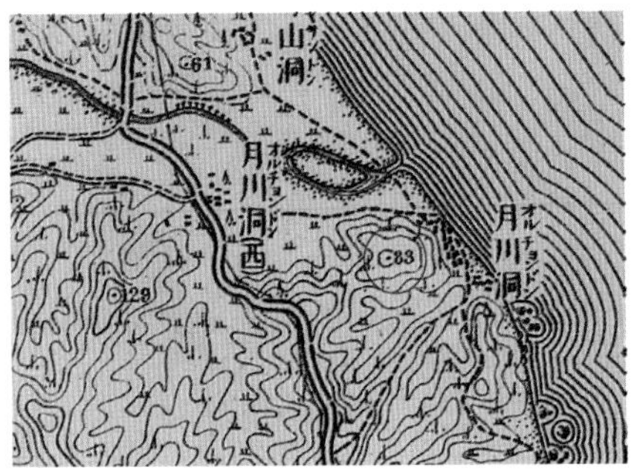

〈그림 18〉 가곡천 하구 인근의 개곡 해정후망 추정 위치

2) 궁촌(宮村) : 부(府) 남쪽 40리

현재 삼척시 근덕면 궁촌리의 궁촌항 바로 북쪽에 위치한 봉우리가 궁촌 해정후망처로 추정된다.

3) 마두(馬頭) : 부(府) 남쪽 20리

현재의 삼척시 근덕면 덕산리 마읍천 하구의 덕봉산(53.9m)이 마두 해정후망처로 추정된다.

4) 굴암(窟岩) : 부(府) 북쪽 15리

현재 '굴암'이라는 명칭이 남아있지는 않으나 현재 동해시 구호동(九湖洞)의 지명이 본래 마을 동쪽 해안에 굴바우(窟岩)가 있어 굴암(窟岩) 또는 굴아라고 불리어 왔는 데 후에 구호(龜湖)가 되었다가 구호(九湖) 표기하였다고 하는 것으로 보아 굴암은 삼척부에서의 거리(15리)와 주변 여건 등을 종합적으로 고려할 때 동해시 추암동 바닷가의 추암촛대바위가 있는 산봉우리, 또는 그 북쪽으로 300여미터 떨어진 돌출지점이 굴암 해정후망처로 추정된다.

5) 용장(龍場)[24] : 부(府) 북쪽 25리[25]

설명 : 용장은 용정리와 관련이 있는 지명으로 삼척부로부터의 거리 등을 고려할 때, 현재의 동해시 감추해변에 인접한 감추산(해발 33.2m) 지점으로 추정된다. 이곳은 남쪽으로는 전천 하구에 있는 동해항 일대, 북쪽으로는 천곡항에 이르기까지 내륙쪽으로 길게 만곡한 해변이 펼쳐진 지점이어서 주변을 감시하기에 적합한 장소이다.

수토사의 귀환을 후망하는 장소로 이러한 곳이 이용되었는지는 명확하지 않지만 당초부터 위 다섯 곳은 바다를 감시하기에 가장 적합한 장소였기에 후망소가 설치된 곳이었으므로 이곳을 활용하였을 가능성이 가장 크다. 이러한 후망 장소에 대한 명확한 고증은 현재로서는 한계가 있으나 향후 보다 정밀한 고고학적 조사와 연구가 필요하다.

V. 수토사 유적의 활용

한국은 영토의 삼면이 바다이기 때문에 대륙접경지역 못지않게 바다를 통한 끊임없는 도전을 극복하며 오늘에 이르고 있다. 바다의 수호가 우리 영토보전에 막대한 비중을 차지하고 있었지만 그 역사와 유적에 대해서는 다른 사안에 비해 큰 관심을 갖지 않아 왔다. 일본의 독도영유권 도전에 대해서는 국민적 관심이 있지만 오늘에 이르기까지의 동해, 그리고 동해안을 어떻게 관리해 왔고, 그 흔적인 유적은 어디에 어떻게 있는가에 대해서는 관심이 그다지 많지 않다.

---

24 1595년 임진왜란 당시 일본으로 붙잡혀 간 사람들이 일본에서 배를 타고 도주하여 온 곳도 바로 삼척의 龍場이었음(허목, 『陟州志』 上).

25 허목, 『陟州志』 上.

우리의 동해안 지역 관리의 역사를 문헌자료 뿐만 아니라 실질적인 유적, 유물을 통해 실증적으로 잘 보여주는 것이야말로 독도 문제를 객관적으로 온 국민에게 외침없이 적절히 전달해 주는 길이라고 생각한다. 그런 점에서 독도문제와 밀접한 관련이 있는 울릉도 수토와 직접적인 관계가 있는 삼척포진과 월송포진(또는 포진성) 등 관련 유적지를 적절하게 잘 활용할 필요가 있다. 이를 위한 몇가지 원칙과 방향성에 대해 제안하고자 한다.

첫째는 진정성 있는 유적의 정비와 활용을 추구하여야 한다. 수토사 관련 여러 유적지가 있고, 그 가운데 삼척포진성과 월송포진성은 사실상 핵심적인 관련 유적지이지만 이를 적극적으로 조사, 연구, 정비, 활용하는 문제는 큰 진전을 보지 못하고 있는 실정이다. 다행히 일부 학술조사와 부분적인 유적에 대한 발굴조사 자료가 축적되어 있으므로 향후의 방향성을 논의해 볼 수 있는 정도는 된다고 생각한다. 필자는 섣부른 복원 추진보다는 유적 관람객들에게 가장 적합하게 유적의 위상과 의미를 전달할 수 있는 방향은 유적의 실체를 있는 그대로 보여주는 것이라고 생각한다. 다만, 충분한 고증이 가능한 경우 장소의 상징성을 살리기 위한 부분적인 성벽과 문루 복원은 정도는 검토할 가치가 있다고 생각한다. 그러나 삼척포진성과 울진포진성 유적지가 위치한 주변 환경이 상당한 차이가 있으므로 이를 동일한 선상에서 볼 수는 없다. 삼척포진성 주변은 항구의 시가지 개발이 이루어진 곳이고 도로가 유적지를 통과하고 있는 상황이어서 성벽 복원은 교통 방해 등 여러 가지 문제를 야기할 가능성이 있기 때문에 다양한 측면에서 정밀한 검토가 필요하다. 반면에 월송포진성은 외곽지대에 위치하여 비교적 한적한 곳에 자리잡고 있으나 성곽 남벽 지점으로 도로가 개설되어 있어서 유적지 경관에 부정적인 영향을 주고 있고, 적절한 유적정비를 위해서는 이 도로 문제를 우선적으로 해결하는 방안을 강구하는 것이 바람직하다.

가장 중요한 점은 어느 유적지이든 기본적으로 원형보존 원칙에 따른 조사와 정비, 활용 문제를 신중히 검토하되 현장 여건에 따라 적합한 방향성을 설계하여야 한다.

둘째는 수토사 관련 핵심유적지에 대해 적극 의미를 부여하고 홍보, 활용하고자 한다면 문화재 지정을 추진하는 것이 바람직하다. 수토사 유적지는 우리 단순한 역사적 의미를 넘어서 현실적으로 일본과의 독도 문제와도 밀접한 관련이 있기 때문에 국가적 차원에서 큰 관심을 가질 필요가 있다. 그러나 국가 차원의 관심을 불러일으키기 위해서는 우선적으로 지방자치단체에서 적극적으로 나서는 것이 필요하다. 따라서 유적지에 대한 국민적 인지도를 높이고, 적절한 홍보 효과를 얻기 위해서는 무엇보다 문화재 지정이 이루어지는 필요하다. 삼척시와 울진군이 상호 협력하여 수토사 유적지를 묶어 국가 문화유산으로의 지정을 추진하는 것도 고려해 볼 수 있는 하나의 방향이다.

삼척포진성은 2013년 진성의 문루 복원을 추진하기 위해 시굴조사를 시행한 바 있고, 2019년에는 영토수호기념관 건립과정에서 삼척포진성의 일부 구간을 발굴조사 한 바 있다. 이 두 조사과정에서 성벽의 실체가 확인되었고, 각종 유물과 유구가 확인된 바 있다. 특히 2020년에는 문화재지정을 위한 학술세미나가 열리기도 하였으나 그 후의 후속 조치가 이루어지지 않고 있다. 월송포진성은 2011년~2012년 울진 망양-직산간 도로(1구간) 확포장공사 추진 과정에서 시굴조사와 발굴조사가 이루어져 남쪽 성벽의 일부와 문지(門址), 우물, 기와무지 등과 기와편, 분청사기, 백자 등 다수의 유물이 출토된 바 있다.[26] 또 2013년에는 월송포진성 전모를 파악하기 위한 정밀지표조사가 시행되어 월송포진성의 잔존 상황에 대한 정확한 파악 및 관련

26 삼한문화재연구원, 『울진 망양-직산간 도로확포장공사 부지 내 울진 월송포진성』, 2014.

자료 등이 수집되었다.[27] 이러한 자료의 축적이 있었지만 월송포진성도 아직 문화재 지정은 이루어지지 않고 있다. 삼척포진성과 울진의 월송포진성은 역사적 의미는 물론 성곽사, 건축사적인 측면에서도 큰 의미를 갖는 유적지이다. 조선시대 기록에 의하면 월송포진은 모래 땅이라 성을 쌓을 수 없다고[28] 하였으나 이러한 환경적 문제를 건축 기술로 극복하고 축조한 성이다. 두 성곽의 발굴조사 결과를 보면 매우 유사한 점이 있으며, 이는 축성이 불가한 사구지역에 적절한 기술을 구사하여 축성이 이루어졌고, 다른 성곽유적에서 보기 어려운 축성법이라는 점에서 매우 중요한 의미가 있다.

셋째는 삼척포진성과 월송포진성 유적지를 적절히 활용하는 길을 모색해 나가야 한다는 것이다. 물론 이는 앞서 서술한 두가지 사항을 우선적으로 추구하면서 자연스럽게 활용으로 연계되도록 하는 것이 바람직하다. 특히 삼척포진성의 경우는 바로 연접하여 영토수호기념관, 독도체험관 등이 건립되어 있기에 활용 가능성이 매우 높은 상황이다. 발굴조사시 얻어진 고고학적 성과와 유물 등은 적절히 전시에 활용하고, 주변의 삼척포진성은 앞서 서술한 바와 같이 적절한 조사를 통해 충분한 자료 축적과 정비계획을 수립하여 이를 영토수호기념관과 연계하여 현장박물관(유구의 노출 보존 정비) 형태로 정비해 활용한다면 '영토수호'와 같은 국민적 관심사의 중요한 유적지로 거듭 날 수 있을 것으로 생각한다. 삼척포진성 유적지가 적절히 정비된다면 영토수호(수토) 관련 상징적인 유적지가 되는 것은 물론 새로 건립된 영토수호관, 독도체험관, 그리고 기존의 이사부 역사문화 시설물 등과 더불어 시너지 효과를 낼 수 있는 수단이 될 수 있을 것으로 전망된다.

넷째는 해정후망처에 대한 정밀한 조사와 연구를 통해 향후 수토사 관련

27 울진군·성림문화재연구원, 『울진 월송포진성 정밀지표조사 보고서』, 2013.
28 『성종실록』 권261 성종 23년 1월 기묘.

유적지로 적절히 활용하는 것이 바람직하다. 특히 삼척포진성, 월송포진성 등 수토사 관련 여러 유적지를 묶어 하나의 사적지로의 지정을 추진할 경우는 이러한 부수적인 유적지에 대한 철저한 고증과 연구가 수반되는 것이 매우 필요하다고 여겨진다.

Ⅵ. 맺음말

삼척포진성과 월송포진성은 조선시대 수토사 운영과 관련하여 가장 중요한 유적지이며, 아울러 울진 대풍헌이나 삼척지역의 여러 해정후망처도 중요한 관련 유적지이다. 일본의 독도영유권 도전에 대해서는 국민적 관심이 있지만 오늘에 이르기까지의 동해, 그리고 동해안을 어떻게 관리해 왔고, 그 흔적인 유적은 어디에 어떻게 있는가에 대해서는 관심이 그다지 많지 않다. 우리의 동해안 지역 관리의 역사를 문헌자료 뿐만 아니라 실질적인 유적, 유물을 통해 실증적으로 잘 보여주는 것이야말로 독도 문제를 객관적으로 온 국민에게 외침없이 적절히 전달해 주는 길이라고 생각한다. 그런 점에서 독도문제와 밀접한 관련이 있는 울릉도 수토와 직접적인 관계가 있는 삼척포진과 월송포진(또는 포진성) 등 관련 유적지를 적절하게 잘 활용할 필요가 있다. 그런 점에서 다음과 같은 네가지 방향성을 다시 정리-강조하면서 결론을 대신하고자 한다.

첫째는 진정성 있는 유적의 정비와 활용을 추구하여야 한다는 점이다. 선부른 복원 추진보다는 유적 관람객들에게 가장 적합하게 유적의 위상과 의미를 전달할 수 있는 방향은 유적의 실체를 있는 그대로 보여주는 것이라고 생각한다. 처음부터 정밀한 계획을 수립하여 조사와 연구를 선행하여 충분한 자료를 축적한 후 구체적인 정비, 활용문제에 접근하는 것이 바람직하다고 생각한다.

둘째는 수토사 관련 핵심유적지에 대해 적극 의미를 부여하고 홍보, 활용하고자 한다면 문화재 지정을 추진하는 것이 바람직하다고 생각한다. 문화재 지정이 주변에 대한 개발에 방해가 된다는 인식으로는 유적지를 적절하게 활용할 수 없다. 주변의 역사문화환경을 적절히 보존하고 복구하려는 노력이야말로 유적의 가치를 높이는 길이라고 생각한다. 수토사 유적지는 우리 단순한 역사적 의미를 넘어서 현실적으로 일본과의 독도 문제와도 밀접한 관련이 있기 때문에 국가적 차원에서 큰 관심을 가질 필요가 있다. 그러나 국가 차원의 관심을 불러일으키기 위해서는 우선적으로 지방자치단체에서 적극적으로 나서는 것이 필요하다. 따라서 유적지에 대한 국민적 인지도를 높이고, 적절한 홍보 효과를 얻기 위해서는 무엇보다 문화재 지정이 이루어지는 필요하다. 삼척시와 울진군이 상호 협력하여 수토사 유적지를 묶어 국가 문화유산으로의 지정을 추진하는 것도 고려해 볼 수 있는 하나의 방향이다.

셋째는 삼척포진성과 월송포진성 유적지를 적절히 활용하는 길을 모색해 나가야 한다는 것이다. 물론 이는 앞서 서술한 두가지 사항을 우선적으로 추구하면서 자연스럽게 활용으로 연계되도록 하는 것이 바람직하다. 특히 삼척포진성의 경우는 바로 연접하여 영토수호기념관, 독도체험관 등이 건립되어 있기에 활용 가능성이 매우 높은 상황이다. 발굴조사시 얻어진 고고학적 성과와 유물 등은 적절히 전시에 활용하고, 주변의 삼척포진성은 앞서 서술한 바와 같이 적절한 조사를 통해 충분한 자료 축적과 정비계획을 수립하여 이를 영토수호기념관과 연계하여 현장박물관(유구의 노출 보존 정비) 형태로 정비해 활용한다면 '영토수호'와 같은 국민적 관심사의 중요한 유적지로 거듭 날 수 있을 것으로 생각한다.

넷째는 해정후망처에 대한 정밀한 조사와 연구를 통해 향후 수토사 관련 유적지로 적절히 활용하는 것이 바람직하다. 특히 삼척포진성, 월송포진성 등 수토사 관련 여러 유적지를 묶어 하나의 사적지로의 지정을 추진할 경우는 이러한 부수적인 유적지에 대한 철저한 고증과 연구가 수반되는 것이 매우 필요하다고 여겨진다.

동해 수호와 수토사 관련 유적지는 국가적 차원에서의 중요한 역사적 의미를 갖는 유적지이므로 이러한 관점에서 적극 보존하면서 적절히 지역의 역사문화자원으로 활용해 나가는 방안을 지속적으로 연구할 필요가 있다.

참고문헌

1. 사료

『三國史記』, 『新增東國輿地勝覽』, 『陟州志』(許穆), 『陟州集』, 『關東誌』, 『東輿備攷』, 『陟州誌』(金宗彦편), 『高麗史節要』, 『高麗史』, 『朝鮮王朝實錄』, 『經國大典』, 『燃藜室記述』, 『輿地圖書』, 『大東地志』, 『高純宗實錄』, 『萬機要覽』, 『蒼石先生文集』

2. 단행본 및 보고서

陸士韓國軍事研究室, 『韓國軍制史』, 陸軍本部, 1968.

한국보이스카웃연맹, 『韓國의 城郭과 烽燧』, 1989.

관동대 박물관, 『삼척의 역사와 문화유적』, 1995.

강원문화재연구소, 『三陟 寥田山城 기본설계(지표조사) 보고서』, 2001.

유재춘, 『韓國中世築城史研究』, 경인문화사, 2003.

강원문화재연구소, 『문화유적분포지도-삼척시-』, 2004.

서울대 규장각, 『조선후기 지방지도-강원도·함경도 편-』, 도서출판 민족문화, 2005.

삼척시·강원도민일보·(재)해양문화재단, 『이사부 연구 총서, 異斯夫 활약의 역사성과 21세기적 의의』, 2008.

심의승 엮음·배재홍 옮김, 『국역 삼척군지』, 삼척시립박물관, 2009.

관동대 영동문화연구소, 『근덕면지』, 2010.

이성주·이규대·박도식·표영관, 『신라의 동해안 진출과 하슬라군주 이사부의 우산국 복속』, 해람기획, 2010.

강원도민일보·삼척시, 『울릉도·독도 품은 강원도 사람들』, 2012.

울진군·성림문화재연구원, 『울진 월송포진성 정밀지표조사 보고서』, 2013.

강원고고문화연구원, 〈진동루 복원정비 기본계획에 따른 삼척포진성 문화재 표본조사 약식보고서〉, 2013.

삼한문화재연구원, 『울진 월송포진성』, 2014.

국강고고학연구소, 『삼척 이사부 역사문화 창조사업 조성부지내 유적 발굴조사 보고서 삼척포진성』, 2021.

3. 논문

강봉룡, 「新羅 中古期의 州郡制와 地方官」, 『경주사학』16집, 경주사학회, 1997.

유재춘, 『조선전기 강원지역의 성곽 연구』, 강원대 대학원 박사학위논문, 1998.

유재춘, 「驛에 대한 築城과 기능에 대하여-三陟 沃原驛城을 중심으로-」 『江原文化史研究』 제3집, 강원향토문화연구회, 1998

유재춘, 「麗末鮮初 東界地域의 변화와 治所城의 移轉 改築에 대하여」 『朝鮮時代史學報』 제15호, 조선시대사학회, 2000.

유재춘, 「강원지역 관방유적의 연구현황과 과제」 『학예지』 제8호, 육군사관학교 육군박물관, 2001.

배재홍, 「삼척 嗚火里山城에 대한 역사적 고찰」, 〈향토역사문화의 탐구와 재창출을 향한 요전산성 학술세미나〉(삼척문화원 주최), 2002.

이규대, 「신라의 북방진출과 異斯夫의 우산국 복속」, 한국해양소년단강원연맹 주최 "신라장군 이사부 얼 선양 세미나" 발표논문, 2002.

서영일, 「斯盧國의 실직국 병합과 동해 해상권 장악」, 『신라문화』 21집, 동국대 신라문화연구소, 2003.

윤명철, 「海洋史觀으로 본 한국 고대사의 발전과 종언」, 『한국사연구』 123호,

한국사연구회, 2003.

홍영호, 「삼척시 하장면 숙암리 산성의 발견과 역사성 검토-『三國史記』 지리지의 삼척군 竹嶺縣과의 관련성을 중심으로-」, 『江原史學』 19·20 합집, 강원대학교 사학회, 2004.

이명식, 「新羅 中古期의 將帥 異斯夫考」, 『신라문화제 학술논문집』, 경주사학회, 2004.

박도식, 「신라의 북방개척과 東海 制海權 장악에서 異斯夫의 활약」, 한국해양소년단 강원연맹 주최 "제4회 이사부축제 신라장군 이사부 얼 선양 세미나" 발표 논문, 2005.

이상수, 「《삼국사기》지리지의 三陟郡 領縣에 대한 位置比定 摸索-歷史考古 資料의 활용을 중심으로-」 『博物館誌』 제4집, 관동대학교 박물관, 2005.

차장섭, 「이사부 유적과 해양 국방 요충지 삼척」, 강원도민일보·KBS춘천방송총국 주최 "동해왕 이사부 재조명과 21세기 해양강국의 비젼 심포지엄" 발표논문, 2007.

윤재운, 「한국 고대의 해양문화와 이사부」, 강원도민일보·KBS춘천방송총국 주최 "동해왕 이사부 재조명과 21세기 해양강국의 비젼 심포지엄" 발표논문, 2007.

이근우, 「고대 동해안의 해상교류와 이사부」, 강원도민일보·KBS춘천방송총국 주최 "동해왕 이사부 재조명과 21세기 해양강국의 비젼 심포지엄" 발표논문, 2007.

윤명철, 「金異斯夫, 우산국 정복의 역사적 가치와 21세기적 의미」, 삼척시·강원도민일보·강원발전연구원 주최 "심포지엄 이사부 그 다이내믹한 동해의 기억, 그리고 내일" 발표논문, 2008.

임호민, 「병부령 이사부에 대한 기록 검토」, 한국해양소년단 강원연맹 주최 "제7회 신라장군 이사부 얼 선양 세미나" 발표 논문, 2008.

김진형, 『영동지방 고려 성곽 연구』, 단국대 석사논문, 2009.

강봉룡, 「이사부 생애와 활동의 역사적 의의」, 『이사부와 동해』 창간호, 한국이사부학회, 2010.

손승철, 「조선시대 '空島政策'의 허구성과 '搜討制' 분석」, 『이사부와 동해』 창간호, 한국이사부학회, 2010.

유재춘, 「동해안의 수군 유적 연구」, 『이사부와 동해』 창간호, 한국이사부학회, 2010.

홍영호, 「6~7세기 고고자료로 본 동해안과 울릉도」, 『이사부와 동해』 창간호, 한국이사부학회, 2010.

유재춘, 「삼척지역 일대의 성곽 및 수군 유적 연구」,『이사부와 동해』 2, 한국이사부학회, 2010.

심정보, 「읍성 축조에 있어서 '築城新圖'의 반포 목적과 고고학적 검토」, 『文物硏究』 22, 2012.

김호동, 「월송포진(越松浦鎭)의 역사」, 『蔚珍 史香』 제3호, 울진문화원, 2012.

유재춘, 「조선시대 수군 배치와 월송포진성」 『울진 월송포진성 정밀지표조사 보고서』, 울진군·성림문화재연구원, 2013.

윤천수, 「월송포 진성 발굴 의의와 울릉도 수토 출발지 변천사」 『이사부와 동해』 5호, 한국이사부학회, 2013.

김호동, 「越松浦鎭의 역사」 『사학연구』 제115호, 한국사학회, 2014.

심현용, 「월송포진성과 울릉도·독도 수토 관련 유적·유물」, 『이사부와 동해』 14, 한국이사부학회, 2018.

유재춘, 「삼척의 울릉도 수토 관련 유적」,『이사부와 동해』 14, 한국이사부학회, 2018.

유재춘, 「강원지역 성곽유적의 성격에 대한 연구」, 『인문과학연구』 68, 강원대 인문과학연구소, 2021.